Cocos2D 게임프로그래밍을 추천합니다!!

"iPhone 또는 iPad 게임을 제작하고자 한다면 제일 먼저 이 책을 읽어보길 권한다. 로드와 레이는 컨셉 단계에서부터 실제 앱(app) 개발까지의 모든 과정을 안내하면서, 각 단계별 필요한 작업과 그 이유에 대해 명쾌하게 설명한다."

- Jeff La Marche, MartianCraft 의장, 『시작하세요 아이폰 프로그래밍』(위키북스, 2009) 공저자

"이 책은 iOS 2D 게임 개발을 위한 아주 훌륭한 설명으로 가득 차 있다. 뿐만 아니라 최고의 샘플 중 하나인 Box2D에 대한 설명도 놓치지 않고 있다. Box2D에 대한 깊은 이해를 바탕으로 한 디테일한 설명은 아주 놀라울 따름이다."

- Erin Catto, Box2D 개발자

"경고: 이 책을 읽으면 자신도 모르게 게임을 개발하게 됨! 이 책은 iOS 게임 개발을 위한 최고의 지름길이다. 또한 iOS 인디 개발자(경험치와 상관 없음)의 머스트 해브 아이템이기도 하다. 돌아가지 않아도 되는 방법을 알려준 로드와 레이에게 감사의 인사를 전한다. 덕분에 개발 비용을 많이 줄일 수 있었다."

- Eric Hayes, Brewmium LLC 수석 엔지니어(iOS 인디 개발자이기도 함)

"이 책은 Cocos2D를 사용하여 iOS 게임을 개발하려는 모든 개발자에게 강력히 추천할 만큼 아주 훌륭한 책이다. 이 책은 iOS 게임을 개발하는 데 있어 수학과 OpenGL에 대해 고민하지 않아도 될 만큼 충분한 지식과 동기 부여를 제공한다."

- Kirby Turner, White Peak 소프트웨어

"재미와 정보 제공이라는 두 마리 토끼를 모두 잡은 책이다. Cocos2D를 사용하여 게임을 개발하는 데 필요한 모든 정보가 이 책에 다 들어있다."

- Fahim Farook, RookSoft(rooksoft.co.nz)

"Cocos2D에 관한 끝내주는 책이 나왔다! 이 책을 읽고 나면 프레임워크에 대한 탄탄한 이해와 함께 몇 가지 타입의 게임을 개발할 수 있는 능력을 얻게 될 것이다. 저자들은 초반에 기본 개념을 쉽게 익히도록 한 다음 시차 스크롤, CocosDenshion, Box2D, Chipmunk, particle 시스템, Apple Game Center 등 본격적인 내용에 대해 설명한다. 저자의 필체는 기술적이면서도 간결하며 재미있게 읽을 수 있다. 이 책은 머스트 해브 아이템임에 틀림없다."

- Nick Waynik, iOS 개발자

Cocos2D, Box2D, Chipmunk를 이용한 iOS 게임 개발 가이드

Cocos2D 게임 프로그래밍

초판 1쇄 인쇄 | 2015년 1월 2일
초판 1쇄 발행 | 2015년 1월 9일

지 은 이 | 로드 스트로우고, 레이 웬더리히
옮 긴 이 | 정기훈
발 행 인 | 이상만
발 행 처 | 정보문화사
책 임 편 집 | 정수진
표지디자인 | 남현
내지디자인 | 성은경
주　　　소 | 서울 종로구 동숭동 1-81
전　　　화 | (02)3673-0037~9(편집부) (02)3673-0114(대)
팩　　　스 | (02)3673-0260
등　　　록 | 제1-1013호
I S B N | 978-89-5674-622-7

도서 문의 및 A/S 지원
정보문화사 홈페이지 | http://www.infopub.co.kr

이 책은 저작권법에 따라 보호받는 저작물이므로 무단 전재와 무단 복제를 금하며,
이 책 내용의 전부 또는 일부를 사용하려면 반드시 저작권자와 정보문화사의 서면동의를 받아야 합니다.

※ 정보문화사는 독자 여러분의 의견에 항상 귀를 기울이고 있습니다.
※ 잘못된 책은 구입처에서 교환해드립니다.
※ 가격은 뒤표지에 있습니다.

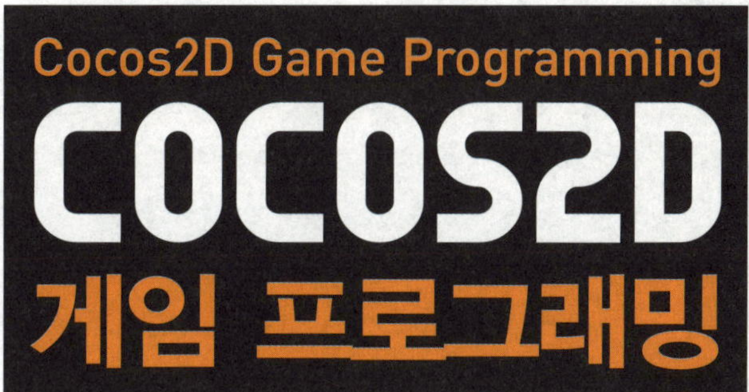

로드 스트로우고, 레이 웬더리히 지음 | 정기훈 옮김

정보문화사
Information Publishing Group

역자의 글

이 책은 iOS 게임 개발의 출발점을 찾는 개발자를 위한 최고의 지침서이다. 이 책은 현재 iOS 2D 게임 개발의 기본 엔진으로 자리잡은 Cocos2D에 대해 설치부터 확장 기능에 대한 설명까지 Cocos2D와 관련된 전 분야를 망라하고 있다. 뿐만 아니라 iOS 게임 개발자를 위한 다양한 게임 개발 관련 조언과 노하우를 통해 iOS 게임에 발을 들인 초보 게임자도 쉽고 빠르게 iOS 게임을 개발할 수 있도록 만들어준다.

또한 Cocos2D에 포함된 Box2D, Chipmunk와 같은 물리 엔진에 대한 친절하고 세세한 설명은 물리 엔진에 대한 전문 지식 없이도 물리 엔진을 활용한 리얼리티 게임을 개발하는 데 큰 도움을 준다.

Cocos2D, Box2D, Chipmunk는 iOS를 비롯한 다양한 플랫폼으로 포팅되며 특히 iOS 게임을 발판 삼아 다양한 플랫폼의 게임 개발자로 성장하고 싶어하는 게임 개발자라면 Cocos2D와 더불어 2D 물리 엔진의 기본기를 다지는 데 더할 나위 없이 좋은 가이드가 될 것이다.

이 책을 번역하면서 가급적 많이 사용되는 표현을 사용하기 위해 노력하였다. 가능하면 한글 표현을 사용하였으며, 우리말로 차용하기가 모호한 표현에 한해서만 영어로 표기하였다. 마지막으로 이 책을 번역할 수 있는 기회를 제공해준 정보문화사와 작업이 잘 마무리될 수 있도록 도와준 김우진 팀장님, 이미향 팀장님, 정수진 에디터님께 감사의 인사를 드린다. 또한 곁에서 물심양면으로 지원한 사랑스런 아내와 윤서, 태원에게도 고맙다는 인사를 전한다.

정기훈

서문

게임 개발자가 되고 싶은가?

iPhone/iPad 게임을 개발하는 것은 매우 즐거운 일이며 어린 시절의 느낌을 갖도록 만들어주는 몇 안되는 활동이 아닐까 싶다. 사람들은 각자 게임에 대한 저마다의 아이디어를 가지고 있지만 개발 플랫폼을 사용하여 이를 iPhone/iPad 게임으로 표현하는 것도 만만치 않은 일이다.

사람들이 게임을 개발하다 중도에 포기하는 이유는 게임 개발을 위해 익혀야 하는 분야 – 그래픽, 오디오, 네트워크 – 가 너무나 광범위하기 때문이다. 오브젝티브–C 언어에 익숙해지는 것만 해도 보통 일이 아닌데, 이것은 단지 시작일 뿐이다. 그 뒤로 OpenGL, OpenAL을 비롯해 게임 개발에 필요한 각종 하위 레벨의 API들이 개발자들을 괴롭히기 위해 기다리고 있다.

하지만 iPhone/iPad 게임을 작성하는 것은 어려워서는 안되며 실제로도 어렵지 않다. Cocos2D만 있으면 충분히 2D 게임을 제작할 수 있기 때문이다.

더이상 OpenGL의 각종 하위 레벨 API와 싸울 필요도 없으며, 물리학과 수학 전문가가 될 필요도 없다. Cocos2D라는 지름길이 모든 것을 해결해 줄 것이다. Cocos2D는 오픈 소스 게임 프레임워크로, 사용하기 쉬우며 하위 레벨의 세세한 내용까지 신경 쓰지 않아도 되기 때문에 본연의 게임 개발에 집중할 수 있도록 도와준다.

이 책은 Cocos2D를 사용하여 실제 App Store에서 판매되는 게임을 개발하는 방법을 단계적으로 설명한다. 이 책에서 인용하는 게임은 Space Viking으로, 외계 행성에 떨어진 끝내주는 바이킹에 대한 이야기를 배경으로 하는 게임이다. 게임을 제작하는 과정을 통해 Cocos2D의 아주 중요한 기법들에 대해 익히는 동시에 이들이 어떻게 묶여 게임으로 나타나는지 알게 될 것이다.

이 책을 Cocos2D를 사용하여 실제 게임을 만들기 위해 바닥부터 차례로 설명하는 교재라고 생각해 보자. 여러분은 책에 나오는 대로 코딩을 하고 책은 차근차근 설명을 이어간다. 책을 다 읽는 시점이 되면 여러분은 완전한 게임 하나를 개발하게 될 것이다. 아울러 자신만의 게임을 개발할 수 있는 충분한 지식과 자신감까지 얻게 될 것이다.

이 책에서는 각 챕터별로 타일 맵 편집기, Cocos2D, Box2D, Chipmunk 등 게임에 필요한 기술을 세부적으로 설명하고 있다. 게임 개발 기술에 대한 소개와 설명이 끝나면 이어서 이러한 기술이 Space Viking에 어떻게 적용되었는지 보여준다. 이렇게 이론과 실제를 병행하는 설명은 다른 게임 개발서에서 부족하게 느꼈을 2%를 채워줄 것이다.

게임 다운로드!

Space Viking 게임은 App Store에서 무료로 다운받을 수 있다. 과연 끝판까지 깰 수 있을지 도전해 보자.
https://itunes.apple.com/kr/app/space-viking/id400657526?mt=8

Cocos2D는 무엇인가?

Cocos2D(www.cocos2d-iphone.org)는 iOS 또는 Mac OS X용 2D 게임을 개발하기 위해 만들어진 오픈소스 오브젝티브-C 프레임워크로, iPhone, iPod 터치, iPad, Mac 등을 위한 개발 도구를 포함하고 있다. Cocos2D는 Xcode에 라이브러리 형태로 포함시키거나 프로젝트를 생성할 때 Cocos2D 템플릿으로 포함시킬 수 있다.

Cocos2D는 그래픽 렌더링을 위해 OpenGL ES를 사용하여 디바이스의 GPU를 최대한 활용할 수 있도록 한다. 뿐만 아니라 게임 개발에 필요한 다양한 기능도 포함되어 있는데, 이 책을 읽으면서 이러한 내용을 모두 익히게 될 것이다.

Cocos2D는 파이썬(Python)용 2D 게임 개발을 위한 프레임워크로 만들어진 것이 시작이었다. 이후, 2008년에 iPhone으로 포팅되면서 오브젝티브-C로 다시 쓰여졌다. 현재는 루비(Ruby), 자바(안드로이드), 심지어는 Mono(C#/.NET) 버전으로까지 포팅되고 있다.

Cocos2D를 사용해야 하는 이유

Cocos2D를 사용하면 하위 레벨의 API에 대해 고민할 시간에 자신이 개발하는 게임에 좀더 집중할 수 있게 된다. App Store 시장은 매우 빠르게 변화하기 때문에 이 시장에서 성공하기 위해서는 트렌드에 맞는 게임을 재빠르게 출시해야만 한다. Cocos2D는 게임 개발의 속도를 향상시켜 OpenGL ES나 OpenAL을 파고들다 게임 출시 시기를 놓치는 우를 범하지 않도록 도와준다.

Cocos2D는 또한 `TextureCache` 같은 유틸리티 클래스도 포함한다. `TextureCache`는 그래픽을 캐시하여 게임을 플레이하는 동안 빠르고 부드러운 그래픽을 제공하게 해준다. Cocos2D에는 `TextureCache`, 폰트 렌더링, 스프라이트 시트, 사운드 시스템과 같은 많은 기능들이 백그라운드로 동작하고 있는데, 이것들은 알아서 동작하기 때문에 사용 방법을 알지 못하더라도 상관없다.

Cocos2D는 훌륭한 프로토타입 툴이다. 왜냐하면 Cocos2D를 사용하면 한두 시간만에 게임을 뚝딱 만들어낼 수 있기 때문이다(Chapter 2를 얼마나 빨리 읽느냐에 따라 시간은 달라진다). iPhone/iPad 게임을 개발하려고 이 책을 선택했다면 Cocos2D는 가장 빨리 목표를 달성하도록 만들어 줄 것이다.

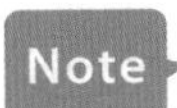

많은 개발자들이 Cocos2D에 대한 커뮤니티 활동과 지원 활동을 활발하게 하고 있다. Cocos2D 포럼(www.cocos2d-iphone.org/forum)에는 Cocos2D와 관련된 훌륭한 학습 자료와 문제 해결 노하우가 들어 있으며 Cocos2D의 최신 개발 현황도 알 수 있다.

Cocos2D의 주요 기능

아직까지 Cocos2D에 대한 감이 잡히지 않는다면 이제부터 설명할 Cocos2D의 멋진 기능을 잘 살펴보기 바란다. 이것들은 게임을 쉽게 개발하는 데 많은 도움을 준다.

Action

Action은 Cocos2D의 가장 강력한 기능 중 하나로, 스프라이트나 다른 오브젝트의 이동, 확대/축소 등의 작업을 처리한다. 예를 들어 우주 화물선을 5초동안 오른쪽으로 400픽셀 이동시킨다고 한다면 다음과 같이 코딩하면 된다.

```
CCAction *moveAction = [CCMoveBy actionWithDuration:5.0f
                              position:CGPointMake(400.0f,0.0f)];
[spaceCargoShipSprite runAction:moveAction];
```

이것뿐이다. 두 줄이면 끝난다! 그림 P.1을 보면 moveAction을 통해 우주 화물선이 어떻게 이동하는지 보여준다.

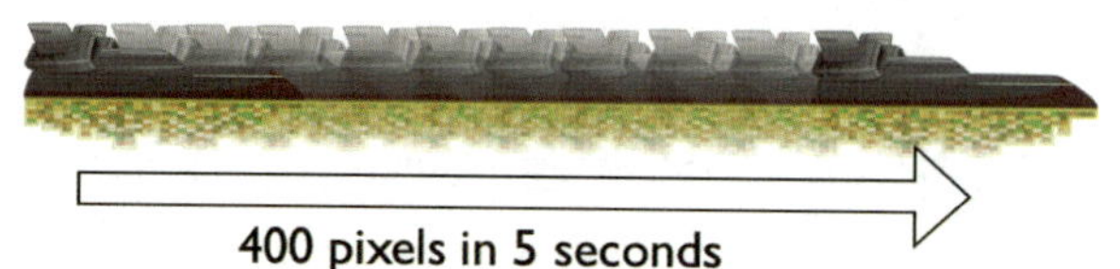

| 그림 P.1 | 우주 화물선 스프라이트에 moveAction을 적용한 모습

Cocos2D에는 이와 같이 사전에 정의된 움직임들이 다양하게 구현되어 있는데, 이러한 것들에는 회전, 확대/축소, 점프, 깜빡임, 페이딩(fading), 틴트(tint), 애니메이션 등이 있다. 몇 줄 안되는 코드로 이러한 움직임을 조합하거나 callback 효과를 줄 수 있다.

내장 폰트

Cocos2D는 텍스트 사용이 쉬워 메뉴, 점수, 디버깅 등에 활용할 수 있도록 돕는다. Cocos2D는 트루타입(TrueType) 폰트 내장 기능을 지원하며 빠른 비트맵 폰트 렌더링 시스템도 갖추고 있기 때문에 단 몇 줄만으로 화면에 텍스트를 보여줄 수 있다.

특수 효과 라이브러리

Cocos2D에는 강력한 particle 시스템이 탑재되어 있어 연기, 불꽃, 비, 눈 등과 같은 효과를 덧붙일 수 있다. 또한 장면 간 투명한 느낌을 줄 수 있는 플립(flip), 페이딩(fading)과 같은 효과도 제공한다.

타일 맵

Cocos2D은 타일 맵도 지원한다. 타일 맵은 여러 개의 작은 이미지를 재활용해서

방대한 규모의 지도를 표현하는 기법이다. Cocos2D도 이와 같은 타일 맵을 바라보는 카메라를 쉽게 이동시켜 배경을 스크롤하거나 레벨을 전환하기 용이하게 해준다. 또한 시차 스크롤(parallax scroll)도 지원하여 3D 효과도 느낄 수 있도록 할 수도 있다.

오디오/사운드

Cocos2D에 내장된 사운드 엔진은 하위 레벨의 API를 사용하지 않고서도 OpenAL을 사용할 수 있게 한다. Cocos2D 사운드 엔진을 사용하면 단 몇 줄의 코드로 배경 음악과 효과 음향을 재생시킬 수 있다.

강력한 물리 엔진

Cocos2D에는 강력한 물리 엔진 두 가지가 탑재되어 있다. Box2D와 Chipmunk가 바로 그것인데, 이것을 활용하여 좀 더 현실감 있는 게임을 제작할 수 있다. 물론 물리학이나 수학에 대한 깊은 지식은 필요하지 않다.

주요 개념

본격적으로 시작하기에 앞서 Cocos2D와 게임 프로그래밍에 대한 몇 가지 중요한 개념에 대해 살펴보자.

스프라이트

게임 개발을 하면 스프라이트(sprite)라는 표현에 익숙해질 것이다. 스프라이트는 화면 위에서 독립적으로 움직이는 이미지 개체를 일컫는다. 플레이어 캐릭터, enemy(적), 배경에 사용되는 큰 이미지 등이 모두 스프라이트가 될 수 있다. 실제로 스프라이트는 PNG 또는 PVRTC 이미지 파일로 만들어지며 메모리에 올라간 다음에는 iPhone GPU에 의해 텍스처로 전환된다.

싱글톤

싱글톤(Singleton)은 오브젝티브-C 클래스의 특별한 형태로, 단일 인스턴스만 갖는 클래스를 의미한다. 싱글톤의 대표적인 예로 iPhone SDK의 Application Delegate 클래스와 Cocos2D의 Director 클래스를 들 수 있다. 싱글톤 인스턴스를 호출하면 호출하는 클래스에 상관없이 동일한 인스턴스를 받게 된다.

OpenGL ES

OpenGL ES는 OpenGL(Open Graphics Language)의 모바일 버전이다(ES는 Embedded System의 약자이다). OpenGL ES는 iPhone/iPad의 GPU와 가장 가까이 있기 때문에 iPhone/iPad에서 가장 빠르게 그래픽을 렌더링할 수 있다. 이것을 가능케 하기 위해서는 낮은 레벨의 API를 다루어야 하는데, 게임 개발자에 갓 입문한 사람이라면 공부해야 할 분량이 결코 만만치가 않다. 하지만 Cocos2D를 사용하면 이런 복잡하고 심오한 부분까지 파고들지 않아도 된다.

언어와 해상도

Cocos2D는 오브젝티브-C 언어로 쓰여졌다. Apple iOS API의 대부분과 Cocoa Touch가 오브젝티브-C 언어로 작성되었다. 따라서 효율적인 게임 프로그램을 제작하기 위해서는 오브젝티브-C 언어의 기본적인 메모리 관리 기법을 익혀두는 것이 좋다. 또한 Cocos2D는 iPhone 5 레티나 디스플레이를 포함한 모든 iOS 기기의 해상도를 지원한다.

2D vs 3D

달리기를 하기 위해서는 반드시 걷는 법을 배워야 하듯 게임 개발에서도 3D 게임을 개발하기 위해서는 2D 게임 개발에 대한 지식이 있어야 한다. 물론 Cocos2D에도 3D wave, 3D 카메라 조작 등 3D 효과 및 변환 기능이 들어있지만 2D 게임과 그래픽을 위한 기능들이 대부분을 차지한다.

Cocos2D는 2D 게임을 위해 디자인되었기 때문에 이 책에서도 2D의 범주에서만 설명할 것이다. 만일 3D 게임을 개발하고자 한다면 Unity, 언리얼 엔진(Unreal Engine), 다이렉트 OpenGL 같은 3D용 프레임워크를 사용해야 한다.

이 책에서 다루는 게임: Space Viking

이 책에서는 Cocos2D의 모든 기능을 사용하여 iPhone/iPad 게임을 개발하는 과정을 설명하는데, 그 결과로 만들어지는 것이 바로 **Space Viking** 게임이다. **Space Viking** 게임은 App Store 에서 무료로 받을 수 있으며(https://itunes.apple.com/kr/app/space-viking/id400657526?mt=8) iPhone, iPod 터치, iPad에서 모두 동작한다.

좀더 참을성이 있다면 이 책을 모두 익히고 난 다음 그 결과로 만들어진 게임 프로그램을 빌드하여 자신의 기기에 넣을 수도 있겠다. 경험보다 더 큰 지식이 없듯이 직접 프로그램을 작성하고 테스트해보는 것보다 더 좋은 방법은 없다. 또한 직접 작성하였기 때문에 코드를 수정하여 게임을 변형시킬 수도 있다. 인내는 쓰지만 그 열매는 달콤할 것이다.

이 책은 Cocos2D의 모든 기능과 성능을 최대한 활용할 수 있는 방법에 대해 설명한다. 아마도 이 책을 다 읽을 때쯤이면 자신만의 게임을 만들어 App Store에 등록할 수 있는 지식과 경험을 갖게 될 것이다. 그러나 정말 중요한 것은 이러한 것들을 어떻게 실제 게임에 반영하느냐이다. 이 부분을 바로 **Space Viking**이 채워줄 것이다. **Space Viking**을 빌드하고 다양한 내용을 적용하는 동안 실전에 필요한 경험도 배우게 될 것이다.

Space Viking 스토리

모든 게임은 상상에서 출발한다. 여기에 캐릭터와 스토리 라인이 덧붙여져 하나의 게임으로 만들어지는 것이다. 이해를 돕기 위해 **Space Viking**의 스토리를 소개한다.

먼 미래, 지구의 후손들은 태양계 밖으로 새로운 식민지 행성을 찾아나서게 되었다. 식민지 행성의 쾌적한 환경을 위해 과학자들은 행성 간 물질 전송장치를 이용하여 북유럽과 그린란드의 얼음을 은하계 너머의 식민지 행성으로 전달하고 있었다. 그런데 이 얼음 중에 바이킹 Ole가 갇혀 있었다는 사실을 아무도 모르고 있었다. 바이킹 Ole는 오래 전에 바바리안 부족과 싸우기 위해 출정하는 도중 얼음 강에 빠졌던 것이다. 지구에서 몇 광년 떨어진 외계 행성의 태양열에 의해 얼음이 녹으면서 수 세기 동안 얼음 무덤에 갇혀있던 바이킹 Ole는 마침내 깨어나게 되었다(그림 P.2).

| 그림 P.2 | 외계 행성에서 깨어난 Ole

이제 여러분은 바이킹 Ole가 되어 자신이 살던 시대의 고향으로 돌아갈 수 있을 것이라는 희망을 안고 낯선 땅의 외계인과 싸우게 된다.

화면 조이스틱을 이용하여 Ole를 좌우로 움직일 수 있으며, 오른쪽 아래의 버튼을 이용하여 점프 및 공격을 할 수도 있다. 처음에는 맨손으로 싸우지만 나중에는 망치를 획득하게 되며, 레벨에 따라 가속도 센서를 사용하여 Ole를 조종하기도 한다.

Space Viking은 액션 어드벤처 게임으로, 움직임에 집중하고 있다. 우리의 목표는 리얼 액션 게임을 제작하는 것이기 때문에 Cocos2D를 익히는 수준에서 끝나지 않고 다양한 기능을 적용하는 방법까지 알아야 한다. 게임의 아이디어는 그래픽 아티스트이자 게임 개발의 조력자로 활동한 에릭 스티븐스(Eric Stevens)와 차기 게임에 대한 회의를 하면서 만들어졌다.

Space Viking은 여러 레벨로 구성되어 있으며, Cocos2D의 특정 영역 또는 게임 타입에 따라 레벨이 나누어진다. 예를 들어 첫 번째 레벨에서는 좌우로 움직이며 적과 싸우고, 네 번째 레벨에서는 광산 수레 레이싱을 하면서 Box2D와 Chipmunk를 사용하는 것을 보여준다. 저자의 바람은 간단하다. 이 책을 다 읽었을 때 **Space Viking**을 활용하여 여러분이 자신만의 게임을 만들 수 있게 되는 것이다. 물론 이 책에서 설명하는 코드는 여러분의 게임 작성을 위해 얼마든지 사용해도 된다!

이 책의 구성

이 책은 Cocos2D를 사용하여 **Space Viking** 게임을 개발하는 방법에 대해 설명하고 있다(바이킹 Ole의 모험에 대한 이야기도 포함된다). 처음에는 기본적인 게임 메커니즘을 사용하는 간단한 레벨부터 시작하며 레벨이 올라가면서 물리 시스템 및 particle 시스템 같은 고급 기법에 대해 다루게 된다. 결국 이 책이 끝날 때쯤에는 하나의 완전한 게임이 만들어질 것이다.

Part 1에서는 Cocos2D의 기초에 대해 다루며 Ole의 달리기 및 점프 동작을 구현한다. Part 2에서는 Space Viking에 애니메이션, 액션, 특수효과, 텍스트 등을 추가한다. Part 3에서는 몇 단계를 더 추가하면서 장면(scene), 사운드, 스크롤 등과 같은 좀 더 심도 깊은 내용에 대해 다루고, Part 4에서는 게임에 리얼리즘을 살리기 위해 Box2D, Chipmunk 게임 엔진을 추가한다. 마지막으로 Part 5에서는 particle 시스템, 최고 기록, 소셜 네트워크에 연결하는 기능과 더불어 Space Viking을 디버깅하고 최적화하는 기법에 대해 설명한다.

이 책은 총 17개의 챕터로 구성되어 있는데 각 챕터에서 다루는 내용을 정리하자면 다음과 같다.

Part 1 Cocos2D 시작하기

Cocos2D를 설치하는 방법과 Space Viking을 만들기 위해 Cocos2D를 사용하는 방법에 대해 다룬다. 또한 Ole와 적들에 대한 애니메이션과 움직임을 구현하는 방법에 대해서도 다룬다.

- **Chapter 1 Hello, Cocos2D**

  Cocos2D 프레임워크와 템플릿을 Xcode에 설치하는 방법에 대해 설명하고 게임 개발에 도움이 되는 몇 가지 툴을 소개한다. 이 툴들은 모두 무료로 구할 수 있으며, Cocos2D가 사용하는 자료를 쉽게 생성할 수 있도록 돕는 데 사용된다.

- **Chapter 2 Hello, Space Viking**

  여기에서는 Space Viking 게임의 기본적인 골격을 만드는데, 이 구조는 이 책을 통해 지속적으로 활용된다. 먼저 Cocos2D 기본 템플릿을 깔고 그 위에 우리의 영웅인 바이킹 Ole를 장면(scene) 위에 올린다. Chapter 2 후반부에서는 터치 입력에 대한 처리 부분을 추가하여 Ole가 움직일 수 있도록 한다.

- **Chapter 3 Cocos2D의 애니메이션과 액션**
  여기에서는 Ole가 장면(scene) 위에서 동작하는 모습을 애니메이션으로 구현하여 좀 더 사실적으로 표현되도록 한다.

- **Chapter 4 간단한 충돌 감지 및 첫 번째 적(Enemy)**
  Space Viking 게임에 첫 번째 적(敵, Enemy)을 추가한 다음 간단한 충돌 감지(collision detection)를 구현하는 방법에 대해 설명한다. 드디어 Ole가 행성을 탈출하는 방법을 찾기 위해 적과 싸울 수 있게 된다.

Part 2   더 많은 적들과 더 큰 즐거움

Ole가 맞서 싸워야 할 적들을 더 늘리는 동시에 이러한 상황을 잘 처리하도록 하기 위해 Cocos2D의 액션과 특수 효과를 추가한다. 그리고 Cocos2D의 텍스트 기능을 이용하여 화면에서 바로 디버깅할 수 있는 기법에 대해서도 설명한다.

- **Chapter 5 더 많은 액션과 이펙트, 그리고 Cocos2D 스케줄러**
  액션은 Cocos2D의 중요한 개념으로, 오브젝트의 이동을 쉽게 할 수 있으며 크기를 늘리거나 사라지게 하는 등 많은 일을 처리할 수 있다. Chapter 5에서는 게임에 파워업 아이템과 무기를 추가하면서 이펙트와 스케줄러 같은 Cocos2D의 주요 기능에 대한 설명도 곁들인다.

- **Chapter 6 텍스트, 서체, 글**
  대다수의 게임에는 화면 곳곳에 텍스트가 사용되며 Space Viking도 예외는 아니다. 여기에서는 Cocos2D를 사용하여 화면에 텍스트를 나타내는 방법에 대해 설명한다.

Part 3   여러 레벨을 묶어 게임으로

각각의 레벨을 합치고 여기에 메뉴, 사운드, 스크롤을 포함시켜 Space Viking을 하나의 게임으로 완성시키는 방법에 대해 다룬다.

- **Chapter 7 메인 메뉴, 레벨 클리어, 크레디트 화면**

  대부분의 게임은 한 장 이상의 화면(scene, Cocos2D에서 사용하는 용어이다)을 사용한다. 기본적으로 사용되는 scene으로는 메인 메뉴, 게임 scene, 레벨 클리어, 크레디트(credit) scene 등이 있다. Chapter 7에서는 여러 장의 scene을 제작하는 방법과 이를 Space Viking에 적용하는 방법에 대해 살펴본다.

- **Chapter 8 볼륨을 높여라!**

  게임에 사운드가 있고 없고의 차이는 엄청나다. Cocos2D는 자체 사운드 엔진 CocosDenshion을 사용하여 쉽게 사운드를 만들 수 있도록 한다.

- **Chapter 9 스크롤링 – 방대한 게임 월드의 필수 요소**

  게임 월드가 커지면 한 화면에 다 채울 수 없게 된다. 그래서 결국 게임 월드를 스크롤해야 하는 상황이 발생하는데, 스크롤을 효율적으로 하기 위하여 사용되는 Cocos2D의 타일 맵(Tile Map)에 대해 알아본다.

Part 4 물리 엔진

Cocos2D에는 두 개의 물리 엔진 Box2D와 Chipmunk가 포함되어 있다. 이러한 물리 엔진을 사용하면 중력, 충돌, 심지어는 래그돌(ragdoll) 효과까지 실감나게 표현할 수 있다. Part 4에서는 Space Viking에 물리 엔진을 가미하여 좀 더 실감나는 게임으로 바꾼다.

- **Chapter 10 게임 물리 이론 초급: Box2D를 사용하여 리얼리즘 집어넣기**

  Cocos2D만 있으면 하위 레벨의 OpenGL에 대한 복잡한 지식 없이도 iPhone에서 동작하는 게임을 쉽게 만들 수 있다. Box2D는 전문적인 수학 이론을 모르는 사람도 게임 오브젝트에 물리학을 적용시킬 수 있도록 해준다. 여기에서는 오브젝트가 중력에 의해 움직이는 퍼즐 게임을 만들면서 Box2D를 사용하는 방법에 대해 익혀본다.

- **Chapter 11 게임 물리 이론 중급: 모델링, 레이싱, 장애물 넘기**

  여기에서는 카트 레이싱 게임을 만드는데, Box2D를 사용하여 본격적인 횡 스크롤을 구현하게 된다. 그러면서 arbitrary shape를 모델링하거나 조인트를 추

가하여 오브젝트의 움직임을 제한하는 등 아주 다양하고 멋진 기법을 알게 될
것이다.

- **Chapter 12 게임 물리 이론 고급: 현실보다 더 실감나게**

여기에서는 카트 레이싱 게임에 장애물을 추가하여 피하도록 만들고, 마지막에
는 보스와 싸우는 부분까지 추가하여 카트 레이싱을 좀 더 다이내믹하게 만든다.
또 조인트에 대한 좀 더 깊은 내용과 충돌 감지 방법, 적(enemy)의 로직을 추가
하는 방법 등에 대해서도 설명한다.

- **Chapter 13 Chipmunk 물리 엔진**

Cocos2D에서 사용하는 또 다른 물리 엔진인 Chipmunk 역시 Box2D와 유사
하다. Chapter 13에서는 Chipmunk의 사용법에 대해 Box2D와 비교하면서
설명한다. 그리고 Chipmunk를 이용하여 메트로이드 스타일의 탈출 게임을
만들어본다.

Part 5 Particle 시스템, Game Center, 성능

Part 5에서는 Particle 시스템을 게임에 쉽고 빠르게 적용하는 방법, Apple의
Game Center를 포함시키는 방법, 성능 향상을 위한 몇 가지 팁에 대해 설명한다.

- **Chapter 14 Particle 시스템: 불, 눈, 얼음 만들기**

Cocos2D의 particle 시스템을 사용하면 멋진 특수효과를 너무나 손쉽게 만들 수
있다. Chapter 14에서는 particle 시스템을 이용하여 우주선이 터지는 효과와
같은 특수효과를 Space Viking 게임에 적용시켜본다.

- **Chapter 15 Game Center**

Apple의 Game Center 계정이 있으면 게임별로 달성도와 등수를 기록할 수 있
다. 게임을 얼마나 많이 진행했는지, 등수는 어떻게 되는지를 다른 사람과 비교
해보도록 하는 것은 게임의 몰입도를 높일 수 있는 좋은 장치 중 하나이며, 게임
판매량을 높이는 요소로서 작용한다. 여기에서는 Space Viking 게임에 Game
Center를 연동시킨다.

- **Chapter 16 성능 최적화**

여기에서는 Cocos2D를 사용하여 만든 게임을 최적화하는 것과 관련한 여러 가지 이슈를 다룬다. 아울러 자주 발생하는 성능 이슈를 해결하기 위한 디버깅 기법에 대한 설명도 곁들인다.

● **Chapter 17 마무리**

마지막 챕터에서는 지금까지 익힌 것들을 정리하고 3D로 가기 위한 앞으로의 방향을 제시한다. 또한 Android 플랫폼에서 사용되는 Cocos2D에 대한 이야기 등 게임 개발과 관련된 별도 이슈에 대해서도 언급한다.

부록 Cocos2D의 주요 클래스

부록에서는 Cocos2D를 사용하면서 접하게 될 주요 클래스에 대해 소개한다.

이 책을 다 읽을 때쯤이면 하나의 완성된 게임을 갖게 될 것이다! 이 책을 통해 익힌 지식과 코드는 여러분의 게임 개발에 자유로이 사용하기 바란다.

대상 독자

이 책의 대상 독자에는 게임 프로그래밍 학습 시간이 너무 길다고 생각하여 게임 개발에 대한 도전을 미루는 사람들도 포함되어 있다. 많은 개발자들이 게임 개발을 하고 싶어하지만, 정작 Cocos2D는 커녕 어디부터 시작해야 하는지도 모르는 개발자들이 대부분이다. 이 책은 Cocos2D의 기본부터 시작하여 점점 살을 붙이는 동안 Box2D와 Chipmunk 같은 고급 물리 엔진까지 다루게 된다.

이 책은 iPhone, iPad, iPod touch 등의 iOS 기반의 게임을 개발하고자 하는 사람을 대상으로 쓰여졌다. 그래서 이 책을 읽는 독자는 오브젝티브-C, Cocoa Touch, Xcode에 대한 기본적인 지식이 있다고 가정하였다. 또한, 하위 레벨의 API(Core Audio, OpenGL ES 등)에 대한 부분은 잘 모른다고 가정하였다. 이 부분은 Cocos2D가 알아서 처리해줄 것이다.

알맞은 독자

만일 iPhone 애플리케이션 개발에 대한 경험이 있고 iOS 게임 개발을 시작하고자 하는 사람이라면 이 책이 아주 적절한 책이 될 것이다. 이 책은 iOS 앱 개발 경험을 바탕으로 게임 개발에 필요한 용어, 기술, 툴 등을 실전 예제와 함께 설명하고 있다.

알맞지 않은 독자

이미 게임 개발에 대한 경험이 있고 OpenGL ES의 3D 부분에 대한 지식을 원하는 사람이라면 이 책과는 거리가 멀다.

이 책을 읽기 위해서는 오브젝티브-C, C, Xcode, Interface Builder에 대한 지식을 가지고 있어야 한다. 이 책에서 설명하는 코드는 최대한 간결하게 작성하였으며, 필요한 부분에 한하여 제한적으로 C를 사용하였다.

이 책을 읽는 데 도움이 될만한 책을 소개하니 참고하기 바란다.

- 『코코아 프로그래밍』, 아론 힐리가스 저, 인사이트, 2012
- 『Learning 오브젝티브-C 2.0』, 로버트 클레어 저, 정기훈 역, 정보문화사, 2013
- 『프로그래밍 오브젝티브 C 2.0』, 스티븐 코찬 저, 인사이트, 2013
- 『코코아 디자인 패턴』, 에릭 벅 저 , 케이앤피북스, 2011
- 『The iPhone Developer's Cookbook(Second Edition)』, 에리카 세든 저, 에이콘, 2011
- 『Core Animation: Simplified Animation Techniques for Mac and iPhone Development』, Marcus Zarra, Matt Long 공저, Addison-Wesley, 2010
- 『iPhone Programming: The Big Nerd Ranch Guide』, Aaron Hillegass and Joe Conway 공저, Big Nerd Ranch, Inc., 2011
- 『Learning iOS 게임 프로그래밍』, 마이클 데일리 저, 정기훈 역, 정보문화사, 2012

위에서 나열한 서적 외에도 웹을 통해 Mac과 iPhone 프로그래밍에 대한 엄청난 양의 자료를 조회할 수 있을 뿐만 아니라, 오브젝티브-C 언어와 Cocoa 프레임워크까지도 파고들 수 있다.

소스 코드, 동영상 강좌, 포럼

이 책과 관련하여 접근할 수 있는 정보는 단지 책에 있는 내용에만 국한되지 않는다. Space Viking의 전체 소스 코드도 제공할 뿐만 아니라 동영상 강좌도 제공한다(http://cocos2Dbook.com)[1]. 동영상 강좌는 각 장의 내용을 이해하는 데 도움이 될 것이다.

이 책에서 설명하는 모든 코드와 연습 문제를 다루기 위해서는 Apple의 개발도구인 Xcode와 iPhone SDK가 필요하다. Apple 개발 도구는 Apple iPhone 개발 센터에서 다운받을 수 있다(http://developer.apple.com/iphone). 또한 Cocos2D 포럼(http://Cocos2dbook.com/forums)을 통해 관련된 지식 및 의견이 공유되고 있으니 많이 활용하기 바란다.

---

1 [역주] 물론 영어로 되어 있다.

감사의 글

이 책은 많은 분들의 고된 작업, 지원, 인내의 산물이다.

- 먼저, 편집장 Chuck Toporek과 편집팀 Olivia Basegio에게 감사드린다. Chuck은 이 책이 처녀작인 저자들에게 많은 지원과 격려를 보내주었다. 또한 그저 단순했던 워드 파일을 이렇게나 훌륭한 책으로 탈바꿈시켜 주었다. Olivia 는 모든 집필 과정을 꼼꼼히 챙기며 필요한 조언을 아끼지 않았다. 다시 한 번 이 책이 세상의 빛을 볼 수 있도록 도와준 두 분께 감사드린다.
- 아울러 이 책의 표지를 디자인해준 Addison-Wesley의 Chuti Prasertsith에 게도 감사의 인사를 드린다.
- Cocos2D의 수석 개발자이자 코디네이터인 Ricardo Quesada(Riq로도 알려져 있 다)와 Steve Oldmeadow를 비롯한 Cocos2D에 기여한 모든 사람에게 깊은 감사 를 드린다. 이들은 Cocos2D를 개발하고 이를 완벽한 프레임워크로 구현하였을 뿐만 아니라, Cocos2D에 대한 엄청난 커뮤니티를 형성시켜 주었다. 그 덕에 이 책도 나올 수 있었다. 또한 Cocos2D는 많은 개발자들로 하여금 그들의 오랜 꿈이 었던 게임 개발에 뛰어들도록 이끄는 동기부여에 결정적인 역할을 하였다. Riq는 별도의 직업 없이 Cocos2D 운영에만 매달리고 있기 때문에 www.cocos2d-iphone.com을 통해 Riq를 지원해줄 수도 있다. 또한 Riq는 이와는 별도로 https://github.com/sapusmedia/Sapus-Tongue을 통해 자신이 제작한 게임 Sapus Tongue의 소스 코드와 Level-SVG라는 게임 레벨 편집 프로그램의 소스 코드를 판매하고 있다[1].

---

1 [역주] Sapus Tongue와 Level-SVG는 최근 오픈 소스로 바뀌었다.

- 물리엔진을 개발한 Erin Catto(Box2D 수석 개발자)와 Scott Lembcke (Chipmunk 수석 개발자)에게도 감사드린다. Riq가 Cocos2D를 개발한 것과 마찬가지로 이들이 개발한 물리 엔진 덕분에 많은 개발자들이 손쉽게 물리 엔진을 사용하는 게임을 만들 수 있게 되었다. Erin과 Scott 역시 자신들의 물리엔진 개발에 너무나 열정적이어서 심지어는 이 책의 물리엔진 부분에 대한 감수까지 무보수로 도와주었다. 원한다면 이들의 고된 작업에 대한 노고를 www.box2d.org이나 http://code.google.com/p/chipmunk-physics를 통해 지원해줄 수 있다.

- Cocos2D의 사운드 엔진인 CocosDenshion의 수석 개발자 Steve Oldmeadow에게 다시 한 번 큰 감사를 드린다. Steve는 이 책의 오디오 부분에 대한 감수도 맡아주었다. Steve 덕에 게임 개발자들은 쉽고 빠르게 음악과 사운드 효과를 추가할 수 있게 되었다.

- Eric Stevens는 미국에서 게임 일러스트레이터로 활동하고 있는 예술가이다. Eric은 Space Viking의 초기 컨셉을 잡을 때 Ole를 디자인해 주었다. Eric의 일러스트 작품을 보고 싶다면 http://imagedesk.org나 http://ericstevensart.com을 방문하기 바란다.

- Mike Weiser는 Space Viking의 음악과 사운드 효과를 담당하였다. 음악을 조금만 변화시켜도 Space Viking의 느낌이 크게 달라지는 것을 알고 있기에 우리가 추구하던 음악에 최대한 가깝게 만들기 위해 노력해주었다. Mike는 다양한 iOS 게임 제작에 참여하였는데 www.mikeweisermusic.com 에서 포트폴리오를 확인할 수 있다. 아울러 Andrew Peplinski와 Rulon Brown에게도 감사드린다. 둘은 각각 비명소리와 인트로 합창을 만들어 주었다.

- 이 책의 기술 감수 역할을 해준 Farim Farook, Marc Hebert, Mark Hurley, Mike Leonardi, Nick Waynik에게도 큰 감사를 드린다. 이들은 우리가 미처 발견하지 못한 오류를 지적하고 더 나은 방향을 제시해 주기도 하였다.

로드 스트로우고의 감사 인사

이 책을 집필하는 동안 사랑으로 인내해준 아내와 가족에 감사한다. 글을 쓰고, 편집하고, 코딩하느라 야근을 밥먹듯이 해도 아내는 언제든지 이해해주었다. 덕분에 이 책이 나올 수 있었다. 세 살배기 아들 Alexander는 이 책을 쓰는 동안 Space Viking의 베타 테스트를 도왔고, Anton은 마지막 챕터를 쓸 때 태어났다. 이 모든 기쁨과 사랑을 아내 Agata에게 바친다.

또한 공저자 Ray에게도 감사의 인사를 전한다. Ray는 Box2D, Chipmunk, Game Center 부분을 맡았는데, Space Viking에 판을 추가할 때 Box2D와 Chipmunk에 대한 깊이를 더해주었다.

레이 웬더리히의 감사 인사

먼저 아내이자 베스트 프렌드인 Vicki Wenderlich에게 감사한다. 집필 기간 내내 보인 그녀의 지원, 조언, 격려가 아니었으면 iOS 앱 개발은 생각도 못했을 것이다. 아울러 저자가 인디 iOS 개발자가 될 수 있도록 지원해준 멋진 우리 가족에게도 감사의 인사를 전한다.

마지막으로, 저자의 블로그 www.raywenderlich.com의 글을 읽고 응원해주시는 모든 분께 감사드린다. 여러분의 관심과 성원이 없었다면 이 일을 계속 해내지 못했을 것이다. 다시 한 번 감사드리며, 이 책이 도움이 되기를 기원한다.

저자 소개

로드 스트로우고(Rod Strougo)는 Prop Group 스튜디오(www.prop.gr)의 설립자이 자 수석 개발자이다. 로드는 Apple II 시절부터 Basic 언어를 사용하여 물리학 및 게 임 프로그래밍을 시작했다. 게임으로 인해 프로그래밍의 길에 들어섰지만, 어느덧 IBM이나 대규모 통신 회사 같은 기업용 소프트웨어를 10년 넘게 개발하고 있다. 요 즘은 게임 개발에 새로 뛰어든 사람들을 도와주는 일을 즐기고 있다. 원래 브라질 리 우데자네이루 출신으로, 현재 아틀란타에서 살고 있다.

레이 웬더리히(Ray Wenderlich)는 iPhone 개발자 겸 게이머이자 Razeware, LLC의 설립자로 앱 개발에 푹 빠져있으며, 그 기술을 앱 개발에 뛰어드는 사람들에게 가르 치는 것도 좋아한다. 이를 위해 www.raywenderlich.com에 iOS 개발 강좌를 개제 하고 있다.

차 례

Chapter 03   Cocos2D 의 애니메이션과 액션

Chapter 08 볼륨을 높여라!

▶▶ Chapter 11 게임 물리 이론 중급 : 모델링, 레이싱, 장애물 넘기

▶▶ Chapter 12 게임 물리 이론 고급 : 현실보다 더 실감나게

Chapter 13 　Chipmunk 물리 엔진

Chapter 16 성능 최적화

Chapter 17 마무리

Appendix 부록 • 743

Cocos2D 시작하기

Part 1에서는 Cocos2D를 설치하는 방법과 Space Viking을 만들기 위해 Cocos2D를 사용하는 방법에 대해 다룬다. 또한, 바이킹 Ole와 적들에 대한 애니메이션과 움직임을 구현하는 방법에 대해서도 다룬다.

Hello, Cocos2D

Cocos2D는 정말 재미있고 사용하기 쉽다. Chapter 1에서는 Cocos2D를 설치하고 Xcode와 연동시킨 다음 간단한 HelloWorld 앱을 만들어볼 것이다. 그리고는 단 몇 줄만으로 HelloWorld 앱에서 움직이는 우주 화물선을 추가할 것이다(그림 1.1).

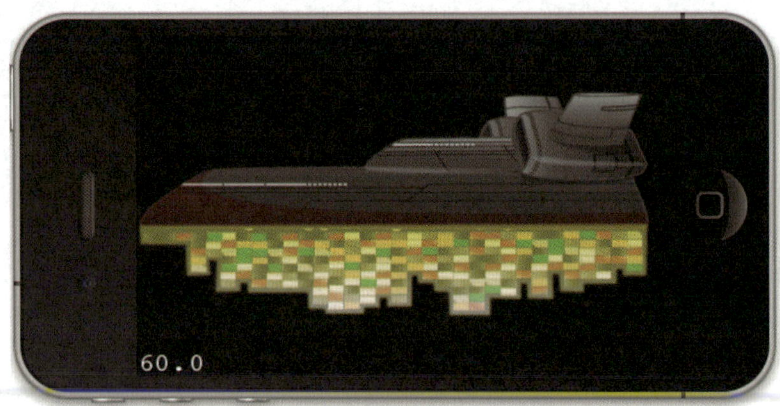

| **그림 1.1** | HelloWorld 앱에 추가된 우주 화물선

간단한 HelloWorld 앱을 만든 다음에는 이 앱이 동작하기 위해 Cocos2D 템플릿이 어떻게 코드를 생성하는지 살펴보고 iPhone과 iPad에서 구동시키는 방법을 설명할 것이다.

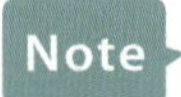

이 책을 읽는 독자분들은 Apple의 iPhone 개발자 프로그램에 가입했으며, Xcode를 설치했다고 가정한다. 또한 오브젝티브-C 언어의 문법에 대해서도 어느 정도 알고 있다고 가정한다. Xcode나 오브젝티브-C 등에 대해 더 자세히 알고 싶다면 서론에서 소개한 서적을 참고하기 바란다.

이번 챕터에서는 Cocos2D를 다운받고 설치한 다음 Xcode와 연동시킨다. Cocos2D 설치가 끝나면 간단한 HelloWorld 앱을 만들고 iPhone Simulator에서 동작시켜 본다. 그리고는 코드를 살펴보며 동작 원리를 살펴볼 것이다.

 ## Cocos2D 다운로드 및 설치

이번 섹션에서는 Cocos2D를 다운받고 설치하는 과정을 설명한다. Cocos2D 게임을 만들기 위해서는 Cocos2D를 다운받아 Xcode에 템플릿으로 설치해야 한다.

Cocos2D 다운로드

Cocos2D 프로젝트는 공식적으로 GitHub에 등록되지만, Cocos2D의 최신 버전 및 베타 버전은 Cocos2D 홈페이지(www.cocos2d-swift.org/download)에서 받을 수 있다(그림1.2).

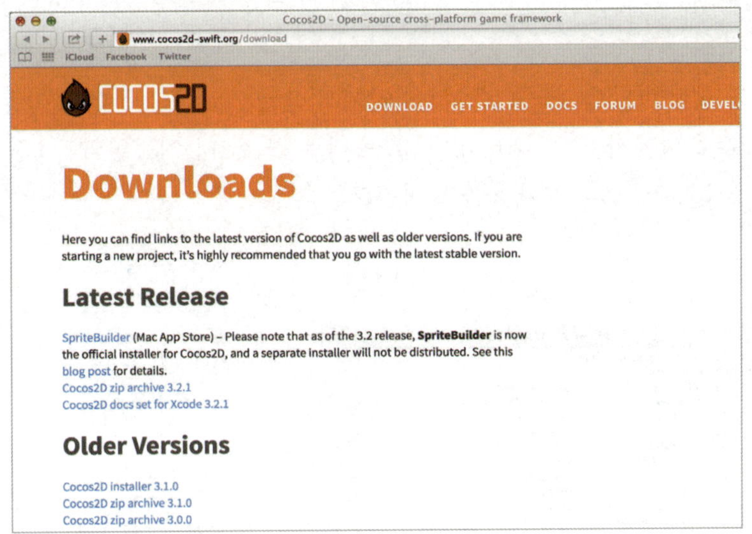

| 그림 1.2 | Cocos2D 다운로드 페이지

Mac에서 Cocos2D를 받기 위해서는 다음과 같이 하면 된다.

1. Cocos2D 폴더를 만든 다음 www.cocos2d-swift.org/download 사이트에 접속하여 최신 버전을 다운받는다.
2. gzip으로 압축된 tar 파일을 더블 클릭하면 Finder가 자동으로 cocos2d-

iphone-VERSION 이라는 폴더를 만들고 그 안에 압축을 풀 것이다.

이 폴더 안에 다음 단계에서 실행할 install_templates.sh 스크립트 파일이 들어 있다.

Cocos2D는 두 곳에서 제공된다. 앞에서 보여준 Cocos2D 홈페이지를 통해서는 안정화 버전을 받을 수 있고 최신 개발 버전은 Git에서 받을 수 있다. Apple의 iOS와 마찬가지로 새로운 기능은 개발 버전에 먼저 적용된다. Cocos2D의 1.x대 버전은 모두 Cocos2D 1.0과 호환된다.

Cocos2D 템플릿 설치

Cocos2D 템플릿 설치 과정은 앞에서 받은 안정화 버전이나 Git에서 받은 개발 버전이나 동일하다.

1. 터미널을 실행한 다음, cd를 이용하여 앞에서 만든 Cocos2D 폴더로 이동한다.
2. Cocos2D 폴더에서 cocos2d-iphone 폴더로 한 번 더 이동한다. 그림 1.3은 cocos2d-iphone 폴더의 내용을 보여준다.

```
$ cd cocos2d-iphone
```

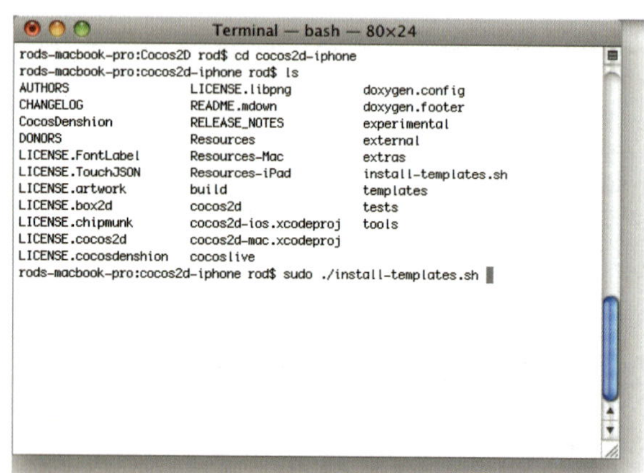

| 그림 1.3 | cocos2d-iphone 디렉터리 내용

3. 다음과 같이 입력하여 install-templates.sh 스크립트를 동작시킨다.

```
$ sudo ./install-templates.sh
```

4. 패스워드를 입력하면 스크립트가 실행된다.

install-templates.sh 스크립트는 Cocos2D 템플릿을 Xcode 폴더에 복사하는데, 이렇게 함으로써 Cocos2D 템플릿의 설치는 모두 끝난다. Xcode를 다시 실행하면 Cocos2D 템플릿이 포함된 것을 알 수 있다. 이제 Cocos2D 버전의 HelloWorld를 만들 준비가 끝났다.[1]

처음으로 만드는 Cocos2D HelloWorld

바로 이어서 코드를 작성해보자. 이번 섹션에서는 Cocos2D 템플릿을 이용하여 HelloWorld 프로그램을 작성할 것이다. 사실 "Hello World"를 입력하는 것 외에는 프로그래밍하는 것이 없다.

Cocos2D 템플릿 사용

Xcode를 실행한 다음 메뉴에서 [File]-[New Project]를 선택하고 [iOS/User Templates] 섹션을 선택하면 그림 1.4와 같이 세 가지의 Cocos2D 템플릿을 볼 수 있다. 왼쪽부터 첫 번째 템플릿은 단순히 Cocos2D만을 사용하는 애플리케이션을, 두 번째 템플릿은 Cocos2D와 Box2D를 사용하는 애플리케이션을, 세 번째 템플릿은 Cocos2D와 Chipmunk를 사용하는 애플리케이션을 제작할 때 각각 사용된다.

세 가지 Cocos2D 템플릿은 각기 다른 버전의 HelloWorld 애플리케이션을 만들어 낸다. Cocos2D 애플리케이션 템플릿은 Cocos2D만을 사용하며, 이번 챕터에서 다루

---

1 [역주] 지금까지의 내용은 모두 installer가 포함되지 않은 버전에 대한 설명이며, Cocos2D 다운로드 사이트에서 Cocos2D installer가 포함된 버전(3.1.0)을 받은 다음 Cocos2D Installer 3.1.0을 더블 클릭하면 자동으로 Cocos2D가 설치되어 Xcode에서 사용할 수 있게 된다.

는 HelloWorld 앱을 만드는 데 사용된다. Box2D 템플릿은 물리 엔진을 사용하여 화면에서 박스가 떨어지는 간단한 HelloWorld 앱을 만들며, Chipmunk 템플릿은 몇 개의 오브젝트를 서로 충돌시켜볼 수 있는 미니 Chipmunk 프로젝트를 생성한다.

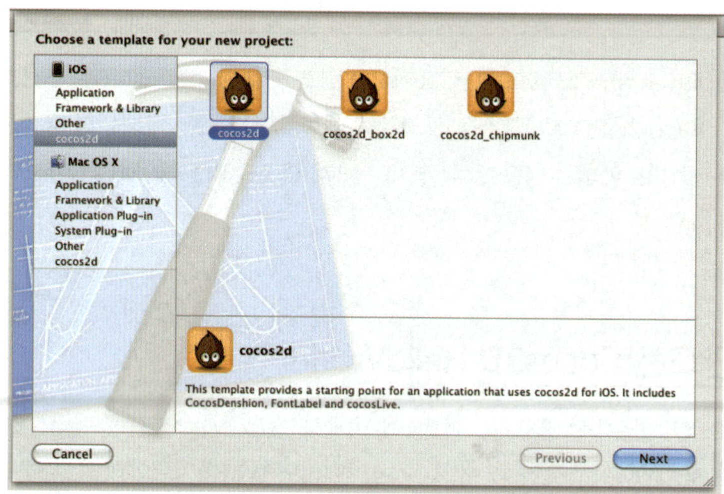

| **그림 1.4** | Xcode에서 사용하는 Cocos2D 템플릿

> **Tip** ▶ iOS 항목에 있는 템플릿을 선택했는지 확인하기 바란다.

이러한 세 가지 템플릿은 게임 개발을 빠르게 시작하는 데 주요한 역할을 한다. Box2D와 Chipmunk는 모두 자체 물리 엔진을 Cocos2D에 연동하고 있으며, Cocos2D 템플릿은 이미 application delegate와 연동되어 있기 때문에 별도의 코드 입력 없이도 실행이 가능하다.

Cocos2D HelloWorld 프로젝트 빌드

그럼 이제 기본적인 Cocos2D의 HelloWorld 프로젝트를 만들어보자. Cocos2D HelloWorld 프로젝트를 만든 다음에는 동일한 방법으로 Cocos2D+Box2D와 Cocos2D+Chipmunk 버전도 만들어보기 바란다.

1. Xcode를 실행한 다음 메뉴에서 [File]–[New Project]를 선택한다.

2. [Cocos2D] 템플릿을 선택한다(Box2D 및 Chipmunk가 포함되지 않은 버전이
   어야 한다).

3. 그림 1.5와 같이 프로젝트 이름을 'CCHelloWorld'라고 입력한다.

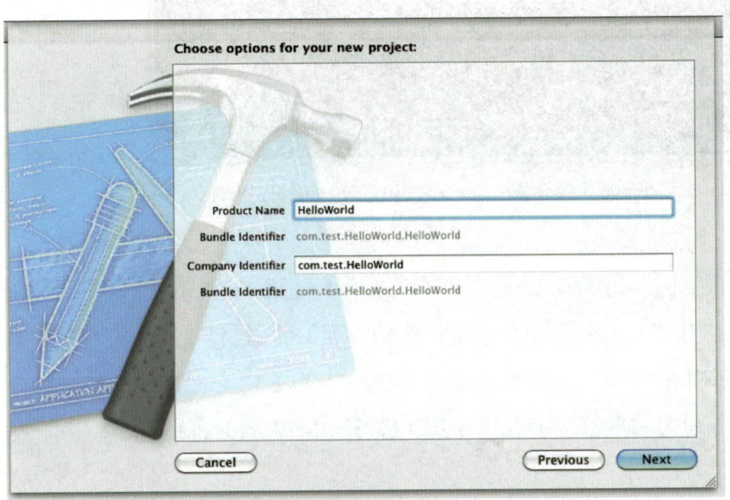

| **그림 1.5** | Cocos2D HelloWorld 프로젝트 생성

4. 그림 1.6과 같이 Xcode의 Scheme 드롭다운 버튼을 눌러 [CCHelloWorld]와
   [iPhone Simulator]를 선택한다(버전 4.2 이상이면 된다).

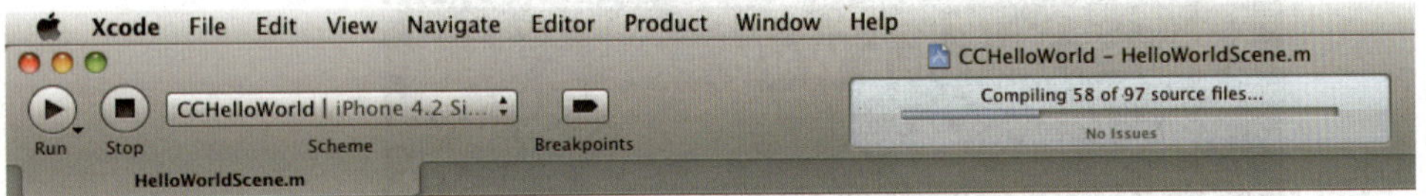

| **그림 1.6** | CCHelloWorld와 iPhone Simulator 항목이 Scheme 드롭다운에 표시된 모습

5. [Run] 버튼을 클릭한다.

이제 iPhone Simulator를 통해 Cocos2D 버전의 HelloWorld 앱이 동작하는 것
을 볼 수 있다(그림 1.7).

| 그림 1.7 | iPhone Simulator에서 동작하는 Cocos2D 버전의 HelloWorld 앱

Cocos2D 버전의 HelloWorld 프로젝트는 iPhone과 iPad에서 모두 동작할 수 있도록 세팅되었기 때문에 iPad를 위해 별도의 작업을 할 필요가 없다. 단지 [Scheme] 드롭다운에서 [iPad Simulator]를 선택한 다음 [Run] 버튼을 클릭하면 된다. 그러면 그림 1.8과 같이 iPad 버전의 CCHelloWorld 앱을 볼 수 있을 것이다.

| 그림 1.8 | iPad Simulator에서 동작하는 Cocos2D 버전의 HelloWorld 앱

HelloWorld에 살 붙이기

"Hello World"를 화면에 표시했으니 출발은 좋은 편이다. 이제 여기에 우주 화물선을 추가하여 움직이게 해보자.

[Chapter 1]–[SpaceCargoShip] 폴더로 들어간다. 그러면 SpaceCargoShip. png 파일을 볼 수 있는데 이것이 우주 화물선 이미지이다. 다시 Xcode의 HelloWorld 프로젝트로 돌아간 다음 다음과 같이 한다.

1. [SpaceCargoShip] 폴더를 CCHelloWorld 프로젝트로 드래그한 다음 [Copy items into destination group's folder]를 선택한다. 이렇게 하면 [Space CargoShip] 폴더와 PNG 파일을 CCHelloWorld 프로젝트에 추가할 수 있다.
2. HelloWorldScene.m 파일을 열고 리스트 1.1의 내용을 init 메소드에 추가한다.

리스트 1.1 **우주 화물선을 화면에 나타내는 코드**

```
CCSprite *spaceCargoShip = [CCSprite spriteWithFile:@"SpaceCargoShip.png"];
[spaceCargoShip setPosition:ccp(size.width/2, size.height/2)];
[self addChild:spaceCargoShip];
```

이제 [Run]을 클릭하면, 그림 1.9와 같이 화면 중앙에 우주 화물선이 나타나는 것을 볼 수 있다.

단 세 줄만으로 iOS 기기에 우주 화물선을 그려냈다. 추가한 코드에 대해서는 다음 섹션에서 자세히 설명할 것이다.

| **그림 1.9** | HelloWorld 프로젝트에 우주 화물선을 추가한 모습

움직임 추가

이제 화물선을 움직여보자. Cocos2D에서는 스프라이트를 이용하여 아주 쉽게 움직임을 표현할 수 있다. 앞에서 추가한 우주 화물선 코드 바로 다음에 아래의 코드를 넣어보자(리스트 1.2).

리스트 1.2 HelloWorldScene.m의 spaceCargoShip을 움직이게 하는 코드

```
id moveAction = [CCMoveTo actionWithDuration:5.0f
                              position:ccp(0, size.height/2)];
[spaceCargoShip runAction:moveAction];
```

[Run]을 클릭해보면 우주 화물선이 천천히 왼쪽으로 이동하는 것을 볼 수 있다. 어떤가? 단 5줄의 코드만으로 iOS 기기에서 움직이는 우주 화물선을 구현하게 되었다.

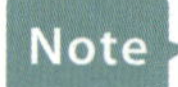 만일 'cocos2d: Couldn't add image:SpaceCargoShip.png in CCTextureCache' 메시지와 함께 crash가 일어나면 [SpaceCargoShip] 폴더가 CCHelloWorld 프로젝트에 제대로 복사되었는지 확인하도록 하자. 아울러 언제든지 이 책에서 제공하는 리소스에 있는 완전한 CCHelloWorld 프로젝트와도 비교할 수 있으니 참고하자.

5줄만으로 만든 CCHelloWorld 프로젝트는 아마도 HelloWorld 프로그램 중 가장 간단한 축에 속할 것이다. 이렇게 Cocos2D를 사용하면 코딩을 위한 큰 수고 없이도 아주 훌륭한 그래픽과 이펙트를 보여줄 수 있다. 다음 장에서는 바이킹 Ole를 등장시키고 조종하는 것으로 Space Viking 프로젝트를 시작할 것이다. 이를 위해 이번 챕터에서 만든 HelloWorld 프로그램을 수정하게 된다.

이번 챕터의 나머지 부분에서는 HelloWorld 프로그램이 iOS 기기에서 어떻게 동작하는지 줄 단위로 분석할 것이다. 만일 'Scene의 이면'에서 돌아가는 내용을 이미 알고 있다면 바로 다음 챕터로 넘어가 Space Viking 게임을 시작하면 된다.

Cocos2D 버전 HelloWorld 분석

Cocos2D 애플리케이션 템플릿이 동작하는 원리가 궁금하다면 이번 섹션을 잘 읽어보기 바란다.

Scene과 Node

Cocos2D 템플릿 코드를 이해하기 위해서는 먼저 scene, layer, node에 대한 개념을 이해해야 한다.

Cocos2D 게임은 scene(CCScene)이 모여서 만들어지며, director(CCDirector)는 각 scene들을 실행시킨다. 또한, Cocos2D Director는 한 번에 하나의 scene만 실행시킨다. 예를 들어보자. 그림 1.10은 CCDirector가 메인 메뉴 scene을 처리하다 게임 플레이 scene으로 넘어가는 모습을 보여주고 있다.

Cocos2D의 각 scene은 하나 이상의 layer로 구성되어 있으며 각 layer는 서로 포개어져 나타나는 형태로 구성된다. 예를 들어 Space Viking 구조를 보면 첫 번째 scene에는 두 개의 layer를 만들게 되는데 하나는 배경을, 다른 하나는 움직이는 캐릭터를 표현하는 데 사용된다.

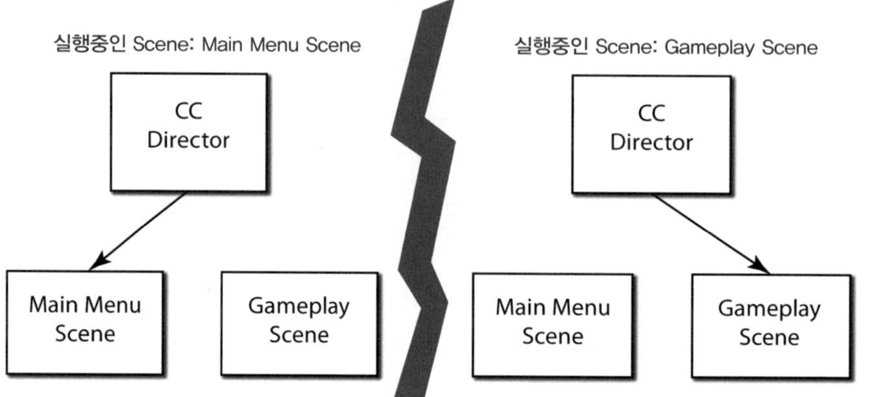

| 그림 1.10 | Cocos2D Director가 Main Menu Scene에서 Gameplay Scene으로 scene을 넘기는 모습

각 layer(CCLayer)는 스프라이트(CCSprite), 라벨(CCLabel) 등과 같이 화면에 보여주고자 하는 오브젝트를 수용한다. 앞에서 SpaceCargoShip을 만들 때도 새로운 스프라이트를 생성한 다음 그것을 layer의 자식으로 붙인 것을 기억할 것이다.

그림 1.11에서 Cocos2D의 계층 구조를 보면 노드끼리 서로 어떻게 구성되는지를 볼 수 있다.

Xcode에서 [Classes] 폴더에 있는 CCHelloWorldAppDelegate.m 파일을 열어보자. 그런 다음 applicationDidFinishLaunching 메소드를 보면 Cocos2D Director(CCDirector)를 초기화시키는 부분이 있는데, 113행을 보면 아래와 같이 HelloWorld scene이 생성되고 실행되는 것을 볼 수 있다.

```
[[CCDirector sharedDirector] runWithScene: [HelloWorld scene]];
```

HelloWorld의 예를 보면, CCDirector는 HelloWorld scene을 생성시킨 다음 스케줄러에 매달아 나중에 스케줄러에 있는 모든 scene과 하위 노드를 실행시킬 때 같이 실행되도록 한다.

HelloWorldScene.m 파일을 열고 scene 메소드를 보면 리스트 1.3과 같을 것이다.

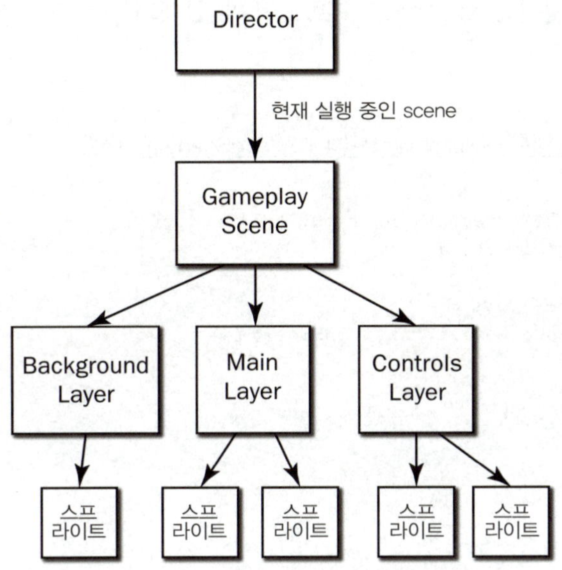

| 그림 1.11 | Cocos2D의 Scene, Layer 계층 구조

리스트 1.3 <u>HelloWorldScene.m 파일의 +(id)scene 메소드</u>

```
+(id) scene {
    // 'scene'은 autorelease 오브젝트이다.
    CCScene *scene = [CCScene node];

    // 'layer'는 autorelease 오브젝트이다.
    HelloWorld *layer = [HelloWorld node];

    // layer를 scene에 붙여 자식으로 만든다.
    [scene addChild: layer];

    // scene 리턴
    return scene;
}
```

리스트 1.3의 첫 번째 줄에서 [CCScene node]를 호출하여 CCScene의 새로운 인스턴스를 만드는데, 이 코드는 [[[CCScene alloc] init] autorelease]를 축약한 것이다. 그런 다음, HelloWorld layer의 인스턴스를 하나 만들어 CCScene의 자식으로 붙이고는 이렇게 새로 생성한 scene을 리턴한다.

HelloWorld layer가 호출되어 init 메소드가 호출될 때 실행되는 코드를 리스트 1.4에서 보여주고 있다.

  HelloWorld layer에 대한 −(id)init 메소드(HelloWorldScene.m 파일)

```objc
// label 생성 및 초기화
CCLabelTTL* label = [CCLabelTTL labelWithString:@"Hello World"
fontName:@"Marker Felt" fontSize:64];

// CCDirector로부터 윈도우 사이즈를 구함
CGSize size = [[CCDirector sharedDirector] winSize];

// label의 위치를 화면 중앙으로 맞춤
label.position =  ccp( size.width /2 , size.height/2 );

// label을 현재 layer의 자식으로 붙임
[self addChild: label];
```

이렇게 하면 "Hello World"라는 문구가 들어있는 라벨을 생성하고 그 위치를 화면 중앙으로 맞춘 다음, HelloWorld layer의 자식으로 붙인다.

요컨대 CCDirector는 어떤 scene을 실행시켜야 하는지 알아야 한다. 템플릿은 applicationDidFinishLaunching 안에서 [HelloWorld scene] 메소드를 호출하도록 하여 하나의 layer, 즉 HelloWorld layer를 자식으로 갖는 CCScene을 생성하게 된다. 이때 HelloWorld layer의 init 메소드에서 라벨을 생성하고 layer의 자식으로 붙이기 때문에, 결론적으로 화면에서 "Hello World"라는 문자를 보게 되는 것이다.

처음부터

지금까지 템플릿의 가장 핵심적인 부분 – scene이 어떻게 실행되며 라벨이 어떻게 scene에 연결되는지 – 에 대해 살펴보았다. 그러나 이것만으로는 아직 부족하다고 느낄지 모르니 자동으로 생성된 템플릿 코드의 나머지 부분도 추가로 살펴보자.

HelloWorld 앱을 처음으로 시작하면 iOS는 main.m 파일의 int main(int argc, char *argv[]) 함수를 실행시킨다. main 함수는 HelloWorld 애플리케이션이 사용할

메모리 공간을 할당받은 다음 UIApplicationMain을 통해 CCHelloWorldAppDelegate 클래스를 동작시킨다. CCHelloWorldAppDelegate는 application delegate 클래스로, Cocos2D Director를 초기화시키고 HelloWorld를 동작시킨다. 코드 1.5를 보면 applicationDidFinishLaunching 메소드가 있는데, 이 메소드는 CCHelloWorld가 로드되고 실행할 준비가 되었을 때 UIApplicationMain에 의해 호출된다.

리스트 1.5 CCHelloWorldAppDelegate.m 파일에 있는 applicationDidFinishLaunching

```objc
- (void) applicationDidFinishLaunching:(UIApplication*)application
{
    // window 초기화
    window = [[UIWindow alloc] initWithFrame:[
                                        [UIScreen mainScreen] bounds]];
    // CADisplayLink director 사용을 시도한다.
    // 실패하는 경우(SDK < 3.1), 기본 director를 사용한다.
    if( ! [CCDirector setDirectorType:kCCDirectorTypeDisplayLink] )
        [CCDirector setDirectorType:kCCDirectorTypeDefault];        // 1

    CCDirector *director = [CCDirector sharedDirector];             // 2

    // View Controller 초기화
    viewController = [[RootViewController alloc]
                            initWithNibName:nil bundle:nil];
    viewController.wantsFullScreenLayout = YES;                     // 3

    // 수동으로 EAGLView 생성
    // 1. RGB565 포맷을 사용한다. RGBA8 포맷을 사용할 수도 있다.
    // 2. depthFormat은 0비트로 한다. CCPageTurnTransition과 같이
    //    3D 효과를 사용하고자 한다면 16 또는 24비트로 설정한다.
    EAGLView *glView = [EAGLView viewWithFrame:[window bounds]
                            pixelFormat:kEAGLColorFormatRGB565
                            depthFormat:0];                         // 4

    // openglView를 director에 붙인다.
    [director setOpenGLView:glView];

    // 기본적으로, 본 템플릿은 가로 방향(Landscape)만 지원한다.
    // RootViewController.m 파일을 수정하여 방향을 지정할 수 있다.
#if GAME_AUTOROTATION == kGameAutorotationUIViewController
    [director setDeviceOrientation:kCCDeviceOrientationPortrait];
#else
    [director setDeviceOrientation:kCCDeviceOrientationLandscapeLeft];
#endif                                                             // 5
```

```
[director setAnimationInterval:1.0/60];                      // 6
[director setDisplayFPS:YES];                                // 7

// OpenGLView를 view controller의 자식으로 만든다.
[viewController setView:glView];                             // 8

// View Controller를 main 윈도우의 자식으로 만든다.
[window addSubview: viewController.view];
[window makeKeyAndVisible];                                  // 9

// PNG/BMP/TIFF/JPEG/GIF 이미지를 기본 텍스처 포맷으로 지정하려면
// RGBA8888, RGBA4444, RGB5_A1, RGB565 중 하나를 사용하면 된다.
[CCTexture2D setDefaultAlphaPixelFormat:
        kCCTexture2DPixelFormat_RGBA8888];                  // 10
// startup flicker 제거
[self removeStartupFlicker];                                 // 11
// 인트로 Scene 실행
[[CCDirector sharedDirector] runWithScene:
                        [HelloWorld scene]];                 // 12
}
```

제일 먼저 할 일은 View Controller의 UIWindow를 초기화하고 EAGLView를
UIWindow에 붙이는 것이다. UIWindow는 전체 화면으로 설정되어 있으며,
OpenGL ES에서 호출되는 모든 내용이 EAGLView로 가게 된다. 다음은 Application
Delegate이다:

1. iOS 3.1 이상 버전에서 사용 가능한 DisplayLink Director를 사용하기 위한
   Cocos2D 셋업을 시도한다. DisplayLink Director는 Cocos2D로 하여금 장치
   에 딱 맞는 이미지를 화면에 나타나게 한다. 이를 위해 업데이트와 렌더링 사이
   클을 화면 refresh 간격과 맞춰준다.

2. Cocos2D Director 싱글톤 인스턴스를 생성한다.

3. View controller 인스턴스를 생성한다. 이 인스턴스에는 EAGLView가 실리며,
   또한 view controller 인스턴스는 나중에 Cocos2D에게 화면 방향(가로 또는
   세로)에 대한 정보를 제공한다.

4. EAGLView를 생성한다. EAGLView는 여러분이 제작하는 게임을 렌더링하는 데
   사용된다. 즉, Cocos2D가 EAGLView를 이용해 OpenGL ES 명령어를 OpenGL

ES 드라이버에 전달한다.

5. 화면 방향을 설정한다. Cocos2D 템플릿으로 생성한 View Controller를 사용하는 경우에는 방향을 설정하기 위해 RootViewController.m 파일의 `shouldAutorotateToInterfaceOrientation` 값을 변경해야 한다.

6. 애니메이션 업데이트 간격을 초당 60번으로 설정한다. 이 값은 Cocos2D의 기본값이다. Cocos2D는 보통 가장 빠른 속도(초당 60번)로 화면을 업데이트한다.

7. FPS(Frames Per Second, 초당 프레임 수)값을 설정하고 활성화시킨다. Cocos2D는 화면에 FPS 값을 표시하는 옵션을 제공한다. 이 옵션은 게임 성능과 관련된 디버깅 시 매우 유용하게 쓰인다. FPS 표시는 OFF가 기본값이며 여기에서는 ON으로 하였다.

8. `EAGLView`를 `RootViewController`에 자식으로 붙여 렌더링될 수 있도록 한다.

9. `RootViewController`를 `UIWindow`에 추가시키고 활성화시킨다. 이렇게 하면 `EAGLView`가 렌더링한 내용을 화면에 표시하기 시작한다.

10. Cocos2D의 텍스처 포맷을 설정한다. Cocos2D는 기본적으로 많은 비트 수를 차지하는 이미지를 사용한다. 나중에 메모리 절약을 위해 적은 비트 수를 차지하는 이미지를 사용하는 방법에 대해서 설명할 것이다.

11. 가로 모드로만 사용하는 경우 startup flicker를 제거한다. 가로 모드로만 게임이 동작하는 경우 flicker에 의해 검정색 화면으로 바뀌지 않도록 하기 위해 Cocos2D는 로딩 이미지(Default.png)를 화면에 나타내야 한다.

12. `HelloWorld scene` 인스턴스를 생성한다. `HelloWorld scene`은 `HelloWorld layer` 인스턴스를 만들고 `HelloWorld scene`을 실행시킨다. 그렇게 함으로써 화면에 "Hello World"가 표시되는 것이다.

Cocos2D Director는 게임 루프를 돌리면서 게임에 사용되는 모든 그래픽들을 렌더링하는 역할을 맡는다. 게임 루프가 도는 동안 director는 게임 동작, 일시 정지, 종료에 대한 제어도 할 수 있다. 리스트 1.6을 보면 application delegate의 메소드들이 일시 정지, 재개 등을 포함한 iPhone 운영체제 이벤트를 호출하는 것을 확인할 수 있다.

  CCHelloWorldAppDelegate.m 파일에 있는 몇 가지 메소드

```objc
- (void)applicationWillResignActive:(UIApplication *)application {
    [[CCDirector sharedDirector] pause];                              // 1
}

- (void)applicationDidBecomeActive:(UIApplication *)application {
    [[CCDirector sharedDirector] resume];                            // 2
}

- (void)applicationDidReceiveMemoryWarning:(UIApplication *)application {
    [[CCDirector sharedDirector] purgeCachedData];                   // 3
}

- (void)applicationWillTerminate:(UIApplication *)application {
    CCDirector *director = [CCDirector sharedDirector];
    [[director openGLView] removeFromSuperview];
    [viewController release];
    [window release];
    [director end];                                                 // 4
}

- (void)applicationSignificantTimeChange:(UIApplication *)application {
    [[CCDirector sharedDirector] setNextDeltaTimeZero:YES];          // 5
}
```

1. 운영체제에 의해 애플리케이션이 일시 정지하는 경우, 게임과 모든 타이머를 일시 정지시킨다. iPhone/iPad 화면을 잠그거나 전화가 걸려오는 등 애플리케이션을 강제로 background로 보내는 일이 발생할 때 이 이벤트가 일어난다.

2. 운영체제에 의해 애플리케이션이 background에서 foreground로 불리면 게임과 모든 타이머는 동작을 재개한다. 애플리케이션 실행 중 iPhone/iPad를 잠갔다가 다시 풀 때, 또는 애플리케이션 실행 중 전화를 받은 다음 통화를 끝냈을 때 등과 같은 상황에서 이 이벤트가 일어난다.

3. 메모리 부족 경고가 발생할 때 메모리에 보관해둔 모든 스프라이트 텍스처를 제거한다. 이 호출이 일어나면 캐시된 텍스처와 비트맵 폰트 중 현재 화면에 렌더링하기 위해서 사용되는 것을 제외한 모든 데이터를 제거한다.

> **Note** PNG, PVR 같은 이미지 파일은 GPU에 사용할 수 있는 형태로 변환되어 OpenGL ES 텍스처에 로드된다. Cocos2D 스프라이트는 이러한 텍스처와 연결된 일종의 링크로, OpenGL ES가 게임을 렌더링할 때 사용하도록 Cocos2D Director가 제공한다. Cocos2D는 메모리에 캐시(cache)된 텍스처를 관리하는 텍스처 캐시 매니저를 가지고 있다. 메모리에 텍스처를 캐시로 가지고 있으면 같은 텍스처를 재사용할 때 굉장히 빠르게 스프라이트를 생성할 수 있다. 하지만 캐시를 사용하는 만큼 메모리 사용량이 늘어나는 점이 단점이다. 그래서 메모리 부족 경고가 일어나면 Cocos2D는 곧바로 사용하지 않는 텍스처를 메모리에서 제거한다. 이렇게 메모리 공간을 차지하고 있는 자원중 사용하지 않는 텍스처 등을 적절히 걸러주는 작업은 메모리 사용량을 낮게 유지하는 데 매우 중요한 요소가 된다.

4. Director를 종료시키고 `EAGLView`를 애플리케이션의 `UIWindow`에서 제거한다. 이렇게 하면 게임 루프가 종료되고 메모리에 있던 모든 텍스처는 제거되며 모든 스케줄러 타이머도 지워진다. 또한 director로 하여금scene에 딸려있는 모든 layer와 스프라이트를 포함하여 현재 실행중인 scene을 제거하도록 한다. `applicationWillTerminate` 이벤트는 사용자가 게임을 끝낼 때 호출된다.

5. 직전에 일어났던 이벤트 호출과 현재 일어난 이벤트 호출 사이의 간격인 델타 시간(delta time)을 0으로 설정한다. 이 메소드는 이벤트 호출 간격이 심각하게 길어지면 호출되는데, 이러한 상황은 주로 섬머타임이나 시차 변경에 따른 iPhone 자체 시각 조정으로 인해 발생한다. 이와 같은 엄청난 길이의 시간 변경은 게임 내부의 물리 엔진이나 각종 연산에 안좋은 영향을 미치기 때문에 이를 방지하기 위해 델타 시간을 0으로 조정해주는 것이다. 만일 델타 시간을 몇 초 또는 몇 분으로 바꾸어 update 메소드가 굉장히 띄엄띄엄 호출되게 만든다면, 게임 연산이 그 영향을 받아 게임이 이상하게 진행될 것이다. 델타 시간에 대해서는 Part 4에서 자세히 다룰 것이다.

실행하는 순서를 따라가보면, 애플리케이션이 실행될 때 `AppDelegate`가 시작하는 것을 알 수 있다. `AppDelegate`는 director를 동작시키고, director는 `HelloWorld scene`을 실행시킨다. HelloWorld scene은 한 개의 layer를 가지고 있으며, 그 layer에는 "Hello World"라는 스트링이 담겨 있는 라벨이 있다. 이 라벨이 `HelloWorld layer`의 자식으로 붙어 scene의 자식이 된다. 그래서 director가 scene

과 scene의 자식을 렌더링하면 라벨이, 즉 Hello World가 화면에 나타나는 것이다.

그림 1.9의 왼쪽 아래에 있는 60.0이라는 숫자는 Cocos2D가 현재 scene을 렌더링할 때의 FPS를 나타낸다. 이 정보는 게임이 실행하는 동안의 FPS값을 알려주기 때문에 디버깅할 때 매우 유용하다. FPS 숫자 표시를 없애기 위해서는 AppDelegate에 있는 다음 명령줄을 없애면 된다.

```
[director setDisplayFPS:YES];
```

Cocos2D 소스 코드에 대한 보충 설명

Cocos2D의 훌륭한 기능 중 하나는 프로젝트 내에 있는 모든 소스 코드가 오픈되어 있다는 점이다. 즉, scene의 이면에 있는 내용을 읽을 수 있기 때문에 scene이 어떻게 렌더링되고 다른 작업들은 어떻게 진행되는지 코드를 통해 알 수 있다. Cocos2D 뿐만 아니라 CocosDenshion, Box2D, Chipmunk도 프로젝트를 만들 때 Cocos2D 템플릿을 선택하면 자동으로 프로젝트에 포함된다. 이렇게 포함되는 코드들 모두 소스를 볼 수 있기 때문에 프로그램을 작성하다 궁금한 부분이 있으면 언제든지 확인할 수 있다. 가령 메소드를 보고 싶은 경우, Xcode에서 해당 메소드나 변수를 선택한 다음 마우스 오른쪽 버튼을 누르고 [Jump to Definition]을 선택하거나 Control + Z + D 를 누르면 된다. 그림 1.12는 Xcode에서 [Jump to Definition] 항목을 포함한 팝업 메뉴가 나타난 화면을 보여준다.

실제로 Jump to Definition 동작을 보자.

1. HelloWorldScene.m 파일을 연다.
2. 18번 행에 있는 node 메소드를 선택한 다음 마우스 오른쪽 버튼을 클릭한다.
3. Xcode 팝업 메뉴에서 [Jump to Definition]을 선택한다. Xcode는 CCNode.m 파일을 열고 해당 코드를 보여줄 것이다(리스트 1.7).

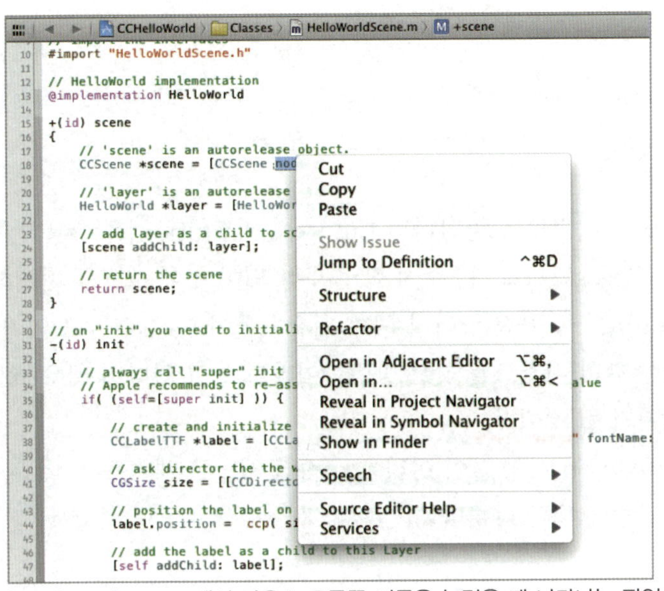

| 그림 1.12 | Xcode에서 마우스 오른쪽 버튼을 눌렀을 때 나타나는 팝업 메뉴. [Jump to Definition] 항목이 포함되어 있다.

리스트 1.7 <u>CCNode.m 파일에 있는 node 메소드</u>

```
#pragma mark CCNode - Init & cleanup

+(id) node {
    return [[[self alloc] init] autorelease];
}
```

Cocos2D는 엄청난 양의 유틸리티 메소드와 헬퍼 메소드를 제공하기 때문에 프로그램을 개발하는 시간과 타이핑 수를 줄일 수 있다. 예를 들어 Cocos2D Director에는 `convertToGL`과 `convertToUI` 메소드를 제공하는데, 이 메소드는 UIKit과 OpenGL ES의 좌표 체계로 변환하는 데 사용된다. 유틸리티 메소드, 헬퍼 메소드와 더불어 Cocos2D는 타이핑을 줄일 수 있는 매크로도 제공한다. 굉장히 자주 사용하게 될 매크로로 `ccp`를 들 수 있는데, `ccp`는 단순히 `CGPointMake` 메소드를 줄여서 쓸 수 있게 해준다. 다음은 `ccp` 매크로 코드이다.

```
/** Helper macro that creates a CGPoint
 @return CGPoint
 @since v0.7.2
 */
#define ccp(__X__,__Y__) CGPointMake(__X__,__Y__)
```

만일 모르는 메소드나 매크로를 만난다면 [jump to definition]을 활용하여 코드를 읽어보도록 하자. Cocos2D 소스는 주석 작업이 잘 되어 있어 코드를 이해하는 데 큰 어려움이 없도록 하였다[2]. 어쨌든 어떤 헬퍼 메소드들이 있는지 알고 있거나, 그렇지 않더라도 최소한 헬퍼 메소드를 찾는 방법만이라도 알고 있다면 매우 효율적인 Cocos2D 게임 개발자가 될 것이다.

다음 섹션에서는 HelloWorld와 같이 여러분이 직접 개발한 게임을 iPhone/iPad/iPod touch에 싣는 방법에 대해 다룬다.

 iPhone 또는 iPad에서 CCHelloWorld 실행하기

여러분의 장치에서 CCHelloWorld를 돌리기 위한 첫 번째 단계는 Apple의 iPhone 개발자 계정을 만드는 일이다(http://developer.apple.com/iphone). 그림 1.13은 iPhone Developer Portal을 보여준다.

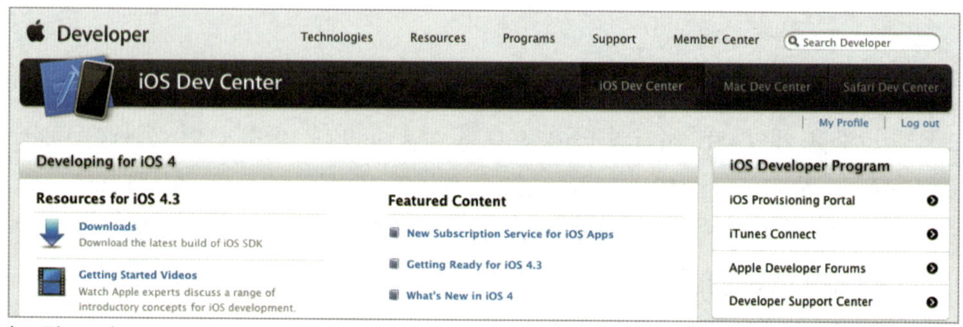

| 그림 1.13 | Apple의 iOS Developer Portal

---

2 [역주] 하지만 모두 영어로 쓰여있다.

Xcode 3.2.3으로 시작하는 경우 iOS 기기용으로 빌드하는 방법은 두 가지가 있다. 하나는 Xcode가 자동으로 provisioning profile을 설정하게 하는 것이고, 다른 하나는 iOS Developer Portal을 통해 Ad Hoc profile을 직접 작성하는 것이다.

Xcode를 통해 자동으로 프로파일 생성하기

Provisioning profile은 iOS 개발을 처음 시작하는 개발자가 가장 어려워하는 작업 중 하나다. 그러나 Xcode의 도움을 받는다면 대부분의 게임 개발을 시뮬레이터를 통해 진행하고, 간단한 코드 사인 절차를 거친 후에 실제 기기에서 테스트를 할 수 있다. Apple은 Xcode 3.2.3을 통해 이와 같은 과정을 매우 쉽게 진행할 수 있게 하였다. Xcode가 provisioning profile을 설정하도록 하는 과정은 다음과 같다.

1. USB 케이블을 이용하여 iPhone/ iPad를 연결한다.
2. Xcode 메뉴에서 [Window]-[Organizer]를 선택한다.
3. [Devices]를 선택한다.
4. [Use for Development] 버튼을 클릭한다.
5. 자신의 iPhone 개발자 프로그램 계정 정보를 입력한다.

이렇게 하면 끝이다! Xcode는 자동으로 여러분의 장치 UDID를 Apple에 보낸 다음 "Team Provisioning Profile"이라는 특별한 provisioning profile을 만들고는 필요한 나머지 과정을 진행한다. 약간의 시간이 지난 후 Organizer 창은 그림 1.14와 비슷한 결과를 보여줄 것이다.

iPhone/ iPad 장치 버전으로 빌드하기

Scheme 드롭다운 메뉴에서 CCHelloWorld와 함께 iPhone 또는 iPad 기기를 선택한다. USB 케이블을 통해 iPhone이나 iPad를 연결하면 해당 목록이 보일 것이다.

| **그림 1.14** | iPad를 개발용 장치로 설정한 결과가 Xcode Organizer 창에 나타난 모습

그렇게 한 다음 [Run]을 누르면 Xcode는 CCHelloWorld를 iPhone, iPad의 ARM 프로세서에서 동작하는 버전으로 빌드하고 여러분의 장치로 보낼 것이다.

 정리

이번 챕터에서는 Cocos2D 소스 코드를 다운받아 Xcode에 Cocos2D 템플릿을 설치하였다. 그리고 HelloWorld 앱을 작성한 다음 단 몇 줄의 코드만으로 움직이는 우주 화물선을 만들었다. 아울러 Cocos2D 템플릿에서 기본적으로 제공하는 Cocos2D Director, scene, layer에 대해서도 알아보았다.

다음 챕터에서는 Cocos2D에 대해 더 깊이 파헤쳐볼 것이다. 그리고 본격적인 Space Viking 게임 개발을 시작할 것이다. 이제 준비가 되었다면 페이지를 열어 바이킹 Ole를 움직이고 외계 로봇과 싸우게 하는 여정을 시작하자.

 ## 연습문제

1. 다운받은 Cocos2D 소스 중에서 SpriteTest 같은 Cocos2D Xcode 테스트 프로젝트 몇 가지를 실행시켜보자. Cocos2D 프로젝트 파일은 다운 받아 설치한 Cocos2D 폴더 내 [cocos2d-iphone] 폴더 안에 있다. SpriteTest를 실행시키기 위해서는 그림 1.15와 같이 Scheme 드롭다운 메뉴에서 [SpriteTest]를 선택하면 된다.

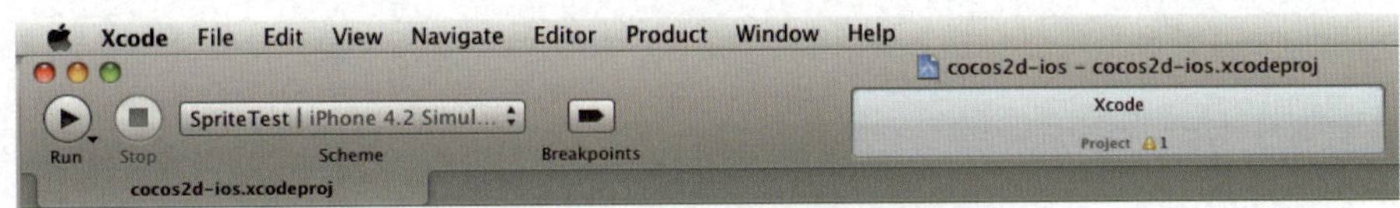

| 그림 1.15 | Xcode의 Scheme 드롭다운에서 SpriteTest를 선택한 모습

2. Cocos2D Box2D 애플리케이션과 Cocos2D Chipmunk 애플리케이션을 생성하여 iOS 시뮬레이터나 여러분의 iOS 장치에서 실행시켜보자. 이 애플리케이션에서 보게 될 물리 엔진은 나중에 Part 4에서 다룰 것이다.

Hello, Space Viking

Chapter 1에서 시스템에 Cocos2D를 설치하고 Xcode를 통해 Cocos2D 템플릿을 사용할 수 있도록 했다. 그리고 Cocos2D 템플릿에 포함된 몇몇 툴에 대해서도 언급하였는데, 이것들은 이후 챕터에서 다룰 것이다. 이제 드디어 바이킹 Ole가 화면을 누비는 Space Viking 게임을 제작하는 여정을 시작할 때가 되었다. 이번 챕터에서는 Space Viking의 iPad 버전만을 다룰 것이다. 이후 챕터에서 iPad에서 iPhone으로 컨버전하는 테크닉에 대해서 자세히 설명할 것이다.

먼저 Space Viking 게임 프로젝트를 생성하는 것으로 여정을 시작하자. 이 프로젝트는 이 책을 읽는 동안 계속해서 사용하게 될 것이다. 이번 챕터 전반부에서는 기본 Cocos2D 템플릿을 이용하여 두 개의 스프라이트를 추가할 것인데, 하나는 배경 화면으로 사용하고 다른 하나는 바이킹 Ole로 사용한다. 후반부에서는 바이킹이 움직이고 점프할 수 있도록 조작하기 위한 터치 입력을 제어하는 방법에 대해 설명할 것이다. 이제 Xcode를 띄우고 Space Viking 개발을 시작해보자!

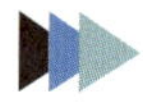 SpaceViking 프로젝트 생성

Space Viking은 이 책을 통해 Cocos2D를 익히기 위한 키워드가 될 것이다. 모든 게임은 분명히 개발하는 시점이 있기 마련이며, Space Viking의 경우에는 Cocos2D 템플릿 프로젝트가 최초의 시작 지점이 된다. 이를 위해 가장 먼저 해야 할 것이 바로 Xcode에서 새로운 Cocos2D 프로젝트를 생성하는 것이다. 프로젝트 생성 과정은 다음과 같다.

1. Xcode를 띄우고 [Create a New Xcode Project]를 선택한다.
2. [iOS] 섹션에서 [Cocos2D] 템플릿을 선택한다(Box2D나 Chipmunk는 제외).
3. 프로젝트 이름으로 'SpaceViking'을 입력한 다음 [Next]를 클릭한다.
4. SpaceViking 프로젝트를 저장할 공간을 지정하고 [Create]를 클릭한다.

그림 2.1은 Cocos2D 템플릿을 선택하는 화면을 보여준다. Cocos2D 버전에 따라 형태가 달라질 수도 있다.

| 그림 2.1 | Xcode에서 Cocos2D 템플릿을 선택하는 화면

지금까지는 Chapter 1에서 다루었던 내용과 동일하다. 이 상태에서 [Run]을 누르면 Cocos2D의 HelloWorld 샘플과 동일한 결과를 보게 될 것이다. 이번 챕터에서 만드는 Space Viking은 iPad 버전이며, iPhone 버전으로 크기를 조정하는 방법에 대해서는 이후의 챕터에서 다룰 것이다. Cocos2D 템플릿은 기본적으로 iPhone 버전으로 설정하기 때문에 iPad 버전으로 작업하기 위해서는 별도의 선행 작업이 필요하다.

▶▶ Space Viking 클래스 생성

여기까지 따라왔다면 여러분은 iPhone과 iPad에서 전체 화면으로 동작하는 게임 앱의 프로젝트 템플릿을 갖고 있는 것이다. 이제 HelloWorld 파일들은 참조용으로 놔두기로 하고, Space Viking에 필요한 클래스를 만들기로 하자. 먼저 [Images] 폴더를 추가해야 한다. [Images] 폴더는 SpaceViking 프로젝트에서 다운받을 수 있다.

이번 챕터에서 필요한 [Images] 폴더는 이 책의 리소스에서 찾을 수 있다. 리소스는 디스크 이미지 파일(.dmg)로 제공되며, 다음의 사이트에서 구할 수 있다.

http://cocos2dbook.com/cocos2d/sourcecode/

디스크 이미지 파일을 다운받은 다음 [Chapter 2] 폴더로 이동하면 된다.

다음으로 Xcode에서 [Images] 폴더를 현재의 프로젝트에 추가해야 한다.

5. Xcode에서 SpaceViking 프로젝트를 열어 놓은 상태로 놔두고, Finder에서 [Images] 폴더를 SpaceViking 프로젝트로 드래그한다.

6. 액션 시트가 나타나면 'Copy items into destination group's folder'에 체크하고 [Finish] 버튼을 클릭한다(그림 2.2).

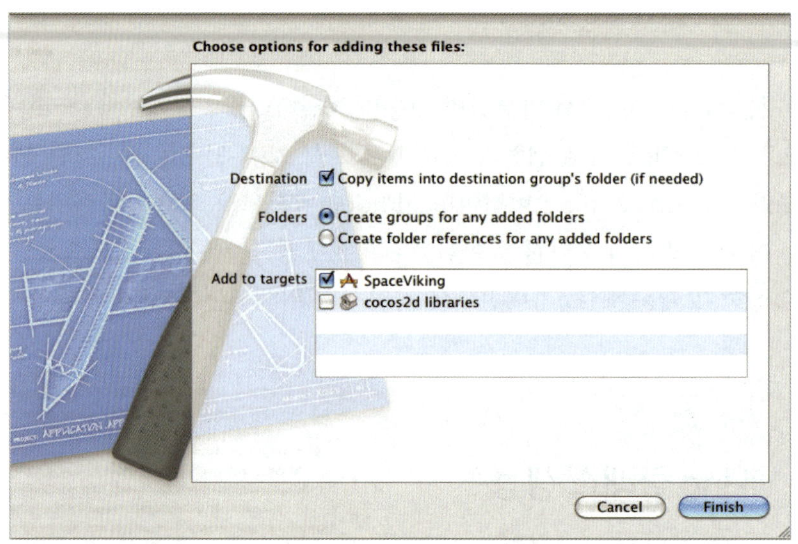

| 그림 2.2 | Add Files 다이얼로그 창에서 Copy items 체크박스에 체크한다.

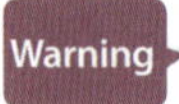

'Copy items into destination group's folder' 옵션은 프로젝트 폴더에 해당 내용을 복사할 때 사용한다. 만일 체크박스에 체크 표시를 하지 않는다면 해당 내용은 원본 데이터에 대한 링크(link)로만 연결된다. Space Viking의 경우, 다운받은 [Images] 폴더를 나중에 옮길 것이라고 가정하고 프로젝트 폴더에 복사했다.

[Images] 폴더를 보면 게임에서 사용할 PNG 파일을 보게 될 것이다. 폴더 안에는 배경 이미지와 바이킹 Ole의 첫 번째 프레임 이미지도 포함되어 있다. 이 이미지들이 프로젝트에 포함되었으니 이제 다음 단계로 넘어가 background layer, gameplay layer와 함께 두 layer를 포함하는 gameplay scene을 만들어보자.

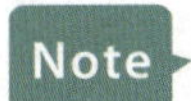

Note [Images] 폴더에는 Space Viking 앱에서 사용하는 앱 아이콘도 포함되어 있다. Cocos2D 템플릿에는 [Resources] 폴더에 이미 이 아이콘 파일(icon.png, Icon@2x.png, Icon-Small. png, Icon-Small@2x.png, Icon-Small-50.png, Icon-72.png, Default.png)을 포함하고 있으니 계속 진행하기 전에 중복되는 파일을 미리 삭제하도록 하자.

▶▶ Background Layer 생성

앞에서 이야기한 바와 같이 Cocos2D Director는 scene을 동작시키는 역할을 하며, scene은 layer로 구성되어 있다. 각 layer가 초기화될 때는 `init` 메소드가 호출된다. `init` 메소드는 각각의 layer에 필요한 스프라이트를 생성하고 초기화시킨다. Space Viking의 background에는 화면 중앙에 고정된 배경 이미지를 갖는 한 개의 스프라이트가 실리게 된다. 나중에 Space Viking이 발전하면서 스크롤이 가능한 background와 애니메이션이 추가될 것이다.

1. Xcode에서 [Classes] 폴더를 선택한 다음 마우스 오른쪽 버튼을 클릭하고 팝업 메뉴에서 [New File]을 선택한다.

2. 창 왼쪽 패널에서 [iOS]-[Cocoa Touch class]를 선택하고 오른쪽 패널에서 [Objective-C class]를 선택한 다음 [Next] 버튼을 클릭한다(그림 2.3).

3. [Subclass] 필드에 'CCLayer'를 입력한 다음 [Next] 버튼을 클릭한다.

4. [Save As] 필드에 'BackgroundLayer.m'이라고 입력한 다음 [Save] 버튼을 클릭한다(그림 2.4).

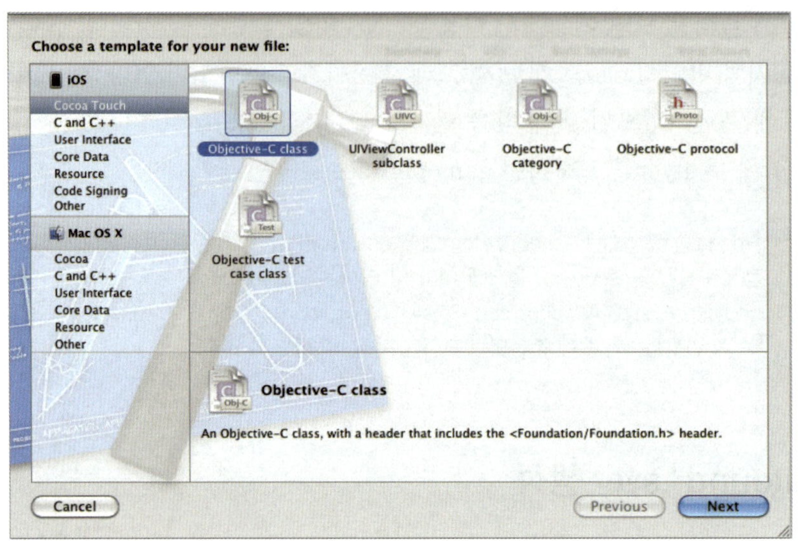

| 그림 2.3 | Xcode의 Add New File 다이얼로그 창

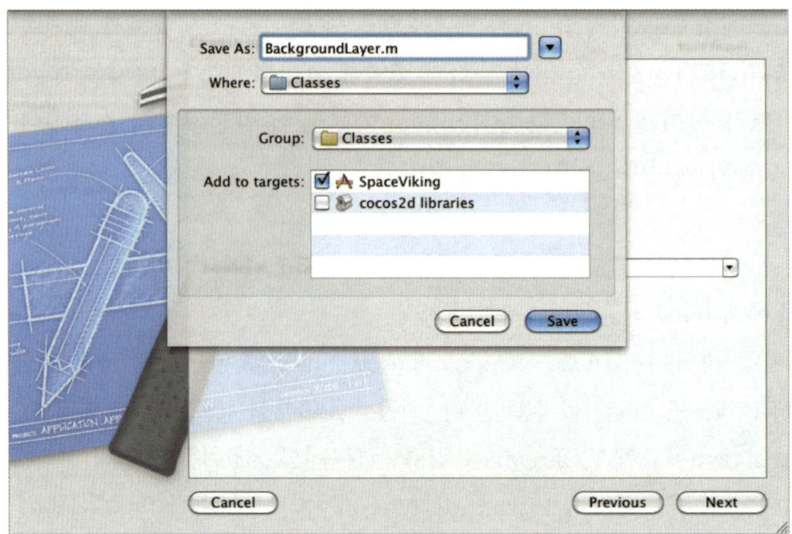

| 그림 2.4 | BackgroundLayer.m 클래스를 SpaceViking에 추가

헤더 파일 BackgroundLayer.h를 연다.

Cocos2D를 위한 `#import` 구문을 추가하고, `BackgroundLayer` 클래스가

NSObject 대신 CCLayer로부터 상속받도록 수정한다. 수정된 BackgroundLayer.h 파일은 리스트 2.1에서 확인할 수 있다.

리스트 2.1　BackgroundLayer.h

```objc
#import <Foundation/Foundation.h>
#import "cocos2d.h"

@interface BackgroundLayer : CCLayer {

}

@end
```

이제, BackgroundLayer.m 파일로 이동하여 init 메소드를 추가하고 background 스프라이트를 추가할 차례이다.

> **Tip**
>
> MacBook, MacBook Pro 또는 Apple의 Magic TrackPad를 사용하는 경우, 세 손가락을 위/아래로 쓸어내는 동작으로 헤더 파일(.h)과 implementation 파일(.m) 간 빠른 전환을 할 수 있다. 또는 단축키 Option + Command + ↑ 를 통해 헤더 파일과 implementation 파일 간 빠른 전환도 가능하다.

BackgroundLayer.m 파일을 열고, 리스트 2.2와 같이 -(id)init 메소드를 작성한다.

리스트 2.2　BackgroundLayer.m

```objc
//  BackgroundLayer.m
//  SpaceViking
#import "BackgroundLayer.h"

@implementation BackgroundLayer
-(id)init {
    self = [super init];                                                     // 1
    if (self != nil) {                                                       // 2
        CCSprite *backgroundImage;
    if (UI_USER_INTERFACE_IDIOM() == UIUserInterfaceIdiomPad) {              // 3
            // iPad에서 동작함
            backgroundImage = [CCSprite
```

```objc
            spriteWithFile:@"background.png"];
    } else {
        backgroundImage = [CCSprite
          spriteWithFile:@"backgroundiPhone.png"];
    }

    CGSize screenSize = [[CCDirector sharedDirector] winSize];      // 4
    [backgroundImage setPosition:
     CGPointMake(screenSize.width/2, screenSize.height/2)];         // 5

    [self addChild:backgroundImage z:0 tag:0];                      // 6

}
    return self;                                                   // 7

}
@end
```

이 메소드의 맨 앞 두 줄은 표준 구문으로 Apple의 템플릿에서 따다 작성하였다.
이 두 줄은 부모/super 클래스가 초기화되었으며 nil이 아님을 확인한다. 그러면
init 메소드가 어떻게 동작하는지 천천히 살펴보자. 리스트 2.2에 주석으로 표시된
번호에 따라 아래에 설명을 정리했다.

1. BackgroundLayer 클래스의 수퍼 클래스(여기에서는 CCLayer)의 초기화된 인
   스턴스를 생성한다.
2. 이렇게 생성한 인스턴스가 nil이 아닌지 확인한다.
3. Space Viking이 iPad에서 동작하는지 iPhone에서 동작하는지 확인한다. iPad
   에서 동작하면 background로 background.png 이미지를 사용하고 iPhone에
   서 동작하면 backgroundiPhone.png 파일을 사용한다. [Images/Back-
   grounds] 폴더를 보면 두 개의 iPhone 배경 이미지 backgroundiPhong.png와
   backgroundiPhone-hd.png를 확인할 수 있는데, Cocos2D는 자동으로
   iPhone 4 레티나 디스플레이를 감지하여 높은 해상도의 이미지를 사용한다.
   spriteWithFile 메소드는 이미지 파일로부터 텍스처를 생성한 다음 CCSprite
   오브젝트로 만든다. 스프라이트의 배열과 좌표는 이미지 배열을 따른다.

4. Cocos2D Director를 통해 화면 크기를 구한다. iPad라면 1,024×768 픽셀을 리턴한다.

5. `backgroundImage` 스프라이트의 위치를 화면 중앙으로 설정한다. Cocos2D의 좌표 체계에서는 화면 왼쪽 아래가 기준점인 (0, 0)이 되며, 스프라이트의 위치는 스프라이트의 중앙을 기준으로 한다. 따라서 `setPosition` 메소드를 사용할 때는 항상 스프라이트의 크기를 고려하도록 한다.

6. `backgroundImage`를 `backgroundLayer`에 추가한다. 이때 z값과 `tag`값을 0으로 지정한다. Cocos2D에서는 스프라이트와 layer의 위치 관계를 z값을 통해 지정하는데, z값이 클수록 화면 앞쪽에 놓인다. 스프라이트의 경우 스프라이트가 어떤 layer에 있는지를 주시해야 한다. 왜냐하면 z값이 100임에도 불구하고 layer가 맨 뒤에 있을 수도 있기 때문이다(즉, layer의 z값이 가장 낮다). 이러한 경우에는 이 스프라이트는 z값이 더 높은 layer의 스프라이트 뒤에 나타나게 된다.

7. 새로 초기화된 `BackgroundLayer` 클래스를 리턴한다.

UIKit의 좌표 체계에서는 화면의 왼쪽 상단이 기준점인 (0, 0)이 된다. 그러나 Cocos2D는 OpenGL ES의 좌표 체계를 따르기 때문에 기준점 (0, 0)이 화면 왼쪽 아래에 위치한다. 이렇게 상이한 좌표 체계 간의 편리한 전환을 위해 Cocos2D에서는 유틸리티 함수 `convertToGL`과 `convertToUI`를 제공한다. 이 함수들은 터치 이벤트가 일어난 위치를 구할 때 UIKit과 OpenGL ES의 좌표 체계간 전환 시 주로 사용된다.

이번 챕터에서 다루는 background layer는 한 개의 이미지만을 사용하지만 이후의 챕터에서는 타일 맵을 추가하여 Space Viking 게임에서 스크롤하는 방법에 대해서도 다룰 것이다. 이어서 `GameplayLayer`와 `GameScene` 클래스를 만들어 background layer를 게임에 연결시켜 보자.

▶▶▶ Gameplay Layer : 바이킹 Ole를 게임에 추가하기

이제 scene에 바이킹 Ole를 추가할 시간이다. 바이킹 Ole를 포함한 모든 등장인

물과 동작들은 별도로 분리된 layer에 담을 것이다. 이를 위해 `GameplayLayer` 클래스와 Ole 이미지가 실리게 될 스프라이트를 만들어야 한다. 다음 챕터에서는 여기에 적(enemy)들과 애니메이션을 추가할 것이다.

1. Xcode에서 [SpaceViking Classes] 폴더를 선택하고 마우스 오른쪽 버튼을 클릭한다.
2. [New File]을 선택한 다음 타입으로 iOS\Cocoa Touch\Objective-C class를 선택한다.
3. [Subclass] 필드에 'CCLayer'라고 입력한 다음 [Next] 버튼을 클릭한다.
4. 파일 이름으로 'GameplayLayer.m'이라고 입력하고 [Save] 버튼을 클릭한다. Xcode는 자동으로 헤더 파일을 생성하기 때문에 헤더 파일에 필요한 인스턴스 변수나 프로퍼티를 추가하기만 하면 된다.
5. GameplayLayer.h 헤더 파일을 열고 Cocos2D를 위한 `#import` 줄과 `viking Sprite`라는 이름의 인스턴스 변수를 추가한다. 인스턴스 변수 `vikingSprite`에는 스프라이트가 저장된다. 리스트 2.3은 헤더 파일이다.

리스트 2.3 **GameplayLayer.h**

```
#import <Foundation/Foundation.h>
#import "cocos2d.h"
@interface GameplayLayer : CCLayer {
    CCSprite *vikingSprite;
}
@end
```

이번에는 implementation 파일(GameplayLayer.m)로 이동한 다음 리스트 2.4와 같이 `init` 메소드를 추가한다.

리스트 2.4 **GameplayLayer.m**

```
//  GameplayLayer.m
//  SpaceViking

#import "GameplayLayer.h"
```

```objc
@implementation GameplayLayer
-(id)init {
    self = [super init];
    if (self != nil) {
        CGSize screenSize = [CCDirector sharedDirector].winSize;        // 1
         // 터치 활성화
        self.isTouchEnabled = YES;                                      // 2
        vikingSprite = [CCSprite spriteWithFile:@"sv_anim_1.png"];      // 3
        [vikingSprite setPosition:
            CGPointMake(screenSize.width/2,
                        screenSize.height*0.17f)];                      // 4
        [self addChild:vikingSprite];                                   // 5
                                                                        // 6
        if (UI_USER_INTERFACE_IDIOM() != UIUserInterfaceIdiomPad) {
            // iPad가 아닌 경우 Ole를 축소시킨다.
            // 이렇게 하면 기기에 맞는 크기로 이미지가 로드된다.
            [vikingSprite setScaleX:screenSize.width/1024.0f];
            [vikingSprite setScaleY:screenSize.height/768.0f];
        }
    }
    return self;
}
@end
```

이제 리스트 2.4의 내용을 자세히 알아보자.

1. Cocos2D Director를 통해 화면 크기를 구한다. iPad의 경우 1,024×768 픽셀
   을 리턴한다.
2. `GameplayLayer`가 터치 이벤트를 받을 것이라고 Cocos2D에 알려준다.
3. viking1.png 이미지를 이용하여 인스턴스 변수 `vikingSprite`를 할당 및 초기
   화시킨다.
4. `vikingSprite`의 위치를 지정한다. 파라미터로 전달된 `screenSize.width/2`
   는 화면의 가로 길이(iPad의 경우 1,024 픽셀)를 반으로 나눈 값이다. 여기에서
   는 512가 되며, 화면의 맨 오른쪽에서 512 픽셀만큼 떨어진 위치가 된다. 마찬
   가지로 y축 방향으로는 아래에서 130 픽셀만큼 위로 올라간 위치가 된다. 앞에
   서 OpenGL ES와 Cocos2D는 화면의 맨 오른쪽 아래를 기준점 (0, 0)으로 사
   용한다고 하였다. 130 대신에 130.0f를 사용한 이유는 메소드가 integer값이

아닌 float값을 기대하기 때문이다. 여기에서는 float 형태로 숫자를 사용하기 때문에 int에서 float으로 타입을 변환시키는 과정을 생략하고 있다.

5. vikingSprite를 GameplayLayer에 추가한다. vikingSprite를 layer의 자식으로 하면 Cocos2D가 나중에 렌더링하게 된다.

6. Space Viking이 iPad에서 동작하지 않는 경우 vikingSprite를 화면 크기에 맞게 축소시킨다. 이후의 챕터에서 iPhone 및 iPod touch에서 그림을 적절히 로드하는 데 사용하게 될 것이다. 어쨌든 여기에서는 바이킹 이미지를 축소하기만 한다.

복사한 [Images] 폴더에 background.png와 sv_anim_1.png 파일이 있는지 확인하도록 하자. 이미지가 없는 상태에서 Space Viking을 컴파일하면 'cocos2d: Couldn't add image:sv_anim_1.png in CCTextureCache' 라는 에러 메시지와 함께 런타임 크래시를 일으킬 것이다.

▶▶ GameScene 클래스: Layer들을 Scene에 연결하기

이제 Space Viking 게임에는 두 개의 layer가 존재한다. 하나는 background이고 또하나는 바이킹 Ole이다. 다음 단계는 두 개의 layer를 Scene 오브젝트의 자식으로 만드는 것이다. Cocos2D Director가 게임 루프를 동작시키고 특정 scene을 '실행' 시키는데, 이 시점에서 GameScene이라는 한 개의 scene을 갖게 될 것이다. Chapter 7에서 몇몇 scene을 Cocos2D에 추가하는 방법과 scene과 scene을 전환하는 방법을 알아볼 것이다.

GameScene 생성

[Classes] 폴더에서 마우스 오른쪽 버튼을 클릭하고 메뉴에서 [New File]을 선택한다.

iOS\Cocoa Touch\Objective-C class를 선택하고 [Next] 버튼을 누른 다음 [Subclass] 필드에 'CCScene'이라고 입력하고 [Next] 버튼을 누른다. 파일 이름은 'GameScene.m'으로 하고 [Save] 버튼을 클릭한다.

GameScene.h를 열고 리스트 2.5와 같이 `#import` 줄과 `BackgroundLayer`, `GameplayLayer` 클래스를 추가한다.

 GameScene.h

```
#import <Foundation/Foundation.h>
#import "cocos2d.h"
#import "BackgroundLayer.h"
#import "GameplayLayer.h"
@interface GameScene : CCScene {
}
@end
```

GameScene.m 파일을 열고 `init` 메소드를 추가한다. `init` 메소드에서는 `BackgroundLayer`와 `GameplayLayer` 인스턴스가 `GameScene` 클래스에 추가된다. 리스트 2.6에서 GameScene.m 파일의 `init` 메소드를 볼 수 있다.

 GameScene.m (@implementation과 @end 사이에 추가)

```
-(id)init {
    self = [super init];
    if (self != nil) {
        // Background Layer
        BackgroundLayer *backgroundLayer = [BackgroundLayer node];    // 1
        [self addChild:backgroundLayer z:0];                          // 2
        // Gameplay Layer
        GameplayLayer *gameplayLayer = [GameplayLayer node];          // 3
        [self addChild:gameplayLayer z:5];                           // 4
    }
    return self;
}
```

GameScene의 `init` 메소드에서 일어나는 일은 다음과 같다.

1. `backgroundLayer` 오브젝트를 인스턴스화한다. `node` 메소드는 `alloc`과 `init` 메소드를 단순 조합한 것이다.
2. z값을 0으로 하여 `backgroundLayer`를 scene에 붙인다.

3. gameplayLayer 오브젝트를 인스턴스화한다.

4. gameplayLayer 오브젝트를 z값을 5로 하여 scene에 붙인다. gameplayLayer
   의 z값이 backgroundLayer의 z값보다 크기 때문에 gameplayLayer가
   backgroundLayer보다 앞에 위치한 모양으로 그려진다.

리스트 2.6을 보면 알 수 있듯이, Cocos2D scene은 아주 단순히 CCLayer의 컨테
이너 역할만 한다. 앞으로 Space Viking 개발을 진행하는 과정에 있어 대부분의 기
능들은 CCLayer에 국한될 것이다.

Xcode에서 [Build]를 선택하여 오타 등의 에러가 있는지 확인한다. 지금 시점에서
Space Viking은 빌드 에러를 일으키지 않는다. 다음 섹션에서는 director로 하여금
HelloWorld가 아닌 GameScene을 실행하게 만드는 코드를 추가할 것이다.

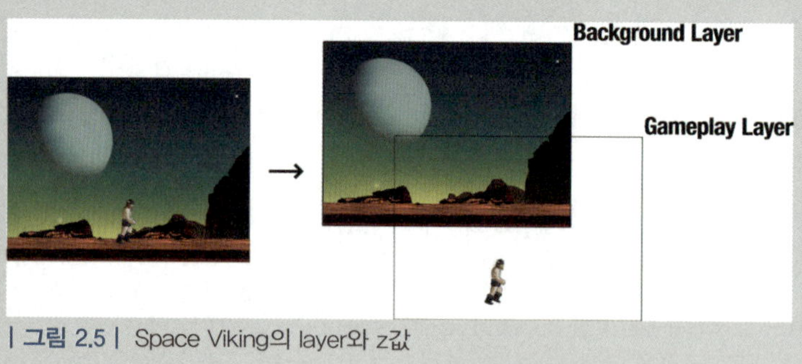

| 그림 2.5 | Space Viking의 layer와 z값

Cocos2D Director에 명령하기

SpaceViking 프로젝트에서 Cocos2D Director는 `HelloWorld scene`을 인스턴스화하고 실행시키는 것으로 구현되어 있다. 이제 이것을 수정하여 `GameScene`이 실행되도록 할 것이다.

1. SpaceVikingAppDelegate.m 파일을 연다.
2. 파일의 맨 위에 GameScene 클래스를 import하는 코드를 추가한다(리스트 2.7).

리스트 2.7 SpaceVikingAppDelegate.m

```
#import "cocos2d.h"
#import "SpaceVikingsAppDelegate.h"
#import "GameConfig.h"
#import "HelloWorldScene.h"
#import "RootViewController.h"
#import "GameScene.h"

@implementation SpaceVikingAppDelegate
```

3. 아래로 스크롤하고 다음 코드의 주석 처리를 제거하여 iPhone 4의 레티나 디스플레이에서 고해상도의 이미지를 사용할 수 있도록 한다.

```
// Enables High Res mode (Retina Display) on iPhone 4 and maintains
// low res on all other devices
if( ! [director enableRetinaDisplay:YES] )
    CCLOG(@"Retina Display Not supported");
```

Application Delegate의 위 코드 부분의 주석을 해제하면 Cocos2D는 `-hd`로 끝나는 이미지 파일을 찾게 되는데, 이번 챕터에서는 `BackgroundLayer` 이미지로 backgroundiPhone.png를 사용했기 때문에 iPhone 4용 이미지로는 backgroundiPhone-hd.png를 사용할 것이다.

4. 아래로 스크롤하여 `-applicationDidFinishLaunching` 메소드를 찾은 다음 아래의 코드를 주석 처리한다.

```
// [[CCDirector sharedDirector] runWithScene: [HelloWorld scene]];
```

5. Director가 GameScene을 실행시키도록 하기 위하여 다음의 코드를 주석 처리
한 코드 아래에 추가한다.

```
[[CCDirector sharedDirector] runWithScene:[GameScene node]];
```

위 코드는 director로 하여금 GameScene 클래스를 인스턴스화한 다음 실행시
키도록 만든다. 그러면 background와 gameplay layer를 보유하고 있는
GameScene 클래스가 실행되면서 scene 클래스에 들어있는 모든 layer를 화면
에 렌더링하게 된다.

Scheme 드롭다운 메뉴에서 'iPad Simulator'를 선택한 다음 [Run]을 클릭하면
Space Viking 게임이 실행되면서 화면에 바이킹 Ole가 외계 행성을 배경으로 중앙
에 서 있는 모습이 나타난다. 그림 2.6은 Space Viking을 iPad 시뮬레이터에서 실
행한 결과이다.

| **그림 2.6** | iPad 시뮬레이터에서 실행중인 Space Viking

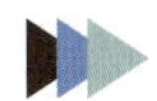

움직임 추가

불과 몇 페이지만에 iPad 화면에 바이킹과 배경 화면을 표시하게 되었다. 이제 Ole가 움직이도록 구현해보자. 다행히도 Cocos2D는 움직임을 위한 스프라이트 애니메이션 작업을 편리하게 해준다. Space Viking에서는 화면 왼쪽에 터치 형태의 조이스틱을 배치하여 Ole를 움직이게 하고, 화면 오른쪽에 공격 및 점프 버튼을 배치할 것이다. Cocos2D에서는 터치 이벤트가 layer에 전달되어 layer에서 이벤트를 처리하게 된다. 이미 `GameplayLayer` 클래스가 터치 이벤트를 받도록 지정하였기 때문에 터치 이벤트를 처리하는 메소드를 만들어주기만 하면 된다.

Joystick 클래스 import

Space Viking에서는 SneakyInput이라고 하는 오픈 소스 조이스틱 프로젝트를 사용할 것이다. 이것 역시 이번 챕터의 리소스 파일에 포함되어 있다. SneakyInput은 Cocos2D에서 사용할 수 있는 여러 조이스틱 프로젝트 중 하나로, SneakyInput 조이스틱을 SpaceViking 프로젝트에 포함시키기 위해서는 다음과 같이 하면 된다.

1. Xcode에서 SpaceViking 프로젝트를 선택한다.
2. 마우스 오른쪽 버튼을 클릭한 다음 [Add]–[Files]를 선택한다.
3. 다운 받은 [Resources] 폴더를 찾아서 [JoystickClasses] 폴더를 선택한다.
4. 'Copy items into destination group's folder' 옵션을 체크한 다음 [Add] 버튼을 클릭한다.

이렇게 하면 SneakyInput 조이스틱 클래스가 SpaceViking 프로젝트에 포함된다. 이제 이 클래스를 `GameplayLayer` 클래스에서 사용할 수 있도록 하면 된다.

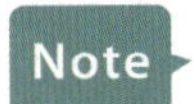

현재 `SneakyInput` 조이스틱 클래스는 Cocos2D의 메인 배포 패키지에 포함되지 않았다. Space Viking에서 사용한 `applyJoystick` 메소드는 SneakyInput의 샘플 코드의 일부를 차용하여 작성하였다. SneakyInput에 대한 정보 및 최신 코드에 대한 확인은 https://github.com/sneakyness/SneakyInput에서 가능하다.

조이스틱과 버튼 추가

GameplayLayer.h 파일을 열고 SneakyInput 클래스들을 가져오기 위해 #import 구문을 추가한다. 그런 다음 조이스틱과 두 개의 버튼을 위한 총 세 개의 인스턴스 변수를 추가한다. 전체 코드는 리스트 2.8에서 볼 수 있다.

리스트 2.8 GameplayLayer.h

```
//   GameplayLayer.h
//   SpaceViking

#import <Foundation/Foundation.h>
#import "cocos2d.h"
#import "SneakyJoystick.h"
#import "SneakyButton.h"
#import "SneakyButtonSkinnedBase.h"
#import "SneakyJoystickSkinnedBase.h"

@interface GameplayLayer : CCLayer {
    CCSprite *vikingSprite;
    SneakyJoystick *leftJoystick;
    SneakyButton *jumpButton;
    SneakyButton *attackButton;
}
@end
```

leftJoystick은 Ole를 왼쪽/오른쪽으로 움직이는 데 사용되며, jump와 attack 버튼은 각각 점프 및 공격을 하는 데 사용된다.

GameplayLayer.m 파일에서는 조이스틱과 버튼을 초기화하기 위한 메소드 -(void)initJoystickAndButtons()를 -(id)init 메소드 위에 추가한다. -(void) initJoystickAndButtons() 메소드는 init 메소드가 호출한다. 메소드는 리스트 2.9에 실려있다.

리스트 2.9 GameplayLayer.m의 −(void)initJoystickAndButtons()

```
-(void)initJoystickAndButtons {
    CGSize screenSize = [CCDirector sharedDirector].winSize;          // 1
    CGRect joystickBaseDimensions =
            CGRectMake(0, 0, 128.0f, 128.0f);                         // 2
```

```objectivec
    CGRect jumpButtonDimensions =
            CGRectMake(0, 0, 64.0f, 64.0f);
    CGRect attackButtonDimensions =
            CGRectMake(0, 0, 64.0f, 64.0f);
    CGPoint joystickBasePosition;                                       // 3
    CGPoint jumpButtonPosition;
    CGPoint attackButtonPosition;

    if (UI_USER_INTERFACE_IDIOM() == UIUserInterfaceIdiomPad) {         // 4
        // iPad용으로 설정
        CCLOG(@"Positioning Joystick and Buttons for iPad");
        joystickBasePosition = ccp(screenSize.width*0.0625f,
                            screenSize.height*0.052f);
        jumpButtonPosition = ccp(screenSize.width*0.946f,
                            screenSize.height*0.052f);
        attackButtonPosition = ccp(screenSize.width*0.947f,
                            screenSize.height*0.169f);
    } else {
        // iPhone 또는 iPod touch용으로 설정
        CCLOG(@"Positioning Joystick and Buttons for iPhone");
        joystickBasePosition = ccp(screenSize.width*0.07f,
                            screenSize.height*0.11f);
        jumpButtonPosition = ccp(screenSize.width*0.93f,
                            screenSize.height*0.11f);
        attackButtonPosition = ccp(screenSize.width*0.93f,
                            screenSize.height*0.35f);
    }

    SneakyJoystickSkinnedBase *joystickBase =
        [[[SneakyJoystickSkinnedBase alloc] init] autorelease];         // 5
    joystickBase.position = joystickBasePosition;                       // 6
    joystickBase.backgroundSprite =
        [CCSprite spriteWithFile:@"dpadDown.png"];                      // 7
    joystickBase.thumbSprite =
        [CCSprite spriteWithFile:@"joystickDown.png"];                  // 8
    joystickBase.joystick = [[SneakyJoystick alloc]
                        initWithRect:joystickBaseDimensions];           // 9
    leftJoystick = [joystickBase.joystick retain];                      // 10
    [self addChild:joystickBase];                                       // 11

    SneakyButtonSkinnedBase *jumpButtonBase =
        [[[SneakyButtonSkinnedBase alloc] init] autorelease];           // 12
    jumpButtonBase.position = jumpButtonPosition;                       // 13
    jumpButtonBase.defaultSprite =
        [CCSprite spriteWithFile:@"jumpUp.png"];                        // 14
    jumpButtonBase.activatedSprite =
```

```objc
        [CCSprite spriteWithFile:@"jumpDown.png"];                      // 15
    jumpButtonBase.pressSprite =
        [CCSprite spriteWithFile:@"jumpDown.png"];                      // 16
    jumpButtonBase.button = [[SneakyButton alloc]
                            initWithRect:jumpButtonDimensions];         // 17
    jumpButton = [jumpButtonBase.button retain];                        // 18
    jumpButton.isToggleable = NO;                                       // 19
    [self addChild:jumpButtonBase];                                     // 20

    SneakyButtonSkinnedBase *attackButtonBase =
        [[[SneakyButtonSkinnedBase alloc] init] autorelease];          // 21
    attackButtonBase.position = attackButtonPosition;                  // 22
    attackButtonBase.defaultSprite = [CCSprite
                            spriteWithFile:@"handUp.png"];              // 23
    attackButtonBase.activatedSprite = [CCSprite
                            spriteWithFile:@"handDown.png"];            // 24
    attackButtonBase.pressSprite = [CCSprite
                            spriteWithFile:@"handDown.png"];            // 25
    attackButtonBase.button = [[SneakyButton alloc]
                            initWithRect:attackButtonDimensions];       // 26
    attackButton = [attackButtonBase.button retain];                    // 27
    attackButton.isToggleable = NO;                                     // 28
    [self addChild:attackButtonBase];                                   // 29
}
```

initJoystickAndButtons 메소드는 SneakyJoystick 클래스에 대한 모든 정보를
설정한 다음 Space Viking 게임과 연결시킨다. 그러면 이 메소드가 어떻게 동작하
는지 한 줄 한 줄 살펴보자.

1. Cocos2D Director를 통해 screenSize를 얻는다. screenSize는 조이스틱과
   버튼 위치를 계산하는 데 사용된다.
2. 조이스틱과 버튼에 대한 터치 영역을 지정한다. 조이스틱의 터치 영역은 128×
   128 픽셀의 사각형이며, 점프와 공격 버튼은 각각 64×64 픽셀의 사각형 영역
   을 갖는다.
3. 조이스틱과 버튼의 위치를 저장할 세 개의 CGPoint 변수를 만든다.
4. Space Viking이 iPad에서 동작하는지 iPhone/iPod touch에서 동작하는지 결
   정한다. iOS 버전 3.2 이후에서는 이와 같이 확인하는 것이 장치를 구분하는

가장 좋은 방법이다. iPad 또는 iPhone/iPod touch에 따라 조이스틱과 버튼의 위치가 달라진다. 위치를 계산하기 위해 상수값을 사용했기 때문에, iPad의 해상도가 달라지는 경우에는 변경된 해상도에 맞추어 상수값을 적절히 조정해야 한다.

5. 조이스틱 베이스를 할당하고 초기화한다. 조이스틱 베이스는 실제 조이스틱과 조이스틱을 사용할 때 나타나는 DPAD(Directional Pad) 상태를 표현하기 위한 스프라이트로 구성된다.

6. 기기에 따라 조이스틱 베이스의 위치를 지정한다.

7. 조이스틱의 배경 이미지를 dpadDown.png로 지정한다. Space Viking에서는 이 이미지를 바이킹 룬 스타일 DPAD라고 부른다.

8. 조이스틱 배경 위에서 손가락의 움직임에 따라 같이 움직이게 되는 조이스틱 이미지를 joystickDown.png로 지정한다.

9. 조이스틱 터치 영역을 `joystickBaseDimensions` 변수값으로 지정한다. 앞에서 변수값을 128×128 픽셀의 사각형으로 지정하였기 때문에 터치 영역은 128×128 픽셀의 사각형이 된다.

10. 조이스틱 베이스의 모든 컴포넌트를 `GameplayLayer`의 인스턴스 변수 `leftJoystick`에 지정한다. 이번 챕터 후반에 `leftJoystick` 컴포넌트의 조이스틱 위치를 확인하여 이에 따라 바이킹 Ole를 움직이게 하는 코드를 보게 될 것이다.

11. 조이스틱 베이스 인스턴스를 `GameplayLayer`의 자식으로 추가하여 화면에 렌더링되게 한다.

5번부터 11번까지가 조이스틱을 설정하는 구문이다. 12번부터 29번까지는 점프와 공격 버튼을 설정한다.

12. 점프 버튼 베이스를 할당하고 초기화한다.

13. 베이스의 위치를 지정한다.

14. 점프 버튼 베이스의 기본 이미지를 jumpUp.png로 지정한다. 이 이미지는 버튼이 눌리지 않았을 때 나타난다.

15. 점프 버튼 베이스의 활성화 상태 이미지를 jumpDown.png로 지정한다. 이 이미지는 토글(toggle) 버튼이 on 또는 down 되었을 때 나타난다.

16. 점프 버튼 베이스가 눌렸을 때의 이미지를 jumpDown.png로 지정한다. 이 이미지는 버튼이 눌려있는 동안 나타난다. Cocos2D는 텍스처를 캐시하기 때문에, 지금과 같이 활성화 상태 이미지와 눌렸을 때의 이미지가 동일한 경우에는 한 개의 jumpDown.png 이미지만을 메모리에 로드한다.

17. 점프 버튼의 영역을 64×64 픽셀의 사각형으로 지정한다.

18. 점프 버튼 베이스의 버튼 컴퍼넌트를 `GameplayLayer`의 인스턴스 변수 `jumpButton`에 지정한다. 뒤에 나올 `applyJoystick` 메소드에서 `jumpButton` 오브젝트를 통해 버튼이 눌렸는지를 확인하게 된다.

19. 버튼이 토글로 동작하지 않도록 지정한다. 버튼의 `isToggleable`이 `YES`로 설정되면 버튼을 한 번씩 누를 때마다 교대로 `ON/OFF` 상태가 된다. 그러나 `isToggleable`을 `NO`로 세팅하면 버튼에서 손가락을 떼는 순간 버튼의 상태가 `OFF`가 된다.

20. 점프 버튼 베이스 인스턴스를 `GameplayLayer`의 자식으로 추가하여 화면에 렌더링되게 한다.

21번부터 29번까지는 점프 버튼이 아니라 공격 버튼이라는 점을 제외하고는 12번부터 20번까지와 동일하게 진행된다. 조이스틱과 버튼에 대한 초기화가 끝났으니 조이스틱을 사용하여 바이킹 ole를 움직이도록 만들어보자.

조이스틱 움직임을 바이킹 Ole에 적용

`GameplayLayer.m` 파일에 `applyJoystick` 메소드를 `initJoystickAndButtons` 메소드 아래에 추가한다(리스트 2.10). 이 메소드는 조이스틱의 위치에 따라 바이킹 Ole의 위치를 조정할 때마다 호출된다.

```objc
-(void)applyJoystick:(SneakyJoystick *)aJoystick toNode:(CCNode *)tempNode
forTimeDelta:(float)deltaTime
{
    CGPoint scaledVelocity = ccpMult(aJoystick.velocity, 1024.0f);        // 1

    CGPoint newPosition =
        ccp(tempNode.position.x + scaledVelocity.x * deltaTime,
            tempNode.position.y + scaledVelocity.y * deltaTime);          // 2

    [tempNode setPosition:newPosition];                                   // 3

    if (jumpButton.active == YES) {
        CCLOG(@"Jump button is pressed.");                                // 4
    }
    if (attackButton.active == YES) {
        CCLOG(@"Attack button is pressed.");                              // 5
    }
}
```

1. 조이스틱 오브젝트의 속도값에 1,024를 곱한다. 1,024를 곱하는 이유는 iPad를 사용하기 때문이다. 조이스틱의 움직임에 따라 속도가 변경되며, 이것이 바이킹 Ole를 빠르게 또는 느리게 움직이도록 만드는 요인으로 작용한다.

2. 마지막 위치 정보를 가지고 있는 `tempNode`와 조이스틱의 속도 그리고 마지막으로 계산한 시각과의 간격(델타 타임)을 이용하여 현재의 새로운 위치를 계산한다. 리스트 2.11을 보면 `tempNode`값으로 인스턴스 변수 `vikingSprite`의 레퍼런스가 사용되는 것을 알 수 있다.

3. 앞에서 계산한 새로운 위치를 `tempNode` 위치값으로 업데이트한다. `tempNode`는 실제 `vikingSprite`를 참조하고 있기 때문에 결과적으로는 바이킹 Ole의 새로운 위치로 적용된다.

4. 점프 버튼이 눌렸는지 확인하고, 그렇다면 콘솔 창에 눌렸다는 메시지를 남긴다.

5. 공격 버튼이 눌렸는지 확인하고, 그렇다면 콘솔 창에 눌렸다는 메시지를 남긴다.

여기에서 applyJoystick 메소드는 점프와 공격 버튼이 눌렸을 때 콘솔 창에 메시지를 남기는 일 외에는 하는 것이 없다. 다음 챕터에서 Cocos2D 애니메이션을 다룰 때 점프와 공격 버튼 처리를 위한 코드를 추가할 것이다.

applyJoystick 메소드를 추가한 다음 그 아래에 update 메소드를 추가한다(리스트 2.11).

리스트 2.11 <u>GameplayLayer.m 파일의 update 메소드(applyJoystick 아래에 작성)</u>

```
#pragma mark -
#pragma mark Update Method
-(void) update:(ccTime)deltaTime
{
    [self applyJoystick:leftJoystick toNode:vikingSprite
forTimeDelta:deltaTime];
}
```

update 메소드는 Space Viking의 모든 프레임이 렌더링 되기 직전에 매번 호출된다. Cocos2D Director가 게임 루프를 초당 60 프레임으로 돌리기 때문에 update 메소드 역시 1초에 약 60번이 호출된다고 볼 수 있다. 리스트 2.11을 보면 update 메소드가 applyJoystick 메소드를 호출하는 것을 볼 수 있다. 이때, 파라미터로 vikingSprite 오브젝트와 마지막 update 메소드가 호출된 시점부터 지금까지 흘러간 시간(deltaTime)을 넘겨준다.

마지막으로 버튼을 초기화하고 update 메소드가 프레임을 렌더링하기 전에 호출되도록 해야 한다. GameplayLayer의 init 메소드에 [self addChild:vikingSprite]; 줄 바로 아래에 리스트 2.12와 같이 코드 두 줄을 추가하면 된다.

```
[self initJoystickAndButtons];          // 7
[self scheduleUpdate];                  // 8
```

7번 줄에서는 리스트 2.9의 `initJoystickAndButtons` 메소드를 호출하여 조이스틱과 두 개의 버튼을 셋업한다. 그리고 8번 줄에서 Cocos2D 스케줄러를 호출하여 스케줄러가 `update` 메소드를 호출하게 만든다. 이렇게 하면 현재의 layer가 update 시점마다 계속해서 렌더링된다. `scheduleUpdate`는 Cocos2D 0.99.3 버전에 처음 선보인 메소드다.

이제 Xcode에서 [Run]을 클릭하면 Space Viking이 조이스틱과 두 개의 버튼을 보여주며 실행될 것이다. 그림 2.7은 현재 버전의 Space Viking을 iPad 시뮬레이터에서 실행시킨 화면이다.

| **그림 2.7** | 조이스틱, 점프, 공격 버튼이 나타난 화면

Note   현재 사용중인 이미지는 모두 iPad용으로 디자인되었지만, 지금까지 작성한 바이킹, 배경, 조이스틱, 버튼 등에 대한 코드는 iPad, iPhone, iPod touch에서 모두 잘 동작한다.

지금까지 Space Viking을 잘 따라왔다면 전체적으로 감이 잡히면서 조금씩 자신감도 생길 것이다. 더 복잡한 코드를 만들기 전에 이 시점에서 필요한 것이 있는데, 그것은 바로 그래픽 작업이다. 특히, 텍스처 아틀라스에 대한 개념과 이것이 왜 중요한지에 대한 이유를 이해하는 것은 매우 중요하다.

용어 리뷰

아래 세 개의 용어는 Chapter 1에서 잠시 언급했지만 이해를 돕기 위해 좀 더 자세한 설명을 붙였다. 이러한 용어를 이해하는 것은 기본기를 다지고 효율적인 Cocos2D 게임 개발자가 되기 위한 열쇠라고 할 수 있다.

- **이미지 파일(Image File)**

캐릭터는 iPhone, iPad의 플래시 스토리지에 있는 이미지로 표현된다. 이미지 포맷은 보통 PNG나 JPEG를 사용하며, 이미지가 메모리에 로드될 때는 압축이 풀린 텍스처 형태로 저장된다. iOS 기기에서는 PNG 포맷을 선호한다.

- **텍스처(Texture)**

캐릭터 이미지 파일은 압축을 풀고 iPhone, iPad의 GPU가 이해할 수 있는 데이터 형태로 메모리에 로드하여 사용하게 되는데, 이때 메모리에 로드된 이미지를 가리켜 텍스처라고 한다. GPU는 PVRTC 같은 형태의 극히 일부의 압축 포맷만 지원하기 때문에 대부분의 이미지는 압축이 풀린 형태로 저장된다. PNG 이미지는 크기가 작아서 많은 용량을 차지하지 않지만, 실제 메모리에 로드될 때는 압축이 풀리기 때문에 생각보다 많은 양의 메모리를 차지하게 된다. 또한 텍스처는 OpenGL ES가 화면에 그리는 것이기도 하다.

- **텍스처 아틀라스(Texture Atlas)/ 스프라이트 시트(Sprite Sheet)**

텍스처로 인해 낭비되는 메모리를 줄이기 위하여 커다란 텍스처에 여러 개의 작은 이미지를 묶기도 하는데, 이런 것을 가리켜 텍스처 아틀라스라고 한다. 텍스처 아틀라스는 단순히 하나의 커다란 텍스처에 여러 개의 작은 이미지를 묶어서 나중에 작은 이미지들을 잘라서 사용하는데, 마치 여러 개의 작은 사진을 커다란 종이에 타일처럼 붙여놓았다고 생각하면 된다. 이렇게 붙인 작은 사진을 필요할 때마다 하나씩 떼어내어 사용하는 것이다. 그래픽 성능 향상을 위한 주요 요소 중 하나가 OpenGL ES가 관리하는 텍스처 수를 줄이는 것인데, 텍스처 아틀라스는 텍스처 수를 줄이는 데 큰 도움이 된다. 결국 핵심은 OpenGL ES에 바인딩시키는 텍스처 수를 줄이면서 draw 호출을 일괄작업으로 해야 하는 것인데, 이를 위해 Cocos2D에서는 `CCSpriteBatchNode`를 제공한다.

텍스처 아틀라스는 한 번에 이해하기에는 조금 어려운 개념이다. 다음 섹션에서 텍스처 아틀라스를 사용하는 이유와 Space Viking에서 어떻게 사용되는지 자세히 살펴볼 것이다.

▶▶ 텍스처 아틀라스

삶은 많은 제약으로 가득차 있는데, 이것은 게임 개발에 있어서도 예외가 없다. 사실 게임 개발이란 것이 결국 제한된 자원을 가지고 최대한의 성능을 내기 위한 압박의 연속인 것이다. 개발자들이 흔히 겪는 이슈가 많은 양의 스프라이트를 사용하면서 성능이 저하되는 것이다. 가령 이번 챕터에서 지금까지 진행한 것과 같은 방법으로 게임을 개발한다고 해보자. 그러면 모든 그래픽 요소들은 각각의 개별 `CCSprite`

로 구현될 것이다. 처음에는 큰 문제가 없겠지만 동시에 화면에 출력하는 그래픽 요소가 15개, 20개로 늘어나면 프레임 수가 떨어지는 것을 확인할 수 있을 것이다. 이 상황에서 그래픽 요소가 더 추가되면 프레임 수는 급감하게 된다. 그렇게 되면 게임 로직을 제거하고 CCSprite만 화면에 출력한다 하더라도 게임은 엄청나게 느려질 것이다. 이와 같은 성능 저하의 원인은 여러 가지가 있겠지만, 가장 일반적인 원인 중 하나로 텍스처 수가 증가함에 따라 텍스처에 딸린 개개의 CCSprite가 별도로 동작하면서 생기는 오버헤드를 들 수 있다. 결론적으로, 같은 시간(한 프레임) 동안 독립적인 텍스처로 분리된 모든 이미지를 처리하기 위해 너무 많은 OpenGL ES 명령을 호출하는 바람에 GPU가 처리할 수 있는 한계를 넘겨버린 것이다. 이러한 문제를 해결하는 가장 쉬운 방법 중 하나가 바로 텍스처 아틀라스이다.

CCSprite 코드를 보면 매 프레임마다 -(void)draw 메소드가 호출되는 것을 볼 수 있다. draw 메소드를 보면 스프라이트를 화면에 그리기 위해 실제 OpenGL ES 코드를 호출하는 부분이 있다. 각각의 스프라이트에 대해 OpenGL ES는 CCSprite를 위해 텍스처를 바인드하고 스프라이트를 화면에 draw(렌더링)해야 한다.

픽셀들이 화면에 나타나기 전에 거쳐야 하는 과정이 하나 더 있는데, 바로 OpenGL ES 드라이버가 OpenGL ES 명령들을 GPU가 이해할 수 있는 어셈블리 코드로 변환하는 것이다. 드라이버의 자세한 내용은 모르더라도 적어도 OpenGL ES 코드가 여러 번의 CPU 싸이클을 사용한다는 것만 알고 있으면 된다. 결국 여러분의 게임을 빠르게 동작시키기 위해서는 렌더링 작업을 할 때 최소한의 OpenGL ES 코드만을 사용하도록 하면 된다.

이해를 돕기 위해 시각적으로 형상화한 예를 들어보자. 여러분이 OpenGL ES의 역할을 하는데 게임에서 해변가를 그려야 하는 상황을 생각해보자. 이때 scene은 모래, 바다, 몇 개의 파라솔을 가지고 있다. 만일 단지 CCSprite만을 사용한다면 게임은 모래 이미지를 여러분에게 주면서 그려달라고 한 다음 바다 이미지를 주면서 그려달라는 등, 모든 이미지에 대해 일일이 그려달라는 요청을 반복할 것이다. 여러분은 아마도 순식간에 지루함을 느끼면서 왜 게임이 모든 이미지를 한 번에 주지 않을까 하고 생각하게 될 것이다. 이것이 한번에 모든 텍스처를 OpenGL ES에 건네주는 방법이 나타난 계기가 되었으며, CCSpriteBatchNode와 텍스처 아틀라스가 그 역할을 하게 되었다.

CCSpriteBatchNode는 Cocos2D의 특별한 클래스로, CCSprite의 parent와 같은 역할을 한다. 그래서 CCSpriteBatchNode는 CCLayer와 CCSprite 사이에 위치한다. 클래스 이름에서 알 수 있듯이 CCSpriteBatchNode를 사용하면 모든 CCSprite에 대한 draw 호출이 배치 처리되어 한 번에 실행된다. 하지만 실제로 성능 향상은 호출을 배치 처리하는 데서 오는 것이 아니라 여러 개의 작은 텍스처를 하나의 커다란 텍스처로 묶은 다음 그 커다란 텍스처 하나만 달랑 OpenGL ES에 보내는 데 있다.

바꾸어 말하자면 모든 OpenGL ES의 바인드 호출이 하나의 호출로 줄어든다는 것이다. 즉 하나의 CCSpriteBatchNode에 100개의 CCSprite가 묶여있다면 한 번의 OpenGL ES 바인드 호출로 100개의 호출을 대신할 수 있다는 것이다.

이러한 대형 텍스처를 텍스처 아틀라스 또는 스프라이트 시트라고 하며, 이 안에는 단순히 여러 개의 작은 텍스처들이 들어가 있다. 앞에서 예로 들었던 해변가를 생각해보면 텍스처 아틀라스는 모래 텍스처, 바다 텍스처, 모든 파라솔 텍스처를 포함하는 제법 커다란 크기의 시트가 될 것이다.

텍스처 및 텍스처 아틀라스의 세부 기술

iPhone과 iPad에서 메모리는 아주 귀중한 자원이다. 그래서 메모리를 적게 사용할수록 게임의 성능은 더 좋아진다. iPhone과 iPad는 메모리 공유 방식을 사용하는데, 이는 곧 GPU가 자체 메모리를 갖지 못하고 메인 메모리에 GPU가 사용할 텍스처와 geometry 데이터를 보관한다는 것을 의미한다. 특히 iPhone 3G를 포함한 구형 iPhone, iPod touch에서 이러한 메모리 부족현상이 두드러지는데, 왜냐하면 이들 기기들은 128MB의 메모리만을 사용하기 때문이다. 여기에 추가적인 제약사항으로 모든 텍스처 이미지의 가로 및 세로의 길이는 2의 거듭제곱에 해당하는 숫자여야만 한다.

구형 iPhone과 iPod에 들어있는 GPU는 크기가 오직 2의 거듭제곱인 텍스처만을 다룰 수 있다. iPhone 3GS 및 이후의 iPhone과 iPad는 텍스처의 크기 제한이 없어지기는 했지만, 자유로운 크기의 텍스처를 사용하기 위해서는 엄청난 성능 저하라는 댓가를 치러야 한다. 이러한 이유로 Cocos2D는 모든 텍스처의 크기를 2의 거듭제곱을 사용하는 것을 기본으로 하고 있다. 물론 ccConfig.h 파일을 수정하여 텍스처 크기를 변경할 수 있다.

2의 거듭제곱 크기를 이해하기 위해 간단한 예를 들어보겠다. 종이를 한장 가져오거나 그리기 프로그램을 띄운 다음 사각형 하나를 그려보자. 그리고 가로와 세로의 길이가 256이라고 표시한다. 즉, 방금 그린 사각형은 256×256 픽셀의 텍스처가 되는 것이다. 이번에는 방금 그린 사각형 안에 거의 반 정도 크기가 되는 사각형을 그리는데 이 사각형의 크기는 129×129 픽셀이다. 즉, 작은 사각형은 256×256 픽셀의 텍스처 안에 있는 129×129 픽셀 크기의 이미지가 된다. 이제 그림을 다시 한번 살펴보자. 이미지 하나를 사용하기 위해 거의 세 배 크기의 공간을 낭비하고 있다! 그림 2.8은 이러한 모습을 보여준다. 256×256 픽셀 크기의 텍스처에 들어있는 129×129 픽셀 크기의 스프라이트는 엄청난 공간, 즉 메모리를 낭비하고 있는 것이다. 텍스처 아틀라스를 사용하면 이와 같이 낭비되는 메모리 공간을 최소화할 수 있다.

| **그림 2.8** | 메모리 낭비의 예(256×256 크기 안에 있는 129×129 픽셀 크기의 이미지)

모든 텍스처 데이터는 CPU가 사용하는 메모리 영역에서 GPU가 사용하는 메모리 영역으로 복사되어야 한다. 짐작할 수 있겠지만 별도의 텍스처 메모리를 사용하는 것 또한 성능에 안좋은 영향을 미치며, 배치 처리되지 않는 CCSprite의 갯수가 증가할수록 성능은 더욱 떨어질 수 밖에 없다. 표 2.1은 Apple의 모바일 하드웨어에서 지원하는 텍스처 크기를 보여준다.

| 표 2.1 | 구형 세대 기기에서 지원하는 2의 거듭제곱 형태의 텍스처 크기

장치	최대 텍스처 가로 길이	최대 텍스처 세로 길이
iPhone, iPhone 3G, iPod touch(1, 2세대)	1,024 픽셀	1,024 픽셀
iPhone 3GS, iPhone 4, iPad, iPod touch(3세대 이후)	2,048 픽셀	2,048 픽셀

개별 텍스처를 사용함에 따라 낭비되는 메모리가 쌓이면 쌓일수록 늘어나는 OpenGL ES의 텍스처 바인딩 횟수와 더해져 게임 성능을 엄청나게 떨어뜨릴 것이다. 그림 2.9는 바이킹과 레이더 텍스처가 개별 텍스처로 저장된 것과 Space Viking에서 이번 scene에 필요한 모든 텍스처가 하나의 텍스처 아틀라스에 저장된 것을 비교한 것이다.

텍스처 아틀라스를 사용하면 얻을 수 있는 중요한 잇점이 또 있다. 간혹 이미지의 많은 부분이 투명한 경우가 있는데, 이 공간은 데이터가 없지만 동일하게 메모리 공간을 차지한다. Zwoptex, TexturePacker 같은 많은 텍스처 아틀라스 소프트웨어는 두 개 이상의 이미지에 대해 투명 공간이 겹치도록 배열하는 것을 허용한다. Zwoptex와 TexturePacker는 투명 공간을 포함하는 원래의 이미지 크기를 알고 있기 때문에 Cocos2D는 자동으로 스프라이트의 잘려진 투명 공간을 채워준다.

모든 내용이 이해되지 않더라도 걱정할 필요는 없다. 앞으로 곧 이해하게 될 것이다. 지금은 우선 왜 텍스처 아틀라스를 사용하는지 정도만 기억하고 있으면 된다.

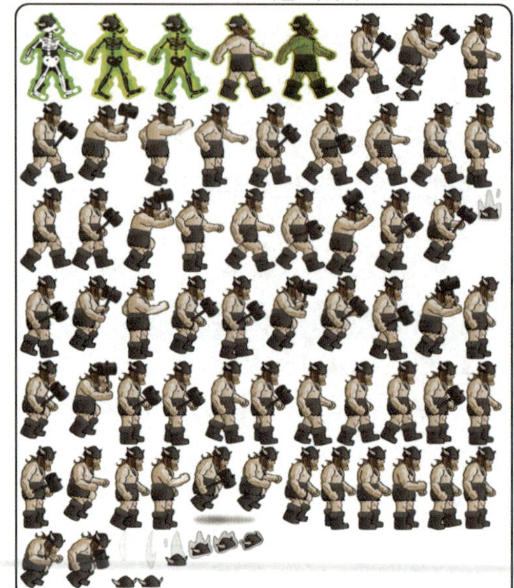

| **그림 2.9** | 개별 이미지와 텍스처 아틀라스의 메모리 낭비 비교

텍스처 아틀라스/스프라이트 시트를 사용하는 주요 이유

1. OpenGL ES의 bind 호출 횟수를 줄인다 – 텍스처 아틀라스에 포함되는 이미지 갯수가 많아질수록 호출 횟수는 현저히 줄어든다.
2. 이미지 저장을 위해 사용되는 메모리 공간을 아낄 수 있다.
3. 남는 투명 공간을 활용하여 더 많은 이미지/텍스처를 담을 수 있다. 이렇게 쓰인 투명 공간은 나중에 복구된다.
4. Cocos2D는 Zwoptex와 TexturePacker를 모두 지원하기 때문에 텍스처 아틀라스를 쉽게 제작하고 사용할 수 있다.

> **Note** 효율적인 텍스처 아틀라스 사용을 위해 가능한 한 많은 이미지를 담기 바란다. 이번 챕터에서 사용하는 scene1 텍스처 아틀라스에는 공백이 조금 있는데, 이 부분은 Chapter 5에서 사용되는 무기들로 채워질 것이다. 가능한 한 텍스처 아틀라스의 크기를 줄이면서 동시에 남는 공백도 줄이도록 노력해야 한다.

여러분의 게임에서 scene 또는 level을 구현하는 방법에 따라 사용하는 텍스처 아틀라스의 갯수가 결정될 것이다. Space Viking에서는 이번 scene을 위해 한 장의 텍스처 아틀라스를 사용하고, 지하 광산에서 사용하기 위해 추가로 한 장의 텍스처 아틀라스를 더 사용할 것이다. 지하 광산에 대한 내용은 Chapter 10에서 다룬다.

다음 단계는 이번 scene에서 사용할 텍스처 아틀라스를 만드는 것이다. 이 과정이 끝나면 Chapter 4를 위한 준비가 끝나게 된다.

텍스처 아틀라스 Scene 1 제작

텍스처 아틀라스 덕분에 최소한의 노력으로 게임 성능의 엄청난 향상을 꾀할 수 있게 되었다. Space Viking의 첫 번째 텍스처 아틀라스 한 장에는 바이킹을 비롯하여 모든 적(enemy)들과 파워업 아이템 이미지들이 모두 들어간다. 텍스처 아틀라스를 제작하는 툴로 유명한 것이 두 가지가 있는데, TexturePacker와 Zwoptex이다. 이 책에서는 두 가지 툴을 모두 설명한다.

Zwoptex는 http://www.zwopple.com/zwoptex/에서 구할 수 있다.

TexturePacker는 http://www.codeandweb.com/texturepacker에서 구할 수 있다.

다음 단계는 이 툴들을 이용하여 scene 1을 만드는 것인데, 이에 대해서는 Chapter 3에서 설명할 것이다.

TexturePacker 사용 방법

1. TexturePacker 애플리케이션을 실행한다.
2. 이번 챕터의 Resources\Images 폴더의 서브 폴더들을 추가한다. 추가할 폴더는 다음과 같다.

   Detrius

   EnemyRobot

   ImpactEffects

PowerUps

Radar

SpaceCargoShip

Teleport Effects

Viking

[Add Folder] 버튼 대신 [Add Sprites] 버튼을 사용하도록 하자. 그렇게 해야 텍스처 아틀라스의 plist 파일에 이미지 이름에 대한 전체 경로(path) 정보가 들어가지 않는다. 다른 방법으로, 각각의 폴더에 들어간 다음 모든 이미지를 선택하여 가져오는 방법을 사용해도 된다.

3. 왼쪽의 툴바에서 [Data Format]을 'cocos2d'로 설정한다.

4. [Publish]를 클릭한 다음 이름을 'scene1atlas'라고 입력한다. 그러면 두 개의 파일(scene1atlas.png, scene1atlas.plist)이 저장된다. 이 파일은 나중에 사용된다(그림 2.10).

Zwoptex 사용 방법

1. Zwoptex 애플리케이션을 실행한다.

2. [File]−[New]를 선택한다.

3. [Import+] 버튼을 클릭하고 Resources\Images 폴더의 서브 폴더에 있는 이미지들을 선택한다. 해당 폴더는 다음과 같다.

Detrius

EnemyRobot

ImpactEffects

PowerUps

Radar

SpaceCargoShip

Teleport Effects

Viking

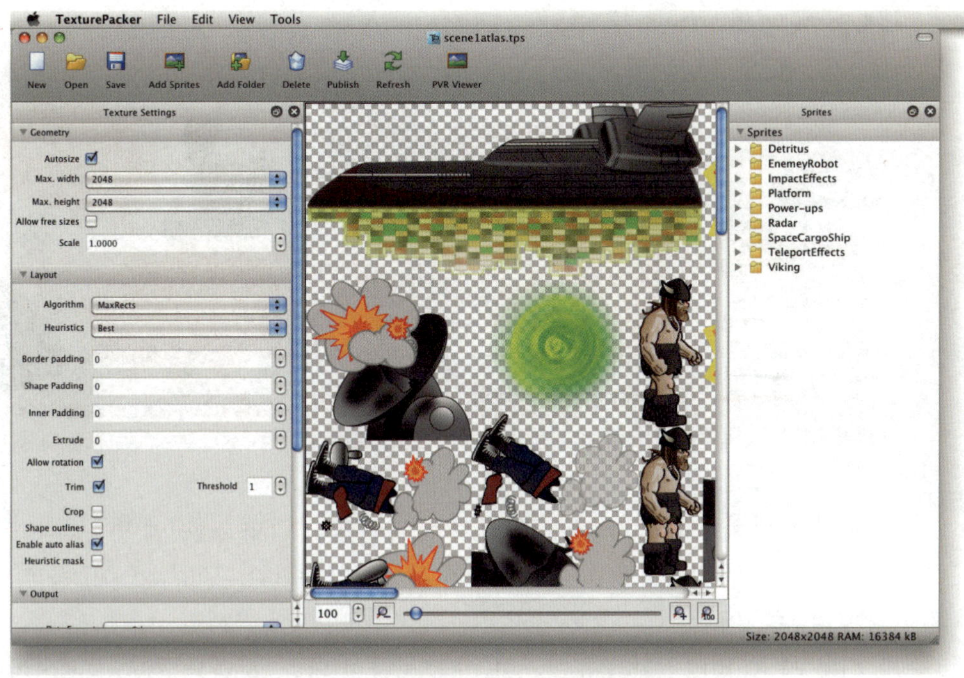

| 그림 2.10 | TexturePacker를 이용해 텍스처 아틀라스 scene1atlas를 만드는 화면

4. 캔버스 크기를 2048×2048 픽셀로 바꾼다.

5. 왼쪽 패널의 알고리즘을 Max Rect로 선택한다.

6. [Padding] 텍스트 박스에 '1px'를 입력하여 패딩 픽셀을 1로 지정한다.

7. [Apply] 버튼을 클릭하면 Zwoptex가 이미지를 배열한다.

8. [File]–[Save]를 선택한 다음 텍스처 아틀라스 이름을 'scene1atlas'로 한다.

9. 메뉴에서 [Publish]를 선택한 다음 [Publish Settings]를 클릭한다.

10. Coordinates Format으로 cocos2d를 선택한 다음 [Save]를 클릭한다.

11. 다시 [Publish]를 선택하고 알림창이 뜨면 [Publish] 버튼을 클릭한다. 이렇게 하면 Zwoptex는 scene1atlas.png와 scene1atlas.plist 두 개의 파일을 생성한다(그림 2.11).

| 그림 2.11 | Zwoptex를 이용해 텍스처 아틀라스 scene1atlas를 만드는 화면

아주 간단하지 않은가? 단 몇 번의 클릭만으로 이번 level에서 필요한 Space Viking의 모든 이미지를 하나의 텍스처로 묶었을 뿐만 아니라 Cocos2D용 파일까지 생성해준다.

이제 두 장의 텍스처 아틀라스만 더 준비하면 된다. 하나는 iPhone용이며, 다른 하나는 iPhone 4의 레티나 디스플레이용이다. 앞에서와 동일한 과정을 거쳐 각각 scene1atlasiPhone과 scene1atlasiPhone-hd라는 이름으로 만들면 된다. 이번 챕터에 필요한 모든 텍스처 아틀라스는 resource 폴더에 제공되기 때문에 어렵지 않게 찾을 수 있을 것이다.

Cocos2D는 텍스처 아틀라스에서 각각의 개별 이미지를 추출하기 위해 plist 파일을 사용한다. scene1atlas.plist 파일을 Xcode를 이용하여 열어보면 그 안에 이미지의 위치 정보와 원래 크기가 들어있는 것을 확인하게 될 것이다.

아마도 여러분이 직접 만든 텍스처 아틀라스는 그림 2.10, 2.11과는 조금 다를 수도 있다. 그렇지만 사실 스프라이트의 배열 순서는 중요하지 않다. 중요한 것은 필요한 모든 이미지가 텍스처 아틀라스 안에 들어있어야 한다는 것이다.

텍스처 아틀라스 Scene 1을 Space Viking에 추가

1. Xcode에서 SpaceViking 프로젝트를 연다.

2. [Images] 폴더를 선택한다.

3. 마우스 오른쪽 버튼을 누른 다음 [Add Files]를 선택한다.

4. scene1atlas를 저장한 디렉터리로 이동하여 scene1atlas.png와 scene1atlas. plist를 선택하고 [Add]를 클릭한다.

5. 'Copy items to destination group's folder'가 체크되었는지 확인하고 [Add] 를 클릭한다.

6. 텍스처 아틀라스 scene1atlasiPhone(png와 plist), scene1atlasiPhone-hd(png와 plist)도 마찬가지 방법으로 추가한다. 이 두 텍스처 아틀라스는 각각 iPhone과 iPhone 4를 위한 그래픽이다.

Chapter 4에서 텍스처 아틀라스를 통해 모든 캐릭터에 대한 그래픽을 사용하는 방법에 대해 다룰 것이다. 지금은 화면에 Ole만 있겠지만 너무 걱정할 필요 없다. 곧 Space Viking 게임에 적들과 우주 화물선 등이 추가될 것이다.

Xcode에 추가되어야 하는 파일은 총 6개로 파일 이름은 각각 scene1atlas.png, scene1atlas. plist, scene1atlasiPhone.png, scene1atlasiPhone.plist, scene1atlasiPhone-hd.png, scene1atlasiPhone-hd.plist이다. 이 파일들이 모두 포함되지 않는다면 다음 챕터에서 진행할 SpaceViking 프로젝트가 제대로 동작하지 않을 것이다.

▶▶ 심화 학습: CCSpriteBatchNode 테스트

Chapter 4에서 `CCSpriteBatchNode`를 셋업하고 사용하는 방법에 대해 자세히 다루겠지만, 여러분의 호기심을 해결하기 위해 사용하는 방법을 간단히 설명하겠다. 사용 방법은 매우 간단하여 다섯 줄의 코드만 입력하면 된다.

GameplayLayer.m 파일의 `init` 메소드에서 다음과 같이 한다.

1. `CCSprite`를 사용하는 //3 과 //5 번 줄을 주석 처리한다.

2. 코드 2.13의 코드를 추가한다.

```objc
//vikingSprite = [CCSprite spriteWithFile:@"sv_anim_1.png"]; // 3

CCSpriteBatchNode *chapter2SpriteBatchNode;
    if (UI_USER_INTERFACE_IDIOM() == UIUserInterfaceIdiomPad) {
        [[CCSpriteFrameCache sharedSpriteFrameCache]
            addSpriteFramesWithFile:@"scene1atlas.plist"];        // 3.1
        chapter2SpriteBatchNode =
            [CCSpriteBatchNode
                batchNodeWithFile:@"scene1atlas.png"];           // 3.2
    } else {
        [[CCSpriteFrameCache sharedSpriteFrameCache]
            addSpriteFramesWithFile:@"scene1atlasiPhone.plist"]; // 3.1
        chapter2SpriteBatchNode =
            [CCSpriteBatchNode
                batchNodeWithFile:@"scene1atlasiPhone.png"];     // 3.2
    }

    vikingSprite =
        [CCSprite spriteWithSpriteFrameName:@"sv_anim_1.png"];   // 3.3

    [chapter2SpriteBatchNode addChild:vikingSprite];            // 3.4

    [self addChild:chapter2SpriteBatchNode];                    // 3.5

    [vikingSprite setPosition:
        CGPointMake(screenSize.width/2,
                    screenSize.height*0.17f)];                  // 4
    //[self addChild:vikingSprite];                             // 5
```

새로 추가한 코드(3.1~3.5)에 대한 설명은 다음과 같다.

3.1 CCSpriteFrames를 Cocos2D 캐시에 로드한다. 프레임은 텍스처 아틀라스에
있는 모든 이미지의 크기와 위치를 뜻한다. plist 파일에는 Cocos2D가 필요
로 하는 PNG 파일 속에 있는 이미지들에 대한 추출 정보가 들어있다. 또한
프레임은 Cocos2D로 하여금 Zwoptex나 TexturePacker가 텍스처 아틀라
스를 생성할 때 제거한 투명영역을 살려내도록 한다. 한 가지 더, UI_USER_
INTERFACE_IDIOM()을 통해 Space Viking이 실행하는 기기를 알 수 있다.
만약 Cocos2D가 레티나 디스플레이를 탐지하는 경우 모든 png와 plist 파일

은 -hd 버전을 사용하게 된다(여기에서는 scene1atlasiPhone-hd).

3.2 `CCSpriteBatchNode`를 생성하고 굉장히 큰 아틀라스 이미지 텍스처로 로드 한다. 이 두 과정은 `CCSpriteBatchNode`를 생성하고 셋업하는 데 필요한 모든 절차이다. 나머지는 `CCSprite`를 `CCSpriteBatchNode`에 추가하고 `CCSpriteBatchNode`를 layer에 추가하고 나머지는 Cocos2D에 맡기면 된다.

3.3 `vikingSprite`를 `sv_anim_1.png`라는 이름의 프레임에서 가져온다. Cocos2D는 해당 이름의 이미지를 텍스처 아틀라스에서 가져온다.

3.4 `vikingSprite`를 `CCSpriteBatchNode`에 추가하여 `vikingSprite`가 자체적으로 렌더링되는 것이 아니라 `CCSpriteBatchNode`에서 렌더링되도록 한다.

3.5 `CCSpriteBatchNode`를 layer에 추가하여 `CCSpriteBatchNode`의 모든 자식이 한 번에 렌더링되도록 한다.

이러한 과정은 Cocos2D에서 텍스처 아틀라스를 사용하기 위해 반드시 필요하다. 이렇게 해야 스프라이트 프레임이 캐시에 로드되고, 텍스처 아틀라스 이미지를 이용해 `CCSpriteBatchNode`를 생성할 수 있다. 그러면 `CCSpriteBatchNode`는 `CCSpriteBatchNode` 안에 있는 모든 스프라이트를 한 번에 렌더링하게 된다. 이번 챕터에서는 바이킹 Ole 하나밖에 없기 때문에 텍스처를 사용하는 것과 텍스처 아틀라스를 사용하는 데 큰 차이를 느끼지 못하겠지만, 나중에 적들과 무기 등 더 많은 텍스처가 추가된 후에는 텍스처 아틀라스와 `CCSpriteBatchNode` 조합이 얼마나 성능 향상에 기여하는지 확인할 수 있을 것이다.

Warning 리스트 2.13에서 `vikingSprite`를 layer에 추가하는 코드는 반드시 주석 처리해야 한다. `CCSprite`는 `CCLayer`나 `CCSpriteBatchNode` 둘 중에 하나의 클래스에 대해서만 자식이 될 수 있으며 동시에 자식이 될 수는 없다. 만일 두 클래스 모두의 자식이 되도록 놓아둔다면 runtime crash를 일으킬 것이다.

▶▶ iPhone 3G를 포함하는 구형 기기의 성능 저하 극복

기본적으로 Cocos2D는 `RootViewController(UIViewController)`를 사용하여

장치의 방향을 결정하고 Cocos2D 및 UIKit 요소들이 제대로 회전하도록 한다. 만일 Cocos2D의 기본 설정을 그대로 놓아둔다면 세로방향을 기본으로 하여 UIViewController가 회전을 담당하도록 만들 것이다. 이 부분은 최신 기기에서는 큰 문제가 되지 않지만, iPhone 3G를 포함한 구형 제품에서는 이러한 것도 오버헤드로 작용하여 60 FPS로 동작하지 못하고 40 FPS로 동작하게 될 것이다. 이러한 성능 저하를 해결하기 위해서는 간단히 Cocos2D Director가 화면 회전을 담당하도록 설정을 바꾸면 된다. 다만 이 방법에는 제약이 있는데, `UIButton` 등과 같은 UIKit 요소들이 Cocos2D 위에 오버레이되었을 때 별도로 UIKit 요소들을 회전시켜주어야만 한다.

Space Viking은 UIKit 요소들을 사용하지 않기 때문에 (메뉴를 포함하는 모든 것들이 Cocos2D를 사용한다) 이 부분에 대해 고민하지 않아도 된다.

화면 회전 제어를 `UIViewController`에서 Cocos2D Director로 바꾸기 위해서는 리스트 2.14와 같이 [Classes] 폴더에 있는 GameConfig.h 파일을 수정하면 된다.

리스트 2.14 **변경된 GameConfig.h 파일**

```
// For iPhone 3GS and newer, comment out for Space Viking
//#define GAME_AUTOROTATION kGameAutorotationUIViewController

// For iPhone 3G and older (runs better)
#define GAME_AUTOROTATION kGameAutorotationCCDirector
```

▶▶ 정리

이번 챕터의 내용을 충실하게 따라왔다면 Space Viking의 초급 버전이 iPad에서 동작하게 될 것이다. 화면에는 조이스틱과 버튼이 생겨 바이킹 Ole를 움직이게 할 것이다. 또한 텍스처 아틀라스에 대한 이론적인 지식을 익힘과 동시에 Space Viking의 첫 번째 level에서 사용될 텍스처 아틀라스도 만들어 보았다.

다음 챕터에서는 바이킹 Ole에 애니메이션을 불어넣어 Ole가 걷고 점프하도록 만들 것이다. 그리고 몇 가지 캐릭터를 추가하여 공격 버튼을 눌렀을 때 외계인과 싸울 수 있도록 할 것이다.

 ## 연습문제

1. `applyJoystick`의 `scaledVelocity` 연산 부분에서 `1024.0f`를 `10.0f`로 수정해
   보자. 그러면 Ole는 어떻게 움직이는가? 또, `10000.0f`로 바꾼 경우는 어떤가?

2. `applyJoystick`의 `newPosition` 연산 부분에서 `deltaTime`을 제거해보자. 그러
   면 Ole를 움직였을 때 어떠한 일이 일어나는가?

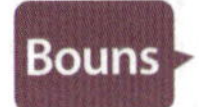 아랫줄의 deltaTime을 제거해야 할 것이다.

```
CGPoint newPosition =
            ccp(tempNode.position.x + scaledVelocity.x * deltaTime,
            tempNode.position.y + scaledVelocity.y * deltaTime); // 2
```

3. 왼쪽과 오른쪽으로 움직일 수 있는 영역에 제한을 두어 바이킹 Ole가 화면 밖으
   로 나가지 않도록 해보자(Hint: `vikingSprite`의 x좌표값이 들어있는 변수에
   제한을 걸면 된다).

Bouns `GameplayLayer`의 `applyJoystick` 메소드를 수정하여 Ole의 x좌표값만 바뀌게 하고 y좌
표값은 변경되지 않도록 구현해보자.

Cocos2D 의 애니메이션과 액션

Chapter 2에서는 Cocos2D의 기초에 대해 설명한 다음 한 개의 scene과 두 개의 layer – background와 gameplay를 만들었다. 그리고 Viking 스프라이트를 이용하여 바이킹이 화면을 움직이도록 구현하였다. 이를 통해 아마도 전체 기능이 들어간 게임을 위한 동기부여가 충분히 되었으리라 생각된다. Chapter 3에서는 액션과 애니메이션에 대해 설명하고, Space Viking에 사용할 유연한 프레임워크를 만드는 프로세스를 시작한다. 이번 챕터에서 만든 프레임워크는 앞으로 여러분이 게임을 제작할 때 충분히 재활용이 가능하다는 것을 기억하도록 하자.

이번 챕터를 시작하기 전에 간단한 주의사항을 하나 언급하자면 Chapter 3, 4에 나오는 코드는 제법 상급에 속한다는 것이다. 하지만 너무 걱정할 필요는 없다. 코드에 대해서는 차근차근 설명할 것이다. 사실 게임 개발은 컴퓨터 과학의 모든 분야를 아우른다고 해도 과언이 아니기 때문에 여러분도 Space Viking 개발을 통해 컴퓨터 과학의 다양한 분야를 익힌다고 생각하면 된다. 이번 챕터에 나오는 모든 개념을 충분히 정립할 때까지 이해가 되지 않는 부분은 반복해서 읽어보기를 권한다.

그럼 시작!

 Cocos2D의 애니메이션

Cocos2D를 사용하면 애니메이션을 게임에 쉽게 구현할 수 있다. 이미 스프라이트를 만들고 layer에 추가하여 렌더링시키는 방법을 알고 있기 때문에 애니메이션을 이해하기도 어렵지 않을 것이다. Cocos2D의 애니메이션은 마치 책장에 그림을 일일이 그린 다음 책장을 빠르게 넘기면 그림이 움직이는 것처럼 보이는 것과 같다. 즉, 1초에 여러 장의 그림을 빠르게 바꾸는 것이다. 기술적으로 애니메이션을 설명하자면 각각의 프레임을 나타내는 다른 모양의 텍스처를 delay 시간만큼의 간격을 두고 화면에 나타내는 것이다.

스프라이트를 애니메이션으로 돌리는 과정은 크게 두 단계로 구성된다.

- CCAnimation을 만들어 애니메이션 프레임으로 사용할 이미지/텍스처 세트를

지정한다.

- CCAnimate 액션을 만들고 스프라이트에서 동작시킨다. CCAnimate 액션은 사용할 CCAnimation과 프레임 간 delay를 지정한다.

다시 한 번 설명하자면, 먼저 CCAnimation을 만들어 애니메이션으로 사용할 프레임이나 이미지를 저장하고 그 다음으로 CCAnimate를 만들어 애니메이션을 동작시키는 것이다.

이러한 일련의 작업을 쉽게 이해할 수 있도록 간단한 예제를 살펴보기로 하자. 겁먹을 필요는 없다. 첫 번째 예제는 단 몇 줄밖에 되지 않는다.

1. Xcode에서 SpaceViking 프로젝트를 연다.
2. Chapter 3의 [Resources/Enemy Robot Animation] 폴더에서 네 개의 png 파일 an1_anim_1, 2, 3, 4를 SpaceViking 프로젝트로 드래그한다. an1_anim_1.png 부터 an1_anim_4.png은 이번 애니메이션 예제에서만 사용된다. Chapter 3 이후에는 이 파일들을 프로젝트에서 제거해도 된다. 앞으로의 애니메이션은 Chapter 2에서 만든 텍스처 아틀라스에 있는 이미지들을 사용할 것이다.
3. GameplayLayer.m 파일을 열고 init 메소드로 이동한다.
4. init 메소드 내 [self initJoystickAndButtons]; 줄 바로 위에 리스트 3.1과 같이 예제 코드를 추가한다.

리스트 3.1 **애니메이션 생성 예제**

```
// 스프라이트를 이용한 애니메이션 예제 (CCSpriteBatchNode는 사용하지 않음)
CCSprite *animatingRobot = [CCSprite
                            spriteWithFile:@"an1_anim1.png"];        // 1
[animatingRobot setPosition:ccp([vikingSprite position].x + 50.0f,
                            [vikingSprite position].y)];            // 2
[self addChild:animatingRobot];                                     // 3

CCAnimation *robotAnim = [CCAnimation animation];                   // 4
[robotAnim addFrameWithFilename:@"an1_anim2.png"];                  // 5
[robotAnim addFrameWithFilename:@"an1_anim3.png"];
```

```objc
[robotAnim addFrameWithFilename:@"an1_anim4.png"];

id robotAnimationAction =
    [CCAnimate actionWithDuration:0.5f
                        animation:robotAnim
              restoreOriginalFrame:YES];                                    // 6
id repeatRobotAnimation =
    [CCRepeatForever actionWithAction:robotAnimationAction];                // 7
[animatingRobot runAction:repeatRobotAnimation];                           // 8
```

리스트 3.1을 보면 적(enemy) 로봇을 Ole의 오른쪽에 놓고 애니메이션을 돌리는 것을 알 수 있다. 자세한 코드 설명은 다음과 같다.

1. 로봇 애니메이션을 위한 CCSprite를 생성하고 초기화시킨다. 초기화로 사용하는 파일은 an1_anim1.png이다.

2. 로봇을 Ole의 오른쪽에서 50 포인트 떨어진 위치에 놓는다. 만약 바이킹의 정확한 픽셀 위치를 얻고 싶다면 positionInPixels를 호출하면 된다.

3. animatingRobot을 GameplayLayer에 추가한다. 이제는 CCSprite와 CCLayer를 생성하고 추가하는 것이 익숙해졌을 것이다.

4. 새로운 CCAnimation을 생성하고 이름을 robotAnim으로 하여 초기화한다. 이 시점에서 robotAnim은 생성되지만 내용물은 없다.

5. robotAnim 애니메이션에 애니메이션 프레임을 추가한다. 예제에서는 세 개의 프레임이 더 추가되며, 각각의 파일 이름을 사용하였다.

6. 애니메이션을 돌리는 데 사용할 robotAnimationAction을 생성한다. 프레임 간 delay는 0.5초로 하며(0.5f), 사용하는 애니메이션은 robotAnim으로 지정한다. 그리고 첫 번째 프레임부터 사용하도록 restoreOriginalFrame 플래그 값을 YES로 지정한다. restoreOriginalFrame 플래그는 CCAnimate 액션을 이전에 종료된 프레임부터 계속 이어서 할 것인지 아니면 첫 번째 프레임부터 시작할 것인지를 결정하는 데 사용된다. 그래서 플래그 값이 YES인 경우 애니메이션이 시작할 때 CCSprite의 첫 번째 프레임부터 보여준다. 바꾸어 말하자면, 애니메이션이 끝나면 CCSprite는 프레임을 첫 번째 이미지로 돌려놓는다

고 할 수 있다.

7. 애니메이션을 계속해서 반복하도록 하는 액션을 만든다. Chapter 4에서 액션을 이용하여 행동 및 움직임을 만드는 방법에 대해 설명한다. 우선은 `CCRepeatForever` 액션이 로봇 애니메이션을 계속 반복시킨다고만 알고 있으면 된다.

8. `animatingRobot`에게 `CCSprite`가 애니메이션을 무한 반복할 것이라고 알려준다.

Xcode에서 [Run]을 클릭하면 로봇이 바이킹 옆에서 걸어다니는 것을 볼 수 있다 (그림 3.1).

| **그림 3.1** | Ole 옆에서 움직이는 로봇

지금까지 살펴본 바와 같이, Cocos2D를 이용하여 애니메이션을 만드는 것은 어렵지 않다. 리스트 3.1에서는 일반적인 `CCSprite`를 사용하였지만 `CCSpriteBatchNode`를 사용하게 되면 코드를 조금 수정해야 한다. 왜냐하면 애니메이션으로 사용하는

CCSprite 프레임을 CCSpriteBatchNode의 텍스처 스프라이트에서 가져와야 하기 때문이다. 이 과정을 이해하는 가장 쉬운 방법은 액션에서 어떠한 일이 일어나는지를 살펴보는 것이다. 우선 리스트 3.2의 내용을 리스트 3.1에서 작성한 코드 바로 밑에 복사해 붙여넣어 보자.

 CCSpriteBatchNode를 통해 렌더링되는 CCSprite를 사용하는 애니메이션

```
// CCSpriteBatchNode를 사용하는 애니메이션 예제
CCAnimation *exampleAnim = [CCAnimation animation];
[exampleAnim addFrame:
    [[CCSpriteFrameCache sharedSpriteFrameCache]
        spriteFrameByName:@"sv_anim_2.png"]];

[exampleAnim addFrame:
    [[CCSpriteFrameCache sharedSpriteFrameCache]
        spriteFrameByName:@"sv_anim_3.png"]];

[exampleAnim addFrame:
    [[CCSpriteFrameCache sharedSpriteFrameCache]
        spriteFrameByName:@"sv_anim_4.png"]];

id animateAction =
    [CCAnimate actionWithDuration:0.5f
                        animation:exampleAnim
              restoreOriginalFrame:NO];

id repeatAction =
    [CCRepeatForever actionWithAction:animateAction];

[vikingSprite runAction:repeatAction];
```

Chapter 2에서 TexturePacker 또는 Zwoptex를 사용하여 커다란 스프라이트 시트에 Space Viking에 필요한 모든 이미지를 담으면서 스프라이트 시트에 들어가는 각각의 이미지 정보를 프로퍼티 리스트 파일에 저장한다는 것을 확인했다. 이 프로퍼티 리스트를 addSpriteFramesWithFile 메소드를 이용하여 가져오면 Cocos2D가 자동으로 각각의 이미지에 대한 크기 정보를 캐시하여 나중에 사용하게 된다. 각 이미지를 찾기 위해서는 간단하게 spriteFrameByName 메소드를 사용하면 된다. 이 메소드는 해당 프레임의 위치 정보를 리턴한다.

CCAnimation을 설정하기 위해서는 애니메이션에 있는 모든 CCSpriteFrame을 정의하여야 한다. 리스트 3.2에서는 리스트 3.1에서 사용하였던 addFrameWithFilename 대신 addFrame 메소드를 사용하였다. 이렇게 하여 스프라이트 시트의 프로퍼티 리스트 정보를 통해 Cocos2D가 자동으로 캐시해놓은 이미지 정보를 가지고 CCSpriteFrame을 정의하게 된다.

CCAnimation 오브젝트가 셋업되고 난 이후의 코드는 앞에서와 동일하다. 액션을 만들고 그것을 vikingSprite에 지정하면 된다.

애니메이션을 만들기 위해 텍스처 아틀라스를 사용함으로 인해 중요한 제약이 생기는데, 그것은 바로 애니메이션 프레임에 사용하는 모든 프레임은 동일한 텍스처 아틀라스를 사용해야 한다는 것이다. 만일 서로 다른 텍스처 아틀라스에서 프레임을 가져와 애니메이션을 만든다면 애니메이션은 동작하지 않을 것이다.

EnemyRobot 크기에 대한 보충 설명

iPad가 아닌 장치에서 리스트 3.1을 실행하면 EnemyRobot의 크기가 바이킹보다 더 크게 나타날 것이다. 왜냐하면 리스트 3.1에서 프레임으로 사용한 것은 순수한 CCSprite, 즉 iPad용 이미지를 사용했기 때문이다. 따라서 iPhone, iPad에서 모두 동작하게 하기 위해서는 Chapter 2에서 했던 것과 같이 UI_USER_INTERFACE_IDIOM()을 사용하여 현재 동작하는 기기를 체크한 다음 기기에 맞는 이미지를 사용토록 해야 한다.

Space Viking에서의 frame rate은 초당 60프레임(60fps)으로 설정되어 있다. 프레임 간의 delay를 조절하면 프레임이 화면에 나타나는 시간을 정할 수 있는데, 만일 특정 프레임 세트를 다른 프레임에 비해 화면에 오랫동안 나타나도록 하기 위해서는 CCAnimation 오브젝트에 해당 프레임을 여러 장 중복되게 넣기만 하면 간단히 해결할 수 있다. 앞에서 이야기한 바와 같이, Cocos2D는 텍스처를 캐시해 놓기 때문에 동일한 프레임을 여러 번 사용해도 추가적인 메모리 소모는 매우 미미하다.

Warning ▶ 리스트 3.2는 CCSpriteBatchNode에 대한 모든 설정이 끝난 것을 전제로 작성되었다. 만일 리스트 3.2가 제대로 동작하지 않는다면 제공되는 샘플 코드와 비교해보기 바란다.

앞에서 설명한 내용을 100% 이해하지 못했다고 하더라도 너무 걱정할 필요는 없다. 앞으로 차근차근 진행하다 보면 모두 이해하게 될 것이다. 당장은 애니메이션을 동작시키기 위해서 CCAnimate 액션을 사용해야 한다는 것만 기억하고 있으면 된다. 더 궁금한 부분이 있다면 샘플 코드를 참조하는 것도 도움이 될 것이다.

Space Viking에는 여러 종류의 캐릭터가 있으며, 각각의 캐릭터는 저마다의 애니메이션을 가지고 있다. 그렇기 때문에 모든 캐릭터에 대한 애니메이션을 정의하는 코드를 작성하다 보면 엄청난 양의 addFrame과 씨름하게 될 것이다. 각 CCAnimation과 CCAnimate 액션은 두 개의 컴포넌트로 구성되어 있는데, 하나는 프레임 간의 delay이고 나머지는 스프라이트 프레임 리스트이다. 특히 프로퍼티 리스트(plist) 파일을 이용하여 애니메이션 데이터를 관리하면 단순 작업을 조금이나마 줄일 수 있다. 이번 챕터에서는 plist 파일을 만드는 방법과 plist를 사용하는 코드에 대해서도 설명할 것이다.

지금까지 Cocos2D 게임 개발을 시작으로, 캐릭터를 화면에 나타내고 조이스틱으로 조종하면서 애니메이션을 이용하여 움직임까지 구현할 수 있게 되었다. Space Viking에서는 걷기, 앉기, 점프, 공격에 대한 동작을 애니메이션으로 구현할 것이다. 이번 챕터의 나머지는 이제까지 익힌 내용을 Space Viking에서 구현하는 방법에 대해 설명하게 되는데, 이 내용은 앞으로 여러분이 직접 게임을 제작할 때 계속해서 사용하게 될 것이다.

Note
계속 진행하기 전에 리스트 3.1과 3.2를 모두 주석 처리하기 바란다. 두 예제는 앞으로 사용하지 않을 것이다.

심화 학습: CCAnimationCache

Cocos2D는 모든 애니메이션을 캐시하는 용도로 CCAnimationCache 싱글톤을 제공한다. 그래서 애니메이션을 인스턴스 변수에 저장하지 않고 CCAnimationCache에 저장한 다음 필요할 때 꺼내어 사용한다. 이와 같이 하면 동일한 애니메이션을 위해 많은 양의 CCSprite를 사용하는 경우 매우 편리하다. 이러한 게임의 대표적인 예로 스페이스 인베이더, 알타입(R-Type) 등을 들 수 있다. CCAnimationCache를 사용할 때는 다음의 두 가지 사항에 대해 주의해야 한다.

1. 애니메이션을 조회할 때는 항상 그 결과가 `nil`인지를 확인해야 한다. 왜냐하면 `CCAnimation` `Cache`는 `purgeSharedAnimationCache` 호출이 일어나면 언제든지 캐시해놓은 애니메이션을 제거하기 때문이다. 애니메이션이 없는 경우 `CCAnimationCache`는 `nil`을 리턴한다.

2. 만일 캐시된 애니메이션 중 계속해서 사용해야 하는 애니메이션이 있는 경우에는 반드시 `retain`해야 한다. 이렇게 해야 캐시에서 제거되더라도 `retain`해 놓은 오브젝트를 통해 계속해서 접근할 수 있기 때문이다.

`CCAnimation`을 사용하는 방법은 매우 간단하다. 이번 챕터에서 소개한 것과 같은 방식으로 애니메이션을 생성한 다음, 아래와 같이 `CCAnimationCache`에 추가해주기만 하면 된다.

```
[[CCAnimationCache sharedAnimationCache]
                        addAnimation:animationToCache
                              name:@"AnimationName"];
```

이렇게 하여 `CCAnimation` 타입인 `animationToCache`는 `CCAnimationCache` 싱글톤에 저장된다. `CCAnimationCache`에 저장된 애니메이션을 찾을 때는 아래와 같이 하면 된다.

```
CCAnimation *myAnimation = [[CCAnimationCache sharedAnimationCache]
                              animationByName:@"AnimationName"];
```

SpaceViking에서는 애니메이션을 저장하기 위해 캐시 대신 인스턴스 변수를 사용하였는데, 책에서 설명하는 내용과 연결하여 이해하기도 쉽고 사용하기도 편리했기 때문이다. 따라서 여러분이 제작하는 게임에는 가급적 `CCAnimationCache`를 많이 활용하기 바란다. 특히 동일한 애니메이션을 갖는 오브젝트를 여러 개 사용하는 경우에는 더욱 필요하다.

▶▶ Space Viking 디자인 기본

Chapter 2에서 조이스틱 컨트롤을 이용하여 Viking 캐릭터를 움직이게 하는 버전을 만들 수 있었다. 이와 같은 방법으로 계속 게임을 만드는 것이 불가능하지는 않지만, 이런 식으로 프로그램을 작성하다가는 Gameplay layer가 순식간에 엄청나게 확장되어 관리하기가 어려워질 것이다. 이 책의 목표는 Cocos2D를 이용하여 게임을 개발할 수 있는 지식과 기술을 제공하는 것뿐만 아니라, 이와 함께 샘플 코드를 제공하여 여러분이 게임을 개발할 때 재사용하도록 하는 것도 포함된다.

Space Viking에서 동작하는 모든 게임 오브젝트는 단순히 그래픽 스프라이트/이미지 컴포넌트만 가지고 있는 것이 아니라 각각의 로직까지 구현되어 있다. 즉, 적들은 기본적인 인공지능을 가지고 있어서 돌아다니고, 바이킹 Ole를 공격하고, Ole에게 공격당할 때 그에 대한 액션도 취해야 한다. 적들뿐만 아니라 무기, 에너지 등에 대한 특별한 역할을 담당하는 오브젝트들도 있다. 그렇기 때문에 모든 로직을 하나의 대규모 파일에 저장하는 대신 각 오브젝트별로 클래스를 만들고 그 안에 필요한 기능을 넣는 것이 코드 관리에 수월하다. 즉, 게임 로직을 별도의 클래스로 구현한 다음 GameObject나 GameCharacter 같은 오브젝트 클래스가 상속받는 식으로 사용하는 것이다.

오브젝트에 대한 고찰

이번 챕터를 기점으로 Space Viking에서 사용하는 모든 로직은 캐릭터 및 게임 요소에 알맞은 기능 단위로 분리하여 별도의 오브젝트에 구현된다. 각 오브젝트는 오브젝티브-C 언어로 작성된 클래스로 만들어지며, 이때 해당 클래스의 헤더 파일과 implementation 파일이 생성된다.

클래스 혹은 객체지향 프로그래밍이 어떻게 동작하는지 생각할 수 있는 한 가지 방법은 모든 오브젝트를 모델링하여 그 오브젝트와 클래스 구조가 어떻게 동작하는지를 살펴보면 된다. 이해를 돕기 위해 골든 리트리버[1]를 예로 들어 모델링해보자.

오브젝트를 디자인하는 관점에서는 항상 가장 큰 단위에서 세분화하기 마련인데 골든 리트리버의 경우에는 포유류, 즉 Mammal 오브젝트로부터 출발하기로 하자.

Mammal 오브젝트는 신경계, 골격계, 근육계 등과 같은 모든 동물이 지니고 있는 기본 개념을 갖고 있을 것이다. Mammal 오브젝트로부터 이제 포유류의 특정 부분에 해당하는 개과를 나타내는 Canine 오브젝트를 만들 수 있다. Canine 오브젝트에는 '다리가 네 개'이고 '짖어댄다' 등과 같이, 모든 개가 지니고 있는 특성이 들어있다. 마지막으로 GoldenRetriever 오브젝트를 만들게 되는데, 여기에는 골든 리트리버만의 특징이 담길 것이다.

지금까지 생각한 오브젝트를 클래스로 바꾸어보면 Mammal은 클래스가 되고 Canine은 Mammal의 서브클래스, GoldenRetriever는 Canine의 서브클래스가 된다. 모든 오브젝트의 컴포넌트로는 인스턴스 변수(ivar, instance variable) 및 오브젝트 자체(복잡한 기능을 가질 경우)가 될 수 있다. 즉,

---

1 [역주] Golden Retriever, 사냥개의 한 종류

Space Viking에서는 모든 오브젝트가 자신만의 클래스를 갖고 있으며 그 안에 인공지능을 구현한다. 그리고 오브젝트는 공통 메소드를 공유하는데, 공통 메소드는 각 오브젝트의 상태, 위치 및 기타 설정값을 조회하는 데 사용된다. 이러한 오브젝트들의 관계를 쉽게 이해하기 위해 계층 구조의 가장 꼭대기에 있는 GameObject 클래스부터 출발하겠다.

- GameObject: GameObject 클래스는 CCSprite로부터 상속받으며, 모든 GameObject의 오브젝트에서 공통으로 사용되는 메소드를 갖는다. 이러한 메소드에는 각 프레임별 오브젝트 업데이트 및 상태 변경 등이 있다. GameObject 클래스가 CCSprite를 상속받기 때문에 텍스처를 화면에 렌더링할 수 있다. 앞에서 CCSprite가 자체적으로 렌더링하거나 CCSpriteBatchNode를 통해 렌더링된다고 설명한 것을 기억할 것이다. Space Viking의 모든 오브젝트는 GameObject 클래스로부터 직·간접적으로 상속받는다.

- GameCharacter: GameCharacter 클래스는 GameObject로부터 상속받으며, 게임의 캐릭터를 부여하는 역할을 담당한다. 이를 위해 필요한 몇 가지 메소드와 기능이 추가된다. Viking, EnemyRobot, RadarDish, PhaserBullet은 모두 GameCharacter로부터 상속받는다.

- Viking: GameCharacter로부터 상속받으며, 바이킹 Ole의 로직과 조이스틱 입력에 대한 움직임 코드가 실려있다. 또한 적을 공격하거나 적으로부터 공격당

했을 때의 움직임도 구현되어 있다.

- `RadarDish`: RadarDish는 움직이지 않는 적으로, 외계 행성에 떨어진 Ole를 감시한다. RadarDish는 화면 구석에서 Viking을 스캔한다. 레이더 접시는 반격하지 않는 가장 기본적인 형태의 적이다. 그렇기 때문에 RadarDish를 이해하는 것이 매우 중요하다. 이를 바탕으로 더 복잡한 적들을 구현할 수 있는 것이다. RadarDish는 GameCharacter 클래스로부터 상속받는다.

- `SpaceCargoShip`: 외계 행성에서는 대규모 채굴이 이루어지며, 외계인들은 우주 화물선을 타고 행성을 이동한다. 우주선이 지면 근처를 이동할 때 오브젝트가 떨어지기도 하는데, 그 중 일부는 아마도 바이킹 Ole에게 도움이 될지도 모른다. SpaceCargoShip은 GameObject 클래스로부터 상속받는다.

- `Mallet`: 옛날 Ole가 강에 빠질 때 잃어버린 망치이다. Ole가 망치를 장착하는 순간 더 강력한 파워로 외계인을 공격하게 된다. Mallet은 GameObject 클래스로부터 상속받으며 Space Viking 게임의 첫 번째 스테이지의 파워업 아이템 중 하나가 된다.

- `Health`: Health 클래스는 Space Viking에서 체력에 대한 파워업으로 사용된다. Ole는 뛰어난 바이킹임에 틀림없지만 싸우는 도중 체력이 떨어지는 것은 어쩔 수 없다. 이때, health는 Ole의 체력을 회복시켜준다. Health는 GameObject 클래스로부터 상속받는다.

그림 3.2는 Viking과 RadarDish 클래스의 상속관계를 보여준다. 두 클래스 모두 결국에는 Scene 1의 CCSpriteBatchNode에 연결되며, CCSpriteBatchNode 클래스는 GameplayLayer에 연결된다. 앞에서 CCScene은 CCLayer를, CCLayer는 오브젝트를 갖고 있는데 이 경우에는 CCSpriteBatchNode 오브젝트를 갖는 것이다. 결국 CCSpriteBatchNode는 Viking과 RadarDish 클래스를 지니게 되는 것이다.

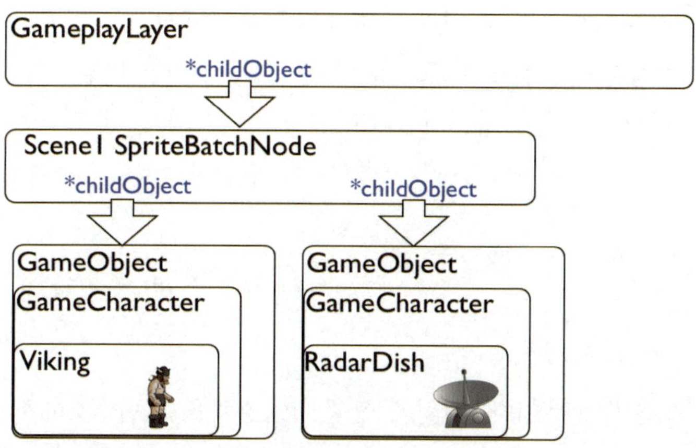

| 그림 3.2 | Viking 및 RadarDish 클래스의 상속관계

> **인공지능**
>
> 어떤 장르의 게임을 개발하느냐에 따라 인공지능을 적용하는 정도도 다를 수밖에 없다. 예를 들어 레이싱 게임이라면 경쟁하는 자동차들은 다른 자동차와 부딪치지 않으면서 자신의 주행만 하도록 구현하면 되지만, 실시간 전략 게임의 경우에는 훨씬 복잡한 인공지능을 필요로 할 것이다. 많은 게임에서 인공지능은 상태 머신(state machine)으로 구현되어 각 상태마다 그에 맞는 일을 처리하게 된다. Space Viking에서의 적들이 사용하는 인공지능 역시 간단한 형태의 상태 머신으로 구현되었다. Space Viking에서 사용하는 상태 머신의 상태는 이동, 공격, 맞음 등이 있다. 여러분의 게임에 사용되는 인공지능의 복잡도는 온전히 여러분이 얼마나 깊이 상상하고 게임 내에서 얼마나 오랜 시간동안 인공지능을 계산하게 만드느냐에 달려있다.

▶▶ Cocos2D의 액션과 애니메이션 기초

액션은 Cocos2D에서 제공하는 강력한 메커니즘으로, 오브젝트의 이동, 변환, 특수 효과를 제어하는 데 사용된다. 모든 CCNode 오브젝트는 액션을 실행시킬 수 있으며, CCSprite는 CCNode로부터 상속받았기 때문에 CCSprite 역시 모든 Cocos2D 액션을 실행시킬 수 있다. 마찬가지로 Viking과 RadarDish 오브젝트도 GameCharacter, GameObject, CCSprite의 클래스 계층 순서대로 상속받았기 때문에 Cocos2D에서 제공하는 기본 액션은 모두 실행시킬 수 있다. 이미 Chapter 2에서 바이킹 Ole의 스프라이트의 위치 값을 변경시키는 것으로 스프라이트를 이동시켰다. 만일, Ole를 왼쪽에서 오른쪽으로 2초간 200픽셀을 이동시킨다고 한다면 다음과 같이 코드를 작성하면 될 것이다.

```
CCAction *moveAction = [CCMoveBy actionWithDuration:2.0f
                                    position:ccp(200.0f,0.0f)];
[vikingSprite runAction:moveAction];
```

단 두 줄! 이것이 액션의 전부이다. 이렇게 실행시킨 결과를 그림 3.3에서 도식화하여 보여주고 있다.

| **그림 3.3** | Viking CCSprite를 이용하여 CCMoveBy 액션을 나타낸 모습

여러분은 매 업데이트마다 몇 픽셀만큼 이동시켜야 하는지 계산할 필요가 없다. 이 모든 계산은 Cocos2D가 자동으로 할 뿐만 아니라 스프라이트까지 그려준다. Cocos2D에서 제공하는 액션 중 가장 많이 사용하는 것으로는 이동, 점프, 확대/축소, 회전 등이 있다. Complex callback 등 액션에 대한 더 자세한 설명은 Chapter 5에서 할 것이다. 이번 챕터에서 사용하는 액션에는 다음과 같은 것들이 있다.

- CCAnimate: 프레임 간 delay값만큼 지정된 애니메이션을 동작시킨다. 이 메소드가 여러분이 정의한 애니메이션을 실행시키는 역할을 한다.
- CCJumpBy: 지정된 점프 높이와 이동 거리를 바탕으로 자동으로 포물선 모양의 점프를 만들어준다. 이 액션은 Ole가 자연스럽게 점프하는 데 사용되었다.
- CCRepeatForever: 액션을 무한히 반복시킨다. 이렇게 시작한 액션은

    `stopAction:`이나 `stopAllActions`가 호출될 때까지 계속 반복하게 된다.

- `CCSequence`: 두 개 이상의 액션을 순서대로 동작시킨다. 즉, 첫 번째 액션이 끝나면 두 번째 액션이 이어서 진행된다.
- `CCSpawn`: 두 개 이상의 액션을 동시에 동작시킨다. `CCSpawn`은 액션을 묶어서 사용하는 데 굉장히 도움이 된다. 이러한 사용 예로 `CCJumpBy` 액션과 묶어 점프하면서 애니메이션을 구현하는 것을 들 수 있다.

이번 챕터에서는 Ole의 점프 및 공격 등에 대한 애니메이션을 구현하기 위하여 액션을 사용할 것이다. 다음 섹션에서는 프로퍼티 리스트를 사용하여 애니메이션을 추가하는 방법에 대해 설명한다.

▶▶ 프로퍼티 리스트 파일을 이용한 애니메이션 데이터 저장

프로퍼티 리스트 파일(plist 파일이란 표현을 더 많이 사용한다)은 XML 데이터 파일로, 앱이나 게임에 사용되는 여러 프로퍼티가 XML 형태로 저장된 파일을 일컫는다. Space Viking에서 사용하는 `CCAnimation`들은 `NSDictionary` 형태를 빌려 plist 파일에 저장된다. Xcode는 plist 파일 편집기를 제공하기 때문에 편리하게 plist를 관리할 수 있다.

물론 plist 파일에 있는 정보를 직접 코드에 구현하여 plist 파일을 사용하지 않는 것도 가능하다. 그러나 이렇게 하는 경우 애니메이션을 고칠 때마다 일일이 전체 코드를 컴파일해야 하는 불편함이 있다. 애니메이션 데이터를 plist 파일에 저장한다면 실제 코드를 줄일 수 있을 뿐만 아니라 애니메이션 디자이너와 작업을 병행하는 것이 가능해진다. 저자의 경험으로 미루어봤을 때 애니메이션을 하드 코딩하는 것은 결코 도움이 되지 않았다. 또한, 애니메이션 데이터와 코드를 분리해 놓는 것이 나중에 코드를 읽을 일이 생기더라도 쉽게 이해하는 데 도움이 된다.

`Viking`과 `RadarDish`와 같이 Space Viking에서의 모든 오브젝트는 자신만의 클래스를 가지고 있다. 오브젝트는 또한 자신만의 plist 파일을 가지고 있기 때문에

plist 파일을 통해 애니메이션 정보를 가져올 수 있다. 예를 들어, RadarDish의 경우 RadarDish.plist 파일에 takingAHit, blowingUp, tilting, transmitting 등과 같은 애니메이션 데이터가 저장되어 있다.

NSDictionary 오브젝트는 클래스 이름대로 키-값 묶음을 갖는다. Space Viking 의 plist 파일은 미니 dictionary를 사용하는데, 이 안에는 파일 이름 prefix, delay 값, 애니메이션 프레임 리스트 등이 들어있다. 지금까지 설명한 것을 간단한 실습을 통해 확실하게 이해하도록 하자.

우선 Space Viking의 가장 단순한 적인 RadarDish로 시작해보자. Xcode를 열고 다음과 같이 진행한다.

1. SpaceViking 프로젝트를 마우스 오른쪽 버튼으로 클릭한 다음 [New Group] 을 선택한다.

2. [new group]을 클릭하고 이름을 'Plists'로 바꾼다. 앞으로 이 그룹에 Space Viking에서 사용하는 모든 애니메이션 plist 파일이 들어갈 것이다.

3. [Plists] 그룹을 마우스 오른쪽 버튼으로 클릭한 다음 [New File]을 선택한다.

4. [iOS] 아래에 있는 [Resource] 섹션을 선택하고 파일 타입으로 Property List 를 선택한 다음 [Next]를 클릭한다.

5. 파일 이름으로 RadarDish.plist라고 입력한 다음 [Finish]를 클릭한다.

Xcode는 RadarDish.plist 파일을 생성하고 열어 편집할 수 있도록 한다. 그러면 이제 RadarDish 애니메이션에 필요한 정보를 입력하면 된다. 그림 3.4는 이번 섹션 에서 작성하게 될 RadarDish.plist 파일을 보여준다.

첫 번째 애니메이션은 레이더를 기울이는 애니메이션으로, RadarDish가 처음 만 들어지면서 동작하는 애니메이션이다. 이 에니메이션은 접시가 위/아래로 기울어지 는 프레임으로 구성되어 있다. RadarDish.plist 파일을 Xcode로 열고 다음과 같이 진행한다(아래의 번호는 그림 3.4의 번호와 동일하다).

Key	Type	Value
▼ blowingUpAnim	Diction...	(3 items)
animationFrames	String	5,6,7,8,9,10,11,12,13,14,15,16,17
delay	Number	0.2
filenamePrefix	String	radar_
▼ takingAHitAnim	Diction...	(3 items)
animationFrames	String	5,5,7,8,8,5
delay	Number	0.2
filenamePrefix	String	radar_
▼ tiltingAnim	Diction...	(3 items)
animationFrames	String	1,2,3,4,5,5,4,3,2,1,2,3,4,5
delay	Number	0.25
filenamePrefix	String	radar_
▼ transmittingAnim	Diction...	(3 items)
animationFrames	String	5,6,5,6,5,6,5
delay	Number	0.3
filenamePrefix	String	radar_

| 그림 3.4 | RadarDish.plist 파일

1. RadarDish.plist 파일을 선택하고 비어있는 부분을 마우스 오른쪽 버튼으로 클릭한 다음 [Add Row]를 선택한다.

2. [Key] 컬럼에는 'tiltingAnim'이라고 입력하고, [Type]은 'Dictionary'로 선택한다. 이렇게 하면 애니메이션에 대한 sub−dictionary가 생성되어 계층 구조로 관리할 수 있게 된다. 'Dictionary'라고 입력하면 tiltingAnim 이름 왼쪽에 삼각형이 나타나는 것을 볼 수 있을 것이다.

3. 삼각형을 클릭하여 아래를 향하게 만들면 현재 dictionary를 열 수 있는데, 이 상태에서 [tiltingAnim] dictionary에 아이템을 추가할 수 있다.

4. [tiltingAnim] 오른쪽에 있는 [+]버튼을 클릭하여 행 하나를 추가한다.

5. [Key] 필드를 클릭하고 'animationFrames'라고 입력한다.

6. [Type]은 'String'으로 놔둔다.

7. [Value] 필드에 '1,2,3,4,5,5,4,3,2,1,2,3,4,5'를 입력한다.

8. 마찬가지 방법으로 [animationFrames] 옆에 있는 [+] 버튼을 눌러 행을 추가한 다음, [key] 값으로 'delay', [type]은 'Number', [value] 값으로는 '0.25'를 입력한다.

9. 마지막 아이템인 tiltingAnim을 추가한다. [Key] 값은 'filenamePrefix', [type]은 'String', [value]는 'radar_'이다.

세 개의 아이템이 모두 [tiltingAnim] 아래에 제대로 입력되었는지 확인하기 위해서는 [tiltingAnim] 왼쪽에 있는 삼각형을 클릭했을 때 입력한 세 아이템이 모두 접히면서 사라지는지를 확인하면 된다. 만일 그렇지 않은 아이템이 있을 경우에는 그 아이템을 마우스 오른쪽 버튼으로 클릭한 다음 'shift item right'를 선택하면 된다.

그림 3.4에 있는 나머지 항목 takingAHitAnim, blowingUpAnim, transmittingAnim에 대해서도 동일한 방법으로 데이터를 입력한다.

이와 같이 애니메이션 데이터를 plist로 만들 때의 큰 장점 중 하나는 애니메이션 데이터를 수정하기 위해 일일이 코드를 찾아볼 필요가 없도록 만들어준다는 것이다. 특히, 별도의 그래픽 디자이너와 같이 일을 하는 경우에는 디자이너들이 자유롭게 애니메이션을 디자인하고 수정할 수 있어 업무 효율을 높일 수 있다. plist 파일을 읽고 오브젝트에 데이터를 지정하는 방법에 대해서는 이번 챕터 후반에서 설명할 것이다.

Space Viking에서 plist 파일이 어떻게 사용되는지를 이해하는 것은 매우 중요하지만, 그렇다고 이 책에서 설명하는 모든 plist 파일을 일일이 작성하느라 시간을 낭비할 필요는 없다. 그렇기 때문에 다음의 사이트에서 Chapter 3에서 해당하는 리소스 파일을 받아 나머지 plist 파일을 구하기 바란다(http://cocos2dbook.com/cocos2d/sourcecode/).
다운 받은 plist 파일들을(EnemyRobot.plist, Health.plist, Mallet.plist, RadarDish.plist, Viking.plist) 프로젝트의 Plists 그룹에 추가하면 된다.
반드시 plist 파일을 프로젝트에 추가하기 바란다. 그렇지 않으면 이후의 코드는 동작하지 않을 것이다!

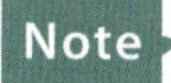 Organization, Constants, Common Protocols

이제부터 Space Viking의 주요 클래스를 작성해 나갈 것이다. 그리고 Chapter 4부터는 여기에 더 많은 기능과 클래스를 붙여 나갈 것이다. 점점 불어나는 프로젝트 속에서 게임 개발의 방향성을 잘 유지하기 위해서는 Xcode 내에 있는 소스 코드들부터 짜임새 있게 구성, 즉 organize해야 한다.

그러면 새로운 클래스를 조직화된 상태로 생성할 수 있도록 Xcode를 이용하여 클래스 그룹을 미리 만들어 보자.

1. Xcode를 열고 [Groups and Files] 섹션에서 [Classes] 폴더를 선택한다.
2. [Classes] 폴더가 선택된 상태에서 Option – Z – N 을 누르거나 마우스 오른쪽 버튼을 클릭한 다음 팝업 메뉴에서 [New Group]을 선택하면 새로운 그룹이 생성된다. 아래와 같은 그룹을 차례로 생성하자.
   - Constants
   - Scenes
   - Layers
   - GameObjects
   - EnemyObjects
   - PowerUps
   - Singletons
3. GameScene.h과 GameScene.m 파일을 [Scenes] 그룹으로 드래그한다.
4. BackgroundLayer와 GameplayLayer의 .h와 .m 파일을 [Layers] 그룹으로 드래그한다.
5. 마지막으로 SpaceVikingAppDelegate의 .h와 .m 파일을 [Singletons] 그룹으로 드래그한다.

이렇게 하면 그림 3.5와 같이 디렉터리가 정리될 것이다. 그룹의 순서는 중요하지 않다. 다만, [Classes] 폴더 아래에 구조화된 상태로 유지시킨다는 것이 중요하다. 따라서 아직까지 HelloWorldScene의 .m과 .h가 남아있다면 이제는 쉽고도 안전하게 프로젝트에서 제거할 수 있을 것이다.

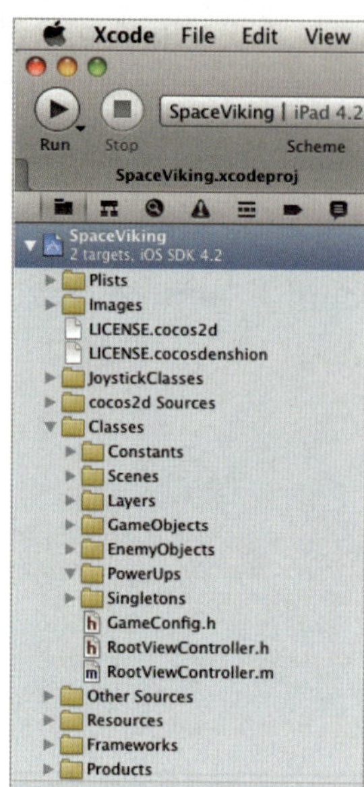

| 그림 3.5 | Xcode에서 Classes 폴더 아래에 몇 개의 그룹을 만들고 정리한 모습

Constants 파일 생성

Space Viking에서는 하나 이상의 클래스에서 사용하는 상수를 여러 개 사용한다. 그래서 이러한 상수를 이용하기 위해 `#define` 구문이 들어있는 Constants.h 헤더 파일을 사용한다.

앞에서 클래스 폴더 구조를 잘 구성하였기 때문에 `Constants`와 `CommonProtocol` 클래스만 추가하면 된다.

1. Xcode에서 [Constants] 그룹을 선택한다([Classes]−[Constants]).
2. [File]−[New File]을 선택한 다음(Z−N 또는 [Constants] 폴더를 마우스 오른쪽 버튼으로 클릭한 다음 [New File]을 선택), [iOS]−[C and C++] 카테고리를 선택하고 Header File 옵션을 선택한다.
3. 파일 이름으로 Constants.h 라고 입력한 다음 [Finish]를 클릭한다.
4. Constants.h 파일을 선택한 다음 리스트 3.3과 같이 입력한다.

```
// Constants.h
// Constants used in SpaceViking

#define kVikingSpriteZValue 100
#define kVikingSpriteTagValue 0
#define kVikingIdleTimer 3.0f
#define kVikingFistDamage 10
#define kVikingMalletDamage 40
#define kRadarDishTagValue 10
```

스프라이트를 layer에 추가할 때 z-값을 넣을 수 있다. 그래서 Space Viking에서는 모든 스프라이트에 대해 고유의 z-값을 지정하여 스프라이트의 앞뒤 관계를 명확하게 하였다. 이에 따라, `kVikingSpriteZValue`는 바이킹 Ole를 다른 게임 캐릭터보다 앞에 나타나도록 하는 데 사용된다. 숫자 100은 임의로 지정한 것으로, 그저 `CCSpriteBatchNode`에 달라붙는 오브젝트의 개수보다 큰 숫자이다. 달리 말하자면, z 값이 0인 경우에는 맨 뒤에 나타나며 숫자가 늘어날수록 점점 앞에 나타난다는 것이다. 만일 Space Viking에서 사용하는 오브젝트 개수가 500개였다면 `kVikingSpriteZValue`값은 501 또는 600 같이 더 큰 숫자가 되었을 것이다.

모든 `CCNode`는 옵션으로 태그값을 가질 수 있는데, 이 값은 각 node마다 고유의 `integer`값으로 지정되어 다른 node 간에 구별이 가능토록 한다. 예를 들어, 적들은 `kVikingSpriteTagValue` 상수값을 이용하여 `CCSpriteBatchNode`에서 Viking 오브젝트를 찾아낸 다음 Viking의 위치와 상태를 알아낼 수 있게 된다. 비슷한 방법으로 chapter 5에서 `RadarDish` 클래스를 `CCBatchNode`에서 찾기 위해 `kRadarDishTagValue` 상수를 사용한다. 태그의 기본값은 `kCCNodeTagInvalid(-1)`로 지정되며, 그렇기 때문에 태그값 0은 정상적인 값이 된다.

마지막으로, 바이킹에 대한 idle 타이머가 있다. 기본값을 3초로 지정하였는데 (`3.0f`), 3초가 지나면 바이킹은 플레이어가 게임을 진행할 때까지 숨쉬는 액션을 취한다. 태그값은 유일한 integer 숫자로 모든 `CCNode`에 지정할 수 있으며, `CCNode`의 부모 클래스를 사용하여 태그값을 얻을 수 있다.

Common Protocol 파일

오브젝티브—C의 프로토콜(protocol)은 자바 등의 언어에서 사용하는 인터페이스 (interface)와 비슷한 개념이다. 간단히 말해서 프로토콜로 지정된 메소드에 대해 클래스는 어떤 식으로든 구현해야 한다. 그래서 어떤 클래스가 프로토콜을 준수한다고 선언하였다면, 그 클래스는 프로토콜에서 지정된 메소드를 구현하였음을 의미한다.

Space Viking에서 로봇이 바이킹 Ole를 공격할 때 `EnemyRobot` 클래스는 `GameplayLayer`에 `phaserBullet`을 만들었는지 물어보게 된다. 이때, `EnemyRobot` 클래스가 단순히 `GameplayLayer`를 import하도록 하는 것이 어려운데, 그것은 다른 모든 클래스 역시 `GameplayLayer` 자체를 import하기 때문이다. 그래서 `GameplayLayer`의 delegate 프로토콜을 만들어 `EnemyRobot` 클래스가 `GameplayLayer`에서 필요한 메소드를 사용할 수 있도록 한다. `EnemyRobot`에 있어 `GameplayLayer`에서 가져다 쓸 메소드는 리스트 3.4에서 보여주는 것과 같이 3개뿐이다.

그러면 CommonProtocols.h 파일을 만들어보자.

1. Xcode에서 [Constants] 그룹을 선택한다.
2. [File]-[New File](⌘-N) 또는 [Constants] 폴더를 마우스 오른쪽 버튼으로 클릭하고 [New File]을 선택)을 선택한 다음, [C and C++] 카테고리를 선택하고 [Header File] 옵션을 선택한다.
3. 파일 이름으로 CommonProtocols.h 라고 입력하고 [Finish]를 클릭한다.
4. CommonProtocols.h 파일을 선택한 다음 리스트 3.4와 같이 입력한다.

리스트 3.4 CommonProtocols.h 헤더 파일

```
// CommonProtocols.h
// SpaceViking

typedef enum {
    kDirectionLeft,
    kDirectionRight
} PhaserDirection;

typedef enum {
```

```objc
    kStateSpawning,
    kStateIdle,
    kStateCrouching,
    kStateStandingUp,
    kStateWalking,
    kStateAttacking,
    kStateJumping,
    kStateBreathing,
    kStateTakingDamage,
    kStateDead,
    kStateTraveling,
    kStateRotating,
    kStateDrilling,
    kStateAfterJumping
} CharacterStates;                                                   // 1

typedef enum {
    kObjectTypeNone,
    kPowerUpTypeHealth,
    kPowerUpTypeMallet,
    kEnemyTypeRadarDish,
    kEnemyTypeSpaceCargoShip,
    kEnemyTypeAlienRobot,
    kEnemyTypePhaser,
    kVikingType,
    kSkullType,
    kRockType,
    kMeteorType,
    kFrozenVikingType,
    kIceType,
    kLongBlockType,
    kCartType,
    kSpikesType,
    kDiggerType,
    kGroundType
} GameObjectType;

@protocol GameplayLayerDelegate
-(void)createObjectOfType:(GameObjectType)objectType
            withHealth:(int)initialHealth
            atLocation:(CGPoint)spawnLocation
            withZValue:(int)ZValue;

-(void)createPhaserWithDirection:(PhaserDirection)phaserDirection
                andPosition:(CGPoint)spawnPosition;
@end
```

typedef enum 줄은 단순히 열거된 값만을 사용할 수 있는 특별한 데이터 타입을
생성하는 역할을 한다. 이렇게 하면 1 대신 kStateIdle을, 4 대신 kStateWalking으
로 기억하면 되기 때문에 코드 작성과 이해가 훨씬 쉬워진다.

GameplayLayerDelegate 프로토콜은 두 개의 메소드를 정의하는데, 이 두 메소드
는 Space Viking에서 사용된다. 특히 SpaceCargoShip과 EnemyRobot은 파워업과
phaser bullet을 만드는 데 사용한다. 이때 SpaceCargoShip은 두 메소드 내부에서
어떤 일이 일어나는지에 대해서는 관심이 없다. 다만 GameplayLayer가 두 메소드를
구현했다는 것만 알고 있기만 하면 된다. 즉, 프로토콜을 사용하면 메소드를 구현하
는 것에 대한 복잡한 부분을 가릴 수 있기 때문에 코드의 모듈화를 도울 뿐만 아니라
더 많은 코드를 재사용할 수 있도록 한다. 나중에 GameplayLayer를 다른 클래스로
대치하게 된다면 새로운 클래스가 GameplayLayerDelegate 프로토콜을 준수하도록
해주기만 하면 된다.

지금까지 설명한 두 개의 헤더 파일을 토대로 GameObject와 GameCharacter 클래
스를 만들어보자.

GameObject와 GameCharacter 클래스

GameObject와 GameCharacter 클래스는 Space Viking에서 가장 근간이 되는 요
소라고 할 수 있다. Viking, RadarDish, EnemyRobot 클래스가 모두 GameObject와
GameCharacter의 기능을 상속받을 뿐만 아니라 여러분의 자체 게임을 제작할 때에
도 GameObject, GameCharacter를 충분히 활용할 수 있다. 특히 GameObject 클래스
에는 앞에서 제작한 프로퍼티 리스트 파일을 읽어 Space Viking 오브젝트의 애니메
이션에 필요한 정보를 설정하는 기능이 들어있다.

GameObject 생성

GameObject 클래스는 Space Viking에서 사용되는 모든 오브젝트의 시작 지점이

다. 또한, `GameObject` 클래스는 `CCSprite` 클래스를 상속받아 action을 동작시키고 텍스처를 렌더링할 수 있다. Space Viking 게임에서 사용하는 `GameObject`에서는 몇 개의 메소드와 인스턴스 변수를 사용한다.

그러면 GameObject의 헤더 파일과 implementation 파일을 만들어보자.

1. Xcode에서 [GameObjects] 그룹을 선택한 다음 마우스 오른쪽 버튼으로 클릭한다.
2. 팝업 메뉴에서 [New File]을 선택한 다음 [iOS]−[Cocoa Touch]를 선택하고 파일 타입으로 'Objective−C' 클래스를 지정한 다음 [Next]를 클릭한다.
3. [Subclass] 필드에 'CCSprite'라고 입력하고 [Next]를 클릭한다.
4. 파일 이름으로 'GameObject'를 입력하고 [Save]를 클릭한다.

GameObject.h 헤더 파일을 열고 리스트 3.5의 내용을 입력한다.

리스트 3.5 **GameObject.h 헤더 파일**

```objc
//  GameObject.h
//  SpaceViking
//

#import <Foundation/Foundation.h>
#import "cocos2d.h"
#import "Constants.h"
#import "CommonProtocols.h"

@interface GameObject : CCSprite {
    BOOL isActive;
    BOOL reactsToScreenBoundaries;
    CGSize screenSize;
    GameObjectType gameObjectType;
}
@property (readwrite) BOOL isActive;
@property (readwrite) BOOL reactsToScreenBoundaries;
@property (readwrite) CGSize screenSize;
@property (readwrite) GameObjectType gameObjectType;
-(void)changeState:(CharacterStates)newState;
-(void)updateStateWithDeltaTime:(ccTime)deltaTime
```

```
andListOfGameObjects:(CCArray*)listOfGameObjects;
-(CGRect)adjustedBoundingBox;
-(CCAnimation*)loadPlistForAnimationWithName:(NSString*)animationName
andClassName:(NSString*)className;
@end
```

@interface 선언문을 자세히 살펴보자. GameObject : CCSprite 코드는 GameObject 클래스가 CCSprite의 서브클래스임을 나타낸다. 이렇게 하여 GameObject는 CCSprite 의 메소드를 사용할 수 있게 된다. 또한 CCSprite 클래스를 기반으로 하지 않는 인스턴 스 변수를 선언하는데, 이 변수들은 나중에 Space Viking에서 사용하게 된다. 인스턴스 변수와 함께 changeState, updateStateWithDeltaTime, adjustedBoundingBox, loadPlistForAnimationWithName 메소드를 선언하였는데, 이 메소드의 역할을 확인하 기 위하여 GameObject.m 파일을 열고 리스트 3.6, 3.7의 내용을 입력하자.

리스트 3.6 **GameObject.m implementation 파일 (part 1)**

```
//  GameObject.m
//  SpaceViking
//
#import "GameObject.h"

@implementation GameObject
@synthesize reactsToScreenBoundaries;
@synthesize screenSize;
@synthesize isActive;
@synthesize gameObjectType;

-(id) init {
    if((self=[super init])){
        CCLOG(@"GameObject init");
        screenSize = [CCDirector sharedDirector].winSize;
        isActive = TRUE;
        gameObjectType = kObjectTypeNone;
    }
    return self;
}

-(void)changeState:(CharacterStates)newState {
    CCLOG(@"GameObject->changeState method should be overridden");
}
```

```objc
-(void)updateStateWithDeltaTime:(ccTime)deltaTime
andListOfGameObjects:(CCArray*)listOfGameObjects {
    CCLOG(@"updateStateWithDeltaTime method should be overridden");
}

-(CGRect)adjustedBoundingBox {
    CCLOG(@"GameObect adjustedBoundingBox should be overridden");
    return [self boundingBox];
}
```

리스트 3.6은 GameObject.m의 첫 번째 파트를 보여준다. init 메소드는 수퍼 클래스(CCSprite)의 초기화 메소드를 호출하고 인스턴스 변수의 기본값을 설정한다. 다음으로 세 개의 메소드 changeState, updateStateWithDeltaTime, adjusted BoundingBox는 무늬만 메소드로, 각 메소드가 오버로드되어야 한다는 CCLOG 메시지만 남길 뿐 아무 일도 하지 않는다. 그 이유는 GameObject 클래스가 다른 오브젝트 클래스의 베이스 역할만을 하고 직접 사용되지 않기 때문이다. 즉, Viking, SpaceCargoShip 등 다른 클래스도 이 세 메소드와 같은 이름의 메소드를 만들어야 (오버라이드해야) 한다는 것이다.

updateStateWithDeltaTime 메소드는 매 프레임마다 게임 오브젝트를 업데이트하기 위하여 GameplayLayer 클래스가 호출한다. 또한 updateStateWithDeltaTime 메소드는 개별 오브젝트의 자체 행동을 구현하기 위한 인공지능 코드를 포함한다.

changeState 메소드는 오브젝트의 상태 변경을 위해 사용된다. 간혹 상태 변경에 의해 오브젝트의 애니메이션이 바뀌기도 한다.

마지막으로, adjustedBoundingBox 메소드는 이름에서 알 수 있듯이 스프라이트의 투명 공간을 반영하여 바운딩 박스를 보정하는 데 사용된다. 그림 3.6에서 Viking 스프라이트에 채워진 투명 공간을 보여주고 있는데, 실제 바이킹 그림의 뒤로 26픽셀, 앞으로 66픽셀만큼 투명색이 채워진 것을 알 수 있다. 그래서 만일 CCSprite에서 기본적으로 제공하는 boundingBox를 사용한다면, 이 이미지의 바운딩 박스를 전체 스프라이트 이미지로 잡아버리기 때문에 충돌 감지가 제대로 동작하지 않을 것이다. 여러분이 게임을 개발할 때에도 각 스프라이트에 대해 정확한 바운딩 박스를 지정하는 것이 좋다.

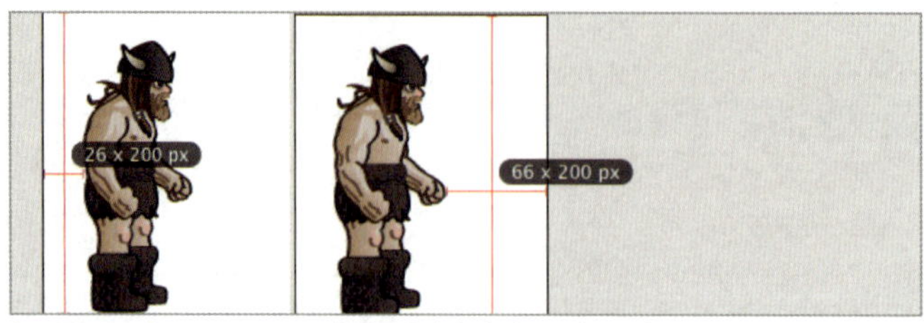

| 그림 3.6 | Viking 스프라이트/이미지의 투명 공간

바운딩 박스(Bounding Box)

Cocos2D에서의 바운딩 박스는 좌표축과 평행한 선으로 이루어진 사각형을 의미한다. 간단히 말해 스프라이트 텍스처(이미지)를 둘러싼 네모인데, 이러한 바운딩 박스는 물리 엔진을 사용하지 않는 경우 텍스처가 겹치거나 충돌하였는지를 확인하는 데 굉장히 유용하다.

리스트 3.7을 보면 loadPlistForAnimationWithName 메소드를 볼 수 있다. 이 메소드는 plist 파일에서 애니메이션 정보를 가져와 세팅하는 역할을 한다. loadPlistForAnimationWithName 메소드는 GameObject 클래스에서 선언 및 정의되었으나, RadarDish, Viking 등의 클래스에서 실제로 호출하여 사용한다. 이 메소드는 파라미터로 애니메이션 이름과 클래스 이름을 받는다. 클래스 이름은 plist 파일을 찾는 데 사용되는데, 그 이유는 plist 파일 이름으로 클래스 이름을 사용하였기 때문이다. 예를 들어, RadarDish 클래스의 경우 plist 파일 이름은 RadarDish.plist 이다. 각 plist 파일 dictionary에는 각각의 애니메이션에 대한 미니 dictionary가 필요하며, 애니메이션 이름은 애니메이션 이름을 사용하는 특정 dictionary를 여는 데 사용된다. 지금까지 작성한 GameObject.m에 리스트 3.7의 내용을 추가하자.

리스트 3.7 GameObject.m implementation 파일 (part 2)

```
-(CCAnimation*)loadPlistForAnimationWithName:(NSString*)animationName
andClassName:(NSString*)className {

    CCAnimation *animationToReturn = nil;
    NSString *fullFileName =
    [NSString stringWithFormat:@"%@.plist",className];
```

```objc
NSString *plistPath;

// 1: plist 파일의 경로(path) 추출
NSString *rootPath =
 [NSSearchPathForDirectoriesInDomains(NSDocumentDirectory,
   NSUserDomainMask, YES) objectAtIndex:0];
plistPath = [rootPath stringByAppendingPathComponent:fullFileName];
if (![[NSFileManager defaultManager] fileExistsAtPath:plistPath]) {
    plistPath = [[NSBundle mainBundle]
                 pathForResource:className ofType:@"plist"];
}

// 2: plist 파일 읽기
NSDictionary *plistDictionary =
[NSDictionary dictionaryWithContentsOfFile:plistPath];

// 3: plistDictionary가 nil인 경우, 파일을 찾지 못한 것으로 간주함
if (plistDictionary == nil) {
    CCLOG(@"Error reading plist: %@.plist", className);
    return nil; // plist dictionary 또는 파일이 없음
}

// 4: 해당 애니메이션의 미니 dictionary만 가져옴
NSDictionary *animationSettings =
[plistDictionary objectForKey:animationName];
if (animationSettings == nil) {
    CCLOG(@"Could not locate AnimationWithName:%@",animationName);
    return nil;
}

// 5: 애니메이션의 delay값 추출
float animationDelay =
    [[animationSettings objectForKey:@"delay"] floatValue];
animationToReturn = [CCAnimation animation];
[animationToReturn setDelay:animationDelay];

// 6: 애니메이션 프레임 추가
NSString *animationFramePrefix =
    [animationSettings objectForKey:@"filenamePrefix"];
NSString *animationFrames =
    [animationSettings objectForKey:@"animationFrames"];
NSArray *animationFrameNumbers =
    [animationFrames componentsSeparatedByString:@","];

for (NSString *frameNumber in animationFrameNumbers) {
    NSString *frameName =
    [NSString stringWithFormat:@"%@%@.png",
```

```
            animationFramePrefix,frameNumber];
        [animationToReturn addFrame:
            [[CCSpriteFrameCache sharedSpriteFrameCache]
                spriteFrameByName:frameName]];
    }

    return animationToReturn;
}
@end
```

그러면 리스트 3.7을 주석에 적힌 숫자대로 분석해보자.

1. 1번, 2번은 프로퍼티 리스트 파일을 읽기 위한 표준 Apple 템플릿이다. 1번은 프로퍼티 리스트 파일이 있는 실제 파일 시스템의 디렉터리 경로를 얻기 위해 시도한다. 여기에서 `className`으로 넘겨받은 클래스 이름을 이용하여 애플리케이션 번들에 해당 path가 있는지 확인한다.

2. 2번에서는 빌트-인(built-in) 메소드를 사용하여 프로퍼티 리스트 파일을 읽고 파싱한다. 이렇게 파싱하여 얻은 정보를 dictionary로 만들어 리턴하게 되는데, 리턴되는 `NSDictionary` 오브젝트에는 애니메이션의 모든 내용이 미니 dictionary 형태로 실린다.

3. 3번은 단순히 `NSDictionary`가 비었는지만 확인한다.

4. 4번에서는 `animationName`에 전달되는 특정 애니메이션의 미니 dictionary를 가져온다. 미니 dictionary(코드 내에서는 `animationSettings`라는 이름으로 사용)에는 파일이름의 prefix, 애니메이션 delay, 애니메이션 프레임 리스트가 들어있다. `animationSettings` dictionary를 가져온 다음에는 dictionary 내용이 비어있는지 간단하게 확인한다.

5. 5번에서는 `animationSettings`에서 delay값을 추출하고, delay값을 이용하여 CCAnimation 오브젝트를 생성한다. delay값은 종종 1초 미만 값으로 사용되기도 하기 때문에 float 타입으로 저장하였다. delay값은 앞에서 설명한 것처럼 `CCAnimate` 액션을 이용하여 구하거나 `CCAnimation` 자체에서 바로 가져올 수 있다.

6. 6번에서는 애니메이션 프레임이 애니메이션으로 로드된다. 먼저 프레임에 사

용될 파일 이름의 prefix를 가져온다(예를 들어, `RadarDish` 애니메이션은 `radar_` prefix를 사용한다.). 다음으로 프레임 숫자들이 들어있는 문자열에서 숫자만을 추출하여 `NSArray`에 담는다. 콤마로 구분된 내용을 추출하기 위해 `NSString`에서 제공하는 `componentsSeparatedByString` 메소드를 사용하면 한 줄로 코드를 끝낼 수 있어 편리하다. 그리고는 for 루프를 통해 `NSArray`에 들어있는 프레임 번호에 해당하는 `CCSpriteFrame` 프레임을 애니메이션에 순서대로 넣는다. 이때, `CCSpriteFrame` 이름은 prefix, 프레임 번호, .png의 순서로 조합된다. 마지막으로 새롭게 생성된 애니메이션이 리턴된다.

리스트 3.7에서 이해해야 할 키 포인트는 `loadPlistForAnimationWithName` 메소드를 이용하여 Space Viking에서 필요한 모든 게임 오브젝트의 애니메이션 세팅을 로드할 수 있다는 것이다. 리스트 3.7의 6번 부분을 자세히 보면, 이번 챕터 앞부분에서 plist를 설정할 때 사용되었던 키값 `filenamePrefix`와 `animationFrames`가 다시 한 번 나타나는 것을 볼 수 있을 것이다. 아울러, `GameObject.m` 파일에는 리스트 3.6과 3.7이 모두 들어가야 한다는 사실을 기억하기 바란다.

매 섹션이 끝날 때마다 코드를 빌드하여 오타 등의 실수가 없는지 확인하는 것은 아주 좋은 습관이다. ⌘–B를 누르거나 메뉴에서 [Build]를 선택하여 프로젝트를 빌드하면 된다.

GameCharacter 클래스 생성

Space Viking에서 파워-업 아이템과 `SpaceCargoShip`은 움직임이 단순하기 때문에 `GameObject`로부터 직접 상속받는다. 그리고 나머지 오브젝트는 약간의 지능을 구현하기 위한 상태 머신을 제공하기 위해 `GameCharacter` 클래스로부터 상속받게 된다. GameCharacter 클래스는 캐릭터의 체력 같이 현재 상태에 대한 정보를 보관하는 데 사용되는 인스턴스 변수를 제공한다. 또한 모든 게임 요소가 화면 밖으로 나가지 않도록 하는 데 사용될 편리한 메소드도 제공한다. GameCharacter 헤더 파일과 implementation 파일을 만들기 위해서는 다음과 같이 하면 된다.

1. Xcode에서 [GameObject] 그룹을 마우스 오른쪽 버튼으로 클릭한다.
2. [New File]을 선택한 후 [iOS]- [Cocoa Touch] category를 선택하고, [Objective-C class]를 파일 타입으로 선택한 다음 [Next]를 클릭한다.
3. [Subclass] 필드에 'GameObject'라고 입력하고 [Next]를 클릭한다.
4. 파일 이름으로 'GameCharacter'라고 입력한 다음 [Finish]를 클릭한다.

GameCharacter.h 헤더 파일을 열고 리스트 3.8과 같이 입력한다.

리스트 3.8   <u>GameCharacter.h 헤더 파일</u>

```objc
// GameCharacter.h
//   SpaceViking

#import <Foundation/Foundation.h>
#import "GameObject.h"

@interface GameCharacter : GameObject {
    int characterHealth;
    CharacterStates characterState;
}

-(void)checkAndClampSpritePosition;
-(int)getWeaponDamage;

@property (readwrite) int characterHealth;
@property (readwrite) CharacterStates characterState;
@end
```

리스트 3.8을 보면, 인스턴스 변수와 메소드가 각각 두 개씩 추가되어 Game Character를 상속받는 모든 오브젝트가 사용할 수 있다는 것을 알 수 있다. GameCharacter.m 파일을 열고 리스트 3.9의 내용으로 바꾼다.

리스트 3.9   <u>GameCharacter.m 파일</u>

```objc
// GameCharacter.m
//   SpaceViking

#import "GameCharacter.h"
```

```objc
@implementation GameCharacter
@synthesize characterHealth;
@synthesize characterState;

-(void) dealloc {
    [super dealloc];
}

-(int)getWeaponDamage {
    // 기본값은 0 데미지
    CCLOG(@"getWeaponDamage should be overridden");
    return 0;
}

-(void)checkAndClampSpritePosition {
    CGPoint currentSpritePosition = [self position];

    if (UI_USER_INTERFACE_IDIOM() == UIUserInterfaceIdiomPad) {
        // iPad를 위한 가장자리 제어
        if (currentSpritePosition.x < 30.0f) {
            [self setPosition:ccp(30.0f, currentSpritePosition.y)];
        } else if (currentSpritePosition.x > 1000.0f) {
            [self setPosition:ccp(1000.0f, currentSpritePosition.y)];
        }
    } else {
        // iPhone, iPhone 4, iPod touch를 위한 가장자리 제어
        if (currentSpritePosition.x < 24.0f) {
            [self setPosition:ccp(24.0f, currentSpritePosition.y)];
        } else if (currentSpritePosition.x > 456.0f) {
            [self setPosition:ccp(456.0f, currentSpritePosition.y)];
        }
    }
}
@end
```

getWeaponDamage 메소드는 적 또는 바이킹의 공격에 얼마나 많은 데미지를 입는지를 알려준다. Space Viking에서는 Ole가 주먹으로 때릴 때와 Mallet을 쥐고 때릴 때의 데미지가 달라진다.

checkAndClampSpritePosition 메소드는 오브젝트가 화면 밖으로 나가지 않도록 한다. 메소드는 오브젝트의 현재 위치를 확인하여 화면 밖으로 나가게 되는 경우 위치를 보정해준다. 이 메소드는 바이킹 Ole와 다른 적들이 항상 화면 내에서 돌아

다닐 수 있도록 해준다. `GameCharacter` 클래스에 이 메소드가 있기 때문에 캐릭터를 만들때마다 일일이 같은 코드를 입력하는 불편함을 없애준다.

Point vs Pixel

Cocos2D는 point 시스템을 사용하여 일반 iPhone 디스플레이(480×320 pixel)와 레티나 디스플레이(960×640 pixel)에서 오브젝트가 동일한 위치에 있도록 한다. 비(非) 레티나 디스플레이의 경우 point는 pixel과 같지만, 레티나 디스플레이에서는 1 point가 2 pixel을 의미한다. 그래서 Ole의 위치를 24 point로 잡으면 iPhone 3G나 3GS에서는 화면 왼쪽에서 24 pixel 떨어진 위치에 표시하지만 iPhone 4의 경우에는 화면 왼쪽에서 48 pixel 떨어진 위치에 표시된다. 그러나 두 가지 경우 모두 화면상으로는 동일한 위치에 나타나게 된다. Cocos2D의 point 시스템에 대한 자세한 내용은 다음의 웹사이트를 통해 확인하기 바란다. www.cocos2d-iphone.org/wiki/doku.php/prog_guide:how_to_develop_retinadisplay_games_in_cocos2d

마지막으로, 다시 한 번 ⌘－B 또는 [Product] 메뉴의 [Build]를 선택하여 코드에 에러가 없는지 확인하기 바란다. 이제 `GameObject`와 `GameCharacter` 클래스까지 갖게 되었으니 다음 챕터에서 더 깊이 들어가 바이킹 Ole가 상대할 첫 번째 적을 만들어보도록 하자.

▶▶ 정리

이번 챕터에서는 Cocos2D 애니메이션, `CCAnimationCache`, Space Viking에서 사용할 게임 디자인에 대해 살펴보았다. 확연하게 드러나는 결과물은 없지만 적들을 추가하고 다른 기능을 부여하기 위해 이번 챕터에서의 작업은 필수적이었다. 이제 다음 챕터로 넘어가 SpaceViking에게 위협이 될 `RadarDish`를 추가하자.

 ## 연습문제

1. 여러분 자신의 게임을 만든다고 가정했을 때, 오브젝트에 대한 클래스와 계층 구조는 어떻게 디자인하겠는가?

2. `GameObject`의 `loadPlistForAnimationWithName` 메소드에서 `CCAnimation`이 `CCAnimationCache`에 추가되도록 하려면 코드를 어떻게 고쳐야 할까?

 이번 챕터에서 제공하는 소스 코드의 주석 처리된 부분을 참고하면 문제 해결에 도움이 될 것이다.

간단한 충돌 감지 및 첫 번째 적(Enemy)

앞에서는 Cocos2D의 애니메이션과 액션에 대한 기본적인 내용에 대해 이해하는 동시에 Space Viking에서 사용될 유연한 프레임워크를 만들기 시작했다. 이번 챕터에서는 좀 더 나아가 Ole가 싸워야 하는 첫 번째 적을 만들 것이다. 그 과정에서 여러분은 간단한 충돌 감지 시스템과 인공지능을 구현하게 될 것이다.

이번 챕터에서 소개되는 Ole와 RadarDish의 행동을 구현하는 코드의 양이 매우 많기 때문에, 각각의 클래스가 어떻게 동작하는지를 이해하는 데 많은 시간을 할애하기 바란다. 이 클래스들은 나머지 챕터에서 소개하는 클래스들의 기본이 될 것이다.

 RadarDish와 Viking 클래스 생성

단순한 `CCSprite`였던 Ole가 완전한 애니메이션으로 구현되면서 앞에서 단순하게 만들었던 것들이 점점 복잡해질 것이다. 이번 섹션에서는 `RadarDish`와 `Viking` 클래스를 만들어 각각의 캐릭터에 필요한 로직과 애니메이션을 담을 수 있도록 할 것이다. 앞으로 Space Viking에서 만들 모든 적들에 대한 클래스는 `RadarDish`를 기반으로 할 것이기 때문에 `RadarDish` 클래스를 눈여겨보기 바란다.

RadarDish 클래스

첫 번째 scene에서는 의심스럽게 생긴 레이더가 화면 오른쪽에 자리잡고 있다. 레이더는 Ole 같은 외계 생명체를 탐지하고 있기 때문에 Ole는 레이더가 다른 로봇에게 외계 생명체의 존재를 알려주기 전에 부셔버려야 한다. 다행히 Ole는 이 문제를 해결할 수 있는 두 가지 방법이 있다. 바로 왼쪽 주먹과 오른쪽 주먹이다. 이제 `RadarDish` 클래스를 만들어보자.

1. Xcode에서 [EnemyObjects] 그룹을 마우스 오른쪽 버튼으로 클릭한다.
2. [New File]을 선택하고 [iOS]-[Cocoa Touch category]를 선택한 다음 파일 타입으로 [Objective-C]를 선택하고 [Next]를 클릭한다.
3. [Subclass] 필드에 'GameCharacter'라고 입력한 다음 [Next]를 클릭한다.

4. 파일 이름을 'RadarDish'라고 입력한 다음 [Finish]를 클릭한다.

RadarDish.h 파일을 열고 리스트 4.1과 같이 수정한다.

리스트 4.1 __RadarDish.h__

```objc
// RadarDish.h
// SpaceViking
//
#import <Foundation/Foundation.h>
#import "GameCharacter.h"

@interface RadarDish : GameCharacter {
    CCAnimation *tiltingAnim;
    CCAnimation *transmittingAnim;
    CCAnimation *takingAHitAnim;
    CCAnimation *blowingUpAnim;
    GameCharacter *vikingCharacter;
}

@property (nonatomic, retain) CCAnimation *tiltingAnim;
@property (nonatomic, retain) CCAnimation *transmittingAnim;
@property (nonatomic, retain) CCAnimation *takingAHitAnim;
@property (nonatomic, retain) CCAnimation *blowingUpAnim;

@end
```

리스트 4.1을 보면 RadarDish 클래스가 GameCharacter 클래스로부터 상속받고 4
개의 CCAnimation 타입의 인스턴스 변수를 선언하는 것을 알 수 있다. 또한
RadarDish 클래스는 Viking 캐릭터를 참조하는 포인터 타입의 인스턴스 변수도 갖
고 있다.

리스트 4.2, 4.3, 4.4는 RadarDish.m 파일에 대한 내용을 보여준다. 특히 시간 메소드인 `changeState`와 `updateStateWithDelta`에 대해서는 확실하게 이해해야 하는데, 그 이유는 다른 캐릭터의 동일 메소드와 비교했을 때 RadarDish 클래스에서의 이 메소드가 가장 기본적이기 때문이다. 코드를 읽는 동안 RadarDish가 가장 단순한 형태의 적임을 상기하기 바란다. RadarDish는 움직이지도 못할 뿐만 아니라 바이킹을 공격하지도 않는다. 그저 바이킹에게 공격받으면 데미지를 입고 결국에는 dead state로 가면서 부서지게 된다. 리스트 4.2는 RadarDish.m의 앞 부분을 담고 있는데, `changeState` 메소드가 포함되어 있다. Xcode에서 RadarDish.m 파일을 열고 리스트 4.2, 4.3, 4.4의 내용으로 채우자.

리스트 4.2 <u>RadarDish.m (앞 부분)</u>

```
// RadarDish.m
// SpaceViking
#import "RadarDish.h"

@implementation RadarDish
@synthesize tiltingAnim;
@synthesize transmittingAnim;
@synthesize takingAHitAnim;
@synthesize blowingUpAnim;

- (void) dealloc{
    [tiltingAnim release];
    [transmittingAnim release];
```

```objc
        [takingAHitAnim release];
        [blowingUpAnim release];
        [super dealloc];
}


-(void)changeState:(CharacterStates)newState {
    [self stopAllActions];
    id action = nil;
    [self setCharacterState:newState];

    switch (newState) {
        case kStateSpawning:
            CCLOG(@"RadarDish->Starting the Spawning Animation");
            action = [CCAnimate actionWithAnimation:tiltingAnim
                                  restoreOriginalFrame:NO];
            break;

        case kStateIdle:
            CCLOG(@"RadarDish->Changing State to Idle");
            action = [CCAnimate actionWithAnimation:transmittingAnim
                                  restoreOriginalFrame:NO];
            break;

        case kStateTakingDamage:
            CCLOG(@" RadarDish->Changing State to TakingDamage" );
            characterHealth =
                characterHealth - [vikingCharacter getWeaponDamage];
            if (characterHealth <= 0.0f) {
                [self changeState:kStateDead];
            } else {
                action = [CCAnimate actionWithAnimation:takingAHitAnim
                                      restoreOriginalFrame:NO];
            }
            break;

        case kStateDead:
            CCLOG(@"RadarDish->Changing State to Dead");
            action = [CCAnimate actionWithAnimation:blowingUpAnim
                                  restoreOriginalFrame:NO];
            break;

        default:
            CCLOG(@" Unhandled state %d in RadarDish" , newState);
            break;
    }
    if (action != nil) {
```

```
        [self runAction:action];
    }
}
```

RadarDish의 상태가 바뀔 때 changeState 메소드가 호출된다. 앞에서 상태 머신에 대해 언급했는데, changeState 메소드가 RadarDish의 작은 '지능' 역할을 하는 상태 변화를 가능케 한다. RadarDish 지능은 네 가지의 상태 – spawning, idle, taking damage, dead – 를 갖는다. 이어서 나오는 코드를 보면 RadarDish는 spawning 상태로 초기화되며, updateStateWithDeltaTime 메소드가 네 가지의 상태를 움직이는 것을 알 수 있을 것이다.

updateStateWithDeltaTime 메소드가 RadarDish의 상태 변경이 필요하다고 판단하면 changeState 메소드를 호출하게 된다. 리스트 4.2의 switch 구문이 하는 동작을 정리하면 다음과 같다.

- **Spawning**(kStateSpawning)
  안테나가 위/아래로 움직이는 tilting 애니메이션과 함께 RadarDish가 시작한다.
- **Idle**(kStateIdle)
  RadarDish가 깜박거리는 transmitting 애니메이션을 동작시킨다.
- **Taking Damage**(kStateTakingDamage)
  RadarDish가 타격을 입는 taking damage 애니메이션을 동작시킨다. 사용하는 무기에 따라 줄어드는 RadarDish의 체력값이 달라진다.
- **Dead**(kStateDead)
  RadarDish가 터지는 death 애니메이션을 동작시킨다. 이 상태는 RadarDish의 체력이 0 이하의 값이 될 때 한 번만 도달할 수 있다.

RadarDish.m의 다음 코드는 리스트 4.3에서 볼 수 있다. 리스트 4.3은 updateStateWithDeltaTime 메소드와 함께 시작한다.

```objc
-(void)updateStateWithDeltaTime:(ccTime)deltaTime
andListOfGameObjects:(CCArray*)listOfGameObjects {
    if (characterState == kStateDead)
        return;                                                    // 1

    vikingCharacter =
        (GameCharacter*)[[self parent]
                        getChildByTag:kVikingSpriteTagValue];      // 2

    CGRect vikingBoundingBox =
        [vikingCharacter adjustedBoundingBox];                     // 3
    CharacterStates vikingState = [vikingCharacter characterState]; // 4

    // 바이킹이 가까운 곳에서 공격하는지 (즉, 데미지를 입히는지) 계산
    if ((vikingState == kStateAttacking) &&
        (CGRectIntersectsRect([self adjustedBoundingBox], vikingBoudingBox))) // 5
    {
        if (characterState != kStateTakingDamage) {
            // RadarDish가 아직 데미지를 입지 않은 경우
            [self changeState:kStateTakingDamage];
            return;
        }
    }

    if ((([self numberOfRunningActions] == 0) && (characterState != kStateDead))
    {
        CCLOG(@"Going to Idle");
        [self changeState:kStateIdle];                             // 6
        return;
    }
}
```

이제 코드를 천천히 살펴보자.

1. RadarDish가 이미 죽었는지 확인한다. 이미 죽었다면 업데이트 없이 바로 리턴한다.

2. RadarDish의 부모 클래스로부터 Viking 캐릭터 정보를 가져온다. Space Viking의 모든 오브젝트는 scene SpriteBatchNode의 자식이며, 여기에서는 parent에 의해 참조된다. 특히 Viking은 kVikingSpriteTagValue라는 특별한

tag 값을 부여 받으며 SpriteBatchNode에 추가되었기 때문에 이를 이용해 RadarDish는 Viking 오브젝트를 가져올 수 있다. 이렇게 얻은 Viking 오브젝트를 사용하여 RadarDish와 가까이 있는지와 자신을 공격하는지를 확인할 수 있다(리스트 3.3에 kVikingSpriteTagValue 상수를 정의하는 부분이 있다).

3. Viking 캐릭터의 바운딩 박스를 얻는다.

4. Viking 캐릭터의 상태를 얻는다.

5. Viking이 가까이 있으며 공격하고 있는지 판단한다. 만일 Viking의 바운딩 박스와 RadarDish의 바운딩 박스가 겹치고 Viking의 상태가 공격하는 중이라면, RadarDish는 Viking에게 공격당하는 중이라고 판단할 수 있다. 그렇기 때문에 changeState:kStateTakingDamage를 통해 RadarDish의 애니메이션을 RadarDish가 공격당하는 것으로 바꾸고 RadarDish의 체력을 깎는다.

6. RadarDish의 애니메이션을 transmission으로 바꾼다. RadarDish가 현재 별도의 애니메이션을 보여주지도 않고 죽지도 않았다면, idle 상태로 바뀌어 transmission 애니메이션이 다시 시작할 수 있도록 해야 한다.

RadarDish.m의 끝부분은 가장 길지만 이해하기 가장 용이하다. 여기에는 RadarDish 애니메이션을 초기화하는 initAnimations 메소드와 RadarDish 클래스의 인스턴스 변수를 초기화하는 init 메소드가 들어있다. 리스트 4.4를 RadarDish.m에 추가하자.

 RadarDish.m (끝 부분)

```
-(void)initAnimations {
    [self setTiltingAnim:
    [self loadPlistForAnimationWithName:@"tiltingAnim"
     andClassName:NSStringFromClass([self class])]];

    [self setTransmittingAnim:
    [self loadPlistForAnimationWithName:@"transmittingAnim"
     andClassName:NSStringFromClass([self class])]];

    [self setTakingAHitAnim:
    [self loadPlistForAnimationWithName:@"takingAHitAnim"
```

```
      andClassName:NSStringFromClass([self class])]];

    [self setBlowingUpAnim:
     [self loadPlistForAnimationWithName:@"blowingUpAnim"
      andClassName:NSStringFromClass([self class])]];
}

-(id) init {
    if( (self=[super init]) ) {
        CCLOG(@"### RadarDish initialized");
        [self initAnimations];                              // 1
        characterHealth = 100.0f;                           // 2
        gameObjectType = kEnemyTypeRadarDish;               // 3
        [self changeState:kStateSpawning];                  // 4
    }
    return self;
}
@end
```

initAniamtions 메소드는 GameObject 클래스에서 정의된 loadPlistFor
AnimationWithName 메소드를 호출하는데, 이때 애니메이션을 로드하기 위하여 클
래스 이름이 전달된다. 이를 위해 클래스 이름을 NSString 타입의 스트링으로 추출
하는 NSStringFromClass 메소드가 사용되었다. 그래서 위의 경우에는 RadarDish
라는 스트링이 전달되게 된다. 클래스 이름은 해당 애니메이션이 저장된 plist 파일
을 찾기 위해 사용된다. 다음은 init 메소드가 하는 일이다.

1. initAnimations 메소드를 호출하여 RadarDish를 위한 애니메이션을 셋업한
   다. 이미 GameplayLayer 클래스가 텍스처 아틀라스 파일(scene1atlas.png와
   scene1atlas.plist)을 로드하면서 Cocos2D에 의해 애니메이션 프레임의 좌표
   와 텍스처가 로드 및 캐시되었다.
2. RadarDish의 초기 체력을 100으로 한다.
3. RadarDish의 GameObject 타입을 kEnemyTypeRadarDish로 한다.
4. RadarDish의 초기 상태를 spawning으로 한다. 리스트 4.2에서 RadarDish가
   spawning 상태에서 tilting 애니메이션을 하는 것을 보았다. 그러다가
   RadarDish의 상태가 idle로 바뀌면 transmission 애니메이션으로 바뀐다.

이번 챕터의 게임을 돌려보기 위해서는 아직 해야 할 작업이 남아있는데, 그것은 바로 Viking 클래스를 만들고 GameplayLayer 클래스를 수정하는 것이다. 여기에서 상태 머신으로 이루어진 RadarDish의 두뇌를 제어하는 updateStateWithDeltaTime과 changeState 메소드를 이해하는 것은 매우 중요한데, 이 두 메소드는 바이킹 Ole를 포함한 모든 캐릭터의 두뇌를 제어하기 때문이다.

▶▶ Viking 클래스

Chapter 3에서 바이킹 Ole는 단순한 CCSprite에 지나지 않았다. 이제 바이킹 Ole만의 클래스를 만들고 애니메이션과 상태 머신을 통해 다양한 상태를 표현하게 만들어보자. Viking 클래스를 읽는 것이 버겁다면 RadarDish 클래스를 다시 읽어보기 바란다. Viking 클래스의 기본구조는 RadarDish와 같으며, 단지 좀 더 많은 기능이 추가되었을 뿐이다. Xcode에서 Viking 클래스를 만드는 방법은 다음과 같다.

1. Xcode에서 [GameObjects] 그룹을 마우스 오른쪽 버튼으로 클릭한다.
2. [Add]−[New File]을 선택하고 [iOS]−[Cocos Touch category]를 선택한 다음 파일 타입으로 [Objective−C class]를 선택하고 [Next]를 클릭한다.
3. [Subclass] 필드에 'GameCharacter'라고 입력한 다음 [Next]를 클릭한다.
4. 파일 이름으로 'Viking'이라고 입력한 다음 [Save]를 클릭한다.

Viking.h 파일을 열고 리스트 4.5의 내용으로 바꾼다.

리스트 4.5 <u>Viking.h</u>

```
// Viking.h
// SpaceViking
#import <Foundation/Foundation.h>
#import "GameCharacter.h"
#import "SneakyButton.h"
#import "SneakyJoystick.h"
typedef enum {
    kLeftHook,
```

```objc
    kRightHook
} LastPunchType;

@interface Viking : GameCharacter {
    LastPunchType myLastPunch;
    BOOL isCarryingMallet;
    CCSpriteFrame *standingFrame;

    // Standing, breathing, walking
    CCAnimation *breathingAnim;
    CCAnimation *breathingMalletAnim;
    CCAnimation *walkingAnim;
    CCAnimation *walkingMalletAnim;

    // Crouching, standing up, Jumping
    CCAnimation *crouchingAnim;
    CCAnimation *crouchingMalletAnim;
    CCAnimation *standingUpAnim;
    CCAnimation *standingUpMalletAnim;
    CCAnimation *jumpingAnim;
    CCAnimation *jumpingMalletAnim;
    CCAnimation *afterJumpingAnim;
    CCAnimation *afterJumpingMalletAnim;

    // Punching
    CCAnimation *rightPunchAnim;
    CCAnimation *leftPunchAnim;
    CCAnimation *malletPunchAnim;

    // Taking Damage, Death
    CCAnimation *phaserShockAnim;
    CCAnimation *deathAnim;

    SneakyJoystick *joystick;
    SneakyButton *jumpButton ;
    SneakyButton *attackButton;

    float millisecondsStayingIdle;
}

// Standing, Breathing, Walking
@property (nonatomic, retain) CCAnimation *breathingAnim;
@property (nonatomic, retain) CCAnimation *breathingMalletAnim;
@property (nonatomic, retain) CCAnimation *walkingAnim;
@property (nonatomic, retain) CCAnimation *walkingMalletAnim;

// Crouching, Standing Up, Jumping
```

```objc
@property (nonatomic, retain) CCAnimation *crouchingAnim;
@property (nonatomic, retain) CCAnimation *crouchingMalletAnim;
@property (nonatomic, retain) CCAnimation *standingUpAnim;
@property (nonatomic, retain) CCAnimation *standingUpMalletAnim;
@property (nonatomic, retain) CCAnimation *jumpingAnim;
@property (nonatomic, retain) CCAnimation *jumpingMalletAnim;
@property (nonatomic, retain) CCAnimation *afterJumpingAnim;
@property (nonatomic, retain) CCAnimation *afterJumpingMalletAnim;

// Punching
@property (nonatomic, retain) CCAnimation *rightPunchAnim;
@property (nonatomic, retain) CCAnimation *leftPunchAnim;
@property (nonatomic, retain) CCAnimation *malletPunchAnim;

// Taking Damage, Death
@property (nonatomic, retain) CCAnimation *phaserShockAnim;
@property (nonatomic, retain) CCAnimation *deathAnim;

@property (nonatomic,assign) SneakyJoystick *joystick;
@property (nonatomic,assign) SneakyButton *jumpButton;
@property (nonatomic,assign) SneakyButton *attackButton;
@end
```

리스트 4.5를 보면 `Viking` 캐릭터가 얼마나 많은 애니메이션을 사용하는지 알 수 있다. 또한, 애니메이션과 함께 스크린 조이스틱과 버튼 컨트롤을 위한 인스턴스 변수를 선언한 것도 볼 수 있다.

이 중에서 중요한 부분으로는 왼쪽/오른쪽 펀치값을 정의하는 `typedef` `enumerator`와 마지막으로 내지른 펀치가 어떤 것이었는지 저장하는 인스턴스 변수, 그리고 얼마나 idle 상태로 있었는지를 기억하는 `float` 변수를 들 수 있다. `Viking` 클래스에 대한 implementation 파일은 굉장히 길어서 네 부분으로 나누었다(리스트 4.6~4.9). Viking.m 파일을 열고 리스트 4.6, 4.7, 4.8, 4.9의 내용으로 바꾸어보자.

리스트 4.6 **Viking.m 파일 (part 1/4)**

```objc
// Viking.m
// SpaceViking
#import "Viking.h"
```

```objc
@implementation Viking
@synthesize joystick;
@synthesize jumpButton ;
@synthesize attackButton;

// Standing, Breathing, Walking
@synthesize breathingAnim;
@synthesize breathingMalletAnim;
@synthesize walkingAnim;
@synthesize walkingMalletAnim;

// Crouching, Standing Up, Jumping
@synthesize crouchingAnim;
@synthesize crouchingMalletAnim;
@synthesize standingUpAnim;
@synthesize standingUpMalletAnim;
@synthesize jumpingAnim;
@synthesize jumpingMalletAnim;
@synthesize afterJumpingAnim;
@synthesize afterJumpingMalletAnim;

// Punching
@synthesize rightPunchAnim;
@synthesize leftPunchAnim;
@synthesize malletPunchAnim;

// Taking Damage, Death
@synthesize phaserShockAnim;
@synthesize deathAnim;

- (void) dealloc {
    joystick = nil;
    jumpButton = nil;
    attackButton = nil;
    [breathingAnim release];
    [breathingMalletAnim release];
    [walkingAnim release];
    [walkingMalletAnim release];
    [crouchingAnim release];
    [crouchingMalletAnim release];
    [standingUpAnim release];
    [standingUpMalletAnim release];
    [jumpingAnim release];
    [jumpingMalletAnim release];
    [afterJumpingAnim release];
    [afterJumpingMalletAnim release];
    [rightPunchAnim release];
```

```objc
    [leftPunchAnim release];
    [malletPunchAnim release];
    [phaserShockAnim release];
    [deathAnim release];

    [super dealloc];
}

-(BOOL)isCarryingWeapon {
    return isCarryingMallet;
}

-(int)getWeaponDamage {
    if (isCarryingMallet) {
        return kVikingMalletDamage;
    }
    return kVikingFistDamage;
}

-(void)applyJoystick:(SneakyJoystick *)aJoystick forTimeDelta:(float)deltaTime
{
    CGPoint scaledVelocity = ccpMult(aJoystick.velocity, 128.0f);
    CGPoint oldPosition = [self position];
    CGPoint newPosition = ccp(oldPosition.x +
                              scaledVelocity.x * deltaTime,
                              oldPosition.y);                      // 1
    [self setPosition:newPosition];                               // 2

    if (oldPosition.x > newPosition.x) {
        self.flipX = YES;                                         // 3
    } else {
        self.flipX = NO;
    }
}

-(void)checkAndClampSpritePosition {
    if (self.characterState != kStateJumping) {
        if ([self position].y > 110.0f)
            [self setPosition:ccp([self position].x,110.0f)];
    }
    [super checkAndClampSpritePosition];
}
```

    Viking.m 파일은 dealloc 메소드와 함께 시작한다. 저자보다 훨씬 뛰어난 오브젝티브-C 개발자의 말에 따르면, dealloc 메소드를 맨 위로 올려 synthesize 구문

아래에 놓는 것이 훨씬 좋다고 한다. 이 말은 즉, dealloc해야 하는 인스턴스 변수를 놓치는 실수를 줄여 궁극적으로 오브젝티브-C 코드에서 가장 많이 일어나는 실수 중 하나인 메모리 누수의 원인을 줄여보자는 데에 있다.

dealloc 메소드 다음에 나오는 isCarryingWeapon 메소드는 쉽기 때문에 건너뛰고 applyJoystick 메소드를 살펴보자. 이 메소드는 Chapter 2의 리스트 2.10에서 다룬 것과 유사하지만 점프와 공격 버튼에 대한 제어를 없애고 오직 Ole의 움직임만 다루도록 수정하였다. 특히 Viking이 움직이기 이전의 위치를 추적하는 oldPosition 변수를 추가한 것은 눈여겨볼 필요가 있다. 그러면 리스트 4.6에 주석으로 표시한 숫자에 해당하는 내용을 살펴보자.

1. 조이스틱의 속도에 기반하여 새로운 위치를 계산한다. 그러나 항상 x값만 바뀌도록 하고 y값은 그대로 유지하여 Ole가 좌우로만 움직이도록 하였다.
2. 새로운 위치로 Viking을 옮긴다.
3. 이전 위치와 새로운 위치를 비교하여 필요시 Viking을 좌우로 뒤집는다. Viking 이미지를 자세히 살펴보았다면 Viking이 항상 오른쪽만을 바라보고 있다는 사실을 발견했을 것이다. 그래서 새로운 Ole의 위치가 이전 위치의 왼쪽이라면 Ole는 왼쪽으로 이동해야 하며, 따라서 Ole의 이미지 역시 왼쪽을 바라보도록 좌우를 뒤집어주어야 한다. 그렇지 않다면 Ole는 뒤로 걷게 되는데, 어떻게 보면 신선한 결과이겠지만 우리가 원하는 결과는 아니다.

이러한 경우를 위해 Cocos2D에서는 flipX와 flipY라는 두 개의 함수를 제공한다. 이 함수는 텍스처의 픽셀을 각각 x축과 y축을 기준으로 뒤집는다. 덕분에 별도의 대칭 그림을 만드는 수고를 덜 수 있을 뿐만 아니라, 전체 애플리케이션의 크기도 줄이는 데 도움이 된다. 그림 4.1은 Viking 텍스처에 대한 flipX의 효과를 보여준다.

다음은 changeState 메소드 부분이다. RadarDish 클래스에서 배웠듯이, changeState 메소드는 캐릭터의 특정 상태에서 다른 상태로 옮긴 다음 해당 상태에서 필요한 애니메니션을 구동시킨다. 리스트 4.7의 내용을 Viking.m에 추가하자.

| 그림 4.1 | Viking 텍스처에 대한 flipX 함수의 효과

리스트 4.7 Viking.m 파일 (part 2/4)

```objc
#pragma mark -
-(void)changeState:(CharacterStates)newState {
    [self stopAllActions];
    id action = nil;
    id movementAction = nil;
    CGPoint newPosition;
    [self setCharacterState:newState];

    switch (newState) {
        case kStateIdle:
            if (isCarryingMallet) {
                [self setDisplayFrame:[[CCSpriteFrameCache
                    sharedSpriteFrameCache]
                    spriteFrameByName:@"sv_mallet_1.png"]];
            } else {
                [self setDisplayFrame:[[CCSpriteFrameCache
                    sharedSpriteFrameCache]
                    spriteFrameByName:@"sv_anim_1.png"]];
            }
            break;

        case kStateWalking:
            if (isCarryingMallet) {
                action =
                    [CCAnimate actionWithAnimation:walkingMalletAnim
                            restoreOriginalFrame:NO];
            } else {
                action =
                    [CCAnimate actionWithAnimation:walkingAnim
                            restoreOriginalFrame:NO];
            }
            break;
```

```objc
case kStateCrouching:
    if (isCarryingMallet) {
        action =
            [CCAnimate actionWithAnimation:crouchingMalletAnim
                        restoreOriginalFrame:NO];
    } else {
        action =
            [CCAnimate actionWithAnimation:crouchingAnim
                        restoreOriginalFrame:NO];
    }
    break;

case kStateStandingUp:
    if (isCarryingMallet) {
        action =
            [CCAnimate actionWithAnimation:standingUpMalletAnim
                        restoreOriginalFrame:NO];
    } else {
        action =
            [CCAnimate actionWithAnimation:standingUpAnim
                        restoreOriginalFrame:NO];
    }
    break;

case kStateBreathing:
    if (isCarryingMallet) {
        action =
            [CCAnimate actionWithAnimation:breathingMalletAnim
                        restoreOriginalFrame:YES];
    } else {
        action =
            [CCAnimate actionWithAnimation:breathingAnim
                        restoreOriginalFrame:YES];
    }
    break;

case kStateJumping:
    newPosition = ccp(screenSize.width * 0.2f, 0.0f);
    if ([self flipX] == YES) {
        newPosition = ccp(newPosition.x * -1.0f, 0.0f);
    }
    movementAction = [CCJumpBy actionWithDuration:0.5f
                                 position:newPosition
                                 height:160.0f
                                 jumps:1];
```

```objc
        if (isCarryingMallet) {
            // Mallet을 든 Viking의 점프 애니메이션
            action = [CCSequence actions:
                        [CCAnimate
                          actionWithAnimation:crouchingMalletAnim
                          restoreOriginalFrame:NO],
                        [CCSpawn actions:
                          [CCAnimate
                            actionWithAnimation:jumpingMalletAnim
                            restoreOriginalFrame:YES],
                          movementAction,
                          nil],
                        [CCAnimate
                          actionWithAnimation:afterJumpingMalletAnim
                          restoreOriginalFrame:NO],
                        nil];
        } else {
            // Mallet을 들지 않은 Viking의 점프 애니메이션
            action = [CCSequence actions:
                        [CCAnimate
                          actionWithAnimation:crouchingAnim
                          restoreOriginalFrame:NO],
                        [CCSpawn actions:
                          [CCAnimate
                            actionWithAnimation:jumpingAnim
                            restoreOriginalFrame:YES],
                          movementAction,
                          nil],
                        [CCAnimate
                          actionWithAnimation:afterJumpingAnim
                          restoreOriginalFrame:NO],
                        nil];
        }
        break;

    case kStateAttacking:
        if (isCarryingMallet == YES) {
            action = [CCAnimate
                        actionWithAnimation:malletPunchAnim
                        restoreOriginalFrame:YES];
        } else {
            if (kLeftHook == myLastPunch) {
                // Right hook
                myLastPunch = kRightHook;
                action = [CCAnimate
                            actionWithAnimation:rightPunchAnim
```

```
                                  restoreOriginalFrame:NO];
            } else {
                // Left hook
                myLastPunch = kLeftHook;
                action = [CCAnimate
                            actionWithAnimation:leftPunchAnim
                            restoreOriginalFrame:NO];
            }
        }
        break;

    case kStateTakingDamage:
        self.characterHealth = self.characterHealth - 10.0f;
        action = [CCAnimate
                    actionWithAnimation:phaserShockAnim
                    restoreOriginalFrame:YES];
        break;

    case kStateDead:
        action = [CCAnimate
                    actionWithAnimation:deathAnim
                    restoreOriginalFrame:NO];
        break;

    default:
        break;
  }
  if (action != nil) {
      [self runAction:action];
  }
}
```

changeState 메소드는 먼저 애니메이션을 포함한 모든 액션을 멈추게 한다. 이미 상태가 변하였기 때문에 이전 상태에 대한 액션은 의미가 없다. 다음으로, Viking 상태가 새로운 값으로 바뀌고 새로운 상태를 처리하기 위하여 switch 구문이 사용되었다. 여기에서 중요한 점을 정리하면 다음과 같다.

1. 메소드 변수는 switch 구문 내에서 선언될 수 없다. 왜냐하면 switch 구문 내에서 선언된 변수의 영역(scope)은 switch 구문으로 제한되기 때문에 switch 구문 밖에서는 볼 수 없기 때문이다. 그래서 id action 변수는 switch 앞에서

선언된 다음 switch 내에서 초기화된다.

2. 대부분의 상태는 두 개의 애니메이션 – Mallet을 든 Viking과 들지 않은 Viking – 을 갖는다. 그래서 Mallet을 들고 있는지 확인하기 위하여 Boolean 타입의 인스턴스 변수 isCarryingMallet을 사용한다.

3. Cocos2D는 컴파운드 액션(compound action)을 제공하는데, 이것은 여러 개의 액션을 조합한 액션을 의미한다. switch 구문을 보면 Viking의 상태가 kStateJumping일 때 CCSequence, CCAnimate, CCSpawn, CCJumpBy 액션을 합친 컴파운드 액션을 사용한다. CCJumpBy 액션은 Ole가 앉았다가 점프하고 착지하는 일련의 CCAnimation을 보여주는 동안 Ole가 점프하는 것처럼 포물선 형태로 이동시킨다. CCSpawn 액션은 동시에 여러 개의 액션이 동작하도록 만들어주는데, 여기에서는 CCJumpBy와 CCAnimate 액션을 동시에 동작시킨다. CCSequence 액션은 Ole가 앉고 점프하고 착지하는 액션을 순서대로 엮어준다.

4. kStateTakingDamage 부분을 자세히 보면, 애니메이션이 끝나고 나서 Ole가 이전의 애니메이션으로 돌아가는 것을 알 수 있다. 이를 위해 CCAnimation 액션의 restoreOriginalFrame을 YES로 세팅하였다. 이렇게 하면 Ole는 맞는 장면에 대한 애니메이션을 보여주고 나서 이전의 애니메이션을 계속해서 보여주게 된다.

리스트 4.7의 첫 번째 줄을 보면 #pragma mark라는 낯선 문구가 눈에 띄일 것이다. #pragma mark는 Xcode에 서식을 나타내는 가이드를 제공할 뿐 컴파일되지 않는다. #pragma mark 뒤에는 Xcode 풀다운 메뉴에 나타낼 텍스트를 넣을 수 있는데, 만일 단순히 하이픈(–)만 넣는다면 Xcode는 구분 기호(수평선)를 넣을 것이다. #pragma mark를 사용하면 코드를 살펴보는 것이 훨씬 용이해진다. 그림 4.2는 Viking.m 파일에서 사용된 #pragma mark가 나타내는 효과를 보여주고 있다.

다음으로 updateStateWithDeltaTime과 adjustedBoundingBox 메소드가 정의된 부분이다. 리스트 4.8의 내용을 복사하여 changeState 메소드 아래에 붙이면 된다.

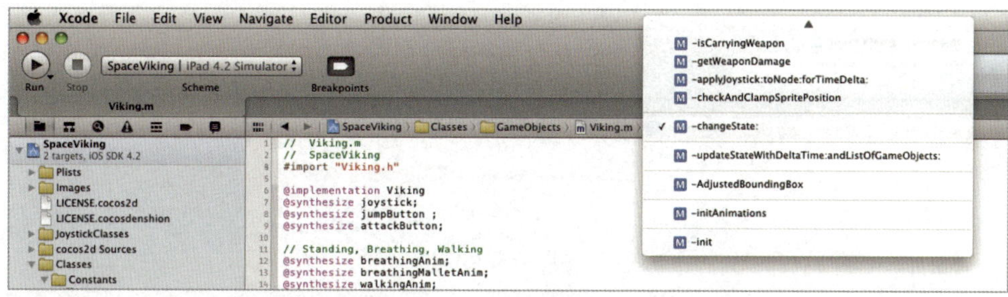

| 그림 4.2 | Xcode의 풀다운 메뉴에 적용된 pragma mark 구문

리스트 4.8 **Viking.m 파일 (part 3/4)**

```
#pragma mark -
-(void)updateStateWithDeltaTime:(ccTime)deltaTime
andListOfGameObjects:(CCArray*)listOfGameObjects {
    if (self.characterState == kStateDead)
        return; // Viking이 죽으면 할 일이 없다.

    if ((self.characterState == kStateTakingDamage) &&
        ([self numberOfRunningActions] > 0))
        return; // 이미 현재 데미지를 입는 애니메이션을 진행 중이다.

    // 충돌 체크
    // 매번 새로이 바운딩 박스를 계산한다.
    CGRect myBoundingBox = [self adjustedBoundingBox];
    for (GameCharacter *character in listOfGameObjects) {
        // Ole 자신이기 때문에 굳이 충돌 검사를 할 필요가 없다.
        if ([character tag] == kVikingSpriteTagValue)
            continue;

        CGRect characterBox = [character adjustedBoundingBox];
        if (CGRectIntersectsRect(myBoundingBox, characterBox)) {
            // Scene에서 PhaserBullet을 제거
            if ([character gameObjectType] == kEnemyTypePhaser) {
                [self changeState:kStateTakingDamage];
                [character changeState:kStateDead];
            } else if ([character gameObjectType] ==
                    kPowerUpTypeMallet) {
                // Viking이 mallet을 들도록 상태 변경
                isCarryingMallet = YES;
                [self changeState:kStateIdle];
                // Scene에서 Mallet을 제거
                [character changeState:kStateDead];
            } else if ([character gameObjectType] ==
```

```objc
                kPowerUpTypeHealth) {
            [self setCharacterHealth:100.0f];
            // Scene에서 파워업 아이템을 제거
            [character changeState:kStateDead];
        }
    }
}

[self checkAndClampSpritePosition];

if ((self.characterState == kStateIdle) ||
    (self.characterState == kStateWalking) ||
    (self.characterState == kStateCrouching) ||
    (self.characterState == kStateStandingUp) ||
    (self.characterState == kStateBreathing)) {

    if (jumpButton.active) {
        [self changeState:kStateJumping];
    } else if (attackButton.active) {
        [self changeState:kStateAttacking];
    } else if ((joystick.velocity.x == 0.0f) &&
            (joystick.velocity.y == 0.0f)) {
        if (self.characterState == kStateCrouching)
            [self changeState:kStateStandingUp];
    } else if (joystick.velocity.y < -0.45f) {
        if (self.characterState != kStateCrouching)
            [self changeState:kStateCrouching];
    } else if (joystick.velocity.x != 0.0f) { // 패드로 움직인다.
        if (self.characterState != kStateWalking)
            [self changeState:kStateWalking];
        [self applyJoystick:joystick forTimeDelta:deltaTime];
    }
}

if ([self numberOfRunningActions] == 0) {
    // 애니메니션이 돌지 않는 경우
    if (self.characterHealth <= 0.0f) {
        [self changeState:kStateDead];
    } else if (self.characterState == kStateIdle) {
        millisecondsStayingIdle = millisecondsStayingIdle +
                                    deltaTime;
        if (millisecondsStayingIdle > kVikingIdleTimer) {
            [self changeState:kStateBreathing];
        }
    } else if ((self.characterState != kStateCrouching) &&
            (self.characterState != kStateIdle)){
        millisecondsStayingIdle = 0.0f;
```

```
            [self changeState:kStateIdle];
        }
    }
}

#pragma mark -
-(CGRect)adjustedBoundingBox {
    // 투명 공간이 생기지 않도록 바운딩 박스를 맞춤
    CGRect vikingBoundingBox = [self boundingBox];
    float xOffset;
    float xCropAmount = vikingBoundingBox.size.width * 0.5482f;
    float yCropAmount = vikingBoundingBox.size.height * 0.095f;

    if ([self flipX] == NO) {
        // Viking이 오른쪽을 바라보는 이미지
        xOffset = vikingBoundingBox.size.width * 0.1566f;
    } else {
        // Viking이 왼쪽을 바라보는 이미지
        xOffset = vikingBoundingBox.size.width * 0.4217f;
    }
    vikingBoundingBox =
        CGRectMake(vikingBoundingBox.origin.x + xOffset,
                   vikingBoundingBox.origin.y,
                   vikingBoundingBox.size.width - xCropAmount,
                   vikingBoundingBox.size.height - yCropAmount);

    if (characterState == kStateCrouching) {
        // 바운딩 박스의 높이를 56%로 줄인다.
        // iPad의 경우에는 88 픽셀을 줄인다.
        vikingBoundingBox = CGRectMake(vikingBoundingBox.origin.x,
                                       vikingBoundingBox.origin.y,
                                       vikingBoundingBox.size.width,
                                       vikingBoundingBox.size.height * 0.56f);
    }

    return vikingBoundingBox;
}
```

RadarDish 클래스에서와 마찬가지로 updateStateWithDeltaTime 메소드가 동작한다. 우선 Viking이 죽으면 더이상 할 일이 없기 때문에 바로 리턴한다.

Viking이 데미지를 입어 데미지를 입은 상태의 애니메이션을 플레이 중인 경우에도 바로 리턴한다. Ole가 데미지를 입는 경우, Ole는 쇼크를 받은 상태이기 때문에 플레이어는 아무 것도 할 수 없다.

Viking이 죽지도 않고 데미지도 입지 않은 경우 다른 오브젝트와의 충돌 검사를 하게 되는데, 다음의 오브젝트와 충돌하면 별도로 지정된 동작을 한다.

- Phaser: Viking의 상태를 taking damage로 바꾼다.
- Mallet 파워업: Viking이 강력한 무기 Mallet을 장착한다.
- Health 파워업: Ole의 체력을 100으로 회복시킨다.

충돌 확인을 한 다음 checkAndClampSpritePosition 메소드를 통해 Viking이 화면 밖으로 나가지 않도록 한다.

이어서 나오는 if 구문은 조이스틱, 점프, 공격 버튼의 상태를 확인하여 눌리는 버튼에 맞는 상태로 Viking의 상태를 바꾼다. 이때 if 구문은 Viking이 점프같이 다른 행동을 할 수 없는 상태에서는 동작하지 않는다.

마지막으로 아무런 애니메이션도 동작하지 않는 상태에서 어떻게 하는지를 보여주는 구문이 나온다. Cocos2D는 CCNode 클래스를 통해 현재 동작하는 액션 개수를 리턴하는 편리한 메소드를 제공한다. 이번 챕터 초반에 모든 애니메이션은 CCAnimate 액션에 의해 동작한다고 설명하였는데, 애니메이션이 끝나면 numberOfRunningActions값은 0이 되어 이 구문에 의해 Viking의 상태를 바꾸게 된다.

체력이 0 이하라면 Viking은 dead 상태로 가게 된다. 그렇지 않고 Viking이 idle 상태인 경우에는 delta 시간만큼을 카운터에 더해준다. 이 상태가 지속되어 카운터 값이 일정 시간을 넘기면 Viking은 숨쉬는 애니메이션을 보여주게 된다. 죽지도 않고 idle 상태도 아니라면 Viking의 상태를 idle로 바꾼다.

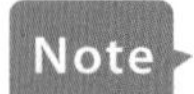

숨쉬는 애니메이션은 플레이어로 하여금 게임에 집중하도록 만드는 일종의 보너스이다. Space Viking에서는 추가로 3초간 더 idle 상태가 진행되면 Viking이 한숨을 쉰 다음, "Come on! I have aliens to fight here, let's get going!"이라고 외친다.

updateStateWithDeltaTime 메소드 다음에는 GameObject 클래스에서 선언한 adjustedBoundingBox 메소드가 나타난다. Chapter 3의 그림 3.6을 통해 Viking 텍스처에 투명 영역이 있다는 것을 알 수 있었는데, adjustedBoundingBox 메소드

는 투명 영역을 포함하지 않은 바운딩 박스를 만들어준다. 여기에서 Viking이 바라보는 방향을 알기 위해 `flipX` 파라미터가 사용된다. `Viking` 텍스처의 경우 앞부분보다 뒷부분이 투명 영역이 적다.

　Viking.m 파일의 마지막 부분에는 애니메이션을 설정하는 `initAnimations` 메소드와 인스턴스 변수를 설정하는 `init` 메소드가 있다. 리스트 4.9의 내용을 복사하여 `adjustedBoundingBox` 메소드 아래에 붙이면 된다.


```
#pragma mark -
-(void)initAnimations {

    [self setBreathingAnim:[self loadPlistForAnimationWithName:
@"breathingAnim" andClassName:NSStringFromClass([self class])]];

    [self setBreathingMalletAnim:[self loadPlistForAnimationWithName:
@"breathingMalletAnim" andClassName:NSStringFromClass([self class])]];

    [self setWalkingAnim:[self loadPlistForAnimationWithName:
@"walkingAnim" andClassName:NSStringFromClass([self class])]];

    [self setWalkingMalletAnim:[self loadPlistForAnimationWithName:
@"walkingMalletAnim" andClassName:NSStringFromClass([self class])]];

    [self setCrouchingAnim:[self loadPlistForAnimationWithName:
@"crouchingAnim" andClassName:NSStringFromClass([self class])]];

    [self setCrouchingMalletAnim:[self loadPlistForAnimationWithName:
@"crouchingMalletAnim" andClassName:NSStringFromClass([self class])]];

    [self setStandingUpAnim:[self loadPlistForAnimationWithName:
@"standingUpAnim" andClassName:NSStringFromClass([self class])]];

    [self setStandingUpMalletAnim:[self loadPlistForAnimationWithName:
@"standingUpMalletAnim" andClassName:NSStringFromClass([self class])]];

    [self setJumpingAnim:[self loadPlistForAnimationWithName:
@"jumpingAnim" andClassName:NSStringFromClass([self class])]];

    [self setJumpingMalletAnim:[self loadPlistForAnimationWithName:
@"jumpingMalletAnim" andClassName:NSStringFromClass([self class])]];

    [self setAfterJumpingAnim:[self loadPlistForAnimationWithName:
```

```objc
    @"afterJumpingAnim" andClassName:NSStringFromClass([self class])]];

    [self setAfterJumpingMalletAnim:[self loadPlistForAnimationWithName:
@"afterJumpingMalletAnim" andClassName:NSStringFromClass([self class])]];

    // Punches
    [self setRightPunchAnim:[self loadPlistForAnimationWithName:
@"rightPunchAnim" andClassName:NSStringFromClass([self class])]];

    [self setLeftPunchAnim:[self loadPlistForAnimationWithName:
@"leftPunchAnim" andClassName:NSStringFromClass([self class])]];

    [self setMalletPunchAnim:[self loadPlistForAnimationWithName:
@"malletPunchAnim" andClassName:NSStringFromClass([self class])]];

    // Taking Damage, Death
    [self setPhaserShockAnim:[self loadPlistForAnimationWithName:
@"phaserShockAnim" andClassName:NSStringFromClass([self class])]];

    [self setDeathAnim:[self loadPlistForAnimationWithName:
@"vikingDeathAnim" andClassName:NSStringFromClass([self class])]];

}

#pragma mark -
-(id) init {
    if( (self=[super init]) ) {
        joystick = nil;
        jumpButton = nil;
        attackButton = nil;
        self.gameObjectType = kVikingType;
        myLastPunch = kRightHook;
        millisecondsStayingIdle = 0.0f;
        isCarryingMallet = NO;
        [self initAnimations];

    }
    return self;
}
@end
```

initAnimation 메소드는 꽤 길지만 단순히 `GameplayLayer` 클래스에서 scene1atlas.plist 파일을 통해 로드한 프레임을 가지고 `Viking` 애니메이션을 초기화하는 일만 한다. init 메소드는 인스턴스 변수를 초기화한다.

마지막 단계

이번 챕터에서의 마지막 단계는 GameplayLayer 클래스를 수정하여 RadarDish와 Viking을 layer에 로드하도록 만드는 것이다. GameplayLayer 파일을 수정하고 나면 드디어 플레이가 가능한 Space Viking이 만들어진다.

GameplayLayer 클래스

GameplayLayer 클래스의 헤더 파일이 조금 수정되었는데, CommonProtocols.h 파일을 import하는 구문이 추가되고 vikingSprite를 대신하여 CCSpriteBatchNode 타입의 sceneSpriteBatchNode 변수가 사용된다. 이제 Xcode에서 GameplayLayer.h와 GamplayLayer.m 파일을 Layer Group 폴더로 옮긴 다음 GameplayLayer.h의 내용을 리스트 4.10과 동일하게 수정한다.

리스트 4.10 GameplayLayer.h 파일

```
// GameplayLayer.h
// SpaceViking

#import <Foundation/Foundation.h>
#import "cocos2d.h"
#import "SneakyJoystick.h"
#import "SneakyButton.h"
#import "SneakyButtonSkinnedBase.h"
#import "SneakyJoystickSkinnedBase.h"
#import "Constants.h"
#import "CommonProtocols.h"
#import "RadarDish.h"
#import "Viking.h"

@interface GameplayLayer : CCLayer <GameplayLayerDelegate> {
    CCSprite *vikingSprite;
    SneakyJoystick *leftJoystick;
    SneakyButton *jumpButton;
    SneakyButton *attackButton;
    CCSpriteBatchNode *sceneSpriteBatchNode;
}

@end
```

GameplayLayer의 `initJoystickAndButtons` 메소드는 Chapter 3에서의 것과 동일하다. `GameplayLayer` 클래스의 나머지 부분은 새로 추가한 `CCSpriteBatchNode`의 인스턴스를 사용하도록 수정하면 된다. 수정된 코드는 리스트 4.11, 4.12, 4.13, 4.14에 나뉘어 실려있으니 GameplayLayer.m의 내용을 이 코드로 대치하자.

리스트 4.11 GameplayLayer.m 파일 (part 1/4)

```objc
// GameplayLayer.m
// SpaceViking

#import "GameplayLayer.h"

@implementation GameplayLayer

- (void) dealloc {
    [leftJoystick release];
    [jumpButton release];
    [attackButton release];
    [super dealloc];
}


-(void)initJoystickAndButtons {
    CGSize screenSize = [CCDirector sharedDirector].winSize;              // 1
    // 2
    CGRect joystickBaseDimensions = CGRectMake(0, 0, 128.0f, 128.0f);
    CGRect jumpButtonDimensions = CGRectMake(0, 0, 64.0f, 64.0f);
    CGRect attackButtonDimensions = CGRectMake(0, 0, 64.0f, 64.0f);
    // 3
    CGPoint joystickBasePosition;
    CGPoint jumpButtonPosition;
    CGPoint attackButtonPosition;
    // 4
    if (UI_USER_INTERFACE_IDIOM() == UIUserInterfaceIdiomPad) {
        // The device is an iPad running iPhone 3.2 or later.
        CCLOG(@"Positioning Joystick and Buttons for iPad");
        joystickBasePosition = ccp(screenSize.width*0.0625f,
                            screenSize.height*0.052f);
        jumpButtonPosition = ccp(screenSize.width*0.946f,
                            screenSize.height*0.052f);
        attackButtonPosition = ccp(screenSize.width*0.947f,
                            screenSize.height*0.169f);
    } else {
        // The device is an iPhone or iPod touch.
        CCLOG(@"Positioning Joystick and Buttons for iPhone");
```

```objc
    joystickBasePosition = ccp(screenSize.width*0.07f,
                              screenSize.height*0.11f);
    jumpButtonPosition = ccp(screenSize.width*0.93f,
                            screenSize.height*0.11f);
    attackButtonPosition = ccp(screenSize.width*0.93f,
                              screenSize.height*0.35f);
}

SneakyJoystickSkinnedBase *joystickBase =
[[[SneakyJoystickSkinnedBase alloc] init] autorelease];
joystickBase.position = joystickBasePosition;
joystickBase.backgroundSprite =
        [CCSprite spriteWithFile:@"dpadDown.png"];
joystickBase.thumbSprite =
        [CCSprite spriteWithFile:@"joystickDown.png"];
joystickBase.joystick = [[SneakyJoystick alloc]
                        initWithRect:joystickBaseDimensions];
leftJoystick = [joystickBase.joystick retain];
[self addChild:joystickBase];

SneakyButtonSkinnedBase *jumpButtonBase =
[[[SneakyButtonSkinnedBase alloc] init] autorelease];
jumpButtonBase.position = jumpButtonPosition;
jumpButtonBase.defaultSprite =
        [CCSprite spriteWithFile:@"jumpUp.png"];
jumpButtonBase.activatedSprite =
        [CCSprite spriteWithFile:@"jumpDown.png"];
jumpButtonBase.pressSprite =
        [CCSprite spriteWithFile:@"jumpDown.png"];
jumpButtonBase.button = [[SneakyButton alloc]
                        initWithRect:jumpButtonDimensions];
jumpButton = [jumpButtonBase.button retain];
jumpButton.isToggleable = NO;
[self addChild:jumpButtonBase];

SneakyButtonSkinnedBase *attackButtonBase =
                [[[SneakyButtonSkinnedBase alloc] init] autorelease];
attackButtonBase.position = attackButtonPosition;
attackButtonBase.defaultSprite = [CCSprite spriteWithFile:@"handUp.png"];
attackButtonBase.activatedSprite = [CCSprite spriteWithFile:@"handDown.png"];
attackButtonBase.pressSprite = [CCSprite spriteWithFile:@"handDown.png"];
attackButtonBase.button = [[SneakyButton alloc] initWithRect:
                          attackButtonDimensions];
attackButton = [attackButtonBase.button retain];
attackButton.isToggleable = NO;
[self addChild:attackButtonBase];
}
```

initJoystick 메소드는 앞 챕터에서와 동일한 기능을 하면서 이름만 init
JoystickAndButtons로 바뀌었다. 조이스틱 버튼은 가장 마지막에 추가되기 때문
에 별도로 z값을 세팅하지 않았다. 여러분의 게임을 개발할 때에는 조이스틱 버튼의
z 값을 가장 크게 설정하여 다른 CCLayer 요소에 의해 가려지지 않도록 해야 한다.

리스트 4.12 GameplayLayer.m 파일 (Part 2/4)

```
#pragma mark -
#pragma mark Update Method
-(void) update:(ccTime)deltaTime {
    CCArray *listOfGameObjects = [sceneSpriteBatchNode children];        // 1
    for (GameCharacter *tempChar in listOfGameObjects) {                 // 2
        [tempChar updateStateWithDeltaTime:deltaTime
                    andListOfGameObjects: listOfGameObjects];            // 3
    }
}
```

update 메소드는 GameplayLayer 전체에 대한 run loop이다. CCSpriteBatchNode
오브젝트는 모든 CCSprite 오브젝트에 대한 리스트를 갖고 있으며, 이를 이용하여
필요한 렌더링 작업 – OpenGL ES의 그리기 함수 호출에 대한 batch 작업 – 을 하게
된다. update 메소드는 다음과 같은 일을 한다.

1. CCSpriteBatchNode에 의해 렌더링될 모든 자식 CCSprite의 리스트를 얻는
   다. Space Viking에서는 Viking 및 적들이 포함된 GameCharacter의 리스트
   가 된다.
2. GameCharacter의 모든 리스트에 대해 updateStateWithDeltaTime 메소드를
   호출하기 위해 for 문을 사용한다. 이때 updateStateWithDeltaTime 메소드
   파라미터로 listOfGameObjects에 대한 포인터를 건네주는데, 이 포인터는 앞
   에서 Viking.m 코드를 설명할 때 언급한 바와 같이 현재 GameCharacter 오브
   젝트와 다른 오브젝트(파워업, phaser 광선 등)의 충돌에 대한 행동을 제어하
   는 데 사용된다. 파워업과 phaser 광선에 대해서는 다음 챕터에서 다룬다.
3. 모든 GameCharacter 오브젝트에 대해 updateStateWithDeltaTime 메소드를

호출한다. 모든 오브젝트는 각각의 상태를 업데이트하고, 다른 오브젝트와 충돌이 일어났는지에 대한 여부도 확인한다.

다음은 적들을 생성하는 코드이다(리스트 4.13). 마지막에 phaser 광선 생성용 더미 코드를 추가하였다.

리스트 4.13 GameplayLayer.m 파일 (Part 3/4)

```
#pragma mark -
-(void)createObjectOfType:(GameObjectType)objectType
               withHealth:(int)initialHealth
               atLocation:(CGPoint)spawnLocation
               withZValue:(int)ZValue {

    if (objectType == kEnemyTypeRadarDish) {
        CCLOG(@"Creating the Radar Enemy");
        RadarDish *radarDish = [[RadarDish alloc] initWithSpriteFrameName:
                                                     @"radar_1.png"];

        [radarDish setCharacterHealth:initialHealth];
        [radarDish setPosition:spawnLocation];
        [sceneSpriteBatchNode addChild:radarDish
                                     z:ZValue
                                   tag:kRadarDishTagValue];

        [radarDish release];
    }
}

-(void)createPhaserWithDirection:(PhaserDirection)phaserDirection
andPosition:(CGPoint)spawnPosition {
    CCLOG(@"Placeholder for Chapter 5, see below");
    return;
}
```

createObjectOfType 메소드는 CCSpriteBatchNode를 사용하여 RadarDish 오브젝트를 셋업하고 layer에 추가시킨다. 이 메소드는 Chapter 5에서 다른 적들을 추가하면서 확장될 예정이다.

마지막으로 init 메소드가 들어있는 부분이다.

```objc
-(id)init {

    self = [super init];
    if (self != nil) {
        CGSize screenSize = [CCDirector sharedDirector].winSize;
        // 터치 입력 활성화
        self.isTouchEnabled = YES;

        srandom(time(NULL)); // random값 생성을 위한 seed값 생성

        if (UI_USER_INTERFACE_IDIOM() == UIUserInterfaceIdiomPad) {
            [[CCSpriteFrameCache sharedSpriteFrameCache]
                        addSpriteFramesWithFile:@"scene1atlas.plist"]; // 1
            sceneSpriteBatchNode =
              [CCSpriteBatchNode batchNodeWithFile:@"scene1atlas.png"];  // 2
        } else {
            [[CCSpriteFrameCache sharedSpriteFrameCache]
                    addSpriteFramesWithFile:@"scene1atlasiPhone.plist"]; // 1
            sceneSpriteBatchNode =
         [CCSpriteBatchNode batchNodeWithFile:@"scene1atlasiPhone.png"]; // 2
        }
        [self addChild:sceneSpriteBatchNode z:0];                        // 3
        [self initJoystickAndButtons];                                   // 4
        Viking *viking = [[Viking alloc]
                            initWithSpriteFrame:[[CCSpriteFrameCache
                                                    sharedSpriteFrameCache]
                            spriteFrameByName:@"sv_anim_1.png"]];         // 5
        [viking setJoystick:leftJoystick];
        [viking setJumpButton:jumpButton];
        [viking setAttackButton:attackButton];
        [viking setPosition:ccp(screenSize.width * 0.35f,
                            screenSize.height * 0.14f)];
        [viking setCharacterHealth:100];

        [sceneSpriteBatchNode
            addChild:viking
                  z:kVikingSpriteZValue
               tag:kVikingSpriteTagValue];                               // 6

        [self createObjectOfType:kEnemyTypeRadarDish
                withHealth:100
                atLocation:ccp(screenSize.width * 0.878f,
                            screenSize.height * 0.13f)
                withZValue:10];                                          // 7
```

```
        [self scheduleUpdate];                                        // 8
    }
    return self;
}
@end
```

Chapter 2에서 선보인 이후 init 메소드에 몇 가지 중요한 코드가 추가되었다. 추가된 코드는 CCSpriteBatchNode 클래스와 텍스처 아틀라스를 지원하는 코드이다.

1. scene1atlas.plist에 정의된 모든 프레임을 Cocos2D의 Sprite Frame Cache에 추가한다. 이렇게 하면 CCSprite를 추가할 때 텍스처 아틀라스에 있는 프레임 및 이미지를 참조할 수 있게 된다. 아울러, 이 줄에서는 CCSpriteFrameCache에 의해 로드된 spriteFrame을 참조하는 애니메이션도 로드한다.

2. CCSpriteBatchNode를 텍스처 아틀라스 이미지와 함께 초기화한다. scene1atlas.png 이미지는 마스터 텍스처가 되어 CCSpriteBatchNode 아래에 있는 모든 CCSprite를 사용하게 된다. Space Viking에서는 텍스처 아틀라스 이미지가 Viking부터 Mallet까지 게임 내 모든 GameObject를 커버한다.

3. CCSpriteBatchNode를 layer에 추가하여 CCSpriteBatchNode와 모든 자식(GameObject)을 렌더링할 수 있도록 만든다.

4. 조이스틱 DPad(Direction Pad)와 버튼을 초기화한다.

5. 이미 캐시된 스프라이트 프레임(일어서 있는 Viking 이미지)을 사용하여 Viking 캐릭터를 생성한다.

6. Viking을 CCSpriteBatchNode에 추가한다. CCSpriteBatchNode는 GameObject를 렌더링하기 위해 필요한 모든 작업을 한다. 따라서 오브젝트는 layer가 아닌 CCSpriteBatchNode에 붙어야 한다. 즉 CCSpriteBatchNode만이 CCLayer에 붙으며, 렌더링되는 모든 오브젝트는 CCSpriteBatchNode에 붙는다는 것이다. 이러한 구조는 매우 중요하기 때문에 반드시 기억하고 있어야 한다.

7. RadarDish를 CCSpriteBatchNode에 추가한다. RadarDish의 체력은 100으로 설정되었으며, 위치는 화면 왼쪽에서 87%(iPad의 경우 900픽셀), 화면 아래에서 13%(iPad의 경우 100픽셀)에 해당하는 지점으로 설정되었다.

다양한 장치에서 오브젝트의 위치가 적절히 계산되도록 퍼센트로 지정하였다.
물론 장치마다 가로 세로의 비율이 다르지만 Space Viking에서는 그 차이가
크지 않기 때문에 이와 같은 방법으로 위치를 지정하도록 구현하였다.

8. 모든 프레임에서 GameplayLayer.m의 update 메소드를 호출하도록 스케줄
러를 셋업한다.

마침내 RadarDish, Viking, 텍스처 아틀라스를 제어하는 코드 추가를 끝냈다. 이
제 Xcode에서 [Run]을 클릭하여 지금까지 작성한 Space Viking 게임이 iPad
Simulator에서 제대로 동작하는지 확인하는 일만 남았다(그림 4.3).

| 그림 4.3 | RadarDish까지 포함된 Space Viking 구동 화면

 ## 정리

지금까지 설명한 내용을 잘 따라왔다면 여러분은 실제로 동작하는 간단한
Cocos2D 게임을 갖게 되었을 것이다. 이번 챕터에서는 텍스처 아틀라스부터 시작
하여 액션과 애니메이션까지 실로 엄청나게 많은 내용을 익혔다! 먼저 앞 챕터에서

만들었던 모든 내용을 텍스처 아틀라스로 묶어 모든 GameObject를 렌더링할 수 있도록 하였다. 또한 RadarDish 적을 만들고 Ole에게 적과 싸울 수 있는 파워를 제공했고 간단한 상태 머신을 이용하여 RadarDish와 Viking에게 인공지능(AI)을 제공하는 방법도 익혔다. 또한 자신만의 인공지능을 가진 여러 적들을 동시에 화면에 보여주기 위한 사전 작업도 진행하였다. GameplayLayer에서 오브젝트를 CCArray에 매달아 놓으면 updateStateWithDeltaTime 호출시 enemy 오브젝트들이 서로 간에 메시지를 보내도록 할 뿐만 아니라 Viking을 공격하게도 할 수 있다.

이번 챕터에서는 굉장히 많은 코드를 작성하였기 때문에 아마도 이 코드들을 천천히 분석하여 자신의 것으로 만드는 시간이 필요할 것이다. 이 과정은 이후의 내용을 이해하는 데 매우 중요하기 때문에 가능한 한 이번 챕터에서 소개된 코드를 모두 이해하고 넘어가기 바란다.

다음 챕터에서는 Cocos2D 액션에 대해 더 자세히 다룬다. 또한 내장된 효과를 사용하는 방법에 대해서도 설명한다. 아울러 Space Viking에 더 많은 적들을 추가할 것이다. 준비가 되었다면 페이지를 넘겨 phaser 광선을 쏘아대는 외계 로봇을 추가하자.

▶▶ 연습문제

1. RadarDish.plist 파일의 takingAHitAmin에 있는 RadarDish 애니메이션 딜레이 값을 0.2f초에서 1.0f초로 바꾸어보자. 프로그램을 실행하여 Ole로 하여금 RadarDish를 공격하게 하면 어떤 일이 일어나는가?

2. 화면 왼쪽에 RadarDish를 추가해보자. 단, RadarDish는 오른쪽에 있는 것과 반대 방향을 바라보게 해야 한다.

Hint RadarDish의 픽셀을 좌우 대칭시키기 위해 CCFlipX 액션을 사용하면 된다.

3. RadarDish를 없애면 레벨을 클리어했다고 알려주고 싶은데, 이를 위해
   RadarDish가 부서진 것을 확인하고자 한다. 어떻게 하면 알 수 있을까?

RadarDish에 지정된 유일한 태그값을 이용하여 sceneSpriteBatchNode로부터
RadarDish 오브젝트를 얻을 수 있다.

더 많은 적들과 더 큰 즐거움

Part 2에서는 Ole가 싸울 다수의 적들을 만드는 방법과 Cocos2D의 액션과 이펙트에 대해 다룬다. 그리고 Cocos2D의 텍스트를 이용하여 런타임 화면을 통해 실시간으로 디버깅하는 방법에 대해서도 설명한다.

더 많은 액션과 이펙트, 그리고 Cocos2D 스케줄러

Chapter 3과 4에서 바이킹 Ole와 Radar dish를 화면에 나타내는 것으로 Space Viking 게임을 위한 기반을 다졌다면 이제는 오브젝트를 더 추가해야 할 때이다. Chapter 5에서는 enemy robot, space cargo ship과 함께 Ole에게 도움이 될 몇 가지 파워-업을 추가한다. 이를 위해 플레이어에게 다가가 공격하는 것과 같이 복잡한 일을 하는 enemy를 구현하는 방법을 설명할 것이다. 또한 Cocos2D의 스케줄러와 Cocos2D에 내장된 효과를 사용하는 방법에 대해서도 설명한다.

용어 리뷰

다음 용어들은 Chapter 5의 내용을 이해하는 데 도움이 될 것이다.

- **오브젝티브-C에서의 프로토콜**: 오브젝티브-C 언어에서 프로토콜(Protocol)은 메소드를 선언하는 하나의 방법으로, 이 메소드들은 프로토콜을 준수하는 모든 클래스에서 구현할 수 있다. 프로토콜을 사용하면 클래스 간 loose coupling이 적용되어, 통신하고자 하는 클래스의 모든 내용을 알지 못해도 커뮤니케이션할 수 있는 길이 열리게 된다. 오브젝티브-C 언어의 프로토콜과 유사한 개념으로 Java 언어의 인터페이스를 들 수 있다. `SpaceViking`에서 `GameplayLayer`는 `GameplayLayerDelegate` 프로토콜을 사용하는데, `GameplayLayerDelegate` 프로토콜은 두 개의 메소드를 정의한다. 이렇게 정의된 두 개의 프로토콜 메소드 중 하나를 `EnemyRobot`이 `PhaserBullet`을 만들기 위해 사용하고, 나머지 하나를 `SpaceCargoShip`이 파워업을 만들기 위해 사용한다. 프로토콜을 사용한다면 `EnemyRobot`이나 `SpaceCargoShip` 입장에서는 `GameplayLayer` 클래스가 프로토콜을 준수하는지만 확인하면 된다. 프로토콜을 준수한다면 `GameplayLayer` 클래스가 import하는 다른 클래스에 대해서 굳이 확인할 필요가 없다.

- **Loose Coupling**: 두 개의 클래스가 서로의 public 메소드만 알고 있고 나머지 내부적인 구현에 대해서는 모를 때 이를 가리켜 loose coupling이라고 한다. 두 개의 클래스가 loose coupling을 이루고 있다면 새로운 클래스에서 서로를 호출할 때 서로가 각각 대치될 수 있다. `SpaceViking`에서는 `EnemyRobot`과 `GameplayLayer` 간에 loose coupling을 이루게 되는데, 나중에 `GameplayLayer` 클래스를 CCLayer로 바꾸는 시점에 `EnemyRobot`에서 필요한 메소드 하나가 `GameplayLayerDelegate` 프로토콜에 정의되었는지만 확인하면 된다.

- **Delegate**: Delegate는 다른 클래스를 대신하여 특별한 기능을 수행하는 클래스를 일컫는다. `SpaceViking`에서는 `GameplayLayer`가 `SpaceCargoShip`과 `EnemyRobot`의 delegate 역할을 맡는다. 그래서 `GameplayLayer`가 `SpaceCargoShip`과 `EnemyRobot` 클래스를 대신하여 파워업과 `PhaserBullet`을 생성하게 된다.

파워업

Ole가 Space Viking에서 처음 나타날 때는 아무 것도 없이 맨손이다. 물론 Ole는 강한 주먹을 가지고 있지만 RadarDish와 Robot에게 더 많은 데미지를 입히기 위해 그의 무기 mallet의 도움을 필요로 한다. 충분히 예상할 수 있듯이 mallet이 바로 파워업이다. 파워업은 SpaceCargoShip이 떨어뜨리며 SpaceCargoShip 코드를 작성하기 전에 미리 파워업과 로직 코드를 작성해야 한다. 그러면 먼저 Mallet과 Health 파워업 클래스를 만들어보자.

Mallet 파워업

Chapter 4에서 작성한 코드를 그대로 사용하면 된다. 이제 앞에서 만들어놓은 PowerUps 그룹에 Mallet과 Health 클래스를 추가할 것이다.

먼저 Mallet 클래스를 추가하기 위해 PowerUps 그룹을 선택하자.

1. 마우스 오른쪽 버튼을 클릭하고 [New File]을 선택한다.
2. [iOS]-[Cocoa Touch category]를 선택하고 클래스 타입으로 [Objective-C class]를 선택한 다음 [Next]를 클릭한다.
3. [Subclass] 필드에 'GameObject'라고 입력하고 [Next]를 누른다.
4. 파일 이름을 'Mallet.m'이라고 입력하고 [Save]를 클릭한다.

Xcode가 생성한 Mallet.h 파일의 내용을 리스트 5.1의 내용으로 바꾼다.

리스트 5.1 <u>Mallet.h</u>

```objc
// Mallet.h
// SpaceViking
//
#import <Foundation/Foundation.h>
#import "GameObject.h"

@interface Mallet : GameObject {
    CCAnimation *malletAnim;
```

```objc
}
@property (nonatomic, retain) CCAnimation *malletAnim;
@end
```

파워업은 한 개의 애니메이션만으로 구성된 아주 간단한 오브젝트이다. 리스트 5.1을 보면 알 수 있듯이, Mallet 오브젝트는 GameObject 클래스로부터 상속받으며 애니메이션을 담는 인스턴스 변수 malletAnim을 가지고 있다. Mallet의 implementation 코드도 헤더 파일과 같이 간단하다(리스트 5.2).

리스트 5.2   Mallet.m

```objc
// Mallet.m
// SpaceViking
//
#import "Mallet.h"
@implementation Mallet
@synthesize malletAnim;

- (void) dealloc {
    [malletAnim release];
    [super dealloc];
}

-(void)changeState:(CharacterStates)newState {
    if (newState == kStateSpawning) {
        id action = [CCRepeatForever actionWithAction:
                            [CCAnimate actionWithAnimation:malletAnim
                                restoreOriginalFrame:NO]];
        [self runAction:action];
    } else {
        [self setVisible:NO]; // 집었음
        [self removeFromParentAndCleanup:YES];
    }
}

-(void)updateStateWithDeltaTime:(ccTime)deltaTime
andListOfGameObjects:(CCArray*)listOfGameObjects {
    float groundHeight = screenSize.height * 0.065f;

    if ([self position].y > groundHeight)
        [self setPosition:ccp([self position].x, [self position].y - 5.0f)];
}
```

```objc
-(void)initAnimations {
    [self setMalletAnim:
        [self loadPlistForAnimationWithName:@"malletAnim"
            andClassName:NSStringFromClass([self class])]];
}

-(id) init
{
    if( (self=[super init]) )
    {
        screenSize = [CCDirector sharedDirector].winSize;
        gameObjectType = kPowerUpTypeMallet;
        [self initAnimations];
        [self changeState:kStateSpawning];
    }
    return self;
}
@end
```

Mallet을 초기화하기 위하여 먼저 `initAnimations`를 호출하고 상태값을 `kStateSpawning`으로 세팅한다. `initAnimations` 메소드는 `malletAnim` 애니메이션을 로드하는데, 이 애니메이션은 Mallet.plist 파일에 등록된 애니메이션 리스트에서 구한다. 다음으로 `changeState` 메소드가 `CCRepeatForever` 액션을 사용하여 `mallet` 애니메이션을 등록한다. 이때 사용되는 `mallet` 애니메이션은 `mallet`이 회전하는 애니메이션이다.

`changeState` 메소드의 else 구문을 자세히 보면, `kStateSpawning` 이외의 모든 상태에 대해서는 `Mallet` 오브젝트를 없애는 것을 알 수 있다. 이 말은 곧 `Viking` 캐릭터가 `Mallet`을 집었음을 의미한다.

> **Tip** 애니메이션을 반복시켜야 하는 경우에는 CCRepeat과 CCRepeatForever 액션을 사용하기 바란다. 이 두 액션은 애니메이션이 끝났을 때 일일이 재시작하는 수고를 덜어준다.

이번 scene에서 사용하는 또 다른 파워업으로 Health 파워업이 있는데, 이것은 다음 섹션에서 설명할 것이다.

Health 파워업

Health 파워업은 샌드위치 모양으로 생겼으며, Ole의 체력을 100%로 만들어준
다. 우주 화물선에서 샌드위치가 떨어지는 것은 좀 이상하지만, 어쨌거나 외계인도
샌드위치를 먹어야 한다. 그러면 이제 Health 파워업을 만들어보자.

1. Xcode에서 [PowerUps] 폴더를 마우스 오른쪽 버튼으로 클릭한 다음 [New
   File]을 선택한다.
2. [iOS]−[Cocoa Touch category]를 선택한 다음 [Objective−C class]를 선택하
   고 [Next]를 클릭한다.
3. [Subclass] 필드에 'GameObject'라고 입력한 다음 [Next]를 누른다.
4. 파일 이름을 'Health.m'이라고 입력하고 'Also create Health.h' 체크박스에
   체크 표시를 한 다음 [Finish]를 클릭한다.

이제 Health.h 파일의 내용을 리스트 5.3으로 바꾸자.

리스트 5.3   Health.h

```
// Health.h
// SpaceViking
//
#import <Foundation/Foundation.h>
#import "GameObject.h"

@interface Health : GameObject {
    CCAnimation *healthAnim;
}
@property (nonatomic, retain) CCAnimation *healthAnim;
@end
```

이번에는 Health.m 파일을 열고 파일 내용을 리스트 5.4로 대치하자.

리스트 5.4   Health.m

```
// Health.m
```

```objc
// SpaceViking
//
#import "Health.h"
@implementation Health
@synthesize healthAnim;

-(void) dealloc {
    [healthAnim release];
    [super dealloc];
}


-(void)changeState:(CharacterStates)newState {
    if (newState == kStateSpawning) {
        id action = [CCRepeatForever actionWithAction:
                        [CCAnimate actionWithAnimation:healthAnim
                            restoreOriginalFrame:NO]];
        [self runAction:action];
    } else {
        [self setVisible:NO];    // 집었음
        [self removeFromParentAndCleanup:YES];
    }
}


-(void)updateStateWithDeltaTime:(ccTime)deltaTime
andListOfGameObjects:(CCArray*)listOfGameObjects {
    float groundHeight = screenSize.height * 0.065f;

    if ([self position].y > groundHeight)
        [self setPosition:ccp([self position].x, [self position].y - 5.0f)];
}


-(void)initAnimations {
    [self setHealthAnim:
        [self loadPlistForAnimationWithName:@"healthAnim"
            andClassName:NSStringFromClass([self class])]];
}


-(id) init
{
    if( (self=[super init]) )
    {
        screenSize = [CCDirector sharedDirector].winSize;
        [self initAnimations];
        [self changeState:kStateSpawning];
        gameObjectType = kPowerUpTypeHealth;
    }
```

```
    return self;
}
@end
```

Health 파워업은 화면에 나타나는 동안 반복되는 애니메이션 부분을 제외하고는
Mallet 파워업과 완전히 동일하다. 두 개의 파워업의 init 메소드에 설정된
gameObjectType은 Viking이 어떤 파워업을 집었는지 구분하기 위하여 사용된다.
이제 두 개의 파워업을 구현하였으니 이 파워업을 제공해줄 SpaceCargoShip을 만
들어보자.

Space Cargo Ship

SpaceCargoShip은 행성 간에 물건을 나르는 엄청나게 큰 화물선이다.
SpaceCargoShip은 화면 앞쪽 또는 뒷쪽에서 움직이는데, Viking에 점점 가까이 다
가오면서 움직인다. 그러다가 Viking과 가장 가까워지는 순간 화물선은 파워업을
떨어뜨린다. SpaceCargoShip은 배경으로 동작하는 애니메이션이 게임과 소통하는
대표적인 예가 된다. SpaceCargoShip을 만드는 과정은 다음과 같다.

1. Xcode에서 [GameObject] 폴더를 마우스 오른쪽 버튼으로 클릭한 다음 [New
   File]을 클릭한다.
2. [iOS]−[Cocoa Touch category]를 선택하고 [Objective−C class]를 선택한 다
   음 [Next]를 누른다.
3. [Subclass] 필드에 'GameObject'라고 입력하고 [Next]를 클릭한다.
4. 파일 이름은 'SpaceCargoShip.m'이라고 입력한 다음 [Save]를 클릭한다.

SpaceCargoShip.h 파일의 내용을 리스트 5.5로 채우자.

리스트 5.5 SpaceCargoShip.h

```
// SpaceCargoShip.h
// SpaceViking
```

```
//
#import <Foundation/Foundation.h>
#import "GameObject.h"

@interface SpaceCargoShip : GameObject {
    BOOL hasDroppedMallet;
    id <GameplayLayerDelegate> delegate;
}
@property (nonatomic,assign) id <GameplayLayerDelegate> delegate;
@end
```

SpaceCargoShip은 애니메이션이 없다. 대신 CCMoveS와 CCScale 액션을 사용하여 움직임을 구현한다. SpaceCargoShip은 Mallet을 떨어뜨렸는지 여부를 계속 확인하기 위해 사용하는 인스턴스 변수 하나와 GameplayLayerDelegate에 제공할 오브젝트 레퍼런스를 갖는다. Delegate 인스턴스 변수는 SpaceCargoShip에 대한 링크를 gameplayLayer에게 제공하는데, 이를 통해 GameplayLayer에게 파워업을 만들 수 있는지를 요청할 수 있다.

SpaceCargoShip은 단지 delegate가 GameplayLayer 클래스와 tight coupling으로 엮이는 것을 풀어준다는 것만을 알 뿐이다. 그렇기 때문에 GameplayLayer 클래스를 GameplayLayerDelegate 프로토콜을 준수하는 다른 클래스로 바꾸어도 아무런 문제가 되지 않는다.

다음은 implementation 파일이다. SpaceCargoShip.m 파일을 열고, 내용을 리스트 5.6으로 대치하자.

리스트 5.6 **SpaceCargoShip.m**

```
// SpaceCargoShip.m
// SpaceViking
//
#import "SpaceCargoShip.h"

@implementation SpaceCargoShip
@synthesize delegate;

-(void)dropCargo {
    CGPoint cargoDropPosition = ccp(screenSize.width/2, screenSize.height);
```

```objc
        if (hasDroppedMallet == NO) {
            CCLOG(@"SpaceCargoShip --> Mallet Powerup was created!");
            hasDroppedMallet = YES;
            [delegate createObjectOfType:kPowerUpTypeMallet withHealth:0.0f
                    atLocation:cargoDropPosition withZValue:50];
        } else {
            CCLOG(@"SpaceCargoShip --> Health Powerup was created!");
            [delegate createObjectOfType:kPowerUpTypeHealth withHealth:0.0f
                    atLocation:cargoDropPosition withZValue:50];
        }
    }


-(id) init
{
    if( (self=[super init]) )
    {
        CCLOG(@"SpaceCargoShip init");
        hasDroppedMallet = NO;
        float shipHeight = screenSize.height * 0.71f;
        CGPoint position1 = ccp(screenSize.width * -0.48f, shipHeight);
        CGPoint position2 = ccp(screenSize.width * 2.0f, shipHeight);
        CGPoint position3 = ccp(position2.x * -1.0f, shipHeight);
        CGPoint offScreen = ccp(screenSize.width * -1.0f, screenSize.height *
-1.0f);

        id action = [CCRepeatForever actionWithAction:
                        [CCSequence actions:
                            [CCDelayTime actionWithDuration:2.0f],
                            [CCMoveTo actionWithDuration:0.01f
                                    position:position1],
                            [CCScaleTo actionWithDuration:0.01f scale:0.5f],
                            [CCFlipX actionWithFlipX:YES],
                            [CCMoveTo actionWithDuration:8.5f
                                    position:position2],
                            [CCScaleTo actionWithDuration:0.1f scale:1.0f],
                            [CCFlipX actionWithFlipX:NO],
                            [CCMoveTo actionWithDuration:7.5
                                    position:position3],
                            [CCScaleTo actionWithDuration:0.1f scale:2.0f],
                            [CCFlipX actionWithFlipX:YES],
                            [CCMoveTo actionWithDuration:6.5f
                                    position:position2],
                            [CCFlipX actionWithFlipX:NO],
                            [CCScaleTo actionWithDuration:0.1f scale:2.0f],
                            [CCMoveTo actionWithDuration:5.5
                                    position:position3],
```

```objc
                        [CCFlipX actionWithFlipX:YES],
                        [CCScaleTo actionWithDuration:0.1f scale:4.0f],
                        [CCMoveTo actionWithDuration:4.5f
                                  position:position2],
                        [CCCallFunc actionWithTarget:self
                                    selector:@selector(dropCargo)],
                        [CCMoveTo actionWithDuration:0.0f
                                  position:offScreen],
                        nil]
                ];
        [self runAction:action];

    }
    return self;
}

@end
```

dropCargo 메소드는 화물선이 viewer에게 가장 가까이 왔을 때, 즉 화면에서 가장 크게 나타날 때 동작한다. dropCargo 메소드는 Mallet을 떨궜는지를 확인하는데, 만일 떨어뜨리지 않았다면 GameplayDelegate로 하여금 Mallet을 떨어뜨리게 한다. 이미 Mallet을 떨군 후라면 Health 파워업을 대신 떨어뜨리도록 한다. 이것이 GameplayLayer로 하여금 실제로 파워업을 생성하고 추가하는 동작을 취하도록 만드는 메소드 중 하나가 된다.

다음으로 init 메소드다. init 메소드는 CCRepeatForever 안에 여러 액션을 늘어뜨리는 형태로 구성되어 있는데, 액션을 자세히 보면 CCMoveTo, CCFlipX, CCScaleTo 액션이 CCSequence 액션 안에 순서대로 들어가 있는 것을 알 수 있다. CCSequence 액션은 CCRepeatForever 안에 들어가 있기 때문에 sequence 안에 있는 액션들이 계속해서 반복하게 된다.

여러분의 게임 배경을 구현할 때에도 이와 같이 CCAction을 중첩된 형태로 묶어서 만들 수 있다. 화물선이 너무 자주 나타나는 것을 방지하기 위하여 액션 sequence 맨 앞에 CCDelayAction을 넣어 액션 sequence를 시작하기 전에 일정 시간동안 기다리도록 하였다.

지금까지 파워업과 파워업을 떨어뜨릴 SpaceCargoShip을 만들었다. 다음으로

`EnemyRobot`을 만들면서 `GameplayLayer`와 Viking의 코드를 보강하여 Ole가
`EnemyRobot`과 싸울 수 있도록 할 것이다.

 ## Enemy Robot

Enemy robot은 Space Viking의 첫 번째 scene에서 Ole가 메인으로 마주하게 되
는 적들이다. `RadarDish`는 한쪽 구석에서 가만히 있지만 enemy robot은 그렇지 않
는다. Ole를 발견하면 phaser 광선을 발사하여 Ole를 죽이려고 한다!

하지만 enemy robot에게도 약점이 있다. Enemy robot은 1960년대에 방영된
TV 프로그램 〈울트라맨〉을 바탕으로 만들어졌는데, 휴머노이드 로봇이지만 시야가
아주 좁다는 것이 약점이다. 그래서 Ole는 로봇 뒤로 돌아가 공격하면 충분히 승산
이 있다.

Enemy Robot 생성

`EnemyRobot`은 앞에서 만든 `RadarDish`와 생성 방법이 동일하다. 또한,
`EnemyRobot`은 `GameCharacter`로부터 상속받았기 때문에 `GameCharacter`에 구현된
모든 인공지능도 사용할 수 있다.

1. [EnemyObjects] 폴더를 마우스 오른쪽 버튼으로 클릭한 다음 [New File]을
   선택한다.
2. [iOS]-[Cocoa Touch category]를 선택하고 [Objective-C class] 타입을 선택
   한 다음 [Next]를 누른다.
3. [Subclass] 필드에 'GameCharacter'라고 입력한 다음 [Next]를 누른다.
4. 파일 이름을 'EnemyRobot.m'이라고 입력하고 [Save]를 클릭한다.

이제 EnemyRobot.h 파일을 열고 그 내용을 리스트 5.7로 대치하자.

```objc
// EnemyRobot.h
// SpaceViking
//
#import <Foundation/Foundation.h>
#import "GameCharacter.h"

@interface EnemyRobot : GameCharacter {
    CCAnimation *robotWalkingAnim;

    CCAnimation *raisePhaserAnim;
    CCAnimation *shootPhaserAnim;
    CCAnimation *lowerPhaserAnim;

    CCAnimation *torsoHitAnim;
    CCAnimation *headHitAnim;
    CCAnimation *robotDeathAnim;

    BOOL isVikingWithinBoundingBox;
    BOOL isVikingWithinSight;

    GameCharacter *vikingCharacter;
    id <GameplayLayerDelegate> delegate;
}

@property (nonatomic,assign) id <GameplayLayerDelegate> delegate;
@property (nonatomic, retain) CCAnimation *robotWalkingAnim;
@property (nonatomic, retain) CCAnimation *raisePhaserAnim;
@property (nonatomic, retain) CCAnimation *shootPhaserAnim;
@property (nonatomic, retain) CCAnimation *lowerPhaserAnim;
@property (nonatomic, retain) CCAnimation *torsoHitAnim;
@property (nonatomic, retain) CCAnimation *headHitAnim;
@property (nonatomic, retain) CCAnimation *robotDeathAnim;
-(void)initAnimations;
@end
```

리스트 5.7의 앞부분은 RadarDish와 비슷하다. EnemyRobot 역시 GameCharacter
로부터 상속을 받고 애니메이션을 위한 인스턴스를 갖는다. 리스트 5.7의 마지막 부
분을 보면 id 타입의 <GameplayLayerDelegate> 인스턴스 변수가 선언된 것을 볼
수 있다. Chapter 4 리스트 4.2에서 CommonProtocols 파일을 만들면서
GameplayLayerDelegate 프로토콜을 만든 것을 기억할 것이다. 이 프로토콜은 프로

토콜을 준수하는 클래스에서 동작할 것으로 생각하는 메소드를 정의한다. 그래서 EnemyRobot의 경우에는 GameplayLayerDelegate가 EnemyRobot이 PhaserBullet 오브젝트 생성을 요청할 수 있도록 그에 필요한 메소드를 마련해두었다. 즉, 이와 같이 여기에서 프로토콜을 사용하기 때문에 EnemyRobot 클래스는 GameplayLayer 클래스가 createPhaserWithDirection 메소드를 관리한다는 것만 알고 있으면 된다.

이 책에서 제공하는 Space Viking 게임은 단지 완전히 동작하는 게임 코드를 제공할 뿐만 아니라 여러분이 제작하는 게임에 재사용이 가능하도록 코드 자체를 컴포넌트 형태로 제공한다. 즉, 여러분이 게임의 기능적인 부분에 대한 개발을 하는 데 아까운 시간을 투자하는 대신 게임 자체에 더 고민할 수 있도록 한 것이다. 게임 개발을 하면서 많이 접하는 이슈 중 하나는 이벤트가 일어났을 때 어떻게 CCLayer나 CCScene에게 알려줄 것인가이다. 플레이어가 죽었을 때 game over 애니메이션을 보여주는 것이 대표적인 예이다. Space Viking에서는 CCLayer(GameplayLayer)가 캐릭터를 위해 반드시 동작시켜야 하는 두 가지 액션이 있다: 하나는 phaser 광선을 만드는 것이고, 다른 하나는 파워업을 떨어뜨리는 것이다. 이때, 프로토콜을 사용하면 게임 오브젝트가 CCLayer와 loose coupling이 되도록 만들 수 있기 때문에 CCLayer나 게임 오브젝트를 나중에 수정하는 일이 발생하더라도 서로에게 영향을 미치지 않게 하면서 변경시킬 수 있다. 여러분이 게임을 개발하다 이와 같은 문제에 직면하는 경우에는 지금까지 설명한 디자인 패턴을 다시 한 번 참조하기 바란다.

EnemyRobot의 implementation 파일은 제법 길다. 왜냐하면 로봇을 구현하는 데 필요한 로직이 상당하기 때문이다. 그래서 implementation 파일의 내용을 네 부분으로 나누어 설명하도록 하겠다(리스트 5.8~5.11).

리스트 5.8 EnemyRobot.m (1/4)

```objc
// EnemyRobot.m
// SpaceViking
//
#import "EnemyRobot.h"
@implementation EnemyRobot
@synthesize delegate;
@synthesize robotWalkingAnim;
@synthesize raisePhaserAnim;
```

```objc
@synthesize shootPhaserAnim;
@synthesize lowerPhaserAnim;
@synthesize torsoHitAnim;
@synthesize headHitAnim;
@synthesize robotDeathAnim;
-(void) dealloc {
    delegate = nil;
    [robotWalkingAnim release];
    [raisePhaserAnim release];
    [shootPhaserAnim release];
    [lowerPhaserAnim release];
    [torsoHitAnim release];
    [headHitAnim release];
    [robotDeathAnim release];

    [super dealloc];
}


-(void)shootPhaser {
    CGPoint phaserFiringPosition;
    PhaserDirection phaserDir;
    CGRect boundingBox = [self boundingBox];
    CGPoint position = [self position];

    float xPosition = position.x + boundingBox.size.width * 0.542f;
    float yPosition = position.y + boundingBox.size.height * 0.25f;

    if ([self flipX]) {
        CCLOG(@"Facing right, Firing to the right");
        phaserDir = kDirectionRight;
    } else {
        CCLOG(@"Facing left, Firing to the left");
        xPosition = xPosition * -1.0f; // 반대 방향
        phaserDir = kDirectionLeft;
    }
    phaserFiringPosition = ccp(xPosition, yPosition);
    [delegate createPhaserWithDirection:phaserDir
    andPosition:phaserFiringPosition];
}

-(CGRect)eyesightBoundingBox {
    // 시야는 robot이 바라보는 방향으로 robot 너비의 3배 거리까지로 지정
    CGRect robotSightBoundingBox;
    CGRect robotBoundingBox = [self adjustedBoundingBox];
    if ([self flipX]) {
        robotSightBoundingBox = CGRectMake(robotBoundingBox.origin.x,
```

```
                                  robotBoundingBox.origin.y,
                                  robotBoundingBox.size.width*3.0f,
                                  robotBoundingBox.size.height);
    } else {
        robotSightBoundingBox =
            CGRectMake(robotBoundingBox.origin.x -
                          (robotBoundingBox.size.width*2.0f),
                       robotBoundingBox.origin.y,
                       robotBoundingBox.size.width*3.0f,
                       robotBoundingBox.size.height);
    }
    return robotSightBoundingBox;
}
```

EnemyRobot implementation 파일은 gameplayLayer와 연결된 delegate 변수를 위한 @synthesize 구문으로 시작한다. 이어서 dealloc 메소드가 나오는데 dealloc 메소드는 delegate 변수값을 nil로 세팅하고 나머지 레퍼런스를 release 시킨다.

shootPhaser 메소드는 EnemyRobot이 현재 바라보고 있는 방향을 파악한 다음, delegate(GameplayLayer)에게 바라보는 방향으로 날아가는 phaser bullet을 만들어 달라고 요청한다. createPhaserWithDirection 메소드는 GameplayLayerDelegate 프로토콜에 정의되어 있으며, 실제로 어떻게 구현되었는지는 이번 챕터 후반에서 살 펴볼 것이다.

다음에 나오는 메소드는 eyesightBoundingBox인데, 이 메소드는 EnemyRobot이 볼 수 있는 시야를 계산한다. 시야 범위로는 robot 폭(width)의 3배가 되는 길이만 큼을 지정한다. eyssightBoundingBox 메소드는 바이킹 Ole가 EnemyRobot의 시야 에 들어오는지 확인할 때 사용되며, Ole가 시야에 들어오면 EnemyRobot의 상태는 공격으로 바뀌게 된다. EnemyRobot은 시야를 대략적으로 계산하기 위하여 bounding box를 사용하는데, 나중에 enemy의 시선을 시뮬레이션으로 나타내기 위하여 ray casting을 사용하는 방법을 설명할 것이다.

계속해서 EnemyRobot의 changeState 메소드 코드가 이어진다. changeState 메 소드는 EnemyRobot이 상태와 애니메이션을 바꾸는 데 사용된다. 리스트 5.9의 내용 을 EnemyRobot.m 파일에 이어서 붙이도록 하자.

```objc
-(void)changeState:(CharacterStates)newState {
    if (characterState == kStateDead)
        return; // 죽은 다음에는 상태 변화가 필요없다.

    [self stopAllActions];
    id action = nil;
    characterState = newState;

    switch (newState) {
        case kStateSpawning:
            [self runAction:[CCFadeOut actionWithDuration:0.0f]];
            // 이전 스프라이트는 페이드 아웃시킨다.
            [self setDisplayFrame:
                [[CCSpriteFrameCache sharedSpriteFrameCache]
                    spriteFrameByName:@"teleport.png"]];

            action = [CCSpawn actions:
                        [CCRotateBy actionWithDuration:1.5f angle:360],
                        [CCFadeIn actionWithDuration:1.5f],
                        nil];
            break;

        case kStateIdle:
            CCLOG(@"EnemyRobot->Changing State to Idle");
            [self setDisplayFrame:
                [[CCSpriteFrameCache sharedSpriteFrameCache]
                    spriteFrameByName:@"an1_anim1.png"]];
            break;

        case kStateWalking:
            CCLOG(@"EnemyRobot->Changing State to Walking");
            if (isVikingWithinBoundingBox)
                break; // 인공지능이 다음 프레임부터 상태를 Attacking으로 바꿀 것이다.

            float xPositionOffSet = 150.0f;
            if (isVikingWithinSight) {
                if ([vikingCharacter position].x < [self position].x)
                    xPositionOffSet = xPositionOffSet * -1;
                    // -150으로 바꾼다.
            } else {
                if (CCRANDOM_0_1() > 0.5f)
                    xPositionOffSet = xPositionOffSet * -1;

                if (xPositionOffSet > 0.0f) {
                    [self setFlipX:YES];
```

```objc
            } else {
                [self setFlipX:NO];
            }
        }
        action = [CCSpawn actions:
                    [CCAnimate actionWithAnimation:robotWalkingAnim
                        restoreOriginalFrame:NO],
                    [CCMoveTo actionWithDuration:2.4f
                        position:ccp([self position].x + xPositionOffSet,
                                    [self position].y)],
                    nil];
        break;

    case kStateAttacking:
        CCLOG(@"EnemyRobot->Changing State to Attacking");
        action = [CCSequence actions:
                    [CCAnimate actionWithAnimation:raisePhaserAnim
                        restoreOriginalFrame:NO],
                    [CCDelayTime actionWithDuration:1.0f],
                    [CCAnimate actionWithAnimation:shootPhaserAnim
                        restoreOriginalFrame:NO],
                    [CCCallFunc actionWithTarget:self
                        selector:@selector(shootPhaser)],
                    [CCAnimate actionWithAnimation:lowerPhaserAnim
                        restoreOriginalFrame:NO],
                    [CCDelayTime actionWithDuration:2.0f],
                    nil];
        break;

    case kStateTakingDamage:
        CCLOG(@"EnemyRobot->Changing State to TakingDamage");
        if ([vikingCharacter getWeaponDamage] > kVikingFistDamage){
            // 바이킹이 mallet을 들고 있는 경우
            action = [CCAnimate actionWithAnimation:headHitAnim
                    restoreOriginalFrame:YES];
        } else {
            // 바이킹이 무기가 없는 경우에는 몸을 가격당한다.
            action = [CCAnimate actionWithAnimation:torsoHitAnim
                    restoreOriginalFrame:YES];
        }
        break;

    case kStateDead:
        CCLOG(@"EnemyRobot -> Going to Dead State");
        action = [CCSequence actions:
                    [CCAnimate actionWithAnimation:robotDeathAnim
```

```
                        restoreOriginalFrame:NO],
                [CCDelayTime actionWithDuration:2.0f],
                [CCFadeOut actionWithDuration:2.0f],
                nil];
        break;

    default:
        CCLOG(@"Enemy Robot -> Unknown CharState %d",
                characterState);
        break;
    }

    if (action != nil)
        [self runAction:action];
}
```

changeState 메소드의 첫 번째 파트는 EnemyRobot이 죽었는지 확인하는 것이다. Robot이 죽었다면 메소드는 더이상 아무 것도 하지 않는다. 그렇지 않다면(살았다면) 현재 진행중인 액션을 멈추고 파라미터로 전달받은 newState로 상태를 바꾼다.

기본적인 셋업을 끝내면 이제 방대한 로직이 들어있는 switch 구문으로 들어가게 되는데, 이 안에서 각 상태에 따른 적절한 동작을 하게 된다. 제일 먼저 나타나는 상태가 kStateSpawning인데, 이것은 EnemyRobot이 화면에 처음 등장할 때의 상태를 의미한다. 코드를 보면 알 수 있듯이 텔레포트 그래픽으로 이루어진 EnemyRobot의 디스플레이 프레임이 페이드—인 하면서 회전하는 것으로 액션이 구성되어 있다.

텔레포트 그래픽은 소용돌이 모양의 동그란 그림으로, 이 그림이 화면에서 계속해서 회전하도록 액션을 지정하였다. 그림 5.1에서 텔레포트 그래픽을 볼 수 있다. 이 이미지 또한 텍스처 아틀라스에 포함되어 있다.

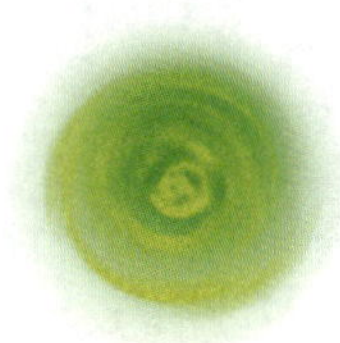

| 그림 5.1 | EnemyRobot 텔레포트 그래픽

다음은 idle 상태로, `EnemyRobot`이 가만히 서 있는 모습의 프레임으로 구성되어 있다.

walking 상태에는 좀 더 많은 로직이 들어있다. 먼저 `EnemyRobot` 옆에 `Viking`이 있는지 확인한다. 만일 그렇다면 바로 switch 구문을 빠져나와 `updateStateWith DeltaTime` 메소드가 자동으로 `EnemyRobot`의 상태를 attacking으로 바꿀 수 있도록 한다. 그렇지 않고 `Viking`이 `EnemyRobot`의 바운딩 박스 안에 없다면, `Viking`이 `robot`의 시야에 들어오는지를 체크한다. 만일 robot 시야에 `Viking`이 들어왔다면 `robot`은 `Viking`을 향해 움직인다. 시야에 `Viking`이 들어오지 않은 경우에는 random으로 움직인다. Robot의 이동 방향이 오른쪽인 경우에는 `EnemyRobot`의 `flipX` 플래그값은 `YES`가 되어 모든 픽셀이 좌우 대칭으로 변환된다. 즉, `Viking` 때와 마찬가지로 `flipX` 플래그를 이용하여 한 가지 종류의 `EnemyRobot` 프레임을 이용하여 좌우로 움직이는 것을 구현하는 것이다.

이어서 attacking 상태이다. Robot의 액션은 순서대로 팔을 올리고 총을 쏜 다음 팔을 내리는 동작으로 구성된다. `SpaceCargoShip` 때와 마찬가지로 공격 동작을 구현하기 위해 컴파운드 액션을 사용하였다. 먼저 총을 들고 잠시 delay한 다음 `CCCallFunc` 액션을 사용하는 것이다. `CCCallFunc` 액션은 `shootPhaser` 메소드를 호출하는데, `shootPhaser` 메소드는 리스트 5.8에 있었다. `shootPhaser` 메소드는 `gameplayLayer`에 phaser 광선을 만들어 `Viking`을 향해 보내달라고 요청하는 역할을 한다. 이렇게 총을 쏜 다음 `EnemyRobot`은 총을 내리고 2초간 쉰다.

> **Note** `CCCallFunc`는 특별한 액션으로, 어떤 오브젝트에서든지 메소드를 호출할 수 있게 한다. 그래서 이 액션은 액션 sequence 앞/뒤, 또는 도중에 별도로 작성한 코드를 수행시키고 싶을 때 아주 유용하게 사용된다. `CCCallFunc`와 비슷한 종류의 메소드로 `CCNode`를 파라미터로 받는 `CCCallFuncN` 메소드, `CCNode`와 포인터 변수를 파라미터로 받는 `CCCallFuncND` 메소드 등이 있다.

다음으로 데미지를 입는 상태가 이어진다. Robot이 데미지를 입는 것을 나타내는 그래픽은 `Viking`이 무기를 들고 있는 경우와 그렇지 않은 경우로 나뉜다. 먼저 `Viking`이 무기를 들고 있는 경우에는 머리를 가격당하고 무기가 없는 경우에는 복부를 가격당한다. 이렇게 무기의 유무에 따라 애니메이션의 차이가 나는 것은 `Mallet`으로 때릴 때는 위에서 내려치고 주먹으로 때릴 때는 주먹을 앞으로 지르기 때문이다.

마지막으로 dead 상태이다. 이때는 robot이 부서지는 애니메이션이 페이드 아웃 효과와 함께 구현된다.

지금까지 게임을 진행하는 동안 일어날 수 있는 `EnemyRobot`의 모든 상태에 대해 설명하였다. 다음으로 `changeState` 메소드를 호출하는 `updateStateWithDeltaTime` 메소드에 대해 설명할 것이다. `updateStateWithDeltaTime` 메소드는 리스트 5.10에 실려있다.

리스트 5.10 EnemyRobot.m (3/4)

```objc
-(void)updateStateWithDeltaTime:(ccTime)deltaTime
andListOfGameObjects:(CCArray*)listOfGameObjects {

    [self checkAndClampSpritePosition];

    if ((characterState != kStateDead) && (characterHealth <= 0)) {
        [self changeState:kStateDead];
        return;
    }

    vikingCharacter = (GameCharacter*)[[self parent]
                                getChildByTag:kVikingSpriteTagValue];
    CGRect vikingBoundingBox = [vikingCharacter adjustedBoundingBox];
    CGRect robotBoundingBox = [self adjustedBoundingBox];
    CGRect robotSightBoundingBox = [self eyesightBoundingBox];

    isVikingWithinBoundingBox =
        CGRectIntersectsRect(vikingBoundingBox, robotBoundingBox) ?
            YES : NO;
    isVikingWithinSight =
        CGRectIntersectsRect(vikingBoundingBox, robotSightBoundingBox)?
            YES : NO;

    if ((isVikingWithinBoundingBox) &&
        ([vikingCharacter characterState] == kStateAttacking)) {
        // Viking은 자신(robot)을 공격중이다.
        if ((characterState != kStateTakingDamage) &&
            (characterState != kStateDead)) {
```

```objc
        [self setCharacterHealth:
            [self characterHealth] - [vikingCharacter getWeaponDamage]];
        if (characterHealth > 0) {
            [self changeState:kStateTakingDamage];
        } else {
            [self changeState:kStateDead];
        }
        return; // 더 이상 할 일이 없기 때문에 바로 리턴한다.
    }
}

if ([self numberOfRunningActions] == 0) {

    if (characterState == kStateDead) {
        // Robot이 죽었기 때문에 없앤다.
        [self setVisible:NO];
        [self removeFromParentAndCleanup:YES];
    } else if ([vikingCharacter characterState] == kStateDead) {
        // Viking이 죽었기 때문에 robot은 화면을 돌아다닌다.
        [self changeState:kStateWalking];
    } else if (isVikingWithinSight) {
        [self changeState:kStateAttacking];
    } else {
        // Viking은 살아 있으며, robot의 시야 밖에 있기 때문에 robot은 다시
걸어다닌다.
        [self changeState:kStateWalking];
    }
}
}
```

updateStateWithDeltaTime 메소드는 checkAndClampPosition 메소드를 호출
하는 것으로 시작한다. checkAndClampPosition 메소드는 GameCharacter로부터
상속받았으며 EnemyRobot이 화면 테두리 내에 있도록 한다. 이어서 나오는 if 구문
은 EnemyRobot이 이미 죽었는지, 그리고 체력이 0보다 큰지 확인한다. 만일 체력이
0보다 작거나 같다면 robot의 상태는 dead 상태로 바뀐다.

다음으로 이번 scene의 모든 캐릭터의 parent인 CCSpriteSheet으로부터 Viking
오브젝트를 얻는다. Viking 오브젝트를 얻기 위하여 getChildByTag 메소드를 사용
하는데, 이때 파라미터로 건네주는 것은 Viking 캐릭터의 태그값이다. 앞에서
CCNode가 자신의 자식들을 관리하기 위하여 각각에게 유일한 태그값을 지정한다고

설명한 것을 기억할 것이다. 또한 `kVikingSpriteTagValue`를 상수로 정의하여 `CCSpriteSheet`의 모든 자식들이 쉽게 Viking 오브젝트를 얻을 수 있도록 한 것도 기억할 것이다.

이어서 나오는 세 줄은 세 개의 CGRect를 생성하는데 이것들은 Viking이 Enemy Robot과 가까이 있는지, 아니면 Viking이 EnemyRobot 시야에 들어와 있는지 확인하는 데 사용된다.

if 구문을 줄여쓰는 방법

EnemyRobot.m 파일에서 사용된 두 줄의 '?' 연산자(조건연산자)는 if 구문과 지정(=) 연산자를 묶어서 사용할 수 있도록 한다. 다음 코드를 살펴보자.

```
isVikingWithinSight = CGRectIntersectsRect(vikingBoundingBox,
robotSightBoundingBox)? YES : NO;
```

만일 CGRectIntersectsRect 함수가 참을 리턴하면 isVikingWithinSight 변수값은 YES로 지정되며 그렇지 않은 경우에는 NO로 지정된다. 그러면 다음 코드를 살펴보자.

```
if (CGRectIntersectsRect(vikingBoundingBox, robotSightBoundingBox)) {
    isVikingWithinSight = YES;
} else {
    isVikingWithinSight = NO;
}
```

CGRectIntersectsRect 함수는 TRUE 또는 FALSE만을 리턴하기 때문에 굳이 조건식 뒷부분에 == TRUE가 들어가지 않아도 된다. 이 코드는 앞의 '?' 연산자를 사용한 코드와 동일하게 동작한다. 즉, '?' 연산자를 사용한 코드는 바로 위의 if 문을 사용한 코드를 압축했다고 할 수 있다. 이와 같이 '?' 연산자를 사용하면 위와 같은 상황에서의 타이핑을 줄여줄 수 있다.

더 많은 액션과 이펙트, 그리고 Cocos2D 스케줄러

updateStateWithDeltaTime 메소드에는 아직 신경써야 할 곳이 두 군데 더 남았다. 첫 번째가 if 블록으로, Viking이 EnemyRobot을 공격하는지, 만일 공격한다면 무기로 공격하는지 맨손으로 공격하는지를 판단한다. 공격받을 때마다 EnemyRobot

의 체력은 감소하며, 동시에 체력이 0을 초과하는지 확인한다. 그 결과, 체력이 0보다 크다면 `EnemyRobot`의 상태는 damage 상태로 바뀌며, 그렇지 않다면 dead 상태로 바뀐다. 이 두 상태 모두 앞에서 다루었기 때문에 잘 알 것이다.

두 번째 `if` 블록은 `EnemyRobot`의 `numberOfRunningActions`값이 0인지 확인하는 부분이다. `RadarDish`에서 설명한 것처럼, `EnemyRobot`이 현재 애니메이션과 같은 액션을 수행중이라면 `numberOfRunningActions`값은 0보다 클 것이다. 따라서, `EnemyRobot`의 `numberOfRunningActions`값이 0이라는 것은 현재 액션을 수행하지 않음을 의미한다. 먼저 `EnemyRobot`이 죽었으며 dead 애니메이션이 끝났는지 확인하여 만일 그렇다면 `EnemyRobot`을 `CCLayer`에서 제거한다. 다음으로 Viking이 죽었다면 robot의 상태를 walking으로 바꾸어 화면을 돌아다니도록 한다. 그렇지 않다면 Viking이 robot의 시야에 들어왔는지 확인하는데, 시야에 들어왔다면 robot은 Viking을 공격하러 가게 된다. 이도 저도 아니라면, `EnemyRobot`의 상태는 walking 상태로 바뀌어 robot이 화면을 돌아다니게 된다.

다음 코드는 `EnemyRobot`이 바운딩 박스를 조정하고 애니메이션을 초기화하는 데 사용되는 세 개의 메소드에 대한 코드이다. 나머지 코드를 리스트 5.11에서 확인하기 바란다.

 EnemyRobot.m (4/4)

```
-(CGRect)AdjustedBoundingBox {
    // 바운딩 박스를 X축으로 18% 줄인 다음, 오른쪽으로 18%만큼 옮기고,
    // Y축 방향으로 위에서 5%를 잘라낸다.
    // iPad에서는 X축으로 30 픽셀, Y축으로 10 픽셀이 된다.
    CGRect enemyRobotBoundingBox = [self boundingBox];
    float xOffsetAmount = enemyRobotBoundingBox.size.width * 0.18f;
    float yCropAmount = enemyRobotBoundingBox.size.height * 0.05f;
    enemyRobotBoundingBox =
        CGRectMake(enemyRobotBoundingBox.origin.x + xOffsetAmount,
                   enemyRobotBoundingBox.origin.y,
                   enemyRobotBoundingBox.size.width - xOffsetAmount,
                   enemyRobotBoundingBox.size.height - yCropAmount);
    return enemyRobotBoundingBox;
}


#pragma mark -
```

```objc
#pragma mark initAnimations
-(void)initAnimations {

    [self setRobotWalkingAnim:
        [self loadPlistForAnimationWithName:@"robotWalkingAnim"
            andClassName:NSStringFromClass([self class])]];

    [self setRaisePhaserAnim:
        [self loadPlistForAnimationWithName:@"raisePhaserAnim"
            andClassName:NSStringFromClass([self class])]];

    [self setShootPhaserAnim:
        [self loadPlistForAnimationWithName:@"shootPhaserAnim"
            andClassName:NSStringFromClass([self class])]];

    [self setLowerPhaserAnim:
        [self loadPlistForAnimationWithName:@"lowerPhaserAnim"
            andClassName:NSStringFromClass([self class])]];

    [self setTorsoHitAnim:
        [self loadPlistForAnimationWithName:@"torsoHitAnim"
            andClassName:NSStringFromClass([self class])]];

    [self setHeadHitAnim:
        [self loadPlistForAnimationWithName:@"headHitAnim"
            andClassName:NSStringFromClass([self class])]];

    [self setRobotDeathAnim:
        [self loadPlistForAnimationWithName:@"robotDeathAnim"
            andClassName:NSStringFromClass([self class])]];
}

-(id) init
{
    if( (self=[super init]) )
    {
        isVikingWithinBoundingBox = NO;
        isVikingWithinSight = NO;
        gameObjectType = kEnemyTypeAlienRobot;
        [self initAnimations];
        srandom(time(NULL));
    }
    return self;
}
@end
```

더 많은 액션과 이펙트, 그리고 Cocos2D 스케줄러

AdjustedBouningBox 메소드는 이름에서 의미하는 바와 같이 EnemyRobot의 바운
딩 박스를 투명 영역을 제외한 부분으로 맞추어 주는 일을 한다. initAnimations
메소드는 단순히 loadPlistForAnimationWithName을 호출하여 robot에 필요한 애
니메이션을 로드한다. 마지막으로, init 메소드는 EnemyRobot의 기본 인스턴스 변
수 값을 설정하고 initAnimations 메소드를 호출한다.

▶▶ PhaserBullet 추가

EnemyRobot은 자신의 총으로 Ole를 감전시킬 수 있는 phaser bullet을 발사한다.
PhaserBullet 자체는 오브젝트로, 화면의 왼쪽 또는 오른쪽으로 이동한다.
PhaserBullet 코드를 생성하기 전에 먼저 새로운 애니메이션 plist 파일인
PhaserBullet.plist 파일을 Plists 그룹에 만들어야 한다. PhaserBullet.plist 파일
의 내용은 그림 5.2에서 보여주고 있다. 물론 직접 작성할 필요 없이 이번 챕터의
[resource] 폴더에서 복사해도 된다.

			SpaceViking ⟩ Plists ⟩ PhaserBullet.plist ⟩ No Selection		
Key	Type	Value
▼ firingAnim	Diction...	(3 items)
animationFrames	String	1,1,2,2,3,3
delay	Number	0.15
filenamePrefix	String	beam_
▼ travelingAnim	Diction...	(3 items)
animationFrames	String	4,4
delay	Number	0.1
filenamePrefix	String	beam_

| 그림 5.2 | PhaserBullet.plist에 들어있는 PhaserBullet 애니메이션

PhaserBullet는 간단한 클래스이다. 이제 PhaserBullet 클래스를 SpaceViking
프로젝트에 추가해보자.

1. Xcode에서 [EnemyObjects] 그룹을 마우스 오른쪽 버튼으로 클릭한 다음
   [New File]을 선택한다.

2. [iOS]–[Cocoa Touch category]를 선택하고 파일 타입으로 [Objective-C class]를 선택한 다음 [Next]를 클릭한다.

3. [Subclass] 필드에 'GameCharacter'라고 입력한다.

4. 파일 이름을 'PhaserBullet.m'이라고 입력한 다음 [Save]를 클릭한다.

PhaserBullet.h 파일을 열고, 그 내용을 리스트 5.12로 대체하자.

리스트 5.12　**PhaserBullet.h**

```
// PhaserBullet.h
// SpaceViking

#import <Foundation/Foundation.h>
#import "GameCharacter.h"

@interface PhaserBullet : GameCharacter {
    CCAnimation *firingAnim;
    CCAnimation *travelingAnim;

    PhaserDirection myDirection;
}
@property PhaserDirection myDirection;
@property (nonatomic,retain) CCAnimation *firingAnim;
@property (nonatomic,retain) CCAnimation *travelingAnim;
@end
```

다음으로 PhaserBullet.m 파일이다. 리스트 5.13의 내용으로 채우자.

리스트 5.13　**PhaserBullet.m**

```
// PhaserBullet.m
// SpaceViking
#import "PhaserBullet.h"

@implementation PhaserBullet
@synthesize myDirection;
@synthesize travelingAnim;
@synthesize firingAnim;

- (void) dealloc {
```

```objc
    [travelingAnim release];
    [firingAnim release];
    [super dealloc];
}

-(void)changeState:(CharacterStates)newState {
    [self stopAllActions];
    id action = nil;
    characterState = newState;
    switch (newState) {
        case kStateSpawning:
            CCLOG(@"Phaser->Changed state to Spawning");
            action =
                [CCAnimate actionWithAnimation:firingAnim
                    restoreOriginalFrame:NO];
            break;
        case kStateTraveling:
            CCLOG(@"Phaser->Changed state to Traveling");
            CGPoint endLocation;
            if (myDirection == kDirectionLeft) {
                CCLOG(@"Phaser direction LEFT");
                endLocation = ccp(-10.0f, [self position].y);
            } else {
                CCLOG(@"Phaser direction RIGHT");
                endLocation = ccp(screenSize.width+24.0f, [self position].y);
            }
            [self runAction:
                [CCMoveTo actionWithDuration:2.0f position:endLocation]];
            action = [CCRepeatForever actionWithAction:
                [CCAnimate actionWithAnimation:travelingAnim
                restoreOriginalFrame:NO]];
            break;
        case kStateDead:
            CCLOG(@"Phaser->Changed state to dead");
            // Parent로부터 제거
            [self setVisible:NO];
            [self removeFromParentAndCleanup:YES];
        default:
            break;
    }
    if (action != nil)
        [self runAction:action];
}

-(BOOL)isOutsideOfScreen {
    CGPoint currentSpritePosition = [self position];
    if ((currentSpritePosition.x < 0.0f) || (currentSpritePosition.x >
```

```objc
screenSize.width))
    {
        [self changeState:kStateDead];
        return YES;
    }
    return NO;
}


-(void)updateStateWithDeltaTime:(ccTime)deltaTime
andListOfGameObjects:(CCArray*)listOfGameObjects
{
    if ([self isOutsideOfScreen])
        return;

    if ([self numberOfRunningActions] == 0) {
        if (characterState == kStateSpawning) {
            [self changeState:kStateTraveling];
            return;
        } else {
            [self changeState:kStateDead];
            return;
            // 사라졌기 때문에 더이상 할 일이 없다.
        }
    }
}


-(void)initAnimations {
    [self setFiringAnim:
        [self loadPlistForAnimationWithName:@"firingAnim"
            andClassName:NSStringFromClass([self class])]];

    [self setTravelingAnim:
        [self loadPlistForAnimationWithName:@"travelingAnim"
            andClassName:NSStringFromClass([self class])]];
}

-(id) init
{
    if( (self=[super init]) )
    {
        CCLOG(@"### PhaserBullet initialized");
        [self initAnimations];
        gameObjectType = kEnemyTypePhaser;
    }
    return self;
}
@end
```

PhaserBullet은 간단한 캐릭터로 발사된 위치로부터 화면의 왼쪽 또는 오른쪽으로 이동한다. 그러다가 Ole와 맞닿으면 Viking은 한 대 맞은 것으로 처리되면서 동시에 Viking이 PhaserBullet의 상태를 dead로 바꾸어준다. 만일 PhaserBullet이 화면 밖으로 나가면 그것으로 PhaserBullet은 사라지게 된다. 여기까지 하면 EnemyRobot을 만들기 위해 필요한 일을 거의 다 했다고 할 수 있다. 이제 남은 과정은 EnemyRobot을 생성하기 위해 GameplayLayer의 코드를 수정하고 Viking이 power-up을 집을 수 있도록 Viking 코드를 수정하는 것이다.

 ## GameplayLayer와 Viking 업데이트

파워업, space cargo ship, enemy robot을 화면에 나타내기 위해서는 GameplayLayer 클래스에 추가시켜야 한다.

이를 위해 먼저 이번 챕터에서 새로 만든 클래스를 import시켜야 한다. GameplayLayer.m 파일을 열고 리스트 5.14의 내용을 추가한다.

리스트 5.14 GameplayLayer.m에 추가되는 import 구문

```
#import "SpaceCargoShip.h"
#import "EnemyRobot.h"
#import "PhaserBullet.h"
#import "Mallet.h"
#import "Health.h"
```

다음으로 createObjectOfType 메소드를 수정하여 파워업, SpaceCargoShip, PhaserBullet, EnemyRobot을 만들 수 있도록 하면 된다. 이제 createObjectOfType으로 이동하여 그 내용을 리스트 5.15의 내용으로 대치하자.

리스트 5.15 GameplayLayer.m의 createObjectOfType 메소드

```
-(void)createObjectOfType:(GameObjectType)objectType
        withHealth:(int)initialHealth
        atLocation:(CGPoint)spawnLocation
        withZValue:(int)ZValue {
```

```objc
if (kEnemyTypeRadarDish == objectType) {
    CCLOG(@"Creating the Radar Enemy");
    RadarDish *radarDish =
        [[RadarDish alloc] initWithSpriteFrameName:@"radar_1.png"];
    [radarDish setCharacterHealth:initialHealth];
    [radarDish setPosition:spawnLocation];
    [sceneSpriteBatchNode addChild:radarDish z:ZValue
        tag:kRadarDishTagValue];
    [radarDish release];
} else if (kEnemyTypeAlienRobot == objectType) {
    CCLOG(@"Creating the Alien Robot");
    EnemyRobot *enemyRobot =
        [[EnemyRobot alloc] initWithSpriteFrameName:@"an1_anim1.png"];
    [enemyRobot setCharacterHealth:initialHealth];
    [enemyRobot setPosition:spawnLocation];
    [enemyRobot changeState:kStateSpawning];
    [sceneSpriteBatchNode addChild:enemyRobot z:ZValue];
    [enemyRobot setDelegate:self];
    [enemyRobot release];
} else if (kEnemyTypeSpaceCargoShip == objectType) {
    CCLOG(@"Creating the Cargo Ship Enemy");
    SpaceCargoShip *spaceCargoShip =
        [[SpaceCargoShip alloc]
            initWithSpriteFrameName:@"ship_2.png"];
    [spaceCargoShip setDelegate:self];
    [spaceCargoShip setPosition:spawnLocation];
    [sceneSpriteBatchNode addChild:spaceCargoShip z:ZValue];
    [spaceCargoShip release];
} else if (kPowerUpTypeMallet == objectType) {
    CCLOG(@"GameplayLayer -> Creating mallet powerup");
    Mallet *mallet =
        [[Mallet alloc] initWithSpriteFrameName:@"mallet_1.png"];
    [mallet setPosition:spawnLocation];
    [sceneSpriteBatchNode addChild:mallet];
    [mallet release];
} else if (kPowerUpTypeHealth == objectType) {
    CCLOG(@"GameplayLayer-> Creating Health Powerup");
    Health *health =
        [[Health alloc] initWithSpriteFrameName:@"sandwich_1.png"];
    [health setPosition:spawnLocation];
    [sceneSpriteBatchNode addChild:health];
    [health release];
}
```

`createObjectOfType` 메소드의 시작 부분은 Chapter 4에서 작성한 내용과 동일하게 `RadarDish`를 생성하는 부분이 된다. 이어서 나오는 `if else` 블록부터 `SpaceCargoShip`, 파워업, `EnemyRobot`을 생성하는 코드가 된다. 여기에서 `RadarDish`에 유일한 태그값을 지정하는 방법을 알아두어야 한다. 이 태그값은 나중에 `GameplayLayer`가 `RadarDish`의 상태를 파악하기 위하여 `RadarDish` 오브젝트를 얻는 데 사용된다.

업데이트해야 할 또 하나의 메소드는 `createPhaserWithDirection`이다. Chapter 4에서 이 메소드는 단순히 CCLOG만을 갖는 껍데기 메소드였지만, 이제 여기에 로직이 들어가 `PhaserBullet`이 주어진 방향으로 날아가도록 생성되게 된다. `createPhaserWithDirection` 메소드의 내용을 리스트 5.16의 내용으로 바꾸자.

 GameplayLayer.m 파일의 createPhaserWithDirection 메소드

```
-(void)createPhaserWithDirection:(PhaserDirection)phaserDirection
andPosition:(CGPoint)spawnPosition
{
    PhaserBullet *phaserBullet = [[PhaserBullet alloc]
                                initWithSpriteFrameName:@"beam_1.png"];
    [phaserBullet setPosition:spawnPosition];
    [phaserBullet setMyDirection:phaserDirection];
    [phaserBullet setCharacterState:kStateSpawning];
    [sceneSpriteBatchNode addChild:phaserBullet];
    [phaserBullet release];
}
```

`createPhaserWithDirection` 메소드는 새로운 `PhaserBullet` 오브젝트를 생성하고 `PhaserBullet`의 방향을 지정해준다. `PhaserBullet`이 `sceneSpriteBatchNode`의 자식으로 추가되면 화면에 나타나게 되며, update 메소드가 매 프레임 `GameplayLayer`에 의해 호출된다.

`GameplayLayer` 클래스에 추가할 마지막 메소드는 `addEnemy`로, `RadarDish`가 부서지지 않는 한 계속해서 `EnemyRobot`을 추가하는 역할을 한다. 리스트 5.17의 내용을 `GameplayLayer.m` 파일의 `createPhaserWithDirection` 메소드 아래에 추가하자.

```
-(void)addEnemy {
    CGSize screenSize = [CCDirector sharedDirector].winSize;
    RadarDish *radarDish = (RadarDish*)
     [sceneSpriteBatchNode getChildByTag:kRadarDishTagValue];

    if (radarDish != nil) {
        if ([radarDish characterState] != kStateDead) {
            [self createObjectOfType:kEnemyTypeAlienRobot
                withHealth:100
                atLocation:ccp(screenSize.width * 0.195f,
                screenSize.height * 0.1432f)
                withZValue:2];
        } else {
            [self unschedule:@selector(addEnemy)];
        }
    }
}
```

곧 관련된 코드를 보겠지만, addEnemy 메소드는 Cocos2D 스케줄러에 의해 호출
된다. 두 번째 줄을 보면 RadarDish 오브젝트를 앞에서 지정된 유일한 태그값을 이
용하여 sceneSpriteBatchNode로부터 가져오는 것을 알 수 있다. 이렇게 가져온
RadarDish가 nil이 아니고 kStateDead 상태도 아니라면 GameplayLayer는 새로운
EnemyRobot을 복제한다. 그렇지 않고 RadarDish가 죽었다면, GameplayLayer로 하
여금 addEnemy 메소드를 스케줄에서 제거하여 타이머에서 빠지도록 한다.

GameplayLayer에서 마지막으로 해야 하는 작업이 바로 init 메소드를 수정하는
것이다. 리스트 5.18의 내용을 [self scheduleUpdate] 바로 아래에 추가하자.


```
[self schedule:@selector(addEnemy) interval:10.0f];
[self createObjectOfType:kEnemyTypeSpaceCargoShip
    withHealth:0
    atLocation:ccp(screenSize.width * -0.5f, screenSize.height * 0.74f)
    withZValue:50];
```

리스트 5. 18을 추가하면 GameplayLayer는 SpaceCargoShip을 만들고, Viking이

`RadarDish`를 부숴버리기 전까지 매 10초마다 `EnemyRobot`을 추가하게 된다.

Space Viking 실행

이제 모든 작업을 마쳤으니 [Run]을 클릭하여 Space Viking을 iPad Simulator에서 실행시켜 보자. 또는 아예 iPad 기기로 직접 전송하여 iPad에서 실행시켜볼 수도 있다. 그림 5.3은 Space Viking 게임에 `RadarDish`, `EnemyRobot`, `SpaceCargoShip`이 추가된 실행 화면을 보여주고 있다.

| **그림 5.3** | iPad Simulator에서 동작하는 Space Viking 화면

만일 Space Viking이 제대로 실행되지 않는다면 소스 코드로 돌아가서 본문에 실린 코드와 비교해보기 바란다. 필요한 모든 클래스가 제대로 include 또는 import 되었는지도 확인해보는 것도 도움이 될 것이다. 게임을 플레이할 때는 귀찮은 phaser 광선을 피하기 위해 앉아서 움직이는 것이 좋을 것이다.

Cocos2D Scheduler

Cocos2D Scheduler는 원하는 시간에 이벤트나 메소드/함수 호출이 일어나게 도와준다. 모든 `CCNode` 오브젝트는 이벤트가 어떻게 schedule 및 unschedule 되는지 알고 있기도 하지만, Cocos2D Scheduler를 이용하는 것이 `NSTimer`를 사용하는 것에 비해 여러 가지 면에서 좋다. 우선, `CCNode`가 더이상 보이지 않거나 scene으로부터 제거되면 스케줄러 호출 역시 비활성화된다. 또한 Cocos2D 자체가 일시 정지하는 경우에도 스케줄러가 비활성화되며, Cocos2D를 재개하면 스케줄러 역시 재개된다. 만일 `NSTimer`를 직접 사용한다면 이러한 오브젝트를 계속해서 추적하면서 오브젝트의 상태에 따라 일일이 타이머를 dealloc/deactive시켜야 하며, 그 와중에 `NSTimer`가 갑자기 죽으면서 crash가 일어나는 위험도 감수해야 하는 불편을 겪을 것이다.

Cocos2D Scheduler를 사용하는 또 다른 이점은 Cocos2D Scheduler는 마지막으로 호출된 이후 얼마의 시간이 지났는지를 `deltaTime`을 통해 밀리초(mili-second) 단위로 알려준다는 것이다. 이 `deltaTime`은 물리 엔진에서 오브젝트의 움직임이나 모델링을 구현할 때 아주 유용하게 사용된다. 이 부분에 대한 더 자세한 내용은 Chapter 10에서 다룬다.

마지막으로 Cocos2D Scheduler를 사용할 때의 장점으로 `[self scheduleUpdate]` 호출을 들 수 있다. `scheduleUpdate` 메소드는 필요하다면 언제 어디서나 – 프레임 앞, 뒤, 심지어는 프레임 중간에서라도 – 호출할 수 있다.

타이머를 스케줄하기 위해서는 CCNode에서 `[self schedule:]` 호출을 하거나 `[[CCScheduler sharedScheduler] ... ]`과 같이 `CCScheduler` 싱글톤을 직접 사용하면 된다. Cocos2D는 `CCScheduler`를 통해 타이머를 관리해주기 때문에 사용자는 `NSTimer`를 일일이 관리하는 수고로부터 벗어나 여러분의 게임에 좀 더 집중할 수 있다.

▶▶▶ 심화 학습: Cocos2D의 이펙트

Cocos2D는 강력한 내장 이펙트 시스템을 제공하기 때문에 훌륭한 특수효과를 아주 편리하게 게임에 구현할 수 있다. 이펙트는 Cocos2D에 액션 형태로 들어가 있으며 이미 몇 가지는 이 책에서 다루었다. 이것들은 Space Viking에 아주 기본이 되는 행동 및 애니메이션이 된다.

Cocos2D 이펙트는 OpenGL ES 프레임 버퍼 오브젝트(FBO)에서 동작하며, 그렇기 때문에 FBO에 대해 이해하는 것이 액션이 동작하는 것을 이해하는 데 아주 중요하다.

화면에 렌더링되어야 할 모든 오브젝트는 먼저 프레임 버퍼 오브젝트(FBO)에 렌더링된 다음 GPU로 넘어가 데이터가 처리되면서 화면에 나타나게 된다. FBO에 존재하는 이미지는 vertex 데이터의 배열로 들어있다. 이펙트를 적용하는 범위에 따라 이펙트가 동작하게 되는데, 예를 들어 CCSprite에만 이펙트 액션을 적용하는 경우에는 해당 CCSprite에만 이펙트가 적용된다. 만일 CCSpriteBatchNode에 이펙트를 적용하면 CCSpriteBatchNode에 매달린 모든 CCSprite에 이펙트가 적용된다. 그리고 CCLayer에 이펙트를 적용한다면 레이어에 있는 모든 것들이 이펙트의 적용 대상이 된다.

FBO에 들어가는 vertex array가 어떻게 구성되는지는 몰라도 된다. 그럼에도 불구하고 Cocos2D 소스 코드를 통해 충분히 어떻게 이펙트가 구현되었는지를 알 수 있다. 중요한 점은 FBO에 이미지 데이터가 그리드(grid) 형태로 들어가 있다는 것과 이 그리드에서 이펙트 액션이 동작한다는 것이다.

Cocos2D의 이펙트는 두 가지 서브 타입, 즉 tiled, nontiled 버전이 있다. Tiled 버전은 FBO의 컨텐츠를 개별 타일로 쪼갠 다음 타일별로 이펙트를 처리하지만 nontiled 버전은 전체 프레임을 하나의 커다란 타일로 여겨 처리한다.

Space Viking에 적용하는 재미있는 이펙트

Cocos2D 이펙트를 제대로 체감하기 위해 간단한 실습을 해보자. 먼저 이펙트 하나를 가져와 배경 타일에 적용한 다음, 그것을 전체 CCSpriteBatchNode로 확장하여 적용할 것이다.

BackgroundLayer.m 파일을 열고 init 메소드 맨 아래 background에 대한 CCSprite 생성코드 밑에 리스트 5.19를 추가하자.

리스트 5.19 BackgroundLayer.m 파일에 추가하는 waves 액션

```
id wavesAction = [CCWaves actionWithWaves:5 amplitude:20
                          horizontal:NO vertical:YES
                          grid:ccg(15,10) duration:20];
[backgroundImage runAction:
   [CCRepeatForever actionWithAction:wavesAction]];
```

첫 번째 줄에서는 wavesActions 변수를 CCWaves 액션으로 만들고, 그 다음 줄에서는 이 액션을 background 이미지에 적용한다. CCWaves 액션에는 몇 가지 파라미터가 있는데 wave의 크기, 방향(x축, y축), 그리드 크기, wave 기간 등이 이에 해당한다. 그리드 크기는 wave 효과를 적용하기 위해 얼마나 이미지를 쪼갤지를 결정해주는 파라미터인데, 그리드 크기가 클수록 이펙트 효과도 커지지만 프레임 생성을 위한 CPU 소모량도 많아진다. 이펙트를 사용할 때는 이펙트가 많은 프로세싱 파워를 필요로 한다는 것을 인지하고 사용해야 한다. 특히 iPhone 3G 같은 구형 기기의 경우 더욱 그렇다.

리스트 5.19를 반영한 코드를 실행시키기 위해 [Run]을 클릭하면 그림 5.4와 같이 background 이미지가 wave 형태로 움직이는 모습을 볼 수 있을 것이다.

| 그림 5.4 | 화면 가장자리를 보면 CCSprite가 waves 이펙트에 적용된 것을 확인할 수 있다.

지금까지는 background 이미지에만 이펙트를 적용하고 나머지 그래픽은 건드리지 않았는데, 이제 다음 예제를 위해 방금 전에 추가했던 코드 두 줄을 주석 처리하여 이펙트를 제거하자. 그리고는 GameplayLayer.m 파일을 열고 init 메소드로 이동한 다음 리스트 5.20의 내용을 Cocos2D Scheduler 호출 직전에 추가한다.

 GameplayLayer.m에 추가하는 waves 액션

```
id wavesAction = [CCWaves actionWithWaves:5 amplitude:20 horizontal:NO
                     vertical:YES grid:ccg(15,10) duration:20];
[sceneSpriteBatchNode runAction: [CCRepeatForever
                     actionWithAction:wavesAction]];
```

이렇게 하면 CCWaves 액션이 CCSpriteBatchNode에 적용되어 Viking뿐만 아니라 화면에 나타나는 모든 오브젝트에 이펙트가 적용된다. [Run]을 클릭하면 그림 5.5와 같은 결과를 볼 수 있을 것이다. 이때, 조이스틱과 버튼에는 CCWaves 액션이 적용되지 않은 것에 주목할 필요가 있다. 왜냐하면 조이스틱과 버튼은 CCSpriteBatchNode 에 속하지 않기 때문이다.

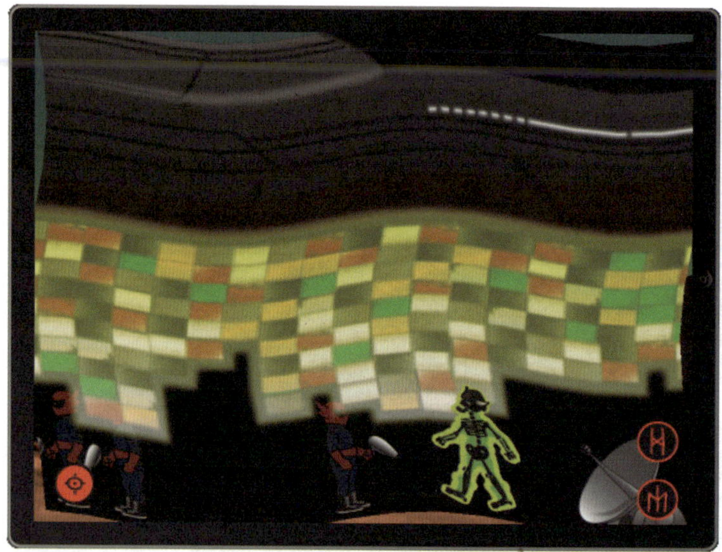

| 그림 5.5 | CCWaves 액션이 CCSpriteBatchNode에 적용된 모습

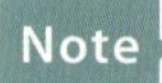 CCSpriteBatchNode를 사용하는 경우, 각각의 스프라이트에 이펙트를 적용하는 대신 CCSpriteBatchNode 전체에 이펙트를 적용해야 할 것이다. 왜냐하면 CCSpriteBatchNode 가 모든 렌더링 작업을 맡아서 하기 때문에 이펙트는 CCSpriteBatchNode 자체에 적용되어야 한다. 그렇게 하지 않은 경우에는 화면에 아무런 이펙트도 적용되지 않을 것이다.

이제 GameplayLayer.m 파일에 추가한 이펙트 코드를 주석 처리하여 Space Viking 게임을 원래대로 돌려놓는다. Cocos2D에서 제공하는 모든 이펙트 액션을 보고 싶다면 Cocos2D에 포함된 EffectsTest와 EffectsTestAdvanced 샘플을 실행해보자.

EffectsTest 실행

Chapter 1에서 다운받은 Cocos2D 디렉터리로 이동한 다음 cocos2d-iphone 프로젝트를 연다. 그런 다음 그림 5.6과 같이 Scheme을 [EffectsTest]로 맞춘다.

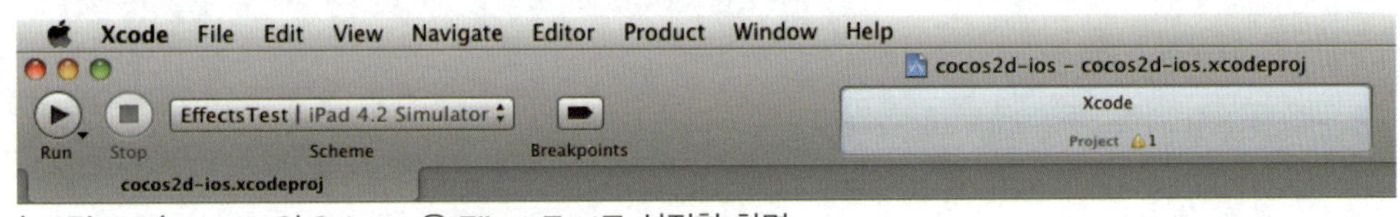

| 그림 5.6 | Xcode의 Scheme을 EffectsTest로 설정한 화면

이제 [Run]을 클릭하면 EffectsTest가 실행되면서 Cocos2D에서 제공하는 다양한 이펙트를 체험할 수 있을 것이다. 물론, EffectsAdvancedTest로 지정하여 더 많은 Cocos2D 이펙트를 확인하는 것도 가능하다.

이펙트가 적용된 스프라이트와 오브젝트를 원래대로 돌려놓기

한번 이펙트를 가지고 놀다보면(?), 어느 순간 CCSprite를 비롯한 모든 오브젝트에 이펙트가 적용되어버렸을 뿐만 아니라, 액션이 끝났음에도 불구하고 이펙트에서 풀려나지 못한 오브젝트도 있다는 것을 인지하는 순간이 올 것이다. 이런 상황에서 이펙트가 적용된 것을 해제하여 CCSprite를 원래대로 돌려놓기 위해서는 StopGrid 액션을 사용하면 된다. 예를 들어, 앞에서 CCSpriteBatchNode에 적용한 CCWave 액션을 멈추기 위해서는 멈추고자 하는 시점에 다음과 같은 코드를 넣어주면 된다.

```
[sceneSpriteBatchNode runAction:[CCStopGrid action]];
```

정리

이번 챕터에서는 그동안 만들어 놓은 Cocos2D 액션과 애니메이션을 사용하고, 몇 가지 캐릭터 – SpaceCargoShip, 파워업, enemy robot – 를 추가하였다. 이것들은 바이킹 Ole에게 도움을 주거나 공격을 가하는 역할을 한다. 그리고 이번 챕터 후반에서는 Cocos2D Scheduler와 내장 이펙트도 알아보았다. 이번 챕터에서 익힌 내용을 여러분만의 게임에 어떻게 적용할 것인가를 고민하기 시작했다면 저자로서 바랄 것이 없겠다. 다음 챕터에서는 Cocos2D의 텍스트 서브시스템에 대해서 설명할 것이다. 또한, 체력 표시 화면과 게임상에서 상호 작용하는 디버거도 추가할 것이다. 마지막으로 Viking 어드벤처를 계속 진행하기 전에 다음의 연습문제를 통해 충분히 복습해보기 바란다.

연습문제

1. `EnemyRobot`의 `[self flipX:true];` 구문을 주석 처리하면 어떤 일이 발생하는가? 이것은 애니메이션에 어떠한 영향을 미치는가?
2. `EnemyRobot`은 총을 든 다음 Ole를 향해 방아쇠를 당기기까지 오랜 시간의 delay를 갖는다. 만일 delay값을 0.015초와 같이 매우 짧게 한다면 어떤 일이 일어나겠는가?
3. `GameplayLayer`는 `RadarDish`가 살아있는 동안에는 매 10초마다 새로운 `EnemyRobot`을 생성한다. 만일 이 주기를 1초로 바꾼다면 어떤 일이 일어나겠는가?
4. 그리드 크기를 바꾸면 waves 이펙트의 품질에 어떤 변화가 생기는가?

텍스트, 서체, 글

앞의 두 개의 챕터를 통해 인공지능, 애니메이션, 적(Enemy) 등을 게임에 추가하는 방법에 대해 알게 되었다. 이번 챕터에서는 쉬어가는 의미로 Cocos2D의 텍스트 렌더링에 대해 설명한다. Cocos2D는 iOS 서체뿐만 아니라 내장된 TrueType 서체도 지원한다. 텍스트 시스템은 라벨과 텍스트를 쉽게 게임에 나타낼 수 있도록 도와준다.

Cocos2D의 서체 렌더링 시스템은 두 개의 영역, 즉 클래스로 나뉘는데 각각 `CCLabelTTF`와 `CCLabelBMFont` 클래스가 된다. 이번 챕터에서는 두 클래스에 대한 설명과 Space Viking에 적용하는 방법에 대해 다룰 것이다.

CCLabelTTF

`CCLabelTTF` 클래스는 최소한의 코드와 셋업으로 손쉽게 게임상에 텍스트를 표시할 수 있게 도와준다. 이미 Chapter 1에서 HelloWorld 샘플을 만들면서 사용하기도 하였다. HelloWorld에서 사용한 코드는 다음과 같다.

```
CCLabelTTF *label = [CCLabelTTF labelWithString:@"Hello World"
                         fontName:@"Marker Felt" fontSize:64];
```

`CCLabelTTF`를 만들기 위해 필요한 것은 텍스트, 서체, 글씨 크기뿐이다. 그렇게 하면 `CCLabelTTF` 오브젝트는 `CCTexture2D` 클래스를 사용하여 파라미터로 전해준 텍스트를 이미지로 만들어 화면에 출력할 것이다. 위와 같이 텍스트 초기화를 하고 난 후에는 다른 `CCNode`와 같이 사용하고 싶은 layer에 추가하고 출력할 화면상의 위치를 지정해주기만 하면 된다. `CCLabelTTF` 클래스는 고정되어 자주 고칠 일이 없는 텍스트에 사용할 때는 아주 편리하다. 그러나 `setText` 메소드는 텍스처를 생성하는 작업을 포함하고 있기 때문에 매 프레임마다 텍스트를 생성하거나 수정한다면 엄청난 성능 저하가 일어날 것이다.

Start 배너 추가

간단한 예를 통해 `CCLabelTTF`를 좀 더 쉽게 이해해보자. 이 예제를 통해 Space Viking을 처음 플레이할 때 화면에 "Game Start"라는 배너가 뜨도록 할 것이다. 이 배너는 화면 중앙에 나타난 다음 2초 동안 점점 커지면서 페이드 아웃될 것이다. Xcode에서 SpaceViking 프로젝트를 열고 GameplayLayer.m 파일을 연 다음 `init` 메소드 내에서 `[self scheduleUpdate]` 코드 바로 위에 리스트 6.1의 내용을 추가하자.

리스트 6.1 GameplayLayer.m 파일의 init 메소드에 추가하는 Game Start 레이블에 대한 코드

```
CCLabelTTF *gameBeginLabel =
    [CCLabelTTF labelWithString:@"Game Start" fontName:@"Helvetica"
                    fontSize:64];                                        // 1
[gameBeginLabel setPosition:ccp(screenSize.width/2,screenSize.height/2)]; // 2
[self addChild:gameBeginLabel];                                         // 3
id labelAction = [CCSpawn actions:
                    [CCScaleBy actionWithDuration:2.0f scale:4],
                    [CCFadeOut actionWithDuration:2.0f],
                    nil];                                               // 4
[gameBeginLabel runAction:labelAction];                                // 5
```

리스트 6.1에 대한 설명은 다음과 같다.

1. 새로운 `CCLabelTTF` 오브젝트를 생성한다. 텍스트는 "Game Start"이며 서체는 Helvetica로, 크기는 64로 지정한다. 이 줄이 실행되고 나면 `CCLabelTTF` 오브젝트는 `CCSprite` 등과 같은 `CCNode`로 동작하여 위치, 액션 등을 지정할 수 있게 된다.
2. 라벨의 위치를 화면 중앙으로 맞춘다.
3. 라벨을 `GameplayLayer`에 추가하여 화면에 렌더링되게 한다.
4. `labelAction`이라는 이름의 액션을 만든다. 이 액션은 두 가지 서브 액션이 동시에 동작하는데, 하나는 `CCScaleBy`로 라벨을 4배 크기까지 확대시킨다. 다른 하나는 `CCFadeOut`으로 라벨을 2초 동안 페이드 아웃시킨다.
5. 앞에서 생성한 액션을 `CCLabelTTF` 오브젝트에 적용하여 동작시킨다.

[Run]을 클릭하여 실행시키면 그림 6.1과 같이 "Game Start"라고 적힌 배너를 보게 될 것이다.

| 그림 6.1 | Game Start 배너가 나타난 화면

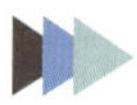 ## Anchor Point와 Alignment

모든 CCNode는 CCSprite부터 CCLabelTTF까지 화면 위치를 지정하기 위해 사용되는 anchor point를 가지고 있다. Anchor point는 오브젝트, 특히 라벨 오브젝트를 화면에 위치 및 정렬시키는 데 편리하게 사용된다. Anchor point는 오브젝트 텍스처 안에 있는 일종의 기준점으로, 화면에 텍스처를 표시할 때 텍스처의 기준점이 지정된 위치에 나타나도록 만든다. Cocos2D에서는 기본적으로 텍스처의 중앙을 anchor point로 지정한다. 그래서 스프라이트의 위치를 (100, 100)으로 지정한다면 기본적으로는 스프라이트의 중앙이 (100, 100)에 위치하도록 스프라이트가 그려진다.

만일 anchor point를 스프라이트의 맨 왼쪽 아래 지점으로 정한다면, 스프라이트의 위치를 (100, 100)으로 지정했을 때 스프라이트의 왼쪽 아랫부분이 (100, 100)에 위치하도록 스프라이트가 그려진다.

그림 6.2를 보면 "Game Start"가 적힌 `CCLabelTTF`의 anchor point가 어떻게 되는지 알 수 있다.

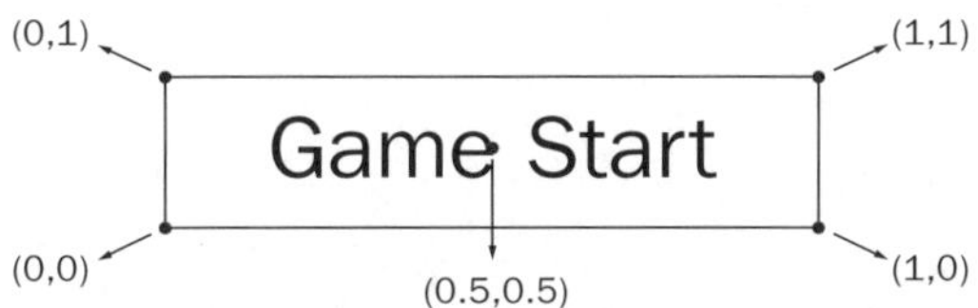

| 그림 6.2 | Game Start CCLabelTTF의 anchor point

우선, 텍스처 중앙에 해당하며 anchor point 기본값으로 사용되는 좌표값은 (0.5, 0.5)이다. 그리고 텍스처의 크기에 상관없이 100% 길이에 해당하는 값으로 1을 사용하고 있다. 그렇기 때문에 anchor point (1, 0)은 x축으로 텍스처 길이의 100%만큼 이동하고 y축으로는 이동하지 않았으므로 텍스처의 맨 오른쪽 아래 지점이 되는 것이다.

마찬가지로 텍스처의 맨 왼쪽 위 지점에 해당하는 anchor point는 (1, 1)이 된다.

기억해야 할 점은, anchor point는 좌표축 별로 0에서 1까지만 사용되며, (0, 0)은 맨 왼쪽 아래, (1, 1)은 맨 오른쪽 위가 된다.

보통 anchor point의 기본값을 사용하지만 라벨을 정렬시킬 때에는 anchor point를 조정하기도 한다.

`CCLabelTTF`를 왼쪽으로 정렬시키고자 한다면 anchor point를 (0, 0.5)로 하면 된다. 즉, anchor point가 텍스처의 왼쪽 가운데가 되며 이는 수평으로는 왼쪽, 수직으로는 중앙 정렬이 됨을 의미한다. 만일 Anchor point를 (0, 0)으로 한다면 수평으로는 왼쪽, 수직으로는 바닥 정렬이 되는 것이다. 다음은 일반적으로 많이 사용되는 `CCLabelTTF` 정렬 방식이다.

```
// 왼쪽 정렬
[gameBeginLabel setAnchorPoint: ccp(0, 0.5f)];

// 오른쪽 정렬
```

```objective-c
[gameBeginLabel setAnchorPoint: ccp(1, 0.5f)];

// 상단 정렬
[gameBeginLabel setAnchorPoint: ccp(0.5f, 0)];

// 하단 정렬
[gameBeginLabel setAnchorPoint: ccp(0.5f, 1.0f)];

// 중앙 정렬 - Default
[gameBeginLabel setAnchorPoint: ccp(0.5f, 0.5f)];
```

Anchor Point와 회전

Anchor point는 회전과 같은 여러 가지 이펙트를 적용할 때 CCSprite의 기준점으로 활용되기도 한다. 만일 CCSprite의 기본 anchor point를 중앙에서 다른 곳으로 바꾸었다면 그 이후로 일어나는 모든 회전은 새로 지정한 anchor point를 중심으로 이루어질 것이라는 것을 기억해야 한다.

iOS에서 사용 가능한 서체를 확인하는 방법

CCLabelTTF 클래스는 iOS에서 제공하는 서체를 사용하는데, Apple은 새로운 iOS 업데이트 때마다 제공 가능한 서체를 추가한다. 따라서 최신의 iOS에서 제공하는 서체를 종종 확인할 필요가 생기는데, 이럴 때는 UIFont 클래스에 사용 가능한 서체를 조회하면 알 수 있다. 조나단 새거(Jonathan Saggau)는 제공 가능한 서체를 조회할 수 있는 간단한 코드를 제공하였는데(http://www.jonathansaggau.com/blog/note_to_self/cocoa/), 그것을 조금 수정한 버전은 다음과 같다. 이 코드를 GameScene.m 파일의 init 메소드 안에 넣고 실행하면 현재 기기에서 사용 가능한 서체를 확인할 수 있다.

```objective-c
NSMutableArray *fontNames = [[NSMutableArray alloc] init];
    NSArray *fontFamilyNames = [UIFont familyNames];
    for (NSString *familyName in fontFamilyNames) {
        NSLog(@"Font Family Name = %@", familyName);
        NSArray *names = [UIFont fontNamesForFamilyName:familyName];
        NSLog(@"Font Names = %@", fontNames);
        [fontNames addObjectsFromArray:names];
    }
[fontNames release];
```

서체는 font family의 부분집합이며, UIFont 클래스는 현재 iOS에서 제공 가능한 font family의 리스트를 리턴한다. 또한 이렇게 얻은 font family 정보를 사용하면 font family 안에 들어있는 서체 목록도 얻을 수 있다. 위 코드는 먼저 font family 정보를 콘솔 창에 출력한 다음, 그 안에 들어있는 서체를 출력한다.

CCLabelBMFont

CCLabelTTF는 iOS에서 제공하는 서체를 사용하고 텍스트의 내용을 바꿀 일이 거의 없는 경우에 아주 편리하게 사용할 수 있다. 하지만 자신만의 서체를 사용하고자 한다면 CCLabelBMFont 클래스가 대안이 될 수 있다.

비트맵 서체 아틀라스는 이름에서 유추할 수 있듯이, 게임에서 사용하고자 하는 모든 글자가 비트맵 형태로 들어가 있는 커다란 이미지를 뜻한다. 비트맵 서체 아틀라스에는 서체 이미지뿐만 아니라 각 글자의 위치, 크기 정보까지 들어 있어서 정확하게 글자를 잘라내어 사용할 수 있다. 아틀라스 내에 있는 이미지가 글자를 나타낸다는 것만 다를 뿐, Chapter 2에서 설명했던 텍스처 아틀라스와 개념은 동일하다. 이미지 글자를 사용하기 때문에 서로 다른 크기의 글자를 사용하기 위해서는 각각의 크기의 이미지 글자가 들어있는 서체 아틀라스를 사용해야 한다.

Cocos2D는 fnt라는 파일 형식을 통해 비트맵 서체를 지원한다. Cocos2D는 자체적으로 비트맵 서체 개발 툴을 제공하지 않지만 비트맵 서체 개발 툴은 여기저기에서 쉽게 찾을 수 있다. 이 책에서는 Hiero(무료)와 Glyph Designer(Mac App Store에서 판매)를 소개할 것이다.

Glyph Designer

Glyph Designer는 71Squared에서 개발한 Mac OS X 기반의 서체 아틀라스 디자인 애플리케이션이다. Hiero와는 달리 Glyph Designer는 순수 Mac OS X 애플

리케이션이기 때문에 다른 애플리케이션에 비해 Mac OS X에서 더 좋은 성능을 보여준다. Glyph Designer를 사용하기 위해서는 먼저 Mac App Store 또는 http://glyphdesigner.71squared.com/ 에서 애플리케이션을 구매해야 한다.

Glyph Designer를 이용하여 서체 아틀라스를 생성하는 과정은 다음과 같다.

1. Glyph Designer를 실행시킨 다음 [File]-[New]를 선택한다.
2. 왼쪽 상단의 검색 창에 'Helvetica'라고 입력한 다음 서체로 지정한다.
3. Size 슬라이더를 움직여 서체 크기를 '32'로 맞춘다.
4. 기본적으로 Glyph Designer는 자동으로 텍스처 아틀라스의 크기를 조절한다.
5. 화면 오른쪽에 Gradient Bar를 클릭한 다음 팝업창에서 yellow 톤을 선택한다. 지금 선택하는 색깔은 중요하지 않다. 노란색을 선택한 이유는 단지 Space Viking 배경과 대비되어 색깔이 잘 드러나기 때문이다.
6. 오른쪽 아래에 있는 [Included Glyphs] 섹션에서 [NEHE] 버튼을 클릭한다. 이곳에 서체 아틀라스에 필요한 글자를 입력해야 한다. NEHE는 미리 정의된 세트로, 모든 ASCII 글자를 포함한다. 반드시 게임에 필요한 글자는 이곳에 모두 입력해야 한다. 만일 여기에 넣지 않은 글자를 사용하게 되면 Cocos2D는 공백으로 처리할 것이다.
7. [File]-[Export]를 선택한 다음 [Save As] 필드에 'SpaceVikingFont'라고 입력한다. 이렇게 하면 두 개의 파일이 생긴다. 하나는 지정한 서체의 모든 글자가 그림으로 들어가 있는 PNG 파일이고 다른 하나는 Cocos2D가 각각의 글자를 빼내는 데 필요한 정보가 들어있는 plist 파일이다. 그림 6.3은 Glyph Designer에서 Helvetica 서체가 선택된 화면을 보여주고 있다.

마지막으로, 이렇게 만든 서체 텍스처 아틀라스와 plist 파일을 Xcode에 추가해야 한다. SpaceVikingFont.png와 SpaceVikingFont.fnt 파일을 SpaceViking 프로젝트의 [Images] 폴더 안에 드래그하면 된다.

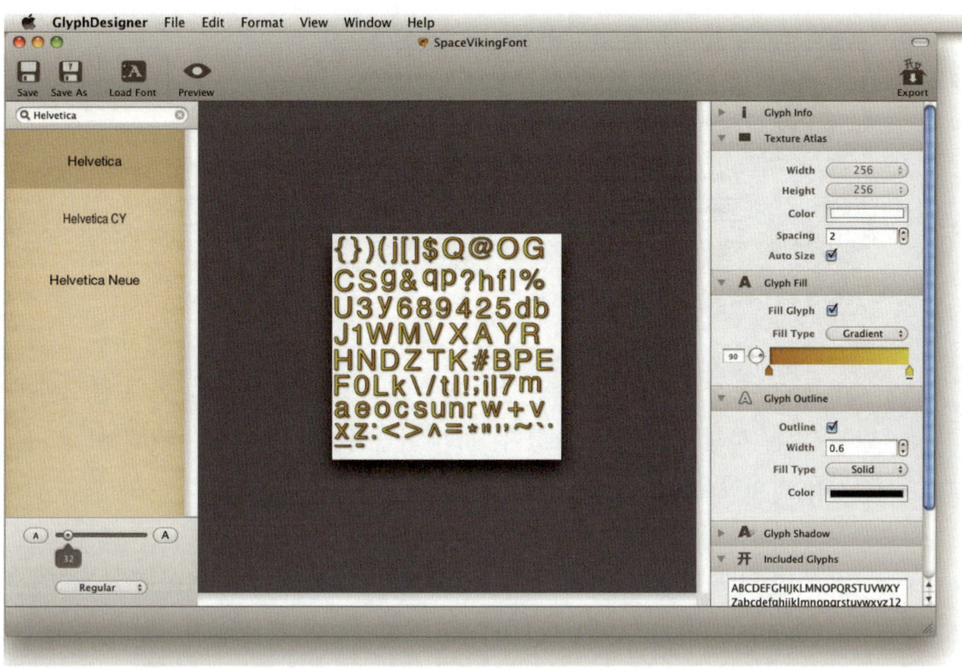

| 그림 6.3 | Glyph Designer

 Hiero Font Builder Tool

만약 Glyph Designer를 대신할 무료 소프트웨어를 찾는다면 Hiero Font Builder Tool을 추천한다. Hiero는 Java 애플리케이션으로, 브라우저에서 실행시킬 수 있다. Hiero를 실행하기 위해서는 먼저 브라우저를 띄운 후 주소창에 www.n4te.com/hiero/hiero.jnlp를 입력한다.

 사파리 브라우저는 기본적으로 Hiero.jnlp 파일을 다운로드한다. 그렇기 때문에 [Donwloads] 창에서 받은 파일을 더블 클릭하여 Hiero를 실행시켜야 한다.

그림 6.4와 같은 경고창이 뜨는 경우 [Allow]를 클릭한다.

| **그림 6.4** | Hiero를 실행할 때 나타나는 경고창

Hiero가 동작하면 화면 왼쪽 위에 있는 텍스트 박스를 통해 현재 시스템에서 사용할 수 있는 서체를 확인할 수 있다. 서체 아틀라스를 생성하기 위해서는 다음과 같은 절차를 거쳐야 한다.

1. 화면 왼쪽 위에 있는 텍스트 박스에서 Helvetica를 찾아 아래로 스크롤한다.
2. [Sample Text] 영역에서 [NEHE]를 클릭하여 기본 글자 세트를 구성하도록 한다. 만일 사용하는 글자가 몇 개 되지 않는다면 [Sample Text] 영역에 필요한 글자만 입력하면 된다.
3. [Color]의 색상 박스를 클릭한 다음 yellow 계열을 선택한다.
4. [Rendering] 섹션에서 'glyph cache'를 선택한 후 [page width]와 [page height]를 '256'으로 지정한다. 이미지 텍스처 아틀라스를 만들기 위해서는 이미지의 가로, 세로 길이가 2의 거듭제곱 수가 되어야 하기 때문에 모든 글자가 들어가는 가장 작은 크기의 텍스처를 만드는 것이 관건이라고 할 수 있다. 이와 같이 설정하면 Hiero는 [sample text] 창에 입력된 모든 글자가 들어가는 256×256 크기의 텍스처 이미지를 생성하게 된다. 지금까지의 상태를 그림 6.5에서 볼 수 있다.
5. [File]-[Save BMFont Files]를 선택하고 파일 이름을 'SpaceVikingFont.fnt'라고 입력한다. 그러면 Hiero는 .fnt와 .png 파일을 만들 것이다.

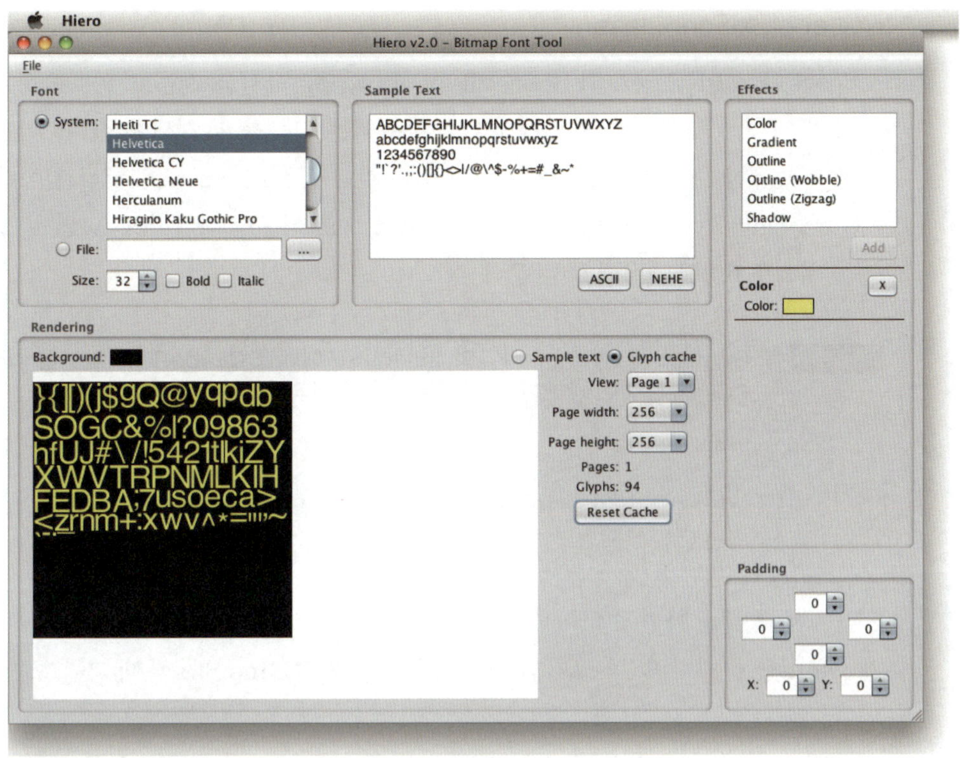

| 그림 6.5 | Hiero 실행 화면

Hiero를 사용하여 서체 텍스처 아틀라스를 만들었으면, 이제 생성된 파일을 Xcode에 추가할 차례이다. SpaceVikingFont.png와 SpaceVikingFont.fnt 파일을 SpaceViking 프로젝트의 [Images] 폴더로 드래그한다.

Note 서체 아틀라스에는 사용하고자 하는 모든 글자가 들어있어야 한다. 대문자/소문자를 모두 사용하는 경우에는 대/소문자를 모두 서체 아틀라스에 포함시켜야 한다. 만약 서체 아틀라스에 없는 글자를 사용하려고 한다면 화면에는 공백으로 처리될 것이다. 사용하는 비트맵 서체 유틸리티가 Cocos2D에 필요한 PNG, FNT 파일을 생성하기만 한다면 Hiero가 아니더라도 상관없다. 만일 서체 아틀라스를 만드는 작업을 생략하고 싶다면 소스 코드와 함께 제공되는 FNT와 PNG 파일을 사용하면 된다.

CCLabelBMFont Class

SpaceVikingFont.fnt와 SpaceVikingFont.png 파일을 만들고 프로젝트에 추가했다면 이제 `CCLabelBMFont` 클래스를 사용하는 코드를 추가해야 한다. 이를 위해 앞에서 사용한 Game Start `CCLabelTTF`를 `CCLabelBMFont`로 대체시킬 것이다.

GameplayLayer.m 파일을 열고 `init` 메소드로 이동한 다음 `CCLabelTTF` 생성 부분을 리스트 6.2의 내용으로 바꾼다.

리스트 6.2 GameplayLayer.m 파일의 init 메소드에서 CCLabelTTF 부분을 대체하는 CCLabelBMFont 코드

```
// CCLabelBMFont 사용
        CCLabelBMFont *gameBeginLabel =
        [CCLabelBMFont labelWithString:@"Game Start"
                                fntFile:@"SpaceVikingFont.fnt"];
```

앞에서 라벨을 화면에 나타내는 코드는 바꿀 필요 없이 그대로 놔두어도 된다. 이제 [Run]을 클릭하면 32 크기의 노란색으로 바뀐 "Game Start" 배너를 보게 될 것이다.

`CCLabelBMFont`를 사용할 때의 제약 사항은 서체 텍스처 아틀라스를 만들 때 지정한 크기의 글자만을 사용할 수 있다는 것이다. 하지만 `CCLabelBMFont`는 텍스처이기 때문에 다른 `CCNode`처럼 스케일 등의 액션이나 이펙트를 적용할 수 있다. Game Start 배너의 경우 서체 크기는 32이지만 `CCScaleBy` 액션을 통해 배너 크기를 4배로 확대시켰다.

> **Note** 글자를 너무 크게 확대하면 선명도가 떨어진다는 점에 주의하자. 일반적으로 다양한 크기의 글자를 사용하는 경우에는 필요한 크기의 서체 텍스처 아틀라스를 모두 만든다.

`CCLabelBMFont`를 제대로 활용하는 방법 중 하나로 라이브 디버깅(live debugging)이 있다. 다음 섹션에서 `EnemyRobot`에 대한 라이브 디버깅에 대해 설명할 것이다.

 ## 심화 학습: 라이브 디버깅

이제 게임 화면에 텍스트 라벨을 추가할 수 있게 되었기 때문에 이번 섹션을 건너뛰어 다음 챕터로 넘어가도 상관없다. 그러나 텍스트 라벨을 활용하여 게임 디버깅 및 개발을 더욱 편리하게 하는 방법을 알고 싶다면 이 섹션을 반드시 읽어야 할 것이다!

게임을 개발할 때 게임을 플레이하는 도중 일어나는 각 캐릭터의 상태를 파악하는 것이 중요한 경우가 있다. 이를 위해 오브젝트 위에 텍스트로 현재 오브젝트의 상태 및 관련 데이터를 표시하는 것이 게임 도중 캐릭터의 상태를 확인하는 한 가지 방법이 될 것이다. 여기에서는 enemy robot의 현재 위치와 상태를 표시하는 방법을 살펴볼 것이다. 그래서 인스턴스 변수 EnemyRobot을 수정하여 디버그 라벨을 표시하도록 하고, 다음으로 현재 위치와 상태 데이터로 디버그 라벨을 업데이트하는 메소드를 만들어보자. 먼저 EnemyRobot.h 파일을 열어보자.

EnemyRobot 수정

EnemyRobot.h 파일의 @interface 섹션에 myDebugLabel이라는 이름의 인스턴스 변수를 추가한다. 이 변수는 라벨 오브젝트를 참조하게 된다. myDebugLabel을 선언하는 코드는 id <GameplayLayerDelegate> delegate; 선언문 바로 아래에 다음과 같이 넣으면 된다.

```
CCLabelBMFont *myDebugLabel;
```

@interface 섹션 다음에 나오는 프로퍼티 정의 부분에는 다음과 같이 들어간다.

```
@property (nonatomic,assign) CCLabelBMFont *myDebugLabel;
```

리스트 6.3은 인스턴스 변수 myDebugLabel이 추가된 내용이 반영된 EnemyRobot.h 파일의 전체 내용을 보여준다. 추가된 두 줄은 진하게 표시했다.

```objc
// EnemyRobot.h
// SpaceViking

#import <Foundation/Foundation.h>
#import "GameCharacter.h"
@interface EnemyRobot : GameCharacter {
    CCAnimation *robotWalkingAnim;

    CCAnimation *raisePhaserAnim;
    CCAnimation *shootPhaserAnim;
    CCAnimation *lowerPhaserAnim;

    CCAnimation *torsoHitAnim;
    CCAnimation *headHitAnim;
    CCAnimation *robotDeathAnim;

    BOOL isVikingWithinBoundingBox;
    BOOL isVikingWithinSight;

    GameCharacter *vikingCharacter;
    id <GameplayLayerDelegate> delegate;
    CCLabelBMFont *myDebugLabel;


}

@property (nonatomic,assign) id <GameplayLayerDelegate> delegate;
@property (nonatomic, retain) CCAnimation *robotWalkingAnim;
@property (nonatomic, retain) CCAnimation *raisePhaserAnim;
@property (nonatomic, retain) CCAnimation *shootPhaserAnim;
@property (nonatomic, retain) CCAnimation *lowerPhaserAnim;
@property (nonatomic, retain) CCAnimation *torsoHitAnim;
@property (nonatomic, retain) CCAnimation *headHitAnim;
@property (nonatomic, retain) CCAnimation *robotDeathAnim;
@property (nonatomic,assign) CCLabelBMFont *myDebugLabel;
-(void)initAnimations;
@end
```

이제 EnemyRobot.m 파일로 넘어가자. @synthesize delegate 코드 바로 아래
에 다음을 추가한다.

```objc
@synthesize myDebugLabel;
```

이렇게 추가된 두 줄은 인스턴스 변수 myDebugLabel을 EnemyRobot 외부에서도 접근할 수 있도록 하여 GameplayLayer가 변수의 내용을 수정할 수 있게 된다.

다음으로 EnemyRobot이 디버그 라벨의 내용을 업데이트하도록 만드는 간단한 메소드 하나를 추가해야 한다. EnemyRobot의 updateStateWithDeltaTime 메소드 바로 위로 이동한 다음 리스트 6.4와 같이 setDebugLabelAndTextAndPosition 메소드를 추가한다.


```objc
-(void)setDebugLabelTextAndPosition {
    CGPoint newPosition = [self position];
    NSString *labelString =
        [NSString stringWithFormat:@"X: %.2f \n Y:%.2f \n",
                                    newPosition.x, newPosition.y];

    switch (characterState) {
        case kStateSpawning:
            [myDebugLabel setString:
                    [labelString stringByAppendingString:@" Spawning"]];
            break;

        case kStateIdle:
            [myDebugLabel setString:
                    [labelString stringByAppendingString:@" Idle"]];
            break;

        case kStateWalking:
            [myDebugLabel setString:
                    [labelString stringByAppendingString:@" Walking"]];
            break;

        case kStateAttacking:
            [myDebugLabel setString:
                    [labelString stringByAppendingString:@" Attacking"]];
            break;

        case kStateTakingDamage:
            [myDebugLabel setString:
                    [labelString stringByAppendingString:@" Taking Damage"]];
            break;

        case kStateDead:
```

```objc
        [myDebugLabel setString:
                [labelString stringByAppendingString:@" Dead"]];
        break;

    default:
        [myDebugLabel setString:
                [labelString stringByAppendingString:@" Unknown State"]];
        break;
    }

    float yOffset = screenSize.height * 0.195f;
    newPosition = ccp(newPosition.x,newPosition.y+yOffset);
    [myDebugLabel setPosition:newPosition];
}
```

setDebugLabelTextAndPosition 메소드는 EnemyRobot의 현재 위치와 상태를 알려주는 스트링을 생성한다. 서식 문자열 중간에 있는 .2f는 소숫점 둘째 자리까지만 표기하도록 하며 \n은 자리바꿈 문자로, 화면에 출력되는 내용이 가로로만 너무 길어지는 것을 막아준다. 그리고 디버그 라벨의 위치는 EnemyRobot의 가운데 위치에서 위로 150픽셀만큼만 떨어뜨려 나타나도록 하였다.

그 다음 updateStateWithDeltaTime 메소드로 이동하여 아래의 코드를 checkAndClampSpritePosition 호출 바로 아랫줄에 추가하자.

```objc
[self setDebugLabelTextAndPosition];
```

이렇게 하면 setDebugLabelTextAndPosition 메소드가 호출되어 매 프레임마다 디버그 라벨이 업데이트될 것이다. Chapter 5에서 EnemyRobot이 죽을 때 자기 자신을 CCSpriteBatchNode에서 제거한다고 설명했는데 디버그 라벨도 마찬가지로 CCSpriteBatchNode에서 EnemyRobot이 제거될 때 GameplayLayer에서 사라져야 한다. 이를 위해 EnemyRobot의 dealloc 메소드에 아래의 코드를 [super dealloc] 위에 추가하자.

```objc
[myDebugLabel removeFromParentAndCleanup:YES]
myDebugLabel = nil;
```

첫 번째 줄은 GameplayLayer로부터 디버그 라벨을 제거하도록 하며 두 번째 줄은 myDebugLabel 포인터값을 nil로 지정하여 더이상 오브젝트를 레퍼런스하지 못하도록 막는다.

GameplayLayer 업데이트

EnemyRobot이 디버그 라벨을 업데이트할 수 있도록 셋업하였으니 이제 라벨을 생성시키고 EnemyRobot에 매달 차례이다. GameplayLayer.m 파일을 열고 createObjectOfType 메소드로 이동하자.

메소드 내에서 EnemyRobot을 복제하는 과정이 들어있는 if 블록에 아래의 코드를 [enemyRobot release] 코드 바로 위에 추가한다.

```
CCLabelBMFont *debugLabel =
    [CCLabelBMFont labelWithString:@"NoneNone"
    fntFile:@"SpaceVikingFont.fnt"];
    [self addChild:debugLabel];
    [enemyRobot setMyDebugLabel:debugLabel];
```

첫 번째 줄은 CCLabelBMFont 타입의 debugLabel을 생성하는데 임시로 "NoneNone"이라는 스트링을 담게 하였으며, 서체 파일은 앞에서 생성한 서체 파일을 사용하였다. 그런 다음 debugLabel을 화면에 렌더링하도록 GameplayLayer에 추가시킨다. 마지막으로 방금 생성한 EnemyRobot에 debugLabel을 건네주어 디버깅 라벨을 업데이트하도록 만든다. 리스트 6.5는 이렇게 수정한 if 블록 전체를 보여준다.

리스트 6.5 createObjectOfType 메소드 내 수정된 if 블록

```
} else if (kEnemyTypeAlienRobot == objectType) {
    CCLOG(@"Creating the Alien Robot");
    EnemyRobot *enemyRobot = [[EnemyRobot alloc]
      initWithSpriteFrameName:@"an1_anim1.png"]; //teleport_2
    [enemyRobot setCharacterHealth:initialHealth];
    [enemyRobot setPosition:spawnLocation];
    [enemyRobot changeState:kStateSpawning];
    [sceneSpriteBatchNode addChild:enemyRobot z:ZValue];
    [enemyRobot setDelegate:self];
```

```objective-c
CCLabelBMFont *debugLabel =
[CCLabelBMFont labelWithString:@"NoneNone"
fntFile:@"SpaceVikingFont.fnt"];
[self addChild:debugLabel];
[enemyRobot setMyDebugLabel:debugLabel];
[enemyRobot release];
}
```

이제 [Run]을 클릭하면 EnemyRobot 캐릭터의 머리 위에 위치와 상태를 보여주는
세 줄의 텍스트를 보게 될 것이다. 그림 6.6은 디버그 라벨을 추가한 Space Viking
을 iPad 시뮬레이터에서 실행시킨 모습이다. 여기에서 중요한 점은 게임의 성능에
영향을 미치게 하지 않으면서도 어떻게 매 프레임마다 EnemyRobot의 위치 정보를
화면에 표시하는지를 알아야 한다는 것이다.

| 그림 6.6 | EnemyRobot 머리 위에 디버그 라벨을 표시한 화면

기타 텍스트 디버깅 활용 방법

이제 텍스트 디버깅을 이용하여 게임을 플레이하는 동안 실시간으로 게임 오브젝트의 상태를 표시할 수 있게 되었다. 이러한 기법은 확인하기 힘든 로직상의 버그를 찾게 하거나 게임 캐릭터가 비정상적으로 동작하는 원인을 찾아내는 데 매우 유용하다. 심지어 일부 개발자는 단말기 메모리의 여유 상태를 나타나게 해서 어떤 상황에서 메모리가 부족하게 되는지, 혹은 메모리 누수(memory leaks)가 일어나는 부분이 어디인지를 파악하기도 한다.

▶▶ 정리

이번 챕터에서는 Cocos2D의 서체 렌더링 시스템에 대해 알아보았다. 먼저 `CCLabelTTF`와 `CCLabelBMFont`에 대한 차이를 이해하였으며 이를 이용해 실시간으로 디버깅할 수 있는 방법도 `EnemyRobot`의 예를 통해 알 수 있었다. 다음 챕터에서는 메인 메뉴도 만들고, 여러 개의 레벨을 사용할 수 있도록 Space Viking을 확장할 것이다.

▶▶ 연습문제

1. 디버그 빌드를 했을 경우에만 디버그 라벨이 나타나도록 해보자. 또는 `#define` 구문을 사용하여 디버그 라벨을 ON/OFF하도록 해보자.

> **Hint** ▶ `#define` 구문을 이용하여 `COCOS2D_DEBUG` 플래그를 정의할 수 있을 것이다.

2. `EnemyRobot`의 y축 위치를 표시하는 부분을 로봇의 현재 체력값으로 표시하도록 바꾸어보자.

3. Viking에도 디버그 라벨을 붙여 Ole의 상태와 위치를 표시하도록 하자.

PART 3

여러 레벨을 묶어 게임으로

Part 3에서는 이제 단순한 레벨에서 벗어나 메뉴를 붙이고, 사운드를 넣고, 스크롤링을 구현하여 하나의 완전한 게임으로 만드는 방법을 설명한다.

메인 메뉴, 레벨 클리어, 크레디트 화면

지금까지 아무 것도 없는 scene에 여러 가지 기능과 오브젝트를 덧붙여 바이킹 Ole가 제대로 탐험할 수 있는, 그야말로 온전한 scene을 완성하였다. 이제 바이킹은 무한정 복제되는 로봇과 싸우며, 복제를 막기 위해 어떻게 해야 하는지도 알게 되었다. 이번 챕터에서는 Cocos2D 메뉴와 함께, 어떻게 여러 개의 scene을 만들고 묶는지에 대해서 설명할 것이다. 이번 챕터가 끝날 때쯤이면 Space Viking 게임에는 메인 메뉴, Ole가 탐험할 서로 다른 세 개의 레벨과 더불어 레벨 클리어 시 나타나는 레벨 클리어 화면도 포함될 것이다. 준비가 되었으면 이제 Chapter 7을 시작해보자.

▶▶▶ Cocos2D의 Scene

Chapter 1에서 각각의 레벨은 CCScene에 저장되고 Cocos2D Director가 각 scene의 실행을 담당한다고 설명했다. 이러한 관점에서 보았을 때, 현재 우리는 GameScene이라는 하나의 CCScene을 가지고 있으며 이 GameScene 안에 모든 내용이 다 들어있는 상황이라고 할 수 있다. 이제 Space Viking을 시작할 하나의 scene이 훌륭하게 구성되었으니 Ole가 탐험할 레벨을 더 만들어보자. 메뉴, 스크롤링, 물리 엔진 등 아직이 책을 통해 알아가고 구현해야 할 내용이 많이 있지만, 이번 챕터에서는 먼저 메뉴를 만들고 메뉴와 각 레벨을 연결하는 방법에 대해 알아보도록 하자.

Space Viking에서는 각각의 레벨은 CCScene으로 표현된다. 여러분이 직접 만드는 게임에서는 자신이 원하는 대로 레벨을 구현할 수 있다. 즉, 하나의 CCScene에 동일한 그래픽을 사용하는 모든 레벨을 넣거나 아니면 몇 개의 레벨을 하나의 세트로 묶을 수도 있다. 여기에서 다시 한 번 기억할 점은 CCScene은 단순히 화면 중앙을 anchorPoint로 하는 CCNode의 서브클래스라는 것이다. CCScene에는 아무런 로직도 없으며 여러분의 게임에 사용되는 모든 오브젝트를 싣는 컨테이너 역할만 할 뿐이다. Space Viking에는 다음과 같은 scene들이 사용된다.

- **Main Menu**: Space Viking이 실행되고 맨 처음 나타나는 화면이다. 바이킹 Ole가 화면 중앙에서 이리저리 회전하는 모습과 함께 오른쪽에 Play, Options 및 이 책

에 대한 웹사이트로 연결하는 메뉴 버튼들이 있다.

- **Options Menu**: 음악 ON/OFF 및 사운드 ON/OFF를 지정하는 화면이다. 또한 Space Viking 크레디트 화면으로 연결되는 메뉴 버튼도 있다.
- **Credits**: Space Viking을 세상에 나타나도록 도와준 사람들이 나타나는 화면이다.
- **Level Completed**: 플레이어가 레벨을 클리어하거나 죽었을 때 나타나는 화면이다. 플레이어가 얼마나 진행했는지도 같이 보여준다.
- **GameplayScenes**: Space Viking의 레벨별 scene이다. 이미 첫 번째 게임 플레이 scene은 만들었다.

이러한 scene들을 나타나게 하기 위해서는 각각의 scene을 만들어야 한다. 이번 챕터에서는 `MainMenuScene`, `LevelCompleteScene`, `OptionsScene`, `CreditsScene` 을 만들어볼 것이다. 다음 섹션부터 각각의 scene을 만드는 과정을 하나하나 보여줄 것이다. 그림 7.1은 Main Menu로부터 연결되는 scene 간의 흐름 구조를 보여준다.

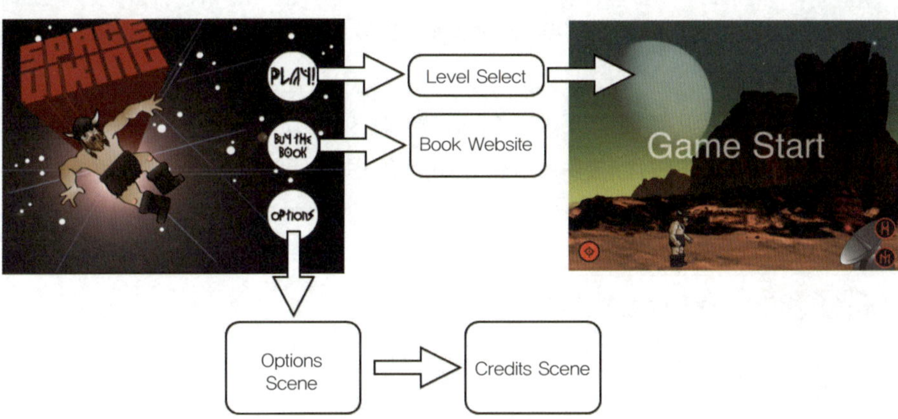

| 그림 7.1 | Space Viking의 메뉴 scene 흐름 구조

Scene들을 만들기 전에 먼저 해야 할 일이 있는데, 바로 `GameManager` 싱글톤을 만드는 일이다. `GameManager`는 어떤 scene이 화면에 나타나는지를 director에게 알려주는 역할을 한다.

GameManager

바이킹 Ole가 `RadarDish`와 `EnemyRobot`과 싸우는 scene이 첫 번째 scene으로, 앞 챕터까지에서 이 scene에 필요한 모든 내용을 구현했다. 이제 scene과 scene을 쉽게 전환시키기 위해서 `GameManager` 클래스를 만들 것이다. `GameManager` 클래스는 `CCScene`을 전환시키도록 Cocos2D Director에게 요청하는 역할을 맡는다. `GameManager`는 또한 싱글톤 클래스로 제작하여 하나의 인스턴스만을 가지면서 다른 모든 scene이 접근할 수 있도록 할 것이다. 즉, 모든 scene은 `GameManager`를 알고 `GameManager` 역시 모든 scene을 알지만 각각의 scene은 서로를 모르는(접근하지 못하는) 관계가 되는 것이다. 그래서 각각의 scene은 자신에게 필요한 모든 내용을 담게 되며, 서로 독립적인 관계이기 때문에 scene을 추가하거나 수정할 때 다른 scene을 고려하지 않아도 된다. 싱글톤(Singleton)은 Cocos2D에서 사용되는 강력한 디자인 패턴으로 `CCDirector`, `CCTextureCache` 등 여러 클래스를 위해 사용된다.

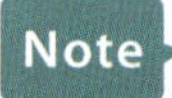

Note 싱글톤 디자인 패턴 및 Cocoa 프로그래밍에 사용되는 다른 유용한 디자인 패턴들에 대해 더 알고 싶다면 『코코아 디자인 패턴』(케이앤피북스, 2011)을 참고하기 바란다.

게임 매니저는 어떠한 scene들이 전환되는지를 알아야 하기 때문에 `GameManager`를 코딩하기 전에 먼저 Constants.h 파일을 열고 리스트 7.1의 내용을 파일의 맨 마지막에 추가하도록 하자.

리스트 7.1 __Constants.h에 추가하는 SceneType__

```
#define kMainMenuTagValue 10
#define kSceneMenuTagValue 20

typedef enum {
    kNoSceneUninitialized=0,
    kMainMenuScene=1,
    kOptionsScene=2,
    kCreditsScene=3,
    kIntroScene=4,
    kLevelCompleteScene=5,
    kGameLevel1=101,
    kGameLevel2=102,
```

```
    kGameLevel3=103,
    kGameLevel4=104,
    kGameLevel5=105,
    kCutSceneForLevel2=201
} SceneTypes;

typedef enum {
    kLinkTypeBookSite,
    kLinkTypeDeveloperSiteRod,
    kLinkTypeDeveloperSiteRay,
    kLinkTypeArtistSite,
    kLinkTypeMusicianSite
} LinkTypes;

// 디버그용 Enemy 상태 라벨
// 0은 OFF, 1은 ON
#define ENEMY_STATE_DEBUG 0
```

SceneTypes는 열거형 타입으로 GameManager가 각각의 scene을 구별할 수 있도록 도와준다. 코드를 보면 게임 레벨 2부터 5까지를 위한 scene값도 미리 정의해 놓은 것을 알 수 있다.

LinkTypes는 어떤 URL을 열 것인지를 구별하는 데 사용된다. Main Menu에는 이 책의 웹사이트로 연결되는 링크가 있으며, Credits scene에는 Ray와 Rod의 개발 사이트 및 아티스트와 뮤지션 사이트로 연결되는 링크가 있다.

마지막으로, ENEMY_STATE_DEBUG 플래그는 Chapter 6의 '연습문제' 첫 번째 문제에 대한 답이 된다. 이 플래그를 이용하여 Enemy Debug 라벨을 ON/OFF 시킬 수 있다. Chapter 6 '연습문제' 첫 번째 문제를 보면 이해할 수 있을 것이다.

GameManager 생성

GameManager를 생성하기 위해 Chapter 3에서 만든 [Singletons] 폴더를 선택한 다음 아래와 같은 순서로 진행하면 된다.

1. 마우스 오른쪽 버튼으로 클릭한 다음 나타나는 메뉴에서 [New File]을 선택한다. [iOS]-[Cocoa Touch category]를 선택하고 파일 타입으로 [Objective-C

class]를 선택한 다음 [Next]를 클릭한다.

2. [Subclass] 필드에 'NSObject'라고 입력한 다음 [Next]를 클릭한다.

3. 파일 이름으로 'GameManager.m'이라고 입력한 다음 [Save]를 클릭한다.

GameManager.h 파일을 열고 그 내용을 리스트 7.2로 바꾸자.

리스트 7.2 **GameManager.h**

```objc
// GameManager.h
// SpaceViking
//
#import <Foundation/Foundation.h>
#import "Constants.h"

@interface GameManager : NSObject {
    BOOL isMusicON;
    BOOL isSoundEffectsON;
    BOOL hasPlayerDied;
    SceneTypes currentScene;
}
@property (readwrite) BOOL isMusicON;
@property (readwrite) BOOL isSoundEffectsON;
@property (readwrite) BOOL hasPlayerDied;

+(GameManager*)sharedGameManager;                            // 1
-(void)runSceneWithID:(SceneTypes)sceneID;                   // 2
-(void)openSiteWithLinkType:(LinkTypes)linkTypeToOpen ;      // 3
@end
```

코드 7.2에서 + (GameManager*) sharedGameManager 메소드를 볼 수 있는데, +는
sharedGameManager 메소드가 클래스 메소드임을 알려주는 기호이다. 그렇기 때문에
sharedGameManager 메소드는 클래스 단에서 동작하며, 이 말은 메소드 실행을 위해
별도로 GameManager의 인스턴스를 할당하고 초기화할 필요가 없다는 뜻이 된다. 사
실 클래스 메소드 sharedGameManager는 내부적으로 GameManager 클래스의 인스턴
스 한 개를 만들어 사용한다. 번호가 붙은 코드에 대한 설명은 다음과 같다.

1. 클래스 메소드 sharedGameManager를 셋업한다. 이 클래스 메소드는 하나뿐인

GameManager의 인스턴스를 리턴한다. GameManager에 대한 전체 implementation 파일은 코드 7.3에서 볼 수 있다.

2. runSceneWithID 메소드를 선언한다. 이 메소드는 SceneTypes 타입의 sceneID를 파라미터로 사용한다. runSceneWithID 메소드는 현재 실행중인 scene을 바꾸기 위해 (GameManager를 통해) director를 얻고자 하는 다른 scene에 의해 호출된다. 예를 들어, 플레이어가 레벨을 클리어하면 Gameplay scene은 LevelComplete scene으로 바뀌어야 한다.

3. linkType 파라미터값에 따라 URL을 연다. 이 메소드는 Space Viking 프로그램을 종료시키고 Mobile Safari를 띄워 미리 정의된 링크로 연결시킨다. 여러분의 게임에서 동일한 기법을 사용하고자 한다면 이 코드를 그대로 쓰면 된다.

GameManager.m 파일의 implementation 코드를 보면 알 수 있겠지만 openSiteWithLinkType이 Space Viking 게임을 종료시키고 MobileSafari를 실행시킨다. 만일 게임 내에 웹페이지를 띄우고 싶다면 UIWebView를 생성한 다음 view hierarchy에 추가하면 된다. 그렇게 하면 게임 실행 중에 웹사이트가 나타나게 할 수 있다.

GameManager의 implementation 부분은 논리적으로 두 개의 파트로 나눌 수 있다. 첫 번째 파트는 GameManager를 싱글톤으로 만드는 부분이고, 두 번째 파트는 runSceneWithID와 openSiteWithLinkType 메소드로 GameManager에 특화된 기능이 구현되는 부분이다. 나중에 자신만의 고유 싱글톤을 만들게 된다면 첫 번째 파트를 그대로 사용하고 두 번째 파트를 여러분의 코드로 대체하기 바란다.

GameManager.m 파일로 이동한 다음 파일 내용을 리스트 7.3으로 바꾸자.

리스트 7.3 <u>GameManager.m – 싱글톤 부분</u>

```objc
// GameManager.m
// SpaceViking
//
#import "GameManager.h"
#import "GameScene.h"
#import "MainMenuScene.h"
#import "OptionsScene.h"
#import "CreditsScene.h"
```

```objectivec
#import "IntroScene.h"
#import "LevelCompleteScene.h"

@implementation GameManager
static GameManager* _sharedGameManager = nil;                              // 1
@synthesize isMusicON;
@synthesize isSoundEffectsON;
@synthesize hasPlayerDied;

+(GameManager*)sharedGameManager {
    @synchronized([GameManager class])                                     // 2
    {
        if(!_sharedGameManager)                                            // 3
            [[self alloc] init];
        return _sharedGameManager;                                         // 4
    }
    return nil;
}


+(id)alloc
{
    @synchronized ([GameManager class])                                    // 5
    {
        NSAssert(_sharedGameManager == nil,
                    @"Attempted to allocate a second instance of the Game
Manager singleton");                                                       // 6
        _sharedGameManager = [super alloc];
        return _sharedGameManager;                                         // 7
    }
    return nil;
}


-(id)init {                                                                // 8
    self = [super init];
    if (self != nil) {
        // 게임 매니저는 초기화되었다.
        CCLOG(@"Game Manager Singleton, init");
        isMusicON = YES;
        isSoundEffectsON = YES;
        hasPlayerDied = NO;
        currentScene = kNoSceneUninitialized;
    }
    return self;
}
```

싱글톤 코드는 단 하나의 목적을 가지고 있다. 게임이 실행되는 동안 오직 한 개의 GameManager 인스턴스만을 유지하도록 하는 것이다. 그래서 '싱글'톤이라고 하는 것이다. 코드 7.3에 주석으로 번호를 표시한 줄에 대한 설명은 다음과 같다.

1. GameManager 타입의 static 오브젝트를 선언하고 그 값을 nil로 지정한다. 이 오브젝트는 GameManager가 초기화될 때 사용된다.

2. @synchronized 블록을 만든다. 이렇게 하면 동시에 두 개의 클래스 인스턴스가 이 메소드를 호출한다 하더라도 오직 한 개의 클래스 인스턴스만 동기화 블록에 진입할 수 있다. 이 코드는 특히 멀티스레드 앱 또는 게임 개발 시 여러 개의 다른 클래스 인스턴스가 동일한 코드 블록을 동시에 실행시키는 것을 방지하고자 할 때 아주 중요하게 사용된다.

3. _sharedGameManager가 nil인 경우, _sharedGameManager를 alloc 및 init시킨다. _sharedGameManager는 GameManager 클래스의 인스턴스로, GameManager 클래스에 의해 리턴된다. 이 말이 헷갈린다면 이 코드가 GameManager 클래스로 하여금 단 하나의 GameManager 인스턴스만을 생성하고 리턴한다고 이해하면 된다. 마치 iOS가 Application Delegate의 인스턴스를 한 개만 생성하는 것과 같은 이치이다.

4. 새로 할당되고 초기화된 GameManager 인스턴스를 리턴한다.

5. GameManager 인스턴스를 위해 메모리를 할당한다. 이 메소드는 3번 줄의 sharedGameManager 메소드에 의해 호출된다. alloc 메소드 역시 @synchronized 블록으로 싸여있기 때문에 한 번에 단 하나의 스레드만 진입할 수 있다.

6. GameManager 인스턴스를 할당하기 전에 NSAssert를 사용하여 GameManager 인스턴스가 nil이거나 존재하지 않는지를 확인한다. NSAssert 메시지에서 알 수 있듯이 GameManager의 두 번째 인스턴스를 할당시키게 되면 이미 싱글톤으로서의 의미가 없어지기 때문에 프로그램 실행을 정지시킨다.

7. 새로 할당한 GameManager 인스턴스를 리턴한다.

8. GameManager의 인스턴스 변수를 초기화시킨다. 이때, Music과 Sound Effect

의 기본 옵션값을 지정한다. `init` 메소드는 다른 클래스와 동일하다. 이제 `init`
의 패턴은 여러분의 머릿속에 들어있어 쉽게 작성할 수 있으리라 기대한다.

리스트 7.3을 읽을 때는 싱글톤 역시 오직 한 개의 인스턴스만을 보유할 뿐 다른
클래스와 별다를 것이 없다는 것을 인지하기 바란다. 싱글톤 부분 다음에 리스트
7.4의 내용을 넣도록 하자.

리스트 7.4 GameManager.m 파일의 runSceneWithID 메소드

```objc
-(void)runSceneWithID:(SceneTypes)sceneID {
    SceneTypes oldScene = currentScene;
    currentScene = sceneID;
    id sceneToRun = nil;
    switch (sceneID) {
        case kMainMenuScene:
            sceneToRun = [MainMenuScene node];
            break;
        case kOptionsScene:
            sceneToRun = [OptionsScene node];
            break;
        case kCreditsScene:
            sceneToRun = [CreditsScene node];
            break;
        case kIntroScene:
            sceneToRun = [IntroScene node];
            break;
        case kLevelCompleteScene:
            sceneToRun = [LevelCompleteScene node];
            break;
        case kGameLevel1:
            sceneToRun = [GameScene node];
            break;

        case kGameLevel2:
            // Level 2를 위한 공간
            break;
        case kGameLevel3:
            // Level 3을 위한 공간
            break;
        case kGameLevel4:
            // Level 4를 위한 공간
            break;
```

```objc
    case kGameLevel5:
        // Level 5를 위한 공간
        break;
    case kCutSceneForLevel2:
        // Platform Level을 위한 공간
        break;

    default:
        CCLOG(@"Unknown ID, cannot switch scenes");
        return;
        break;
}

if (sceneToRun == nil) {
    // 새로운 scene을 찾지 못했으므로, 원래의 scene으로 돌아간다.
    currentScene = oldScene;
    return;
}

// Menu Scene 값이 100 미만인 경우
if (sceneID < 100) {
    if (UI_USER_INTERFACE_IDIOM() != UIUserInterfaceIdiomPad) {
        CGSize screenSize = [CCDirector sharedDirector].winSizeInPixels;
        if (screenSize.width == 960.0f) {
            // iPhone 4 Retina
            [sceneToRun setScaleX:0.9375f];
            [sceneToRun setScaleY:0.8333f];
            CCLOG(@"GM:Scaling for iPhone 4 (retina)");

        } else {
            [sceneToRun setScaleX:0.4688f];
            [sceneToRun setScaleY:0.4166f];
            CCLOG(@"GM:Scaling for iPhone 3G(non-retina)");
        }
    }
}

if ([[CCDirector sharedDirector] runningScene] == nil) {
    [[CCDirector sharedDirector] runWithScene:sceneToRun];
} else {
    [[CCDirector sharedDirector] replaceScene:sceneToRun];
}
}
```

GameManager 싱글톤은 MainMenu에서 LevelComplete나 Gameplay 등 서로 다른

scene으로 바꾸어달라고 Cocos2D Director에 요청한다. runSceneWithID 메소드는 이러한 scene을 어떻게 교환하는지, 그리고 어떻게 다른 scene으로부터 호출되는지를 보여준다. switch 구문은 새로 보여줄 scene을 초기화시킨다. 메소드 마지막에 있는 if 블록은 director가 이미 scene을 실행시키는 중인지 확인하는데, 만일 그렇다면 replaceScene 메소드를 통해 새로운 scene으로 전환시킨다. UI_USER_INTERFACE_IDIOM()을 통해 Space Viking이 iPad에서 동작하지 않는 것을 확인하면 해당 기기에 맞게 scene을 축소시킨다. Scene에는 모든 layer와 sprite가 매달려 있기 때문에 scene을 축소하는 것만으로 모든 것들이 축소된다. 메뉴 scene에는 이미지가 몇 개 없기 때문에 iPad 용 이미지를 축소시키는 것으로 처리하여 Space Viking의 용량을 줄일 수 있었다. 다른 코드에서 사용할 때와는 달리, 여기에서는 UI_USER_INTERFACE_IDIOM() 결과를 통해 iPad에서 동작하는지 여부만을 확인하였다. 만일 여러분이 직접 제작하는 게임의 메뉴에 다양한 이미지를 사용한다면 다른 scene과 마찬가지로 iPhone 4 이미지를 별도로 사용할 것인지를 결정해야 할 것이다.

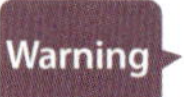

runScene과 replaceScene을 언제 사용하느냐에 관한 이슈는 Cocos2D를 처음 사용하는 개발자가 흔히 겪는 고민거리이다. runScene은 director가 아무 scene도 실행시키지 않을 때에만 사용할 수 있으며, replaceScene은 이미 어떤 scene이 화면에 나타나는 도중에 사용할 수 있다. 그래서 runSceneWithID 메소드의 마지막 부분에 있는 if 구문을 통해 director가 현재 scene을 동작시키는지를 확인하고, 그 결과에 따라 알맞은 메소드를 사용하도록 구현하였다.

GameManager의 마지막 implementation 부분은 MainMenu나 다른 메뉴를 통해 얻은 링크를 가지고 MobileSafari를 동작시키는 코드이다. 리스트 7.5의 내용을 runSceneWithID 메소드 다음에 붙여넣자.

리스트 7.5　GameManager.m 파일의 openSiteWithLinkType 메소드

```
-(void)openSiteWithLinkType:(LinkTypes)linkTypeToOpen {
    NSURL *urlToOpen = nil;
    if (linkTypeToOpen == kLinkTypeBookSite) {
        CCLOG(@"Opening Book Site");
```

```objc
        urlToOpen =
            [NSURL URLWithString:
                        @"http://www.informit.com/title/9780321735621"];
    } else if (linkTypeToOpen == kLinkTypeDeveloperSiteRod) {
        CCLOG(@"Opening Developer Site for Rod");
        urlToOpen = [NSURL URLWithString:@"http://www.prop.gr"];
    } else if (linkTypeToOpen == kLinkTypeDeveloperSiteRay) {
        CCLOG(@"Opening Developer Site for Ray");
        urlToOpen =
            [NSURL URLWithString:@"http://www.raywenderlich.com/"];
    } else if (linkTypeToOpen == kLinkTypeArtistSite) {
        CCLOG(@"Opening Artist Site");
        urlToOpen = [NSURL URLWithString:@"http://EricStevensArt.com"];
    } else if (linkTypeToOpen == kLinkTypeMusicianSite) {
        CCLOG(@"Opening Musician Site");
        urlToOpen =
            [NSURL URLWithString:@"http://www.mikeweisermusic.com/"];
    } else {
        CCLOG(@"Defaulting to Cocos2DBook.com Blog Site");
        urlToOpen =
            [NSURL URLWithString:@"http://www.cocos2dbook.com"];
    }

    if (![[UIApplication sharedApplication] openURL:urlToOpen]) {
        CCLOG(@"%@%@",@"Failed to open url:",[urlToOpen description]);
        [self runSceneWithID:kMainMenuScene];
    }
}
}

@end
```

openSiteWithLinkType 메소드는 파라미터 변수 linkTypeToOpen을 통해 받은 값을 가지고 해당 URL을 열도록 UIApplication을 호출한다. UIApplication은 Space Viking을 종료시키는 동시에 MobileSafari를 열면서 openURL을 통해 URL 값을 전달한다. 만일 openURL 호출이 실패하면 게임은 다시 MainMenu로 돌아간다.

지금까지 입력한 코드로는 컴파일이 안될 것이다. 왜냐하면 아직 MainMenu, Options, Credits, LevelComplete scene에 대한 클래스를 생성하지 않았기 때문이다. 클래스를 하나 하나 만들어가는 동안 Xcode에 나타나는 에러 문구도 하나 하나 사라질 것이다.

다음 섹션에서는 Cocos2D의 메뉴 시스템을 만드는 데 필요한 CCMenu 클래스의 기본 지식에 대하여 다룰 것이다. `CCMenu` 클래스를 이용하여 `MainMenu`, `Options`, `Credits`, `LevelComplete` scene을 만들 것이다.

 Cocos2D의 메뉴 시스템

Cocos2D는 자체 메뉴 시스템을 제공하는데, 이것을 이용하면 여러분이 개발하는 게임의 메뉴를 쉽게 만들 수 있다. Space Viking에서도 Main Menu와 Credits 스크린을 만들기 위해 Cocos2D의 메뉴 시스템을 사용하였다. `CCMenu`는 `CCLayer`가 `CCScene`에 자식으로 매달린 것과 비슷한 구조를 갖는다. Cocos2D의 메뉴 시스템에 사용되는 클래스는 다음과 같다.

- **CCMenu**: 메뉴를 관리하는 메인 클래스로 텍스트, 버튼, 토글 등으로 표현되는 메뉴 리스트 아이템을 가지고 있다. 마지막에 `CCMenu`를 만들고 `CCLayer`에 추가할 것이다.
- **CCMenuAtlasFont**: 비트맵 서체 아틀라스 클래스로, 텍스트 스트링을 만드는 데 사용된다. 이렇게 만들어진 텍스트 스트링은 화면에 텍스트 버튼 형태로 나타난다.
- **CCMenuItemFont**: 메뉴 아이템 클래스로, 이 안에 있는 텍스트 스트링이 화면에 텍스트 버튼 형태로 나타나게 된다.
- **CCMenuItemImage**: 이미지 버튼이다. 기본 이미지와 액티브 상태(눌렸을 때)의 이미지로 구성된다.
- **CCMenuItemLabel**: 텍스트 버튼으로 `CCLabelTTF`를 사용하여 텍스트를 만든다.
- **CCMenuItemSprite**: 이미 생성된 `CCSprite` 이미지를 사용한다는 것만 다를 뿐 `CCMenuItemImage` 클래스와 동일하다.
- **CCMenuItemToggle**: 텍스트 또는 라벨로 만들어진 토글 스위치이다. 스위치가 눌릴 때마다 두 개의 텍스트 옵션 또는 토글이 번갈아가며 나타난다. Space Viking에서는 Options scene의 Music과 Sound Effects의 On/Off 메뉴에서 `CCMenuItemToggle` 클래스를 사용한다.

CCMenuItem은 버튼처럼 동작하여 여러분의 코드에 있는 메소드로 연결된 셀렉터 (selector)를 호출하게 된다. 이 말이 조금 혼동스러울 수도 있는데, 다음 섹션에서 실제로 어떻게 동작하는지 보게 될 것이다. 쉽게 정리하자면, CCMenuItem을 누르면 그에 해당하는 메소드가 호출된다는 것이다. 호출되는 메소드는 scene을 교체하는 것과 같이 버튼에 알맞은 동작을 하도록 구현해야 한다.

▶▶ Scene 및 이미지 디렉터리 관리

다음 섹션부터 메뉴에 필요한 여러 개의 scene과 layer를 만들게 되는데, 비슷한 이름의 scene과 layer의 혼돈을 피하기 위해 Xcode의 그룹 구성을 다듬을 필요가 있다.

SpaceViking 프로젝트에서 다음과 같이 진행한다.

1. [Scenes] 그룹을 마우스 오른쪽 버튼으로 클릭하고 [Add]-[New Group]을 선택한다.
2. 새로운 그룹 이름으로 'Intro'를 입력한다.
3. 동일한 방법으로 'MainMenu', 'Options', 'Credits', 'LevelComplete', 'Scene1' 그룹을 생성한다.
4. GameScene.h와 GameScene.m 파일을 [Scene1] 그룹으로 옮긴다.
5. [Layers] 그룹을 [Scene1] 그룹에 넣는다.

이와 같은 작업이 끝나면 프로젝트 디렉터리는 그림 7.2와 같이 구성될 것이다.

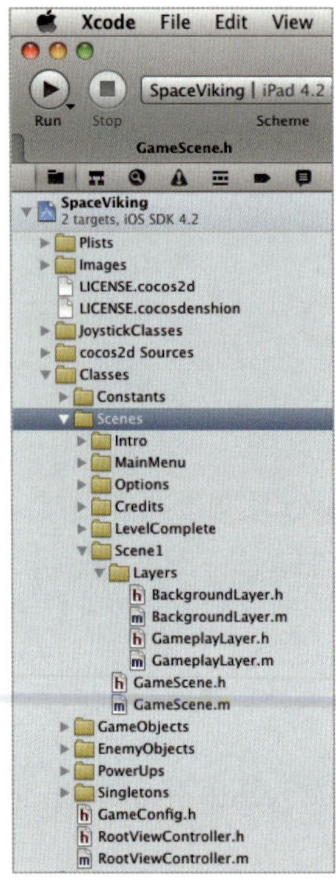

| 그림 7.2 | Xcode에서의 Scenes 그룹

메뉴에 이미지와 서체 추가

Space Viking의 다양한 메뉴에 사용되는 이미지를 최신으로 유지하기 위해서는 이미지 세트를 사용하는 것이 좋다. 이번 챕터의 [resources] 파일을 보면 [Menus] 와 [Fonts]라는 두 개의 폴더가 있는데, 아래의 과정을 따라가 새로운 이미지와 서체 아틀라스를 SpaceViking 프로젝트에 추가해보자.

1. Xcode에서 [Images] 그룹을 선택한 다음 마우스 오른쪽 버튼으로 클릭하고 [Add Files]를 선택한다.
2. 다운 받은 이번 챕터의 [resources] 디렉터리로 이동한 다음 [Menus] 폴더를 선택하고 [Add]를 클릭한다.

3. 2번 과정을 반복하여 [Fonts] 폴더도 추가한다.

4. Chapter 6에서 만든 SpaceVikingFont.fnt와 SpaceVikingFont.png 파일을
   [Fonts] 그룹으로 옮긴다.

그림 7.3은 [Menus]와 [Fonts] 폴더가 추가된 [Images] 그룹을 보여준다.
SpaceViking 프로젝트의 디렉터리 구성을 정비했으니 이제 Main Menu 클래스
를 만들어보자.

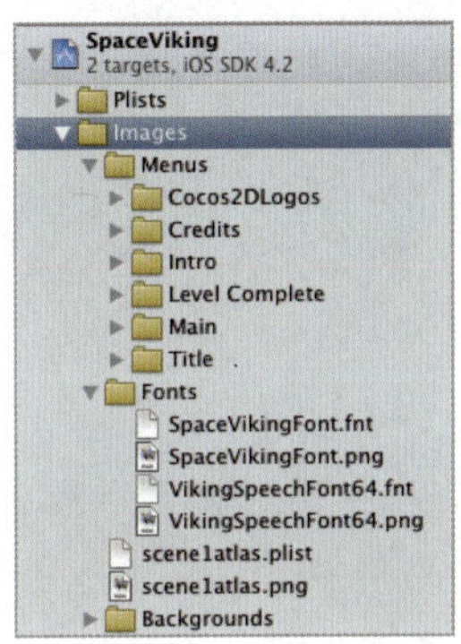

| 그림 7.3 | Images 그룹에 추가된 Menus와 Fonts 그룹

▶▶ Main Menu 작성

Main Menu는 Space Viking의 메뉴로 동작한다. 그렇기 때문에 이러한 동작 원
리를 이해한다면 여러분은 자신만의 메뉴 시스템을 게임에 추가할 수 있을 것이다.
우선 CCMenuItem을 만들고 CCMenu 오브젝트를 만들 것이다. CCMenu 오브젝트는
scene에 추가될 전체 메뉴를 표시한다.

MainMenuScene 생성

그럼 [Groups and Files] 탭에서 [MainMenu] 그룹을 선택하는 것으로 시작해보자.

1. 마우스 오른쪽 버튼으로 클릭한 다음 [New File]을 선택한다.

2. [iOS]−[Cocoa Touch category]를 선택한 다음 파일 타입을 [Objective-C class]로 선택하고 [Next]를 클릭한다.

3. 서브클래스 필드에 'CCScene'이라고 입력하고 [Next]를 클릭한다.

4. 파일 이름으로 'MainMenuScene.m'이라고 입력한 다음 [Save]를 클릭한다.

5. 1~3번 과정을 반복하여 MainMenuLayer.m파일도 생성하는데 이때 서브클래스 필드는 'CCLayer'로, 파일 이름은 'MainMenuLayer.m'으로 지정한다.

MainMenuScene.h 파일을 열고 그 내용을 리스트 7.6으로 바꾸자.

리스트 7.6 __MainMenuScene.h__

```objc
// MainMenuScene.h
// SpaceViking
//
#import <Foundation/Foundation.h>
#import "cocos2d.h"
#import "MainMenuLayer.h"

@interface MainMenuScene : CCScene {
    MainMenuLayer *mainMenuLayer;
}
@end
```

MainMenuScene은 단순히 MainMenuLayer 오브젝트를 싣는 컨테이너 클래스 역할만을 한다. 헤더 파일을 보면 알 수 있듯이 MainMenuLayer 클래스의 인스턴스 변수가 선언되어 있다.

이제 MainMenuScene.m 파일로 이동해서 그 내용을 리스트 7.7로 바꾸자.

리스트 7.7 __MainMenuScene.m__

```objc
// MainMenuScene.m
// SpaceViking
//
#import "MainMenuScene.h"
@implementation MainMenuScene
```

```objc
-(id)init {
    self = [super init];
    if (self != nil) {
        mainMenuLayer = [MainMenuLayer node];
        [self addChild:mainMenuLayer];
    }
    return self;
}
@end
```

MainMenuScene.m 파일은 단지 init 메소드 하나만 가지고 있다. init 메소드는
MainMenuLayer를 셋업한 다음 MainMenuLayer를 MainMenuScene에 자식으로 붙인
다. 즉, 모든 메뉴 버튼과 배경 이미지 및 애니메이션은 MainMenuLayer에 있게 된다.

MainMenuLayer 클래스

MainMenuLayer 클래스는 Main Menu 버튼, scene 선택, 배경 애니메이션(Ole가
우주를 떠다니는)이 모두 동작할 수 있도록 로직을 제공한다. 그러면 먼저 Main
MenuLayer.h 파일을 열고 그 내용을 리스트 7.8로 바꾸자.

리스트 7.8   **MainMenuLayer.h**

```objc
// MainMenuLayer.h
// SpaceViking
//
#import <Foundation/Foundation.h>
#import "cocos2d.h"
#import "Constants.h"
#import "GameManager.h"

@interface MainMenuLayer : CCLayer {
    CCMenu *mainMenu;
    CCMenu *sceneSelectMenu;
}
@end
```

헤더 파일을 보면 MainMenuLayer 클래스는 Main Menu와 scene 선택 메뉴를 소
화하기 위하여 두 개의 인스턴스 변수를 사용하는 것을 알 수 있다. 또한 Game

Manager.h를 import하여 `MainMenuLayer`가 `GameManager`를 직접 호출할 수 있도록 만들었다. 이제 implementation 파일을 보면 모든 내용을 알게 될 것이다. 리스트 7.9부터 7.13까지의 내용을 모두 MainMenuLayer.m 파일에 넣자. 리스트 7.9는 MainMenuLayer.m의 시작 부분이다.

리스트 7.9 MainMenuLayer.m (Part 1 : private 메소드)

```
// MainMenuLayer.m
// SpaceViking
//
#import "MainMenuLayer.h"
@interface MainMenuLayer()
-(void)displayMainMenu;
-(void)displaySceneSelection;
@end

@implementation MainMenuLayer
```

리스트 7.9에서 눈에 띄는 부분은 바로 implementation 파일에 들어간 `@interface` 섹션이다. `@interface` 섹션은 보통 헤더 파일에 있어야 한다고 생각하고 있다면, 제대로 생각하고 있는 것이다. 그러나 오브젝티브-C는 private 클래스 메소드를 지원하지 않기 때문에 private에 관한 명시적인 지시자가 없다. 즉, 헤더 파일에 선언된 모든 메소드는 public 메소드로 인식된다. 그래서 메소드 선언 부분을 implementation 파일(.m)에 넣는 것 – `@interface` 섹션을 `@implementation` 섹션 앞에 넣는 것 – 으로 메소드를 private처럼 동작시키는 것이다.

지금까지 작성한 대부분의 코드에서는 메소드를 호출하기 전에 호출하려는 메소드를 정의하였기 때문에 별도의 명시적인 메소드 선언을 하지 않았다. 그러나 만일 호출하려는 메소드가 정의되지 않은 상태에서 호출을 해야 하는 상황이 생긴다면 방금 전에 본 private 메소드 스타일로 미리 선언을 하는 것이 한 가지 방법이 된다. 가령 implementation 파일에서 `displayMainMenu` 메소드 정의 부분보다 `[self displayMainMenu]` 호출이 먼저 나타나는 경우가 이와 같은 예가 된다.

계속해서 Options Menu를 보여주고 관련 사이트를 열어주고, 첫 번째 scene을

플레이할 수 있도록 하는 `MainMenuLayer`의 호출 부분이 이어진다. 리스트 7.10의
내용을 `MainMenuLayer.m` 파일에 추가하자.

리스트 7.10 **MainMenuLayer.m (Part 2 : buyBook, showOptions, playScene 메소드)**

```
-(void)buyBook {
    [[GameManager sharedGameManager]
                              openSiteWithLinkType:kLinkTypeBookSite];
}


-(void)showOptions {
    CCLOG(@"Show the Options screen");
    [[GameManager sharedGameManager] runSceneWithID:kOptionsScene];
}


-(void)playScene:(CCMenuItemFont*)itemPassedIn {
    if ([itemPassedIn tag] == 1) {
        CCLOG(@"Tag 1 found, Scene 1");
        [[GameManager sharedGameManager] runSceneWithID:kGameLevel1];
    } else {
        CCLOG(@"Tag was: %d", [itemPassedIn tag]);
        CCLOG(@"Placeholder for next chapters");
    }
}
```

buyBook 메소드는 단순히 `GameManager`에서 선언했던 `openSiteWithLink` 메소드
를 호출하여 Space Viking을 종료시키고 `MobileSafari`를 실행시키는 일을 한다.
`showOptions` 메소드는 `GameManager`에게 `MainMenu` scene에서 Options scene으로
교체하도록 요청한다. 그러면 `GameManager`는 Options scene을 초기화한 다음 현재
실행 중인 `MainMenu` scene을 대체하도록 Options scene을 로드한다.

`playScene` 메소드는 `GameplayScene` 메소드를 실행시키는데, 이때 플레이어가
선택한 레벨에 맞는 scene이 실행되도록 한다. 리스트 7.10을 보면 첫 번째 레벨을
실행시키는 코드와 함께 나중에 추가할 레벨에 대한 부분도 미리 마련해놓은 것을
알 수 있다. `MainMenu` scene이 어떻게 `playScene`을 호출하는지 정확하게 알기 위해
서는 리스트 7.11, 7.12, 7.13을 읽어봐야 한다.

```objectivec
-(void)displayMainMenu {
    CGSize screenSize = [CCDirector sharedDirector].winSize;
    if (sceneSelectMenu != nil) {
        [sceneSelectMenu removeFromParentAndCleanup:YES];
    }
    // Main Menu
    CCMenuItemImage *playGameButton = [CCMenuItemImage
                            itemFromNormalImage:@"PlayGameButtonNormal.png"
                            selectedImage:@"PlayGameButtonSelected.png"
                            disabledImage:nil
                            target:self
                            selector:@selector(displaySceneSelection)];

    CCMenuItemImage *buyBookButton = [CCMenuItemImage
                            itemFromNormalImage:@"BuyBookButtonNormal.png"
                            selectedImage:@"BuyBookButtonSelected.png"
                            disabledImage:nil
                            target:self
                            selector:@selector(buyBook)];

    CCMenuItemImage *optionsButton = [CCMenuItemImage
                            itemFromNormalImage:@"OptionsButtonNormal.png"
                            selectedImage:@"OptionsButtonSelected.png"
                            disabledImage:nil
                            target:self
                            selector:@selector(showOptions)];

    mainMenu = [CCMenu
                menuWithItems:playGameButton,buyBookButton,optionsButton,nil];
    [mainMenu alignItemsVerticallyWithPadding: screenSize.height * 0.059f];
    [mainMenu setPosition: ccp(screenSize.width * 2, screenSize.height / 2)];

    id moveAction =
        [CCMoveTo actionWithDuration:1.2f
                    position:ccp(screenSize.width * 0.85f,
screenSize.height/2)];
    id moveEffect = [CCEaseIn actionWithAction:moveAction rate:1.0f];
    [mainMenu runAction:moveEffect];
    [self addChild:mainMenu z:0 tag:kMainMenuTagValue];
}
```

displayMainMenu 메소드는 Main Menu를 위한 CCMenuItem과 CCMenu를 생성시
키고 메뉴를 MainMenuLayer 자신에게 추가시킨다. 그리고 마지막에는 애니메이션

을 추가하여 메뉴 버튼들이 오른쪽에서 왼쪽으로 슬라이드하면서 나타나도록 한다.

여기에서 기억할 점은 CCMenu는 CCMenuItem들을 엮어놓은 묶음일 뿐 실제로는 메뉴 아이템들이 화면에 나타나는 버튼 및 텍스트 라벨 역할을 한다는 것이다. 그대신 모든 메뉴 아이템이 CCMenu에 실려있기 때문에 CCMenu는 아이템을 정렬시키거나 아이템의 위치를 지정할 수 있다. 기본적으로 모든 메뉴 아이템은 CCMenu의 가운데에 위치하게 된다. [mainMenu alignItemsVerticallyWithPadding:60.0f]; 줄을 통해 모든 CCMenuItem을 세로로 정렬시키면서 아이템 간 간격을 60 픽셀로 지정시킨다. 메뉴 아이템을 가로로 배치하는 경우에는 가로로 정렬시키는 메소드(horizontally)를 사용하면 된다.

이제 displaySceneSelection과 init 두 개의 메소드만이 남았다. 계속해서 리스트 7.12와 7.13의 내용을 MainMenuLayer.m 파일에 추가하자.

리스트 7.12 **MainMenuLayer.m(Part 4 : displaySceneSelection 메소드)**

```
-(void)displaySceneSelection {
    CGSize screenSize = [CCDirector sharedDirector].winSize;
    if (mainMenu != nil) {
        [mainMenu removeFromParentAndCleanup:YES];
    }


    CCLabelBMFont *playScene1Label =
                    [CCLabelBMFont labelWithString:@"Ole Awakes!"
                                        fntFile:@"VikingSpeechFont64.fnt"];
    CCMenuItemLabel *playScene1 =
                    [CCMenuItemLabel itemWithLabel:playScene1Label target:self
                                        selector:@selector(playScene:)];
    [playScene1 setTag:1];


    CCLabelBMFont *playScene2Label =
                    [CCLabelBMFont labelWithString:@"Dogs of Loki!"
                                        fntFile:@"VikingSpeechFont64.fnt"];
    CCMenuItemLabel *playScene2 =
                    [CCMenuItemLabel itemWithLabel:playScene2Label target:self
                                        selector:@selector(playScene:)];
    [playScene2 setTag:2];


    CCLabelBMFont *playScene3Label =
                    [CCLabelBMFont labelWithString:@"Mad Dreams of the Dead!"
                                        fntFile:@"VikingSpeechFont64.fnt"];
```

```objc
CCMenuItemLabel *playScene3 =
                [CCMenuItemLabel itemWithLabel:playScene3Label target:self
                                      selector:@selector(playScene:)];
[playScene3 setTag:3];

CCLabelBMFont *playScene4Label =
                [CCLabelBMFont labelWithString:@"Descent Into Hades!"
                                       fntFile:@"VikingSpeechFont64.fnt"];
CCMenuItemLabel *playScene4 =
                [CCMenuItemLabel itemWithLabel:playScene4Label target:self
                                      selector:@selector(playScene:)];
[playScene4 setTag:4];

CCLabelBMFont *playScene5Label =
                [CCLabelBMFont labelWithString:@"Escape!"
                                       fntFile:@"VikingSpeechFont64.fnt"];
CCMenuItemLabel *playScene5 =
                [CCMenuItemLabel itemWithLabel:playScene5Label target:self
                                      selector:@selector(playScene:)];
[playScene5 setTag:5];

CCLabelBMFont *backButtonLabel =
                [CCLabelBMFont labelWithString:@"Back"
                                       fntFile:@"VikingSpeechFont64.fnt"];
CCMenuItemLabel *backButton =
                [CCMenuItemLabel itemWithLabel:backButtonLabel target:self
                                      selector:@selector(displayMainMenu)];

sceneSelectMenu =
    [CCMenu menuWithItems:playScene1,playScene2,playScene3,playScene4,
                          playScene5,backButton,nil];
[sceneSelectMenu alignItemsVerticallyWithPadding:screenSize.height * 0.059f];
[sceneSelectMenu setPosition:ccp(screenSize.width * 2, screenSize.height / 2)];

id moveAction = [CCMoveTo actionWithDuration:0.5f
                                    position:ccp(screenSize.width * 0.75f,
                                                 screenSize.height/2)];
id moveEffect = [CCEaseIn actionWithAction:moveAction rate:1.0f];
[sceneSelectMenu runAction:moveEffect];
[self addChild:sceneSelectMenu z:1 tag:kSceneMenuTagValue];
}
```

displaySceneSelection 메소드의 시작 부분에는 mainMenu가 초기화되었는지를
확인하고(당연히 초기화 되었을 것이다) mainMenu를 layer에서 빼낸다.

이어지는 몇 줄은 레벨 선택 화면에서 사용할 레벨 이름을 만든다. Space Viking에 서는 무료 서체인 Vinland를 사용하는데, 이번 챕터의 [resource] 폴더에서 이 서체에 대한 서체 정보 및 비트맵 텍스처 파일을 확인할 수 있을 것이다. 제공되는 Vinland 서 체는 크기가 64이며 빨간색이다. 그래서 `playScene1Label`은 제공되는 서체 파일을 사용하여 "Ole Awakes!"라는 size 64의 비트맵 서체 라벨을 생성한다. 라벨을 생성하 는 코드는 앞 챕터에서 `EnemyRobot`을 디버깅하기 위해 제작한 디버깅용 서체를 생성 하는 코드와 동일하다. 이렇게 비트맵 서체 라벨(`playScene1Label`)을 만든 다음에는 `playScene1Label`을 `CCMenuItemLabel`에 추가한다. `CCMenuItemLabel`은 `playScene` 메소드를 셀렉터(selector)로 가지고 있다.

다음 줄은 지금 처리하고 있는 `CCMenuItemLabel`에 대한 태그값을 지정하기 때문 에 중요하다. 태그값 1은 첫 번째 scene을, 2는 두 번째 scene을 의미하며 나머지 scene도 이와 같은 방식으로 지정된다. 이렇게 만들어진 scene들을 `CCMenu`에 넣는 것으로 `CCMenu`의 초기화가 끝난다. 리스트 7.13은 `init` 메소드를 보여준다.

리스트 7.13 <u>MainMenuLayer.m (Part 5 : init 메소드)</u>

```objc
-(id)init {
    self = [super init];
    if (self != nil) {
        CGSize screenSize = [CCDirector sharedDirector].winSize;

        CCSprite *background =
                        [CCSprite spriteWithFile:@"MainMenuBackground.png"];
        [background setPosition:ccp(screenSize.width/2, screenSize.height/2)];

        [self addChild:background];
        [self displayMainMenu];

        CCSprite *viking = [CCSprite spriteWithFile:@"VikingFloating.png"];
        [viking setPosition:ccp(screenSize.width * 0.35f, screenSize.height *
0.45f)];
        [self addChild:viking];

        id rotateAction =
            [CCEaseElasticInOut actionWithAction:
                        [CCRotateBy actionWithDuration:5.5f angle:360]];
```

```objc
        id scaleUp = [CCScaleTo actionWithDuration:2.0f scale:1.5f];
        id scaleDown = [CCScaleTo actionWithDuration:2.0f scale:0.5f];

        [viking runAction:
            [CCRepeatForever actionWithAction:
                            [CCSequence actions:scaleUp,scaleDown,nil]]];

        [viking runAction:
            [CCRepeatForever actionWithAction:rotateAction]];
    }
    return self;
}
@end
```

먼저 눈여겨볼 곳은 `[self displayMainMenu]`로, 이 문장이 실행되어야 비로소
Main Menu 버튼이 생성되고 화면에 나타나게 된다. 이후의 코드는 바이킹이 우주
공간에 떠다니는 모습을 표현한 것으로, 바이킹 스프라이트를 생성하고 몇 가지 반
복되는 액션을 추가한다. 이전 챕터에서 우주 화물선에 적용한 컴파운드 액션 또는
중첩된 액션을 기억할 것이다. 여기에서도 `CCNode`를 보면, `CCSprite`를 포함하면서
동시에 하나 이상의 액션을 수행한다. 즉, 떠다니는 바이킹을 구현하기 위하여 먼저
`CCSequence` 액션을 통해 바이킹이 커졌다 작아졌다를 반복하도록 하는 동시에
`CCRotateBy` 액션을 통해 바이킹을 회전시켰다.

▶▶▶ 나머지 Menu와 GameplayLayer

`Intro`, `Credits`, `LevelComplete`, `Options` 메뉴는 각각의 자체 `CCScene`과
`CCLayer` 클래스를 이용하여 `MainMenu`와 동일하게 만들 수 있다. `Credits` 메뉴는
Space Viking 게임을 제작하는 데 도움을 준 세 명의 링크로만 구성되어 있으며,
`LevelComplete`와 `Intro`는 두 가지를 제외하면 깊이 설명할 내용은 없다. 이 세 가
지 scene을 추가하기 위해서는 `GameplayLayer.m`을 조금 수정하여 `GameManager`를
호출하고 `LevelComplete` scene으로 이동할 수 있도록 해야 한다.

Intro, LevelComplete, Credits, Options scene과 Layer Import

나머지 메뉴 scene과 layer는 앞에서 만든 MainMenu와 거의 동일하다. 반복되는 타이핑을 피하기 위해 이 클래스들을 [resource] 폴더에서 직접 가져오도록 하자.

먼저, 다운받은 이번 챕터의 [resource] 폴더로 이동한 다음 아래와 같은 순서로 진행한다.

1. IntroScene.h, IntroScene.m, IntroLayer.h, IntroLayer.m 파일을 Xcode 의 [Scenes]-[Intro]로 드래그한다.

2. LevelCompleteScene.h, LevelCompleteScene.m, LevelCompleteLayer.h, LevelCompleteLayer.m 파일을 [Scenes]-[LevelComplete] 폴더로 드래그 한다.

3. CreditsScene.h, CreditsScene.m, CreditsLayer.h, CreditsLayer.m 파일을 [Scenes] – [Credits] 폴더로 드래그한다.

4. OptionsScene.h, OptionsScene.m, OptionsLayer.h, OptionsLayer.m 파일을 [Scenes]-[Options] 폴더로 드래그한다.

이렇게 하고 나면 SpaceViking 프로젝트는 그림 7.4처럼 구성될 것이다. 이제 각 클래스의 코드를 훑어보기 바란다. 지금까지 이 책을 잘 읽어왔다면 이 코드들을 이해하는 것이 어렵지 않을 것이다.

⌘-B를 눌러 SpaceViking 프로젝트를 컴파일시켜보면 더 이상 에러가 발생하지 않을 것이다. 만일 여전히 컴파일 에러가 발생한다면 모든 파일이 제대로 import되었는지 확인하기 바란다.

다음은 새로 추가한 scene을 사용할 수 있도록 GameplayLayer와 SpaceVikingAppDelegate를 수정할 차례이다.

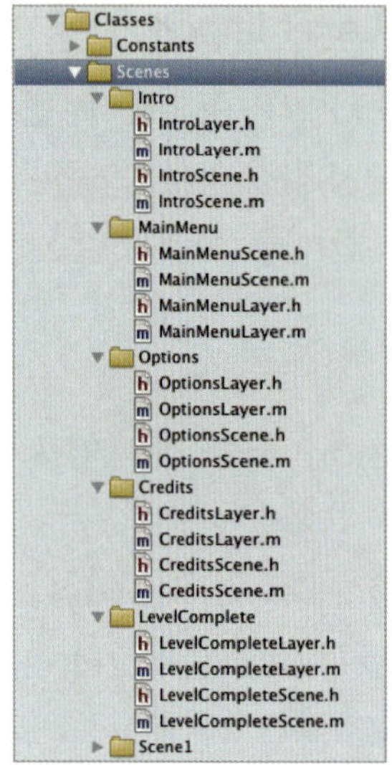

| 그림 7.4 | 모든 메뉴 클래스가 추가되고 난 후의 SpaceViking 프로젝트

GameplayLayer

새로운 `GameManager` 클래스를 지원하고 `Viking`이나 `RadarDish`가 죽으면 `LevelComplete scene`으로 이동하도록 `GameplayLayer` 클래스를 조금 수정해야 한다. 지금까지의 `GameplayLayer`는 `Viking`이 죽거나 `RadarDish`가 파괴되어도 더 이상의 변화가 없었다. Scene을 이동하도록 하기 위해 먼저 GameplayLayer.h 파일을 열어야 한다.

그리고는 import 섹션에 아래의 코드를 추가하여 GameManager.h 파일을 추가로 import 시킨다.

```
#import "GameManager.h"
```

위 import 구문을 통해 `GameplayLayer`는 `GameManager` 싱글톤을 사용할 수 있게 되며, 이제 Gameplay에서 Level Complete로 이동할 수 있게 된다.

GameplayLayer.m 파일을 열고 리스트 7.14의 코드를 `update:(ccTime)` `deltaTime` 메소드에 추가하면 `Viking`이 죽거나 `RadarDish`가 파괴될 때 Game

Manager 싱글톤을 호출할 수 있게 된다.


```objc
-(void) update:(ccTime)deltaTime
{
    // ...(See source for previous lines)
    // Chapter 7 추가 코드
    // 바이킹이 죽었는지 확인
    GameCharacter *tempChar = (GameCharacter*)
                                    [sceneSpriteBatchNode
                                        getChildByTag:kVikingSpriteTagValue];
    if ((([tempChar characterState] == kStateDead) &&
        ([tempChar numberOfRunningActions] == 0))
    {
        [[GameManager sharedGameManager] setHasPlayerDied:YES];
        [[GameManager sharedGameManager] runSceneWithID:kLevelCompleteScene];
    }


    // RadarDish가 죽었는지 확인
    tempChar = (GameCharacter*)[sceneSpriteBatchNode
                                    getChildByTag:kRadarDishTagValue];
    if ((([tempChar characterState] == kStateDead) &&
        ([tempChar numberOfRunningActions] == 0))
    {
        [[GameManager sharedGameManager] runSceneWithID:kLevelCompleteScene];
    }
}
```

리스트 7.14가 길고 복잡해 보이는 이유는 CCSpriteBatchNode 클래스의 인스턴스인 sceneSpriteBatchNode에 매달린 Viking과 RadarDish에 직접 접근할 수가 없기 때문이다. 그래서 GameplayLayer는 Viking과 RadarDish를 생성할 때 지정했던 태그값을 사용하여 각각의 오브젝트를 sceneSpriteBatchNode로부터 가져오게 된다.

먼저 Viking의 상태가 dead이면서 현재 액션을 수행하는 것이 없는지를 확인한다. Viking이 죽었는데 무슨 애니메이션인가 생각할 수도 있겠지만 Viking이 죽으면 Viking이 연기로 변하면서 헬멧만 남아 땅에 떨어지는 애니메이션이 동작한다. 그렇기 때문에 Viking의 death 애니메이션이 끝나기 전에 LevelComplete 화면으로 넘어갈 수가 없다.

다음으로 RadarDish가 dead 상태이고 부서지는 애니메이션이 끝났는지 확인한다.

Viking이나 RadarDish가 죽으면 GameManager가 호출되어 GameScene을 LevelCompletescene으로 바꾸게 된다.

여러분이 직접 개발하는 게임에서도 이와 같은 로직을 사용하여 게임 오버나 레벨 통과 등의 scene을 구현할 수 있을 것이다.

SpaceVikingAppDelegate 수정

마지막으로 GameManager를 지원하기 위하여 SpaceVikingAppDelegate를 수정해야 한다.

SpaceVikingAppDelegate.m 파일을 열고 GameManager 클래스를 import하는 구문을 추가한다.

```
#import "GameManager.h"
```

다음으로 applicationDidFinishLaunching 메소드로 가서 runWithScene 호출 문장을 아래와 같이 바꾼다.

```
[[GameManager sharedGameManager] runSceneWithID:kMainMenuScene];
```

그리고 더이상 Application Delegate에서 직접 사용할 일이 없는 HelloWorldScene 과 GameScene을 import하는 구문은 이제 지워도 된다.

이제 [Run]을 클릭하여 SpaceViking 프로젝트를 실행시켜 보자. 메인 메뉴가 나타나면서 Viking이 회전하는 모습과 로고를 확인할 수 있을 것이다. 그리고 첫 번째 레벨을 플레이 하면서 RadarDish를 부수거나 Ole가 죽으면 LevelComplete 화면이 나타날 것이다. LevelComplete 화면에서 아무데나 터치하면 다시 MainMenu로 이동하게 된다.

심화 학습: IntroLayer와 LevelComplete 클래스

IntroLayer 클래스는 단순히 메뉴만을 보여주는 다른 클래스와 달리 몇 가지 특별한 기능을 가지고 있다. IntroLayer는 게임 플레이 전에 이미지로 구성된 몇 장의 페이지를 보여주며, LevelComplete 클래스는 Ole가 게임을 클리어했는지 아니면 실패하여 죽었는지에 따라 각기 다른 이미지를 보여준다.

IntroLayer 클래스의 init 메소드를 살펴보면 다음과 같은 문장을 확인할 수 있을 것이다.

```
self.isTouchEnabled = YES;
```

이 줄은 Cococs2D로 하여금 IntroLayer에서 터치 이벤트를 받을 수 있도록 활성화시킨다. IntroLayer에서는 인트로 애니메이션이 진행되는 동안 플레이어가 인트로 화면을 건너뛰기 위해 화면을 터치하는지만 신경쓰면 된다. Cocos2D는 이제 IntroLayer가 터치 이벤트를 받을 수 있다는 것을 알기 때문에 터치 이벤트가 일어났을 때 처리하는 코드를 만들어주어야 한다.

```
-(void)ccTouchesBegan:(NSSet *)touches withEvent:(UIEvent *)event {
    CCLOG(@"Touches received, skipping intro");
    [self startGamePlay];
}
```

startGamePlay 메소드가 하는 일은 [[GameManager sharedGameManager] runSceneWithID:kGameLevel1];이 전부다. 그리고 터치 이벤트 없이 인트로 애니메이션이 끝나면 CCCallFunc 액션이 startGamePlay 메소드를 호출한다. 그래서 만일 IntroLayer의 로직을 쭈욱 따라가보았다면 IntroLayer가 단순히 인트로 애니메이션을 플레이시킨 다음 애니메이션이 끝나거나 터치 이벤트가 일어나면 startGamePlay 메소드를 호출시켜 GameManager가 intro scene을 끝내고 GamePlayScene으로 바꾼다는 사실을 알았을 것이다.

사용자가 화면을 터치한 채로 손가락을 움직이거나 혹은 손가락을 화면에서 떼는 이벤트를 잡고 싶은 경우에는 `ccTouchesMoved`, `ccTouchesEnded`, `ccTouches Cancelled` 메소드를 layer에 추가하면 된다. 마지막으로 `IntroScene.h`, `IntroScene.m`, `IntroLayer.h`, `IntroLayer.m` 파일을 SpaceViking 프로젝트의 [Intro] 그룹에 복사하는 것도 잊지 말자.

LevelCompleteLayer 클래스

`LevelCompleteLayer` 클래스는 `IntroLayer`와 비슷하게 구성된다. 그리고 `LevelCompleteLayer` 역시 터치 이벤트에 반응하여 `GameManager`에 `LavelComplete` scene에서 `MainMenu` scene으로 바꿔주도록 요청한다. 앞에서도 언급했지만, 한 시점에 하나의 scene만을 보여주도록 하는 기능이 `GameManager` 싱글톤을 이용하는 장점 중 하나이다. 게임에서 일어나는 일을 저장할 수 있는 원 포인트 저장소 역할을 한다는 것도 싱글톤의 또 다른 장점이다. 다시 말하자면 원 포인트 저장소, 즉 싱글톤이 Viking의 점수나 마지막 레벨의 상황, 혹은 각 레벨에서 발생한 다양한 데이터를 보관할 수 있는 장소가 될 수 있다는 것이다. 리스트 7.2를 보면 `GameManager.h`의 내용을 셋업할 때 인스턴스 변수 `hasPlayerDied`도 셋업한 것을 알 수 있다. 그리고 이 변수를 `LevelCompleteLayer`가 사용하는 것을 리스트 7.15에서 볼 수 있다.

리스트 7.15 LevelCompleteLayer.m에서 인스턴스 변수 hasPlayerDied가 사용된 부분

```
BOOL didPlayerDie = [[GameManager sharedGameManager] hasPlayerDied];
    CCSprite *background = nil;
    if (didPlayerDie) {
        background = [CCSprite spriteWithFile:@"LevelCompleteDead.png"];
    } else {
        background = [CCSprite spriteWithFile:@"LevelCompleteAlive.png"];
    }
```

GameManager의 인스턴스 변수 `hasPlayerDied`값을 통해 Viking이 죽은 것으로 판단되면 `LevelCompleteDead` 이미지를 배경 이미지로 사용하며, 그렇지 않은 경우에는 `LevelCompleteAlive` 이미지가 배경 이미지로 사용된다. 그림 7.5는 두 이미

지를 보여준다.

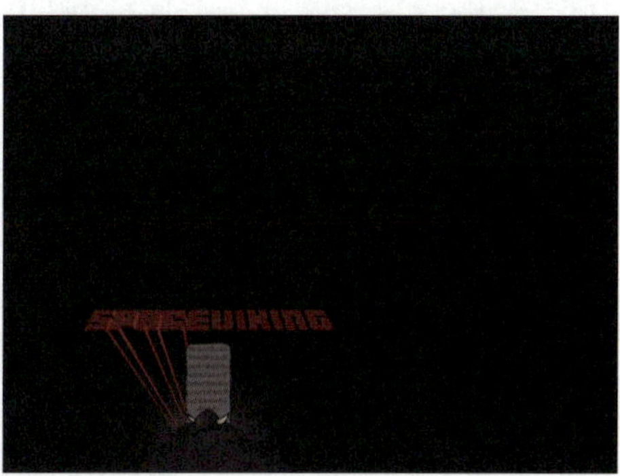

| 그림 7.5 | Viking이 살았을 때/ 죽었을 때의 LevelComplete 배경 이미지

이와 같이 싱글톤 패턴을 사용하면 게임 내 모든 클래스가 접근할 수 있는 게임 데이터 저장소를 구현할 수 있다. 그래서 만일 플레이어의 게임 진행도 및 이전 레벨에서 게임을 어떻게 진행했는지에 따라 다른 게임 레벨을 보여주고자 한다면 싱글톤을 사용하여 구현하면 된다.

> **Note** CreditsScene과 Layer에 대한 클래스는 이 책에서 다루지 않는다. 왜냐하면 MainMenu에서 사용한 Cocos2D 오브젝트를 그대로 사용할 뿐만 아니라 클래스 로직도 비슷하기 때문이다.

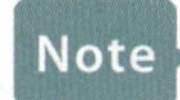 ## 정리

이번 챕터에서는 CCMenu와 CCMenuItem 클래스에 대해 알아보고, 어떻게 이것들을 묶어 Space Viking 메뉴로 나타내는 방법에 대해 설명했다. 그리고 정말 중요한 클래스이기도 한 GameManager라는 싱글톤을 통해 싱글톤을 만드는 방법과 게임에서 사용/ 활용하는 방법에 대해서도 설명하였다. 싱글톤을 만들고 게임 내 여러 scene과 연결하는 방법은 여러분이 게임을 개발할 때 많이 활용될 것이며, 그때마다 이 책을 참조하기 바란다. 다음 챕터에서는 Space Viking에 음악과 사운드를 넣을 것이다. 볼륨을 높일 준비가 되었다면 다음 챕터로 넘어가자.

연습문제

1. LevelComplete scene에서 Ole가 얼마나 많은 EnemyRobot을 처리했는지를 보여줄 수 있도록 카운터를 하나 추가하자.

   Hint GameManager에 변수를 하나 만들고 GameplayLayer와 LevelCompleteLayer에서 사용하면 된다.

2. Ole가 RadarDish를 부수고 나면 화면에 'Level Cleared'라는 메시지가 나타나도록 라벨을 하나 추가하자.

   Hint 게임이 시작될 때 나타나는 CCLabelTTF를 자세히 읽어보자. 이 코드를 활용할 수 있겠는가?

볼륨을 높여라!

앞 챕터에서 우리는 메뉴를 만들고 그 메뉴와 각 scene을 연결하는 방법에 대해 알아보았다. 이제 gameplay로 돌아가 Space Viking에 음악과 사운드 효과를 넣을 시간이다. 이번 챕터에서는 Cococs2D에서 제공하는 오디오 엔진을 사용하는 방법과 오디오를 게임에 추가하는 방법에 대해 설명한다. 이번 챕터를 읽으면서 Viking이 어떤 소리를 내며, 이 외계 행성의 고요함을 깨뜨리는 소리는 무엇인지 확인해보자.

▶▶ CocosDenshion 소개

Apple은 iOS 장치에서 오디오를 플레이할 수 있도록 두 가지 훌륭한 프레임워크를 제공하는데, 바로 `AVAudioPlayer`와 OpenAL이다. `AVAudioPlayer`는 쉽고 빠르게 오디오를 플레이할 수 있지만 제한된 오디오 컨트롤을 제공하며, OpenAL은 낮은 레벨의 API를 통해 좀 더 많은 기능을 제공한다.

Cocos2D는 번들로 제공되는 사운드 엔진인 CocosDenshion을 통해 두 프레임워크를 쉽게 사용할 수 있도록 한다. CocosDenshion은 스티브 올드매도우가 제작하였으며, 초기 Cocos2D부터 포함되었다. CocosDenshion은 최근 `SimpleAudioEngine`이라는 더 단순화시킨 API를 포함시켰는데, 이번 챕터에서 이 API를 사용할 것이다. CocosDenshion은 `AVAudioPlayer`와 OpenAL의 성능을 더욱 끌어올렸기 때문에 여러분은 굳이 낮은 레벨의 사운드 API를 사용하지 않아도 된다.

다른 Cocos2D의 소스 코드와 마찬가지로 CocosDenshion 코드 역시 Cocos2D와 함께 제공되기 때문에, 여러분도 직접 CocosDenshion 코드를 읽어볼 수 있다. Cocos2D의 모든 클래스 이름에 CC가 들어가는 것처럼 CocosDenshion에서는 모든 클래스 이름 앞에 CD가 붙지만, `SimpleAudioEngine`은 앞에 CD가 붙지 않는다.

CocosDenshion에는 몇 가지 훌륭한 예제도 포함되어 있는데, 그 중에는 레이 웬더리치와 스티브 올드매도우가 개발한 "Tom the Turret" 게임도 있다. Space Viking 코드에는 Tom the Turret 샘플 코드의 대부분이 인용되어 있다.

▶▶▶ 오디오 파일 설정

본격적인 오디오 코딩에 앞서 오디오 파일을 프로젝트에 추가해야 한다. 이번 섹션에서는 오디오 파일 이름으로 구성된 #define 문장이 여러 개 들어가는데, 이는 앞에서 다른 파일을 추가할 때와 동일한 방식으로 구현된다.

오디오 파일 추가

배경 음악과 사운드 효과를 Space Viking에 추가하기 위해서 SpaceViking 프로젝트에 Sounds 폴더를 생성할 것이다. 이번 챕터의 [resources] 파일에 있는 [Sounds] 폴더를 클릭한 채로 [SpaceViking] 프로젝트에 드래그한 다음 복사 메뉴를 선택하자. 그러면 그림 8.1과 같이 폴더가 구성될 것이다.

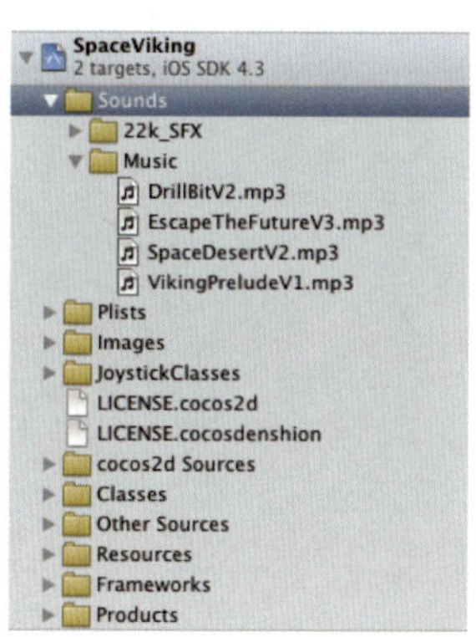

| 그림 8.1 | SpaceViking 프로젝트에 Sounds 폴더를 추가한 모습

[Sounds] 폴더를 프로젝트에 추가하지 않거나 'copy items to destination folder'를 선택하지 않으면 오디오 파일은 프로젝트에 복사되지 않을 것이다. 프로젝트에 오디오 파일이 없는 상태에서는 너무 적막해서 우울하기까지 한 Space Viking과 Ole를 보게 될 것이다.

오디오 상수

SimpleAudioEngine은 파일 이름으로 오디오를 구별한다. 파일 이름이 여기저기 흩어지는 것을 막기 위해 SoundEffects.plist 파일에 사용하는 모든 오디오 파일 이름을 저장할 것이다. 이렇게 plist 파일로 사운드 효과 파일들을 관리하면 plist 파일을 수정하는 것만으로 오디오 파일을 쉽게 바꿀 수 있다. 아울러 Space Viking에서는 네 가지 종류의 배경 음악을 사용하는데, 이 파일 이름은 모두 Constants.h 파일에 #define으로 정의될 것이다.

Constants.h 파일을 열고 코드 8.1의 내용을 추가하자. 오디오 파일 이름은 #define 구문으로 셋입되어 오디오 파일을 바꾸더라도 코드 본문을 모두 고치는 수고를 덜도록 하였다. #define 시리즈를 모두 타이핑하지 않아도 된다. 이번 챕터의 [resource] 폴더에 AddtionsToConstantsHeaderFile.rtf에 모든 내용이 들어있다.

리스트 8.1 **Constants.h에 추가할 오디오 파일 이름에 대한 #define 코드**

```
// 오디오 아이템
#define AUDIO_MAX_WAITTIME 150

typedef enum {
    kAudioManagerUninitialized=0,
    kAudioManagerFailed=1,
    kAudioManagerInitializing=2,
    kAudioManagerInitialized=100,
    kAudioManagerLoading=200,
    kAudioManagerReady=300

} GameManagerSoundState;

// 오디오 상수
#define SFX_NOTLOADED NO
#define SFX_LOADED YES

#define PLAYSOUNDEFFECT(...) \
```

```objc
[[GameManager sharedGameManager] playSoundEffect:@#__VA_ARGS__]

#define STOPSOUNDEFFECT(...) \
[[GameManager sharedGameManager] stopSoundEffect:__VA_ARGS__]

// 배경 음악
// Menu Scenes
#define BACKGROUND_TRACK_MAIN_MENU @"VikingPreludeV1.mp3"

// GameLevel1 (Ole Awakens)
#define BACKGROUND_TRACK_OLE_AWAKES @"SpaceDesertV2.mp3"

// Physics Puzzle Level
#define BACKGROUND_TRACK_PUZZLE @"VikingPreludeV1.mp3"

// Physics MineCart Level
#define BACKGROUND_TRACK_MINECART @"DrillBitV2.mp3"

// Physics Escape Level
#define BACKGROUND_TRACK_ESCAPE @"EscapeTheFutureV3.mp3"
```

이제 `#define`과 `typedef enum` 선언은 익숙해졌을 것이다. `GameManagerSoundState` 타입을 정의해 놓음으로써 오디오 엔진이 현재 어떤 상태인지를 쉽게 추적할 수 있게 된다. 이 enumeration을 보면 항목별로 일일이 그 값을 정의해놓은 것을 볼 수 있다. 상태값 중 "initialized" 이전 항목들은 모두 100미만의 값을 갖는 것에 주의하기 바란다. 이렇게 해 놓음으로써 나중에 사운드 엔진이 아직도 초기화 중인지 아니면 오디오를 로딩하는 중인지를 구분할 수 있게 된다. `#define` 구문은 배경 음악 파일 이름에 대한 레퍼런스를 제공한다.

`#define PLAYSOUNDEFFECT (...)` 매크로는 `GameManager`의 `playSoundEffect` 메소드를 호출하는 문장으로 바꾸어준다. Space Viking에서는 CocosDenshion 엔진을 구동시켜 사운드 효과음 재생을 시작하거나 끝내기 위해 `GameManager`를 사용한다. 이 매크로는 단순히 `[[GameManager sharedGameManager] playSoundEffect:SFX_NAME]` 문장을 줄이는, 즉 타이핑을 줄여주는 역할을 한다.

마찬가지로 `STOPSOUNDEFFECT(...)` 매크로 역시 `GameManager`의 `stopSoundEffect` 메소드의 단축형으로, 플레이를 멈추고자 하는 `ALuint` 타입의 오디오 이펙트 id를 받는다. 오디오 이펙트 id에 대해서는 이번 챕터에서 별도로 설명할 것이다.

파일 이름 목록이 클 경우, 많은 수의 #define 문장 대신 앞에서와 마찬가지로 plist 파일을 만들어 파일 이름을 관리할 수도 있다. 이를 위해 GameManager에 scene이 바뀔 때마다 사운드 효과 파일을 로드/언로드시켜주는 메소드를 추가하면 된다.

더 진행하기 전에 먼저 [resources] 폴더에 있는 SoundEffect.plist 파일을 Xcode 프로젝트에 추가한다. 그림 8.2는 SoundEffects.plist 파일의 내용을 보여준다.

Key	Type	Value
▶ kCreditsScene	Diction...	(1 item)
▶ kCutSceneForLevel2	Diction...	(0 items)
▼ kGameLevel1	Diction...	(50 items)
ENEMYROBOT_DAMAGE	String	22k_enemy_robot_taking_damageV1.wav
ENEMYROBOT_DYING	String	22k_enemy_robot_dyingV1.wav
ENEMYROBOT_MUMBLE_1	String	22k_enemy_mumbleV1.wav
ENEMYROBOT_MUMBLE_2	String	22k_enemy_mumbleV2.wav
ENEMYROBOT_PHASERFIRE_1	String	22k_enemy_phaser_fireV1.wav
ENEMYROBOT_PHASERFIRE_2	String	22k_enemy_phaser_fireV2.wav
ENEMYROBOT_TELEPORT	String	22k_enemy_teleportV1.wav
ENEMYROBOT_WALKING_1	String	22k_enemy_walkingV1.wav
ENEMYROBOT_WALKING_2	String	22k_enemy_walkingV2.wav
SPACECARGOSHIP_CLOSE_1	String	22k_cargo_space_freighter_closeV1.wav
SPACECARGOSHIP_CLOSE_2	String	22k_cargo_space_freighter_closeV2.wav
SPACECARGOSHIP_CLOSE_3	String	22k_cargo_space_freighter_closeV3.wav
SPACECARGOSHIP_FAR	String	22k_cargo_space_freighter_farV1.wav
VIKING_CROUCHING_1	String	22k_viking_crouchingV1.wav
VIKING_CROUCHING_2	String	22k_viking_crouchingV2.wav
VIKING_CROUCHING_3	String	22k_viking_crouchingV3.wav
VIKING_CROUCHING_4	String	22k_viking_crouchingV4.wav
VIKING_CURSING_1	String	22k_viking_cursingV1.wav
VIKING_CURSING_2	String	22k_viking_cursingV2.wav
VIKING_DYING_1	String	22k_viking_dyingV1.wav
VIKING_DYING_2	String	22k_viking_dyingV2.wav

| 그림 8.2 | SpaceViking 프로젝트에 추가하는 SoundEffect.plist

Warning 반드시 SoundEffect.plist 파일을 Xcode 프로젝트에 복사해야 한다. 그렇지 않으면 이번 챕터 끝까지 Space Viking은 동작하지 않게 될 것이다.

SoundEffect.plist 파일을 사용하는 코드는 GameManager에 들어가게 된다. 이 코드를 더 알아보기 전에 먼저 오디오 파일이 CocosDenshion에 로드되는 두 가지 방식에 대해 이해해야 한다.

오디오 로딩 방식: Synchronous vs Asynchronous

보통 음악/사운드 파일은 게임에 있어 이미지에 이어 두 번째로 용량이 큰 아이템이다. 그래서 사운드 파일을 메모리에 로드할 때 제법 시간이 걸리기 때문에 사운드 파일을 로드하는 동안 게임이 반응하지 못하는 상황을 막는 것도 큰 고민 거리 중 하나이다. 다행히 사운드를 백그라운드에서 asynchronous하게 로드할 수 있도록 `NSOperationQueue`가 도와준다. 이번 챕터에서는 오디오를 로드하는 두 가지 방법을 모두 다루는데, 먼저 간단한 방식인 synchronous 방법을 설명하고 별도의 스레드로 동작하는 asynchronous 로더를 만드는 방법에 대해 설명할 것이다.

Synchronous 방식

SimpleAudioEngine을 import하기 위해 Gameplay.h 파일을 열고 다음을 추가한다.

```
#import "SimpleAudioEngine.h"
```

@interface 섹션에는 아래와 같이 인스턴스 변수 하나를 선언한다.

```
SimpleAudioEngine *soundEngine;
```

CocosDenshion은 Cocos2D에 포함되어 있기 때문에 별도의 작업 없이 `Simple AudioEngine`만 import하면 된다.

다음으로 GameplayLayer에 사운드 초기화를 위한 메소드를 만들어야 하는데, GameplayLayer.m 파일에 `loadAudio` 메소드를 `init` 메소드 위에 만들어준다. 메소드 코드는 리스트 8.2에 실려있다.

리스트 8.2 **GameplayLayer.m 파일의 loadAudio 메소드**

```
-(void)loadAudio {
    // Synchronous하게 사운드 로딩
    [CDSoundEngine setMixerSampleRate:CD_SAMPLE_RATE_MID];                    // 1
```

```
    [[CDAudioManager sharedManager] setResignBehavior:kAMRBStopPlay
                                autoHandle:YES];                    // 2

    soundEngine = [SimpleAudioEngine sharedEngine];                 // 3

    // 4
    [soundEngine
        preloadBackgroundMusic:BACKGROUND_TRACK_OLE_AWAKES];

    // 5
    [soundEngine playBackgroundMusic:BACKGROUND_TRACK_OLE_AWAKES];
}
```

loadAudio 메소드는 매우 간단하다. Synchronous하게 음악을 로드하고 나면 바로 음악을 플레이한다. 다음은 리스트 8.2에 대한 설명이다.

1. Cocos Denshion SoundEngine을 위한 오디오 샘플링 비율을 설정한다. iPhone, iPad의 오디오 하드웨어는 모든 오디오가 동일한 샘플링 비율로 설정되었을 때 가장 좋은 성능을 보인다. 그래서 Space Viking에서는 모든 오디오의 샘플링 비율을 중간 정도에 해당하는 22,050Hz로 지정하였다. 물론 여러분의 게임에서는 메모리 공간을 적게 차지하도록 더 낮은 비율의 샘플링값을 사용할 수도 있을 것이다. 샘플링값은 게임에서 사용하는 사운드 타입에 따라 결정된다.

   Xcode에는 afconvert라는 편리한 샘플링 변환 유틸리티가 포함되어 있는데, 터미널 창에서 afconver -h 를 입력하면 다양한 옵션을 볼 수 있다. 오디오 변환 및 iOS에서의 오디오 재생에 대한 더 자세한 정보는 http://developer.apple.com/library/ios/#codinghowtos/AudioAndVideo/에서 확인할 수 있다.

2. CocosDenshion의 AudioManager는 플레이어 화면 잠금 같은 이벤트를 자동으로 처리하도록 구현되어 있다. 그래서 애플리케이션이 iOS로부터 Resign Active 이벤트를 받게 되면 오디오 재생을 멈춘다. 이 코드를 여기가 아니라 게임이 일시 정지하거나 백그라운드로 가는 시점에 넣어도 된다.

3. Simple Audio 엔진에 대한 레퍼런스를 획득하여 오디오를 로드하고 재생할 수

있도록 한다.

4. 배경 음악을 미리 로드한다. 이 메소드는 mp3 파일을 버퍼에 로드한 다음 재생할 준비를 마친다. 즉, 이 메소드를 호출한다고 해서 사운드가 재생되는 것은 아니며 메모리에 로드하여 재생할 준비를 끝낸다.

5. 배경 음악 재생을 시작한다. 이 메소드에는 배경 음악 재생 반복에 대한 옵션도 포함하고 있는데, 기본적으로 CocosDenshion은 배경 음악을 무한 반복시킨다.

이제 `loadAudio` 메소드를 호출하는 문장을 GameplayLayer.m의 `init` 메소드에 추가한다.

```
[self loadAudio];
```

Xcode에서 [Run]을 클릭하여 게임을 실행시킨 다음 Ole Awaken 레벨을 선택하면 배경 음악이 연주되는 것을 확인할 수 있을 것이다. 만일 iPad에서 실행시킨다면 선택한 레벨이 시작되기 전에 1~2초 간 잠깐 멈칫하는 것을 느낄 수 있을 텐데, 이것이 음악을 백그라운드 스레드를 사용하지 않고 synchronous하게 로드하면서 일어나는 현상이다.

Asynchronous 로딩으로 넘어가기 전에 한 가지 더 짚어야 할 부분이 있는데, 바로 사운드 효과를 재생시키는 것이다. 레벨을 시작할 때 Ole가 현재 자신의 상태에 대한 분노로 저주의 말을 남기는 것을 구현시켜 보자. 오랜 잠에서 깨어났는데 알 수 없는 외계행성에서 로봇에 둘러싸여 있다고 상상해본다면 아마도 Ole의 기분을 어느 정도 공감할 수 있지 않을까 싶다. 그리고 Ole가 퍼붓는 저주는 자신만 알아듣는 언어로 말하기 때문에 알아들을까봐 걱정할 필요는 없다. 이제 다음의 리스트 8.3을 `loadAudio` 메소드에 추가하여 사운드 효과를 재생하도록 하자.

리스트 8.3 사운드 효과를 재생하는 방법을 알려주는 코드(loadAudio 메소드에 추가)

```
[soundEngine preloadEffect: @"22k_viking_cursingV1.wav"];
[soundEngine playEffect: @"22k_viking_cursingV1.wav"];
```

배경 음악을 재생할 때와 마찬가지로 사운드 효과 역시 먼저 메모리에 미리 로드해서 재생할 준비를 해야 한다. 두 번째 줄이 실제 사운드 효과를 재생시키는 코드이다. 이제 Xcode에서 [Run]을 클릭하여 게임을 실행시킨 다음 Ole Awaken 레벨을 선택하면 배경 음악과 함께 바이킹의 저주를 동시에 듣게 될 것이다.

지금까지 간단하게 사운드 효과를 재생하는 방법에 대해 살펴보았는데, 단 몇 줄만 추가함으로써 음악과 사운드를 구현할 수 있다는 것을 알게 되었을 것이다. 다음 섹션에서는 asynchronous 방식으로 사운드를 로딩하는 방법에 대해 설명하고 Viking, RadarDish, EnemyRobot을 위한 사운드 효과음을 추가할 것이다.

다음 섹션으로 넘어가기 전에 먼저 GameplayLayer.m의 init 메소드 안에 있는 [self loadAudio] 줄을 주석 처리해야 한다. 이제 GameManager 싱글톤을 이용하여 CocosDenshion을 초기화하고 사운드를 재생시켜 보자.

Asynchronous 방식

누구도 자신의 게임이 플래시 메모리에서 메인 메모리로 오디오 데이터를 로드하다가 완전히 멈춰버리는 불상사가 생기는 것을 원치는 않을 것이다. 물론 플래시 메모리가 아무리 빠르다고 할지라도 CPU의 연산 속도에 비하면 현저히 느리기 때문에, CPU가 오디오 데이터의 일부를 처리하고 다음 오디오 데이터를 처리하기 위해 플래시 메모리에서 겨우 몇 바이트에 해당하는 데이터를 CPU로 가져올 때까지 CPU는 한참을 기다려야 한다. 이러한 문제를 해결하기 가장 좋은 방법은 별도의 스레드를 활용하여 오디오 데이터를 asynchronous하게 가져오는 것이다.

Space Viking에서도 asynchronous 방법을 사용하여 CocosDenshion을 초기화하고 사운드 및 오디오 파일을 로드한다. 그래서 scene 실행을 시작하는 동안 CocosDenshion 오디오 엔진 초기화와 사운드 효과음 로딩이 동시에 진행된다. GameManager는 메모리 사용량을 최소화하기 위해 사운드 효과음을 로드하고 제거하는 일을 적절히 통제한다. 이를 위해 GameManager는 로드되지 않은 사운드를 재생하고자 하는 호출이 들어오면 이를 무시해버린다.

이번 챕터에서 사용한 코드를 재사용하여 여러분의 게임에서 사운드 효과를 재생할 때 사용해도 된다. 본 코드를 사용하여 오디오를 사용하기 바로 직전에 로딩 scene 등을 활용하여 오디오를 로드하거나 게임 플레이를 진행하면서 동시에 로드할 수도 있으며, 더이상 필요가 없는 오디오 데이터를 메모리에서 제거할 수도 있다.

다시 한 번 강조하지만 앞에서 사용한 GameplayLayer.m의 코드는 주석 처리해야 한다. 왜냐하면 GameManager를 사용하여 Viking, EnemyRobot 같은 각각의 GameObject에 필요한 오디오를 셋업하고 미리 로드하는 일을 할 것이기 때문이다.

오디오를 GameManager에 추가

다음 단계로 넘어가기 위하여 GameManager에 오디오를 초기화하고 로딩하는 코드를 추가해야 한다. 백그라운드에서 스레드를 관리하기 위하여 NSOperationQueue를 사용하게 되는데, 백그라운드에서 오디오를 셋업하고 로드하는 것은 몇 가지 절차만 거치면 간단하게 할 수 있다.

먼저 GameManager.h 파일을 열고 리스트 8.4에서 진하게 처리된 코드를 추가하자.

리스트 8.4 GameManager.h에 추가하는 코드

```objc
// GameManager.h

#import <Foundation/Foundation.h>
#import "Constants.h"
#import "SimpleAudioEngine.h"

@interface GameManager : NSObject {
    BOOL isMusicON;
    BOOL isSoundEffectsON;
    BOOL hasPlayerDied;
    SceneTypes currentScene

    // 오디오를 위해 추가한 부분
    BOOL hasAudioBeenInitialized;
    GameManagerSoundState managerSoundState;
    SimpleAudioEngine *soundEngine;
    NSMutableDictionary *listOfSoundEffectFiles;
    NSMutableDictionary *soundEffectsState;
}
```

```objc
@property (readwrite) BOOL isMusicON;
@property (readwrite) BOOL isSoundEffectsON;
@property (readwrite) BOOL hasPlayerDied;
@property (readwrite) GameManagerSoundState managerSoundState;
@property (nonatomic, retain) NSMutableDictionary *listOfSoundEffectFiles;
@property (nonatomic, retain) NSMutableDictionary *soundEffectsState;
+(GameManager*)sharedGameManager;        // 1
-(void)runSceneWithID:(SceneTypes)sceneID;        // 2
-(void)openSiteWithLinkType:(LinkTypes)linkTypeToOpen ;// 3
-(void)setupAudioEngine;
-(ALuint)playSoundEffect:(NSString*)soundEffectKey;
-(void)stopSoundEffect:(ALuint)soundEffectID;
-(void)playBackgroundTrack:(NSString*)trackFileName;

@end
```

진하게 처리된 첫 번째 줄은 SimpleAudioEngine을 import하는 줄로, Cocos
Denshion 클래스를 GameManager로 가져오는 역할을 한다. @interface 블록에는
GameManagerSoundState를 추적하기 위한 인스턴스 변수와 soundEngine을 참조하
는 포인터 변수도 추가되었다. 마지막으로 managerSoundState와 soundEngine에 대
한 @property 구문도 추가해주었다. 참고로 NSMutableDictionary 변수들은 사운드
효과음 파일 이름을 지니고 있으면서 동시에 해당 파일의 메모리 로딩 여부도 관리하
는 역할을 한다.

다음으로 GameManager.m 파일로 넘어가 리스트 8.5의 내용을 기존에 있던
@synthesize 코드 바로 다음에 추가하자.

리스트 8.5　GameManager.m에 추가할 코드

```objc
@synthesize managerSoundState;
@synthesize listOfSoundEffectFiles;
@synthesize soundEffectsState;
```

그리고 init 메소드에 리스트 8.6의 내용을 추가하자.

리스트 8.6　GameManager의 init 메소드에 추가할 코드

```objc
hasAudioBeenInitialized = NO;
```

```
soundEngine = nil;
managerSoundState = kAudioManagerUninitialized;
```

첫 번째 줄은 오디오 엔진이 초기화되었는지를 확인하기 위한 boolean 변수로, 초기값은 NO로 하여 아직 초기화되지 않은 것으로 지정했다. 다음 줄은 soundEngine 값을 nil로 셋팅하는 것으로, 마찬가지로 아직 초기화되지 않았음을 의미한다.

이번에는 오디오 엔진을 셋업해야 할 차례이다. setupAudioEngine 메소드는 SpaceVikingAppDelegate에서 호출되는데, 백그라운드 스레드를 활성화시키고 오디오 엔진을 셋업시킨 다음 오디오를 미리 로드한다. 리스트 8.7을 GameManager.m의 init 메소드 앞에 추가하자.

 GameManager.m의 setupAudioEngine 메소드

```
-(void)setupAudioEngine {
    if (hasAudioBeenInitialized == YES) {
        return;
    } else {
        hasAudioBeenInitialized = YES;
        NSOperationQueue *queue = [[NSOperationQueue new] autorelease];
        NSInvocationOperation *asyncSetupOperation =
                        [[NSInvocationOperation alloc] initWithTarget:self
                                        selector:@selector(initAudioAsync)
                                            object:nil];
        [queue addOperation:asyncSetupOperation];
        [asyncSetupOperation autorelease];
    }
}
```

setupAudioEngine의 첫 번째 파트는 오디오 엔진의 초기화 여부를 파악하는 부분으로, 이미 초기화되었다면 더 이상 할 일이 없기 때문에 바로 리턴한다. 오디오 엔진이 아직 초기화되지 않았다면 셋업 과정을 진행한다.

그다음 몇 줄은 NSOperationQueue와 NSInvocationOperation을 셋업시켜 initAudioAsync 메소드가 별도의 스레드로 동작하게 만든다. 이렇게 하면 asynchSetupOperation이 큐에 추가되는 즉시 initAudioAsync가 백그라운드로 동작하게 된다. 이것이 오디오 엔진이 백그라운드로 초기화되고 오디오 데이터가 백그라운드로 미리 로드되게 만드는 기본 로직이다.

다음은 `NSOperationQueue`에 추가되는 `initAudioAsync` 메소드 코드이다. 리스트 8.8을 `setupAudioEngine` 메소드 앞에 추가하자.

리스트 8.8 GameManager의 initAudioAsync 메소드

```objc
-(void)initAudioAsync {
    // 오디오 엔진을 asynchronous로 초기화

    // Audio Manager를 구동시키는 중으로 상태를 지정
    managerSoundState = kAudioManagerInitializing;

    [CDSoundEngine setMixerSampleRate:CD_SAMPLE_RATE_MID];

    // FXPlusMusicIfNoOtherAudio 모드를 체크하여 배경 음악연주가 비활성화된
    // 상태에서 음악을 재생시키려고 하는지 확인한다.
    [CDAudioManager initAsynchronously:kAMM_FxPlusMusicIfNoOtherAudio];

    // Audio manager를 asynchronous로 초기화하는 데 몇 초 정도 걸리기 때문에
    // Audio manager가 초기화될 때까지 기다린다.
    while ([CDAudioManager sharedManagerState] != kAMStateInitialised)
    {
        [NSThread sleepForTimeInterval:0.1];
    }

    // 이 시점에서는 CocosDenshion이 반드시 초기화되어 있어야 한다.
    // CDAudioManager를 획득한 다음 그 상태를 확인한다.
    CDAudioManager *audioManager = [CDAudioManager sharedManager];
    if (audioManager.soundEngine == nil ||
        audioManager.soundEngine.functioning == NO) {
        CCLOG(@"CocosDenshion failed to init, no audio will play.");
        managerSoundState = kAudioManagerFailed;
    } else {
        [audioManager setResignBehavior:kAMRBStopPlay autoHandle:YES];
        soundEngine = [SimpleAudioEngine sharedEngine];
        managerSoundState = kAudioManagerReady;
        CCLOG(@"CocosDenshion is Ready");
    }
}
```

`initAudioSync` 메소드의 첫 번째 파트에서는 `managerSoundState`를 초기화하고 CocosDenshion의 샘플링 비율을 지정한다. 샘플링 비율은 반드시 오디오 파일의

샘플링 비율과 동일하게 맞춰주어야 한다. 일반적으로 샘플링 비율을 `CD_SAMPLE_RATE_MID`로 하는 경향이 있는데, Space Viking에서도 사용하는 오디오 파일의 샘플링 비율을 22,050Hz로 하였기 때문에 `CD_SAMPLE_RATE_MID`를 사용하였다. 오디오 파일의 샘플링 비율과 동일한 샘플링 비율로 맞춰주는 것은 매우 중요하다. 이렇게 해야 가장 좋은 성능을 발휘하기 때문이다. iPhone과 iPad 오디오 하드웨어는 소스 코드에서 지정한 샘플링 비율로 자동으로 맞추기 때문에 만일 코드에서 지정한 샘플링 비율보다 낮은 비율의 오디오 파일을 사용한다면 이에 따른 부가 작업이 필요하다.

다음은 CocosDenshion Audio Manager를 초기화하는 부분이다. Audio manager는 다음 중 한 가지의 상태로 시작할 수 있다.

1. `kAMM_FxOnly`: 사운드 효과만 재생한다. 다른 애플리케이션은 계속해서 오디오를 재생할 수 있다.
2. `kAMM_FxPlusMusic`: 이 게임만 오디오를 재생할 수 있다.
3. `kAMM_FxPlusMusicIfNoOtherAudio`: 게임이 시작될 때 이미 다른 애플리케이션이 오디오를 재생하는 중이라면 사운드 효과만 재생한다. 이 옵션이 가장 많이 사용되는 옵션으로, 이렇게 하면 사용자는 자신의 음악을 들으면서 게임을 할 수 있게 된다.
4. `kAMM_MediaPlayback`: 게임이 오디오 하드웨어에 대한 모든 제어권을 가져와 음악 재생 애플리케이션과 같이 동작하게 된다.
5. `kAMM_PlayAndRecord`: `kAMM_MediaPlayback`과 동일하며 여기에 마이크 사용이 추가된다.

CocosDenshion 초기화를 요청하고 기다리다가 초기화가 완료되면 `GameManager`의 `managerSoundState`의 상태를 업데이트한다. 이 상태값을 이용하여 오디오를 로드해도 되는지를 결정하게 된다. 바꾸어 말하자면, Cocos Denshion이 초기화가 된 다음에야 오디오 파일을 메모리로 로드할 수 있다는 것이다.

initAudioAsync 메소드가 끝나면 managerSoundState는 kAudioManagerReady로 세팅된다. 사운드 이펙트 로드는 두 가지 단계로 진행되는데, 먼저 SoundEffects.plist 파일을 통해 현재의 scene에서 필요한 사운드 이펙트 리스트를 가져와야 한다. 그런 다음, 이렇게 얻은 리스트(NSDictionary)를 가지고 CocosDenshion으로 하여금 메모리에 로드시켜 재생할 수 있도록 준비해야 한다. 앞에서와 마찬가지로 리스트 8.9를 initAudioAsync 메소드 앞에 붙여넣자.

리스트 8.9 formatSceneTypeToString과 getSoundEffectsListForSceneWithID 메소드

```
- (NSString*)formatSceneTypeToString:(SceneTypes)sceneID {
    NSString *result = nil;
    switch(sceneID) {
        case kNoSceneUninitialized:
            result = @"kNoSceneUninitialized";
            break;
        case kMainMenuScene:
            result = @"kMainMenuScene";
            break;
        case kOptionsScene:
            result = @"kOptionsScene";
            break;
        case kCreditsScene:
            result = @"kCreditsScene";
            break;
        case kIntroScene:
            result = @"kIntroScene";
            break;
        case kLevelCompleteScene:
```

```objc
                result = @"kLevelCompleteScene";
                break;
        case kGameLevel1:
                result = @"kGameLevel1";
                break;
        case kGameLevel2:
                result = @"kGameLevel2";
                break;
        case kGameLevel3:
                result = @"kGameLevel3";
                break;
        case kGameLevel4:
                result = @"kGameLevel4";
                break;
        case kGameLevel5:
                result = @"kGameLevel5";
                break;
        case kCutSceneForLevel2:
                result = @"kCutSceneForLevel2";
                break;
        default:
                [NSException raise:NSGenericException
                            format:@"Unexpected SceneType."];
                break;
    }
    return result;
}


-(NSDictionary *)getSoundEffectsListForSceneWithID:(SceneTypes)sceneID {
    NSString *fullFileName = @"SoundEffects.plist";
    NSString *plistPath;

    // 1: plist 파일 경로 획득
    NSString *rootPath =
        [NSSearchPathForDirectoriesInDomains(NSDocumentDirectory,
                                              NSUserDomainMask, YES)
            objectAtIndex:0];
    plistPath = [rootPath stringByAppendingPathComponent:fullFileName];
    if (![[NSFileManager defaultManager] fileExistsAtPath:plistPath]) {
        plistPath = [[NSBundle mainBundle]
                    pathForResource:@"SoundEffects" ofType:@"plist"];
    }

    // 2: plist 파일 읽기
    NSDictionary *plistDictionary =
      [NSDictionary dictionaryWithContentsOfFile:plistPath];
```

```objc
// 3: plistDictionary가 null이라면 파일을 찾지 못한 것임
if (plistDictionary == nil) {
    CCLOG(@"Error reading SoundEffects.plist");
    return nil; // Plist Dictionary 및 파일을 찾지 못하였음
}

// 4. soundEffectFiles 리스트가 비었다면 로드함
if ((listOfSoundEffectFiles == nil) ||
    ([listOfSoundEffectFiles count] < 1)) {
    CCLOG(@"Before");
    [self setListOfSoundEffectFiles:
    [[NSMutableDictionary alloc] init]];
    CCLOG(@"after");
    for (NSString *sceneSoundDictionary in plistDictionary) {
        [listOfSoundEffectFiles addEntriesFromDictionary:
                    [plistDictionary objectForKey:sceneSoundDictionary]];
    }
    CCLOG(@"Number of SFX filenames:%d", [listOfSoundEffectFiles count]);
}

// 5. 사운드 이펙트 리스트 상태를 가져온 다음, 로드되지 않은 것으로 표시함
if ((soundEffectsState == nil) || ([soundEffectsState count] < 1)) {
    [self setSoundEffectsState:[[NSMutableDictionary alloc] init]];
    for (NSString *SoundEffectKey in listOfSoundEffectFiles) {
        [soundEffectsState setObject:[NSNumber numberWithBool:
                                            SFX_NOTLOADED]
                        forKey:SoundEffectKey];
    }
}

// 6. 이번 scene에 대한 미니 SFX 리스트만 리턴
NSString *sceneIDName = [self formatSceneTypeToString:sceneID];
NSDictionary *soundEffectsList =
[plistDictionary objectForKey:sceneIDName];

return soundEffectsList;
}
```

리스트 8.9는 `formatSceneTypeToString` 메소드로 시작하는데, 조금 이상하게 생각될 수도 있겠다. 이 책 앞 부분에서 여러분은 `typedef enumeration`을 통해 Space Viking의 scene값을 정의했다. 이때 `typedef`는 각각의 값을 여러분이 모르는 사이에 integer값으로 지정하게 되는데 이렇게 했을 때 겪게 되는 문제가 몇 가지 있다.

1. 로드할 사운드 이펙트 리스트가 SoundEffects.plist에 들어있어야 하며, 각 엔트리는 `NSDictionary` 타입으로 이루어져야 한다. Space Viking의 각 scene에 대해 `NSDictionary` 엔트리가 지정되어 있다.

2. 이제 각각의 scene을 `typedef`로 지정했던 이름으로 참조하고자 하는데, 참조할 때 사용하는 값은 integer가 아니다. 예를 들어, Main Menu scene을 `NSDictionary`값으로 참조하기 위해서는 `kMainMenuScene`이라는 이름이 필요하지 `typedef`로 지정된 1이라는 값이 아니다.

3. 그러면 (`typedef enum`으로 지정된) integer 상수에 해당하는 `NSString`을 어떻게 구해야 하는가? 그것이 바로 `formatSceneTypeToString` 메소드를 사용하게 된 이유이다. `formatSceneTypeToString` 메소드는 switch 분기문을 사용하여 `typedef enum`으로 지정된 `SceneType`에 해당하는 `NSString`을 만들어 리턴시킨다.

`getSoundEffectsListForSceneWithID` 메소드는 SoundEffects.plist 파일을 로드한 다음 scene에서 필요로 하는 `NSDictionary`만 리턴한다. 이미 애니메이션 plist 파일을 로드하는 코드를 익혔기 때문에 이 메소드의 로직을 이해하는 것이 어렵지 않을 것이다.

`getSoundEffectsListForSceneWithID` 메소드의 단계 4번을 자세히 읽어보자. `listOfSoundEffectFiles`는 `GameManager`의 인스턴스 변수로, 로드한 모든 사운드 파일의 리스트를 유지하고 있다. 파일이 아닌 파일 이름이 CocosDenshion의 유일한 key로서 오디오를 로드하거나 제거하는 데 사용된다. 그래서 scene이 로드될 때마다 필요한 오디오 파일 이름 리스트도 `listOfSoundEffectFiles`에 추가된다.

단계 5번에서는 각 오디오 파일의 상태값을 가져와 로드되지 않은 것으로 지정한다. 이 `NSDictionary`는 `GameManager`가 사운드 효과 파일이 메모리에 로드되어 재생이 가능한지 여부를 확인하는 데 사용된다. Scene에서 scene으로 이동할 때 사운드 효과가 메모리에 로드되었는지 여부가 사운트 효과의 상태값으로 업데이트된다.

이제 scene에서 사용할 오디오 파일의 파일 이름을 찾는 데 필요한 메소드를 보유하게 되었지만 아직 CocosDenshion이 오디오를 로드하고 제거하도록 하는 데 필요

한 메소드 두 개가 더 남았다. 리스트 8.10의 내용을 getSoundEffectsListForScen
eWithID 메소드 아래에 붙이자.

 loadAudioForSceneWithID와 unloadAudioForSceneWithID 메소드

```objc
-(void)loadAudioForSceneWithID:(NSNumber*)sceneIDNumber {
    NSAutoreleasePool* pool = [[NSAutoreleasePool alloc] init];

    SceneTypes sceneID = (SceneTypes)[sceneIDNumber intValue];
    // 1
    if (managerSoundState == kAudioManagerInitializing) {
        int waitCycles = 0;
        while (waitCycles < AUDIO_MAX_WAITTIME) {
            [NSThread sleepForTimeInterval:0.1f];
            if ((managerSoundState == kAudioManagerReady) ||
                (managerSoundState == kAudioManagerFailed)) {
                break;
            }
            waitCycles = waitCycles + 1;
        }
    }

    if (managerSoundState == kAudioManagerFailed) {
        return; // 로드할 것이 없음, CocosDenshion이 준비되지 않음
    }

    NSDictionary *soundEffectsToLoad =
                    [self getSoundEffectsListForSceneWithID:sceneID];
    if (soundEffectsToLoad == nil) { // 2
        CCLOG(@"Error reading SoundEffects.plist");
        return;
    }
    // 모든 엔트리를 획득한 다음, preload함 // 3
    for( NSString *keyString in soundEffectsToLoad )
    {
        CCLOG(@"\nLoading Audio Key:%@ File:%@",
                keyString,[soundEffectsToLoad objectForKey:keyString]);
        [soundEngine preloadEffect:
                        [soundEffectsToLoad objectForKey:keyString]]; // 3
        // 4
        [soundEffectsState setObject:
                [NSNumber numberWithBool:SFX_LOADED] forKey:keyString];
    }
    [pool release];
}
```

```objc
-(void)unloadAudioForSceneWithID:(NSNumber*)sceneIDNumber {
    NSAutoreleasePool* pool = [[NSAutoreleasePool alloc] init];
    SceneTypes sceneID = (SceneTypes)[sceneIDNumber intValue];
    if (sceneID == kNoSceneUninitialized) {
        return; // 제거시킬 것이 없음
    }


    NSDictionary *soundEffectsToUnload =
     [self getSoundEffectsListForSceneWithID:sceneID];
    if (soundEffectsToUnload == nil) {
        CCLOG(@"Error reading SoundEffects.plist");
        return;
    }
    if (managerSoundState == kAudioManagerReady) {
        // 모든 엔트리를 획득한 다음 제거함
        for( NSString *keyString in soundEffectsToUnload )
        {
            [soundEffectsState setObject:
                [NSNumber numberWithBool:SFX_NOTLOADED] forKey:keyString];
            [soundEngine unloadEffect:keyString];
            CCLOG(@"\nUnloading Audio Key:%@ File:%@",
                    keyString,
                    [soundEffectsToUnload objectForKey:keyString]);
        }
    }
    [pool release];
}
```


loadAudioForSceneWithID와 unloadAudioForSceneWithID 메소드는 동일한 방식으로 동작한다. 즉, SoundEffects.plist로부터 NSDictionary를 얻은 다음 CocosDenshion을 호출하여 오디오 파일을 메모리에 올리거나 메모리로부터 제거시킨다.

이제 거의 다 왔다. 셋업을 끝내기 위해 남은 것은 GameManager에 세 개의 메소드를 더 추가하는 것이다. playBackgroundTrack 메소드는 배경 음악 트랙을 preload한 다음 재생을 시작한다. playSoundEffect 메소드는 사운드 효과가 메모리에 로드되었는지 확인한 다음 재생한다. 그리고 stopSoundEffect 메소드는 ALuint 타입의 사운드 id를 가지고 CocosDenshion으로 하여금 재생중인 사운드 효과를 멈추도록 한다. 리스트 8.11의 내용을 formatSceneTypeToString 메소드 앞에 붙여넣자.

  playBackgroundTrack, stopSoundEffect, playSoundEffect 메소드

```objc
-(void)playBackgroundTrack:(NSString*)trackFileName {
    // soundEngine이 초기화될 때까지 기다린다.
    if ((managerSoundState != kAudioManagerReady) &&
        (managerSoundState != kAudioManagerFailed)) {

        int waitCycles = 0;
        while (waitCycles < AUDIO_MAX_WAITTIME) {
            [NSThread sleepForTimeInterval:0.1f];
            if ((managerSoundState == kAudioManagerReady) ||
                (managerSoundState == kAudioManagerFailed)) {
                break;
            }
            waitCycles = waitCycles + 1;
        }
    }
    if (managerSoundState == kAudioManagerReady) {
        if ([soundEngine isBackgroundMusicPlaying]) {
            [soundEngine stopBackgroundMusic];
        }
        [soundEngine preloadBackgroundMusic:trackFileName];
        [soundEngine playBackgroundMusic:trackFileName loop:YES];
    }
}


-(void)stopSoundEffect:(ALuint)soundEffectID {
    if (managerSoundState == kAudioManagerReady) {
        [soundEngine stopEffect:soundEffectID];
    }
}


-(ALuint)playSoundEffect:(NSString*)soundEffectKey {
    ALuint soundID = 0;
    if (managerSoundState == kAudioManagerReady) {
        NSNumber *isSFXLoaded = [soundEffectsState
objectForKey:soundEffectKey];
        if ([isSFXLoaded boolValue] == SFX_LOADED) {
            soundID = [soundEngine playEffect:
                            [listOfSoundEffectFiles
objectForKey:soundEffectKey]];
        } else {
            CCLOG(@"GameMgr: SoundEffect %@ is not loaded.",
                    soundEffectKey);
```

```
        }
    } else {
        CCLOG(@"GameMgr: Sound Manager is not ready, cannot play %@",
                soundEffectKey);
    }
    return soundID;
}
```

리스트 8.11의 메소드는 CocosDenshion audio manager가 초기화되고 사운드
오디오 파일이 메모리에 미리 로드되어 재생할 준비가 될 때까지 기다린다. 만일 여
러 가지 이유로 CocosDenshion audio manager가 초기화에 실패하거나 오디오 이
펙트가 로드되지 않는다면 재생을 하지 않고 바로 리턴한다.

이제 필요한 모든 메소드를 추가하였으니 GameManager가 기능을 제대로 발휘할
수 있도록 두 가지 절차만 더 밟도록 하자. 첫 번째는 load 및 unload 오디오 메소드
를 호출하는 부분을 추가하는 것이다.

GameManager.m의 runSceneWithID 메소드로 이동한 다음 리스트 8.12에서 보
여주는 것과 같이 진하게 처리된 줄을 추가하자.

리스트 8.12 GameManager.m의 runSceneWithID 메소드에 추가하는 코드

```
// ... runSceneWithID 메소드 ...
    default:
        CCLOG(@"Unknown ID, cannot switch scenes");
        return;
        break;
}

if (sceneToRun == nil) {
    // 새로운 scene을 찾지 못했으므로, 원래의 scene으로 돌아간다.
    currentScene = oldScene;
    return;
}

// 새로운 scene에 필요한 오디오를 sceneID을 이용하여 로드한다.
[self performSelectorInBackground:@selector(loadAudioForSceneWithID:)
                withObject:[NSNumber numberWithInt: currentScene]];

if ([[CCDirector sharedDirector] runningScene] == nil) {
    [[CCDirector sharedDirector] runWithScene:sceneToRun];
```

```
            } else {
                [[CCDirector sharedDirector]
                    replaceScene:
                        [CCTransitionFlipAngular transitionWithDuration:0.5f
                                                    scene:sceneToRun]];
            }


            [self performSelectorInBackground:@selector(unloadAudioForSceneWithID:)
                        withObject:[NSNumber numberWithInt: oldScene]];

            currentScene = sceneID;
    }
```

리스트 8.12를 보면 알 수 있듯이 performSelectorInBackground 호출을 통해 백
그라운드 스레드로 오디오 파일을 로드하거나 제거하도록 한다. 이제 마지막 절차로
GameManager가 오디오 셋업과 로딩을 다루도록 해야 하는 일이 남았다. 이를 위해
Space Viking이 시작할 때 setupAudioEngine 메소드가 호출되어야 한다.
SpaceVikingAppDelegate.m 파일을 열고 applicationDidFinishLaunching 메
소드의 runSceneWithID 호출 앞에 리스트 8.13을 추가하자.

 SpaceVikingAppDelegate 내 setupAudioEngine 호출

```
[[GameManager sharedGameManager] setupAudioEngine];
```

SpaceViking 프로젝트를 빌드하여 타이핑 에러가 있는지 확인하자. 다음 섹션
에서는 오디오를 GameObject에 추가하여 바이킹과 적들에게 목소리를 만들어줄
것이다.

▶▶ soundEngine을 GameObject에 추가하기

드디어 GameManager가 사운드 엔진을 초기화하고 오디오를 미리 로드할 수 있는
기능을 갖게 되었다. 이제는 이를 이용해서 Ole와 다른 캐릭터에게 목소리를 만들어
줄 차례이다. Space Viking의 모든 오브젝트는 GameObject로부터 상속받기 때문에
GameObject에 필요한 프로퍼티와 메소드를 추가하면 된다.

먼저 GameObject.h 파일을 열고 GameManager.h를 import하는 구문을 추가하자.

```
#import "GameManager.h"
```

이렇게만 하면 GameObject가 GameManager를 사용하기 위해 필요한 일을 다 한 것이다. 즉, Viking, EnemyRobot 등 Space Viking의 모든 오브젝트가 GameManager를 사용할 수 있게 되는 것이다. GameManager는 사운드 효과와 배경 음악을 재생하게 된다. 다음 섹션에서는 액션, 애니메이션과 함께 사운드 효과를 재생하는 방법에 대해 설명할 것이다.

RadarDish와 SpaceCargoShip에 사운드 추가하기

RadarDish와 SpaceCargoShip은 사운드 효과 추가를 시작하기에 이상적인 오브젝트들이다. 왜냐하면 RadarDish는 Ole에게 맞을 때에만 한 가지의 사운드 이펙트를 재생하면 되고, SpaceCargoShip은 Ole와 가까워질수록 달라지는 네 단계의 엔진소리만 구현하면 되기 때문이다.

RadarDish에 오디오 추가하기

RadarDish.m 파일을 열고 changeState 메소드로 이동하자. 그리고 kStateTakingDamage 분기점에 리스트 8.14와 같이 PLAYSOUND EFFECT를 호출하는 구문을 추가하자.

리스트 8.14 PLAYSOUNDEFFECT 호출이 포함된 RadarDish의 changeState 메소드

```
-(void)changeState:(CharacterStates)newState {
    [self stopAllActions];
    id action = nil;
    [self setCharacterState:newState];

    switch (newState) {
        case kStateSpawning:
            CCLOG(@"RadarDish->Starting the Spawning Animation");
```

```objc
        action = [CCAnimate actionWithAnimation:tiltingAnim
                            restoreOriginalFrame:NO];
        break;

    case kStateIdle:
        CCLOG(@"RadarDish->Changing State to Idle");
        action = [CCAnimate actionWithAnimation:transmittingAnim
                            restoreOriginalFrame:NO];
        break;

    case kStateTakingDamage:
        CCLOG(@"RadarDish->Changing State to TakingDamage");
        characterHealth =
                    characterHealth - [vikingCharacter getWeaponDamage];
        if (characterHealth <= 0.0f) {
            [self changeState:kStateDead];
        } else {
            PLAYSOUNDEFFECT(VIKING_HAMMERHIT1);
            action = [CCAnimate actionWithAnimation:takingAHitAnim
                                restoreOriginalFrame:NO];
        }
        break;

    case kStateDead:
        CCLOG(@"RadarDish->Changing State to Dead");
        PLAYSOUNDEFFECT(VIKING_HAMMERHIT2);
        PLAYSOUNDEFFECT(ENEMYROBOT_DYING);
        action = [CCAnimate actionWithAnimation:blowingUpAnim
                            restoreOriginalFrame:NO];
        break;

    default:
        CCLOG(@"Unhandled state %d in RadarDish", newState);
        break;
    }
    if (action != nil) {
        [self runAction:action];
    }
}
```

이전 섹션에서 GameManager를 import하는 구문을 GameObject에 추가하였다.
RadarDish는 GameCharacter로부터 상속되었는데, 다시 GameCharacter는
GameObject로부터 상속되었기 때문에 RadarDish도 GameManager에 접근할 수 있

으며, PLAYSOUNDEFFECT 매크로도 사용할 수 있다. PLAYSOUNDEFFECT 매크로는 GameManager의 playSoundEffect를 호출하게 되는데, 이렇게 해서 RadarDish에 대한 사운드 효과를 재생하게 된다. Gameplay scene이 로드되는 시점에는 이미 GameManager는 사운드 효과에 대한 재생 준비를 마친 상태이기 때문에 바로 CocosDenshion을 호출하여 사운드 효과를 들을 수 있다.

여기까지 추가한 다음 [Run]을 클릭하여 실행시켜보자. 이제 Ole가 RadarDish를 때릴 때 RadarDish가 맞고 부서지는 소리가 날 것이다. Ole가 RadarDish를 부쉈을 때 들리는 소리는 어떤가?

SpaceCargoShip에 오디오 추가하기

SpaceCargoShip은 GameObject로부터 직접 상속되었기 때문에 당연히 GameManager에 접근할 수 있다. SpaceCargoShip은 네 종류의 사운드를 재생하는 데, 가장 멀리서 움직이는 두 번 동안에는 매우 멀리 떨어진 곳에서 들리는 엔진소리가 재생된다. 그 다음 세 번을 움직이는 동안에는 점점 더 가까워지는 것처럼 점점 크게 재생되어 비행선이 가까이 온 듯한 착각이 들도록 한다.

SpaceCargoShip에서는 이전에 init 메소드에서 만든 애니메이션과 액션이 순서대로 진행되는 동안 맞추어 재생할 네 개의 사운드를 재생시킬 메소드가 필요하다. 이 메소드를 만들기 전에 SpaceCargoShip.h 파일을 열고 @interface 영역 안에 다음의 인스턴스 변수를 추가하자.

```
int soundNumberToPlay;
```

인스턴스 변수 soundNumberToPlay는 하나씩 증가하여 SpaceCargoShip이 어떤 엔진 사운드를 재생해야 하는지를 가리키는 데 사용된다. SpaceCargoShip.m 파일을 열고 리스트 8.15의 내용을 init 메소드 앞에 추가하자.

리스트 8.15 **SpaceCargoShip.m 파일의 playSpaceCargoShipSound**

```
#pragma mark -
#pragma mark SoundMethods
```

```objc
-(void)playSpaceCargoShipSound {
    if (soundNumberToPlay < 2) {
        PLAYSOUNDEFFECT(SPACECARGOSHIP_FAR);
    } else if (soundNumberToPlay == 2) {
        PLAYSOUNDEFFECT(SPACECARGOSHIP_CLOSE_1);
    } else if (soundNumberToPlay == 3) {
        PLAYSOUNDEFFECT(SPACECARGOSHIP_CLOSE_2);
    } else if (soundNumberToPlay == 4) {
        PLAYSOUNDEFFECT(SPACECARGOSHIP_CLOSE_3);
    }
    soundNumberToPlay = soundNumberToPlay + 1;
    if (soundNumberToPlay > 4) {
        soundNumberToPlay = 0;
    }
}
```

리스트 8.15는 playSpaceCargoShip 메소드가 호출될 때마다 변수 soundNumber ToPlay값이 하나씩 증가하는 것을 보여준다. 그러다가 4보다 커지면 다시 0으로 지정된다.

SpaceCargoShip의 init 메소드는 모든 것을 묶어준다. SpaceCargoShip의 init 메소드로 이동하여 id action 선언문을 보자. 이 중첩된 액션 설정 중간에 CCCallFunc 액션을 리스트 8.16과 같이 두 번째 CCMoveTo 액션부터 그 앞에 추가하자.

 SpaceCargoShip의 init 메소드에 추가한 CCCallFunc

```objc
[CCCallFunc actionWithTarget:self
          selector:@selector(playSpaceCargoShipSound)],
// Example:
id action = [CCRepeatForever actionWithAction:
                [CCSequence actions:
                    [CCDelayTime actionWithDuration:2.0f],
                    [CCMoveTo actionWithDuration:0.01f
                              position:ccp(-500.0f,550.0f)],
                    [CCScaleTo actionWithDuration:0.01f scale:0.5f],
                    [CCFlipX actionWithFlipX:YES],
                    [CCCallFunc actionWithTarget:self
                              selector:@selector(playSpaceCargoShipSound)],
                    [CCMoveTo actionWithDuration:8.5f
                              position:ccp(screenSize.width+1000.0f,550.0f)],
```

이번 챕터의 [resource] 폴더를 보면, SpaceCargoShip 클래스의 init 메소드 변경사항을 정리한 UpdatedSpaceCargoShipInit.rft 파일을 볼 수 있다. 이번 챕터의 소스 코드와 함께 변경된 내용이 들어 있으니 참고하기 바란다.

SpaceCargoShip을 마무리짓기 위해 마지막으로 한 줄을 추가해야 하는데, init 메소드의 시작 부분에 다음과 같은 코드를 추가하여 soundNumberToPlay 변수를 초기화해야 한다.

```
soundNumberToPlay = 0;
```

이렇게 해서 SpaceCargoShip도 마무리지었다. Xcode에서 [Run]을 클릭하여 실행시키면 SpaceCargoShip이 화면을 지날 때마다 그 소리를 듣게 될 것이다. 다음 섹션에서는 EnemyRobot의 사운드 작업을 하고, 마지막으로는 Ole의 사운드 작업을 할 것이다.

▶▶ EnemyRobot에 사운드 추가하기

EnemyRobot은 RadarDish나 SpaceCargoShip보다 조금 더 복잡하다. 왜냐하면 로봇이 화면을 돌아다니고 Ole를 찾은 다음 Ole를 공격하는 데 필요한 사운드가 더 많아지기 때문이다.

먼저 EnemyRobot에 인스턴스 변수를 추가하는 것으로 시작하자. EnemyRobot.h 파일을 열고 @interface 선언부에 다음 줄을 추가한다.

```
ALuint walkingSound;
```

EnemyRobot의 나머지 사운드와는 달리 걷기 사운드 효과는 EnemyRobot이 Ole를 발견하는 순간 바로 멈추어야 한다. 현재 재생중인 효과를 멈추기 위해서는 해당 사운드에 대한 오디오 layer id를 알아야 한다. 오디오 layer id는 unsigned integer 타입인 ALuint 타입을 사용한다. 오디오 layer id는 playEffect를 호출하면 얻을 수 있으며 나중에 `playWalkingSound` 메소드에서 보게 될 것이다.

걷기 사운드를 만들기 전에 좀 더 간단한 `playPhaserFireSound` 메소드를 먼저 추가하고 이해해보자(리스트 8.17). `EnemyRobot.m` 파일을 열고 리스트 8.17의 내용을 `changeState` 메소드 앞에 추가하자.

 EnemyRobot.m 파일의 playPhaserFireSound 메소드

```
#pragma mark -
#pragma mark SoundMethods
-(void)playPhaserFireSound {
    int soundToPlay = random() % 2;
    if (soundToPlay == 0) {
        PLAYSOUNDEFFECT(ENEMYROBOT_PHASERFIRE_1);
    } else {
        PLAYSOUNDEFFECT(ENEMYROBOT_PHASERFIRE_2);
    }
}
```

`playPhaserFireSound` 메소드를 보면 나머지 연산자(%)를 사용하여 랜덤 숫자를 2로 나눈 나머지를 구하는 것을 볼 수 있다. 이렇게 하면 0 아니면 1이 나오게 되는데, 이 숫자가 두 개의 phaser 광선 사운드 중 하나를 결정하게 된다.

걷기 사운드도 phaser 광선 사운드와 비슷한 로직으로 구현하게 되는데, 리스트 8.18의 내용을 방금 추가한 `playPhaserFireSound` 메소드 바로 다음에 붙여넣자.

 EnemyRobot.m 파일의 playWalkingSound 메소드

```
-(void)playWalkingSound {
    int soundToPlay = random() % 2;
    if (soundToPlay == 0) {
        walkingSound = PLAYSOUNDEFFECT(ENEMYROBOT_WALKING_1);
    } else {
        walkingSound = PLAYSOUNDEFFECT(ENEMYROBOT_WALKING_2);
    }
}
```

`playWalkingSound`와 `playPhaserFireSound`의 가장 큰 차이점은 걷기 사운드에 대해 오디오 layer id를 `walkingSound` 변수에 보관한다는 것이다. 이렇게 저장한 id

는 나중에 EnemyRobot의 상태에 따라 언제든지 걷기 사운드 재생을 멈추게 하는 데 사용된다. 그래서 로봇이 걷는 것을 멈추면 걷기 사운드도 재생을 멈추어야 한다.

EnemyRobot에서 일어나는 상태 변경들은 changeState 메소드에 구현되었기 때문에, 관련된 사운드 효과를 재생하도록 메소드를 호출하는 코드도 changeState 메소드에 추가할 것이다. 리스트 8.19는 수정된 changeState 메소드를 보여준다. 리스트 8.19에서 인용하지 않은 changeState 메소드의 나머지 부분은 바뀐 곳이 없다.

리스트 8.19   EnemyRobot.m 파일의 changeState 메소드(일부분)

```
[self stopAllActions];
STOPSOUNDEFFECT(walkingSound);
id action = nil;
characterState = newState;

switch (newState) {
    case kStateSpawning:
    [soundEngineLink
        PLAYSOUNDEFFECT(ENEMYROBOT_TELEPORT);
        [self runAction:[CCFadeOut actionWithDuration:0.0f]]; ...
        break;
...

    case kStateWalking:
        CCLOG(@"EnemyRobot->Changing State to Walking");
        if (isVikingWithinBoundingBox)
            break;
        [self playWalkingSound];
...
```

```objc
        case kStateAttacking:
            CCLOG(@"EnemyRobot->Changing State to Attacking");
            action = [CCSequence actions:
                        [CCAnimate actionWithAnimation:raisePhaserAnim
                                restoreOriginalFrame:NO],
                        [CCDelayTime actionWithDuration:1.0f],
                        [CCAnimate actionWithAnimation:shootPhaserAnim
                                restoreOriginalFrame:NO],
                        [CCCallFunc actionWithTarget:self
                                selector:@selector(shootPhaser)],
                        [CCCallFunc actionWithTarget:self
                                selector:@selector(playPhaserFireSound)],
                        [CCAnimate actionWithAnimation:lowerPhaserAnim
                                restoreOriginalFrame:NO],
                        [CCDelayTime actionWithDuration:2.0f],
                        nil];
            break;

        case kStateTakingDamage:
            CCLOG(@"EnemyRobot->Changing State to TakingDamage");
            PLAYSOUNDEFFECT(ENEMYROBOT_DAMAGE);
            if ([vikingCharacter getWeaponDamage] > 10){
                // 바이킹이 mallet을 들고 있는 경우
                action = [CCAnimate actionWithAnimation:headHitAnim
                                restoreOriginalFrame:YES];
            } else {
                // 바이킹이 무기가 없는 경우에는 몸을 가격당한다.
                action = [CCAnimate actionWithAnimation:torsoHitAnim
                                restoreOriginalFrame:YES];
            }
            break;
...
        case kStateDead:
            CCLOG(@"EnemyRobot -> Going to Dead State");
            PLAYSOUNDEFFECT(ENEMYROBOT_DYING);
...
```

changeState 메소드에 처음 추가되는 줄은 STOPSOUNDEFFECT(walkingSound)로, 걷기 사운드가 재생중인 경우 재생을 멈추게 한다. 즉, EnemyRobot이 walking 상태에서 다른 상태로 바뀌면 더이상 걷기 사운드를 재생하지 않는다. 다음에 추가된 부분은 kStateSpawning, kStateWalking, kStateAttacking, kStateTakingDamage, kStateDead이다.

`kStateSpawning`, `kStateTakingDamage`, `kStateDead` 상태로 바뀌면 PLAYSOUNDEFFECT만이 호출되어 텔레포트 및 타격 사운드 이펙트를 재생한다.

`kStateWalking` 상태로 바뀌는 경우에는 `playWalkingSound` 메소드가 호출되어 두 가지 걷기 사운드 중 하나가 재생된다.

그리고 `kStateAttacking` 상태로 바뀌는 경우 `playPhaserFireSound` 호출이 `CCSequence` 액션에 `CCCallFunc` 액션 형태로 추가되어 phaser 광선이 발사되는 시점에 맞추어 사운드 재생이 일어나도록 하였다.

여기까지 EnemyRobot에 대한 사운드 효과 작업을 마쳤다. 이제 Xcode에서 [Run]을 클릭하여 실행하면 EnemyRobot이 텔레포트하고 phaser 광선을 발사하거나 Ole에게 맞을 때 사운드 효과음이 재생되는 것을 확인할 수 있을 것이다.

다음 섹션에서는 바이킹 Ole의 사운드 효과를 구현할 것이다.

 바이킹 Ole에 사운드 효과 추가하기

Viking 캐릭터는 Space Viking의 주인공인 만큼 제일 많은 사운드 효과를 보유하고 있다. EnemyRobot 클래스의 경우, 두 개 이상의 사운드 효과가 하나의 메소드에서 정리되어 코드가 명확해지고 이해하기도 용이했다. 여러분이 게임을 개발할 때도 이 코드를 많이 참조하고 사용하기 바란다.

먼저 Viking.h 파일을 열고 `@interface` 선언문에 다음을 추가한다.

```
ALuint walkingSound;
```

EnemyRobot에서처럼 인스턴스 변수 `walkingSound`는 Viking이 걷는 것을 멈추었을 때 언제든지 걷기 사운드 재생을 멈출 수 있도록 하기 위해 사용된다.

다음으로 Viking.m 파일로 이동하여 사운드를 재생하는 데 필요한 메소드 몇 가지를 추가하자. 리스트 8.20부터 8.22까지의 내용을 Viking.m 파일의 `changeState` 메소드 앞에 붙여넣자.

```
#pragma mark -
#pragma mark SoundEffectsMethods
-(void)playJumpingSound {
    int soundToPlay = random() % 4;
    if (soundToPlay == 0) {
        PLAYSOUNDEFFECT(VIKING_JUMPING_1);
    } else if (soundToPlay == 1) {
        PLAYSOUNDEFFECT(VIKING_JUMPING_2);
    } else if (soundToPlay == 2) {
        PLAYSOUNDEFFECT(VIKING_JUMPING_3);
    } else {
        PLAYSOUNDEFFECT(VIKING_JUMPING_4);
    }
}
```

soundToPlay 변수는 네 가지 값 중 하나를 랜덤하게 갖게 되는데, 이 값(0~3)을 가지고 점프할 때의 사운드를 선택하게 된다.

코드 8.21의 내용을 playJumpingSound 메소드 바로 다음에 붙여서 망치를 휘두르고 숨을 내쉬는 사운드도 추가하자.

리스트 8.21   Viking.m 파일의 playSwingingSound와 playBreathingSound 메소드

```
-(void)playSwingingSound {
    int soundToPlay = random() % 8;
    switch (soundToPlay) {
        case 0:
            PLAYSOUNDEFFECT(VIKING_SWINGING_1);
            break;
        case 1:
            PLAYSOUNDEFFECT(VIKING_SWINGING_2);
            break;
        case 2:
            PLAYSOUNDEFFECT(VIKING_SWINGING_3);
            break;
        case 3:
            PLAYSOUNDEFFECT(VIKING_SWINGING_4);
            break;
        case 4:
            PLAYSOUNDEFFECT(VIKING_SWINGING_5);
            break;
        case 5:
```

```
            PLAYSOUNDEFFECT(VIKING_SWINGING_6);
            break;
        case 6:
            PLAYSOUNDEFFECT(VIKING_SWINGING_7);
            break;
        case 7:
            PLAYSOUNDEFFECT(VIKING_SWINGING_8);
            break;
        default:
            PLAYSOUNDEFFECT(VIKING_SWINGING_9);
            break;
    }
}

-(void)playBreathingSound {
    int soundToPlay = random() % 4;
    if (soundToPlay == 0) {
        PLAYSOUNDEFFECT(VIKING_GRUMBLING_1);
    } else if (soundToPlay == 1) {
        PLAYSOUNDEFFECT(VIKING_GRUMBLING_2);
    } else if (soundToPlay == 2) {
        PLAYSOUNDEFFECT(VIKING_CURSING_1);
    } else {
        PLAYSOUNDEFFECT(VIKING_CURSING_2);
    }
}
```

playJumpingSound 메소드와 같이 playSwingingSound와 playBreathingSound 메소드는 모두 랜덤하게 재생할 사운드를 결정한다. 숨을 내쉬는 사운드 중 grumbling의 경우, 플레이어가 조이패드를 일정 시간 건드리지 않았을 때 게임에 집중하도록 재생되기도 한다.

아직 바이킹 Ole를 위한 사운드 효과 재생 메소드가 두 개 더 남았다. 리스트 8.22의 내용을 playBreatingSound 메소드 아래에 붙여넣자.

리스트 8.22 Viking.m 파일의 playTakingDamageSound, playDyingSound, playCrouchingSound 메소드

```
-(void)playTakingDamageSound {
    int soundToPlay = random() % 5;
    if (soundToPlay == 0) {
        PLAYSOUNDEFFECT(VIKING_HIT_1);
```


볼륨을 높여라!

```objc
    } else if (soundToPlay == 1) {
        PLAYSOUNDEFFECT(VIKING_HIT_2);
    } else if (soundToPlay == 2) {
        PLAYSOUNDEFFECT(VIKING_HIT_3);
    } else if (soundToPlay == 3) {
        PLAYSOUNDEFFECT(VIKING_HIT_4);
    } else {
        PLAYSOUNDEFFECT(VIKING_HIT_5);
    }
}

-(void)playDyingSound {
    int soundToPlay = random() % 5;
    if (soundToPlay == 0) {
        PLAYSOUNDEFFECT(VIKING_DYING_1);
    } else if (soundToPlay == 1) {
        PLAYSOUNDEFFECT(VIKING_DYING_2);
    } else if (soundToPlay == 2) {
        PLAYSOUNDEFFECT(VIKING_DYING_3);
    } else if (soundToPlay == 3) {
        PLAYSOUNDEFFECT(VIKING_DYING_4);
    } else {
        PLAYSOUNDEFFECT(VIKING_DYING_5);
    }
}

-(void)playCrouchingSound {
    int soundToPlay = random() % 4;
    if (soundToPlay == 0) {
        PLAYSOUNDEFFECT(VIKING_CROUCHING_1);
    } else if (soundToPlay == 1) {
        PLAYSOUNDEFFECT(VIKING_CROUCHING_2);
    } else if (soundToPlay == 2) {
        PLAYSOUNDEFFECT(VIKING_CROUCHING_3);
    } else {
        PLAYSOUNDEFFECT(VIKING_CROUCHING_4);
    }
}
```

playTakingDamageSound와 playDyingSound 메소드는 각각 Ole가 타격을 입거나 죽을 때 다섯 가지 종류의 사운드 중 하나를 무작위로 골라서 재생한다. play CrouchingSound 메소드는 앉아서 움직일 때 네 가지 종류의 사운드 중 하나가 무작위로 재생된다. 이렇게 동일한 행동에도 다양한 사운드 효과를 만드는 이유는 똑같은 사운드가 반복해서 들려 쉽게 게임이 지루해지는 것을 방지하기 위해서이다.

Ole를 위한 사운드 메소드 호출을 changeState에 추가하기

이제 Ole가 말할 수 있도록 하기 위한 마지막 작업을 하기 위해 방금 추가한 메소드를 호출하는 코드를 추가할 것이다. 모든 호출은 changeState 메소드에서 이루어지는데, 리스트 8.23에서 추가된 코드를 보여주고 있다. 리스트 8.23을 자세히 보면서 변경된 부분을 Viking.m 파일에 반영하자.

리스트 8.23 Viking.m 파일의 changeState 메소드(일부분)

```
STOPSOUNDEFFECT(walkingSound);

[self setCharacterState:newState];

switch (newState) {
...

    case kStateWalking:
        walkingSound = PLAYSOUNDEFFECT(VIKING_WALKING_1);
...

        break;

    case kStateCrouching:
        [self playCrouchingSound];
...

        break;

    case kStateBreathing:
        [self playBreathingSound];
...

        break;

    case kStateJumping:
        [self playJumpingSound];
...

        break;

    case kStateAttacking:
        if (isCarryingMallet == YES) {
            action = [CCAnimate
                    actionWithAnimation:malletPunchAnim
```

볼륨을 높여라!

```objc
                            restoreOriginalFrame:YES];
            [self playSwingingSound];
        } else {
            PLAYSOUNDEFFECT(VIKING_PUNCHING);
...
        break;

    case kStateTakingDamage:
        [self playTakingDamageSound];
...
        break;

    case kStateDead:
        [self playDyingSound];
...
        break;

    default:
        break;
    }
```

changeState 메소드에서 가장 먼저 추가된 부분은 걷기 사운드 효과 재생을 멈추는 코드이다. 이 코드는 현재 걷기 사운드가 재생되지 않는 경우 아무 일도 하지 않는다. switch 구문에서는 다음과 같이 추가되었다.

1. kStateWalking: 걷기 사운드 이펙트가 재생되며, 동시에 이 사운드 효과에 대한 오디오 layer id값을 인스턴스 변수에 저장한다. 저장된 오디오 layer id값은 나중에 walking 상태에서 다른 상태로 바뀔 때 재생을 멈추게 하는 데 사용된다.
2. kStateCrouching: 네 가지 다른 종류의 사운드가 있으며 playCrouchingSound 메소드가 그 중 하나를 무작위로 재생한다.
3. kStateBreathing: playBreathingSound 메소드를 호출한다. 역시 네 가지 사운드 중 하나가 무작위로 재생되어 플레이어가 게임에 집중할 수 있도록 환기시킨다.
4. kStateJumping: playJumpingSound 메소드를 호출하여 점프시 재생되는 사운

드 중 하나를 무작위로 재생시킨다.

5. `kStateAttacking`: Ole가 망치를 들고 있는 경우에는 `playSwingingSound` 메소드가 호출되어 망치를 휘두르는 사운드 효과 중 하나가 재생되며, 망치가 없는 경우에는 `soundEngineLink`를 직접 호출하여 펀치 사운드를 재생시킨다.

6. `kStateTakingDamage`: `playTakingDamageSound` 메소드를 호출하여 다섯 가지의 타격 사운드 효과 중 하나가 무작위로 재생되도록 한다.

7. `kStateDead`: `playDyingSound` 메소드를 호출하여 다섯 가지의 죽는 사운드 이펙트 중 하나가 무작위로 재생되도록 한다. 가능한 한 이 사운드를 듣지 않길 바란다.

이제 바이킹 Ole의 모든 사운드 효과가 정리되었다. Xcode에서 [Run]을 클릭하여 실행시키면 드디어 Ole가 소리를 내는 것을 듣게 될 것이다.

▶▶ Menu 화면에 음악 추가하기

Space Viking의 모든 scene에는 배경 음악이 따라간다. 이미 `GameManager` 클래스를 통해 배경 음악 재생을 위한 거의 모든 준비를 마쳤기 때문에 각 scene에서 필요한 메소드를 호출하도록 하는 일만 남았다. Scene 레벨에 메소드 호출을 넣기 위해서는 대부분의 코드가 들어있는 layer에 추가하면 된다.

Gameplay에 음악 추가하기

GameplayLayer.h 파일을 열고 `GameManager` 클래스를 import하도록 다음의 코드를 추가하자.

```
#import "GameManager.h"
```

GameplayLayer.m 파일로 이동한 다음 `init` 메소드로 가서 다음 코드를 추가한다.

```
[[GameManager sharedGameManager]
    playBackgroundTrack:BACKGROUND_TRACK_OLE_AWAKES];
```

[Run]을 클릭하여 게임을 실행시킨 다음 Ole Awakes level을 선택하면 배경 음악이 시작되는 것을 확인할 수 있을 것이다.

MainMenu에 음악 추가하기

MainMenu에 음악을 추가하기 위해서는 Gameplay에서와 동일한 과정을 거치면 된다. 먼저 MainMenuLayer.h 파일을 열고 GameManager 클래스를 import하는 코드를 추가하자.

```
#import "GameManager.h"
```

다음으로, MainMenuLayer.m 파일의 init 메소드에 다음의 코드를 추가하자.

```
[[GameManager sharedGameManager]
    playBackgroundTrack:BACKGROUND_TRACK_MAIN_MENU];
```

플레이어가 한 레벨에서 다른 레벨로 이동하게 되면 GameManager는 현재 재생중이던 배경 음악의 재생을 멈추고 새로운 배경 음악을 재생할 것이다.

한가지 더, Xcode에서 [Run]을 클릭하여 게임을 실행시키면 아직 메인 메뉴의 음악이 Gameplay layer에서도 이어지는 것을 알게 될 것이다. 현재 각각의 scene에 대한 음악이 추가되지 않았기 때문에 메인 메뉴의 배경 음악이 계속해서 이어지는 것이다.

▶▶ 심화 학습: 더 많은 오디오 컨트롤

SimpleAudioEngine은 최소한의 코드와 노력으로 여러분의 게임에 사운드를 제공해주는 훌륭한 인터페이스이다. 물론 단순히 playEffect 호출만을 할 수도 있겠지만 SimpleAudioEngine에서 제공하는 완전한 버전의 메소드도 사용할 수 있다.
playEffect의 실제 프로토타입은 다음과 같다.

```
[soundEngine playEffect:
          pitch:
          pan:
          gain: ]
```

재생중인 사운드의 옥타브를 1.0이라고 가정했을 때 pitch는 그 값을 곱한 결과를 상대적인 옥타브로 결정해준다. 예를 들어 1.0은 현재의 옥타브를 유지하고, 0.5는 한 옥타브 낮게 재생한다.

pan은 스테레오의 균형을 조절해준다. 예를 들어 −1은 왼쪽에서만 들리게 하고, 1은 오른쪽에서만 들리게 한다. 0은 왼쪽과 오른쪽의 음량을 같게 하여 양쪽에서 들리게 한다.

gain은 오디오의 gain을 제어한다. 예를 들어, 1.0은 현재의 gain값을 유지하고 0.5는 gain을 반으로 줄인다.

물론 SimpleAudioEngine도 훌륭한 성능을 보여주지만 때로는 더 많은 컨트롤이 필요한 경우도 있을 것이다. 이러한 경우를 위해 CocosDenshion은 CDAudioManager와 CDSoundEngine이라는 두 개의 API를 제공한다.

Space Viking에서는 ALUint 타입의 id를 사용하여 재생 중인 오디오의 재생을 멈추게 하였다. CocosDenshion의 CDSoundSource 오브젝트는 오디오 재생을 멈추는 데 필요한 더 좋은 컨트롤을 제공하는데, 그 중 하나가 페이드 아웃 기능이다. 그래서 만일 재생을 멈출 때 필요한 효과나 반복이 필요할 때는 CDSoundSource를 사용하기를 권장한다. CDSoundSource는 오디오 효과에 대한 정제된 컨트롤을 제공한다.

아울러 iOS 기기에서는 동시에 재생할 수 있는 사운드의 개수는 32개로 제한되어 있다. SimpleAudioEngine은 항상 현재 시점에 들어오는 재생 요청을 존중하기 때문에 32개가 넘는 사운드를 동시에 재생하려고 한다면 먼저 재생중이던 사운드는 자연스럽게 잘려나갈 것이다.

CDAudioManager는 각각의 사운드를 파일 이름이 아닌 유일한 숫자 ID로 관리하는 메커니즘을 제공하며 이러한 메커니즘은 `SimpleAudioEngine`이 사용하는 CocosDenshion 모듈에 들어가있다.

`CDSoundEngine`은 OpenAL layer의 모든 기능에 접근할 수 있도록 하여 사운드를 인터럽트 그룹과 비(非)인터럽트 그룹으로 묶을 수도 있으며, 오디오 버퍼나 재생을 정교하게 제어할 수 있는 컨트롤도 제공한다. 또한 `CDSoundEngine`은 배경 음악뿐만 아니라 모든 오디오에 대해 반복(loop) 재생하는 기능도 제공한다.

이러한 CocosDenshion의 두 API는 이 책의 범위를 넘지만 Cocos2D에서 관련된 몇 가지 예제 프로젝트를 제공하기 때문에 관심이 있다면 예제 프로젝트부터 접근해 보는 것도 좋겠다.

Cocos2D에 들어있는 DrumPad, Fade to Grey, FancyRat Metering 등이 CocosDenshion 프레임워크를 좀 더 깊이 파고들 수 있는 훌륭한 시작점이 될 것이다.

또한 추가 예제를 Cocos2DBook 웹사이트(www.cocos2dbook.com)에서도 확인할 수 있다.

▶▶ 정리

이번 챕터에서는 Cocos2D의 사운드 엔진인 CocosDenshion에 대해 학습하였다. 먼저 오디오를 미리 로드하고 사운드 엔진을 초기화하는 방법에 대해 살펴본 다음 Space Viking의 배경 음악과 캐릭터가 사용하는 사운드 효과를 재생시키는 방법도 확인하였다. 아울러 백그라운드 스레드를 이용하여 음악을 로드하는 방법도 알게 되었다. 여러분이 자신만의 게임을 개발할 때에는 이 책에서 제공하는 코드를 자유롭게 사용할 수 있으니 많은 도움이 되기를 바란다. 다음 챕터에서는 Space Viking에 스크롤링을 구현하여 바이킹 Ole가 외계 행성의 더 많은 부분을 돌아다닐 수 있도록 할 것이다.

 **연습문제**

1. Options Menu 화면에서 음악이나 사운드 효과를 off로 설정하면 음악이나 사운드 효과가 재생되지 않도록 GameManager에 코드를 추가하자.

> **Hint** GameManager의 isMusicON과 isSoundEffectON 변수를 참조하자.

2. 사운드의 pan 기능을 이용하여 SpaceCargoShip이 왼쪽에서 나타나면 사운드를 왼쪽 스피커에서만 재생시키고 오른쪽에서 나타나면 오른쪽 스피커에서만 재생토록 하자.

스크롤링 – 방대한 게임 월드의 필수 요소

이전 챕터에서는 바이킹 Ole에게 헤비메탈 음악을 들려주어 외계인을 무찌르기 위한 전의를 북돋아주기 위해 Space Viking에 사운드 효과와 음악을 구현하는 방법에 대해 알아보았다. 이번 챕터에서는 Ole가 살고 있는 세상을 더욱 확장시키기 위해 스크롤링 기능을 부여하고 두 번째 판과 그 안에 들어가는 단편 scene도 만들 것이다. 스크롤링(Scrolling)은 쉬우면서도 강력한 기능으로, 현재 레벨을 더 넓게 만들어주어 여러분의 게임을 한층 더 깊게해 줄 것이다.

먼저 기본적인 지식부터 짚고 넘어가자. 지금까지 게임 화면은 iOS 기기의 화면 해상도에 제한되었다. 즉, iPad의 경우 (현재 책을 쓰는 시점에) 1,024×768 픽셀 크기의 외계세상만이 존재하는 것이다. Ole와 적들은 이렇게 제한된 스크린 내에서만 움직일 수 있다. 배경 입장에서 본다면 GameplayLayer 중앙에 커다란 이미지 (iPad의 경우 1,024×768 픽셀)를 놓고 그 위에 모든 캐릭터를 올려놓는 것이다. 만일 현재의 레벨을 두 배로 넓힌다면 그 공간을 채우기 위해 더 큰 이미지를 사용할 것이고, 레벨이 점점 넓어지게 된다면 순식간에 메모리가 고갈될 것이다. 이러한 문제를 해결하고자 타일 맵(TileMap) 기법이 생겼다. 타일 맵에 대해서는 세 번째 섹션에서 다룰 것이다.

용어 리뷰

스크롤링 기능에 대해 공부하기 전에 다음의 용어를 익혀두면 접근하는 데 도움이 될 것이다.

- **시차 스크롤링(Parallax Scrolling)**: 2D 게임에서 배경을 여러 개의 독립된 layer로 만들어 서로 다른 비율로 움직이게 하는 기법이다. 플레이어 시점에서 가장 가까운 배경이 더 먼 배경보다 빠르게 움직이도록 하여, 마치 배경에 심도가 있는 것처럼 착각하게 만드는 것이다. 이해를 돕기 위해 자동차나 기차를 타고 바깥 풍경을 바라본다고 가정하자. 옆에서 달리는 것들은 굉장히 빠르지만, 멀리 있는 풍경은 천천히 움직이는 것을 금방 이해할 수 있을 것이다. 만일 배경이 같은 속도로 움직인다면 플레이어는 배경을 단순히 깊이가 없는 2차원적인 배경으로 느낄 것이다.

- **타일(Tile)**: 타일 맵에서 사용하는 이미지나 텍스처를 의미한다. 보통 텍스처 아틀라스에 포함된 PNG 이미지를 사용하며 32×32나 64×64 픽셀 크기의 정사각형 이미지를 많이 사용한다.

- **타일 맵(TileMap)**: 표준 크기의 타일을 붙여서 만든 커다란 이미지를 의미한다. 타일 이미지나 텍스처는 반복해서 사용할 수 있기 때문에 몇 개의 작은 타일만으로도 커다란 타일 맵을 만들어낼 수 있다.

우선 하나의 커다란 이미지를 스크롤하는 방법을 익힌 다음 여러 개의 layer를 추가하여 각기 다른 속도로 스크롤시켜 시차(parallax)를 일으키는 방법을 알아볼 것이다. 그런 다음 타일 맵 기법을 이해하고 TileMap layer를 사용하여 배경을 스크롤하는 방법을 설명할 것이다.

더 큰 세상을 구현하기 위한 로직

지금까지는 단순히 하나의 게임 레벨에서만 작업했지만 이제는 지금까지 작업한 레벨을 떠나 이번 챕터를 위한 새로운 레벨을 만들 것이다.

Chapter 3에서 `GameCharacter`를 이용해 iOS 기기의 해상도에 맞추어 자동으로 캐릭터의 위치를 보정하도록 하였다. 돌아보면, `GameCharacter` 클래스가 위치를 보정시키기 위해 레벨의 크기를 알고 있어야 했다. 첫 번째 레벨은 화면 스크린 크기와 동일했기 때문에 레벨의 크기를 쉽게 지정할 수 있었다. 그러나 레벨마다 서로 크기가 달라진다면 문제가 될 것이다. 다행스럽게도 `GameManager`가 scene 간을 이동하도록 제어하기 때문에 여기에 레벨의 크기를 제공하는 메소드를 구현하면 될 것이다.

`GameManager.h` 파일을 열고, 리스트 9.1의 내용을 `@property` 선언 아래에 추가하자.

리스트 9.1 GameManager.h 파일에 추가되는 getDimensionsOfCurrentScene 메소드 선언문

```
-(CGSize)getDimensionsOfCurrentScene;
```

이름에서 알 수 있듯이 이 메소드는 현재 scene의 화면 크기를 리턴한다. 이 메소드는 CCDirector의 winSize 크기 체계를 기반으로 하기 때문에 iPhone, iPhone 4, iPad의 스크린 크기를 잘 계산한다. 단, winSize는 포인트 단위로 리턴하기 때문에 이를 winSizeInPixels를 통해 픽셀 단위로 변환시켜 주어야 한다.

그러면 GameManager.m 파일로 이동하여 getDimensionsOfCurrentScene 메소드를 @end 지시자 앞에 추가하자(리스트 9.2).

리스트 9.2 GameManager.m 파일의 getDimensionsOfCurrentScene 메소드

```
-(CGSize)getDimensionsOfCurrentScene {
    CGSize screenSize = [[CCDirector sharedDirector] winSize];
    CGSize levelSize;
    switch (currentScene) {
        case kMainMenuScene:
        case kOptionsScene:
        case kCreditsScene:
        case kIntroScene:
        case kLevelCompleteScene:
        case kGameLevel1:
            levelSize = screenSize;
            break;
        case kGameLevel2:
            levelSize = CGSizeMake(screenSize.width * 2.0f,
                                   screenSize.height);
            break;
        default:
            CCLOG(@"Unknown Scene ID, returning default size");
            levelSize = screenSize;
            break;
    }
    return levelSize;
}
```

getDimensionsOfCurrentScene 메소드는 currentScene값이 어떻게 지정되었는지에 따라 CGSize 타입의 알맞은 크기로 리턴한다. 기기의 스크린 크기는 고정되어 (iPad의 경우에는 1,024×768)있지만, 레벨별 버퍼 크기는 다양하다. 그래서 리스

트 9.2에서 볼 수 있듯 메뉴와 첫 번째 레벨은 화면 크기와 동일한 크기를 갖지만 두
번째 레벨(kGameLevel2)의 경우에는 가로의 길이가 두 배가 된다.

레벨 크기를 뒤로 하고 다음으로 넘어가보자. 이번에는 GameCharacter의
checkAndClampSpritePosition 메소드를 수정하여 levelDimensions를 반영할 것
이다.

GameCharacter.m 파일을 열고 checkAndClampSpritePosition 메소드를 리스
트 9.3의 내용으로 바꾸자.

리스트 9.3 GameCharacter.m 파일의 checkAndClampSpritePosition 메소드

```objc
-(void)checkAndClampSpritePosition {
    CGPoint currentSpritePosition = [self position];

    CGSize levelSize = [[GameManager sharedGameManager]
                                getDimensionsOfCurrentScene];

    float xOffset;
    if (UI_USER_INTERFACE_IDIOM() == UIUserInterfaceIdiomPad) {
        // iPad를 위한 가장자리 제어
        xOffset = 30.0f;
    } else {
        // iPhone, iPhone 4, iPod touch를 위한 가장자리 제어
        xOffset = 24.0f;
    }

    if (currentSpritePosition.x < xOffset) {
        [self setPosition:ccp(xOffset, currentSpritePosition.y)];
    } else if (currentSpritePosition.x > (levelSize.width - xOffset)) {
        [self setPosition:ccp((levelSize.width - xOffset),
currentSpritePosition.y)];
    }
}
```

수정된 checkAndClampSpritePosition 메소드는 레벨의 폭을 고려하여 Ole나
EnemyRobot같은 게임 캐릭터가 배경의 양쪽 끝에서 30픽셀 안에 들어오도록 유지
한다. 레벨의 크기는 GameManager를 통해 얻어온다.

지금까지 입력한 것들이 제대로 동작하는지 확인하기 위하여 Xcode에서 [Run]을

클릭한 다음 첫 번째 레벨을 실행시켜보자. Ole와 외계 로봇이 화면 바깥으로 나가지 않는다면 제대로 동작하는 것이다.

일반적인 스크롤링 문제

스크롤링에 대해 본격적으로 알아보기 전에 조금만 돌아서, 만일 Ole와 조이스틱 컨트롤에 대한 고려 없이 레벨의 가로 길이를 늘리면 어떤 일이 일어나는지 생각해보자.

GameManager를 열고 getDimensionsOfCurrentScene 메소드에서 levelSize가 있는 줄을 수정하여 리스트 9.4와 같이 바꾸어보자. 그러면 kGameLevel1의 가로 길이가 더 길어지기 때문에 이에 따른 변화를 쉽게 알 수 있다.

리스트 9.4 GameManager.m 파일에서 kGameLevel1에 대한 레벨의 폭을 바꾼 코드

```
case kGameLevel1:
    levelSize = CGSizeMake(screenSize.width * 2.0f,
                           screenSize.height);
    break;
```

이렇게 하면 첫 번째 게임 레벨의 스크린 크기가 가로로 두 배 길어진다. 즉, iPad의 경우 가로 길이가 1,024에서 2,048픽셀로 길어진다. 첫 번째 게임 레벨은 스크롤링을 고려하지 않았기 때문에, 게임을 실행시켜보면 그림 9.1과 같은 현상이 발생하게 된다. 그림 9.1은 Ole가 오른쪽으로 계속 이동하였을 때 일어나는 모습을 보여주고 있다.

첫 번째 게임 레벨은 스크롤링을 위한 세팅이 되어있지 않기 때문에 Ole가 오른쪽으로 계속 움직여도 scene이 Ole를 따라가지 않고 결국 Ole는 화면 밖으로 사라지는 것이다. 이 예제는 왜 전체 layer를 대상으로 하여 Ole의 위치를 계속 따라가면서 Ole가 제대로 나타나도록 layer를 스크롤해야 하는지를 보여준다. 이러한 스크롤링의 목적을 마음에 새기면서 다음 섹션으로 넘어가도록 하자.

| **그림 9.1** | Ole가 화면 밖으로 나가서 보이지 않는 모습

물론 방금 수정한 `kGameLevel1`에 해당하는 코드는 아래와 같이 원래대로 고쳐놓아야 한다.

```
case kGameLevel1:
        levelSize = screenSize;
```

 ## 더 큰 세상을 창조하다

단순히 스크롤링 layer를 만드는 대신 Ole가 플레이할 수 있는 새로운 레벨을 만들 것이다. 이 과정에서 스크롤링을 구현할 수 있는 여러 가지 기법에 대해 익히게 될 것이다.

그 첫 단계로 이번 챕터의 [resource] 폴더에서 [ParallaxBackgrounds] 폴더를 SpaceViking 프로젝트로 가져오는 것이다. [ParallaxBackgrounds] 폴더를 Xcode의 [Images] 폴더의 서브 폴더로 드래그하자.

SpaceViking 프로젝트로 가져온 모든 이미지는 이번 챕터의 마지막 부분에 가서야 동작하게 될 것이다.

다음으로, 그림 9.2와 같이 [Scenes] 아래에 새로운 그룹 [Scene2]를 만든다. 이 scene과 레벨에서 사용하는 모든 클래스는 이 그룹 아래에 생성되어 SpaceViking 프로젝트를 구조화하는 데 일조할 것이다.

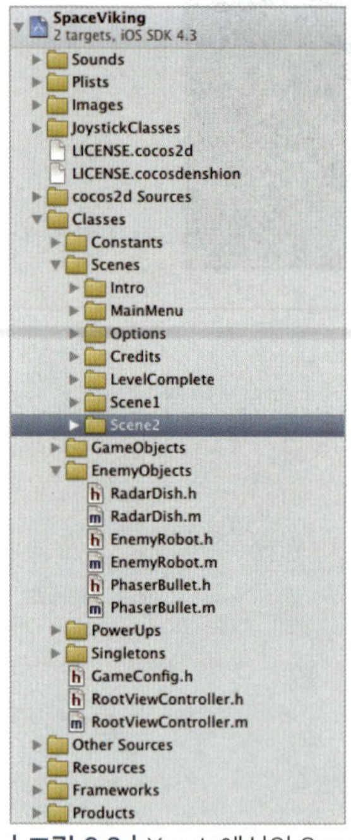

| 그림 9.2 | Xcode에서의 Scene2 그룹

두 번째 게임 Scene 생성

코드 관리를 간단하고 독립적으로 하기 위해 GameScene에 덧붙이지 않고 새로운 scene 클래스를 만들 것이다.

Xcode에서 [Scene2] 그룹을 마우스 오른쪽 버튼으로 클릭한 다음 새로운 오브젝티브-C 클래스인 GameScene2.m을 CCScene의 서브클래스로 생성한다. 이 과정이 아직 익숙치 않다면 Chapter 2의 내용을 다시 한 번 살펴보기 바란다.

GameScene2.h 파일을 열고 그 내용을 리스트 9.5로 대치하자.

리스트 9.5 GameScene2.h

```
// GameScene2.h
// SpaceViking
//
#import <Foundation/Foundation.h>
#import "cocos2d.h"
#import "Constants.h"
#import "GameControlLayer.h"
#import "GameplayScrollingLayer.h"
#import "StaticBackgroundLayer.h"
@interface GameScene2 : CCScene {
    GameControlLayer *controlLayer;
}
@end
```

위 코드에서 `GameControlLayer`, `GameplayScrollingLayer`, `StaticBackground Layer` 클래스를 아직 만들지 않았다. Xcode가 클래스가 없다고 경고하겠지만 무시해도 괜찮다. 어차피 곧 만들 것이니 말이다.

`StaticBackgroundLayer`는 간단한 클래스로, 스크롤되지 않는 가장 멀리 떨어진 배경 이미지를 싣는다.

이전 scene에서 `GameplayLayer`는 컨트롤과 gameplay 액션을 모두 보유하였다. 이제 게임플레이 스크롤을 만들 텐데, 이런 환경에서는 조이스틱 컨트롤을 자체 layer로 옮기는 것이 유용하다. 조이스틱과 버튼들을 별도 layer에 놓는다는 것은 gameplay layer가 스크롤할 때 일일이 위치를 보정하지 않아도 됨을 의미한다. 조이스틱은 다른 layer의 스크롤 위치와 관계 없이 항상 gameplay의 가장 전면에 위치할 것이다.

이제 백그라운드를 두 개의 layer – 가장 멀리있는 고정된 layer와(스크롤되지 않음) 스크롤링과 그에 따른 액션이 존재하는 `GameplayScrollingLayer`로 나눌 것이다.

GameScene2.m으로 이동하여 그 내용을 리스트 9.6의 내용으로 바꾸자.

```objc
// GameScene2.m
// SpaceViking
//
#import "GameScene2.h"

@implementation GameScene2
-(id)init {
    self = [super init];
    if (self != nil) {
        // Background Layer
        StaticBackgroundLayer *backgroundLayer = [StaticBackgroundLayer node];
        [self addChild:backgroundLayer z:0];

        // Control Layer 초기화
        controlLayer = [GameControlLayer node];
        [self addChild:controlLayer z:2 tag:2];

        // Gameplay Layer
        GameplayScrollingLayer *scrollingLayer = [GameplayScrollingLayer node];
        [scrollingLayer connectControlsWithJoystick:[controlLayer leftJoystick]
                         andJumpButton:[controlLayer jumpButton]
                         andAttackButton:[controlLayer attackButton]];
        [self addChild:scrollingLayer z:1 tag:1];
    }
    return self;
}
@end
```

GameScene2의 init 메소드는 StaticBackgroundLayer를 초기화하고 scene에 추가하는 것으로 시작한다. 그리고는 조이스틱과 버튼이 들어가는 control layer를 초기화하고, 모든 액션이 들어가는 GameplayScrollingLayer를 생성한다. connectControlsWithJoystick 메소드는 조이스틱과 버튼을 ControlLayer부터 GameplayScrollingLayer에 있는 Viking에까지 연결한다. 각각의 layer의 z값에 유의하기 바란다. ControlLayer가 가장 먼저 초기화 되었음에도 불구하고 GameplayScrollingLayer보다 전면에 위치하게 된다.

다음으로 StaticBackgroundLayer 클래스를 [Scene2] 폴더 안에 CCLayer의 서브
클래스로 만든다. 헤더 파일을 열고 그 내용을 리스트 9.7로 바꾸자.

리스트 9.7 StaticBackgroundLayer.h

```
// StaticBackgroundLayer.h
// SpaceViking
//
#import <Foundation/Foundation.h>
#import "cocos2d.h"
@interface StaticBackgroundLayer : CCLayer {
}
@end
```

정말 간단한 헤더 파일이다. Cocos2D를 import하고 CCLayer의 서브클래스로 선
언하는 것 말고는 아무 것도 없다. 그러면 implementation 파일로 이동하여 리스트
9.8의 내용으로 채우자.

리스트 9.8 StaticBackgroundLayer.m

```
// StaticBackgroundLayer.m
// SpaceViking
#import "StaticBackgroundLayer.h"

@implementation StaticBackgroundLayer
-(id)init {
    self = [super init];
    if (self != nil) {
```

```objc
        CGSize screenSize = [CCDirector sharedDirector].winSize;
        CCSprite *backgroundImage;
        if (UI_USER_INTERFACE_IDIOM() == UIUserInterfaceIdiomPad) {
            // iPad에서 게임이 동작함
            backgroundImage =
                [CCSprite spriteWithFile:@"chap9_scrolling1.png"];
        } else {
            backgroundImage =
                [CCSprite spriteWithFile:@"chap9_scrolling1iPhone.png"];
        }

        [backgroundImage setPosition:ccp(screenSize.width/2.0f,
                                         screenSize.height/2.0f)];
        [self addChild:backgroundImage];
    }
    return self;
}
@end
```

StaticBackgroundLayer.m 파일은 init 메소드만을 가지고 있는데, init 메소드
는 백그라운드 CCSprite를 만들어 layer에 매다는 일을 한다. 이것은 Chapter 2에서
Space Viking의 첫 번째 레벨에서 BackgroundLayer에서 했던 로직과 동일하다.

다음은 GameControlLayer 클래스로, CCLayer의 서브클래스이다. [Scene2] 그룹
안에 생성시킨 다음 헤더 파일을 열고 그 내용을 리스트 9.9로 바꾸자.

 GameControlLayer.h

```objc
// GameControlLayer.h
// SpaceViking
//
#import <Foundation/Foundation.h>
#import "cocos2d.h"
#import "SneakyJoystick.h"
#import "SneakyJoystickSkinnedBase.h"
#import "SneakyButton.h"
#import "SneakyButtonSkinnedBase.h"

@interface GameControlLayer : CCLayer {
    SneakyJoystick *leftJoystick;
    SneakyButton *jumpButton;
    SneakyButton *attackButton;
}
```

```objc
@property (nonatomic, readonly) SneakyJoystick *leftJoystick;
@property (nonatomic, readonly) SneakyButton *jumpButton;
@property (nonatomic, readonly) SneakyButton *attackButton;
@end
```

GameControlLayer는 SneakyJoystick과 SneakyButton 클래스를 import한다.
그리고 `leftJoystick`과 점프, 공격 버튼에 해당하는 인스턴스 변수도 갖는다.
GameControlLayer 클래스 밖에서도 인스턴스 변수에 접근할 수 있도록 property
선언을 한 것도 확인할 수 있는데, 모두 `readonly`로 설정되어 그 내용을 바꿀 수 없
도록 하였다.

다음으로 GameControlLayer.m의 내용을 리스트 9.10의 내용으로 대체하자.

 GameControlLayer.m

```objc
// GameControlLayer.m
// SpaceViking
//
#import "GameControlLayer.h"

@implementation GameControlLayer
@synthesize lef tJoystick;
@synthesize jumpButton;
@synthesize attackButton;

-(void)initJoystickAndButtons {
    CGSize screenSize = [CCDirector sharedDirector].winSize;
    CGRect joystickBaseDimensions = CGRectMake(0, 0, 128.0f, 128.0f);
    CGRect jumpButtonDimensions = CGRectMake(0, 0, 64.0f, 64.0f);
    CGRect attackButtonDimensions = CGRectMake(0, 0, 64.0f, 64.0f);
    CGPoint joystickBasePosition;
    CGPoint jumpButtonPosition;
    CGPoint attackButtonPosition;

    if (UI_USER_INTERFACE_IDIOM() == UIUserInterfaceIdiomPad) {
        // iPad
        CCLOG(@"Positioning Joystick and Buttons for iPad");
        joystickBasePosition = ccp(screenSize.width*0.0625f,
                                   screenSize.height*0.052f);
        jumpButtonPosition = ccp(screenSize.width*0.946f,
                                 screenSize.height*0.052f);
        attackButtonPosition = ccp(screenSize.width*0.947f,
```

```objc
                                      screenSize.height*0.169f);
} else {
    // iPhone 또는 iPod touch.
    CCLOG(@"Positioning Joystick and Buttons for iPhone");
    joystickBasePosition = ccp(screenSize.width*0.07f,
                               screenSize.height*0.11f);
    jumpButtonPosition = ccp(screenSize.width*0.93f,
                             screenSize.height*0.11f);
    attackButtonPosition = ccp(screenSize.width*0.93f,
                               screenSize.height*0.35f);
}


SneakyJoystickSkinnedBase *joystickBase =
                [[[SneakyJoystickSkinnedBase alloc] init] autorelease];
joystickBase.position = joystickBasePosition;
joystickBase.backgroundSprite =
                [CCSprite spriteWithFile:@"dpadDown.png"];
joystickBase.thumbSprite =
                [CCSprite spriteWithFile:@"joystickDown.png"];
joystickBase.joystick =
                [[SneakyJoystick alloc] initWithRect:joystickBaseDimensions];
leftJoystick = [joystickBase.joystick retain];
[self addChild:joystickBase];


SneakyButtonSkinnedBase *jumpButtonBase =
                [[[SneakyButtonSkinnedBase alloc] init] autorelease];
jumpButtonBase.position = jumpButtonPosition;
jumpButtonBase.defaultSprite =
                [CCSprite spriteWithFile:@"jumpUp.png"];
jumpButtonBase.activatedSprite =
                [CCSprite spriteWithFile:@"jumpDown.png"];
jumpButtonBase.pressSprite =
                [CCSprite spriteWithFile:@"jumpDown.png"];
jumpButtonBase.button =
                [[SneakyButton alloc] initWithRect:jumpButtonDimensions];
jumpButton = [jumpButtonBase.button retain];
jumpButton.isToggleable = NO;
[self addChild:jumpButtonBase];


SneakyButtonSkinnedBase *attackButtonBase =
                [[[SneakyButtonSkinnedBase alloc] init] autorelease];
attackButtonBase.position = attackButtonPosition;
attackButtonBase.defaultSprite =
                [CCSprite spriteWithFile:@"handUp.png"];
attackButtonBase.activatedSprite =
                [CCSprite spriteWithFile:@"handDown.png"];
```

```
        attackButtonBase.pressSprite =
                    [CCSprite spriteWithFile:@"handDown.png"];
        attackButtonBase.button =
                    [[SneakyButton alloc] initWithRect:attackButtonDimensions];
        attackButton = [attackButtonBase.button retain];
        attackButton.isToggleable = NO;
        [self addChild:attackButtonBase];
}

-(id)init {
    self = [super init];
    if (self != nil) {
        // 터치 활성화
        self.isTouchEnabled = YES;
        [self initJoystickAndButtons]; // 4
        CCLOG(@"GameControlLayer initialized");
    }
    return self;
}
@end
```

initJoystick 메소드는 Chapter 2에서 작성한 것과 동일하게 SneakyJoystick, 점프, 공격 버튼을 만든다. init 메소드는 이 layer가 터치 이벤트 수신이 가능하도록 설정하고 조이스틱과 버튼을 추가한다. 이것이 플레이어가 게임을 컨트롤하고 바이킹 Ole를 움직이게 하는 데 필요한 전부이다.

Scrolling Layer 생성

이제 이번 챕터에서 사용할 세 종류의 스크롤링 layer를 만들 것이다. 먼저 화면 크기의 두 배가 되는 커다란 이미지를 스크롤하는 간단한 스크롤링 layer를 만들고 parallax 노드를 추가하여 여러 layer가 각기 다른 속도로 스크롤되는 layer를 구현할 것이다. 마지막으로는 TileMap layer를 스크롤하면서 커다란 배경 이미지를 적은 메모리를 이용하여 구현하는 방법을 익히게 될 것이다. 그러면서 단편 scene을 위한 끝없는 스크롤링을 구현하는 방법도 같이 설명할 것이다.

그럼 이제 시작해보자. GameplayScrollingLayer 클래스를 CCLayer의 서브클래스로 [Scene2] 그룹에 생성한 다음 헤더 파일을 열고 그 내용을 리스트 9.11로 바꾸자.

```objc
// GameplayScrollingLayer.h
// SpaceViking
//
#import <Foundation/Foundation.h>
#import "cocos2d.h"
#import "Viking.h"
#import "GameControlLayer.h"

@interface GameplayScrollingLayer : CCLayer {
    CCSpriteBatchNode *sceneSpriteBatchNode;

    CCTMXTiledMap *tileMapNode;
    CCParallaxNode *parallaxNode;
}
-(void)connectControlsWithJoystick:(SneakyJoystick*)leftJoystick
                    andJumpButton:(SneakyButton*)jumpButton
                  andAttackButton:(SneakyButton*)attackButton;
@end
```

GameplayScrollingLayer는 Cocos2D, Viking, GameControlLayer 클래스를 import 하는데, 이 안에는 조이스틱과 버튼도 있다. Interface 선언부를 보면 이번 챕터 후반에서 사용할 CCTMXTiledMap과 CCParallaxNode 클래스도 볼 수 있다. 그리고 조이스틱과 버튼을 Viking 캐릭터에 연결하는 데 사용되는 connectControls WithJoystick 메소드에 대한 선언도 볼 수 있다.

GameplayScrollingLayer.m 파일로 이동한 다음 그 내용을 리스트 9.12, 9.13, 9.14로 대치하자.

리스트 9.12   GameplayScrollingLayer.m (Part 1/3)

```objc
// GameplayScrollingLayer.m
// SpaceViking
//
#import "GameplayScrollingLayer.h"

@implementation GameplayScrollingLayer
-(void)connectControlsWithJoystick:(SneakyJoystick*)leftJoystick
                    andJumpButton:(SneakyButton*)jumpButton
                  andAttackButton:(SneakyButton*)attackButton {
```

```objc
    Viking *viking = (Viking*)[sceneSpriteBatchNode
                            getChildByTag:kVikingSpriteTagValue];
    [viking setJoystick:leftJoystick];
    [viking setJumpButton:jumpButton];
    [viking setAttackButton:attackButton];
}


// 가로 길이가 두 배 크기인 백그라운드 스크롤링
-(void)addScrollingBackground {
    CGSize screenSize = [[CCDirector sharedDirector] winSize];
    CGSize levelSize = [[GameManager sharedGameManager]
                        getDimensionsOfCurrentScene];

    CCSprite *scrollingBackground;
    if (UI_USER_INTERFACE_IDIOM() == UIUserInterfaceIdiomPad) {
        // iPad
        scrollingBackground =
                [CCSprite spriteWithFile:@"FlatScrollingLayer.png"];
    } else {
        scrollingBackground =
                [CCSprite spriteWithFile:@"FlatScrollingLayeriPhone.png"];
    }
    [scrollingBackground setPosition:ccp(levelSize.width/2.0f,
                                    screenSize.height/2.0f)];
    [self addChild:scrollingBackground];
}


-(id)init {
    self = [super init];
    if (self != nil) {
        CGSize screenSize = [[CCDirector sharedDirector] winSize];

        if (UI_USER_INTERFACE_IDIOM() == UIUserInterfaceIdiomPad) {
            [[CCSpriteFrameCache sharedSpriteFrameCache]
                    addSpriteFramesWithFile:@"scene1atlas.plist"];
            sceneSpriteBatchNode =
                    [CCSpriteBatchNode
                        batchNodeWithFile:@"scene1atlas.png"];
        } else {
            [[CCSpriteFrameCache sharedSpriteFrameCache]
                    addSpriteFramesWithFile:@"scene1atlasiPhone.plist"];
            sceneSpriteBatchNode =
                    [CCSpriteBatchNode
                        batchNodeWithFile:@"scene1atlasiPhone.png"];
        }
```

```objc
    [self addChild:sceneSpriteBatchNode z:20];

    Viking *viking = [[Viking alloc]
                        initWithSpriteFrame:
                            [[CCSpriteFrameCache sharedSpriteFrameCache]
                            spriteFrameByName:@"sv_anim_1.png"]];
    [viking setJoystick:nil];
    [viking setJumpButton:nil];
    [viking setAttackButton:nil];
    [viking setPosition:ccp(screenSize.width * 0.35f,
                            screenSize.height * 0.14f)];
    [viking setCharacterHealth:100];
    [sceneSpriteBatchNode addChild:viking
                            z:1000 tag:kVikingSpriteTagValue];
    [self addScrollingBackground];
    [self scheduleUpdate];
    }
    return self;
}
```

connectControlsWithJoystick 메소드는 Viking과 ControlLayer에 있는 조이스틱 및 버튼의 레퍼런스를 묶는다. GameScene2 클래스는 두 layer에 접근할 수 있기 때문에 connectControlsWithJoystick 메소드를 사용하여 ControlLayer에서 가져온 조이스틱과 GameplayScrollingLayer에 있는 Viking을 연결시킨다.

addScrollingBackground 메소드는 이번 레벨에서 스크롤링 백그라운드를 셋업하는 곳이다. 리스트 9.12를 보면 addScrollingBackground 메소드가 단순히 가로가 2,048픽셀 크기의 배경 이미지를 가지고 시작하는 것을 알 수 있는데, 다음 섹션에서 이 부분을 parallex layer를 사용하는 것으로 바꿀 것이다.

init 메소드는 첫 번째 SpaceViking의 scene에서 사용된 GameplayLayer의 init과 거의 동일하게 시작한다. 이 시점에서는 조이스틱과 버튼이 nil로 지정되며, 나중에 connectControlsWithJoystick 메소드가 호출되어야 연결이 된다. 마지막으로 스크롤링 백그라운드가 추가되면서 init 메소드가 마무리된다.

이렇게 수정한 게임을 테스트하기 전에 update 메소드를 추가하여 GameplayScrollingLayer 클래스에 약간의 스크롤링 로직을 부여해야 한다. init 메소드 아래에 리스트 9.13의 내용을 추가하자.

```objc
#pragma mark SCROLLING_CALCULATION
-(void)adjustLayer {
    Viking *viking = (Viking*)[sceneSpriteBatchNode
                              getChildByTag:kVikingSpriteTagValue];    // 1
    float vikingXPosition = viking.position.x;                        // 2
    CGSize screenSize = [[CCDirector sharedDirector] winSize];        // 3
    float halfOfTheScreen = screenSize.width/2.0f;                    // 4
    CGSize levelSize = [[GameManager sharedGameManager]
                              getDimensionsOfCurrentScene];           // 5
    // 6
    if ((vikingXPosition > halfOfTheScreen) &&
        (vikingXPosition < (levelSize.width - halfOfTheScreen))) {
        // 백그라운드가 스크롤되어야 함
        float newXPosition = halfOfTheScreen - vikingXPosition;       // 7
        [self setPosition:ccp(newXPosition,self.position.y)];         // 8
    }
}
```

adjustLayer 메소드는 gameplayScrollingLayer를 움직여 Ole가 움직이는 것에 따라 화면을 왼쪽 또는 오른쪽으로 스크롤한다. 첫 번째 몇 줄은 화면 크기를 구하고 레벨의 전체 크기를 구하는 코드이다. Ole가 화면의 반 이상을 지나고 남은 화면 길이가 레벨의 끝까지의 길이보다 짧으면 layer가 스크롤된다. 그렇지 않으면 layer는 움직이지 않고 Ole는 스크린 안에서 움직인다. 줄 단위로 자세한 내용을 알아보자.

1. 유일한 Viking 태그값을 이용하여 SpriteBatchNode로부터 Viking 오브젝트를 얻는다.

2. Viking의 x좌표를 얻은 다음 별도의 float 변수에 보관한다. 레벨은 가로로만 스크롤되도록 디자인했기 때문에 y 좌표값은 무시된다. x 좌표값을 float 타입의 변수로 저장하는 것은 코드를 명확하게 하기 위해서이다. 여러분의 게임에서는 굳이 이렇게까지 하지 않아도 상관없다.

3. Cocod2D Director를 통해 스크린 크기를 구한다. 여기에서 구하는 것은 스크린 크기(iPad의 경우 1,024×768)이지 레벨 크기가 아니다. 스크린 크기는 Ole가 화면의 반을 넘었는지 여부를 확인하는 데 사용된다.

4. 화면 크기의 반을 구하여 `float` 변수에 저장한다. 다시 한 번 이야기하지만 이 줄은 개인적으로 명확하게 하기 위해 만든 코드이다. 여러분의 코드에서는 이렇게 하지 않아도 괜찮다.

5. 레벨 크기를 픽셀 단위로 구한다. 여기에서는 가로만 사용될 것이다.

6. Layer가 스크롤되어야 하는지를 결정한다. `if` 구문의 첫 번째 파트에서는 Ole의 위치가 화면의 반을 넘어섰는지를 확인하는데, 만일 그렇지 않다면 스크롤하지 않는다. 즉, 배경 이미지를 그대로 유지한 채로 Ole는 화면을 돌아다닐 수 있다. `if` 구문의 두 번째 파트에서는 Ole의 위치가 레벨 길이에서 화면 크기의 반을 뺀 것보다 작은지를 확인한다. 다시 말하면 Ole가 오른쪽으로 거의 다 왔다면 더이상 layer를 스크롤할 이유가 없다.

   이해를 좀 더 쉽게 하기 위하여 iPad를 예로 들어보자. iPad의 가로 길이는 1,024픽셀이다. 그리고 이번 레벨의 가로 길이는 그 두 배인 2,048픽셀이다. 만약 Ole가 첫 512픽셀이나 마지막 부분(1,536~2,048픽셀)에 있다면 스크롤할 이유가 없다. 그러나 그 사이에 Ole가 있다면 layer는 스크롤되어야 한다.

7. 얼마나 layer를 움직여야 하는지를 계산한다. Layer는 Viking이 움직인 거리에서 화면 크기의 반(스크롤되지 않는 부분)을 뺀 값만큼 움직이게 된다. 이 말이 이해가 잘 안가도 걱정하지 않아도 된다. 곧 어떻게 동작하는지 알게 될 것이다. `Viking`이 이미 새로운 위치로 움직였기 때문에 layer도 움직여야 하며, 이는 스크롤링으로 나타난다.

8. Layer의 x좌표를 갱신한다. y값은 그대로 유지한다.

이제 추가할 메소드가 하나만 남았다. 이 메소드까지 추가하고 나면 스크롤링을 테스트할 수 있게 된다. GameplayScrollingLayer.m의 `adjustLayer` 메소드 바로 다음에 리스트 9.14의 내용을 넣자.

리스트 9.14 **GameplayScrollingLayer.m (Part 3/3) – update 메소드**

```
#pragma mark -
-(void) update:(ccTime)deltaTime
{
```

```
        CCArray *listOfGameObjects =
                        [sceneSpriteBatchNode children];
        for (GameCharacter *tempChar in listOfGameObjects) {
            [tempChar updateStateWithDeltaTime:deltaTime
                        andListOfGameObjects:listOfGameObjects];
        }


        [self adjustLayer];

        // Viking이 죽었는지 확인
        GameCharacter *tempChar =
                        (GameCharacter*)[sceneSpriteBatchNode
                                        getChildByTag:kVikingSpriteTagVal
ue];
        if (([tempChar characterState] == kStateDead) &&
            ([tempChar numberOfRunningActions] == 0)) {
            [[GameManager sharedGameManager] setHasPlayerDied:YES];
            [[GameManager sharedGameManager]
                runSceneWithID:kLevelCompleteScene];
        }

        // RadarDish가 죽었는지 확인
        tempChar = (GameCharacter*)[sceneSpriteBatchNode
                                        getChildByTag:kRadarDishTagValue]
;
        if (([tempChar characterState] == kStateDead) &&
            ([tempChar numberOfRunningActions] == 0)) {
            [[GameManager sharedGameManager]
            runSceneWithID:kLevelCompleteScene];
        }
}
@end
```

update 메소드는 adjustLayer 메소드를 호출하는 부분이 들어간 것 말고는 예전
에 작성했던 것과 동일하다. for 루프를 통해 layer의 모든 GameObject를 업데이트
하고 나면 layer의 위치를 보정하고 그 다음에 Viking과 RadarDish가 죽었는지 확
인한다. Layer가 Viking의 위치에 따라 보정이 되는데, for 루프를 통해 Viking의
상태를 업데이트시킨 후에 layer 위치를 보정한다는 것이 중요하다.

이번 레벨을 테스트하기 전에 마지막으로 두 가지 간단한 수정이 필요하다. 즉,
GameManager가 GameScene2를 로드하고 실행시키도록 해야 하며 메뉴에서 [Dogs
of Loki!] 버튼을 누르면 MainMenuLayer가 GameManager를 호출해야 한다.

GameManager.m 파일을 열고 GameScene2 클래스를 import하는 구문을 추가
한다.

```
#import "GameScene2.h"
```

그 다음 runSceneWithID 메소드로 이동하여 switch 블록을 업데이트하는데
kGameLevel2 부분을 다음과 같이 고치면 된다.

```
case kGameLevel2:
    sceneToRun = [GameScene2 node];
    break;
```

switch 분기인 kGameLevel2 안에 있던 return 문을 없애야 한다. 그렇지 않으면
GameScene2 scene이 초기화되지 않아 오디오도 로드되지 않을 뿐만 아니라 director도 새
로운 scene으로 옮길 수가 없다.

MainMenuLayer.m 파일을 열고 playScene 메소드를 리스트 9.15와 같이 바꾸자.

리스트 9.15 MainMenuLayer.m 파일의 playScene 메소드의 업데이트 버전

```objc
-(void)playScene:(CCMenuItemFont*)itemPassedIn {
    if ([itemPassedIn tag] == 1) {
        [[GameManager sharedGameManager] runSceneWithID:kIntroScene];
    } else if ([itemPassedIn tag] == 2) {
        [[GameManager sharedGameManager] runSceneWithID:kGameLevel2];
    } else if ([itemPassedIn tag] == 3) {
        [[GameManager sharedGameManager] runSceneWithID:kGameLevel3];
    } else if ([itemPassedIn tag] == 4) {
        [[GameManager sharedGameManager] runSceneWithID:kGameLevel4];
    } else if ([itemPassedIn tag] == 5) {
        [[GameManager sharedGameManager] runSceneWithID:kGameLevel5];
    } else {
        CCLOG(@"Unexpected item. Tag was: %d", [itemPassedIn tag]);
    }
}
```

kGameLevel2 분기는 Dogs of Loki를 위한 부분이다. 나머지는 이후에 다룬다. 이

제 Xcode에서 [Run]을 클릭하여 게임을 실행시키고 Dogs of Loki 레벨을 선택하면
Ole를 오른쪽으로 제대로 이동시킬 수 있게 된다. Ole가 화면의 반을 넘어서면 배경
화면이 스크롤 되는 것을 확인할 수 있을 것이다. 그림 9.3은 Ole가 왼쪽에서 오른쪽
으로 움직였을 때 스크롤되는 모습을 보여준다.

| 그림 9.3 | Space Viking 레벨 2에서 보여주는 스크롤링

지금까지는 스크롤링에 대한 출발이 좋다. 단, 배경 간의 서로 다른 깊이 처리를

하지 않았기 때문에 아직 Ole가 커다란 외계 영역을 돌아다니는 느낌이 들지 않을 것이다. 다음 섹션에서 layer에 parallax 노드를 추가하여 여러 배경을 동시에 스크롤시켜 마치 3D 스크롤링 효과를 느끼도록 할 것이다.

 Parallax Layer를 이용하는 스크롤링

이전 섹션에서 두 개의 layer로 이루어진 배경을 스크롤링하는 scene을 만들었다. 하나는 고정된 모습의 외계 사막이었고 나머지는 Ole와 함께 움직이는 바위와 산 그림이었다. 이제 이 게임에 깊이감을 부여하기 위해 여러 개의 배경 layer를 각기 다른 속도로 스크롤되게 만들 것이다. 이러한 이펙트를 시각화하기 위해 다시 한 번 자동차나 기차의 창 밖을 보는 것을 상상해보기 바란다. 길가에 있는 풀이나 길 가장자리는 굉장히 빨리 움직이지만 그보다 조금 떨어진 나무는 조금 천천히 움직이고 산과 같이 아주 멀리 떨어져 있는 것들은 가장 느리게 움직일 것이다. Cocos2D 게임에서는 이러한 layer에 현실과 같은 깊이를 부여할 수는 없다. 그러나 다른 속도로 스크롤시키면 이와 비슷한 효과를 얻을 수 있다. 이제 약간의 작업만 해주면 플레이어의 뇌가 알아서 깊이 효과를 느낄 것이다.

여러분은 직접 아이템을 수동으로 스크롤시킬 필요가 없다. Cocos2D는 `CCParallaxNode`라는 아주 편리한 클래스를 제공하여 스크롤링을 도와준다. `Parallax` 노드는 Cocos2D의 특별한 부모 노드로, 보모 자체가 스크롤되는 속도에 상대적인 다른 속도를 자식 노드에 부여할 수 있다. 이해를 돕기 위해 코드를 수정해보자.

`GameplayScrollingLayer.m` 파일을 열고 새로운 메소드 `addScrollingBackgroundWithParallax`를 init 메소드 위에 추가하자. 리스트 9.16이 새로 추가되는 `addScrollingBackgroundWithParallax` 메소드다.

> **리스트 9.16** <u>GameplayScrollingLayer.m 파일의 addScrollingBackgroundWithParallax 메소드</u>

```
// 세 개의 parallax 배경을 스크롤
-(void)addScrollingBackgroundWithParallax {
```

```objc
CGSize screenSize = [[CCDirector sharedDirector] winSize];
CGSize levelSize = [[GameManager sharedGameManager]
                             getDimensionsOfCurrentScene];

CCSprite *BGLayer1;
CCSprite *BGLayer2;
CCSprite *BGLayer3;

if (UI_USER_INTERFACE_IDIOM() == UIUserInterfaceIdiomPad) {
    // iPad
    BGLayer1 = [CCSprite spriteWithFile:@"chap9_scrolling4.png"];
    BGLayer2 = [CCSprite spriteWithFile:@"chap9_scrolling2.png"];
    BGLayer3 = [CCSprite spriteWithFile:@"chap9_scrolling3.png"];
} else {
    BGLayer1 = [CCSprite
                    spriteWithFile:@"chap9_scrolling4iPhone.png"];
    BGLayer2 = [CCSprite
                    spriteWithFile:@"chap9_scrolling2iPhone.png"];
    BGLayer3 = [CCSprite
                    spriteWithFile:@"chap9_scrolling3iPhone.png"];
}
// chap9_scrolling4는 땅이다.
// chap9_scrolling2는 커다란 산이다.
// chap9_scrolling3은 작은 바위다.


parallaxNode = [CCParallaxNode node];
[parallaxNode
    setPosition:ccp(levelSize.width/2.0f,screenSize.height/2.0f)];
float xOffset = 0;

// 땅은 1,1의 비율로 움직인다.
[parallaxNode addChild:BGLayer1 z:40 parallaxRatio:ccp(1.0f,1.0f)
            positionOffset:ccp(0.0f,0.0f)];

xOffset = (levelSize.width/2) * 0.3f;
[parallaxNode addChild:BGLayer2 z:20 parallaxRatio:ccp(0.2f,1.0f)
            positionOffset:ccp(xOffset, 0)];

xOffset = (levelSize.width/2) * 0.8f;
[parallaxNode addChild:BGLayer3 z:30 parallaxRatio:ccp(0.7f,1.0f)
            positionOffset:ccp(xOffset, 0)];
[self addChild:parallaxNode z:10];
}
```

스크롤링 — 방대한 게임 월드의 필수 요소

addScrollingBackgroundWithParallax 메소드의 첫 부분은 parallax 배경으로 사용할 세 개의 CCSprite를 만드는 것이다. 그런 다음 CCParallax 노드를 인스턴스화한다. 세 개의 백그라운드는 각각 parallaxRatio와 positionOffset이 지정되는데, 이때 땅을 제일 먼저, 다음으로 산과 작은 바위를 추가했지만 각각의 z값에 따라 위치가 정해진다. 그래서 땅은 z값으로 40을, 바위는 30을, 산은 20을 부여받았다.

CCSprite의 위치는 CCParallaxNode의 위치에 기반하는데, CCParallaxNode의 자식의 위치가 어떻게 계산되는지 이해하기 위해 ParallaxNode 클래스의 addChild 메소드가 어떻게 구현되었는지 리스트 9.17을 통해 확인해보자.

리스트 9.17 CCParallaxNode 클래스의 addChild 메소드

```
CGPoint pos = self.position;
    float x = pos.x * ratio.x + offset.x;
    float y = pos.y * ratio.y + offset.y;
    child.position = ccp(x,y);
```

자식의 layer 위치는 CCParallaxNode 위치에 ratio값을 곱한 다음 offset을 더한 값으로 계산된다. 스크롤링 백그라운드의 두 번째 layer는 x축 ratio값이 0.7이다. 이미 CCParallax Node의 위치를 x축으로 1,024로 지정하였기 때문이다. 이 말은 두 번째 layer는 716.8픽셀(1,024×0.7)에 위치함을 의미한다. 이렇게 하면 layer가 왼쪽으로 쏠려서 나타날 것이기 때문에 offset을 통해 정확한 초기 위치로 보정해주는 것이다.

Offset은 ratio에 의해 왜곡된 layer의 위치를 보정해주는 역할을 한다. Space Viking의 경우, offset값을 더하여 layer의 초기 x축 위치가 scene의 가운데로 오도록 하는 것을 볼 수 있다. 여러분의 게임을 개발할 때는 디자인에 따라 고유의 offset을 지정할 것이다. 그래서 어떤 배경은 나중에야 나타나게 될 수도 있을 것이다.

리스트 9.15에서 알 수 있듯이, 가장 전면에 있는 백그라운드 layer(BGLayer3)는 CCParallaxNode가 x축을 따라 한 픽셀씩 움직일 때마다 0.7픽셀씩 움직이게 된다. 그리고 가장 멀리 있는 layer(BGLayer2)는 한 번에 0.3픽셀씩 움직인다.

Parallax 스크롤링이 동작하는 것을 보기 위하여 addScrollingBackground를 주

석 처리하고 addScrollingBackgroundWithParallax 호출 부분을 init 메소드에
추가하자(리스트 9.18).

 GameplayScrollingLayer의 init 메소드가 수정된 부분

```
//[self addScrollingBackground];
[self addScrollingBackgroundWithParallax];
```

이제 [Run]을 클릭하면 네 개의 layer가 배경으로 구성된 새로운 게임을 보게 될
것이다. 네 개의 layer는 한 개의 고정된 백그라운드와 세 개의 CCParallaxNode로
구성되어 있다. Ole를 오른쪽으로 이동시키면서 배경이 어떻게 스크롤되는지 확인
해보자. 그림. 9.4는 Ole와 네 개의 배경 layer(땅, 바위, 산, 하늘)를 보여준다.

| **그림 9.4** | Ole가 네 개의 배경 layer와 함께 있는 모습

이제 스크롤링을 지원하는 레벨을 만드는 첫 단계를 건넜다. 아마도 여러분의 머
리속에 스크롤링을 활용한 다양한 아이디어가 떠오르고 있을 것이다. 다음 섹션에서
는 무한정으로 스크롤하는 방법에 대해 설명한다 . 그런 다음 타일 맵으로 이어갈 것
이다.

▶▶▶ 무한 스크롤

왼쪽/오른쪽으로 스크롤하는 것은 대단히 유용하며 좌우 스크롤까지만 사용하는 게임도 굉장히 많다. 그러나 간혹 여러분의 게임에는 끝없이 스크롤되는 배경이 필요할 수도 있기 때문에 그것을 구현하는 방법을 익혀두는 것도 좋다.

무한 스크롤을 구현하는 방법을 알기 위해 앞에서 만든 게임 플레이 scene 앞에 단편 scene을 생성해야 한다. 이 단편 scene은 Ole가 떠다니는 발판 위에서 날아가는데, 배경으로는 여러 가지 구름이 지나간다. 구름은 플레이어가 화면을 터치할 때까지 계속 지나간다. 이 예제에서는 구름이 오른쪽에서 왼쪽으로 계속해서 스크롤되지만 그것 말고는 다른 일이 일어나지 않는다. 물론 이번 섹션의 내용을 바탕으로 여러분의 게임에서는 왼쪽에서 오른쪽으로, 위에서 아래로, 혹은 아래에서 위로 스크롤되도록 구현할 수 있다.

그러면 Xcode에서 `CutSceneForLevel2`라는 새로운 그룹을 Scenes 그룹 아래에 만들자. 무한 스크롤이 구현되는 단편 scene을 두 번째 게임 레벨과 별도의 그룹으로 만들기 때문에 무한 스크롤에 대한 로직을 이해하기도 쉽고, 나중에 여러분의 게임에 재사용하기도 용이하다.

무한 스크롤링을 수행하기 위해 각기 랜덤한 속도로 오른쪽에서 왼쪽으로 움직이는 25개의 구름 세트를 만들 것이다. 구름이 왼쪽으로 가고 나면 다시 화면 오른쪽 밖의 새로운 위치로 이동한다. 그러면 구름은 다시 오른쪽에서 왼쪽으로 움직이게 된다. 화면 전체로 보면 Ole는 그저 화면 중앙에 고정되어 있지만 마치 하늘을 날아가는 것처럼 보이게 된다. 그것은 우리의 뇌가 배경이 이동하는 모습을 보면서 Ole는 고정되어 있음에도 불구하고 마치 Ole가 움직이는 것처럼 인식하기 때문이다. 추후에 여러분이 하늘을 나는 2D 게임이나 슈팅 게임을 개발할 때 이러한 테크닉을 활용한다면 여러분의 캐릭터가 마치 지표면 위에서 나는 것처럼 구현할 수 있을 것이다.

이론 설명은 이정도면 충분하다. 이제 실제 코드를 보면서 어떻게 구현했는지 살펴보자. 우선 스크롤링 백그라운드를 통해 그 로직을 파악해보자. 다음의 내용을 쫓다 보면 어느새 여러분은 Cocos2D의 단편 scene을 갖게 될 것이다.

Scrolling Layer 생성

단편 scene에서 사용하는 스크롤링 layer는 저마다의 속도로 오른쪽에서 왼쪽으로 스크롤되는 구름 세트를 갖는다. 그림 9.5는 구름이 Ole와 발판과 함께 어떻게 나타나는지를 보여준다.

| **그림 9.5** | 발판 위에 있는 Ole가 스크롤 되는 구름 앞에 있는 모습을 보여주는 레벨 2의 단편 scene

이 단편 scene을 가능한 효율적으로 구현하기 위해 텍스처 아틀라스에 구름, 바이킹, 발판 이미지를 모두 넣을 것이다. 이번 챕터의 시작 부분에서 [Parallax Backgrounds] 폴더를 SpaceViking 프로젝트에 담았는데, 그 폴더를 보면 두 개의 서브 폴더 [ScrollingCloudsBackgrounds]와 [ScrollingCloudsTextureAtlases]를 볼 수 있는데, 각각 고정된 배경과 텍스처 아틀라스가 된다. 그 안에는 앞에서 만들고 사용한 것과 동일한 iPhone, iPhone 4, iPad 용 크기로 제작된 배경 이미지와 텍스처 아틀라스가 들어있다.

이제 새로운 오브젝티브-C 클래스를 PlatformScrollingLayer.m 이라는 이름으로 CutSceneForLevel2 그룹에 만들자. 이때 CCLayer의 서브클래스로 지정한다.

PlatformScrollingLayer.h 파일을 열고 리스트 9.19의 내용으로 대체하자.

리스트 9.19 PlatformScrollingLayer.h

```objc
// PlatformScrollingLayer.h
// SpaceViking
//
#import <Foundation/Foundation.h>
#import "cocos2d.h"
#import "Constants.h"

@interface PlatformScrollingLayer : CCLayer {
    CCSpriteBatchNode *scrollingBatchNode;
}
@end
```

PlatformScrollingLayer.h 파일은 오직 Cocos2D과 Constants.h 파일만을 import 하고, scene에서 사용할 `CCSpriteBatchNode`를 인스턴스 변수로 선언하고 있다.

CCSpriteBatchNode에 대하여

스크롤링 layer는 여섯 개의 텍스처를 사용하여 많은 수의 구름을 만들었는데, 이 텍스처들은 텍스처 아틀라스에 한데 묶고 `CCSpriteBatchNode`에서 렌더링되도록 하는 것이 훨씬 효율적이다. 이번 챕터에서 보게 되겠지만 이 scene에는 25개의 구름과 Ole와 발판 등 총 27개의 스프라이트가 있다. `CCSpriteBatchNode`를 사용하면 OpenGL ES의 bind 호출을 27번에서 1번으로 줄이고 draw 호출을 배치작업으로 돌릴 수 있기 때문에 더 좋은 성능을 보여준다.

이제 PlatformScrollingLayer.m 파일로 이동하여 그 내용을 리스트 9.20으로 바꾸자.

리스트 9.20 PlatformScrollingLayer.m (Part 1/6) – 선언문과 init 메소드

```objc
// PlatformScrollingLayer.m
// SpaceViking
//
#import "PlatformScrollingLayer.h"
#import "GameManager.h"
```

```objc
@interface PlatformScrollingLayer (PrivateMethods)
-(void)resetCloudWithNode:(id)node;
-(void)createCloud;
-(void)createVikingAndPlatform;
-(void)createStaticBackground;
@end

@implementation PlatformScrollingLayer

-(id)init {
    self = [super init];
    if (self != nil) {
        srandom(time(NULL));
        self.isTouchEnabled = YES;
        if (UI_USER_INTERFACE_IDIOM() == UIUserInterfaceIdiomPad) {
            // iPad
            [[CCSpriteFrameCache sharedSpriteFrameCache]
                addSpriteFramesWithFile:
                    @"ScrollingCloudsTextureAtlas.plist"];
            scrollingBatchNode = [CCSpriteBatchNode
                batchNodeWithFile:@"ScrollingCloudsTextureAtlas.png"];
        } else {
            [[CCSpriteFrameCache sharedSpriteFrameCache]
                addSpriteFramesWithFile:
                    @"ScrollingCloudsTextureAtlasiPhone.plist"];
            scrollingBatchNode = [CCSpriteBatchNode
                batchNodeWithFile:@"ScrollingCloudsTextureAtlasiPhone.png"];
        }

        [self addChild:scrollingBatchNode];

        [self createStaticBackground];

        for (int x=0; x < 25; x++) {
            [self createCloud];
        }

        [self createVikingAndPlatform];
    }
    return self;
}
```

두 번째 @interface 선언은 PlatformScrollingLayer의 카테고리가 되어 이 메
소드들은 PlatformScrollingLayer 클래스 내에서만 호출된다. 그동안 init 메소

드는 파일의 맨 마지막에 왔는데, 호출되는 메소드는 호출되기 전에 선언되거나 정의되어야 하기 때문이다.

두 번째 `@interface` 선언부에서는 `PlatformScrollingLayer`에서 내부적으로 사용되는 네 개의 메소드를 선언하는데, 각각 구름을 만들고, 리셋하고, 바이킹, 발판, 배경을 만드는 데 사용된다. `init` 메소드에서는 `CCSpriteFrameCache`를 이용해 ScrollingCloudsTextureAtlas.plist 파일로부터 스프라이트 프레임을 가져오도록 한다. 이 텍스처 아틀라스 안에는 구름, Ole, 발판 그림이 들어있다. `scrolling BatchNode`는 텍스처 아틀라스 PNG와 함께 초기화되어 layer에 추가된다.

계속해서 고정된 배경을 생성하는 메소드 호출이 나오고, 이어서 `for` 루프를 통해 25개의 구름을 `createCloud` 메소드를 사용하여 초기화하는 것을 볼 수 있다. 루프 다음에는 `createVikingAndPlatform` 메소드가 호출되어 Ole와 발판을 추가한다. 아마 메소드 이름을 통해 쉽게 예상할 수 있었을 것이다.

리스트 9.21의 내용을 PlatformScrollingLayer.m에 추가하여 고정된 배경을 생성하도록 하자.

리스트 9.21 PlatformScrollingLayer.m (Part 2/6) — createStaticBackground 메소드

```
-(void)createStaticBackground {
    CGSize screenSize = [CCDirector sharedDirector].winSize;
    CCSprite *background;
    if (UI_USER_INTERFACE_IDIOM() == UIUserInterfaceIdiomPad) {
        // iPad
        background =
            [CCSprite spriteWithFile:@"tiles_grad_bkgrnd.png"];
    } else {
```

```objc
    background =
        [CCSprite spriteWithFile:@"tiles_grad_bkgrndiPhone.png"];
    }

    [background setPosition:
                ccp(screenSize.width/2.0f, screenSize.height/2.0f)];
    [self addChild:background];
}
```

createStaticBackground 메소드는 이번 레벨의 배경으로 사용하기 위하여 달과 하늘 그림이 있는 새로운 CCSprite를 셋업한 다음 layer에 추가한다. 배경 이미지는 iPad 스크린의 전체 크기를 갖기 때문에 화면의 가운데에 두었다. 그리고 배경 이미지가 가장 먼저 layer에 추가되었기 때문에 CCSpriteBatchNode의 z값보다 더 낮은 값을 지정해야 한다. 그렇게 해야 배경 이미지가 구름 뒤에 나타난다.

다음으로 리스트 9.22의 내용을 PlatformScrollingLayer.m 파일에 추가하여 createCloud 메소드를 추가하자.

리스트 9.22 PlatformScrollingLayer.m (Part 3/6) – createCloud 메소드

```objc
-(void)createCloud {
    int cloudToDraw = random() % 6; // 0에서 5까지
    NSString *cloudFileName =
                [NSString stringWithFormat:@"tiles_cloud%d.png",cloudToDraw];
    CCSprite *cloudSprite =
                [CCSprite spriteWithSpriteFrameName:cloudFileName];
    [scrollingBatchNode addChild:cloudSprite];
    [self resetCloudWithNode:cloudSprite];
}
```

구름에 해당하는 파일 이름은 tiles_cloud0.png부터 tiles_cloud5.png이다. 그래서 0에서 5까지의 숫자 중에서 하나를 무작위로 선택하여 구름을 만드는데 여섯 개의 이미지 중 하나를 사용하도록 하였다. 구름 PNG 파일들은 모두 텍스처 아틀라스 PNG 안에 있으며, 그렇기 때문에 파일 이름으로 해당 스프라이트 프레임을 찾을 수 있다. 텍스처 아틀라스는 TexturePacker를 사용하여 제작했기 때문에 각각의 원본 이미지 파일 이름을 이미지 프레임의 이름으로 사용했던 것을 기억할 것이다.

cloudSprite가 여섯 개의 구름 이미지 중 하나로 만들어지면 CCSpriteBatchNode 클래스의 scrollingBatchNode 오브젝트에 추가시킨다. 그런 다음 cloudSprite는 resetCloudWithNode 메소드로 전달되는데, resetCloudWithNode 메소드를 통해 오른쪽에서 왼쪽으로 이동하기 위한 시작 지점으로 가게 된다. 그러면 resetCloudWithNode 메소드를 리스트 9.23을 통해 살펴보자. 이 코드를 계속해서 PlatformScrollingLayer.m 파일에 이어붙이자.

리스트 9.23 PlatformScrollingLayer.m (Part 4/6) − resetCloudWithNode 메소드

```objc
-(void)resetCloudWithNode:(id)node {
    CGSize screenSize = [CCDirector sharedDirector].winSize;        // 1
    CCNode *cloud = (CCNode*)node;                                  // 2
    float xOffSet = [cloud boundingBox].size.width /2;              // 3

    int xPosition = screenSize.width + 1 + xOffSet;                 // 4
    int yPosition = random() % (int)screenSize.height;             // 5

    [cloud setPosition:ccp(xPosition,yPosition)];                   // 6

    int moveDuration = random() % kMaxCloudMoveDuration;           // 7
    if (moveDuration < kMinCloudMoveDuration) {
        moveDuration = kMinCloudMoveDuration;                      // 8
    }

    float offScreenXPosition = (xOffSet * -1) - 1;                 // 9

    // 10
    id moveAction = [CCMoveTo actionWithDuration:moveDuration
                        position: ccp(offScreenXPosition,[cloud position].y)];
    id resetAction = [CCCallFuncN
                    actionWithTarget:self
                    selector:@selector(resetCloudWithNode:)];
    id sequenceAction = [CCSequence
                        actions:moveAction,resetAction,nil];

    [cloud runAction:sequenceAction];                              // 11

    int newZOrder = kMaxCloudMoveDuration - moveDuration;          // 12

    [scrollingBatchNode reorderChild:cloud z:newZOrder];          // 13
}
```

상위 개념에서 봤을 때 resetCloud 메소드는 구름의 위치를 화면 바깥의 오른쪽 부분에 놓고 CCMove 액션을 랜덤한 스피드로 적용시켜 구름이 오른쪽에서 왼쪽으로 움직이도록 동작한다. z값은 구름의 속도를 기반으로 하여 더 빠른 구름이 더 앞에 오도록 하고 더 느린 구름은 더 뒤에 있도록 한다. 구름의 이동이 끝나면 resetCloud 메소드가 다시 호출되어 구름의 위치를 다시 화면 바깥의 오른쪽 부분에 랜덤하게 지정하고, 오른쪽에서 왼쪽으로 움직이는 액션을 다시 시작한다. 그러면 resetCloud 메소드를 코드와 함께 자세히 살펴보자.

1. CCDirector를 통해 스크린 크기를 구한다. 스크린 크기는 오른쪽과 왼쪽에서 얼마나 멀리 떨어져야 보이지 않게 되는지를 계산하기 위해 사용된다.

2. 타입 캐스팅을 통해 id 타입의 node를 CCNode 타입으로 바꾼다. resetCloud 메소드는 createCloud 메소드와 CCCallFuncN 액션에 의해 호출되는데, CCCallFuncN 액션은 파라미터를 일반적인 타입의 id 타입으로 전달하기 때문이다. 물론 resetCloud 메소드에 전달되는 파라미터의 타입이 CCNode의 서브클래스인 CCSprite라는 사실을 알고 있더라도 id 타입으로 넘어간다. CCNode 타입으로 타입 캐스팅을 하는 것은 코드를 보다 명확하게 하기 위해서이다. id 타입에 불편을 느끼지 않는다면 타입 캐스팅 부분은 생략해도 무관하다.

3. x축의 offset값을 구름 이미지의 가로 길이의 반으로 지정한다. Chapter 6에서 Cocod2D 오브젝트의 anchor point가 기본적으로 이미지의 정 가운데가 된다고 설명하였다. 그래서 이미지를 이리저리 움직이면 가운데 지점을 기준으로 하여 이동하게 된다. Anchor point가 중앙에 있으므로, 이미지 가로 길이의 반을 알아야 화면의 오른쪽 바깥으로 보이지 않게 하는 지점을 계산할 수 있다.
이 얘기를 반복해서 하는 이유는 이 부분을 이해하는 것이 매우 중요하기 때문이다. 구름 이미지는 가운데 지점을 기준으로 하여 움직이게 된다. 그래서 만일 이 지점이 구름 이미지 가로 길이의 반과 스크린의 가로 길이를 더한 값이 된다면 구름은 화면 오른쪽 바깥에 위치하고 있는 것이다. 같은 방법으로, 이 지점이 0에서 구름 이미지 가로 길이의 반을 뺀 값이 된다면 구름은 화면 왼쪽 바깥에 위치하고 있는 것이다. x축의 0은 스크린의 맨 왼쪽 가장자리 지점이라는 것을 기억하기 바란다. 그림 9.6은 구름, anchor point, 위치에 대해 이미지로 설명하고 있다.

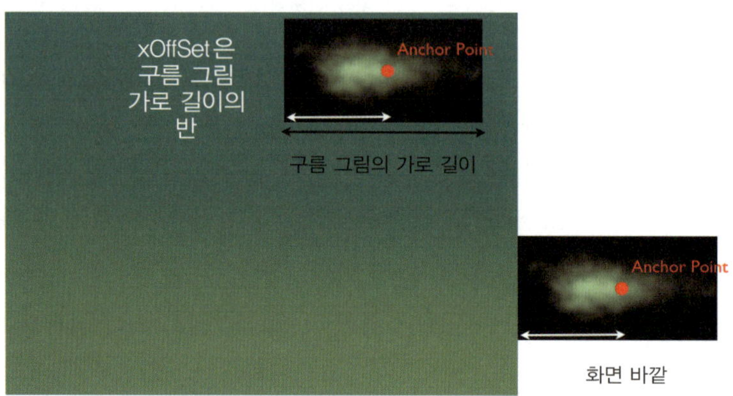

| 그림 9.6 | 구름 anchor point, 가로, 위치

4. 변수 xPosition값을 화면의 오른쪽 바깥으로 지정한다. 스크린 가로 길이에 구름 이미지 가로 길이의 반(xOffSet)을 더하고 1픽셀을 더 더하면 구름이 화면 오른쪽 밖으로 나가서 보이지 않게 된다.

5. 변수 yPosition값을 스크린 세로 길이 내에서 랜덤하게 지정한다.

6. 구름의 위치를 4, 5단계에서 계산한 새로운 x, y값으로 설정한다.

7. 이동 시간을 0부터 max값 사이에서 랜덤하게 구한다. maxMoveDuration과 minMoveDuration은 리스트 9.26의 #define 문에서 볼 수 있다.

8. 이동 시간이 최소한 min값은 되도록 보정한다. 이동 시간은 초 단위이다.

9. 구름이 화면 왼쪽 바깥으로 나가게 되는 x 위치를 계산한다. 구름은 오른쪽에서 출발하여 왼쪽으로 이동하는데 이 값을 가지고 구름이 왼쪽 화면 바깥으로 나갔는지 여부를 판단한다. 그림 9.6은 구름이 왼쪽 바깥으로 나갔을 때의 모습을 보여준다.

10. 구름의 move와 reset 액션을 생성한다. Move 액션은 구름을 화면 오른쪽 바깥부터 화면을 통과하여 왼쪽 바깥으로 이동시킨다. 구름의 move 액션이 끝

나면 `CCCallFuncN`이 `resetCloud` 메소드를 호출하여 구름을 리셋시킨다. `CCSequence` 액션은 move와 reset을 하나의 시퀀스로 만든다.

11. `CCSequence` 액션을 실행시켜 오른쪽에서 왼쪽으로 움직이는 move 액션이 시작된다.

12. 새로운 z값을 계산한다. Chapter 2에서 언급했듯이, Cocos2D에서는 z값을 이용하여 `CCSprite`의 앞뒤관계를 결정한다. 즉, z값이 클수록 화면 전면에 배치되며 z값이 작을수록 후면에 배치된다. 바꾸어 말하면 같은 layer나 `CCSpriteBatchNode` 중에서 높은 z값을 갖는 `CCSprite`가 낮은 z값을 갖는 것보다 앞에 나타난다.

    이 줄에서는 현재의 이동 시간을 최대 이동 시간에서 뺀 값을 z값으로 사용하였다. 만일 최대 이동 시간을 10초라고 하고 현재의 이동 시간을 2초라고 가정한다면, 새로운 z값은 10에서 2를 뺀 8이 되는 것이다. 그래서 구름이 6초와 같이 긴 이동 시간을 갖는다면 새로운 z값은 4가 된다. 즉, z값이 8인 구름이 z값이 4인 구름 앞에 그려지게 된다. 이와 같이 z값을 계산하고 바꾸어주면 더 빨리 움직이는(이동 시간이 짧은) 구름이 더 천천히 움직이는 구름 앞에 나타나게 된다. 이것이 바로 빨리 움직이는 아이템을 전면에, 천천히 움직이는 아이템을 후면에 배치하는 핵심 로직이 된다.

13. `CCSpriteBatchNode`로 하여금 새로운 z값을 부여받은 구름의 위치를 재배치하도록 한다. 이렇게 하면 자신보다 더 빨리 움직이는 구름과 더 느리게 움직이는 구름 사이에 위치하게 된다.

팁과 트릭

가끔 경험이 많은 게임 개발자로부터 게임 개발의 대부분은 트릭으로 채워지며, 그 핵심은 자신이 원하는 이펙트를 구현하기 위하여 어떠한 트릭을 사용하는가를 익히는 것이라는 말을 듣는다. 즉, 굳이 현실 세계를 그대로 게임에 반영하려고 할 필요가 없다는 것이다. 대표적인 예로 2단계 레벨에서 Ole를 화면 중앙에 놓은 채로 어떻게 움직이게 했는지를 떠올려보자. 게임을 플레이해보면 Ole가 화면 중앙에 있음에도 불구하고 레벨을 이리저리 움직인다고 느껴지지 않는가?

이제 두 개의 메소드만 `PlatformScrollingLayer`에 추가하면 된다. 하나는 `createVikingAndPlatform` 메소드로 리스트 9.24에 실려 있다. 이 내용을 PlatformScrollingLayer.m 파일에 이어 붙이자.

리스트 9.24 PlatformScrollingLayer.m (Part 5/6) – createVikingAndPlatform 메소드

```objc
-(void)createVikingAndPlatform {
    CGSize screenSize = [CCDirector sharedDirector].winSize;          // 1
    int nextZValue = [scrollingBatchNode children].count + 1;         // 2

    // 3
    CCSprite *platform =
                   [CCSprite spriteWithSpriteFrameName:@"platform.png"];
    [platform setPosition:
                   ccp(screenSize.width/2,
                       screenSize.height * 0.09f)];
    [scrollingBatchNode addChild:platform z:nextZValue];

    nextZValue = nextZValue + 1;                                      // 4

    //5
    CCSprite *viking =
                   [CCSprite spriteWithSpriteFrameName:@"sv_anim_1.png"];
    [viking setPosition:
                   ccp(screenSize.width/2,
                       screenSize.height * 0.23f)];
    [scrollingBatchNode addChild:viking z:nextZValue];
}
```

`createVikingAndPlatform` 메소드는 다음과 같이 동작한다.

1. 화면의 크기를 구한다. 이 정보는 Ole와 발판의 위치를 참조하는 데 사용된다.
2. `nextZValue`라는 변수의 값을 설정하는데, 이렇게 해서 Ole와 발판이 다른 구름보다 앞에 위치하도록 한다. `scrollingBatchNode`에서 모든 자식에 대한 CCArray를 가져온 다음, 이것을 이용하여 array의 요소 개수를 얻는다. 이런식으로 코드를 작성하면 구름의 개수에 관계 없이 Viking과 발판의 z값이 다른 모든 구름의 z값보다 크게 되고, 이는 곧 맨 앞에 나타남을 의미한다. 만일 구름의 개수가 50개나 100개라는 것을 알고 있다면 z값을 101이나 심지어는 2,000

으로 지정해도 될 것이다.

3. 발판을 위한 새로운 CCSprite를 생성하고 그 위치를 화면 바닥의 중앙으로 지정한다. 이때 화면 크기 정보가 사용되어 바닥의 중앙 지점을 계산하게 된다. 그런 다음 새로운 CCSprite는 CCSpriteBatchNode 클래스의 scrollingBatchNode에 추가된다.

4. z값을 하나 더 증가시켜 Ole가 발판 앞에 나타나도록 한다.

5. Ole에 대한 새로운 CCSprite를 만든 다음 화면 중앙 아래에 있는 발판 바로 위에 놓는다. Ole의 새로운 CCSprite는 scrollingBatchNode에 추가된다.

앞의 코드들은 구름, 발판, Ole를 셋업시킨 다음 화면에 렌더링한다. 지금까지 작성한 부분이 단편 scene에서 구현해야 할 내용이었는데, 이제 마지막으로 단편 scene에서 레벨 2로 이동하도록 하는 부분이 남았다. PlatformScrollingLayer는 이미 터치 이벤트에 대한 준비가 되어있기 때문에 ccTouchesBegan 메소드만 추가해주면 된다. 리스트 9.25의 내용을 PlatformScrollingLayer.m에 추가하자.

스크롤링 — 방대한 게임 월드의 필수 요소

리스트 9.25 PlatformScrollingLayer.m (Part 6/6) – ccTouchesBegan 메소드

```
-(void)ccTouchesBegan:(NSSet *)touches withEvent:(UIEvent *)event {
    [[GameManager sharedGameManager] runSceneWithID:kGameLevel2];
}
@end
```

ccTouchesBegan 메소드는 단순히 GameManager를 통해 게임 레벨 2 scene으로 바꾸도록 한다.

이제 단편 scene을 지원하기 위해 Constants.h 파일에 상수를 추가하면 된다. Constants.h 파일을 열고 리스트 9.26을 #define 부분에 추가하자.

리스트 9.26 PlatformScrollingLayer.m에서 사용하는 Constants.h의 #define

```
// Defines for Cloud Scrolling Scene
#define kMaxCloudMoveDuration 10
#define kMinCloudMoveDuration 1
```

이제 프로젝트를 빌드하여 오타가 있는지 확인하자. 문제가 없다면 단편 scene을 생성하고 로직을 `GameManager` 클래스에 추가하여 단편 scene을 플레이할 수 있도록 만들자.

Platform Scene 생성

단편 scene은 하나의 스크롤링 layer로 구성된 새로운 Cocos2D scene이 될 것이다. 그러면 [CutSceneForLevel2] 그룹에 PlatformScene.m이라는 이름의 새로운 오브젝티브-C 클래스를 `CCScene`의 서브클래스로 생성하자. PlatformScene.h 파일을 열고 그 내용을 리스트 9.27로 대체하자.

리스트 9.27　PlatformScene.h

```objc
// PlatformScene.h
// SpaceViking
//
#import <Foundation/Foundation.h>
#import "cocos2d.h"
#import "PlatformScrollingLayer.h"

@interface PlatformScene : CCScene {
}
@end
```

이제 이와 같은 헤더 파일의 형태는 아주 익숙해졌을 것이다. `PlatformScene`은 `CCScene`으로부터 상속받으며 스크롤링 백그라운드 클래스를 import한다.

PlatformScene.m 파일로 이동하여 리스트 9.28의 내용으로 채우자.

리스트 9.28　PlatformScene.m

```objc
// PlatformScene.m
// SpaceViking
//
#import "PlatformScene.h"

@implementation PlatformScene
-(id)init {
```

```
        self = [super init];
        if (self != nil) {
            // Platform 구름 스크롤링
            PlatformScrollingLayer *scrollingLayer =
                                    [PlatformScrollingLayer node];
            [self addChild:scrollingLayer];
        }
        return self;
    }
@end
```

PlatformScene은 간단하다. init 메소드를 통해 스크롤링 layer를 생성한 다음 scene에 추가한다.

이제 두 단계가 더 남았다. 그러면 단편 scene을 실행시킬 수 있다. 먼저 MainMenuLayer.m을 수정하여 두 번째 레벨이 선택되었을 때 단편 scene이 동작하도록 수정해야 한다.

MainMenuLayer.m을 열고 playScene 메소드로 이동하여 if else 구문에서 태그값이 2에 해당하는 부분을 리스트 9.29와 같이 수정하자. 수정된 부분은 진하게 표시하였다.

리스트 9.29   수정된 MainMenuLayer.m의 playScene 메소드

```
-(void)playScene:(CCMenuItemFont*)itemPassedIn {
    if ([itemPassedIn tag] == 1) {
        [[GameManager sharedGameManager] runSceneWithID:kIntroScene];
    } else if ([itemPassedIn tag] == 2) {
        [[GameManager sharedGameManager]
            runSceneWithID:kCutSceneForLevel2];
    } else if ([itemPassedIn tag] == 3) {
        [[GameManager sharedGameManager] runSceneWithID:kGameLevel3];
    } else if ([itemPassedIn tag] == 4) {
        [[GameManager sharedGameManager] runSceneWithID:kGameLevel4];
    } else if ([itemPassedIn tag] == 5) {
        [[GameManager sharedGameManager] runSceneWithID:kGameLevel5];
    } else {
        CCLOG(@"Unexpected item. Tag was: %d", [itemPassedIn tag]);
    }
}
```

메인 메뉴 화면에서 두 번째 레벨 메뉴 아이템을 선택하면 GameManager가 호출되어 kCutSceneForLevel2를 실행시킬 것이다. 이 scene이 지금까지 만든 단편 scene이다. GameManager.m 파일을 열고, 다음과 같이 PlatformScene 클래스를 import하자.

```
#import "PlatformScene.h"
```

다음으로 runSceneWithID 메소드로 이동하여 switch 블록에 리스트 9.30의 내용을 추가하자.

리스트 9.30 GameManager.m파일의 runSceneWithID 메소드 내 switch 분기문에 들어간 단편 scene 실행을 위한 코드

```
case kCutSceneForLevel2:
    sceneToRun = [PlatformScene node];
    break;
```

드디어 게임을 실행시키기 위한 모든 준비가 끝났다. Xcode에서 [Run]을 클릭하여 게임을 실행시킨 다음 메인 메뉴에서 두 번째 게임 레벨을 선택해보자. 스크롤되는 구름이 있는 scene이 나타나면 구름들이 끝없이 스크롤될 것이다. 그리고 아무 곳이나 터치하면 이번 챕터 앞부분에서 작성한 진짜 두 번째 게임 레벨로 이동할 것이다.

지금까지 시차 스크롤링과 무한 스크롤링에 대해 알아보았다. 다음은 타일 맵으로, 불과 얼마 되지 않는 메모리 공간을 사용하여 거의 무한한 크기의 스크롤 가능한 게임 월드를 만드는 방법을 익히게 될 것이다.

▶▶ 타일 맵

Parallax 레벨을 만들면서 여러분은 배경 화면을 스크롤하기 위해 스크린의 두 배 크기의 이미지를 사용하였다. 물론 이렇게 하면 코딩은 간단하다. 그러나 메모리 활

용 관점에서 보면 그다지 효율적이라고 할 수는 없겠다. 만일 가로 세로 길이가 10,000픽셀, 아니 20,000픽셀이나 되는 크기의 커다란 레벨을 만든다고 생각해보자. 아마도 이런 크기의 맵을 만든다면 구형 iPhone이나 iPhone 3G 뿐만 아니라 iPad나 iPhone 4의 경우에도 거의 모든 메모리를 사용하게 될 것이다.

그래서 이를 해결하기 위한 기법이 나타났는데, 이를 이용하면 적은 메모리만을 사용하는 텍스처를 이용하여 커다란 크기의 게임 월드를 만들어낼 수 있다. 그 핵심은 바로 타일을 사용하는 것으로, 타일 혹은 텍스처를 반복해서 붙여나가 커다란 이미지를 만드는 것이다. 그림 9.7을 보면 단지 네 개의 타일만을 가지고 새로운 땅 layer를 만든 것을 볼 수 있다. 마찬가지로 바위 그림도 네 개의 타일 중 두 개를 조합하는 방식으로 반복해서 붙일 수 있다. 타일 디자인만 잘 한다면 붙이는 방식에 따라 플레이어는 전혀 다른 배경으로 느끼게 될 것이다.

Space Viking에서는 타일 한 장의 크기를 64×64 픽셀로 하였다. 사용하는 모든 타일을 크기를 동일하게 해야 한다는 것에 주의하자. 일반적으로 타일 크기는 2의 거듭제곱에 해당하는 크기를 사용한다. 대부분의 게임에서는 32×32 픽셀 크기의 타일을 사용한다. 그림 9.7을 다시 보면서 네 개의 땅 타일을 가지고 두 번째 게임 레벨의 전체 땅 layer를 만든다고 생각해 보자. 즉, 네 개의 타일을 이리저리 조합하면 원하는 길이의 땅이 만들어지는 것이다. 배경을 얼마나 크게 디자인하느냐와 관계없이 타일 이미지가 차지하는 메모리 그 이상의 메모리를 사용할 일은 없게 된다.

타일은 그 크기가 매우 작기 때문에 차지하는 메모리 공간도 매우 적다. 가령 한 개의 타일을 한 화면에 스무 번 그려도, 결국 메모리 공간을 차지하는 것은 단 한 개의 타일 크기일 뿐이다. 여러분이 타일 디자인을 창조적으로 할 수 있다면 아주 적은 메모리를 사용하여 엄청나게 넓거나 높은 배경을 만들어내낼 수 있을 것이다.

Space Viking에서의 타일

Space Viking은 타일 개념을 고려하지 않은 채 그래픽 디자인을 하였기 때문에 타일로 구성하기가 쉽지 않다. 만일 여러분이 게임을 개발하는 시점에 타일을 고려하여 디자인한다면 메모리 사용량을 엄청나게 줄일 수 있을 것이다.

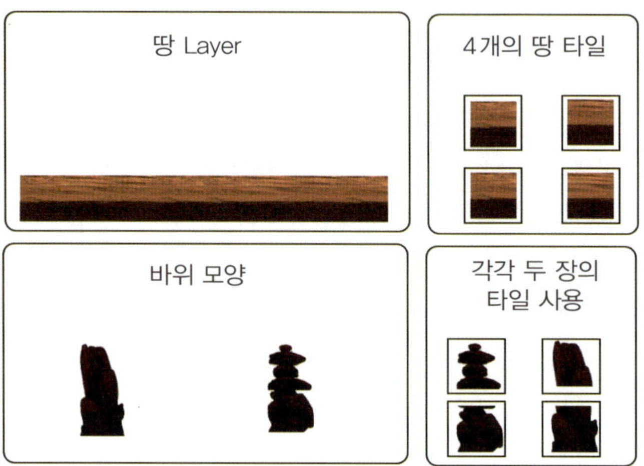

| **그림 9.7** | 땅과 바위 이미지와 이를 구성한 타일

다음 섹션에서는 타일 맵을 만들고 타일 맵을 이미 제작한 두 번째 레벨 코드에 어떻게 포함시키는지에 대해 설명할 것이다.

Tiled 툴 설치

Cocos2D에서 사용할 타일 맵을 만들기 위해 무료 프로그램인 Tiled 툴을 사용할 것이다. Tiled 툴은 타일 맵을 만들고 타일 맵에 다중 레이어를 구성할 수 있도록 한다. Space Viking에서는 오직 타일의 레이아웃을 셋업하는 데에만 Tiled를 사용했지만 여러분의 게임에서는 벽이나 적 같은 여러 요소들의 위치도 지정할 수 있다. 실제로 몇몇 개발자는 Tiled를 사용하여 게임의 디자인뿐만 아니라 게임 로직의 일부를 타일 맵에 심어놓기도 한다. 먼저 코딩을 하기 전에 시각적으로 레이아웃을 확인할 수 있기 때문에 개발자 입장에서는 방대하고 복잡한 맵을 머릿속에서만 상상하면서 코딩하는 것보다 훨씬 쉽게 접근할 수 있도록 도와준다.

Mac에 Tiled 프로그램을 설치하기

1. 브라우저를 열고 http://mapeditor.org에 접속한다.
2. 오른쪽에 있는 Tiled Qt for Mac OS X 링크를 클릭한다. 그러면 DMG 파일이 다운로드될 것이다.
3. 브라우저에서 자동으로 열지 않으면 다운받은 DMG 파일을 더블 클릭하여 연다.
4. 그 안에 있는 Tiled 애플리케이션을 Mac의 [Applications] 폴더에 복사한다.

이와 같이 하면 Tiled 프로그램 설치가 끝난다. 그림 9.8은 mapeditor.org 사이트와 Tiled DMG 파일 안에 들어있는 내용을 보여준다.

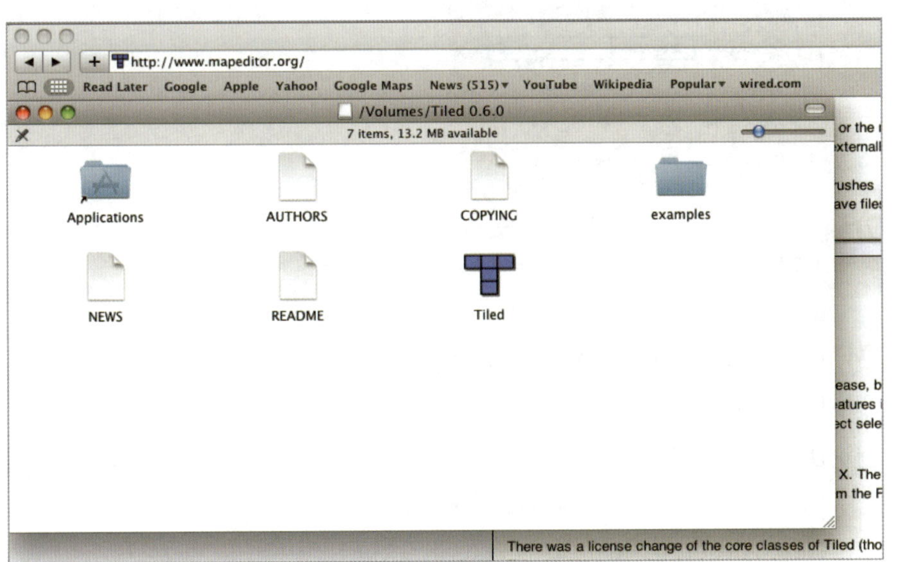

| 그림 9.8 | Mapeditor.org 웹사이트와 Tiled DMG 파일 안에 들어있는 내용

이제 Space Viking에서 사용하는 타일 맵을 만들어보자.

타일 맵 만들기

여기에서는 iPad용 4096×768픽셀 크기의 타일 맵을 만들 것이다. 이 맵은 앞에서 만든 스크롤링 맵보다 두 배 크다.

Tiled 프로그램을 실행시킨 다음 아래와 같이 진행하자.

1. [File]−[New]를 선택한다.
2. 다이얼로그 박스에서 [Map Size]를 다음과 같이 지정한다.
   가로(Width): 64
   세로(Height): 12
3. [Tile Size]는 가로, 세로 모두 '64'로 지정한다.
   다이얼로그 박스는 그림 9.9와 같이 나타날 것이다.

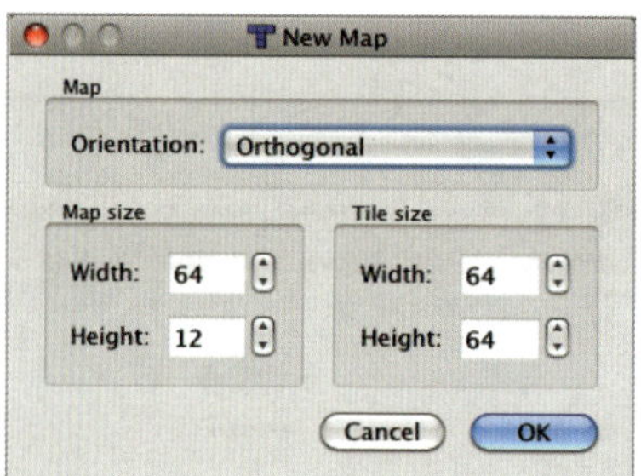

| 그림 9.9 | 새로운 타일 맵 윈도우

4. [OK]를 눌러 빈 TileMap을 생성한다.
5. [Map]− [New Tileset]을 선택한다.
6. [Browse]를 클릭한 다음 미리 다운받아둔 TilesTextureAtlas.png 파일을 선택한다. 타일의 가로/세로는 모두 '64'로 지정하고 [margin]은 '1'로 지정한다. New Tileset 윈도우는 그림 9.10과 같이 될 것이다.

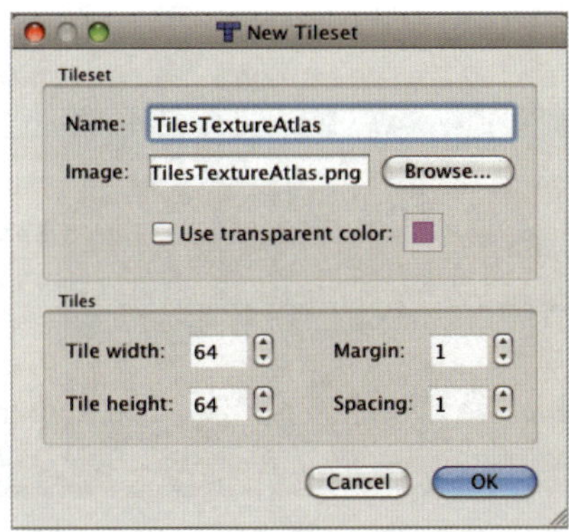

| 그림 9.10 | 새로운 Tileset 윈도우

7. [OK]를 눌러 새로운 TileSet을 TileMap에 추가한다.

이렇게 하면 비어 있는 TileMap이 생성되는데, 여기에 TileSet에 있는 타일을 사용하여 TileMap에 붙일 수 있게 된다. 타일을 클릭한 다음 TileMap에 붙이면 TileMap을 특별한 타일 텍스처로 만들 수 있다.

다음은 Tile layer를 만들어 여기에 땅, 바위 탑, 바위 덩어리 등을 담을 것이다.

세 개의 TileMap Layer 생성

1. Tiled 프로그램의 오른쪽 패널에서 [Layers] 탭을 클릭한다.
2. 메뉴에서 [Layer]−[Add Tiled Layer]를 선택하여 layer를 추가한다.
3. 두 개의 타일 layer를 `RockColumnsLayer`와 `RockBoulderLayer`라는 이름으로 추가한다.
4. 첫 번째 layer의 이름을 GroundLayer로 바꾼다.
5. `RockColumnsLayer`와 `RockBoulderLayer`를 체크 해제 상태로 하여 `GroundLayer`만 선택된 상태로 만든다.

이제 [Tilesets] 탭으로 이동한 다음 타일 하나를 선택하여 TileMap에 놓다. 이런 식으로 바닥에 타일을 깔아 그림 9.11과 비슷한 모양의 땅 layer를 만들자.

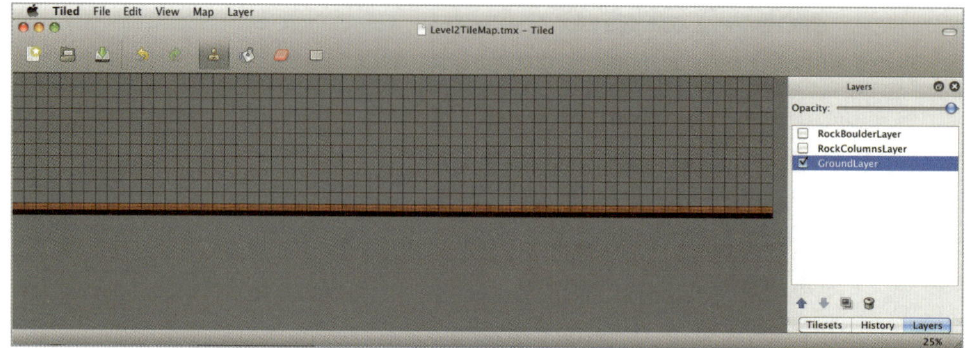

| 그림 9.11 | TileMap에서 보여지는 GroundLayer

다음으로 GroundLayer에 표시된 체크를 해제하고 RockColumnsLayer를 선택한다. 마찬가지로 바위 탑을 땅 위에 적절하게 늘어놓자. 그러면 TileMap은 그림 9.12처럼 될 것이다.

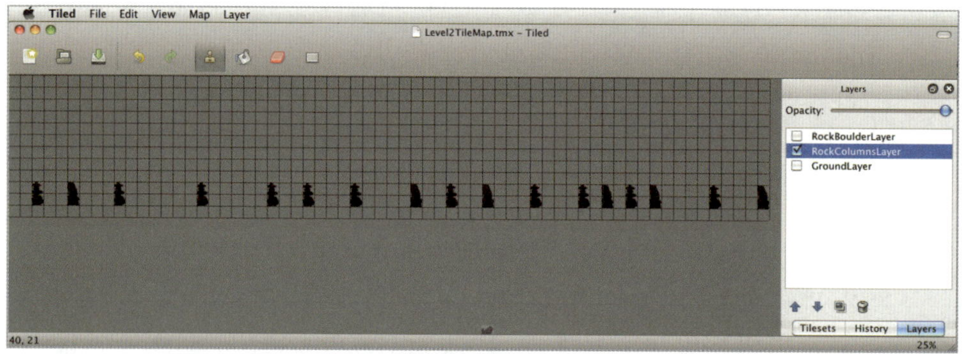

| 그림 9.12 | TileMap에서 보여지는 RockColumnsLayer

이제 가장 천천히 스크롤될 바위 덩어리가 남았다.

1. GroundLayer와 RockColumnsLayer가 체크 해제된 것을 확인한다.
2. RockBoulderLayer에 체크한다.
3. TileMap에 바위 덩어리를 적절히 늘어놓는다. 그 결과는 그림 9.13과 비슷할 것이다.

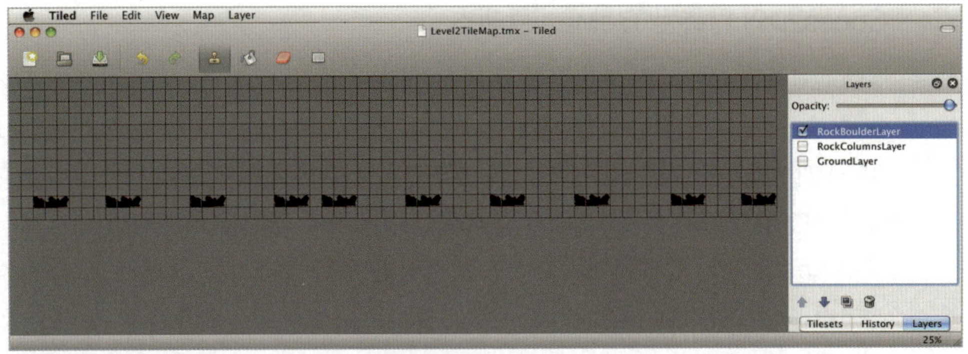

| 그림 9.13 | TileMap에서 보여지는 RockBoulderLayer

`RockBoulderLayer`와 `RockColumnsLayer`는 겹치지만 코드를 통해 layer를 분리하여 `CCParallaxNode`에 지정하는 방법을 알게 될 것이다. 여기까지가 Tiled 툴을 사용하는 작업이었다. 이제 모든 세 개의 layer를 선택한(layer 이름 옆의 체크박스에 체크된 상태로 둠) 다음 타일 맵을 Level2TileMap.tmx라는 이름으로 저장한다. 그리고 Level2TileMap.tmx와 TilesTextureAtlas.png를 Xcode SpaceViking 프로젝트에 추가한다.

타일 맵 작업을 위해서는 TMX와 PNG 파일이 모두 필요하다. 만일 이 두 파일을 만드는 데 문제가 있다면 이번 챕터 [resource] 폴더에 있는 것을 사용하자.

TMX 파일 내용

Xcode에서 Level2TileMap.tmx 파일을 열면 TilesTextureAtlas.png를 참조하는 부분과 각 레이버별로 사용된 타일이 압축된 부분으로 이루어진 XML 파일만을 보게 될 것이다. 압축 데이터는 타일 맵에서 사용되는 타일이 어떤 것인지가 적혀있는 리스트일 뿐이며 타일 맵의 크기가 8,192픽셀 이상으로 커지면 타일 맵 데이터가 압축된 부분의 크기만 늘어나게 될 것이다. 그러나 늘어나는 양은 수 킬로바이트(KB) 정도일 것이다. 다시 말하면, 동일한 타일을 사용하면 텍스처가 사용하는 메모리 양도 동일하기 때문에 iPhone 또는 iPad의 메모리를 모두 소진하지 않으면서도 대규모 레벨을 만들어낼 수 있다.

Cocos2D의 압축된 TileMap 클래스

Cocos2D는 Tiled 프로그램에서 만들어진 타일 맵 파일을 압축 여부에 관계없이 읽을 수 있는 내장 클래스를 제공한다. Tiled는 기본적으로 압축된 형태의(TMX) 타일 맵 파일을 만들기 때문에 이 책에서도 이 부분만 다룰 것이다. 만일 비압축 타일 맵을 사용한다면 다른 Cocos2D 클래스를 사용해야 하는데 기본적인 프로세스와 코드는 압축된 것과 동일하다. 타일 맵을 사용을 위한 클래스는 `CCTMXTiledMap`이다.

먼저 타일 맵을 Scene2의 `GameplayScrollingLayer`에 추가한 다음 타일 맵의 레이어를 `CCParallaxNode`에 추가하여 서로 다른 속도로 스크롤되도록 할 것이다.

CCTMXTiledMap을 두 번째 레벨에 추가하기

`GameplayScrollingLayer.m` 파일을 열고 리스트 9.31의 내용을 `init` 메소드 아래에 추가하자.

리스트 9.31   GameplayScrollingLayer.m 파일의 addScrollingbackgroundWithTileMap 메소드

```objc
// 타일 맵 레이어가 한꺼번에 스크롤
-(void)addScrollingBackgroundWithTileMap {
    if (UI_USER_INTERFACE_IDIOM() == UIUserInterfaceIdiomPad) {
        tileMapNode =
            [CCTMXTiledMap tiledMapWithTMXFile:@"Level2TileMap.tmx"];
    } else {
        tileMapNode =
            [CCTMXTiledMap tiledMapWithTMXFile:@"Level2TileMapiPhone.tmx"];
    }
    [self addChild:tileMapNode];
}
```

타일 맵을 Cocos2D 게임에 추가하기 위해서는 `CCTMXTiledMap` 오브젝트를 초기화하는 메소드 하나를 호출한 다음 초기화된 오브젝트를 `layer`에 추가하기만 하면 된다. TileSet 파일은 TMX 파일 내에 별도로 지정되어 있기 때문에 Cocos2D가 TileMap을 만들 때 알아서 로드시킨다.

다음으로 시차 배경을 새로운 타일 맵 배경으로 바꾸기 위해 `init` 메소드의 일부를 고쳐야 한다. `init` 메소드로 이동하여 `addScrollingBackgroundWithParallax`

호출 부분을 주석 처리하고 `addScrollingBackgroundWithTileMap` 호출 코드를 추가하자(리스트 9.32).

 init 메소드에 새로이 추가된 addScrollingBackgroundWithTileMap 호출

```
//[self addScrollingBackgroundWithParallax];
[self addScrollingBackgroundWithTileMap];
```

이전 섹션에서는 Level2TileMap.tmx 파일만을 만들었지만 iPhone을 위한 Level2TileMapiPhone.tmx와 Level2TileMapiPhone-hd.tmx 파일도 필요할 것이다. 이 파일은 이번 챕터 [resource] 폴더에 있으니 모두 Xcode로 복사하자.

이제 [Run]을 클릭하여 게임을 실행시키고 두 번째 레벨을 선택하면 방금 만든 타일 맵으로 구성된 새로운 배경을 보게 될 것이다. 또한 새로운 배경이 Ole의 움직임에 따라 좌우로 스크롤되는 것도 확인할 수 있다. 그림 9.14는 타일 맵을 사용한 Space Viking 플레이 화면으로, 타일 맵의 모든 레이어가 같은 위치에 있을 때의 모습이다.

| 그림 9.14 | 모든 레이어가 동일한 위치에 있는 타일 맵

타일 맵 배경에서 무언가 이상한 점을 발견했는가? RockColumnsLayer와 Rock
BoulderLayer가 서로 겹치는 것을 볼 수 있을 것이다. 또한 전체 타일 맵이 마치 하
나의 배경처럼 움직이며 3D 같은 깊이감이 사라진 것도 확인할 수 있을 것이다.

타일 맵을 ParallaxNode에 추가하기

타일 맵을 스크롤링 백그라운드로 사용할 때 3D 같은 착각이 일어나도록 하기 위해
서는 타일 맵에 존재하는 각각의 레이어를 하나씩 CCParallaxNode에 옮겨야 한다.

그러면 GameplayScrollingLayer.m 파일을 열고 리스트 9.33의 addScrollingB
ackgroundWithTileMapInsideParallax 메소드를 init 메소드 앞에 추가하자.

리스트 9.33　addScrollingBackgroundWithTileMapInsideParallax 메소드

```
// 타일 맵이 레이어별로 Parallax Node에 들어가 스크롤
-(void)addScrollingBackgroundWithTileMapInsideParallax {
    CGSize screenSize = [[CCDirector sharedDirector] winSize];
    CGSize levelSize = [[GameManager sharedGameManager]
                              getDimensionsOfCurrentScene];

    // 1
    if (UI_USER_INTERFACE_IDIOM() == UIUserInterfaceIdiomPad) {
        tileMapNode = [CCTMXTiledMap
                          tiledMapWithTMXFile:@"Level2TileMap.tmx"];
    } else {
        tileMapNode = [CCTMXTiledMap
                          tiledMapWithTMXFile:@"Level2TileMapiPhone.tmx"];
    }

    CCTMXLayer *groundLayer = [tileMapNode layerNamed:@"GroundLayer"];
    CCTMXLayer *rockColumnsLayer =
                      [tileMapNode layerNamed:@"RockColumnsLayer"];
    CCTMXLayer *rockBoulderLayer =
                      [tileMapNode layerNamed:@"RockBoulderLayer"];

    // 2
    parallaxNode = [CCParallaxNode node];
    [parallaxNode setPosition:
                  ccp(levelSize.width/2,screenSize.height/2)];
    float xOffset = 0.0f;
```

```
// 3
xOffset = (levelSize.width/2);
[groundLayer retain];
[groundLayer removeFromParentAndCleanup:NO];
[groundLayer setAnchorPoint:CGPointMake(0.5f, 0.5f)];
[parallaxNode addChild:groundLayer z:30 parallaxRatio:ccp(1,1)
             positionOffset:ccp(0,0)];
[groundLayer release];

// 4
xOffset = (levelSize.width/2) * 0.8f;
[rockColumnsLayer retain];
[rockColumnsLayer removeFromParentAndCleanup:NO];
[rockColumnsLayer setAnchorPoint:CGPointMake(0.5f, 0.5f)];
[parallaxNode addChild:rockColumnsLayer z:20
             parallaxRatio:ccp(0.2,1)
             positionOffset:ccp(xOffset, 0.0f)];
[rockColumnsLayer release];

// 5
xOffset = (levelSize.width/2) * 0.3f;
[rockBoulderLayer retain];
[rockBoulderLayer removeFromParentAndCleanup:NO];
[rockBoulderLayer setAnchorPoint:CGPointMake(0.5f, 0.5f)];
[parallaxNode addChild:rockBoulderLayer z:30
             parallaxRatio:ccp(0.7,1)
             positionOffset:ccp(xOffset, 0.0f)];
[rockBoulderLayer release];

// 6
[self addChild:parallaxNode z:1];
}
```

리스트 9.33은 제법 길고 이름도 많이 나오지만 결국 로직은 앞에서와 다르지 않다. `CCTMXTiledMap`이 먼저 초기화된 다음 `CCTMXTiledMap`을 구성하는 레이어들을 추출하여 새로운 `ParallaxNode`에 추가한다. 그런 다음 `ParallaxNode`를 `Gameplay ScrollingLayer`에 추가하면 끝난다. 이 시점에서 `CCTMXTiledMap`은 더이상 자식 (레이어)을 갖고 있지 않게 되기 때문에 layer에 추가할 이유가 없다. 자세한 코드 설명은 다음과 같다.

1. `TileMapNode`를 Level2TileMap.tmx 파일을 이용하여 초기화한다. 그리고 타일맵으로부터 세 개의 타일 레이어를 각각의 이름을 이용하여 가져온다. 이때 레이어 이름은 Tiled 애플리케이션에서 지정한 레이어 이름이 된다.

2. 배경 스크롤링에 사용할 `ParallaxNode`를 초기화한다. 그런 다음 `ParallaxNode`의 위치를 레벨의 중앙에 위치시킨다. 그리고 layer를 추가할 때 사용할 x축 오프셋 변수를 초기화한다.

3. `groundLayer`를 `ParallaxNode`에 추가한다. `groundLayer`는 먼저 retain부터 제거 과정에서 `dealloc`되지 않도록 한다. 그런 다음 타일맵에서 layer를 제거하고는 `ParallaxNode`에 추가한다. `CCNode`는 동시에 두 개의 부모를 가질 수 없기 때문에 세 개의 layer 모두 이런 식으로 일일이 retain, reassign, release를 하는 것이다. 타일 layer의 anchor point는 기본적으로 왼쪽 끝으로 지정되기 때문에 가운데로 바꾸어 다른 layer나 오브젝트의 anchor point와 동일하게 맞춘다.

4. `rockColumnsLayer`를 `ParallaxNode`에 ratio값을 0.2로 지정하면서 추가시킨다. 이 말은 즉, `ParallaxNode`가 x축을 따라 10픽셀을 옮기는 동안 `rockColumnsLayer`는 2픽셀을 이동한다는 뜻이 된다.

5. `rockBoulderLayer`를 `ParallaxNode`에 ratio값을 0.7로 지정하면서 추가시킨다. 마찬가지로, `ParallaxNode`가 10픽셀 이동하는 동안 `rockBoulderLayer`는 7픽셀 이동한다.

6. `ParallaxNode`를 layer에 추가하여 스크롤링 배경이 나타나도록 한다.

이제 addScrollingBackgroundWithTileMapInsideParallax 메소드를 호출하는 코드를 추가하고 이전에 추가한 코드는 주석 처리한다(리스트 9.34).

리스트 9.34 GameplayScrollingLayer의 init 메소드에서 수정된 부분

```
//[self addScrollingBackgroundWithTileMap];
[self addScrollingBackgroundWithTileMapInsideParallax];
```

마지막으로 늘어난 타일 맵 배경의 크기를 맞추기 위해 GameManager에서 레벨 크기를 2,048픽셀에서 4,096픽셀로 재조정해야 한다. GameManager.m 파일을 열고 getDimensionsOfCurrentScene 메소드로 이동한 다음 kGameLevel2 분기 부분의 코드에서 가로의 길이를 4,096으로 수정하자(리스트 9.35).

 GameManager.m의 getDimensionsOfCurrentScene 메소드에서 수정된 부분

```
case kGameLevel2:
    levelSize = CGSizeMake(4096.0f, screenSize.height);
    break;
```

이제 [Run]을 클릭하여 게임을 실행시키고 메인 메뉴에서 두 번째 레벨을 선택한 다음 Ole를 좌우로 움직여보면 배경의 깊이를 느낄 수 있을 것이다.

> **Note** iPhone 및 iPhone 4에서의 타일 맵 스크롤링을 테스트하기 위해 Level2TileMapiPhone.tmx 와 Level2TileMapiPhone−hd.tmx 파일을 Xcode 프로젝트에 추가했던 것을 기억하기 바란다. 이 두 파일은 각각의 iOS 기기의 화면 크기의 네 배의 크기에 해당하는 게임 배경이 된다. 즉, iPhone의 경우에는 가로가 1920픽셀, iPhone 4의 경우에는 가로가 3840픽셀이 된다.

타일 맵을 사용해서 할 수 있는 일은 지금까지 이 책에서 언급한 것 말고도 엄청나게 많다. Tiled 툴의 레이어 기능을 사용하여 벽, 적들, 기타 게임 캐릭터도 타일 맵에 지정할 수 있다. 그리고 타일 맵은 종종 탑−다운 게임에서 사용되기도 하지만 Space Viking에서와 같이 얼마든지 다양한 용도로 활용될 수 있다.

> **Note** 타일 맵에 대한 더 자세한 내용, 특히 타일 맵을 기반으로 게임을 개발하는 방법에 대해 알고 싶다면 『Learning iOS 게임 프로그래밍』(정보문화사, 2012)을 참고하기 바란다.

정리

이번 챕터에서는 스크롤링 기능을 추가하기 위해 세 가지 종류의 기법에 대해 살펴보았다. 먼저 CCParallaxNode를 사용하는 방법을 설명하고 다음으로 스프라이트가 끝없이 움직이게 하는 방법을 알아본 다음, 타일 맵을 사용하여 커다란 레벨을 만

드는 방법에 대해 언급하였다. 이제 여러분은 롤플레잉(RPG) 게임이건 슈팅 게임이건 간에 상관없이 게임 개발에 필요한 컨셉과 기술을 갖게 되었다.

다음 몇 챕터를 통해서는 Box2D와 Chipmunk와 같은 물리 엔진에 대해 살펴볼 것이다. 그리고 이러한 물리 엔진을 이용하여 즐거움과 리얼리즘을 반영한 새로운 레벨을 만들 것이다. Box2D와 Chipmunk는 Cocos2D와 함께 엮여서 사용되는 물리 엔진으로, 모두 무료로 사용할 수 있다.

▶▶ 연습문제

1. 단편 scene에서 Ole와 발판의 z값을 바꾸어 Ole가 구름의 중간에 서 있도록 구현해보자.
2. 단편 scene을 수정하여 구름이 화면 위에서 아래로 움직이도록 하자.
3. `GameplayScrollingLayer`에 RadarDish를 추가하자. 이때, `RadarDish`의 위치는 레벨의 오른쪽 끝으로 지정한다.
4. Level2TileMap.tmx 파일이 아닌 새로운 타일 맵을 작성하자. 이때, 세 개가 넘는 parallax layer를 만들도록 하자.

PART 4

물리 엔진

Box2D와 Chipmunk는 Cocos2D와 함께 따라오는 물리 엔진으로, 여러분은 물리 엔진을 이용하여 중력 및 실감나는 충돌뿐 아니라 래그돌 효과까지 만들 수 있다. 다음의 챕터들을 통해 물리 엔진을 기반으로 하는 간단한 레벨부터 어려운 레벨까지를 Space Viking에 넣게 될 것이다.

게임 물리 이론 초급 : Box2D를 사용하여 리얼리즘 집어넣기

지금까지 구현한 Space Viking은 액션 게임으로, 화물선이 날아다니고 외계인이 공격하면 주먹으로 싸우면 된다. 이제 여러분은 Space Viking의 오브젝트를 언제든 지 원하는 대로 움직일 수 있게 되었다. 여러분이 원한다면 오브젝트에 Cocos2D 액 션을 적용하거나 위치를 업데이트시킬 수도 있을 것이다.

그러나 만일 여러분이 더 사실감 있는 물리 행동을 게임에 반영하고 싶다면 어떨까? 오브젝트끼리 실감나게 충돌하고 중력의 영향을 받으며 하늘을 날게 하고, 차량이 지 표면에 닿을 때 튕기도록 하고, 적들이 래그돌처럼 무너지도록 구현하고 싶다면?

아마도 이런 것을 구현하기 위해 물리학 교과서를 열어 복잡한 수식을 적용하거나 아예 자신만의 게임 물리 라이브러리를 개발할지도 모르겠다.

그러나 수학에 재능이 없다고 해서 걱정할 필요가 없다. 왜냐하면 더 쉬운 방법이 있기 때문이다. 바로 Box2D가 여러분이 소비해야 할 엄청난 시간, 에너지, 머리 뜯 기에서 해방시켜줄 것이다!

▶▶▶ 시작하기

Box2D는 Cocos2D에 포함된, 사용하기 쉽고 모든 기능이 포함된 게임 물리 라이 브러리로, 여러분은 Box2D를 사용하여 게임 오브젝트가 좀 더 현실적으로 움직이 도록 만들 수 있다.

Box2D가 적용된 오브젝트를 만들기 위해서는 Box2D에 오브젝트의 초기 위치를 알려준 다음, Box2D로 하여금 오브젝트에 시뮬레이션을 적용시키도록 하여 새로운 위치를 계속해서 계산하도록 하면 된다. 그림 10.1은 상위 개념에서의 Box2D 동작 원리를 보여준다.

그림 10.1에서 보여주듯이 Box2D를 사용하기 위해서는 4단계를 거쳐야 한다.

1. 첫 번째로 오브젝트를 scene에 추가한 다음(하지만 단 한 번뿐이다!) Box2D에 오브젝트의 위치와 형태를 알려준다.
2. update 루프에서 오브젝트에 적용하고자 하는 동작(예, 중력, 이동 등)을 Box2D에 알려준다.

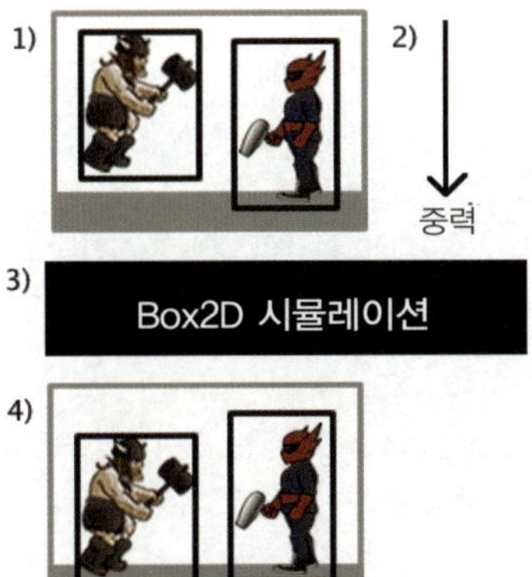

| 그림 10.1 | 상위 개념에서의 Box2D 동작 원리

3. update 루프에서 Box2D로 하여금 지정된 시간 동안 주어진 동작을 시뮬레이션시킨다. Box2D는 각각의 오브젝트에 대해 힘과 충돌을 기반으로 시뮬레이션을 적용한 다음 시뮬레이션이 끝난 후의 오브젝트 새로운 위치를 계산한다.

4. update 루프에서 Box2D로부터 얻은 오브젝트의 새로운 위치를 이용하여 스프라이트의 위치를 업데이트한다.

정리하자면, Box2D가 오브젝트의 움직임에 따른 위치를 계산하고 여러분은 계산 결과를 스프라이트의 위치에 반영해주기만 하면 되는 것이다. 그리고 오브젝트의 위치를 지정하거나 CCMoveTo를 사용하여 오브젝트를 움직이게 하는 대신 Box2D 오브젝트에게 가해지는 힘과 충격이 반영된 위치로 지정되게 해야 한다. 앞으로 여러 챕터를 통해 자세한 절차에 대해 알게 될 것이다.

Box2D와 C++

Box2D는 오브젝티브-C로 쓰여진 Cocos2D와 달리 C++로 쓰여졌다. 그 이유를 알기 위해서는 Box2D의 긴 역사를 이해해야 한다. 2006년 Box2D는 Eric Catto에 의해 간단한 게임 물리 라이브러리로 작성된 것이 최초의 시작이었다. 그 당시 Cocos2D는 존재하지도 않았다! 이후 Box2D는 다양한 플랫폼으로 포팅되었는데 포팅된 플랫폼으로는 Flash, 자바, 파이썬이 있으며, Cocos2D와도 작업했다.

Xcode에서는 오브젝티브-C와 C++ 코드를 같은 파일에서 사용할 수 있기 때문에 C++ 라이브러리를
사용하는 데 전혀 문제가 없다. 그러나 C++을 처음 접한다면 일부 문법이 낯선 부분도 있을 것이다.
C++에 대한 지식이 없어도 이번 챕터와 이어지는 두 개의 챕터에서 제공되는 샘플 코드만으로 충분히
작업할 수 있다. 그러나 여러분 자신의 프로젝트에 Box2D를 사용할 것이라면 C++을 익혀두는 것이
확실히 좋다. 여기에서는 이번 챕터에서 사용되는 아주 핵심적인 부분만 설명하도록 하겠다.

• 새로운 오브젝트 생성
오브젝티브-C의 전형적인 방식인 `[[object alloc] init]` 메소드를 사용하는 대신 C++에서는
다음과 같이 new 라는 키워드를 사용하여 새로운 오브젝트를 생성한다.

```
MyClass *myClassPointer = new MyClass();
```

• 포인터
바로 위 예제 코드에서 변수 앞에 별표(*)가 붙은 것을 보았을 것이다. 이것은 이 변수가 메모리 어딘가
에 있는 오브젝트를 가리키는 포인터 변수임을 의미한다. 포인터로 지정된 오브젝트의 메소드를 사용
하기 위해서는 화살표(-)연산자를 사용해야 한다. 예를 들면 다음과 같다.

```
myClassPointer->doSomethine();
```

• 추가 정보
C++에 대한 더 자세한 내용을 알고 싶다면 『C++ Programming Language』(Addison-Wesley
Professional, 2013)을 참고하기 바란다.

죽음에 대한 미친 꿈

Box2D를 이해하는 가장 쉬운 길은 직접 보는 것이다. 이제 바이킹 Ole의 이야기
를 더 이어가야 할 때가 왔다!

이번 챕터에서는 Ole가 얼음 덩어리에 갇힌 채로 외계 행성에 도착한 뒤 아직 얼음
에서 풀려나지 못한 때의 이상한 꿈에 대한 scene을 만들 것이다. 이번 scene은 미
니 퍼즐 형태로 구성되는데 얼려있는 Ole를 녹이는 위치로 옮겨야 한다. 이 게임을
통해 Box2D 물리 엔진의 진면목을 알게 될 것이다. 이번 챕터에서 하는 scene을 그
림 10.2에서 보여주고 있다.

| **그림 10.2** | 이번 챕터에서 만들게 될 Box2D를 적용한 퍼즐 게임

이번 레벨을 만들면서 여러분은 Box2D 오브젝트 생성, 터치 및 가속도계를 사용하여 오브젝트 이동시키기, 오브젝트에 스프라이트 입히기, 간단한 충돌 확인 등에 대한 방법을 알게 될 것이다.

새로운 Scene 생성

퍼즐 레벨을 만들기 위해 제일 먼저 할 일은 새로운 scene을 만드는 것이다. SpaceViking 프로젝트를 열고 그룹 패널에서 Classes\Scenes를 펼친 다음 [New Group]을 클릭하고, 새로 생긴 그룹 이름을 'Scene3'으로 고친다. 그런 다음, [Scene3] 그룹을 선택하고 메뉴에서 [File]-[New]-[New File]을 선택한다. 그리고 이어서 [iOS]-[Cocoa Touch]-[Objective-C class]를 선택하고 [Next]를 클릭한다. CCLayer의 서브클래스로 지정한 다음 [Next]를 클릭하고 파일 이름으로 PuzzleLayer.m이라고 입력한 다음 [Save]를 클릭한다.

이제 PuzzleLayer.h의 내용을 리스트 10.1의 내용으로 바꾸자.

  PuzzleLayer.h

```objc
#import <Foundation/Foundation.h>
#import "cocos2d.h"

@interface PuzzleLayer : CCLayer {
}

+ (id)scene;

@end
```

매우 익숙할 것이다. 지금 만드는 것은 Cocos2D layer로, PuzzleLayer scene에 추가된다. 하지만 scene 클래스가 없다는 점이 좀 이상하게 느껴질 것이다. 왜냐하면 그동안에는 CCLayer의 서브클래스가 아닌 CCScene의 서브클래스로 만들었기 때문이다.

하지만 이번 scene에서는 단 하나의 layer만을 사용하며, 단순 메소드 하나만을 이용해 일반적인 CCScene을 생성하고 주어진 layer를 scene의 유일한 자식으로 사용할 것이다. 그렇기 때문에 앞에서 만든 scene보다 단순하지만 이번 챕터에서는 이 정도면 충분하다.

다음으로 PuzzleLayer.m의 내용을 리스트 10.2의 내용으로 바꾸자.

  PuzzleLayer.m

```objc
#import "PuzzleLayer.h"

@implementation PuzzleLayer

+ (id)scene {
    CCScene *scene = [CCScene node];
    PuzzleLayer *layer = [self node];
    [scene addChild:layer];
    return scene;
}

- (id)init {
    if ((self = [super init])) {
        CGSize winSize = [CCDirector sharedDirector].winSize;
        CCLabelTTF *label =
```

```
                    [CCLabelTTF
                            labelWithString:@"Hello, Mad Dreams of the Dead!"
                            fontName:@"Helvetica" fontSize:24.0];
        label.position = ccp(winSize.width/2, winSize.height/2);
        [self addChild:label];
    }
    return self;
}

@end
```

코드에 대해서는 크게 언급할 만한 내용이 없다. init 메소드는 화면 중앙에 라벨 하나를 출력하여 제대로 동작하는지를 확인할 수 있도록 하는 것밖에 없다.

이제 GameManager.m 파일을 수정하여 이렇게 만든 scene을 kGameLevel3 조건에서 로드하도록 해야 한다. 먼저 PuzzleLayer.h를 import시키자(리스트 10.3).

리스트 10.3 GameManager.m 파일의 수정 부분(맨 윗 부분)

```
#import "PuzzleLayer.h"
```

다음으로 runSceneWithID 메소드로 이동하여 level 3 조건에 대해 새로 생성한 scene이 로드되도록 수정한다(리스트 10.4).

리스트 10.4 GameManager.m 파일의 수정 부분(runSceneWithID 메소드의 case 구문)

```
        case kGameLevel3:
            sceneToRun = [PuzzleLayer scene];
            break;
```

이게 전부다! 프로젝트를 컴파일한 다음 실행시키고 메인 메뉴에서 [Mad Dreams of the Dead]를 선택하면 그림 10.3과 같이 새로운 scene이 텍스트와 함께 나타나는 것을 볼 수 있을 것이다.

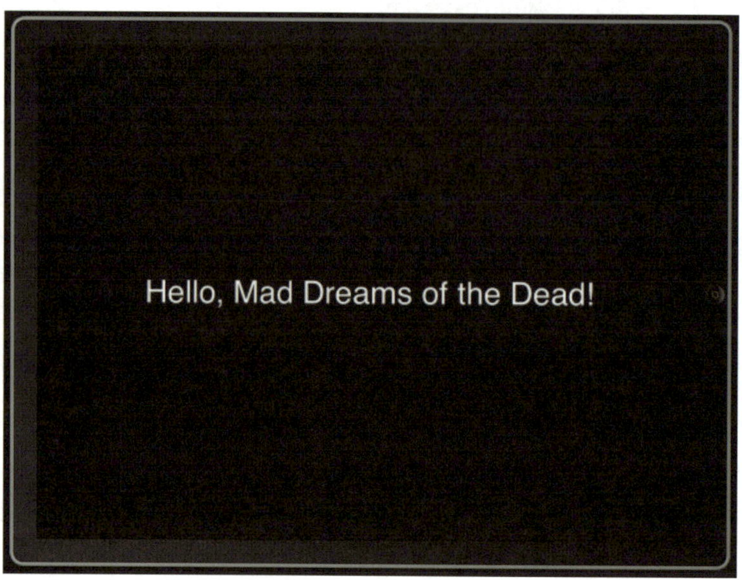

| 그림 10.3 | Mad Dreams of the Dead scene에 대한 껍데기 scene

Tip 이번 챕터에서는 이 scene을 계속해서 수정할 것이다. 매번 메인 메뉴에서 선택하는 것이 귀찮다면 이번 레벨이 바로 실행되도록 만들어보자. 그렇게 하기 위해서는 Classes\Singletons\SpaceVikingAppDelegate.m 파일을 연 다음, applicationDidFinishLaunching 메소드로 이동하여 CCDirector:runSceneWithID 호출을 다음과 같이 고치면 된다.

```
[[GameManager sharedGameManager]
                runSceneWithID:kGameLevel3];
```

그리고는 컴파일하고 실행시키면 바로 새로운 scene이 동작할 것이다!

프로젝트에 Box2D 파일을 추가하기

이제 Box2D를 시험하기 위한 scene을 확보했다. 하지만 아직 Box2D 파일이 프로젝트에 추가되지 않았다. 그 이유는 처음 이 프로젝트를 만들 때 기본 Cocos2D Application 템플릿을 사용하지 않았기 때문이다(즉, Cocos2D Box2D Application 템플릿을 선택하지 않았다). 기본 Cocos2D Application 템플릿에는 Box2D 파일이 포함되지 않는다.

하지만 어렵지 않게 Box2D를 추가할 수 있다. 다음과 같이 진행하자.

1. Finder를 열고 다운받은 Cocos2D 소스 코드 디렉터리로 이동한다.
2. External\Box2d\Box2D로 들어간다.
3. 다른 Finder 창을 열고 SpaceViking 프로젝트 디렉터리로 이동한 다음 [libs] 디렉터리로 들어간다.
4. [Box2D] 폴더를 [libs] 폴더로 복사한다.

이와 같이 하면 디렉터리 구조는 그림 10.4와 같이 될 것이다.

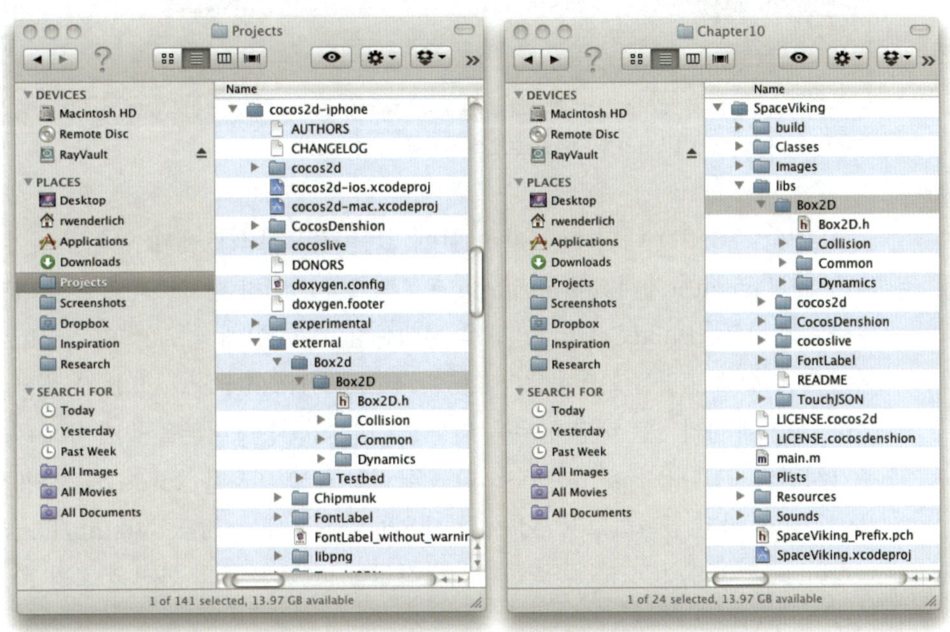

| 그림 10.4 | Box2D 디렉터리 위치와 복사할 SpaceViking 프로젝트 위치

다음으로 이렇게 복사한 파일을 Xcode 프로젝트에 추가해야 한다. [cocos2d Sources] 그룹을 펼친 후, SpaceViking\libs 디렉터리에 있는 [Box2D] 폴더를 방금 펼친 곳으로 드래그한다. 다이얼로그 창이 뜨면 'Copy items into destination group's folder(if needed)'를 체크 해제하고 'Create groups for any added folders'를 선택한 다음 [Finish]를 클릭한다. 그러면 그림 10.5와 같이 될 것이다.

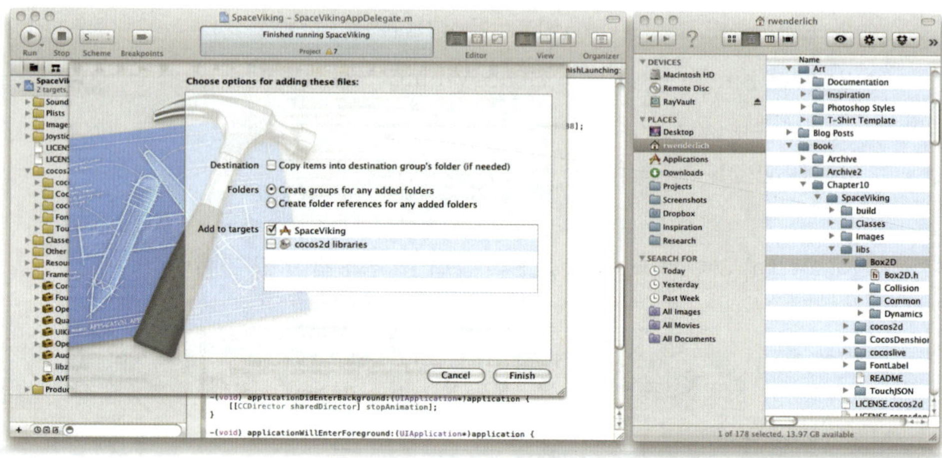

| **그림 10.5** | Box2D 디렉터리를 Xcode 프로젝트에 추가하는 화면

그 다음, Box2D 헤더 파일이 어디에 있는지 프로젝트에게 알려주어야 한다. Project Navigator에서 SpaceViking 프로젝트를 선택하여 프로젝트 설정 화면이 나타나도록 한 후 [Build Settings] 탭을 선택한다. 바로 아래에 [All]과 [Combined] 버튼이 모두 선택된 것을 확인하고 [Search Paths]−[Header Search Paths] 항목을 찾는다. 화면에 나타나는 해당 항목을 더블 클릭한 다음 [+] 버튼을 눌러 새로운 항목을 추가시킨다. 그 다음 [path] 항목을 더블 클릭하고 그 내용을 Xcode 3을 사용하는 경우에는 'libs'라고 입력하고 Xcode 4를 사용하는 경우에는 'SpaceViking/libs'라고 입력한다. 그런 다음 [OK]를 클릭한다. 이 작업을 다 마친 후의 화면은 그림 10.6과 같이 되어야 한다.

지금까지 Box2D의 메인 파일을 복사했는데 아직 복사해야 할 중요한 파일 두 개가 더 남았다. 이 파일들은 디버깅용으로 Box2D 오브젝트를 화면에 나타나게 하는 역할을 한다.

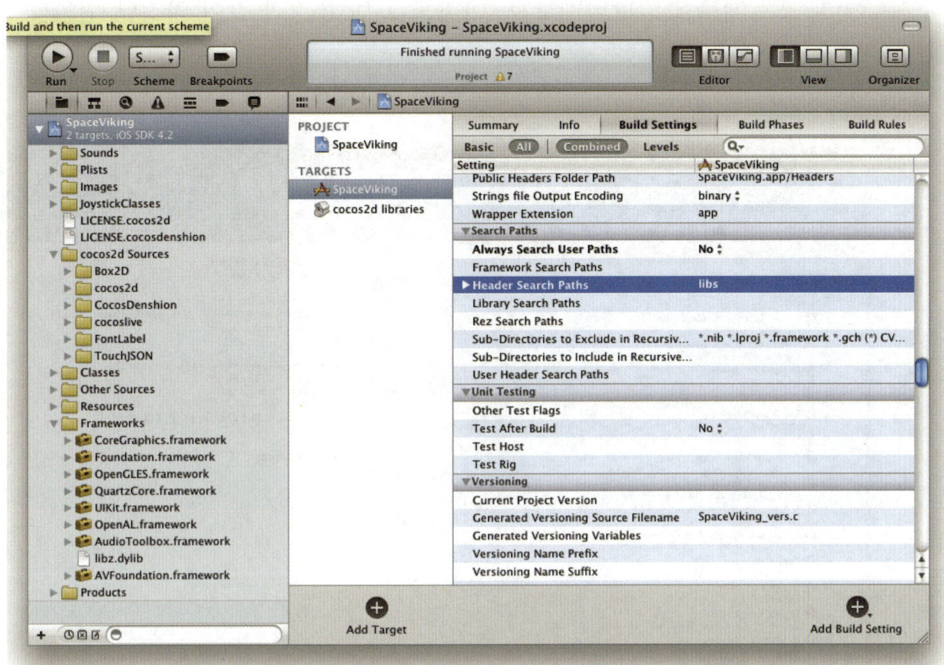

| 그림 10.6 | Header search paths에 libs 디렉터리를 추가한 화면

Xcode에서 [Classes] 그룹에 새로운 그룹을 만들고 이름을 'Box2D'로 지정한다. 그리고 Finder를 띄워 Cocos2D 디렉터리로 이동한 다음 templates\cocos2d_box2d_app\Classes 디렉터리로 이동한다. 디렉터리 안에는 GLES-Render.h와 GLES-Render.mm 파일이 있는데, 이 두 파일을 선택한 다음 방금 생성한 Box2D 그룹으로 드래그한다. 'Copy items into destination group's folder (if needed)'가 체크된 것을 확인하고 [Finish]를 클릭한다.

그러면 지금까지 추가한 Box2D가 잘 동작하는지 확인하자. Xcode에서 Classes\Scenes\Scene3 그룹을 펼친 다음 PuzzleLayer.h 파일을 열고 파일 맨 위에 Box2D 헤더 파일을 import하는 코드를 넣자(리스트 10.5).

리스트 10.5 PuzzleLayer.h 파일에서 추가된 부분

```
#import "Box2D.h"
```

이제 프로젝트를 컴파일해보자. 아마도 그림 10.7과 같이 엄청난 수의 에러를 보게 될 것이다.

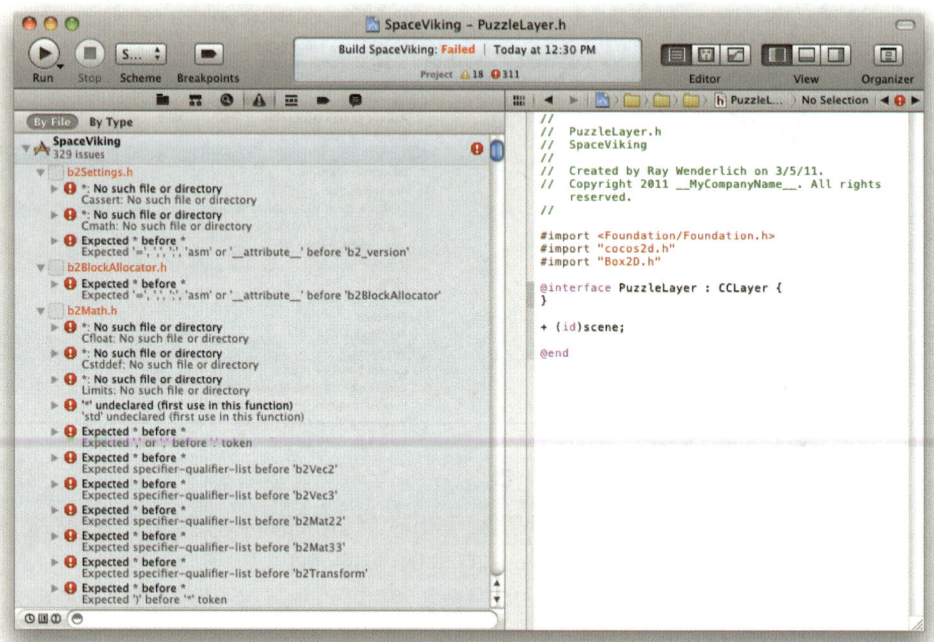

| 그림 10.7 | C++ 코드를 사용하면서 .mm 확장자를 사용하지 않았을 경우 보게 되는 컴파일 에러

이런 일이 일어나는 이유는 Box2D 헤더 파일(C++를 사용한다)을 import하면서 오브젝티브–C만을 사용하도록 설정했기 때문이다. 그러면 컴파일러에게 C++과 오브젝티브–C를 동시에 사용하도록 할 수 있을까? 그것은 매우 간단하다. 파일의 확장자를 .mm으로 바꾸어주기만 하면 된다!

그래서 PuzzleLayer.m 파일의 이름을 PuzzleLayer.mm으로, Classes\Singletons\GameManager.m 파일도 GameManager.mm으로 이름을 바꾸도록 하자. GameManager.m 파일의 이름도 바꾸는 이유는 GameManager.m이 Box2D.h를 import 하는 PuzzleLayer.h를 import하기 때문이다.

이제 다시 컴파일해보면 에러가 없어진 것을 확인할 수 있을 것이다.

마침내 Box2D 코드를 여러분의 프로젝트에 성공적으로 import시킨 것을 축하한다! 하지만 계속 진행하기 전에 Box2D에서 아주 중요한 개념 중 하나인 단위를 익혀야 한다.

Box2D 단위

Cocos2D를 사용하면서 게임을 개발하는 동안에는 보통 포인트 단위로 고민하게 된다. 예를 들어 Ole의 경우, 100×180포인트 크기의 iPad용 스프라이트가 된다(물론 보기도 좋다)!

그러나, Box2D에서는 더 이상 포인트를 사용하지 않는다. Box2D는 미터(m), 킬로그램(kg), 초(s) 단위를 가지고 작업을 하기 때문에 'x포인트'라는 표현 대신 'x미터'라는 표현으로 오브젝트를 사용한다.

1포인트를 1미터로 사용하면 되지 않을까 생각하고 있을 지도 모르겠다. 하지만 안타깝게도 이렇게 변환하면 생각만큼 잘 동작하지 않는다. 왜냐하면 Box2D는 0.1에서 10미터 크기의 오브젝트를 사용하는 경우에 가장 잘 동작하기 때문이다. 그래서 가급적이면 여러분이 사용하는 모든 오브젝트의 크기를 이 안에 맞추는 것이 좋다. 오브젝트의 크기는 1미터로 잡는 것이 일반적이다.

다행히 변환값을 사용하면 쉽게 단위를 전환할 수 있다. 예를 들어, 100포인트 크기의 Ole의 가로 길이를 1미터로 지정한다면 변환값은 100포인트/미터가 될 것이다. 그림 10.8은 변환값을 이용하여 포인트에서 미터로 변환시키는 방법을 보여준다.

100픽셀 ÷ 100포인트/미터 = 1미터

| **그림 10.8** | 포인트에서 미터로 변환

코드에서는 변환값이 다음과 같이 사용된다.

```
#define PTM_RATIO 100.0
// Cocos2D 단위에서 Box2D 단위로 전환
float x_box2D = x_cocos2D / PTM_RATIO;
float y_box2D = y_cocos2D / PTM_RATIO;
// Box2D 단위에서 Cocos2D 단위로 전환
float x_cocos2D = x_box2D * PTM_RATIO;
float y_cocos2D = y_box2D * PTM_RATIO;
```

> **Tip**
> Box2D 샘플을 보면 `PTM_RATIO`값으로 32를 많이 사용하는 것을 볼 수 있다. 이 값을 가장 많이 사용하는 이유는 무엇일까? iPhone의 화면 크기는 가로로 480포인트이며, 일반적으로 많이 사용하는 스프라이트의 크기는 가로 길이의 1/15인 32포인트이다. 그렇기 때문에 PTM_RATIO값을 32로 지정하면 보통의 크기의 스프라이트의 길이는 1미터가 되며 이 값은 Box2D의 최적의 값에 해당하는 0.1에서 10미터 사이에 들어간다.
> 그러나 여러분이 사용하는 스프라이트의 크기가 이보다 크거나 작은 경우, 일반적인 `PTM_RATIO`값을 사용하지 말고 자신이 사용하는 스프라이트의 크기에 따라 결정하자.
> 만일 `PTM_RATIO`값을 조정하는 것을 잊어버렸다면 크기가 조정된 오브젝트는 아마도 엄청 크거나 혹은 너무 작아져서 게임상에서 예상하지 못한 형태로 튕기거나 충돌하는 모습을 보여줄 것이다. 이와 같은 문제에 봉착했다면 먼저 Box2D 단위로 변환한 오브젝트가 너무 크거나 작지 않은지 확인해보기 바란다!

앞으로 작성하게 될 퍼즐 레벨의 경우 iPad의 일반적인 오브젝트의 크기는 가로로 100에서 800포인트까지 되기 때문에 `PTM_RATIO`값을 100으로 하면 된다(그러면 대부분의 오브젝트의 가로 길이는 1미터에서 아무리 길어도 10미터보다는 짧게 된다). iPhone의 경우에는 오브젝트의 크기가 반으로 줄어든다.

그래서 `PTM_RATIO`값을 사용하는 기기에 따라 다르게 지정해주어야 하는데 그 방법은 리스트 10.6에서 볼 수 있다.

 Constants.h 파일의 가장 아랫부분에 추가되는 코드

```
#define PTM_RATIO ((UI_USER_INTERFACE_IDIOM() == \
    UIUserInterfaceIdiomPad) ? 100.0 : 50.0)
```

이렇게 하면 드디어 Box2D를 사용할 준비가 모두 끝난다. 그럼 본격적으로 Box2D의 세상으로 들어가보자!

Hello, Box2D!

Box2D를 사용하는 첫 번째 단계는 Box2D 세상을 만드는 것이다. 즉, 시뮬레이션 시킬 오브젝트를 Box2D의 관점으로(미터 단위) 바라본다고 생각하면 된다. 그림 10.1을 다시 생각해보면 Box2D 세상에 있는 오브젝트를 만들어 Box2D가 시뮬레이 션하도록 만든 다음 Box2D 오브젝트의 위치에 맞게 스프라이트를 업데이트시키기 만 하면 된다.

그러면 Box2D 세상을 만들어보자. 먼저 PuzzleLayer.h 파일을 열고 Box2D 디 버깅용 헤더 파일과 `PTM_RATIO`가 정의된 Constants 파일을 import시킨다(리스트 10.7).

리스트 10.7 PuzzleLayer.h(맨 윗부분)

```
#import "GLES-Render.h"
#import "Constants.h"
```

그 다음 @interface 선언부에 멤버 변수 몇 개를 추가한다(리스트 10.8).

리스트 10.8 PuzzleLayer.h(@interface 선언부)

```
b2World * world;
GLESDebugDraw * debugDraw;
```

이 두 인스턴스 변수는 각각 Box2D 세상과 디버깅용 draw 클래스에 들어있다. 곧 이 두 변수에 대해 알게 될 것이다. 그러면 PuzzleLayer.mm 파일을 열고 Box2D 세상을 만드는 메소드를 init 메소드 위에 추가하자(리스트 10.9).

 PuzzleLayer.mm(init 메소드 위에 추가되는 코드)

```
- (void)setupWorld {
    b2Vec2 gravity = b2Vec2(0.0f, -10.0f);
    bool doSleep = true;
    world = new b2World(gravity, doSleep);
}
```

이 메소드는 Box2D 세상을 초기화한다. 제일 먼저 하는 것은 모든 오브젝트에 영향을 미치는 중력을 설정하는 것으로 gravity는 x값이 0, y값이 −10으로 초기화된다. b2Vec2는 Box2D의 클래스로 벡터를 표현한다. 따라서 이 벡터는 y축 음(−)의 방향으로 10의 크기를 갖는다.

벡터값을 이렇게 만드는 이유가 궁금할 수도 있겠다. 잘 생각해 보자. 중력가속도의 단위는 m/s^2인데, y축 아래 방향으로 $10m/s^2$의 값은 실제 지구 중력가속도 $9.8m/s^2$와 거의 차이가 나지 않는다!

Note ▶ Box2D로 작업을 하다 보면 많은 수의 벡터를 사용하게 되기 때문에 벡터가 어떻게 동작하는지 이해할 필요가 있다.

벡터는 간단히 설명하자면 x와 y값을 사용하여 크기와 방향을 동시에 표현하는 것이라고 할 수 있다. 예를 들면, 그림 10.9는 벡터 (3, 4)가 어떻게 나타나는지를 보여주고 있다. 이 벡터는 (3, 4)의 위치를 표시하는 용도로 사용되거나, 크기가 5이며 방향은 53°를 나타내는 용도로 사용되기도 한다.

벡터가 위치를 표시하는지 크기와 방향을 표시하는지는 사용하는 때에 따라 결정되는데, 중력의 경우에는 벡터가 크기와 방향을 표시하는 데 사용되었다.

벡터의 개념이 복잡하고 어려울 수도 있지만 너무 걱정하지 않아도 된다. 이번 챕터에서 계속해서 벡터를 다루다 보면 자연스럽게 벡터에 대한 개념을 얻게 될 것이다!

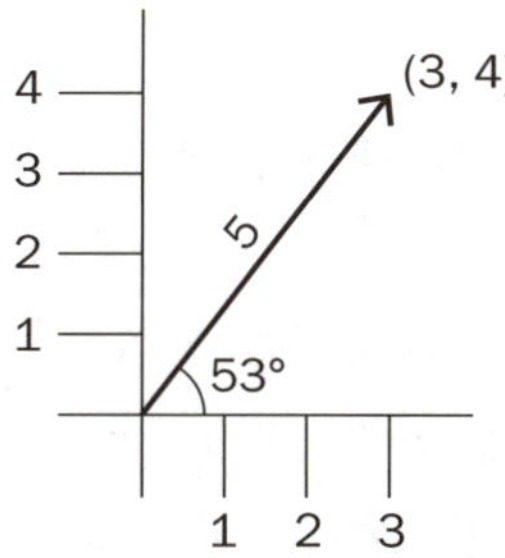

| 그림 10.9 | 위치 또는 크기/방향을 표시할 때 사용되는 벡터

정리하자면, 첫 번째 줄에서는 지구 중력가속도와 비슷한 값을 가지며 아래로 향하는 벡터를 셋업하고 두 번째 줄과 세 번째 줄에서는 중력값과 doSleep값(true)을 이용하여 b2World 오브젝트를 생성시킨다.

여기에서 doSleep 파라미터가 true로 설정되면 b2World 오브젝트가 움직이지 않을 때에는 오브젝트가 다시 움직일 때까지 오브젝트에 대한 계산을 멈추도록 한다. 보통 기본값으로 true로 설정하지만 필요 시 끌 수도 있다.

그러면 dealloc 메소드를 통해 생성된 world를 제거하는 코드만 만들면 되겠다. 리스트 10.10은 dealloc 메소드를 보여준다.

리스트 10.10 __PuzzleLayer.mm 파일의 마지막 부분__

```
- (void)dealloc {
    if (world) {
        delete world;
        world = NULL;
    }
    [super dealloc];
}
```

world를 지우면 world 안에 포함된 모든 것들(바디, 관절, 픽스처 등에 대해서는 나중에 다룬다)도 같이 제거된다.

이렇게 하면 된다 – 이제 Box2D 세상을 만들었다! 하지만 아직 그 안에는 아무 것도 없기 때문에 이제 간단한 박스 하나를 추가할 것이다.

Box2D 오브젝트 생성

Box2D 오브젝트를 만들기 전에 먼저 오브젝트를 셋업할 때 사용되는 몇 가지 용어에 대해 알아두는 것이 좋다.

Box2D 세상에 존재하는 개개의 오브젝트를 가리켜 바디(body)라고 한다. Box2D는 강체(剛體, rigid body) 물리역학을 시뮬레이션하는데, 즉 두 개의 바디가 충돌하는 경우 각각의 바디는 변형되지 않고 원형 그대로 튕겨지게 된다.

모든 바디는 여러 개의 조각, 픽스처(fixture)로 구성된다. 그림 10.10을 보면 알 수 있듯이 만일 야구 모자를 만들고자 한다면 두 개의 픽스처 – 모자와 챙 – 를 가지고 바디를 만들면 된다. 하나의 픽스처가 아닌 두 개의 픽스처를 이용하여 바디를 만드는 이유는 여러 가지가 있다. 첫 번째 이유는 더 간단하기 때문이며, 다른 이유는 다음 챕터에서 설명할 것이다. 어쨌거나 이러한 과정을 거쳐 Box2D의 모양을 만들게 된다.

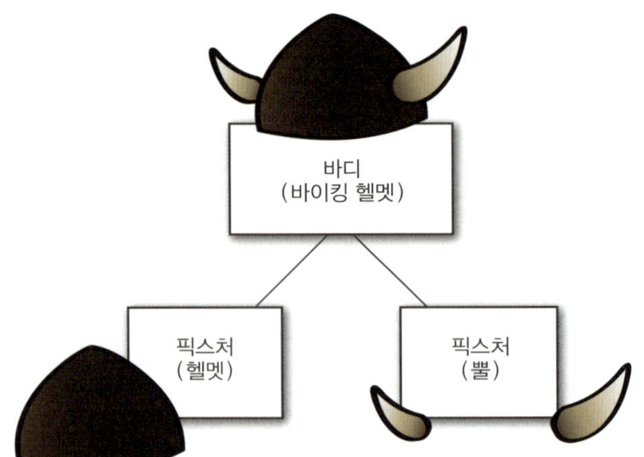

| 그림 10.10 | Box2D 바디는 한 개 이상의 픽스처로 구성된다.

Note

Box2D는 강체 물리역학을 시뮬레이션하기 때문에 동일한 바디에 들어있는 픽스처는 각자 따로 놀지 않고 그림 10.10의 바이킹 헬멧처럼 완전히 붙어있는 물체로 움직인다. 그러나 팔과 같이 팔뚝과 아래팔(전완)로 구성된 모델을 만들고자 하는 경우 동일한 바디에 팔뚝과 아래팔 픽스처를 붙이면 팔꿈치를 축으로 하여 회전하는 팔의 움직임을 만들어낼 수가 없다. 이렇게 팔과 같이 두 개의 조각을 붙여 서로에게 의지하며 움직이도록 하기 위해서는 두 개의 바디(팔뚝과 아래팔)를 만든 후 조인트(joint)를 이용하여 붙이면 된다. 조인트에 대해서는 다음 챕터에서 설명할 것이다. 이번 챕터에서는 대부분이 하나의 픽스처로 이루어진 간단한 바디만 다룬다.

그림 10.11은 Box2D를 이용하여 바디를 생성하는 과정을 보여준다. 그림에서 보면 알 수 있듯이 먼저 바디 정의(body definition)를 만들어야 한다. 바디 정의는 바디의 위치나 움직임 형태와 같은 바디의 속성을 지정한다. 움직임 형태는 크게 세 가지가 있는데 다이내믹 바디(Box2D가 움직임을 제어), 키네마틱 바디(게임 코드가 움직임을 제어), 스태틱 바디(바디는 움직이지 않음)가 그것이다.

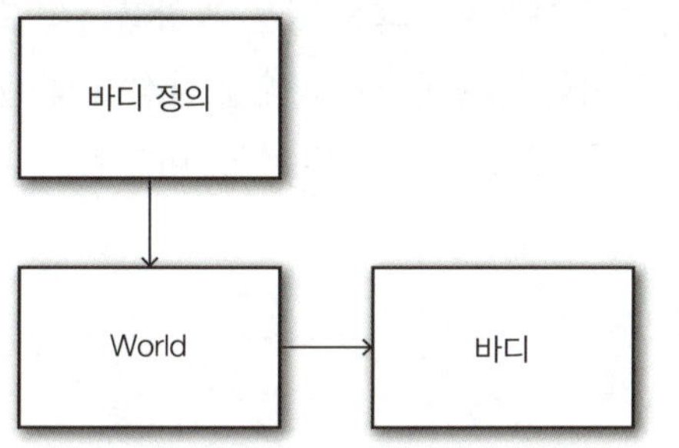

| **그림 10.11** | Box2D를 이용하여 바디를 생성하는 과정

이렇게 바디 정의가 끝나면 바디 정의를 world에게 건네주면 되고 이렇게 하면 world가 바디 오브젝트를 생성한다.

그러면 코드를 통해 바디 생성 과정을 살펴보도록 하자. PuzzleLayer.mm 파일에서 init 메소드 위에 박스를 하나 만드는 메소드를 추가하자(리스트 10.11).

리스트 10.11 PuzzleLayer.mm 파일의 init 메소드 앞 부분

```
- (void)createBoxAtLocation:(CGPoint)location withSize:(CGSize)size {
  b2BodyDef bodyDef;
  bodyDef.type = b2_dynamicBody;
  bodyDef.position =
      b2Vec2(location.x/PTM_RATIO, location.y/PTM_RATIO);
  b2Body *body = world->CreateBody(&bodyDef);
}
```

이 메소드는 지정된 위치에 지정된 크기의 박스를 만든다. 이때 바디 타입을 다이내믹 바디로 설정하고(Box2D에 의해 움직임이 제어됨), 초기 위치에 나타나도록 한다. 그리고는 world 오브젝트의 `CreateBody` 메소드를 호출하여 바디 오브젝트가 생성되도록 한다.

여기에서 위치를 지정할 때 파라미터로 받은 포인트값을 `PTM_RATIO`를 이용하여 미터 단위로 변환시키는 것을 볼 수 있다.

이렇게 바디를 만든 다음에는 하나 이상의 픽스처를 바디에 붙일 수 있게 된다. 픽스처를 만들기 위해서는 바디를 생성할 때와 거의 흡사한 프로세스를 거치면 되는데 그 과정을 그림 10.12에서 보여주고 있다. 기본적으로 먼저 모양(shape)을 만들어야 하는데 모양은 원, 사각형, 기타 다각형이 될 수 있다. 그런 다음 모양을 픽스처 정의 (fixture definition)로 넘겨주면서 반발력이나 밀도 등의 속성을 지정하게 된다. 그렇게 픽스처 정의를 만들고 나면 이를 바디에게 건네주게 되는데, 바디는 그 결과로 픽스처 오브젝트를 리턴한다.

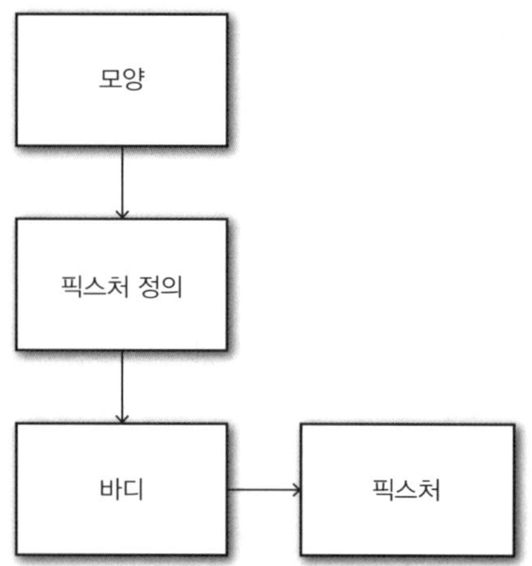

| **그림 10.12** | Box2D에서 픽스처를 만드는 과정

그러면 `createBoxAtLocation` 메소드에 리스트 10.12의 내용을 추가하여 바디에 픽스처를 추가하도록 하자.

```
b2PolygonShape shape;
shape.SetAsBox(size.width/2/PTM_RATIO, size.height/2/PTM_RATIO);

b2FixtureDef fixtureDef;
fixtureDef.shape = &shape;
fixtureDef.density = 1.0;

body->CreateFixture(&fixtureDef);
```

추가된 코드는 모양 오브젝트를 정의하고 헬퍼 메소드를 이용하여 사각형 박스의
크기를 지정하도록 한다. 이때 가로와 세로 길이를 반으로 나눈 값을 파라미터로 넘
겨주는 것에 주의해야 한다. 헬퍼 메소드는 박스 길이의 반을 파라미터로 받기 때문
에 이와 같이 작업해야 한다. 아울러, 포인트 단위를 미터 단위로 변환시키기 위해
PTM_RATIO값을 사용하는 것도 기억해야 한다.

SetAsBox 메소드를 사용할 때는 항상 박스 길이의 반을 파라미터로 넘겨주어야 한다는 점
에 유의하기 바란다. 이 부분은 자주 실수하는 부분이기도 하다. 만일 화면에 나타나는 오브
젝트가 생각보다 크다면 이 메소드에 넘겨준 파라미터값을 다시 한 번 확인해보자.

이어서 박스의 밀도를 1.0으로 지정한 것을 볼 수 있다. 픽스처의 밀도가 높을수
록 픽스처는 더 무거워진다. 밀도에 대해서는 이번 챕터 후반에서 자세히 설명할
것이다.

여기까지 하면 world를 생성하고 여기에 오브젝트를 추가하는 메소드가 완성된
다. 그러나 이 메소드를 init 메소드에서 바로 호출한다고 해서 화면에 나타나는 것
은 아무것도 없다. 왜냐하면 Box2D의 바디를 여러분의 scene에 그리는 코드가 아
직 없기 때문이다.

그러면 이제 debug draw를 통해 박스를 그려보도록 하자.

Box2D Debug Draw

Box2D debug draw는 앞에서 프로젝트에 추가한 GLES-Render 파일에 이미 다

구현되어 있다. 그렇기 때문에 박스를 그리기 위해서는 debug draw 클래스의 인스턴스를 만들어 world와 연결한 다음 여러분이 만든 draw 메소드에서 호출해주기만 하면 된다.

그러면 debug draw를 셋업하는 코드를 init 메소드 앞에 추가하도록 하자(리스트 10.13).

리스트 10.13 PuzzleLayer.mm 파일의 setupDebugDraw 메소드

```
- (void)setupDebugDraw {
    debugDraw =
        new GLESDebugDraw(
                PTM_RATIO *[[CCDirector sharedDirector] contentScaleFactor]);
    world->SetDebugDraw(debugDraw);
    debugDraw->SetFlags(b2DebugDraw::e_shapeBit);
}
```

메소드를 보면 GLESDebugDraw 클래스의 인스턴스를 하나 만든 다음 이것을 world 오브젝트의 SetDebugDraw 메소드로 넘겨주는 것을 알 수 있다. 이어서 플래그를 설정하여 그려야 하는 것을 세부적으로 지정하게 되는데 지금으로서는 모양에만 집중하면 된다.

> **Note** GLESDebugDraw 메소드로 넘겨주는 파라미터값에 PTM_RATIO값을 곱한 것에 주의해야 하는데 그 이유는 GLESDebugDraw 메소드가 픽셀 단위로 처리하기 때문이다. 단위 변경을 하지 않으면 레티나 디스플레이에서 제대로 된 크기로 나타나지 않게 된다.
> 또한 Box2D debug draw 클래스를 이용하여 관절, 바운딩 박스, 바디의 중심 등을 나타낼 수도 있다. 이러한 메소드 목록은 Box2D 소스 코드의 b2WorldCallbacks.h 파일에서 확인할 수 있다.

그러면 이제 debug draw 클래스를 이용하여 바디를 한 번 그려보도록 하자. 리스트 10.14의 내용을 PuzzleLayer.mm 파일에 추가하자.

리스트 10.14 PuzzleLayer.mm 파일(init 메소드 아래)

```
-(void) draw {
    glDisable(GL_TEXTURE_2D);
```

```
    glDisableClientState(GL_COLOR_ARRAY);
    glDisableClientState(GL_TEXTURE_COORD_ARRAY);

    world->DrawDebugData();

    glEnable(GL_TEXTURE_2D);
    glEnableClientState(GL_COLOR_ARRAY);
    glEnableClientState(GL_TEXTURE_COORD_ARRAY);
}
```

draw 메소드는 layer의 draw 메소드의 오버라이딩 메소드로, 이를 통해 매 프레임
마다 debug draw를 수행할 수 있도록 한다. 메소드 내부를 보면 OpenGL 상태를 바
꾸어 debug draw가 처리될 수 있도록 한 다음 world 오브젝트의 DrawDebugData
메소드를 이용하여 직접 오브젝트를 렌더링하도록 한다. 이 코드를 이해하지 못한다
고 걱정할 필요는 없다. 이 코드는 거의 관용적으로 사용되기 때문에 여러분은 이 코
드 그대로 가져다 쓰면 된다.

마지막 단계로 dealloc을 통해 debug draw가 끝난 오브젝트를 제거해야 한다.
리스트 10.15의 내용을 dealloc 메소드에 추가하자.

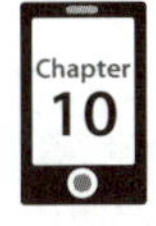

리스트 10.15 PuzzleLayer.mm 파일의 dealloc 메소드에 추가되는 코드

```
if (debugDraw) {
    delete debugDraw;
    debugDraw = nil;
}
```

모든 준비가 끝났다. 이제 화면에 나타내기만 하면 된다!

한데 묶기

그러면 앞에서 작성한 init 메소드를 지우고 리스트 10.16의 init 메소드로 바꾸자.

리스트 10.16 PuzzleLayer.mm 파일의 init 메소드

```
- (id)init {
    if ((self = [super init])) {
```

```
            [self setupWorld];
            [self setupDebugDraw];
            [self scheduleUpdate];
            self.isTouchEnabled = YES;
        }
    return self;
}


- (void)registerWithTouchDispatcher {
    [[CCTouchDispatcher sharedDispatcher] addTargetedDelegate:self
        priority:0 swallowsTouches:YES];
}
```

첫 번째 두 줄을 통해 앞에서 추가한 world와 debug draw를 셋업하는 메소드를
호출한다. 그리고는 update 메소드가 매 틱마다 호출되도록 설정한다. 또한
isTouchEnabled값을 YES로 지정하고 registerWithTouchDispatcher 메소드를 구
현하여 layer가 터치에 반응하도록 하였다. 터치 입력은 나중에 터치하는 곳에 박스
를 만드는 데 사용될 것이다.

다음으로 매 틱마다 호출될 update 메소드를 추가할 차례이다. init 메소드 아래
에 리스트 10.17의 내용을 추가하자.

 PuzzleLayer.mm 파일의 update 메소드(init 메소드 아래에 추가)

```
-(void)update:(ccTime)dt {

    int32 velocityIterations = 3;
    int32 positionIterations = 2;
    world->Step(dt, velocityIterations, positionIterations);

}
```

앞의 init 메소드를 통해 scheduleUpdate 메소드가 호출되면 Cocos2D는 자동으
로 layer에서 update 메소드를 찾아 매 프레임마다 호출하게 된다. update 메소드
안에는 Box2D 시뮬레이션이 수행될 시간을 지정한 후 world 오브젝트의 Step 메소
드를 호출하여 Box2D 시뮬레이션이 수행되도록 하였다.

Step 메소드를 호출할 때는 속도와 위치가 계산되는 횟수를 파라미터로 넘겨주게

되는데, 이 값이 클수록 시뮬레이션은 좋아지지만 전체 성능이 떨어진다. 그렇기 때문에 시행착오를 통해 여러분의 게임에 적절한 값을 찾아내야 한다!

리스트 10.17의 update 루프가 반복되는 틱의 간격은 시간 파라미터 dt(delta time)를 이용하여 가변적으로 조절할 수 있다. 그러나 Box2D는 고정된 시간 간격을 사용할 때 가장 좋은 성능을 보인다. 즉, 일정한 시간마다 update 루프가 호출되어야 한다. 만일 고정된 시간 간격을 사용하지 않게 되면 시뮬레이션은 더욱 복잡해져 관절이 떨어진다거나 바디가 불규칙하게 튕겨지는 등의 이상한 결과가 초래되기도 한다. 이 부분에 대해서는 Chapter 11에서 다시 설명하겠지만 지금은 이와 같이 단순하게 구현해야 문제를 일으키지 않는다는 것만 기억하면 된다.

마지막으로 박스를 생성하는 코드를 추가하자! 조금 더 재미있게 하기 위해 사용자가 터치하는 곳에 박스가 생성되도록 할 것이다. 그러면 리스트 10.18을 추가하자.

리스트 10.18 **PuzzleLayer.mm 파일의 ccTouchBegan 메소드(init 메소드 아래에 추가)**

```objc
-(BOOL) ccTouchBegan:(UITouch *)touch withEvent:(UIEvent *)event {

    CGPoint touchLocation = [touch locationInView:[touch view]];
    touchLocation = [[CCDirector sharedDirector]
                    convertToGL:touchLocation];
    touchLocation = [self convertToNodeSpace:touchLocation];
    b2Vec2 locationWorld =
        b2Vec2(touchLocation.x/PTM_RATIO, touchLocation.y/PTM_RATIO);

    [self createBoxAtLocation:touchLocation
        withSize:CGSizeMake(50, 50)];
    return TRUE;

}
```

이 메소드는 layer에서 터치가 일어날 때마다 호출된다. 먼저 convertToGL 메소드를 사용하여 터치 이벤트가 일어난 지점의 좌표를 UIView 좌표에서 OpenGL 좌표로 변환시킨다. 이어서 현재 layer의 node 공간의 좌표 체계로 변환시킨 다음 최종적으로 PTM_RATIO를 이용하여 Box2D의 좌표 체계로 변환시킨다(포인트 단위에서 미터 단위로).

이렇게 구한 터치 위치를 앞에서 작성한 박스 생성 메소드를 호출할 때 파라미터로 넘겨주면 화면에 터치한 위치에 Box2D 세상의 오브젝트가 나타나게 된다. 생성된 박스는 중력의 영향으로 인해 그림 10.13과 같이 아래로 떨어지게 된다.

그러나 여기에서 한 가지 문제가 있는데, 화면에서 떨어지는 오브젝트를 멈추게 할 수 없다는 것이다. 이 문제를 해결하기 위해서는 바닥을 추가하면 된다.

| 그림 10.13 | 중력의 영향을 받아 떨어지는 Box2D 오브젝트

바닥 만들기

여기에서의 목표는 화면에 테두리를 만들어 오브젝트가 화면 테두리를 만나면 더 이상 떨어지지 않도록 하는 것이다.

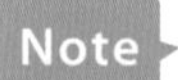

Box2D의 테두리를 굳이 화면의 가장자리와 정확하게 맞추지 않아도 된다. 많은 게임에서 스크린의 가로 길이를 늘려 플레이어가 가로로 스크롤할 수 있도록 하기 때문이다. 이렇게 하기 위해서는 가장자리의 폭을 넓히고 사용자가 스크롤하는 것에 맞추어 layer의 위치를 옮겨주면 된다. 이 부분에 대해서는 다음 챕터에서 더 자세히 설명할 것이다!
여기에서는 스크롤이 필요 없기 때문에 가장자리를 화면의 가장자리에 맞추었다.

먼저 PuzzleLayer.h 파일을 열고 새로운 인스턴스 변수를 추가하여 바닥으로 사용할 바디에 대한 레퍼런스를 유지하도록 한다(리스트 10.19).

 PuzzleLayer.h 파일에 추가하는 인스턴스 변수(@interface 선언부 내)

```
b2Body *groundBody;
```

다음으로, PuzzleLayer.mm 파일을 열고 바닥으로 사용할 바디를 생성하는 메소드를 init 메소드 앞에 추가한다(리스트 10.20).

리스트 10.20 **PuzzleLayer.mm 파일의 createGround 메소드**

```
- (void)createGround {
    CGSize winSize = [[CCDirector sharedDirector] winSize];
    float32 margin = 10.0f;
    b2Vec2 lowerLeft = b2Vec2(margin/PTM_RATIO, margin/PTM_RATIO);
    b2Vec2 lowerRight = b2Vec2((winSize.width-margin)/PTM_RATIO,
                               margin/PTM_RATIO);
    b2Vec2 upperRight = b2Vec2((winSize.width-margin)/PTM_RATIO,
                               (winSize.height-margin)/PTM_RATIO);
    b2Vec2 upperLeft = b2Vec2(margin/PTM_RATIO,
                              (winSize.height-margin)/PTM_RATIO);

    b2BodyDef groundBodyDef;
    groundBodyDef.type = b2_staticBody;
    groundBodyDef.position.Set(0, 0);
    groundBody = world->CreateBody(&groundBodyDef);

    b2PolygonShape groundShape;
    b2FixtureDef groundFixtureDef;
    groundFixtureDef.shape = &groundShape;
    groundFixtureDef.density = 0.0;

    groundShape.SetAsEdge(lowerLeft, lowerRight);
    groundBody->CreateFixture(&groundFixtureDef);
    groundShape.SetAsEdge(lowerRight, upperRight);
    groundBody->CreateFixture(&groundFixtureDef);
    groundShape.SetAsEdge(upperRight, upperLeft);
    groundBody->CreateFixture(&groundFixtureDef);
    groundShape.SetAsEdge(upperLeft, lowerLeft);
    groundBody->CreateFixture(&groundFixtureDef);
}
```

createGround 메소드 앞부분은 Box2D의 좌표 체계를 셋업하여 테두리로 사용할 영역의 네 귀퉁이를 지정한다. 이때 PTM_RATIO를 사용하여 포인트에서 미터 단위로 변환시키는 것에 주의해야 한다. 그리고는 바디를 생성하는 과정을 진행하는데 바디를 스태틱 바디로 설정하고(즉, 바디는 움직이지 않음) 바디의 위치를 (0, 0)으로 지정한다는 것만 다르고 나머지는 동일하다.

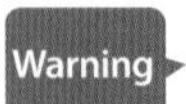

바디의 위치를 지정하고 나면 픽스처를 생성할 때 사용하는 좌표는 바디를 기준으로 하는 좌표 체계를 따르게 된다. 즉, 이 경우에는 바디의 위치를 (0, 0)으로 하였기 때문에 픽스처의 좌표를 (10, 10)으로 지정한다면 실제 world에 나타나는 픽스처의 world 좌표는 (10, 10)이 되는 것이다. 그러나 바디의 위치가 (5, 5)로 지정된 경우에는 (10, 10)으로 지정된 픽스처의 실제 world 좌표는 (15, 15)가 된다.

이와 같이 픽스처의 좌표 체계를 바디에 맞추는 것은 Box2D에서 제공하는 편리한 특징 중 하나인데, 이렇게 함으로써 픽스처가 바디에 종속되는 구조를 더욱 공고히 할 수 있게 된다. 즉, 바디의 위치를 바꾸는 경우 굳이 픽스처의 위치까지 손댈 필요가 없어지는 것이다. 앞의 예와 같은 경우에는 이러한 좌표 체계의 장점이 크게 부각되지 않지만 자동차나 수레와 같이 복잡한 오브젝트가 여러 번 나타나도록 하는 경우에는 이러한 좌표 체계를 사용하는 것이 편리하게 느껴질 것이다.

바디를 만든 다음에는 픽스처 정의를 설정한다. 여기에서는 groundShape로 모양을 설정하고(아직 모양을 만들지 않았음), 밀도를 0으로 지정한다. 오브젝트의 밀도를 0으로 지정하면 해당 오브젝트는 스태틱(움직이지 않는) 오브젝트로 지정된다.

이 부분을 아주 조심해야 한다! 만일 Box2D의 픽스처를 생성하면서 밀도를 지정하지 않는다면 기본값인 0으로 설정되면서 바디는 스태틱으로 지정되어 움직이지 않게 된다. 그래서 만일 움직여야 할 픽스처가 움직이지 않는다면 밀도값을 지정하였는지, 그 값이 0인지를 확인해야 한다.

마지막으로 네 개의 픽스처를 바디에 추가하는데 각 픽스처는 박스의 네 변을 이루게 된다. 픽스처를 변으로 만들기 위하여 헬퍼 메소드 SetAsEdge를 사용하는데 SetAsEdge 메소드는 두 개의 점을 잇는 선분으로 픽스처를 구성한다. 이렇게 만든 픽스처를 바디에 추가하게 된다. 앞에서 설명한 것처럼 동일한 바디에 여러 개의 픽스처를 붙일 수 있으며(야구모자), 이것이 그 첫 번째 예제가 된다.

이제 이렇게 만든 메소드를 init 메소드에서 호출하도록 하면 된다. 리스트 10.21의 내용을 init 메소드 마지막에 추가하자.

```
[self createGround];
```

다 끝났다! 이제 프로젝트를 컴파일하고 실행시키면 화면 가장자리에 녹색의 테두리가 나타날 것이다. 바로 이것이 방금 만든 바닥이다. 화면을 터치하여 박스를 만들면 박스가 떨어지다 바닥에서 멈추는 것을 볼 수 있다(그림 10.14). 또한 박스 위로 박스를 떨어뜨리면 멋진 물리 효과를 통해 박스가 떨어지는 모습을 보게 될 것이다.

Note 어떤 바디는 분홍색으로, 또 어떤 바디는 회색으로 나타나기도 하는데 Box2D에서는 움직이지 않고 sleep 상태로 있는 바디는 회색으로 나타나기 때문이다. 앞에서 언급한 바와 같이 바디가 sleep 상태에 있는 경우에는 Box2D는 바디가 움직일 때까지 해당 바디에 대한 계산을 진행하지 않는다. 이를 통해 성능을 최적화시킬 수 있다.

이제야 "Hello World"의 Box2D 버전을 무(無)에서 시작해서 만들어냈다고 할 수 있다. Box2D 바디를 만들고, 중력을 설정하고, 그라운드 박스를 만들어 오브젝트가 남아있도록 하였다! 그러면 다음 단계로 넘어가 상호작용과 장식을 추가해보도록 하자.

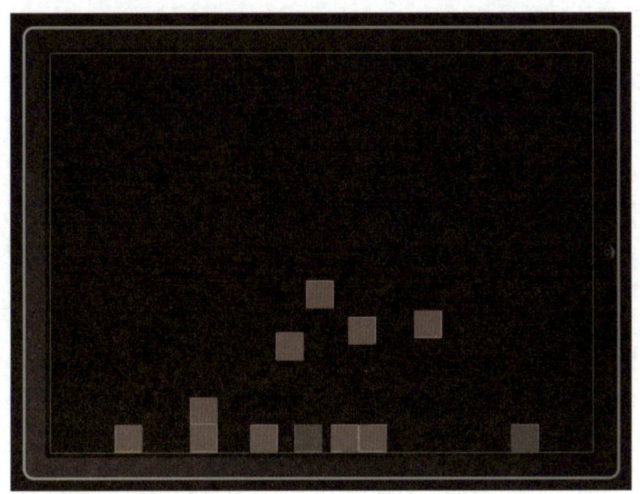

| 그림 10.14 | Box2D의 바디가 바닥에 떨어지는 모습

Box2D의 상호작용과 장식

이번 scene은 조금 재미있게 시작할 것이다. 과연 떨어지는 박스에 더 재미있을 것이 있을까? 바로 기기를 돌릴 때마다 아래쪽으로 상자가 떨어지게 하는 것이다!

이것을 구현하는 것은 아주 쉬우니 바로 시작해보자. 먼저 가속도계를 사용할 수 있도록 해야 한다. 이를 위해 리스트 10.22의 내용을 init 메소드에 추가해야 한다.

리스트 10.22 PuzzleLayer.mm 파일의 init 메소드 마지막에 추가하는 코드

```
self.isAccelerometerEnabled = TRUE;
```

이렇게 layer로 하여금 가속도계에서 발생하는 이벤트에 대해 callback이 일어나도록 Cocos2D에 알려주게 된다. 그래서 가속도계에 데이터가 발생하면 layer에 있는 accelerometer:didAccelerate 메소드를 호출한다. 그러면 바로 이 메소드를 보도록 하자(리스트 10.23).

리스트 10.23 PuzzleLayer.mm 파일의 accelerometer:didAccelerate 메소드

```
- (void)accelerometer:(UIAccelerometer *)accelerometer
didAccelerate:(UIAcceleration *)acceleration {
    b2Vec2 gravity(-acceleration.y * 15, acceleration.x *15);
    world->SetGravity(gravity);
}
```

accelerometer:didAccelerate 메소드는 단순히 가속도계를 통해 들어온 값을 중력 벡터로 변환시키는 일을 한다. 중력을 조금 더 잘 느끼도록 하기 위해 가속도계 값(-1에서 1 사이 값)에 15를 곱하였다. Space Viking은 가로 모드에서 동작하기 때문에(그리고 가속도계 데이터는 세로 방향을 기준으로 수집되므로) x와 y값을 서로 바꾼 다음 y의 부호를 바꾸어야 제대로 된 중력으로 작용하게 된다.

중력 벡터를 구했으면 SetGravity 메소드를 호출하여 새로 계산된 중력 벡터를 적용시킨다. 그렇게 하면 새로운 중력으로 업데이트된다.

이제 프로젝트를 컴파일하고 기기에서 실행시킨 다음(시뮬레이터에서는 가속도계

가 동작하지 않는다), 박스를 몇 개 만들고 기기를 회전시키면 그림 10.15와 같이 박스가 이리저리 날아다니며 움직이는 것을 볼 수 있을 것이다. 정말 재미있지 않은가!

| **그림 10.15** | 중력과 가속도계에 따라 움직이는 Box2D 바디들

그런데 계속해서 가지고 놀다 보면 이상한 점을 보게 될 것이다. 즉, 바디가 완전히 멈추어 회색으로 변하면(오브젝트가 sleep 상태가 되면) 다시 기기를 회전시켜도 박스가 더 이상 움직이지 않게 되는 것이다.

이러한 문제를 해결하기 위해서는 여러 가지 방법이 있는데(예를 들어 기기의 방향이 바뀌어 가속도계 입력을 탐지하는 high-pass 필터를 동작시켜 입력값이 발생하였을 때 sleep 상태의 바디를 깨움), 여기에서는 아주 간단한 방법을 사용하겠다. 즉, 이 예제 프로그램의 취지에 맞게 바디가 sleep 상태로 빠지지 않도록 설정하는 것이다.

이렇게 하기 위해서는 `createBoxAtLocation` 메소드에서 `CreateBody`를 호출하기 전에 리스트 10.24의 코드 한 줄을 추가하면 된다.

 PuzzleLayer.mm 파일의 createBoxAtLocation 메소드에 추가되는 코드 (CreateBody 호출 직전에 추가)

```
bodyDef.allowSleep = false;
```

이제 다시 컴파일하고 실행시키면 더 이상 바디가 sleep 상태로 빠져 움직이지 않는 일은 없을 것이다.

> **Note** High-pass 필터 옵션에 대해 자세히 알고 싶다면 Apple의 Event Handling Guide for iOS(Motion Events 섹션에 있음)를 참조하자. High-pass 필터 옵션을 이용하여 구현하면 불필요한 바디를 sleep 상태로 둘 수 있기 때문에 모든 바디를 깨어 있도록 하는 것보다 더 좋은 성능을 낼 수 있다.

오브젝트 드래그

가속도계를 통해 다양한 바디의 물리 작용을 알아보니 점점 재미있어지지 않는가? 그렇다면 오브젝트를 직접 드래그해서 움직이게 한다면 어떨까?

좋은 소식은 Box2D를 사용하면 이와 같은 구현이 매우 쉽다는 것이다. 이때 사용하는 특별한 종류의 조인트를 가리켜 마우스 조인트(mouse joint)라고 한다.

조인트는 두 개의 바디가 연결되는 방식과 함께 상호간의 움직임에 대한 규칙을 Box2D에게 알려주는 데 사용된다. 예를 들어, 두 개의 오브젝트가 디스턴스 조인트(distance joint)로 연결되었다고 Box2D에 알려주면 두 오브젝트는 항상 동일한 거리를 유지하게 된다. 또한 두 개의 오브젝트가 레볼루트 조인트(revolute joint)로 연결되었다고 Box2D에 알려주면 바디는 공유된 동일한 축을 기준으로 회전하게 된다.

다음 챕터에서 더 많은 조인트에 대해 설명하겠지만, 이번 챕터에서는 사용자 입력을 위해 디자인된 특별한 조인트인 마우스 조인트를 먼저 사용할 것이다. 마우스 조인트는 사용자가 오브젝트와 함께 터치한 지점과 사용자가 원하는 이동 지점을 연결하여 오브젝트가 원하는 지점으로 최대한 빨리 움직이도록 한다.

마우스 조인트를 사용하기 위해서는 몇 가지 절차를 거쳐야 하기 때문에 순서대로 하나씩 진행할 것이다. 우선 PuzzleLayer.h 파일을 열고 마우스 조인트를 위한 새로운 인스턴스 변수를 리스트 10.25와 같이 추가하자.

리스트 10.25 **PuzzleLayer.h 파일에 새로 추가하는 인스턴스 변수(@interface 선언부에 추가)**

```
b2MouseJoint *mouseJoint;
```

다시 PuzzleLayer.mm 파일로 이동하여 ccTouchBegan 메소드를 찾은 다음 createBoxAtLocation 줄을 지우고 그 자리에 리스트 10.26의 내용을 넣는다.

리스트 10.26 **PuzzleLayer.mm 파일의 ccTouchBegan 메소드에서 createBoxAtLocation 줄을 대체하는 부분**

```
b2AABB aabb;
b2Vec2 delta = b2Vec2(1.0/PTM_RATIO, 1.0/PTM_RATIO);
aabb.lowerBound = locationWorld - delta;
aabb.upperBound = locationWorld + delta;
SimpleQueryCallback callback(locationWorld);
world->QueryAABB(&callback, aabb);
```

마우스 조인트를 셋업하기 위해서는 사용자가 움직이도록 하려는 것이 어떤 오브젝트인지를 먼저 파악해야 한다. 이를 위해서는 특정 위치에 어떤 오브젝트가 있는지를 Box2D에 질의하면 된다.

Box2D world에 있는 오브젝트를 탐색하기 위해 AABB 테스트를 하는 메소드를 사용해야 한다. AABB란 Axis-aligned bounding box의 약자로, 오브젝트를 감싸는 바운딩 박스(테두리 영역)를 의미한다. 그래서 AABB 테스트는 오브젝트의 바운딩 박스만으로 오브젝트가 서로 겹쳤는지 여부를 판단하는데 오브젝트 자체가 겹쳤는지를 확인하는 것보다 훨씬 더 빠르게 검사할 수 있다. AABB 테스트 메소드를 사용하면 해당 위치에 있는 모든 오브젝트를 리턴하게 되는데, 그 중에 어떤 오브젝트를 선택할 것인지는 여러분이 어떻게 프로그래밍하느냐에 따라 결정된다.

그럼 AABB 테스트가 어떻게 동작하는지 살펴보자. 우선 그림 10.16을 보자. 그림 오른쪽 아래에 작게 표시한 사각형이 터치가 일어난 지점인데, 이곳과 폴리곤이 겹치는지를 확인하고 싶을 때 어떻게 하는지 알아볼 것이다. 먼저 검사를 빠르게 진행하기 위하여 AABB 테스트를 통해 겹칠 가능성이 높은 오브젝트를 추려낸다. 즉, 오브젝트의 바운딩 박스가 겹치는 오브젝트만을 골라내는 것이다. 그런 다음 선택된 오브젝트에 대해 실제 오브젝트의 영역과 겹치는지를 검사하기 위하여 `TestPoint` 메소드를 호출한다.

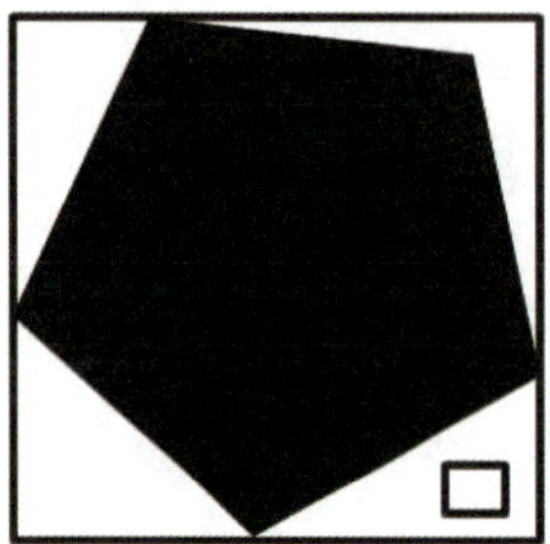

리스트 10.26을 보면 AABB 테스트를 위해 위아래로 바운드값을 주는데, 그 값으로 1포인트를 사용하는 것을 알 수 있다. 그리고 실제 파라미터로 입력되는 값은 미터 단위로 변환된 값이 된다. 그런 다음 `QueryAABB` 메소드를 호출하여 AABB 테스트를 수행하도록 한다. 이때 파라미터로 클래스에 대한 포인터를 넘겨주는데, `QueryAABB` 메소드는 이 포인터를 이용하여 겹쳤는지 여부를 조사하는 메소드를 호출한다. 이렇게 호출되는 메소드가 실제 오브젝트의 영역과 겹쳤는지를 검사하는 메소드가 되며 파라미터로 넘어가는 클래스에 이 메소드가 구현되어야 한다.

`SimpleQueryCallback` 클래스는 Box2D에 포함되어 있지 않기 때문에 직접 작성해야 한다. Xcode에서 [Classes]-[Box2D] 폴더로 이동한 다음 메뉴에서 [File]-[New]-[New File...]을 선택하고, [iOS]-[C and C++]-[Header File]을 선택한 다음 [Next]를 클릭한다. 파일 이름은 SimpleQueryCallback.h로 입력한 다음 [Save]를 클릭한다.

그리고 SimpleQueryCallback.h 파일의 내용을 리스트 10.27의 내용으로 바꾼다.

리스트 10.27 SimpleQueryCallback.h

```
#import "Box2D.h"

class SimpleQueryCallback : public b2QueryCallback
{
```

```cpp
public:
    b2Vec2 pointToTest;
    b2Fixture * fixtureFound;

    SimpleQueryCallback(const b2Vec2& point) {
        pointToTest = point;
        fixtureFound = NULL;
    }

    bool ReportFixture(b2Fixture* fixture) {
        b2Body* body = fixture->GetBody();
        if (body->GetType() == b2_dynamicBody) {
            if (fixture->TestPoint(pointToTest)) {
                fixtureFound = fixture;
                return false;
            }
        }
        return true;
    }
};
```


SimpleQueryCallback 클래스는 아주 간단한 C++ 클래스로, b2QueryCallback 클래스로부터 상속받는다. SimpleQueryCallback 클래스는 겹치는지 여부를 조사하기 위한 위치 좌표를 파라미터로 사용하는 생성자를 사용하여 인스턴스 변수에 위치 좌표를 저장한다. 그리고 가상 메소드 ReportFixture를 오버라이드하는데, 이 메소드는 겹쳤을 가능성이 있을 때마다 호출된다. ReportFixture 메소드 안을 살펴보면, 바디가 다이내믹 바디인지 확인하고(마우스 조인트를 사용하여 이동시키려면 바디 타입이 다이내믹 바디여야만 함) TestPoint를 사용하여 실제로 픽스처와 겹치는지를 확인한다. 만일 그렇다면 해당 픽스처에 대한 포인터를 인스턴스 변수에 저장하고 false를 리턴하여 Box2D가 탐색을 멈추도록 한다. 그렇지 않은 경우에는 true를 리턴하여 계속해서 탐색하도록 한다.

여기에서 중요한 점이 바로 겹치는 것이 확인된 첫 번째 오브젝트만을 리턴한다는 것이다. 물론 해당 지점에 겹치는 오브젝트가 여러 개 있을 수도 있지만 제일 먼저 발견된 오브젝트만을 리턴하는 것이며, 지금 수준에서는 이 정도면 충분하다.

이제 PuzzleLayer.mm 파일로 이동한 다음 방금 추가한 클래스를 import시키자 (리스트 10.28).

 PuzzleLayer.mm 파일의 맨 윗 부분에 추가되는 코드

```
#import "SimpleQueryCallback.h"
```

    ccTouchBegan 메소드로 돌아가서 맨 마지막 줄을 보면 QueryAABB를 호출하는 것을 볼 수 있을 것이다. 이 메소드가 리턴되고 나면 겹쳐있을 가능성이 높은 오브젝트에 대해 world는 SimpleQueryCallback 오브젝트를 호출하게 되며 SimpleQuery Callback 클래스는 해당 지점이 실제로 겹치는지 여부를 판별하게 된다. 이제 이러한 충돌 정보를 사용할 때가 되었다! 계속해서 ccTouchBegan 메소드의 마지막 부분에 리스트 10.29의 내용을 추가하자(단, return문 앞에 추가해야 한다.).

 PuzzleLayer.mm 파일의 ccTouchBegan 메소드 마지막 부분에 추가되는 코드 (단, return 문 앞에 추가해야 함)

```
if (callback.fixtureFound) {

    b2Body *body = callback.fixtureFound->GetBody();

    b2MouseJointDef mouseJointDef;
    mouseJointDef.bodyA = groundBody;
    mouseJointDef.bodyB = body;
    mouseJointDef.target = locationWorld;
    mouseJointDef.maxForce = 100 * body->GetMass();
    mouseJointDef.collideConnected = true;

    mouseJoint = (b2MouseJoint *) world->CreateJoint(&mouseJointDef);
    body->SetAwake(true);
    return YES;

} else {
    [self createBoxAtLocation:touchLocation
        withSize:CGSizeMake(50, 50)];
}
```

    추가되는 코드는 먼저 SimpleQueryCallback 클래스가 픽스처를 찾았는지 확인한 다음 픽스처가 있는 경우에는 픽스처로부터 바디의 포인터를 얻어낸다. 그 다음 마우스 조인트 정의를 생성하게 되는데 이때 마우스 조인트 정의에 들어가는 파라미터에는 다음과 같은 것이 있다.

- `bodyA`: 조인트를 정의할 때 보통 두 개의 바디를 지정하게 되는데, 마우스 조인트의 경우에는 첫 번째 바디로 움직이지 않는 바디를 지정하는 것이 일반적이다. 그렇게 하면 고정된 바디를 목적지로 하여 나머지 바디가 자동으로 움직이게 되는 것이다. 그래서 여기에서는 앞에서 생성한 `groundBody`를 `bodyA`로 지정하였다.
- `bodyB`: 이동시키고자 하는 바디가 된다. 여기에서는 AABB 테스트와 `Simple Query Callback` 검사로 선택된 바디가 `bodyB`로 지정된다.
- `target`: 오브젝트를 이동시키고자 하는 목적지이다. 여기에서는 사용자가 터치한 위치가 된다.
- `maxForce`: 바디를 이동시키는데 적용되는 힘의 최대값이다. 여기에서는 아무것이나 움직이도록 하기 위해 각 바디의 질량에 100을 곱한 값을 사용한다. 더 큰 값을 곱할 수록 오브젝트는 더 빨라진다.
- `collideConnected`: `bodyA`와 `bodyB`가 충돌하는지 여부를 결정한다. 여기에서는 선택된 바디가 바닥에 충돌해야 하기 때문에 `true`로 지정하였다.

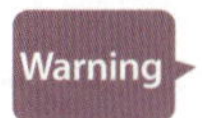

> **Warning** 그라운드(바닥) 바디와 조인트를 연결할 때 많이 실수하는 것 중 하나가 `collideConnected` 값을 지정하지 않는 것이다. 만일 `collideConnected`값을 지정하지 않으면 기본값이 `false`로 지정되어 바디는 더 이상 그라운드 바디와 부딪히지 않게 된다. 만약 오브젝트가 테두리를 지나가 버린다면 조인트 정의 부분을 확인하여 바닥에 부딪히도록 설정했는지 확인해보자.

마우스 조인트 정의가 끝나면 이것을 `CreateJoint` 메소드로 전달하여 실제 조인트를 생성하게 된다. 또한 바디를 깨워 움직일 수 있도록 한다.

만일 터치한 곳에 픽스처가 없다면 앞에서 만들었던 박스 생성 메소드를 호출하여 터치 지점에 박스가 만들어지도록 한다.

이제 거의 끝나간다. 터치 이동과 터치 종료 부분만 추가하면 된다(리스트 10.30).

리스트 10.30 <u>PuzzleLayer.mm 파일의 ccTouchBegan 메소드 다음 부분</u>

```objc
-(void) ccTouchMoved:(UITouch *)touch withEvent:(UIEvent *)event {
    CGPoint touchLocation = [touch locationInView:[touch view]];
    touchLocation =
        [[CCDirector sharedDirector] convertToGL:touchLocation];
    touchLocation = [self convertToNodeSpace:touchLocation];
```

```
        b2Vec2 locationWorld = b2Vec2(touchLocation.x/PTM_RATIO,
                               touchLocation.y/PTM_RATIO);
    if (mouseJoint) {
        mouseJoint->SetTarget(locationWorld);
    }
}


-(void) ccTouchEnded:(UITouch *)touch withEvent:(UIEvent *)event {
    if (mouseJoint) {
        world->DestroyJoint(mouseJoint);
        mouseJoint = NULL;
    }
}
```

ccTouchMoved 메소드는 단순히 마우스 조인트의 target을 새로운 터치 위치로 업데이트하며 ccTouchEnded 메소드는 이동이 끝난 것으로 간주하여 조인트를 없애 버린다.

드디어 끝났다! 여러분의 앱을 컴파일하고 실행시키면 화면에 있는 오브젝트를 드래그시킬 수 있게 된다. 잠시 고생한 결과를 만끽하기 바란다!

질량, 밀도, 마찰, 복원

지금까지 여러분이 추가한 바디는 대부분 Box2D에서 제공하는 기본값을 사용했다. 그러나 가끔은 다른 것보다 무거운 바디라든지 오브젝트를 미끄러지거나 혹은 더 잘 튕기거나 덜 튕기는 바디를 만들고 싶을 때도 있을 것이다.

이렇게 각각의 픽스처의 행동을 설정하기 위해서는 Box2D에서 제공하는 세 가지 속성인 밀도, 마찰, 복원값을 지정하면 된다. Box2D를 처음 접하는 사람이라면 이러한 속성을 사용하는 것에 어려움을 느낄 수 있기 때문에 몇 가지 예제를 통해서 이러한 속성들을 이해해보자.

그러면 PuzzleLayer.mm 파일을 열고 createBoxAtLocation 메소드를 리스트 10.31과 같이 수정하자.

```objc
- (void)createBoxAtLocation:(CGPoint)location
    withSize:(CGSize)size friction:(float32)friction
    restitution:(float32)restitution density:(float32)density {

    b2BodyDef bodyDef;
    bodyDef.type = b2_dynamicBody;
    bodyDef.position = b2Vec2(location.x/PTM_RATIO,
                             location.y/PTM_RATIO);
    bodyDef.allowSleep = false;
    b2Body *body = world->CreateBody(&bodyDef);

    b2PolygonShape shape;
    shape.SetAsBox(size.width/2/PTM_RATIO, size.height/2/PTM_RATIO);

    b2FixtureDef fixtureDef;
    fixtureDef.shape = &shape;
    fixtureDef.density = density;
    fixtureDef.friction = friction;
    fixtureDef.restitution = restitution;

    body->CreateFixture(&fixtureDef);
}
```

수정된 createBoxAtLocation 메소드는 과거의 것과 거의 비슷하다. 다만 픽스처에 필요한 세 가지 속성(밀도, 마찰, 복원)값을 추가로 받고 그 값을 지정하는 것만 다르다. 이 값들이 어떤 의미를 갖는지 모른다고 해서 걱정할 필요는 없다. 이제부터 예제로 계속해서 설명할 것이다.

그러면 init 메소드 마지막에 몇 줄을 추가하여 세 개의 박스가 추가되도록 하자 (리스트 10.32).

리스트 10.32   PuzzleLayer.mm 파일의 init 메소드 마지막에 추가하는 코드

```objc
CGPoint location1, location2, location3;
CGSize smallSize, medSize, largeSize;
if (UI_USER_INTERFACE_IDIOM() == UIUserInterfaceIdiomPad) {
    location1 = ccp(200, 400);
    location2 = ccp(500, 400);
    location3 = ccp(800, 400);
    smallSize = CGSizeMake(50, 50);
```

```
        medSize = CGSizeMake(100, 100);
        largeSize = CGSizeMake(200, 200);
    } else {
        location1 = ccp(100, 200);
        location2 = ccp(250, 200);
        location3 = ccp(400, 200);
        smallSize = CGSizeMake(25, 25);
        medSize = CGSizeMake(50, 50);
        largeSize = CGSizeMake(100, 100);
    }
    [self createBoxAtLocation:location1 withSize:medSize
                    friction:0.2 restitution:0.0 density:1.0];
    [self createBoxAtLocation:location2 withSize:medSize
                    friction:0.2 restitution:0.0 density:1.0];
    [self createBoxAtLocation:location3 withSize:medSize
                    friction:0.2 restitution:0.0 density:1.0];
```

이렇게 하면 화면 중앙에 세 개의 박스가 생성되는데 각각의 friction, restitution, density값은 모두 기본값으로 동일하게 지정된다. 단, iPad와 iPhone에서 실행되었을 때의 위치와 크기만 서로 다르게 지정하였다.

Scene이 시작되면서 박스가 생성되었기 때문에 더 이상 터치를 통해 박스를 생성시킬 필요가 없다. 따라서 ccTouchBegan 메소드의 박스 생성 부분에 해당하는 줄을 주석 처리해야 한다(리스트 10.33).

리스트 10.33 **PuzzleLayer.mm 파일(ccTouchBegan 메소드에서 주석 처리된 부분)**

```
//[self createBoxAtLocation:touchLocation withSize:CGSizeMake(50, 50)];
```

이제 프로그램을 컴파일하고 실행시킨 다음 박스를 이리저리 움직이면서 어떻게 동작하는지 눈여겨보도록 하자. 특히 바닥에서는 어떻게 미끄러지는지, 다른 상자와 부딪치면 어떻게 되는지, 바닥과 부딪치면 어떻게 튕기는지 관심 있게 봐야 한다.

그러면 이제 init 메소드에 추가한 createBoxAtLocation 메소드를 호출하는 세 줄을 리스트 10.34와 같이 바꾸자.

```
[self createBoxAtLocation:location1 withSize:smallSize
            friction:0.2 restitution:0.0 density:1.0];
[self createBoxAtLocation:location2 withSize:medSize
            friction:0.2 restitution:0.0 density:1.0];
[self createBoxAtLocation:location3 withSize:largeSize
            friction:0.2 restitution:0.0 density:1.0];
```

수정된 부분은 박스의 크기이다(small, medium, large). 여전히 다른 속성값은 동일하다. 컴파일하고 실행시킨 다음 작은 박스를 큰 박스로 날려보자. 어떤가? 이번에는 큰 박스를 작은 박스로 날려보자. 그렇다!

이 예제의 결과는 매우 흥미롭다. Box2D가 오브젝트의 크기에 맞게 알아서 질량을 계산한다는 것이다. 오브젝트의 크기가 더 클수록 질량은 더 커져 움직이기가 힘들어진다.

이번에는 밀도에 대한 예를 보자. 다시 한 번 createBoxAtLocation 메소드를 호출하는 줄을 리스트 10.35와 같이 바꾸자.

리스트 10.35　PuzzleLayer,m 파일(변경된 createBoxAtLocation 메소드 호출 부분)

```
[self createBoxAtLocation:location1 withSize:smallSize
            friction:0.2 restitution:0.0 density:10.0];
[self createBoxAtLocation:location2 withSize:medSize
            friction:0.2 restitution:0.0 density:1.0];
[self createBoxAtLocation:location3 withSize:largeSize
            friction:0.2 restitution:0.0 density:1.0];
```

나머지는 그대로 놔두고 작은 박스만 밀도를 높여놓았다. 프로그램을 실행시킨 다음 작은 박스를 큰 박스로 날려보자. 아마 아까보다는 천천히 움직이면서 다른 상자로부터 받는 영향도 줄어들었을 것이다.

이 말은 즉, 밀도가 질량에 영향을 미친다는 것을 의미한다. 그래서 밀도가 높아지면 질량도 높아지고 오브젝트를 움직이는 것도 그만큼 어려워진다. 이것은 다분히 여러분이 공부한 물리 법칙인 (질량)=(부피)×(밀도)를 그대로 따르는 것이다.

그러면 이번에는 마찰에 대해 알아보자. 다시 한 번 createBoxAtLocation 메소드를 호출하는 줄을 리스트 10.36과 같이 바꾸자.

 PuzzleLayer.m 파일(변경된 createBoxAtLocation 메소드 호출 부분)

```
[self createBoxAtLocation:location1 withSize:medSize
            friction:0.0 restitution:0.0 density:1.0];
[self createBoxAtLocation:location2 withSize:medSize
            friction:1.0 restitution:0.0 density:1.0];
[self createBoxAtLocation:location3 withSize:medSize
            friction:10.0 restitution:0.0 density:1.0];
```

박스는 동일한 크기로 돌아갔다. 하지만 첫 번째 박스는 극단적으로 미끄러우며 두 번째 박스는 적절하게 미끄럽고 세 번째 박스는 거의 미끄러지지 않는다. 실행시켜서 그 결과를 확인해보자.

> **Note** 두 개의 서로 다른 마찰값을 갖는 픽스처가 서로 미끄러지는 경우 Box2D는 두 픽스처의 마찰값의 기하평균값을 마찰값으로 적용한다.[1]

이제 마지막 실험이다. createBoxAtLocation 메소드를 호출하는 줄을 리스트 10.37과 같이 바꾸자.

 PuzzleLayer.m 파일(변경된 createBoxAtLocation 메소드 호출 부분)

```
[self createBoxAtLocation:location1 withSize:medSize
            friction:1.0 restitution:0.0 density:1.0];
[self createBoxAtLocation:location2 withSize:medSize
            friction:1.0 restitution:0.5 density:1.0];
[self createBoxAtLocation:location3 withSize:medSize
            friction:1.0 restitution:1.0 density:1.0];
```

컴파일하고 실행해보면 세 번째 박스는 굉장히 잘 튕겨나가는 대신 첫 번째 박스는 거의 튕겨나가지 않는 것을 볼 수 있을 것이다.

> **Note** 서로 다른 복원값을 갖는 바디가 부딪치는 경우 Box2D는 더 큰 값을 적용한다.

---

1 [역주] 두 양수 a, b의 기하 평균은 $\sqrt{a, b}$이다.

지금까지 질량, 밀도, 마찰, 복원값에 대해 알아보았는데 정리하자면 다음과 같다.

- 질량은 모양의 부피와 밀도의 곱으로 계산된다. 이때, 부피는 크기에 비례하여 Box2D가 자동으로 계산한다.
- 오브젝트의 질량이 클수록 움직이는 데 더 많은 힘이 필요하다.
- 오브젝트의 마찰이 작을수록 다른 오브젝트 위로 잘 미끄러진다.
- 오브젝트의 복원값이 클수록 더 잘 튄다.

그래서 게임에서 사용되는 바디의 무게, 미끄러짐, 반발에 대해 충분히 고민한다면 바디에 대한 좋은 속성값을 적용시킬 수 있을 것이며 게임은 더욱 훌륭하게, 아니 더욱 사실적으로 동작할 것이다!

스프라이트를 이용하여 Box2D 바디 꾸미기

이제 Box2D를 이용한 간단한 게임을 만드는 데 필요한 도구는 거의 다 갖춰졌다. 그러나 아직 마무리를 위한 커다란 조각이 하나 남았는데, 바로 Box2D 바디에 스프라이트를 입히는 것이다. 단순히 Box2D의 debug draw만을 사용해서 만든 게임은 Apple 디자인 대상 근처도 가기 어려울 것이다.

이번 섹션에서는 Box2D 바디를 꾸미기 위해 몇 가지 도안이 사용되는데, 사용되는 도안으로는 얼어버린 Ole, 얼음 덩어리, 바위, 운석 등이며, 심지어는 해골도 사용된다!

이번 챕터의 [resource] 폴더에는 이번 챕터에서 사용할 스프라이트 시트와 배경 이미지 파일이 포함되어 있는데(scene3atlas.plist, scene3atlas.png, scene3atlas-hd.plist, scene3atlas-hd.png, puzzle_level_bkgrnd.png, puzzle_level_bkgrnd-hd.png, puzzle_level_bkgrnd-ipad.png), 이 파일들을 Finder에서 프로젝트의 [Images] 그룹으로 드래그하자. 이때, 'Copy items into destination group's folder (if needed)'에 체크 표시해야 한다. 체크된 것을 확인하고 [Finish]를 클릭하자.

이번 레벨에서는 iPad와 레티나 디스플레이용으로 hd 스프라이트 시트를 사용하고, iPhone 용으로 일반 스프라이트 시트를 사용한다. 물론 iPhone과 iPad의 해상도가 다르지만, 결과물 은 제법 괜찮으며 각각의 기기에서의 오브젝트 위치도 잘 맞아떨어진다.

하지만 배경 이미지의 경우는 조금 다른데, 배경 이미지는 화면 해상도와 정확하게 일치되어 야 하기 때문에 일일이 크기에 맞는 배경 이미지를 사용하였다.

이번 챕터에서 필요한 스프라이트 시트를 제공하고는 있지만, 여러분이 원하는 경우에는 Chapter 2에서 설명한 TexturePacker나 Zwoptex를 사용해 직접 스프라이트 시트를 만들어 도 된다. 스프라이트 시트에 사용된 스프라이트는 Raw Art 폴더에서 확인할 수 있다.

다음으로 GameCharacter의 새로운 서브클래스를 만들어야 한다. 이 클래스는 스 프라이트와 Box2D 바디를 엮어 Box2D 바디에 해당하는 스프라이트를 언제든지 사 용할 수 있도록 한다.

Xcode에서 [Classes]–[Game Objects] 그룹을 선택한 다음 새로운 서브그룹 [Box2D]를 만든다. [Box2D] 그룹이 선택된 상태에서 [File]–[New]–[New File…] 을 선택하고 [iOS]–[Cocoa Touch]–[Objective-C class]를 선택한 다음 [Next]를 클릭한다. 그리고 'Subclass of' 필드에 'GameCharacter'라고 입력한 다음 [Next] 를 클릭한다. 파일 이름은 'Box2DSprite.mm'이라고 입력하고 [Save]를 클릭한다.

그러면 Box2DSprite.h 파일을 열고 그 내용을 리스트 10.38의 내용을 바꾸자.

리스트 10.38 Box2DSprite.h

```objc
#import "GameCharacter.h"
#import "Box2D.h"

@interface Box2DSprite : GameCharacter {
    b2Body *body;
}

@property (assign) b2Body *body;

// 마우스 조인트를 허용하는 경우 TRUE를 리턴
// 마우스 조인트를 허용하지 않는 경우 FALSE를 리턴
- (BOOL)mouseJointBegan;

@end
```

Box2DSprite 클래스는 GameCharacter 클래스로부터 상속받기 때문에 Box2D Sprite 클래스 역시 현재의 캐릭터 상태를 보관할 수 있다. Box2DSprite 클래스는 연결된 Box2D 바디를 위해 한 개의 인스턴스 변수와 프로퍼티를 사용한다. 또한 Box2D 바디가 마우스 조인트 입력을 허용하는지 확인하는 메소드도 갖고 있다.

이어서 Box2DSprite.mm 파일을 열고 그 내용을 리스트 10.39로 대체하자.

리스트 10.39 Box2DSprite.mm

```
#import "Box2DSprite.h"

@implementation Box2DSprite
@synthesize body;

// 필요한 경우 오버라이드하시오
- (BOOL)mouseJointBegan {
    return TRUE;
}

@end
```

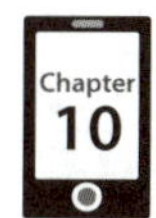

Box2DSprite.mm 파일은 간단하게 인스턴스 변수를 synthesize시키고 mouseJointBegan 메소드의 기본값으로 TRUE를 리턴하도록(오브젝트는 마우스 조인트에 의해 움직일 수 있음) 정의하고 있다.

이제 PuzzleLayer.h 파일로 이동하여 interface 부분에 리스트 10.40의 인스턴스 변수 선언문을 추가하자.

리스트 10.40 PuzzleLayer.h 파일의 @interface 선언부에 추가되는 코드

```
    CCSpriteBatchNode *sceneSpriteBatchNode;
    b2Body *frozenVikingBody;
```

추가한 인스턴스 변수는 각각 spriteBatchNode와 얼어있는 바이킹 바디를 참조하게 된다.

다음으로 PuzzleLayer.mm 파일로 이동하여 방금 추가한 Box2DSprite.h 헤더 파일을 import시키자(리스트 10.41).

```
#import "Box2DSprite.h"
```

그리고 createBoxAtLocation 메소드를 수정하여 리스트 10.42와 같이 만들자.
진하게 표시한 줄이 수정된 부분이다.

리스트 10.42   PuzzleLayer.mm 파일(수정된 createBoxAtLocation 메소드)

```
- (void)createBodyAtLocation:(CGPoint)location
    forSprite:(Box2DSprite *)sprite friction:(float32)friction
    restitution:(float32)restitution density:(float32)density
    isBox:(BOOL)isBox {

    b2BodyDef bodyDef;
    bodyDef.type = b2_dynamicBody;
    bodyDef.position = b2Vec2(location.x/PTM_RATIO,
                             location.y/PTM_RATIO);
    bodyDef.allowSleep = false;
    b2Body *body = world->CreateBody(&bodyDef);
    body->SetUserData(sprite);
    sprite.body = body;

    b2FixtureDef fixtureDef;

    if (isBox) {
        b2PolygonShape shape;
        shape.SetAsBox(sprite.contentSize.width/2/PTM_RATIO,
                       sprite.contentSize.height/2/PTM_RATIO);
        fixtureDef.shape = &shape;
    } else {
        b2CircleShape shape;
        shape.m_radius = sprite.contentSize.width/2/PTM_RATIO;
        fixtureDef.shape = &shape;
    }

    fixtureDef.density = density;
    fixtureDef.friction = friction;
    fixtureDef.restitution = restitution;

    body->CreateFixture(&fixtureDef);

}
```

바뀐 부분을 보면 흥미로운 곳이 몇 군데 있는데, 먼저 Box2DSprite(GameCharacter 의 새로운 서브클래스) 타입의 파라미터를 Box2D 바디의 user 데이터로 지정한다. 그 리고 스프라이트의 크기를 이용하여 박스 크기를 지정한다.

아울러, isBox라는 별도의 파라미터를 받아 생성하려고 하는 바디가 박스인지 원 인지를 결정하는 데 사용한다. 원을 사용하는 이유는 이번 레벨에서 사용하는 스프 라이트 중 일부는 원을 사용하는 것이 더 적합하기 때문이다. 원을 만드는 것 역시 b2PloygonShape를 사용하지 않고 b2CircleShape를 사용하여 간단하게 반지름만 으로 원이 만들어지도록 하였다.

그리고 메소드 이름이 바뀐 것에도 유의해야 한다. 지금까지는 박스만을 만들었지 만 이제는 다른 모양도 만들기 때문에 createBodyAtLocation이 더 어울린다.

다음은 스프라이트와 관련된 Box2D 오브젝트를 생성하는 몇 가지 메소드를 추가 할 차례이다. 이 메소드들은 모두 방금 수정한 createBodyAtLocation 메소드를 사 용한다. 리스트 10.43의 내용을 init 메소드 앞에 추가하자.

리스트 10.43 <u>PuzzleLayer.mm 파일에 추가되는 메소드(init 메소드 앞에 추가)</u>

```
- (void)createMeteorAtLocation:(CGPoint)location {
    Box2DSprite *sprite = [Box2DSprite spriteWithSpriteFrameName:
                                                @"meteor.png"];
    sprite.gameObjectType = kMeteorType;
    [self createBodyAtLocation:location forSprite:sprite friction:0.1
                    restitution:0.3 density:1.0 isBox:FALSE];
    [sceneSpriteBatchNode addChild:sprite];
}

- (void)createSkullAtLocation:(CGPoint)location {
    Box2DSprite *sprite = [Box2DSprite spriteWithSpriteFrameName:
                                                @"skull.png"];
    sprite.gameObjectType = kSkullType;
```

```objc
    [self createBodyAtLocation:location forSprite:sprite friction:0.5
                restitution:0.5 density:0.25 isBox:FALSE];
    [sceneSpriteBatchNode addChild:sprite];
}


- (void)createLongBlockAtLocation:(CGPoint)location {
    Box2DSprite *sprite = [Box2DSprite spriteWithSpriteFrameName:
                                                @"long_block.png"];
    sprite.gameObjectType = kLongBlockType;
    [self createBodyAtLocation:location forSprite:sprite friction:0.2
                restitution:0.0 density:1.0 isBox:TRUE];
    [sceneSpriteBatchNode addChild:sprite];
}


- (void)createIceBlockAtLocation:(CGPoint)location {
    Box2DSprite *sprite = [Box2DSprite spriteWithSpriteFrameName:
                                                @"ice_block.png"];
    sprite.gameObjectType = kIceType;
    [self createBodyAtLocation:location forSprite:sprite friction:0.2
                restitution:0.2 density:1.0 isBox:TRUE];
    [sceneSpriteBatchNode addChild:sprite];
}


- (void)createFrozenOleAtLocation:(CGPoint)location {
    Box2DSprite *sprite = [Box2DSprite spriteWithSpriteFrameName:
                                                @"frozen_ole.png"];
    sprite.gameObjectType = kFrozenVikingType;
    [self createBodyAtLocation:location forSprite:sprite friction:0.1
                restitution:0.2 density:1.0 isBox:TRUE];
    [sceneSpriteBatchNode addChild:sprite];
    frozenVikingBody = sprite.body;
}


- (void)createRockAtLocation:(CGPoint)location {
    Box2DSprite *sprite = [Box2DSprite spriteWithSpriteFrameName:
                                                @"rock.png"];
    sprite.gameObjectType = kRockType;
    [self createBodyAtLocation:location forSprite:sprite friction:3.0
                restitution:0.0 density:1.0 isBox:TRUE];
    [sceneSpriteBatchNode addChild:sprite];
}
```

이 메소드들은 어렵지 않게 읽을 수 있다. 각 루틴은 Box2DSprite를 만들면서 스프라이트 시트에서 해당 스프라이트를 꺼내기 위하여 스프라이트 프레임 이름을 파라미터로 건네준다. 그리고는 오브젝트 타입과 바디 속성을 설정한 다음 새로운 스프라이트를 스프라이트 배치 노드에 추가한다.

이제 init 메소드에서 createBoxAtLocation 메소드를 호출하는 부분을 지우고 그곳에 리스트 10.44의 내용으로 채우자.

리스트 10.44 PuzzleLayer.mm(init 메소드에서 createBoxAtLocation 메소드 호출 부분을 대치하는 코드)

```
if (UI_USER_INTERFACE_IDIOM() == UIUserInterfaceIdiomPad) {
    [[CCSpriteFrameCache sharedSpriteFrameCache]
            addSpriteFramesWithFile:@"scene3atlas-hd.plist"];
    sceneSpriteBatchNode = [CCSpriteBatchNode
                            batchNodeWithFile:@"scene3atlas-hd.png"];
    [self addChild:sceneSpriteBatchNode z:0];
    [self createMeteorAtLocation:ccp(200, 600)];
    [self createSkullAtLocation:ccp(200, 500)];
    [self createRockAtLocation:ccp(400, 100)];
    [self createIceBlockAtLocation:ccp(400, 400)];
    [self createLongBlockAtLocation:ccp(400, 300)];
    [self createFrozenOleAtLocation:ccp(100, 400)];
    [self createRockAtLocation:ccp(300, 400)];
    [CCTexture2D
        setDefaultAlphaPixelFormat:kCCTexture2DPixelFormat_RGB565];
    CCSprite *background =
                [CCSprite spriteWithFile:@"puzzle_level_bkgrnd-ipad.png"];
    background.anchorPoint = ccp(0,0);
    [CCTexture2D
        setDefaultAlphaPixelFormat:kCCTexture2DPixelFormat_Default];
    [self addChild:background z:-1];
} else {
    [[CCSpriteFrameCache sharedSpriteFrameCache]
    addSpriteFramesWithFile:@"scene3atlas.plist"];
    sceneSpriteBatchNode = [CCSpriteBatchNode
                            batchNodeWithFile:@"scene3atlas.png"];
    [self addChild:sceneSpriteBatchNode z:0];
    [self createMeteorAtLocation:ccp(100, 300)];
    [self createSkullAtLocation:ccp(100, 250)];
    [self createRockAtLocation:ccp(200, 50)];
    [self createIceBlockAtLocation:ccp(200, 200)];
    [self createLongBlockAtLocation:ccp(200, 150)];
    [self createFrozenOleAtLocation:ccp(40, 200)];
    [self createRockAtLocation:ccp(150, 200)];
    [CCTexture2D
        setDefaultAlphaPixelFormat:kCCTexture2DPixelFormat_RGB565];
```

```objc
CCSprite *background =
            [CCSprite spriteWithFile:@"puzzle_level_bkgrnd.png"];
background.anchorPoint = ccp(0,0);
[CCTexture2D
    setDefaultAlphaPixelFormat:kCCTexture2DPixelFormat_Default];
[self addChild:background z:-1];
}
```

리스트 10.44는 몇몇 바디를 scene의 특정 위치에 추가한다. 이때 iPad와 iPhone의 경우를 구분하여 알맞은 스프라이트 시트를 로드하고 적절한 위치에 바디를 놓는다.

그리고 배경 이미지를 셋업하는데, 픽셀 포맷으로 RGB565를 사용하는 것을 눈여겨 볼 필요가 있다. RGB565 포맷은 커다란 이미지를 로드할 때 품질을 낮추면서 iOS의 제한된 메모리 사용량을 줄이는 역할을 한다.

만일 대규모의 이미지를 로드할 때 적절한 픽셀 포맷을 사용하지 않는다면 얼마 지나지 않아 메모리를 모두 소진하여 iOS가 강제로 앱을 종료시킬 것이다. 픽셀 포맷에 대해 더 자세한 내용을 알고 싶다면 리카르도 퀘사다가 Cocos2D 사이트에 올린 좋은 글이 있으니 참조하기 바란다. http://ec2-50-16-191-191.compute-1.amazonaws.com/understanding-pixel-format-in-cocos2d-v073/

지금까지 한 일을 정리해보면 스프라이트 시트를 만든 다음 여러 개의 Box2D 바디를 스프라이트 크기에 맞추어 생성하였다. 그러나 아직 중요한 작업인 스프라이트의 위치를 Box2D 바디의 위치에 맞추는 것이 남아있다.

즉, 여러분의 게임 애니메이션의 매 프레임마다 Box2D 바디의 위치를 기준으로 스프라이트를 업데이트해야 한다. 이를 위해서는 update 메소드에 약간의 코드를 추가해야 하니, update 메소드로 이동하여 마지막 부분에 리스트 10.45의 내용을 추가하자.

리스트 10.45 **PuzzleLayer.mm 파일의 update 메소드 마지막 부분에 추가하는 코드**

```objc
for(b2Body *b = world->GetBodyList(); b != NULL; b = b->GetNext()) {
    if (b->GetUserData() != NULL) {
        Box2DSprite *sprite = (Box2DSprite *) b->GetUserData();
```

```
            sprite.position = ccp(b->GetPosition().x * PTM_RATIO,
                            b->GetPosition().y * PTM_RATIO);
            sprite.rotation = CC_RADIANS_TO_DEGREES(b->GetAngle() * -1);
        }
    }
```

이 간단한 루프는 world에 존재하는 모든 바디를 조사하는데, 바디의 user data
가 NULL인지 확인한다. 앞에서 createBodyAtLocation 메소드에 Box2D 바디의
user data로 스프라이트를 넣었던 것을 기억하는가? 이곳이 바로 앞에서 만들었던
코드가 사용되는 부분이다.

NULL이 아니라면 스프라이트의 위치와 회전 정도를 바디의 위치와 회전 정도에
맞춘다. 위치 단위를 맞추기 위해 PTM_RATIO값을 사용하는 것은 익숙할 것이다. 마
찬가지로 회전 각도에 대해서도 Box2D의 각도 단위(라디안, radian)를 Cocos2D의
각도 단위(도, degree)로 변환시켜야 한다. 게다가 회전 방향도 서로 다르기 때문에
−1을 곱해주어야 한다.

마지막으로 앞에서 가속도계를 사용하는 코드를 추가하였는데, 최종 퍼즐 레벨에
서는 가속도계를 사용할 필요가 없기 때문에 init 메소드의 isAccelerometer
Enabled 줄은 주석 처리해야 한다(리스트 10.46)

리스트 10.46 PuzzleLayer.mm 파일의 init 메소드에서 주석 처리하는 부분

```
//self.isAccelerometerEnabled = TRUE;
```

이제 프로그램을 컴파일하고 실행시키면 그림 10.17과 같이 Box2D의 오브젝트가
스프라이트로 꾸며진 것을 보게 될 것이다. 각각의 오브젝트를 움직여보면서 다양한
밀도, 복원, 마찰 속성을 확인해보기 바란다.

지금까지 Box2D의 많은 부분을 소화했다. 사각형과 원 모양의 바디를 생성하고,
마우스 조인트를 이용하여 바디를 움직이고, 스프라이트를 사용하여 바디를 꾸미는
방법까지 익혔다. 이정도 지식이면 Box2D를 사용하여 이번 챕터에서 사용하는 퍼
즐 레벨을 만드는 데 충분하기 때문에 이제는 여기에 게임 로직을 추가하고 디테일
을 살리기만 하면 된다!

| 그림 10.17 | 스프라이트로 꾸며진 Box2D 오브젝트

▶▶▶ Box2D 퍼즐 게임 만들기

이번 퍼즐 게임의 목표는 Ole를 태양이 비추는 곳으로 옮겨 Ole를 가두어 놓은 얼음 덩어리가 녹도록 만드는 것이다. 그렇기 때문에 Ole가 목표 위치에 도달했는지를 체크하는 코드가 필요하다.

쉽게 떠올릴 수 있는 방법은 매 update마다 Ole의 위치를 체크하여 지정된 위치에 도착했는지를 확인하는 것이다. 물론 이 방법도 잘 동작하지만 Box2D의 성능을 활용하는 다른 방법이 있다.

Box2D는 물리 엔진으로, 오브젝트 간에 충돌이 일어났을 때 어떻게 동작시켜야 하는지를 알고 있다. 따라서 이미 오브젝트의 충돌을 탐지하는 코드를 갖고 있으며 이를 통해 적절히 반응하게 된다. 바로 이 점을 활용하여 충돌이 일어나면 Box2D로부터 notification이 날아오도록 notification을 등록하거나 현재 충돌이 일어난 오브젝트 리스트를 Box2D에게 요청하는 방법을 사용하면 된다.

이번 미니 게임에서는 Ole가 scene의 오른쪽 아랫부분과 충돌하는지를 알면 되기 때문에 아주 얇은 오브젝트를 오른쪽 아래에 두어 Ole와 이 더미 오브젝트가 충돌하는지를 확인하면 될 것이다.

그러나 이 방법은 아주 이상적인 방법이라고 할 수 없다. 왜냐하면 Ole가 정확하게 오른쪽 아래 코너에 왔을 때를 알려고 하는 것이 아니라 오른쪽 아래 근처에 온 것만 파악하면 되기 때문이다. 다행히 Box2D는 이러한 상황을 해결할 수 있는 멋진 솔루션을 제공하는데 그것이 바로 센서이다!

센서는 Box2D의 오브젝트로 충돌에 대한 반응이 전혀 일어나지 않는다. 그렇기 때문에 이 '가상의 박스'를 오른쪽 아래에 두어도 Ole나 다른 오브젝트가 그 자리에 아무 것도 없는 것처럼 통과할 수 있게 된다. 하지만 이러한 상황에도 Box2D는 가상의 박스와 충돌하는 것에 대한 보고를 받기 때문에 이를 이용하여 Ole가 이 지점에 도달했는지를 확인할 수 있다!

그러면 코드를 통해 내용을 확인해보자. 먼저 PuzzleLayer.h 파일에 인스턴스 변수 두 개를 추가하자(리스트 10.47).

리스트 10.47 PuzzleLayer.h 파일에 추가되는 인스턴스 변수(@interface 선언부)

```
b2Body *sensorBody;
BOOL hasWon;
```

이 두 인스턴스 변수는 센서 바디를 추적하여 플레이어가 게임을 이겼는지 여부를 저장한다. PuzzleLayer.mm 파일로 넘어가 GameManager.h를 import시키자(리스트 10.48).

리스트 10.48 PuzzleLayer.mm(맨 윗 부분)

```
#import "GameManager.h"
```

여기에서 GameManager.h를 import해야 하는 이유는 레벨 클리어 시 level complete scene으로 넘어가기 위해 GameManager가 꼭 필요하기 때문이다.

이어서 태양이 비추는 곳을 나타내는 센서를 생성시키는 새로운 메소드를 만들자(리스트 10.49).

```
- (void)createSensor {
    CGSize winSize = [[CCDirector sharedDirector] winSize];
    CGSize sensorSize = CGSizeMake(100, 50);
    if (UI_USER_INTERFACE_IDIOM() == UIUserInterfaceIdiomPhone) {
        sensorSize = CGSizeMake(50, 25);
    }

    b2BodyDef bodyDef;
    bodyDef.type = b2_staticBody;
    bodyDef.position =
        b2Vec2((winSize.width-sensorSize.width/2)/PTM_RATIO,
               (sensorSize.height/2)/PTM_RATIO);
    sensorBody = world->CreateBody(&bodyDef);
    b2PolygonShape shape;
    shape.SetAsBox(sensorSize.width/PTM_RATIO,
                   sensorSize.height/PTM_RATIO);

    b2FixtureDef fixtureDef;
    fixtureDef.shape = &shape;
    fixtureDef.isSensor = true;
    sensorBody->CreateFixture(&fixtureDef);
}
```

바디를 셋업하고 박스 모양의 픽스처를 만들어 붙이는 것은 다른 바디 생성 과정
과 크게 다르지 않다. 다만 다른 점은 픽스처의 isSensor값을 true로 지정한다는 것
이다. 이렇게 하면 충돌이 감지되어도 오브젝트는 그대로 통과하게 된다.

다음으로, createSensor 메소드를 호출하는 코드와 이번 레벨에 대한 안내를 보
여주는 메소드(나중에 만들 것이다)를 호출하는 코드를 init 메소드에 추가하자(리
스트 10.50).

리스트 10.50   PuzzleLayer.mm 파일의 init 메소드에 추가되는 코드

```
[self createSensor];
[self instructions];
```

만일 instructions 메소드를 껍데기라도 만들었다면 지금까지의 내용을 컴파일하
고 실행시킬 수 있을 것이다. 프로그램을 실행시켜 보면 화면 오른쪽 아래에 녹색의

박스를 볼 수 있는데 그것이 바로 센서가 된다. 하지만 그 센서는 동작하지 않는데, 그 이유는 센서와 충돌했을 때 어떤 일을 할 것인지를 아직 구현하지 않았기 때문이다. 그러면 이제 센서와 충돌했을 때 동작하는 코드를 작성해보자. 리스트 10.51의 내용을 update 메소드 마지막 부분에 추가하자.

리스트 10.51 PuzzleLayer.mm 파일의 update 메소드 마지막 부분에 추가하는 코드

```
if (!hasWon) {
    b2ContactEdge* edge = frozenVikingBody->GetContactList();
    while (edge)
    {
        b2Contact* contact = edge->contact;
        b2Fixture* fixtureA = contact->GetFixtureA();
        b2Fixture* fixtureB = contact->GetFixtureB();
        b2Body *bodyA = fixtureA->GetBody();
        b2Body *bodyB = fixtureB->GetBody();
        if (bodyA == sensorBody || bodyB == sensorBody) {
            hasWon = true;
            [self win];
            break;
        }
        edge = edge->next;
    }
}
```

리스트 10.51은 플레이어가 이겼는지를 먼저 체크한 다음, 아닐 경우 Ole가 센서와 충돌했는지를 점검한다.

어떻게 그런 일이 가능할까? Box2D는 바디끼리 붙어있는 접촉 리스트를 관리하는데 여기에는 서로 맞닿은 두 개의 픽스처 정보도 포함된다. 이를 통해 바디 정보를 가져올 수 있는 것이다. 그래서 Ole와 현재 맞닿아 있는 바디 중에 센서가 있는지만 점검하면 간단하게 해결할 수 있다. 만일 센서와 맞닿아 있다면 현재 레벨의 게임은 승리하게 되며, 승리를 알리는 애니메이션(곧 만들 것이다)을 호출해주면 끝난다.

이와 같이 충돌을 점검하는 것에는 약간의 문제가 있다. 이 방법은 오직 Ole의 충돌 정보만을 사용하기 때문에 Ole가 굉장히 빠른 속도로 움직여 점검하는 Box2D의 주기 이내에 센서 영역을 돌파해버리면 충돌을 감지하지 못한다는 단점이 있다. 다음 챕터에서는 Box2D에서

조금 더 확실하게 충돌을 검사하는 방법에 대해 설명할 것이다(대신 연산 비용을 조금 더 부담해야 한다). 하지만 이번 레벨에서는 이정도 충돌 검사만으로도 충분하다!

마지막 단계는 레벨을 시작할 때 게임에 대한 설명을 보여주는 코드와 게임에서 이겼을 때 보여주는 이펙트를 추가하는 것이다(그림 10.18). 리스트 10.52의 내용을 init 메소드 앞에 추가하자.

리스트 10.52 PuzzleLayer.mm 파일의 init 메소드 앞에 추가하는 코드

```objc
- (void)instructions {
    CGSize winSize = [[CCDirector sharedDirector] winSize];
    CCLabelTTF *label = [CCLabelTTF labelWithString:@"Melt the Viking!"
                                    fontName:@"Helvetica" fontSize:48.0];
    label.position = ccp(winSize.width/2, winSize.height/2);
    label.scale = 0.25;
    [self addChild:label];

    CCScaleTo *scaleUp = [CCScaleTo actionWithDuration:1.0 scale:1.2];
    CCScaleTo *scaleBack = [CCScaleTo actionWithDuration:1.0 scale:1.0];
    CCDelayTime *delay = [CCDelayTime actionWithDuration:5.0];
    CCFadeOut *fade = [CCFadeOut actionWithDuration:2.0];
    CCSequence *sequence = [CCSequence actions:scaleUp, scaleBack, delay,
fade, nil];
    [label runAction:sequence];
}

- (void)winComplete:(id)sender {
    [[GameManager sharedGameManager] setHasPlayerDied:NO];
    [[GameManager sharedGameManager] runSceneWithID:kLevelCompleteScene];
}

- (void)win {
    CGSize winSize = [[CCDirector sharedDirector] winSize];
    CCLabelTTF *label = [CCLabelTTF labelWithString:@"You Win!"
                                    fontName:@"Helvetica" fontSize:48.0];
    label.position = ccp(winSize.width/2, winSize.height/2);
    label.scale = 0.25;
    [self addChild:label];

    CCScaleTo *scaleUp = [CCScaleTo actionWithDuration:1.0 scale:1.2];
    CCScaleTo *scaleBack = [CCScaleTo actionWithDuration:1.0 scale:1.0];
    CCDelayTime *delay = [CCDelayTime actionWithDuration:2.0];
    CCCallFuncN *winComplete =
```

```
                              [CCCallFuncN actionWithTarget:self
                              selector:@selector(winComplete:)];
    CCSequence *sequence =
            [CCSequence actions:scaleUp, scaleBack, delay, winComplete, nil];
    [label runAction:sequence];
}
```

방금 추가한 코드는 라벨(Chapter 6에서 설명)을 애니메이션으로 보여주기 위해 CCAction(Chapter 5에서 설명)을 사용하여 확대/축소시킨 다음 레벨 완료 scene으로 이동한다.

이제 전체 코드를 컴파일하고 실행시키면 모든 것이 잘 동작할 것이다. Ole를 오른쪽 아래 구석으로 옮겨 게임에서 이겨보기 바란다.

| 그림 10.18 | Ole가 목표 지점에 닿았다는 것을 센서가 탐지하는 모습

난이도를 높이자

이번 레벨의 게임을 플레이하면서 아마도 한 가지 문제를 발견했을 것이다. 그것은 이번 레벨이 너무 쉽다는 것이다! 말 그대로 Ole를 찍은 다음 그대로 목표 지점으로 드래그만 하면 퍼즐 레벨을 클리어할 수 있다.

그래서 게임의 난이도를 조금 높여야 하는데, 이를 위해 Ole와 길다란 돌덩어리는 직접 움직이지 못하게 하고 오브젝트도 더 많이 추가할 것이다. 그리고 별도의 상호작용을 추가하여 해골을 터치하면 펑 소리와 함께 해골이 사라지도록 할 것이다.

지금까지는 Box2D의 모든 바디가 동일한 움직임을 보였기 때문에 CCSprite의 서브클래스(Box2DSprite) 하나로 관리하는 것이 편리했지만 이제 오브젝트별로 저마다의 동작을 구현시켜야 하고 코드 관리도 효율적으로 할 수 있도록 종류별로 Box2DSprite의 서브클래스를 만들 것이다.

이제부터 제법 많은 양의 코드를 작성할 것이다. 그러나 걱정할 필요는 없다. 대부분의 코드는 간단해서 바로 읽어내려갈 수 있을 뿐만 아니라, 샘플 프로젝트나 비슷한 코드를 복사/붙여넣기할 수 있기 때문이다.

그럼 과자와 음료수를 준비하고 코딩을 시작해보자!

먼저 Box2DSprite의 서브클래스를 위한 파일을 추가한다. Xcode에서 [Classes]-[GameObjects]-[Box2D] 그룹을 선택하고 메뉴에서 [File]-[New]-[New File...]을 선택한 다음 [iOS]-[Cocoa Touch]-[Objective-C class]를 선택한 후 [Next]를 클릭한다. [Subclass of] 필드에 'Box2DSprite'라고 입력하고 [Next]를 클릭하고 파일 이름을 'Meteor.mm'이라고 지정한 다음 [Save]를 클릭한다.

이제 Skull.mm, Rock.mm, IceBlock.mm, LongBlock.mm, FrozenOle.mm에 대해 동일한 과정을 되풀이한다.

다음으로 Meteor.h의 내용을 리스트 10.53으로 대치한다.

리스트 10.53 **Meteor.h**

```
#import "Box2DSprite.h"

@interface Meteor : Box2DSprite {

}

@end
```

별 내용은 없다. 그냥 Box2DSprite의 서브클래스일 뿐이다. 동일한 과정을 Skull.h, Rock.h, IceBlock.h, LongBlock.h, FrozenOle.h에 대해서도 진행한다. 이 때,

클래스 이름은 각 파일 이름과 동일하게 한다.

이번에는 implementation 파일을 만들 차례이다. 먼저 FrozenOle.mm 파일부터 시작하자. 리스트 10.54의 내용으로 대체하면 된다.

리스트 10.54 FrozenOle.mm

```objc
#import "FrozenOle.h"

@implementation FrozenOle

-(id) init {
    if((self = [super init])) {
        [self setDisplayFrame:[
            [CCSpriteFrameCache sharedSpriteFrameCache]
                spriteFrameByName:@"frozen_ole.png"]];
        gameObjectType = kFrozenVikingType;
    }
    return self;
}

- (BOOL)mouseJointBegan {
    return FALSE;
}

@end
```

FrozenOle.mm을 보면 단순히 디스플레이 프레임을 Ole 이미지로 설정하고 적당한 게임 오브젝트를 설정한다. 이러한 로직을 `FrozenOle` 클래스에 넣어 놓으면 메인 게임 레벨에서는 이러한 내용 – 어떤 스프라이트를 사용하고 그에 맞는 오브젝트 타입은 무엇인지 – 을 고민하지 않아도 된다.

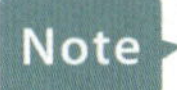

물론 더 명확하게 조직화하기 위하여 Box2D 바디를 생성하는 로직까지 `init` 메소드에 잘 정리할 수도 있다. 그러나 이번 챕터에서는 여러분의 흥미 유발을 위해 이정도 선에서 구현을 마무리했다.

플레이어가 바디에 대해 마우스 조인트를 시도할 때 `mouseJointBegan` 메소드는 항상 false를 리턴하도록 하여 Ole를 직접 드래그해서 움직이지 못하도록 했다는 것을 참고하자.

다음은 LongBlock.mm이다. 리스트 10.55의 내용으로 채우자.

리스트 10.55 <u>LongBlock.mm</u>

```objc
#import "LongBlock.h"

@implementation LongBlock

-(id) init {
    if((self = [super init])) {
        [self setDisplayFrame:[
            [CCSpriteFrameCache sharedSpriteFrameCache]
                spriteFrameByName:@"long_block.png"]];
        gameObjectType = kLongBlockType;
    }
    return self;
}

- (BOOL)mouseJointBegan {
    return FALSE;
}

@end
```

LongBlock 클래스 역시 FrozenOle 클래스와 매우 흡사하다. 다음은 IceBlock.mm이다. 리스트 10.56의 내용으로 채우자.

리스트 10.56 <u>IceBlock.mm</u>

```objc
#import "IceBlock.h"

@implementation IceBlock

-(id) init {
    if((self = [super init])) {
        [self setDisplayFrame:[
            [CCSpriteFrameCache sharedSpriteFrameCache]
                spriteFrameByName:@"ice_block.png"]];
        gameObjectType = kIceType;
    }
    return self;
}

@end
```

내용은 비슷한데 mouseJointBegan 메소드를 오버라이드하지 않았다. 따라서 이
오브젝트는 드래그시킬 수 있게 된다(마우스 조인트를 허용함).

다음은 Rock.mm이다. 리스트 10.57의 내용으로 채우자.

리스트 10.57 Rock.mm

```
#import "Rock.h"
#import "SimpleAudioEngine.h"

@implementation Rock

-(id) init {
    if( (self=[super init]) ) {
        gameObjectType = kRockType;
        [self setDisplayFrame:[
            [CCSpriteFrameCache sharedSpriteFrameCache]
                spriteFrameByName:@"rock.png"]];
    }
    return self;
}

- (BOOL)mouseJointBegan {
    PLAYSOUNDEFFECT(PUZZLE_ROCK1);
    return TRUE;
}

@end
```

다른 부분은 동일하며 바위를 움직일 때 사운드 이펙트를 재생시키도록 한 부분만
차이가 있다.

다음은 Meteor.mm이다. 리스트 10.58의 내용으로 채우자. Meteor.mm은
Rock.mm과 거의 비슷하며 재생하는 사운드 이펙트만 다르다.

리스트 10.58 Meteor.mm

```
#import "Meteor.h"
#import "SimpleAudioEngine.h"

@implementation Meteor
```

```objc
-(id) init {
    if( (self=[super init]) ) {
        gameObjectType = kMeteorType;
        [self setDisplayFrame:[
            [CCSpriteFrameCache sharedSpriteFrameCache]
                spriteFrameByName:@"meteor.png"]];
    }
    return self;
}

- (BOOL)mouseJointBegan {
    PLAYSOUNDEFFECT(PUZZLE_METEOR);
    return TRUE;
}

@end
```

마지막으로 Skull.mm이다. 리스트 10.59의 내용으로 채우자.

리스트 10.59 <u>Skull.mm</u>

```objc
#import "Skull.h"
#import "SimpleAudioEngine.h"

@implementation Skull

-(id) init {
    if( (self=[super init]) ) {
        gameObjectType = kSkullType;
        [self setDisplayFrame:[
            [CCSpriteFrameCache sharedSpriteFrameCache]
                spriteFrameByName:@"skull.png"]];
    }
    return self;
}

- (void)shrinkDone:(id)sender {
    [self removeFromParentAndCleanup:YES];
}

-(void)changeState:(CharacterStates)newState {
    [self setCharacterState:newState];

    switch (newState) {
```

```objc
        case kStateDead:
        {
            CCLOG(@"Skull->Changing State to Dead");

            PLAYSOUNDEFFECT(PUZZLE_SKULL);
            body->GetWorld()->DestroyBody(body);
            body = NULL;
            CCScaleTo *growAction = [
                CCScaleTo actionWithDuration:0.1 scale:1.2];
            CCScaleTo *shrinkAction =
                [CCScaleTo actionWithDuration:0.1 scale:0.1];
            CCCallFuncN *doneAction = [CCCallFuncN actionWithTarget:self
                                            selector:@selector(shrinkDone:)];
            CCSequence *sequence = [CCSequence actions:
                                    growAction, shrinkAction, doneAction, nil];
            [self runAction:sequence];
            break;
        }
    default:
        CCLOG(@"Unhandled state %d in Skull", newState);
        break;
    }
}

- (BOOL)mouseJointBegan {
    if (self.characterState == kStateDead) return FALSE;
    [self changeState:kStateDead];
    return FALSE;
}
@end
```

해골의 경우 플레이어가 해골을 터치하면 해골의 상태를 dead로 바꾸고 false를
리턴한다(즉, 마우스 조인트를 사용하지 못하도록 한다). 해골 상태가 dead로 바뀌
면 다음과 같은 일이 일어난다.

1. DestroyBody() 메소드가 호출되어 Box2D 바디가 사라진다. 이때 파라미터로
   제거할 바디를 넣는다.
2. body 포인터를 NULL로 지정한다.
3. 해골이 터지는 애니메이션을 Cocos2D 액션을 사용하여 동작시킨다. 애니메이
   션이 끝나면 callback 메소드를 호출한다.

4. 호출된 callback 메소드(shrinkDone)는 `removeFromParentAndCleanup` 메소
드를 호출하여 스프라이트를 제거시킨다.

이제 지금까지 만든 클래스를 묶을 차례이다. PuzzleLayer.mm 파일로 이동한 다
음 방금 만든 클래스를 import시키는 구문을 추가하자(리스트 10.60).

리스트 10.60　PuzzleLayer.mm 파일 앞 부분

```
#import "Meteor.h"
#import "Skull.h"
#import "Rock.h"
#import "IceBlock.h"
#import "LongBlock.h"
#import "FrozenOle.h"
#import "SimpleAudioEngine.h"
```

그리고 `createMeteorAtLocation`으로 이동하여 첫 번째 두 줄을 지우고 새로 만
든 `Meteor` 클래스를 사용하는 코드로 바꾸자(리스트 10.61).

리스트 10.61　PuzzleLayer.mm 파일의 수정된 createMeteorAtLocation 메소드

```
- (void)createMeteorAtLocation:(CGPoint)location {

    Meteor *sprite = [Meteor node];
    [self createBodyAtLocation:location forSprite:sprite
        friction:0.1 restitution:0.3 density:1.0 isBox:FALSE];
    [sceneSpriteBatchNode addChild:sprite];

}
```

나머지 메소드(`createSkullAtLocation`, `createLongBlockAtLocation` 등)에 대
해서도 위와 같은 작업을 반복하면 된다.

이번에는 `init` 메소드로 이동한 다음 배경 음악을 재생하는 코드와 몇 가지 오브
젝트를 추가하는 코드(리스트 10.62)를 마지막 부분에 추가하자.

```
for(int i = 0; i < 10; ++i) {
    if (UI_USER_INTERFACE_IDIOM() == UIUserInterfaceIdiomPad) {
        [self createSkullAtLocation:ccp(200, 700)];
    } else {
        [self createSkullAtLocation:ccp(100, 250)];
    }
}
for(int i = 0; i < 2; ++i) {
    if (UI_USER_INTERFACE_IDIOM() == UIUserInterfaceIdiomPad) {
        [self createMeteorAtLocation:ccp(300, 600)];
        [self createRockAtLocation:ccp(300, 600)];
        [self createIceBlockAtLocation:ccp(300, 600)];
    } else {
        [self createMeteorAtLocation:ccp(100, 250)];
        [self createRockAtLocation:ccp(100, 250)];
        [self createIceBlockAtLocation:ccp(100, 250)];
    }
}
```

코드를 보면 동일한 모양의 바디를 모두 같은 위치에 생성시키는 것을 알 수 있다.
그러나 레벨이 시작되면 Box2D가 자동으로 바디들을 흩뜨려놓기 때문에 바디들은
겹치지 않는다. 물론 위 코드를 수정하여 여러분이 원하는 위치에 바디를 생성시켜
도 된다.

이제는 더 이상 debug draw가 필요하기 않기 때문에 debug draw를 사용하는 부
분은 주석 처리한다(리스트 10.63).

리스트 10.63 **PuzzleLayer.mm 파일의 init 메소드에서 주석 처리하는 부분**

```
//[self setupDebugDraw];
```

이제 정말 마지막이다! ccTouchBegan 메소드로 이동하여 callback.fixture
Found->GetBody() 줄 바로 아래에 리스트 10.64의 세 줄을 추가하면 된다.

 **PuzzleLayer.mm 파일의 ccTouchBegan 메소드에서 callback.fixtureFound
−>GetBody() 바로 아래에 추가되는 코드**

```
Box2DSprite *sprite = (Box2DSprite *) body->GetUserData();
if (sprite == NULL) return FALSE;
if(![sprite mouseJointBegan]) return FALSE;
```

추가되는 코드는 오브젝트에 대해 `mouseJointBegan` 메소드를 호출하도록 하여
마우스 조인트에 대해 반응하도록 (혹은 취소하도록) 만든다.

휴우~~ 이제 모두 끝났다! 프로그램을 컴파일하고 실행시켜 바위나 운석을 옮길
때 사운드 이펙트가 재생되는지 그리고 해골을 터치하면 사라지는지 확인해보기 바
란다. 그리고 난이도가 높아지면서 더이상 Ole와 길다란 블록을 직접 움직이지 못할
뿐만 아니라 오브젝트도 더 많아졌으니 게임 클리어에 한번 도전해보기 바란다! 그
림 10.19는 최종 퍼즐 레벨의 모습을 보여준다.

| 그림 10.19 | 최종 퍼즐 레벨

정리

이번 챕터에서는 Box2D를 사용하여 자동으로 물리 역학이 적용되는 미니 퍼즐 게임을 만들어보았다. 이를 통해 여러분은 Box2D의 가장 중요한 개념인 바디, 픽스처, 밀도, 복원, 마찰 등에 대해 익힐 수 있었다. 또한 바디를 world에 추가하고 스프라이트를 입히고 간단한 충돌 검사와 게임 로직을 추가하기도 하였다.

다음 레벨에서는 Box2D의 더 깊은 수준으로 들어가 카트, 다리, 모터 등이 나타나는 사이드 스크롤링 액션 게임을 만들 것이다!

연습문제

1. Box2D 바디가 생성되는 위치를 바꾸고 다른 바디를 몇 개 더 추가하거나 제거하여 다른 모양의 퍼즐 게임이 되도록 만들어보자. 이렇게 만든 게임을 친구들이 클리어하도록 해보는 것도 좋을 것이다.
2. 자신만의 스프라이트를 만들어보자(눈덩이 등). 이를 위해 별도의 스프라이트와 바디 타입을 만들어야 할 것이다.
3. 게임을 좀 더 어렵게 하기 위하여 전기 공급 장치 같은 새로운 바디 타입을 만들어 얼어버린 Ole가 그곳에 닿으면 게임에 실패하도록 하자.

게임 물리 이론 중급: 모델링, 레이싱, 장애물 넘기

이전 챕터에서 우리는 Box2D 물리 엔진을 이용하기 위한 기본적인 내용에 대해 알아보았다. 기본 모양을 만들고, 스프라이트를 이용하여 모양을 꾸미고, 중력을 사용하는 것 등이 이러한 내용이었다. 그리고 그 과정을 통해 여러분은 Box2D 물리 엔진을 사용하는 간단한 퍼즐 게임을 완성했다!

앞 챕터에서 만든 레벨의 게임도 아주 훌륭한 것임에는 틀림없지만 사용된 기술들은 Box2D의 수박 겉핥기에 지나지 않는다. 여러분은 분명히 사각형과 원으로만 구성된 게임을 만드는 것에 만족하지 않고 수레와 같이 더 복잡한 모양과 더 많은 바디가 연결된 오브젝트를 사용하는 게임을 만들고 싶을 것이다. 또한 오브젝트를 움직이게 하는 힘으로 중력만을 사용하는 것에서 벗어나 다양한 힘, 충격, 모터 이펙트 등을 오브젝트에 적용하여 좀 더 현실감 있게 게임을 만들고 싶을 것이다.

이번 챕터에서는 액션이 가미된 레벨을 만들 것이다. 우선 광산 카트(수레)를 만들어 가속도계로 조작시킬 것이다. 카트는 그림 11.1과 같이 한쪽으로 이동하는데(사이드-스크롤링) 바위를 지나면서 화면을 터치하면 점프도 한다. 여러분은 이번 레벨을 구현하기 위해 Box2D의 더 많은 내용을 배우게 될 것이다.

| **그림 11.1** | 이번 챕터에서 만들게 될 Box2D가 적용된 사이드-스크롤링 액션 레벨

시작하기

이번 레벨을 만들기 위해서는 먼저 Box2D scene의 기본 셋업이 필요하다. 거기에 필요한 기능들을 하나씩 덧붙일 것이다. 이번 섹션에서 필요한 resource 파일을 프로젝트에 추가한 다음 이번 레벨의 시작점이 될 Box2D 기본 scene을 만들 것이다.

Chapter 10을 읽었기 때문에 아마도 이번 섹션에서 다루는 코드가 익숙할 것이다. 다시 한 번 복습이라 생각하고 읽어주기 바란다. 여러분이 모르는 사이에 벌써 재미있는 작업을 할 준비를 다 끝낼 테니 걱정하지 않아도 된다!

Resource 파일 추가

이번 챕터의 resource 파일을 다운받아 프로젝트에 필요한 이미지, 사운드, 프로퍼티 리스트를 준비하자.

[Resource] 폴더로 이동하면 그림 11.2와 같은 여러 디렉터리(Images\Backgrounds, Images\TextureAtlases, Sounds, Plists)를 볼 수 있을 것이다.

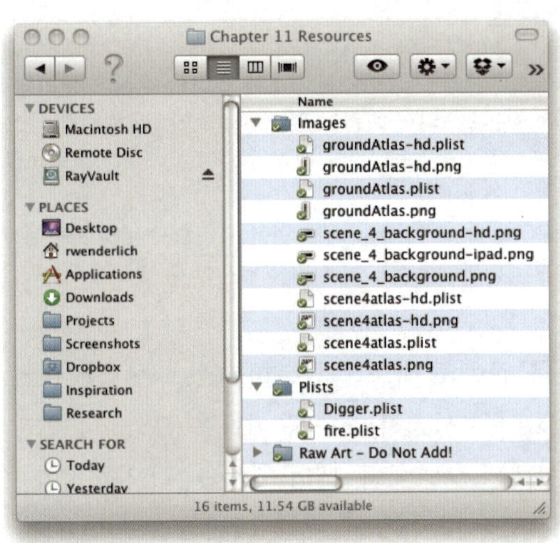

| 그림 11.2 | Chapter 11의 resource 파일

[Images] 디렉터리에 있는 내용들을 Xcode 프로젝트의 비슷한 이름의 [Images]

그룹으로 드래그하자. 그리고 [Plist] 디렉터리에 있는 내용도 마찬가지로 Xcode 프로젝트의 비슷한 이름의 [Plists] 그룹으로 드래그한다.

Raw Art의 내용은 옮길 필요도 없으며, 프로젝트 폴더에 옮겨서도 안된다! 이미 해당 이미지들은 스프라이트 시트에 들어있다. TexturePacker나 Zwoptex를 이용하여 자신만의 스프라이트 시트를 제작하는 경우에만 Raw Art의 이미지를 사용하기 바란다.

이제 Chapter 11에서 필요한 파일을 프로젝트에 추가하였으니 Box2D의 기본 scene을 만들어보자.

Box2D 기본 Scene 만들기

이번 레벨은 간단한 scene으로 출발할 것이기 때문에 Box2D world를 만들고 여기에 Ole의 카트로 사용될 – 한 개의 스프라이트로 장식된 – Box2D 바디를 넣을 것이다. 이번 레벨의 scene은 두 개의 layer를 갖는다. 하나는 scene의 메인 액션(카트 레이싱 및 점프)에 사용되고 다른 하나는 사용자 인터페이스(win/lose 텍스트)용으로 사용된다.

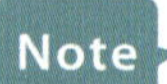

이번 scene에서 사용자 인터페이스(UI) 요소와 액션 요소를 각각의 layer로 분리해서 사용하는 이유는 스크롤링이 어떻게 구현되느냐와 관련이 있다. 나중에 보게 되겠지만 스크롤링을 구현할 때 플레이어가 scene의 중앙에 위치하도록 하기 위하여 플레이어가 움직일 때 액션 layer 자체를 움직이도록 할 것이다.
그렇기 때문에 움직이는 액션 레이어가 UI layer에게 영향을 미치지 못하도록 액션 layer와 UI layer를 분리함으로써 UI의 위치가 계속해서 그 자리를 유지할 수 있도록 하였다.

먼저 사용자 인터페이스 layer를 위한 클래스를 만든다. Classes\Scenes 그룹을 Control +클릭한 다음 [New Group]을 선택하고 그룹 이름을 'Scene4'라고 입력한다. 그런 다음 [Scene4] 그룹이 선택된 상태에서 [File]-[New]-[New File...]을 선택하고 [iOS]-[Cocoa Touch]-[Objective-C class]를 선택한 후 [Next]를 클릭한다. 그리고 [Subclass of] 필드에 'CCLayer'라고 입력하고 [Next]를 클릭한다. 파일 이름으로 'Scene4UILayer.m'이라고 입력한 다음 [Save]를 클릭한다.

이제 Scene4UILayer.h 파일을 열고 그 내용을 리스트 11.1의 내용으로 바꾸자.

리스트 11.1 Scene4UILayer.h

```
#import "cocos2d.h"

@interface Scene4UILayer : CCLayer {
    CCLabelTTF *label;
}

- (BOOL)displayText:(NSString *)text
    andOnCompleteCallTarget:(id)target selector:(SEL)selector;

@end
```

이것은 전형적인 CCLayer의 표준 서브클래스이다. 이 클래스에는 사용자를 위하여 화면에 출력할 텍스트를 보관하는 라벨과 이 텍스트를 화면에 보여주고 callback 메소드를 실행시키는 메소드가 들어있다. 이 인스턴스 변수와 메소드를 사용하여 레벨이 시작할 때와 플레이어가 이기거나 졌을 때 화면에 텍스트를 표시한다.

다음으로 Scene4UILayer.m 파일을 열고 리스트 11.2의 내용으로 바꾸자.

리스트 11.2 Scene4UILayer.m

```
#import "Scene4UILayer.h"

@implementation Scene4UILayer

- (id)init {
    if ((self = [super init])) {
        CGSize winSize = [CCDirector sharedDirector].winSize;
        label = [CCLabelTTF labelWithString:@"" fontName:@"Helvetica"
                            fontSize:48.0];
        label.position = ccp(winSize.width/2, winSize.height/2);
        label.visible = NO;
        [self addChild:label];
    }
    return self;
}

- (BOOL)displayText:(NSString *)text
    andOnCompleteCallTarget:(id)target selector:(SEL)selector {
```


게임 물리 이론 중급: 모델링, 레이싱, 장애물 넘기

```objc
    [label stopAllActions];
    [label setString:text];
    label.visible = YES;
    label.scale = 0.0;
    label.opacity = 255;

    CCScaleTo *scaleUp = [CCScaleTo actionWithDuration:0.5 scale:1.2];
    CCScaleTo *scaleBack =
                    [CCScaleTo actionWithDuration:0.1 scale:1.0];
    CCDelayTime *delay = [CCDelayTime actionWithDuration:2.0];
    CCFadeOut *fade = [CCFadeOut actionWithDuration:0.5];
    CCHide *hide = [CCHide action];
    CCCallFuncN *onComplete =
                    [CCCallFuncN actionWithTarget:target selector:selector];
    CCSequence *sequence = [CCSequence actions:scaleUp, scaleBack,
                                        delay, fade, hide, onComplete,
nil];
    [label runAction:sequence];
    return TRUE;
}

@end
```

init 메소드는 비어있는 라벨을 추가하는데, 위치는 화면 중앙으로 하고 보이지 않도록 설정한다. displayText 메소드는 현재 진행 중인 액션(라벨이 현재 애니메이션 중인 경우)을 멈추고 파라미터로 전달된 스트링을 텍스트로 지정한 다음, 라벨이 보이도록 하고 불투명도를 최대치로 하면서 글자 크기는 아주 작게(스케일값이 0.0) 설정한다. 그리고는 글자를 크게 키웠다가 조금 줄인 다음 몇 초간 기다렸다가 페이드 아웃시키고는 글자를 없애는 액션을 수행한다. 액션이 끝나면 파라미터로 전달받은 callback 메소드를 동작시킨다(callback 메소드가 없는 경우에는 nil을 파라미터로 전달해도 괜찮다). 여기에서 사용한 액션들은 모두 Cocos2D의 표준 액션으로 이미 앞에서 익힌 것들이다. 다시 한 번 생각해도 Cocos2D의 액션은 편리하지 않은가?

다음은 Ole의 카트를 나타내는 오브젝트를 위한 클래스를 추가할 차례이다. Classes\Game Objects\Box2D 그룹을 선택한 다음 [File]–[New]–[New File…]을 선택하고 [iOS]–[Cocoa Touch]–[Objective–C class]를 선택한 후 [Next]를 클릭한다. [Subclass of] 필드에 'Box2DSprite'라고 입력하고 [Next]를 클릭한 다음 파일 이름을 'Cart.mm'이라고 입력하고 [Save]를 클릭한다.

이제 Cart.h 파일을 열고 리스트 11.3의 내용으로 대치하자.

리스트 11.3 __Cart.h__

```objc
#import "Box2DSprite.h"

@interface Cart : Box2DSprite {
    b2World *world;
}

- (id)initWithWorld:(b2World *)world atLocation:(CGPoint)location;

@end
```

앞에서도 `Box2DSprite`의 서브클래스를 만든 적이 있지만 이번에는 `init` 메소드가 Box2D world를 파라미터로 받는다는 것에 차이가 있다. 그것은 Cart 클래스가 스프라이트를 셋업하기 위하여 Box2D 바디를 만드는 로직을 갖기 때문이다.

　Cart.mm 파일을 열고 리스트 11.4의 내용으로 바꾸자.

리스트 11.4 __Cart.mm__

```objc
#import "Cart.h"

@implementation Cart

- (void)createBodyAtLocation:(CGPoint)location {
    b2BodyDef bodyDef;
    bodyDef.type = b2_dynamicBody;
    bodyDef.position =
        b2Vec2(location.x/PTM_RATIO, location.y/PTM_RATIO);
    body = world->CreateBody(&bodyDef);
    body->SetUserData(self);

    b2FixtureDef fixtureDef;
    b2PolygonShape shape;
    shape.SetAsBox(self.contentSize.width/2/PTM_RATIO,
                   self.contentSize.height/2/PTM_RATIO);
    fixtureDef.shape = &shape;

    fixtureDef.density = 1.0;
    fixtureDef.friction = 0.5;
    fixtureDef.restitution = 0.5;
```

```
        body->CreateFixture(&fixtureDef);
}

- (id)initWithWorld:(b2World *)theWorld atLocation:(CGPoint)location {
    if ((self = [super init])) {
        world = theWorld;
        [self setDisplayFrame:[[CCSpriteFrameCache
                sharedSpriteFrameCache] spriteFrameByName:@"Cart.png"]];
        gameObjectType = kCartType;
        characterHealth = 100.0f;
        [self createBodyAtLocation:location];
    }
    return self;
}

@end
```

코드 안에 있는 createBodyAtLocation은 아주 친숙할 것이다. 이 메소드는 Chapter 10에서 했던 것과 같은 방법으로 Box2D 바디와 픽스처를 만든다. init 메소드는 다른 게임 오브젝트를 만들던 방식과 유사하다.

이제 액션 layer를 구현할 차례이다. 액션 layer는 Cart 오브젝트를 사용하는데, Chapter 10에서 설명한 Box2D의 기본 셋업을 Cart 오브젝트에 적용할 것이다. 즉, Box2D world를 만들고 debug draw를 활성화시킨 다음 필요한 사운드 이펙트를 로드하고 카트를 추가한다. 또한 마우스 조인트도 셋업하는데, 이것은 디버깅 목적 (오브젝트를 이동시킬 때의 모습을 테스트)으로 사용될 것이다.

[Scene4] 그룹이 선택된 상태에서 다시 [File]-[New]-[New File...]을 선택한 다음 [iOS]-[Cocoa Touch]-[Objective-C class]를 선택하고 [Next]를 클릭한다. [Subclass of] 필드에 'CCLayer'라고 입력하고 [Next]를 클릭한 다음 파일 이름으로 'Scene4ActionLayer.mm(Box2D를 import하기 때문에 확장자를 .mm으로 한다)'이라고 입력하고 [Save]를 클릭한다.

이제 Scene4ActionLayer.h의 내용을 리스트 11.5의 것으로 대치하자.

리스트 11.5 Scene4ActionLayer.h

```
#import "cocos2d.h"
#import "Box2D.h"
```

```objc
#import "GLES-Render.h"
#import "Constants.h"

@class Scene4UILayer;
@class Cart;

@interface Scene4ActionLayer : CCLayer {
    b2World * world;
    GLESDebugDraw * debugDraw;
    CCSpriteBatchNode * sceneSpriteBatchNode;
    b2Body * groundBody;
    b2MouseJoint * mouseJoint;
    Cart * cart;
    Scene4UILayer * uiLayer;
}

- (id)initWithScene4UILayer:(Scene4UILayer *)scene4UILayer;

@end
```

Scene4ActionLayer.h 파일은 Cocos2D와 Box2D 헤더, Box2D debug draw 클래스 헤더, Constants.h(PTM_RATIO 때문) 헤더 파일을 import 한다. 인스턴스 변수로는 Box2D world, debug draw 클래스, 스프라이트 배치 노드, 그라운드 바디, 마우스 조인트, 카트 오브젝트를 사용한다. 여기에 Scene4UILayer 클래스의 인스턴스도 보유하고 있는데(그리고 init이 이 인스턴스 변수를 파라미터로 사용함), 이것은 텍스트를 디스플레이하거나 Ole의 체력 상태를 업데이트하는 데 Scene4UILayer 클래스가 사용되기 때문이다.

다음으로 가장 중요한 – Box2D scene을 구현하는 – 부분이다(Scene4Action Layer.mm). 이 파일은 코드가 제법 되지만 대부분 익숙한 코드이기 때문에 가볍게 읽고 컴파일하고 실행시키면 될 것이다!

심호흡 한 번하며 카페인을 곁들인 다음, 준비가 되었으면 Scene4ActionLayer. mm 파일의 내용을 리스트 11.6의 내용으로 채우자.

리스트 11.6 Scene4ActionLayer.mm

```objc
#import "Scene4ActionLayer.h"
#import "Box2DSprite.h"
```

```objc
#import "Scene4UILayer.h"
#import "Cart.h"
#import "SimpleQueryCallback.h"

@implementation Scene4ActionLayer

- (void)setupWorld {
    b2Vec2 gravity = b2Vec2(0.0f, -10.0f);
    bool doSleep = true;
    world = new b2World(gravity, doSleep);
}

- (void)setupDebugDraw {
    debugDraw = new GLESDebugDraw(PTM_RATIO*
                        [[CCDirector sharedDirector] contentScaleFactor]);
    world->SetDebugDraw(debugDraw);
    debugDraw->SetFlags(b2DebugDraw::e_shapeBit);
}

- (void)createGround {
    CGSize winSize = [[CCDirector sharedDirector] winSize];
    float32 margin = 10.0f;
    b2Vec2 lowerLeft = b2Vec2(margin/PTM_RATIO, margin/PTM_RATIO);
    b2Vec2 lowerRight = b2Vec2((winSize.width-margin)/PTM_RATIO,
                            margin/PTM_RATIO);
    b2Vec2 upperRight = b2Vec2((winSize.width-margin)/PTM_RATIO,
                            (winSize.height-margin)/PTM_RATIO);
    b2Vec2 upperLeft = b2Vec2(margin/PTM_RATIO,
                            (winSize.height-margin)/PTM_RATIO);

    b2BodyDef groundBodyDef;
    groundBodyDef.type = b2_staticBody;
    groundBodyDef.position.Set(0, 0);
    groundBody = world->CreateBody(&groundBodyDef);

    b2PolygonShape groundShape;
    b2FixtureDef groundFixtureDef;
    groundFixtureDef.shape = &groundShape;
    groundFixtureDef.density = 0.0;

    groundShape.SetAsEdge(lowerLeft, lowerRight);
    groundBody->CreateFixture(&groundFixtureDef);
    groundShape.SetAsEdge(lowerRight, upperRight);
    groundBody->CreateFixture(&groundFixtureDef);
    groundShape.SetAsEdge(upperRight, upperLeft);
    groundBody->CreateFixture(&groundFixtureDef);
    groundShape.SetAsEdge(upperLeft, lowerLeft);
```

```objc
    groundBody->CreateFixture(&groundFixtureDef);
}


- (void)createCartAtLocation:(CGPoint)location {
    cart = [[[Cart alloc]
             initWithWorld:world atLocation:location] autorelease];
    [sceneSpriteBatchNode addChild:cart z:1 tag:kVikingSpriteTagValue];
}


- (void)registerWithTouchDispatcher {
    [[CCTouchDispatcher sharedDispatcher]
        addTargetedDelegate:self priority:0 swallowsTouches:YES];
}


- (id)initWithScene4UILayer:(Scene4UILayer *)scene4UILayer {
    if ((self = [super init])) {
        CGSize winSize = [CCDirector sharedDirector].winSize;
        uiLayer = scene4UILayer;

        [self setupWorld];
        [self setupDebugDraw];
        [[GameManager sharedGameManager]
            playBackgroundTrack:BACKGROUND_TRACK_MINECART];
        [self scheduleUpdate];
        [self createGround];
        self.isTouchEnabled = YES;


        if (UI_USER_INTERFACE_IDIOM() == UIUserInterfaceIdiomPad) {
            [[CCSpriteFrameCache sharedSpriteFrameCache]
                addSpriteFramesWithFile:@"scene4atlas-hd.plist"];
            sceneSpriteBatchNode = [CCSpriteBatchNode
                batchNodeWithFile:@"scene4atlas-hd.png"];
            [self addChild:sceneSpriteBatchNode z:-1];
        } else {
            [[CCSpriteFrameCache sharedSpriteFrameCache]
                addSpriteFramesWithFile:@"scene4atlas.plist"];
            sceneSpriteBatchNode = [CCSpriteBatchNode
                batchNodeWithFile:@"scene4atlas.png"];
            [self addChild:sceneSpriteBatchNode z:-1];
        }

        [self createCartAtLocation:
                ccp(winSize.width/4, winSize.width*0.3)];
        [uiLayer displayText:@"Go!" andOnCompleteCallTarget:nil
                selector:nil];
    }
```

게임 물리 이론 중급: 모델링, 레이싱, 장애물 넘기

```objc
        return self;
    }


-(void)update:(ccTime)dt {
    int32 velocityIterations = 3;
    int32 positionIterations = 2;

    world->Step(dt, velocityIterations, positionIterations);

    for(b2Body *b=world->GetBodyList(); b!=NULL; b=b->GetNext()) {
        if (b->GetUserData() != NULL) {
            Box2DSprite *sprite = (Box2DSprite *) b->GetUserData();
            sprite.position = ccp(b->GetPosition().x * PTM_RATIO,
                            b->GetPosition().y * PTM_RATIO);
            sprite.rotation =
                CC_RADIANS_TO_DEGREES(b->GetAngle() * -1);
        }
    }

    CCArray *listOfGameObjects = [sceneSpriteBatchNode children];
    for (GameCharacter *tempChar in listOfGameObjects) {
        [tempChar updateStateWithDeltaTime:dt
        andListOfGameObjects:listOfGameObjects];
    }
}


-(void) draw {
    glDisable(GL_TEXTURE_2D);
    glDisableClientState(GL_COLOR_ARRAY);
    glDisableClientState(GL_TEXTURE_COORD_ARRAY);

    if (world) {
        world->DrawDebugData();
    }

    glEnable(GL_TEXTURE_2D);
    glEnableClientState(GL_COLOR_ARRAY);
    glEnableClientState(GL_TEXTURE_COORD_ARRAY);
}


-(BOOL) ccTouchBegan:(UITouch *)touch withEvent:(UIEvent *)event {
    CGPoint touchLocation = [touch locationInView:[touch view]];
    touchLocation = [[CCDirector sharedDirector]
                    convertToGL:touchLocation];
    touchLocation = [self convertToNodeSpace:touchLocation];
    b2Vec2 locationWorld =
```

```objc
                b2Vec2(touchLocation.x/PTM_RATIO, touchLocation.y/PTM_RATIO);

    b2AABB aabb;
    b2Vec2 delta = b2Vec2(1.0/PTM_RATIO, 1.0/PTM_RATIO);
    aabb.lowerBound = locationWorld - delta;
    aabb.upperBound = locationWorld + delta;
    SimpleQueryCallback callback(locationWorld);
    world->QueryAABB(&callback, aabb);

    if (callback.fixtureFound) {
        b2Body *body = callback.fixtureFound->GetBody();
        b2MouseJointDef mouseJointDef;
        mouseJointDef.bodyA = groundBody;
        mouseJointDef.bodyB = body;
        mouseJointDef.target = locationWorld;
        mouseJointDef.maxForce = 50 * body->GetMass();
        mouseJointDef.collideConnected = true;

        mouseJoint = (b2MouseJoint *)
                    world->CreateJoint(&mouseJointDef);
        body->SetAwake(true);
        return YES;
    }
    return TRUE;
}

-(void) ccTouchMoved:(UITouch *)touch withEvent:(UIEvent *)event {
    CGPoint touchLocation = [touch locationInView:[touch view]];
    touchLocation = [[CCDirector sharedDirector]
                    convertToGL:touchLocation];
    touchLocation = [self convertToNodeSpace:touchLocation];
    b2Vec2 locationWorld = b2Vec2(touchLocation.x/PTM_RATIO,
                                  touchLocation.y/PTM_RATIO);

    if (mouseJoint) {
        mouseJoint->SetTarget(locationWorld);
    }
}

-(void) ccTouchEnded:(UITouch *)touch withEvent:(UIEvent *)event {
    if (mouseJoint) {
        world->DestroyJoint(mouseJoint);
        mouseJoint = NULL;
    }
}

@end
```

자, 이제 모든 코드를 작성했으면 다시 한 번 심호흡을 하고 코드의 모든 내용을 이해할 수 있는지 훑어보자. 아마 Chapter 10에서 다룬 부분은 충분히 익숙할 것이다. 복습한다는 기분으로 읽되 만일 애매한 부분이 있다면 Chapter 10으로 돌아가 충분히 이해하도록 하자. 지금 이 부분이 앞으로 진행할 작업의 근간이 되기 때문에 완벽하게 이해한 후 다음으로 넘어가야 한다!

- `setupWorld`: 지구 중력과 유사한 값으로 Box2D world 중력을 만든다. 그리고 인스턴스 변수에 world 오브젝트의 포인터를 보관하여 나중에 사용할 수 있도록 한다.
- `setupDebugDraw`: Box2D debug `draw` 오브젝트를 만들고 `world` 오브젝트가 사용할 수 있도록 알려준다. `draw` 메소드는 debug draw가 원활히 수행될 수 있도록 OpenGL 상태를 설정하고 `world`에 debug draw 작업을 수행하도록 알려준다.
- `createGround`: Box2D의 스태틱 바디를 만든다. 이 바디는 화면 주위를 둘러싼 네 개의 픽스처로 구성되어 바닥 역할을 하게 되며, 이에 따라 다른 Box2D 오브젝트는 화면 밖으로 나가지 못한다.
- `createCartAtLocation`: 앞에서 만든 `Cart` 오브젝트를 만들고 스프라이트 시트 오브젝트의 자식으로 추가한다.
- `update`: 매 프레임마다 시뮬레이션을 실행시키는 시간을 Box2D에게 부여한다. 그리고는 모든 Box2D의 바디를 돌면서 각각의 바디의 user data에 스프라이트가 있는지 확인한다. 만일 스프라이트를 보유한 경우에는 Box2D 계산 결과에 맞추어 위치를 보정한다.
- `ccTouchBegan`, `ccTouchMoved`, `ccTouchEnded`: Chapter 10에서 했던 것과 같이 테스트 및 디버깅을 위하여 마우스 조인트 코드를 싣고 있다.
- `initWithScene4UILayer`: 단순히 위의 메소드를 호출하여 world, ground, Ole 카트로 사용될 Box2D 바디를 만든다. 또한 사운드 이펙트를 미리 로드해 놓고 화면 중앙에 텍스트를 보여주기 위하여 UI layer의 `displayText` 메소드를 호출한다.

이제 거의 준비가 끝나간다. 다음으로, 지금까지 만든 layer를 실을 Cocos2D

scene을 만들어야 한다. [Scene4] 그룹이 선택된 상태에서 [File]–[New]–[New File…]을 선택하고 [iOS]–[Cocoa Touch]–[Objective–C class]를 선택한 다음 [Next]를 클릭한다. 그리고 [Subclass of] 필드에 'CCScene'이라고 입력하고 [Next]를 클릭한 다음 파일 이름으로 'Scene4.mm(역시 Box2D를 import한다)'을 입력하고 [Save]를 클릭한다.

Scene4.h 파일을 열고 그 내용을 리스트 11.7로 대치하자.

리스트 11.7　<u>Scene4.h</u>

```
#import "cocos2d.h"

@interface Scene4 : CCScene {
}

@end
```

별다른 내용은 없다. 그냥 CCscene의 서브클래스일 뿐이다. Scene4.mm을 열고 그 내용을 리스트 11.8로 바꾸자.

리스트 11.8　<u>Scene4.mm</u>

```
#import "Scene4.h"
#import "Scene4UILayer.h"
#import "Scene4ActionLayer.h"

@implementation Scene4

-(id)init {
    if ((self = [super init])) {
        Scene4UILayer * uiLayer = [Scene4UILayer node];
        [self addChild:uiLayer z:1];
        Scene4ActionLayer * actionLayer =
                            [[[Scene4ActionLayer alloc]
                                initWithScene4UILayer:uiLayer]
autorelease];
        [self addChild:actionLayer z:0];
    }
    return self;
}

@end
```

init 메소드는 두 개의 layer를 만들고(액션 layer를 만들 때 UI layer를 파라미터
로 제공), 두 layer 모두 scene에 귀속시킨다. 이때 UI layer가 액션 layer보다 더 높
은 z값을 갖도록 하여 전면에 나타나도록 하였다.

마지막 단계는 GameManager.mm을 수정하여 플레이어가 Level 4를 선택했을
때 새로 만든 scene이 동작하도록 해야 한다. 먼저 리스트 11.9와 같이 파일 앞부분
에 Scene4.h를 import하는 구문을 넣자.

리스트 11.9 **GameManager.mm 파일의 앞 부분에 추가되는 코드**

```
#import "Scene4.h"
```

그리고 runSceneWithId 메소드로 이동한 다음 kGameLevel4가 선택된 경우
Scene4가 실행되도록 코드를 수정하자(리스트11.10).

리스트 11.10 **GameManager.mm 파일의 runSceneWithId 메소드에서 수정되는 case 구문**

```
case kGameLevel4:
    sceneToRun = [Scene4 node];
    break;
```

> **Tip**
>
> 이전 챕터에서 언급한 바와 같이 이번에도 새로이 만드는 scene을 집중적으로 실행
> 할 것이기 때문에, 프로그램을 실행하면 Scene4가 바로 실행되도록 코드를 수정하
> 면 편리하다. 이를 위해서는 Classes\Singletons\SpaceVikingAppDelegate.m 파일
> 을 열고 applicationDidFinishLaunching 메소드의 마지막 부분으로 이동한 다음
> CCDirector:runSceneWithID 호출 코드를 아래와 같이 바꾸어주면 된다.
>
> ```
> [[GameManager sharedGameManager]
>     runSceneWithID:kGameLevel4];
> ```

이제 모두 끝났다! 프로그램을 컴파일하고 실행시킨 다음 메인 메뉴에서 Descent
Into Hades! 레벨을 선택하면 방금 만든 새로운 scene이 바닥 테두리 및 Ole 카트
(일부분이다)와 함께 나타날 것이다(그림 11.3).

 ## Box2D로 카트 만들기

Ole가 지금의 카트를 봤다면 반응이 시원치 않았을 것이다. 우선 Box2D 바디가 카트 모양이 아니다. Box2D 바디는 직사각형으로, 아래가 짧은 사다리꼴 모양의 카트와는 거리가 멀다. 그리고 이 카트에는 바퀴도 없다!

이번 섹션에서는 카트 모양으로 Box2D 바디를 만드는 방법과 카트 바퀴를 만들고 조인트를 이용하여 붙이는 방법에 대해 설명할 것이다. 여러분은 곧 카트를 탄 Ole를 보게 될 것이다!

Box2D로 일반적인 모양 만들기

지금까지 Box2D로 만든 모양은 박스, 원, 테두리였다. 원을 만들 때는 반지름만 지정하면 됐고 박스나 테두리를 만들 때는 헬퍼 메소드인 `SetAsBox`나 `SetAsEdge`를 사용하여 꼭지점을 지정했다.

그러나 이제는 이런 기본 모양에서 만족하면 안된다. 좀 더 복잡한 모양을 만들기 위해 여러분이 직접 꼭지점의 위치를 지정해 주어야 한다. 보통은 `SetAsBox`나

`SetAsEdge` 대신에 `b2PolygonShape`를 사용하지만 그림 11.4와 같이 꼭지점 배열을 만든 다음 `Set` 메소드를 호출하는 방법도 있다.

```cpp
b2PolygonShape shape;
int num = 4;
b2Vec2 verts[] = {
    b2Vec2(78.3f / PTM_RATIO, 38.5f / PTM_RATIO),    // A
    b2Vec2(-79.4f / PTM_RATIO, 38.2f / PTM_RATIO),   // B
    b2Vec2(-59.9f / PTM_RATIO, -38.5f / PTM_RATIO),  // C
    b2Vec2(57.8f / PTM_RATIO, -38.5f / PTM_RATIO)    // D
};
shape.Set(verts, num);
```


| 그림 11.4 | Box2D의 중심점을 기준으로 정의한 꼭지점

이제 그림 11.4에 대해 설명하겠다. Box2D 모양을 만들기 위해 꼭지점을 정의할 때는 반드시 고려해야 할 네 가지 항목이 있다. 하나씩 설명하면 다음과 같다.

- **꼭지점은 바디의 중심을 기준으로 지정된다**: 그:림 11.4의 코드를 보면 꼭지점을 지정할 때는 world 좌표를 사용하지 않는다. 대신 바디의 중심을 기준으로 하는 좌표 체계를 사용한다. 그렇기 때문에 이 카트의 경우 오른쪽 위의 점은 중심에서 오른쪽으로 78.3픽셀, 위쪽으로 38.5픽셀만큼 떨어져 있다. 이러한 좌표 체계를 사용하면 매번 world 좌표를 고려하지 않아도 되기 때문에 편리하다.

- **꼭지점은 반시계 방향으로 정의되어야 한다**: 그림 11.4를 보면 알 수 있듯이 꼭지점은 반시계 방향 순서, 즉 오른쪽 위 → 왼쪽 위 → 왼쪽 아래 → 오른쪽 아래의 순으로 정의되었다. 이 규칙을 잊어버리고 다른 순서로 꼭지점을 지정하면 Box2D는 크래시를 일으킬 것이다(보통 영역 계산 중에 assert가 발생함).

- **모양마다 사용 가능한 꼭지점의 수가 제한되어 있다**: 기본적으로 모든 모양은 최대 8개의 꼭지점을 가질 수 있지만 최대값은 다시 설정할 수 있다. 그 값은 b2Settings.h의 `b2_maxPolygonVertices`에 정의되어 있는데, 가급적이면 작은 값으로 유지하

는 것이 좋다. 왜냐하면 더 많은 꼭지점을 사용하면 메모리 사용량도 그만큼 늘어 날 뿐만 아니라 성능 저하도 따르기 때문이다. 또한 최대값보다 더 많은 수의 꼭지 점을 사용하면 Box2D는 크래시를 일으킬 것이다(보통 꼭지점 수를 확인하다 assert가 발생함).

● **꼭지점을 연결한 도형이 오목다각형이 될 수 없다:** 꼭지점을 연결한 모양은 반드시 볼록다각형이 되어야 한다. 오목다각형은 180°가 넘는 내각을 하나 이상 갖는 다각형이다. 볼록다각형과 오목다각형의 차이를 그림 11.5에서 보여주고 있다.

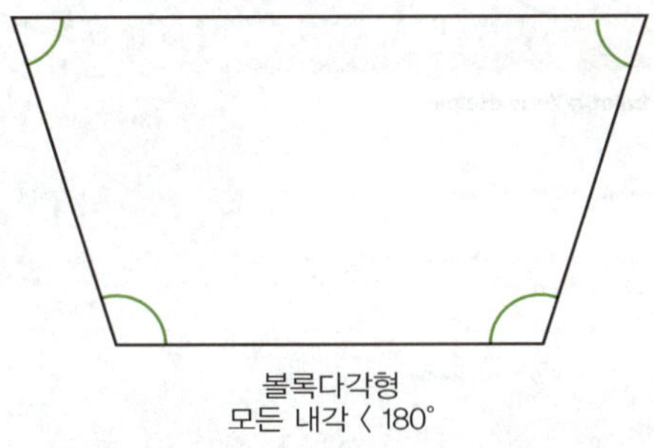

| 그림 11.5 | 볼록다각형과 오목다각형

Box2D의 꼭지점을 정의하는 방법에는 몇 가지가 있다. 첫 번째로 대충 픽셀의 위치를 지정하여 컴파일하고 테스트하는 과정을 반복하여 정확한 모양으로 다듬는 것이다. 두 번째 방법은 이미지 편집기를 이용하여 픽셀 길이를 재는 것이다. 이 방법은 첫 번째 방법보다 훨씬 빨리 작업할 수 있지만 역시나 시간이 많이 걸린다. 마지막으로 엄청나게 시간을 줄여주는 툴을 사용하는 것이다. 바로 Vertex Helper라는 이름의 툴로, Johannes Fahrenkrug가 개발하였다.

Vertex Helper 사용하기

Vertex Helper는 오픈 소스 툴로, 이미지를 가져와서 이미지 위에 점을 클릭하면 원하는 점을 표시해주며 점 지정이 끝나면 Box2D 코드를 생성시켜 준다. 여러분은 그저 생성된 코드를 복사하여 프로젝트 코드에 붙여넣기만 하면 된다. 그러면 실제로 어떻게 하는지 살펴보자.

먼저 Vertex Helper를 다운로드하고 컴파일한다(Mac App Store에서 Vertex
Helper Pro를 다운받아 설치할 수도 있다).

코드를 받기 위해서는 https://github.com/jfahrenkrug/VertexHelper 에 접속한
다음 그림 11.6과 같이 [Downloads]를 클릭하고 [Download.zip]을 클릭하면 된다.

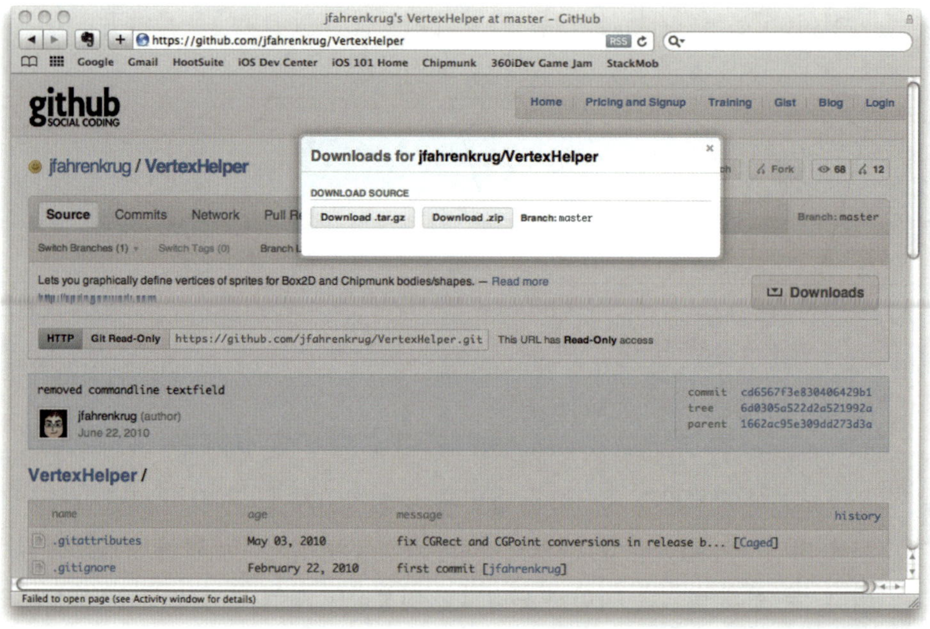

| 그림 11.6 | Vertex Helper 다운로드 화면

Zip 파일을 다운받은 다음에는 압축을 해제하고 VertexHelper.xcodeproj 파
일을 연다. 컴파일하고 실행시키면 그림 11.7과 같은 Vertex Helper UI를 볼 수
있다.

다음으로 이번 챕터의 [resource] 폴더에서 Ole의 카트 이미지를 찾은 다음(Raw
Art…\Scene\cart.png), Vertex Helper 윈도우로 드래그한다(DROP SPRITE
IMAGE 라고 적혀있는 곳으로 드래그).

| 그림 11.7 | Vertex Helper 메인 화면

그러면 윈도우 중앙에 카트 이미지가 나타난 것을 보게 될 것이다. 계속해서 아래에 있는 컨트롤 패널의 [Rows] 필드에 '1'을, [Cols] 필드에 '1'을 각각 입력하고, [Type]은 'Box2D'로, [Style]은 'Initialization'으로 설정한다. 지금 시점에서는 Vertex Helper가 이미지의 주변으로 검은색의 테두리를 표시하고 있을 것이다. 이제 꼭지점을 정의할 차례이다.

오른쪽 위에 있는 'Edit Mode'에 체크한 다음 카트의 오른쪽 위를 클릭하면 첫 번째 꼭지점이 클릭한 지점으로 지정된다. 계속해서 왼쪽 위, 왼쪽 아래, 오른쪽 아래의 순서로 클릭한다(반시계 방향). Box2D가 마지막 변을 자동으로 그리기 때문에 마지막 점을 찍은 다음 맨 처음 꼭지점을 다시 찍을 필요가 없다.

꼭지점을 클릭하는 동안 Vertex Helper는 클릭한 점끼리 녹색의 선으로 이어 정의한 모양을 보여준다. 꼭지점 클릭이 끝나면 그림 11.8과 같이 나타날 것이다.

이제 오른쪽 아래의 편집 창을 보면 Vertex Helper가 Box2D용 꼭지점 배열 코드를 자동으로 생성한 것을 확인할 수 있을 것이다. 이 코드는 바로 사용할 수 있으니 복사해놓자.

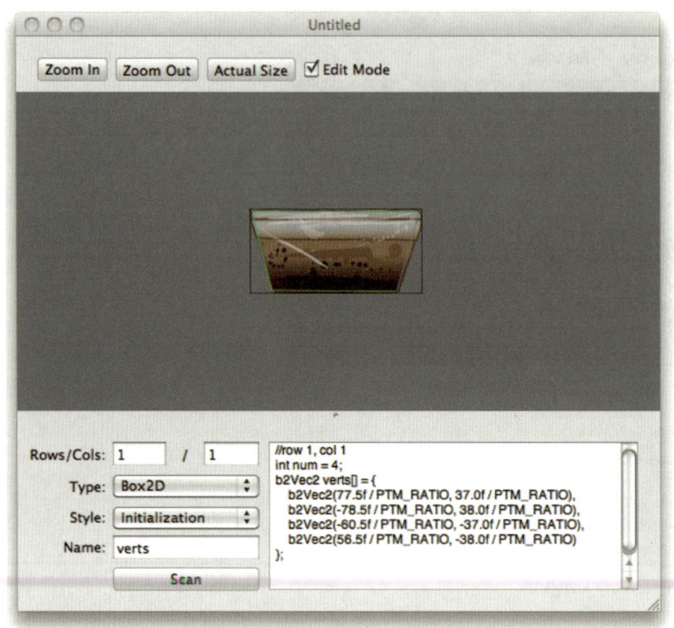

| 그림 11.8 | Vertex Helper로 정의한 카트 꼭지점

Cart.mm 파일을 열고 createBodyAtLocation 메소드의 SetAsBox 호출 부분을
주석 처리하자. 그리고는 바로 아래에 방금전에 Vertex Helper에서 생성한 코드를
복사하여 붙여넣는다. 동시에 PTM_RATIO를 모두 100.0으로 바꾼다(이유는 나중에
설명할 것이다). 코드 붙이기가 끝났으면 Set 메소드를 사용하여 모양을 다듬고 꼭
지점 정보와 개수를 건네준다(리스트 11.11).

리스트 11.11 Cart.mm 파일의 createBodyAtLocation 메소드 수정 부분

```
// 아랫줄을 주석 처리한다.
//shape.SetAsBox(self.contentSize.width/2/PTM_RATIO,
// self.contentSize.height/2/PTM_RATIO);
// Vertex Helper에서 생성된 코드를 여기에 붙이되,
// 모든 PTM_RATIO 값을 100.0으로 바꾼다.
int num = 4;
b2Vec2 verts[] = {
    b2Vec2(77.5f / 100.0, 37.0f / 100.0),
    b2Vec2(-78.5f / 100.0, 38.0f / 100.0),
```

```
    b2Vec2(-60.5f / 100.0, -37.0f / 100.0),
    b2Vec2(56.5f / 100.0, -38.0f / 100.0)
};
// 그런 다음, 아래를 호출한다.
shape.Set(verts, num);
```


이제 프로그램을 컴파일하고 실행시켜보자. 이전에 실행했을 때와는 달리 Box2D의 바디가 스프라이트에 잘 맞는 것을 볼 수 있을 것이다(그림 11.9).

| **그림 11.9** | 직접 정의한 꼭지점으로 구성된 Box2D 모양

이제 스프라이트 모양과 꼭 맞는 Box2D 모양을 어떻게 만드는지, 이 작업을 편리하게 하도록 도와주는 Vertex Helper 툴은 어떻게 사용하는지 알게 되었다. 하지만 아직 큰 문제가 카트에 남아있는데 바로 바퀴가 없다는 것이다. 그러면 바퀴를 달기 위해 필요한 Box2D의 레볼루트 조인트에 대해 알아보자.

Box2D 레볼루트 조인트를 이용하여 바퀴 추가하기

카트에 바퀴를 달기 위해 두 개의 바디(바퀴 두 개)가 더 필요하다. Chapter 10에서 언급했듯이 이것들은 모두 분리된 (픽스처가 아닌) 바디로 구성해야 하는데, 그이유는 카트와 바퀴가 따로따로 움직이도록 하기 위해서이다. 바퀴는 회전해야 하지만 카트 몸체는 회전하지 않는다.

그리고 바디의 움직임에 약간의 제약을 걸어야 한다. 즉, 바퀴가 카트의 주어진 위치에 붙어있어야 하면서도 각각의 바퀴는 회전할 수 있어야 한다. 이것이 조인트가 필요한 이유이며, 이러한 상황에 사용하는 조인트가 바로 레볼루트 조인트(revolute joint)이다.

Box2D에서 제공하는 조인트 종류는 매우 다양한데 대부분 비슷하게 동작한다. 여러분은 조인트 정의를 설정하고 어떤 바디에 사용하는지를 지정하면 되는데, 모든 조인트는 단 두 개의 바디하고만 연결된다. 그리고 조인트별 특성에 맞게 파라미터를 설정해주면 된다. 레볼루트 조인트의 경우 앵커 포인트만 지정해 주면 된다(예: 바퀴의 축).

그러면 코드를 작성해보자. Cart.h 파일을 열고 바퀴 스프라이트, 바디, 조인트에 대한 인스턴스 변수를 추가하자(리스트 11.12).

리스트 11.12 Cart.h 파일의 @interface 부분

```
Box 2DSprite *wheelL;
Box2DSprite *wheelR;
b2Body *wheelLBody;
b2Body *wheelRBody;
b2RevoluteJoint *wheelLJoint;
b2RevoluteJoint *wheelRJoint;
```

방금 추가한 인스턴스 변수에 대해 프로퍼티를 지정하여 액션 layer에서 접근할 수 있도록 하자(리스트 11.13).

리스트 11.13 Cart.h 파일의 @interface 다음 부분

```
@property (readonly) b2Body * wheelLBody;
```

```
@property (readonly) b2Body * wheelRBody;
@property (readonly) Box2DSprite * wheelL;
@property (readonly) Box2DSprite * wheelR;
```

이제 Cart.mm 파일로 이동한 다음 프로퍼티에 대한 synthesize를 @
implementation 줄 다음에 추가하자(리스트 11.14).

 <u>Cart.mm 파일의 @implementation 다음 부분</u>

```
@synthesize wheelL;
@synthesize wheelR;
@synthesize wheelLBody;
@synthesize wheelRBody;
```

다음으로 바퀴를 만드는 메소드를 initWithWorld 메소드 앞에 추가하자(리스트
11.15).

 <u>Cart.mm 파일의 createWheelWithSprite 메소드(initWithWorld 메소드 앞)</u>

```
- ( b2Body *)createWheelWithSprite:(Box2DSprite*)sprite
    offset:(b2Vec2)offset {

    b2BodyDef bodyDef;
    bodyDef.type = b2_dynamicBody;
    bodyDef.position = body->GetWorldPoint(offset);
    b2Body * wheelBody = world->CreateBody(&bodyDef);
    wheelBody->SetUserData(sprite);
    sprite.body = wheelBody;

    b2CircleShape circleShape;
    circleShape.m_radius = sprite.contentSize.width/2/PTM_RATIO;

    b2FixtureDef fixtureDef;
    fixtureDef.shape = &circleShape;
    fixtureDef.friction = 1.0;
    fixtureDef.restitution = 0.2;
    fixtureDef.density = 10.0;
    wheelBody->CreateFixture(&fixtureDef);

    return wheelBody;
}
```

createWheelWithSprite 메소드는 전체적으로 내용이 익숙하다. Box2D 바디를 만들고 모양과 픽스처를 원으로 만드는 모습은 전형적인 Box2D 오브젝트 생성 과정이다. 그러나 여기에서 짚어야 할 내용이 세 가지가 있다.

우선 createWheelWithSprite 메소드의 목적이다. createWheelWithSprite 메소드는 카트 몸체에 붙일 바퀴를 만드는 것이 그 목적이며, 이때 카트 몸체에서 얼마나 떨어졌는지에 대한 오프셋을 기준으로 바퀴의 위치가 정해진다. 이렇게 하면 카트 바디가 최초에 얼마나 회전된 상태로 만들어지느냐에 관계없이 바퀴를 정확한 위치에 붙일 수 있기 때문에 중요하다. 이를 위해 카트 몸체 오브젝트로부터 GetWorldPoint 메소드를 호출하여 카트 바디의 world 좌표를 기준으로 오프셋 좌표를 world 좌표 기준으로 변환시킨다(이 world 좌표를 가지고 바퀴 바디를 생성함).

두 번째로 바퀴 마찰값(1.0)이 매우 높다는 것이다. 마찰값이 높은 이유는 카트가 바퀴를 통해 땅 위를 움직이게 되는데 마찰값이 낮으면 땅 위를 미끄러져 카트를 제어하기 어렵기 때문이다.

세 번째로 바퀴의 밀도값(10.0)이 카트 몸체의 밀도값(1.0)에 비해 엄청 높다는 것이다. 이렇게 만든 이유는 Box2D에서 바퀴의 무게가 바퀴가 움직이게 하는 물체의 무게보다 크거나 같을 때 바퀴가 가장 잘 동작하기 때문인데, 카트 몸체에 비해 바퀴가 작기 때문에 무게를 맞추기 위해서는 바퀴의 밀도값을 높일 수밖에 없다. 만일 바퀴의 무게를 높이는 것을 잊어버리고 밀도값을 높이지 않는다면 바퀴가 카트에서 떨어져 나가거나 이상하게 튕겨지는 등의 예기치 못한 현상을 보게 될 것이다.

다음은 방금 추가한 createWheelWithSprite 메소드를 사용하는 메소드를 추가할 것이다. 리스트 11.16의 내용을 creatWheelWithSprite 메소드에 이어서 추가하자.

리스트 11.16 **Cart.mm 파일의 createWheels 메소드(createWheelWithSprite 메소드 아래에 추가)**

```
- (void)createWheels {
    wheelL = [Box2DSprite spriteWithSpriteFrameName:@"Wheel.png"];
    wheelL.gameObjectType = kCartType;
    wheelLBody = [self createWheelWithSprite:wheelL
                            offset:b2Vec2(-63.0/100.0, -48.0/100.0)];
```

```
wheelR = [Box2DSprite spriteWithSpriteFrameName:@"Wheel.png"];
wheelR.gameObjectType = kCartType;
wheelRBody = [self createWheelWithSprite:wheelR
                        offset:b2Vec2(63.0/100.0, -48.0/100.0)];


b2RevoluteJointDef revJointDef;
revJointDef.Initialize(body, wheelLBody,
                  wheelLBody->GetWorldCenter());
wheelLJoint = (b2RevoluteJoint *) world->CreateJoint(&revJointDef);

revJointDef.Initialize(body, wheelRBody,
                  wheelRBody->GetWorldCenter());
wheelRJoint = (b2RevoluteJoint *) world->CreateJoint(&revJointDef);
}
```

createWheels 메소드는 먼저 각각의 바퀴에 대한 스프라이트를 생성한 다음 createWheelWithSprite 메소드를 사용하여 Box2D 오브젝트를 생성한다.

그런 다음 각 바퀴에 대해 레볼루트 조인트를 셋업하는데, 메소드 코드에서 볼 수 있듯이 이 작업은 매우 간단하다. 우선 b2RevoluteJointDef 구조체를 만들고 Initialize 메소드를 호출하는데, 이때 연결되는 두 개의 바디와 연결 지점(바퀴의 중앙)을 알려준다. 이렇게 만든 레볼루트 조인트 정의를 world의 CreateJoint 메소드 파라미터로 넘겨주면 b2Joint 오브젝트를 리턴하게 되는데, 이 조인트는 해당 인스턴스 변수에 저장된다.

> **Note**
>
> 바퀴의 위치를 지정하는 데 사용된 오프셋값은 이미지 편집기의 길이재기 기능을 이용하여 카트 본체의 중앙에서 바퀴의 중심점까지의 거리를 픽셀로 측정하였다. 그리고 HD 이미지를 사용하였기 때문에 Box2D 단위로 변환시키기 위해 PTM_RATIO를 사용하는 대신 100.0을 사용하였다.

다음은 방금 만든 createWheels 메소드를 호출하는 코드를 initWithWorld: atLocation 메소드에 추가할 차례이다(리스트 11.17).

리스트 11.17 **Cart.mm 파일의 initWithWorld:atLocation 메소드(맨 마지막에 추가)**

```
[self createWheels];
```

이제 마지막 단계로 바퀴에 필요한 스프라이트를 스프라이트 배치 노드에 추가해야 한다. Scene4ActionLayer.mm 파일로 이동하여 `createCartAtLocation` 메소드 마지막에 리스트 11.18의 내용을 추가한다.

 Scene4ActionLayer.mm 파일의 createCartAtLocation 메소드(맨 마지막에 추가)

```
[sceneSpriteBatchNode addChild:cart.wheelL];
[sceneSpriteBatchNode addChild:cart.wheelR];
```

이렇게 하면 끝난다. 컴파일하고 실행시키면 드디어 그림 11.10과 같이 바퀴가 달린 카트를 보게 될 것이다. 마우스 조인트를 사용하여 카트를 움직일 수 있으니 화면 주위를 움직이도록 하여 어떻게 동작하는지 살펴보기 바란다. 바퀴는 카트 몸체에 붙어있고 바퀴의 가운데가 고정되어 있지만 바퀴가 회전하는 모습도 볼 수 있을 것이다. 이것이 바로 레볼루트 조인트 액션이다!

| 그림 11.10 | 카트와 바퀴가 Box2D 레볼루트 조인트로 결합된 모습

 ## 카트를 움직이고 점프하게 만들기

Ole의 카트는 이제 제법 그럴듯하게 모양을 갖추고 실제 게임 물리 이론에 맞추어 움직이게 되었다. 그러나 아직 갈길이 멀다. 이번 레벨의 목표는 액션이 가미된 횡 스크롤 게임 레벨을 만드는 동시에 가속도계를 사용하여 조종하고 장애물이 있는 땅 위를 달리며 화면을 터치하면 카트가 점프하도록 구현해야 한다!

이번 섹션에서는 이를 위해 가속도계를 사용하여 카트를 움직이고 바닥 조각을 따라 사이드로 스크롤시키며 카트가 점프하도록 만드는 방법에 대해 알아볼 것이다. 동시에 중간 중간 나타나는 문제를 해결하는 방법에 대해서도 설명할 것이다.

가속도계로 카트를 이동시키기

첫 번째 단계는 가속도계를 사용하여 카트를 움직이도록 만드는 것이다. Chapter 10을 읽은 후에 여러분은 아마도 가속도계 입력값을 중력으로 설정하면 가속도계를 가지고 카트를 움직일 수 있을 것이라고 생각했을 것이다. 이 방법은 처음에는 잘 동작한다. 그러나 기기를 뒤집는 순간 카트는 하늘 위로 날아가버릴 것이다!

그러면 처음부터 다시 생각해보자. 우리가 정말로 원하는 것은 현재 기기가 얼마나 기울어졌느냐에 따라 카트의 움직임을 결정하는 것이다. 즉, 기기가 조금만 기울어지면 카트도 천천히 움직이고 많이 기울어지면 빠르게 움직이도록 하는 것이다.

Box2D를 이용하여 카트를 움직이게 하는 방법에는 여러 가지가 있다. 가속도계 입력값을 기준으로 매 프레임마다 카트에 힘이나 반동을 주어(나중에 설명한다) 카트를 밀 수도 있고, 카트 바디에 직접 속도를 설정할 수도 있다(이 방법은 가끔 물리 엔진 시뮬레이션에 문제가 일어나기 때문에 가능한 피하는 것이 좋다). 그러나 이번 레벨에서는 현실 세계의 행동을 최대한 반영하기 위하여 바퀴 회전만으로 카트를 움직이도록 할 것이다!

이미 카트 바퀴에 대한 레볼루트 조인트를 설정했기 때문에 쉽게 바퀴를 회전시킬 수 있다. 레볼루트 조인트에는 내장 '모터'가 달려있는데, 모터에 초당 바퀴 회전수를 지정할 수 있다. 이를 이용하여 가속도계의 입력값을 모터 회전수에 반영시켜 카트를 움직이게 하면 된다.

그러면 어떻게 구현했는지 코드를 통해 살펴보자. Cart.mm 파일을 열고 리스트 11.19에서 진하게 표시된 b2RevoluteJointDef 부분을 createWheels 메소드에서 첫 번째 Initialize 호출 바로 다음에 추가하자.

 Cart.mm 파일의 createWheels 메소드에서 첫 번재 Initialize 호출 바로 다음에 추가되는 코드

```
// wheelRBody 생성 바로 다음 부분...
b2RevoluteJointDef revJointDef;
revJointDef.Initialize(body, wheelLBody,
                    wheelLBody->GetWorldCenter());
revJointDef.enableMotor = true;
revJointDef.maxMotorTorque = 1000;
revJointDef.motorSpeed = 0;
wheelLJoint = (b2RevoluteJoint *) world->CreateJoint(&revJointDef);

revJointDef.Initialize(body, wheelRBody,
                    wheelRBody->GetWorldCenter());
wheelRJoint = (b2RevoluteJoint *) world->CreateJoint(&revJointDef);
```

추가된 코드는 레볼루트 조인트에 대한 모터를 사용할 수 있도록 하는데 초기 스피드는 0으로 설정한다. 현실 세계의 모터와 마찬가지로 레볼루트 조인트의 모터도 motorSpeed값을 기반으로 하여 회전 속도가 결정된다. motorSpeed는 초당 라디안(radian)값을 의미하는데 M_PI 라디안은 반원(180°)에 해당된다(M_PI는 별도로 정의된 상수로 π값을 가진다). 따라서 모터 속도값이 M_PI인 경우 모터는 초당 반 바퀴를 돌게 된다.

maxMotorTorque는 최대 토크값으로, 모터는 이 속도에 도달할 때까지 계속해서 가속하게 된다. maxMotorTorque값이 낮은 경우 모터로 동작하는 바퀴가 장애물에 부딪칠 때(예: 회전을 막는 무언가에 걸린 경우) 모터는 회전을 포기하고 회전을 멈춘다. 그러나 maxMotorTorque값이 높은 경우에는 모터는 포기하지 않고 장애물을 극복할 때까지 계속해서 회전한다. 위 예제도 maxMotorTorque값으로 높은 값을 지정하였기 때문에 바퀴가 장애물에 걸려도 결코 멈추지 않을 것이다.

다음으로 모터 속도를 설정하는 setMotorSpeed 메소드를 Cart.mm 파일에 추가하자(리스트 11.20).

  Cart.mm 파일의 setMotorSpeed 메소드(아무데나 추가 가능)

```objc
- (void)setMotorSpeed:(float32)motorSpeed {
    if (characterState != kStateTakingDamage) {
        wheelLJoint->SetMotorSpeed(motorSpeed);
        wheelRJoint->SetMotorSpeed(motorSpeed);
    } else {
        wheelLJoint->SetMotorSpeed(0.2 * motorSpeed);
        wheelRJoint->SetMotorSpeed(0.2 * motorSpeed);
    }
}
```

setMotorSpeed 메소드를 보면 평상시에는 입력된 파라미터값으로 모터 속도를 지정하지만 데미지를 입는 경우에는 속도가 뚝 떨어지게 된다. 데미지를 입는 경우는 곧 구현할 것이다.

다시 Cart.h 파일로 이동하여 리스트 11.21의 내용을 메소드 선언부에 추가하자.

리스트 11.21 **Cart.h 파일에서 @interface 이후에 추가하는 코드**

```objc
- (void)setMotorSpeed:(float32)motorSpeed;
```

이번에는 Scene4ActionLayer.mm 파일을 열고 init 메소드로 이동한 다음 리스트 11.22의 내용을 추가하여 가속도계를 활성화하도록 하자.

리스트 11.22 **Scene4ActionLayer.mm 파일의 initWithScene4UILayer 메소드 마지막 부분에 추가되는 코드**

```objc
self.isAccelerometerEnabled = YES;
```

이제 가속도계의 실제 입력값을 바퀴 속도에 반영하는 코드를 작성하자(리스트 11.23).

리스트 11.23 **Scene4ActionLayer.mm 파일의 accelerometer 메소드(아무 데나 추가 가능)**

```objc
- (void)accelerometer:(UIAccelerometer *)accelerometer
    didAccelerate:(UIAcceleration *)acceleration {
```

```
    float32 maxRevsPerSecond = 7.0;
    float32 accelerationFraction = acceleration.y*6;
    if (accelerationFraction < -1) {
        accelerationFraction = -1;
    } else if (accelerationFraction > 1) {
        accelerationFraction = 1;
    }
    float32 motorSpeed =
                (M_PI*2) * maxRevsPerSecond * accelerationFraction;
    [cart setMotorSpeed:motorSpeed];
}
```

accelerometer 메소드는 먼저 바퀴의 초당 최대 회전 속도를 7로 지정한다. 이 값은 몇 차례의 시행착오를 통해 구한 값이다.

그리고는 기기가 기울어진 정도를 통해 기울기 계수를 계산한다. 가속도계는 0(가로로 뉘어진 상태)에서 ±1(세로로 완전히 기울어진 상태) 사이의 값을 갖는다. 그러나 최대 속도에 도달하기 위해 세로로 완전히 기울일 수는 없으니 현재의 가속도계 값에 6을 곱한 값이 −1에서 1 사이가 되도록 조정하였다. 이렇게 하면 1/6만 기울여도 최대 속도에 도달할 수 있다.

다시 한 번 강조하지만, 모터 속도는 초당 라디안값을 사용하기 때문에 모터 속도를 M_PI*2로 설정하면 초당 한 바퀴를 돌게 된다. 그렇기 때문에 M_PI*2에 최대 회전수를 곱하고 거기에 현재 가속도계로부터 얻은 속도 기울기 계수를 곱하여 최종 모터 속도를 계산하였다.

이제 프로그램을 컴파일하고 기기에서 실행시키면(시뮬레이터에서는 가속도계가 동작하지 않는다) 기기를 기울일 때 카트가 움직이는 것을 볼 수 있을 것이다. 훌륭하다! 드디어 이번 액션 레벨을 위한 큰 걸음을 옮겼다!

스크롤 구현하기

이제 테두리 영역 안에서 이리저리 움직이도록 하는 게임을 만들 수 있게 되었다. 여기에 좀 더 기능을 추가하려고 하는데 바로 Box2D에서의 스크롤링이다. 즉, 카트가 움직이는 동안에도 카트를 바라보는 시점을 그대로 유지하도록 하는 것이다.

그림 11.11은 groundAtlas-hd.png의 일부를 보여주고 있다. 이 그림은 이번 레벨의 땅으로 사용되는데, 이 길다란 그림을 마치 레고 블록과 같이 떼어내고 옆으로 붙이는 과정을 계속하여 전체 레벨을 구성할 것이다.

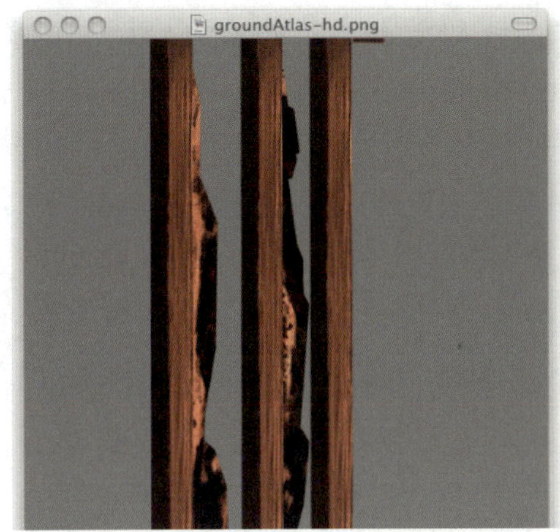

| **그림 11.11** | 이번 레벨에서 사용할 길다란 땅

Note 스프라이트 시트에 있는 ground 이미지는 가로로 그려졌음에도 불구하고 세로로 늘어뜨려진 것을 볼 수 있다. 이것은 TexturePacker를 사용하여 스프라이트 시트를 만들었기 때문이다. TexturePacker는 더 효율적인 스프라이트 시트를 만들기 위해 이미지를 회전시키기도 한다. 하지만 이 과정은 이미지를 사용하는 개발자에게는 영향을 미치지 않는다. 왜냐하면 이미지를 코드로 가져올 때 원래의 방향으로 다시 회전되기 때문이다.

여러분은 현재 화면 크기에 맞는 Box2D ground 바디를 가지고 있는데 이제는 땅을 오른쪽으로 길게 늘어뜨리고 땅의 굴곡에 따라 물체가 움직이도록 만들 것이다.

아마도 Vertex Helper를 사용해서 ground 이미지를 가져와 땅의 형태에 맞는 꼭지점을 얻은 다음 그에 맞는 바디를 생성하여 scene에 추가하면 될 것이라고 생각하고 있을지도 모르겠다. Vertex Helper를 사용하는 것은 맞지만 다음의 두 가지 이유 때문에 여러분의 생각대로 동작하지 않을 것이다.

- 이 모양은 꼭지점이 너무 많다.
- 이 모양은 오목다각형이다.

이번 챕터 앞부분에서 설명한 것과 같이 Box2D를 사용하여 일반적인 모양을 정의할 때는 최대 8개(기본값이며 바꿀 수 있다)의 꼭지점을 사용할 수 있으며 모양은 오목다각형(내각이 180° 이상인 다각형)이 될 수 없다. 물론 ground 바디를 이 규칙에 맞게 여러 조각으로 나누어 사용할 수는 있지만 이것은 많은 고통(?)을 수반한다.

다행히 Vertex Helper를 사용할 수 있는 간단한 해결책이 있다. 기본 아이디어는 이렇다. 각각의 ground 조각에 대한 폴리곤을 만드는 대신 땅의 윗부분만을 연결하여 테두리로 만드는 것이다. 이렇게 하면 Vertex Helper를 사용하여 얻은 점들의 리스트를 정의할 수 있기 때문에 이 리스트를 사용하여 테두리를 만드는 메소드를 하나 작성하기만 하면 된다.

그러면 이 방법대로 구현해보자. 먼저 Scene4ActionLayer.h 파일을 열고 리스트 11.24의 인스턴스 변수 선언문을 추가하자.

리스트 11.24 Scene4ActionLayer.h 파일의 @interface 선언부에 추가하는 인스턴스 변수

```
CCS priteBatchNode * groundSpriteBatchNode;
float32 groundMaxX;
```

groundSpriteBatchNode는 ground 그림이 들어있는 스프라이트 시트의 레퍼런스를 저장하고 groundMaxX는 scene에 추가된 ground 조각들을 이어붙였을 때의 최대 x값을 저장한다.

이제 Scene4ActionLayer.mm 파일의 createGround 메소드를 리스트 11.25의 내용으로 바꾸자.

리스트 11.25 Scene4ActionLayer.mm 파일의 createGround 메소드(수정된 버전)

```
- (void)createGround {
  b2BodyDef groundBodyDef;
  groundBodyDef.type = b2_staticBody;
  groundBodyDef.position.Set(0, 0);
```

```
    groundBody = world->CreateBody(&groundBodyDef);
}
```

수정된 `createGround` 메소드는 이전에 만들었던 테두리 코드는 모두 제거한 채 픽스처가 없는 바디 하나만 만드는 코드로 바뀌었다. 그러면 이제 꼭지점 정보를 이용하여 땅 테두리를 만드는 메소드를 추가하자(코드 11.26).

리스트 11.26 Scene4ActionLayer.mm 파일의 createGroundEdgesWithVerts 메소드 (createGround 메소드 바로 아래에 추가)

```objc
- (void)createGroundEdgesWithVerts:(b2Vec2 *)verts numVerts:(int)num
    spriteFrameName:(NSString *)spriteFrameName {

    CCSprite *ground =
                [CCSprite spriteWithSpriteFrameName:spriteFrameName];
    ground.position = ccp(groundMaxX+ground.contentSize.width/2,
                        ground.contentSize.height/2);
    [groundSpriteBatchNode addChild:ground];
    b2PolygonShape groundShape;
    b2FixtureDef groundFixtureDef;
    groundFixtureDef.shape = &groundShape;
    groundFixtureDef.density = 0.0;

    for(int i = 0; i < num - 1; ++i) {
        b2Vec2 offset = b2Vec2(groundMaxX/PTM_RATIO +
                            ground.contentSize.width/2/PTM_RATIO,
                            ground.contentSize.height/2/PTM_RATIO);
        b2Vec2 left = verts[i] + offset;
        b2Vec2 right = verts[i+1] + offset;
        groundShape.SetAsEdge(left, right);
        groundBody->CreateFixture(&groundFixtureDef);
    }

    groundMaxX += ground.contentSize.width;
}
```

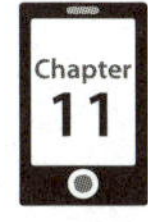

그러면 `createGroundEdgesWithVerts` 메소드를 한 줄 한 줄 살펴보자. `createGroundEdgesWithVerts` 메소드는 꼭지점 배열과 꼭지점 개수, 사용할 스프라이트를 파라미터로 받는다. 그리고 스프라이트 이름을 이용하여 일반적인 `CCSprite`를 만들고 ground 스프라이트 배치 노드에 추가한다.

다음으로 루프를 돌면서 꼭지점 리스트의 꼭지점을 꺼내어 테두리를 구성하는 선분을 만든다. 각 꼭지점은 최대 x값에 추가되는 ground 조각의 가로 길이의 반을 더한 값과 세로 길이의 반을 오프셋으로 사용한다. 즉, 추가되는 스프라이트의 중심점을 오프셋으로 사용한다. 루프가 끝나면 방금 추가한 스프라이트의 가로 길이를 최대 x값에 더하여 최대 x값을 업데이트시킨다. 여기에서 주의할 점은 꼭지점이 땅 조각의 왼쪽에서 오른쪽 순서로 배열에 저장되어 있으며 땅 조각 역시 왼쪽에서 오른쪽 순서로 나타난다고 가정했다는 것이다.

이제 땅 조각의 꼭지점 리스트를 만들 차례이다. Vertex Helper를 실행시킨 다음 이번 챕터의 [resource] 폴더의 Raw Art...\ground\ground1.png 파일을 Vertex Helper 창으로 드래그시킨다. 그리고는 [Rows] 값으로 '1'을, [Cols] 값으로 '1'을 입력하고 [Type]은 'Box2D', [Style]은 'Initialization'으로 선택한 다음 [Edit Mode]를 클릭하여 꼭지점을 클릭할 준비를 마친다.

이제 왼쪽에서 오른쪽으로 지표면을 따라 꼭지점을 클릭한다. Ground 이미지가 굉장히 길기 때문에 한 화면에서 모두 클릭하기 어려울 것이다. 이미지를 스크롤하기 위해서는 'Edit Mode'를 해제해야 한다. Edit Mode를 해제하고 이미지를 스크롤한 다음 다시 'Edit Mode'를 활성화시켜 꼭지점을 클릭하는 과정을 반복하면 모든 꼭지점을 클릭할 수 있다. 꼭지점 지정이 모두 끝나면 그림 11.12와 같이 될 것이다.

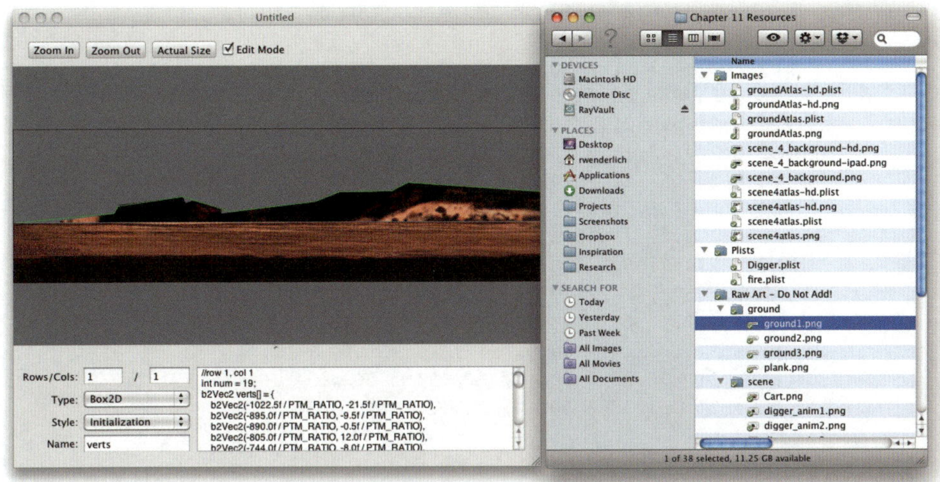

| 그림 11.12 | Vertex Helper를 이용하여 바닥 테두리 꼭지점을 정의한 화면

작업이 모두 끝나면 `createGroundEdgesWithVerts` 메소드를 호출하는 메소드를 만들어 Vertex Helper를 이용하여 생성시킨 꼭지점 배열을 파라미터로 넘겨주어야 한다(리스트 11.27). 앞에서와 마찬가지로 HD 이미지를 사용했기 때문에 `PTM_RATIO`값을 100.0으로 대치해야 한다. 클릭한 꼭지점이 약간씩 다를 수 있기 때문에 여러분이 클릭하여 얻은 배열과 리스트 11.27에 실린 배열이 조금 다를 수 있다.

리스트 11.27 Scene4ActionLayer.mm 파일의 createGround1 메소드 (createGroundEdgesWithVerts 메소드 바로 아래에 추가)

```
- (void)createGround1 {
    // Vertex Helper를 통해 얻은 값으로 대치해야 한다.
    // 이때, PTM_RATIO값을 100.0으로 바꾸어야 한다.
    int num = 23;
    b2Vec2 verts[] = {
        b2Vec2(-1022.5f / 100.0, -20.2f / 100.0),
        b2Vec2(-966.6f / 100.0, -18.0f / 100.0),
        b2Vec2(-893.8f / 100.0, -10.3f / 100.0),
        b2Vec2(-888.8f / 100.0, 1.1f / 100.0),
        b2Vec2(-804.0f / 100.0, 10.3f / 100.0),
        b2Vec2(-799.7f / 100.0, 5.3f / 100.0),
        b2Vec2(-795.5f / 100.0, 8.1f / 100.0),
        b2Vec2(-755.2f / 100.0, -1.8f / 100.0),
```

```
            b2Vec2(-755.2f / 100.0, -9.5f / 100.0),
            b2Vec2(-632.2f / 100.0, 5.3f / 100.0),
            b2Vec2(-603.9f / 100.0, 17.3f / 100.0),
            b2Vec2(-536.0f / 100.0, 18.0f / 100.0),
            b2Vec2(-518.3f / 100.0, 28.6f / 100.0),
            b2Vec2(-282.1f / 100.0, 13.1f / 100.0),
            b2Vec2(-258.1f / 100.0, 27.2f / 100.0),
            b2Vec2(-135.1f / 100.0, 18.7f / 100.0),
            b2Vec2(9.2f / 100.0, -19.4f / 100.0),
            b2Vec2(483.0f / 100.0, -18.7f / 100.0),
            b2Vec2(578.4f / 100.0, 11.0f / 100.0),
            b2Vec2(733.3f / 100.0, -7.4f / 100.0),
            b2Vec2(827.3f / 100.0, -1.1f / 100.0),
            b2Vec2(1006.9f / 100.0, -20.2f / 100.0),
            b2Vec2(1023.2f / 100.0, -20.2f / 100.0)
    };
    [self createGroundEdgesWithVerts:verts
        numVerts:num spriteFrameName:@"ground1.png"];
}
```

createGround1 메소드 작성이 끝나면 ground2.png, ground3.png에 대해서도 동일한 작업을 진행하도록 하자. 각각의 메소드는 createGround2와 createGround3 이 된다(리스트 11.28).

 Scene4ActionLayer.mm 파일의 createGround2, createGround3 메소드 (createGround1 메소드 바로 아래에 추가)

```
- (void)createGround2 {
    // Vertex Helper를 통해 얻은 값으로 대치해야 한다.
    // 이때, PTM_RATIO값을 100.0으로 바꾸어야 한다.
    int num = 24;
    b2Vec2 verts[] = {
        b2Vec2(-1022.0f / 100.0, -20.0f / 100.0),
        b2Vec2(-963.0f / 100.0, -23.0f / 100.0),
        b2Vec2(-902.0f / 100.0, -4.0f / 100.0),
        b2Vec2(-762.0f / 100.0, -7.0f / 100.0),
        b2Vec2(-674.0f / 100.0, 26.0f / 100.0),
        b2Vec2(-435.0f / 100.0, 22.0f / 100.0),
        b2Vec2(-258.0f / 100.0, -1.0f / 100.0),
        b2Vec2(-242.0f / 100.0, 19.0f / 100.0),
        b2Vec2(-170.0f / 100.0, 43.0f / 100.0),
        b2Vec2(-58.0f / 100.0, 45.0f / 100.0),
        b2Vec2(98.0f / 100.0, -20.0f / 100.0),
```

```
        b2Vec2(472.0f / 100.0, -20.0f / 100.0),
        b2Vec2(471.0f / 100.0, -7.0f / 100.0),
        b2Vec2(503.0f / 100.0, 4.0f / 100.0),
        b2Vec2(614.0f / 100.0, 66.0f / 100.0),
        b2Vec2(679.0f / 100.0, 59.0f / 100.0),
        b2Vec2(681.0f / 100.0, 46.0f / 100.0),
        b2Vec2(735.0f / 100.0, 31.0f / 100.0),
        b2Vec2(822.0f / 100.0, 24.0f / 100.0),
        b2Vec2(827.0f / 100.0, 12.0f / 100.0),
        b2Vec2(934.0f / 100.0, 14.0f / 100.0),
        b2Vec2(975.0f / 100.0, 1.0f / 100.0),
        b2Vec2(982.0f / 100.0, -19.0f / 100.0),
        b2Vec2(1023.0f / 100.0, -20.0f / 100.0)
    };
    [self createGroundEdgesWithVerts:verts numVerts:num
        spriteFrameName:@"ground2.png"];
}


- (void)createGround3 {
    // Vertex Helper를 통해 얻은 값으로 대치해야 한다.
    // 이때, PTM_RATIO값을 100.0으로 바꾸어야 한다.
    int num = 2;
    b2Vec2 verts[] = {
        b2Vec2(-1021.0f / 100.0, -22.0f / 100.0),
        b2Vec2(1021.0f / 100.0, -20.0f / 100.0)
    };
    [self createGroundEdgesWithVerts:verts numVerts:num
        spriteFrameName:@"ground3.png"];
}
```

이렇게 해서 이번 레벨에 스크롤 기능을 추가했다. 여기에 배경이 시차 스크롤된다면 더욱 멋있는 레벨이 될 것이다. 이를 위해 배경을 생성시키는 메소드를 추가하자(리스트 11.29).

 Scene4ActionLayer.mm 파일의 createBackground 메소드(createGround3 메소드 아래에 추가)

```
- (void)createBackground {
    CCParallaxNode * parallax = [CCParallaxNode node];
    [CCTexture2D setDefaultAlphaPixelFormat:
                    kCCTexture2DPixelFormat_RGB565];
    CCSprite *background;
    if (UI_USER_INTERFACE_IDIOM() == UIUserInterfaceIdiomPad) {
```

```objc
        background =
            [CCSprite spriteWithFile:@"scene_4_background-ipad.png"];
    } else {
        background =
            [CCSprite spriteWithFile:@"scene_4_background.png"];
    }
    background.anchorPoint = ccp(0,0);
    [CCTexture2D setDefaultAlphaPixelFormat:
                        kCCTexture2DPixelFormat_Default];
    [parallax addChild:background z:-10 parallaxRatio:ccp(0.05f, 0.05f)
            positionOffset:ccp(0,0)];
    [self addChild:parallax z:-10];
}
```

createBackground 메소드는 배경 이미지를 담은 parallax 노드를 하나 생성시킨 다음 플레이어의 이동에 따라 천천히 움직이도록 지정하였다. 이때 배경 이미지의 화질을 떨어뜨리는 대신 적은 메모리 공간을 사용하도록 하기 위해 32비트 포맷의 이미지를 16비트 포맷인 RGB565로 변환시킨 것을 눈여겨보자. RGB565 포맷은 빨강, 초록, 파랑의 품질을 떨어뜨리고 알파 채널(투명도 지정)도 없어지지만 지금 사용하는 이미지는 투명한 부분이 없기 때문에 크게 문제가 되지 않는다.

이제 레벨을 만드는 메소드를 작성할 차례이다. 이 메소드는 배경을 옆으로 이어 붙여 레벨 전체의 윤곽을 만든다(리스트 11.30).

 Scene4ActionLayer.mm 파일의 createLevel 메소드(createBackground 메소드 바로 아래에 추가)

```objc
- (void)createLevel {
    [self createBackground];
    [self createGround3];
    [self createGround1];
    [self createGround3];
    [self createGround2];
    [self createGround3];
}
```

createLevel 메소드는 단순히 ground 이미지를 이어 붙이는 것으로 레벨 전체의 레이아웃을 잡는 역할만 한다. 이번 챕터가 진행되는 동안 몇 가지 컨텐츠가 이 메소드 안에 추가될 것이다.

다음은 카트가 이동하는 것에 맞추어 시점이 따라가도록 만드는 코드를 추가할 것이다. 이를 구현하기 위해서는 현재 카트의 위치를 기반으로 layer의 위치를 설정하면 된다(리스트 11.31).

 Scene4ActionLayer.mm 파일의 followCart 메소드(createLevel 메소드 바로 아래에 추가)

```
- (void)followCart {
    CGSize winSize = [CCDirector sharedDirector].winSize;
    float fixedPosition = winSize.width/4;
    float newX = fixedPosition - cart.position.x;
    newX = MIN(newX, fixedPosition);
    newX = MAX(newX, -groundMaxX-fixedPosition);
    CGPoint newPos = ccp(newX, self.position.y);
    [self setPosition:newPos];
}
```

followCart 메소드는 layer를 이동시켜 카트가 움직여도 화면 내에서는 고정된 위치에 있도록 한다. 그림 11.13에서 이러한 원리를 보여주고 있다.

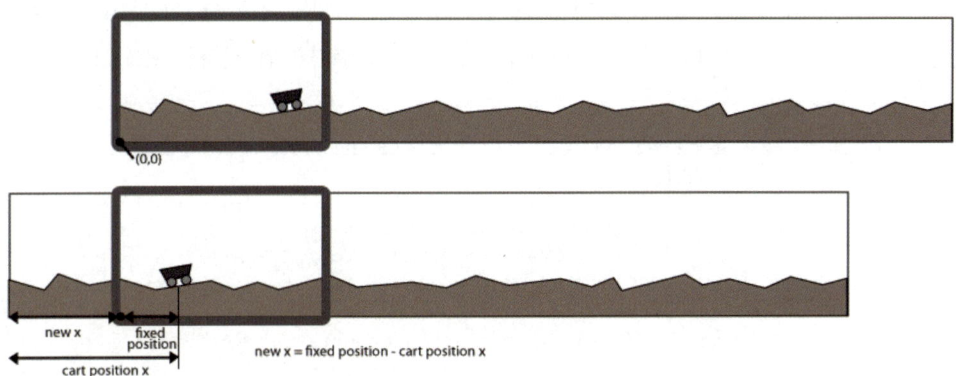

| 그림 11.13 | 화면상에서 카트의 위치를 고정시키기 위하여 layer를 이동시키는 모습

그림 11.13을 보면 알 수 있듯이 layer가 움직이지 않는다면 카트는 화면 밖으로 나가버릴 것이다. 그러나 카트의 현재 위치와 화면 중앙과의 위치 차이를 이용하여

layer의 위치를 설정함으로써 카트가 계속해서 화면 중앙에 있도록 만들 수 있다(그림 11.13의 경우에는 화면의 1/4 지점에 카트를 위치시키도록 하였다).

또한 MAX, MIN 구문을 보면 알 수 있듯이 양쪽 끝에 가까이 있는 경우에는 스크롤을 멈추도록 설정하였다.

 followCart 메소드와 유사한 Cocos2D 내장 액션으로 CCFollow가 있다. 그러나 여기에서 이 액션을 사용하지 않은 이유는 두 가지가 있는데, 첫 번째로 CCFollow는 오브젝트를 화면 중앙에 놓기 때문이다. 이번 예제에서는 카트를 화면 왼쪽 1/4 지점에 놓아 오른쪽에 나타나는 것을 더 많이 볼 수 있도록 했기 때문에 CCFollow를 사용할 수가 없다. 두 번째 이유는 layer 위치가 업데이트될 때 정교한 컨트롤이 필요하기 때문에 update 메소드가 호출될 때마다 layer 위치를 업데이트하여 부드럽게 스크롤되도록 했다.

이제 followCart 메소드를 호출하는 코드를 update 메소드에 추가하자(리스트 11.32).

리스트 11.32 Scene4ActionLayer.mm 파일의 update 메소드 마지막에 추가하는 코드

```
[self followCart];
```

마지막으로 ground 배치 스프라이트 노드를 셋업하고 initWithScene4UILayer 메소드 마지막에 createLevel 메소드 호출을 추가하면 된다(리스트 11.33).

리스트 11.33 Scene4ActionLayer.mm 파일의 initWithScene4UILayer 메소드 마지막에 추가하는 코드

```
[CC Texture2D setDefaultAlphaPixelFormat:
                    kCCTexture2DPixelFormat_RGB5A1];
if (UI_USER_INTERFACE_IDIOM() == UIUserInterfaceIdiomPad) {
    [[CCSpriteFrameCache sharedSpriteFrameCache]
        addSpriteFramesWithFile:@"groundAtlas-hd.plist"];
    groundSpriteBatchNode = [CCSpriteBatchNode
                    batchNodeWithFile:@"groundAtlas-hd.png"];
} else {
    [[CCSpriteFrameCache sharedSpriteFrameCache]
        addSpriteFramesWithFile:@"groundAtlas.plist"];
    groundSpriteBatchNode = [CCSpriteBatchNode
                    batchNodeWithFile:@"groundAtlas.png"];
```

```
}
[CCTexture2D setDefaultAlphaPixelFormat:
                    kCCTexture2DPixelFormat_Default];
[self addChild:groundSpriteBatchNode z:-2];
[self createLevel];
```

리스트 11.33의 앞 부분은 ground 텍스처 아틀라스를 로드하는 코드이다. 이번에는 텍스처의 픽셀 포맷으로 RGB5A1을 사용하였는데, RGB5A1 역시 16비트 픽셀 포맷으로 메모리 공간을 적게 차지하며 빨강, 초록, 파랑의 품질을 조금 떨어뜨리면서 알파 채널에 한 개의 비트를 제공하여 투명도에 대한 on/off 스위치 역할을 하도록 한다.

이제 프로그램을 컴파일하고 실행시키면 가속도계를 이용하여 카트를 움직일 수 있을 뿐만 아니라 카트의 움직임에 따라 화면도 스크롤되는 것을 볼 수 있다.

그러나 이리저리 동작하는 동안 돌출된 부분이나 이상한 길에 부딪히면 카트가 확 뒤집히는 것을 볼 수 있을 것이다! 분명히 Ole는 이러한 상황이 일어나면 카트에 갇혀버리기 때문에 달가워하지 않을 것이다.

Box2D를 이용하여 이러한 문제를 해결하는 방법은 몇 가지가 있는데, 지표면을 부드럽게 만들거나 바퀴를 더 크게 만들거나 이러한 상황을 이겨내도록 카트의 무게를 증가시키는 등 여러 가지 방법을 적용할 수 있다. 그러나 이번 레벨에서는 현재의 카트 크기나 지표면 상태 및 무게를 그래도 유지하고자 하기 때문에 카트가 뒤집히지 않도록 일정 각도 이상으로 회전하지 못하게 만들 것이다. 즉, 제한 각도를 넘을 것 같은 상황이 발생하면 역으로 힘을 가하여 제한 각도를 넘지 못하도록 하는 것이다.

그러면 특정 방향으로 카트에 힘을 가하려면 어떻게 해야 할까? 이를 이해하기 위해서는 힘(force)과 충격량(impulse)에 대한 개념을 알아야 한다.

힘과 충격량

충격량(impulse)은 운동량을 변화시키는 충격의 정도를 뜻한다(운동량=질량×속도). 잠깐동안 힘이 가해지는 상황을 생각하면 되는데 물체에 부스터를 달아 점프시키거나 하늘을 날게 하는 것이 충력량의 예가 된다.

힘(force)은 운동량을 변화시키는데, 보통 일정 시간 동안 가해지는 에너지를 의미한다. 물체에 일정한 힘을 가하여 하늘에 떠있게 하거나 벽을 일정한 힘으로 미는 것이 힘의 예가 된다.

충격량과 힘 모두 물체의 속도(빠르게 움직이는 정도)에 영향을 미치지만 충격량은 속도에 바로 영향을 미치며 힘은 서서히 속도에 영향을 미친다는 점이 다르다. 일반적으로 충력량은 한순간에 일어나는 것으로 코딩을 하며(예: 플레이어가 터치하는 순간 점프하는 것), 힘은 가해지는 시간동안 update 메소드에서 적용되도록 코딩을 한다.

충격량에는 두 가지 종류가 있는데, 하나는 선충격량(linear impulse, 특정 방향으로 가해지는 충격량)이고 다른 하나는 각충격량(angular impuse, 특정 회전 방향으로 가해지는 충격량)이다. 그래서 카트를 어떤 각도로 되돌려놓고자 한다면, 이때 필요한 것은 각충격량이 된다. 그러면 이러한 내용을 코드에 적용시켜보자.

모서리 충돌 문제 해결하기

cart.mm 파일을 열고 리스트 11.34의 메소드를 추가하자.

리스트 11.34 Cart.mm 파일의 updateStateWithDeltaTime 메소드

```objc
- (void) updateStateWithDeltaTime:(ccTime)deltaTime
    andListOfGameObjects:(CCArray *)listOfGameObjects {

    float32 minAngle = CC_DEGREES_TO_RADIANS(-20);
    float32 maxAngle = CC_DEGREES_TO_RADIANS(20);
    double desiredAngle = self.body->GetAngle();
    if (self.body->GetAngle() > maxAngle) {
        desiredAngle = maxAngle;
    } else if (self.body->GetAngle() < minAngle) {
        desiredAngle = minAngle;
    }

    float32 diff = desiredAngle - self.body->GetAngle();
    if (diff != 0) {
        body->SetAngularVelocity(0);
        float32 diff = desiredAngle - self.body->GetAngle();
        float angimp = self.body->GetInertia() * diff;
        self.body->ApplyAngularImpulse(angimp * 2);
    }
}
```

updateStateWithDeltaTime 메소드는 카트의 기울어진 정도를 체크하여 제한 각도(-20 ~ 20°) 내에 있는지를 확인한다. 만일 이 범위를 벗어났다면 (속도를 0으로 만듦으로써) 더이상 회전하는 것을 멈추게 한 다음 약간의 각충격량을 가하여 카트가 중심을 잡도록 만든다. 카트가 중심을 많이 잃을수록 더 큰 각충격량이 가해진다. 이제 컴파일하고 실행시키면 더이상 카트가 뒤집어지는 일은 발생하지 않을 것이다.

카트가 점프하도록 만들기

카트가 점프하도록 하기 위해서는 다른 형태의 충격량, 즉 선충격량을 가해주어야
한다. 마치 카트 아래에 부스터를 단 것처럼 카트가 위로 뛰어오르게 하여 점프 효과
를 만드는 것이다.

점프를 구현하기 위해서는 먼저 헬퍼 함수를 만들어 Box2D 바디가 주어진 타입의
다른 바디와 충돌하였는지를 탐지하도록 해야 한다. 이 헬퍼 함수는 카트가 땅이나
기타 다른 것에 닿았는지를 탐지하는 역할을 한다.

Xcode에서 Classes\Box2D 그룹을 선택하고 [File]-[New]-[New File...]을 선
택한 다음 [Cocoa Touch]-[Objective-C class]를 선택하고 [Next]를 클릭한다.
[Subclass of] 필드에 'NSObject'라고 입력하고 [Next]를 클릭한 다음 파일 이름으
로 'Box2DHelpers.mm(확장자가 .mm이기 때문에 Box2D를 import한다)'이라고
입력하고 [Save]를 클릭한다.

이제 Box2DHelpers.h 파일을 열고 그 내용을 리스트 11.35의 내용으로 대체하자.

리스트 11.35　　Box2DHelpers.h

```
#import "Box2D.h"
#import "CommonProtocols.h"

bool isBodyCollidingWithObjectType(b2Body *body, GameObjectType objectType);
```

Box2DHelpers.h 파일은 단순히 함수 하나를 선언한다. 다음으로 Box2D
Helpers.mm 파일을 열고 그 내용을 리스트 11.36의 내용으로 대체하자.

리스트 11.36　　Box2DHelpers.mm

```
#import "Box2DHelpers.h"
#import "Box2DSprite.h"

bool isBodyCollidingWithObjectType(b2Body *body, GameObjectType objectType) {
    b2ContactEdge* edge = body->GetContactList();
    while (edge)
    {
        b2Contact* contact = edge->contact;
```

```
        if (contact->IsTouching()) {
            b2Fixture* fixtureA = contact->GetFixtureA();
            b2Fixture* fixtureB = contact->GetFixtureB();
            b2Body *bodyA = fixtureA->GetBody();
            b2Body *bodyB = fixtureB->GetBody();
            Box2DSprite *spriteA =
                        (Box2DSprite *) bodyA->GetUserData();
            Box2DSprite *spriteB =
                        (Box2DSprite *) bodyB->GetUserData();
            if ((spriteA != NULL && spriteA.gameObjectType == objectType) ||
                (spriteB != NULL && spriteB.gameObjectType == objectType)) {
                return true;
            }
        }
        edge = edge->next;
    }
    return false;
}
```

isBodyCollidingWithObjectType 함수의 내용은 Chapter 10에서 충돌 확인을
하던 코드와 비슷하기 때문에 굉장히 낯익을 것이다.

Chapter 10에서 언급하였듯이 충돌을 확인하는 isBodyCollidingWithObjectType 함수
는 오브젝트가 충돌을 확인하는 사이에 이미 충돌하고 튕겨져 나오는 경우는 충돌을 탐지하
지 못한다. 그러나 이번 레벨에서는 이러한 상황은 크게 문제되지 않기 때문에 계속해서 간
단한 버전의 함수를 사용할 것이다.
만일 이러한 상황에서 충돌을 탐지하고자 한다면 Box2D의 contact listener를 구현해야 한다.
이에 대한 더 자세한 내용은 www.box2d.org에서 제공하는 Box2D 매뉴얼을 참조하자.

이번에는 Scene4ActionLayer.mm 파일로 이동한 다음 Box2DHelpers.h 파일을
import시키자(리스트 11.37).

리스트 11.37 **Scene4ActionLayer.mm 파일의 맨 윗 부분**

```
#import "Box2DHelpers.h"
```

계속해서 ccTouchBegan, ccTouchMoved, ccTouchEnded 메소드를 지우자. 이제
디버깅을 위한 마우스 조인트는 필요하지 않기 때문에 이 메소드들은 없어도 된다.
그런 다음 리스트 11.38의 새로운 ccTouchBegan 메소드를 추가하자.

 Scene4ActionLayer.mm 파일의 ccTouchBegan 메소드(이전 ccTouchBegan
자리에 추가)

```objc
-(BOOL) ccTouchBegan:(UITouch *)touch withEvent:(UIEvent *)event {
    if (isBodyCollidingWithObjectType(cart.body, kGroundType) ||
        isBodyCollidingWithObjectType(groundBody, kCartType)) {
        [cart jump];
    }
    return TRUE;
}
```

ccTouchBegan 메소드는 ground 바디와 카트 타입의 오브젝트가 붙어있는지, 즉 카트가 땅에 닿아있는 상태인지를 확인한 다음 만일 그렇다면 카트가 점프하도록 한다.

이번에는 Cart.h 파일로 이동하여 방금 호출한 jump 메소드와 또다른 헬퍼 메소드를 사용할 수 있도록 선언하는 코드를 추가하자(리스트 11.39).

 Cart.h 파일 (@interface 다음에 추가)

```objc
- (void)jump;
- (float32)fullMass;
```

그런 다음 Cart.mm 파일로 이동하여 점프를 구현하는 데 필요한 메소드를 추가하자(리스트 11.40).

 Cart.mm 파일의 playJumpEffect, fullMass, jump 메소드

```objc
- (void)playJumpEffect {
    int soundToPlay = random() % 4;
    if (soundToPlay == 0) {
        PLAYSOUNDEFFECT(VIKING_JUMPING_1);
    } else if (soundToPlay == 1) {
        PLAYSOUNDEFFECT(VIKING_JUMPING_2);
    } else if (soundToPlay == 2) {
        PLAYSOUNDEFFECT(VIKING_JUMPING_3);
    } else {
        PLAYSOUNDEFFECT(VIKING_JUMPING_4);
    }
}

- (float32)fullMass {
```

```
    return body->GetMass() + wheelLBody->GetMass() + wheelRBody->GetMass();
}

- (void)jump {
    [self playJumpEffect];
    b2Vec2 impulse = b2Vec2([self fullMass]*1.0, [self fullMass]*5.0);
    b2Vec2 impulsePoint =
                body->GetWorldPoint(b2Vec2(5.0/100.0, -15.0/100.0));
    body->ApplyLinearImpulse(impulse, impulsePoint);
}
```

점프 동작 시 먼저 사운드 이펙트를 재생하고 카트 바디에 선충격량을 가하여 카트가 점프하도록 만든다. 충격량을 가하기 위해서는 충격량과 충격량을 적용할 지점을 결정해야 하는데 충격량은 오브젝트의 질량에 자연수를 곱한 값이어야 한다. 얼마나 높이, 멀리 점프하느냐는 곱하는 값에 달려있다. 여기에서는 위로 많이 뛰면서 오른쪽으로는 조금만 이동하도록 하였다. 충격량을 가하는 지점은 카트의 중심에서 약간 오른쪽으로 떨어진 카트의 바닥 지점으로 하여 카트가 약간 뒤쪽으로 기울어지며 뛰도록 하였다. 이렇게 점프를 하면 더 멋진 이펙트를 얻을 수 있다.

이제 마지막 한 가지만 남았다. Box2D에서 점프를 구현할 때 가끔은 카트가 완전히 바닥에 닿은 상태가 아니지만 '충분히 가까운' 상태라면 점프가 가능하도록 구현할 필요도 있을 것이다. 왜냐하면 거친 지표면을 달리는 동안에는 바퀴가 바닥에서 계속해서 살짝살짝 튀는 바람에 카트가 점프를 하지 못하는 경우도 생길 수 있기 때문이다. 이러한 상황을 구현하기 위해서는 카트 바닥에 센서를 부착하여 카트가 바닥에 '충분히 가까운' 상태가 되었음을 판단하도록 하면 된다.

그러면 카트 바닥에 센서를 붙이기 위한 코드를 createBodyAtLocation 메소드에 추가하자(리스트 11.41).

리스트 11.41 <u>Cart.mm 파일의 createBodyAtLocation 메소드에 추가하는 코드(메소드 마지막 부분에 추가)</u>

```
b2PolygonShape sensorShape;
sensorShape.SetAsBox(self.contentSize.width/2/PTM_RATIO,
                self.contentSize.height/2/PTM_RATIO,
                b2Vec2(0, -self.contentSize.height/PTM_RATIO), 0);
```

```
fixtureDef.shape = &sensorShape;
fixtureDef.density = 0.0;
fixtureDef.isSensor = true;
body->CreateFixture(&fixtureDef);
```

이제 프로그램을 컴파일하고 실행시킨 다음 화면을 터치하면 그림 11.15와 같이 카트가 점프하는 모습을 볼 수 있을 것이다.

| 그림 11.15 | Box2D 충격량을 이용하여 카트를 점프시키는 모습

조금 더 빠른 방향 전환

이번 레벨을 시험하다 보면 카트가 한번 움직인 이후 다른 방향으로 전환할 때 약간 시간이 걸리는 것을 느낄 것이다. 현실에서는 이것이 당연하겠지만 게임에서는 재빠른 방향 전환이 플레이어들에게 더 익숙하다!

그러면 카트가 더 빨리 방향을 전환하도록 카트에 충격량을 가하도록 하자. Scene4ActionLayer.mm 파일의 `accelerometer:didAccelerate` 메소드 마지막 부분에 리스트 11.42의 내용을 추가하자.

 SceneActionLayer.mm 파일의 accelerometer:didAccelerate 메소드에 추가하는 코드(메소드 마지막에 추가)

```
if (abs(cart.body->GetLinearVelocity().x) < 5.0) {
    b2Vec2 impulse =
                b2Vec2(-1 * acceleration.y * cart.fullMass * 2, 0);
    cart.body->ApplyLinearImpulse(impulse,
    cart.body->GetWorldCenter());
}
```

추가하는 코드는 카트가 굉장히 천천히 움직이는지를(아무 방향이든 초당 5미터 이내) 확인하여 플레이어가 이동시키고자 하는 방향으로 약간의 충격량을 가해준다. 이렇게 하면 카트가 방향 전환하거나 출발하는 시간을 줄일 수 있다.

프로그램을 컴파일하고 실행시키면 카트의 방향 전환이 조금 빨라진 것을 느낄 수 있을 것이다. 이제, Ole만 카트에 태우면 된다!

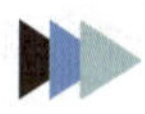

정리

지금까지 우리는 사이드 스크롤링 액션 레벨을 Box2D로 구현하면서 카트, 모터, 조인트, 충격량 등에 대한 개념도 이해했다. 또한, Box2D의 모양을 정확하게 다듬기 위하여 사용하는 툴인 Vertex Helper, 여러 바디를 연결하는 조인트, 게임 오브젝트를 움직이게 하는 충격량에 대해서도 알게 되었다.

다음 챕터에서는 지금까지 구현한 코드에 Ole를 추가하여 Ole를 카트에 태워 보도록 할 것이다. 이때 Box2D를 사용하여 Ole의 몸이 멋지게 움직이도록 할 것이다. 이와 함께 길에 다리도 놓고 피해야 할 장애물도 배치한 다음 마지막에 영화같은 인트로 장면과 함께 보스가 나타나도록 하여 Ole와 전투하도록 구현할 것이다!

1. Ground 조각을 더 붙여 레벨을 길게 만들어보자. 그리고 이미지 편집기를 이용하여 자신만의 ground 조각을 만들고 Vertex Helper를 이용하여 꼭지점을 구한 다음 이번 레벨에 추가해보자. 아마 자신이 만든 레벨에 감탄하게 될지도 모를 것이다!

2. 카트를 자신만의 탈 것으로 대체해보자. 광산 카트 대신에 트럭이나 스포츠카를 추가할 수도 있을 것이다. 탈 것의 종류에 따라 카트보다 더 빠르거나 느리게 움직이도록 가속도계와 충격량 값을 적절히 조절한다.

3. 새로운 레벨을 디자인해보자. 새로운 레벨에는 길다란 막대기가 있으며 막대기 위에는 Ole가 서있는다. 이때 막대기 중앙을 레볼루트 조인트로 만들어 Ole가 막대기의 가장자리로 이동하면 이동한 방향으로 막대기가 기울어지도록 구현하도록 하자. Ole가 막대기에서 떨어지지 않도록 하는 것이 이 레벨의 목표이다. 이번 문제를 통해 새로운 게임의 재미를 얻을 뿐만 아니라, 바디와 조인트를 연습하는 좋은 기회를 얻게 될 것이다!

게임 물리 이론 고급 : 현실보다 더 실감나게

앞 챕터에서는 광산 카트가 재미있게 생긴 지표면 위를 달리며 화면을 터치하면 점프도 하는 액션 레벨을 만들었다. 그러나 이 게임에는 여전히 두 가지 큰 문제가 남아있다. 첫 번째는 게임이 너무 쉽다는 것이다. 피해야 할 장애물도 없고, 싸워야 할 적도 없다. 두 번째는 우리의 주인공 Ole가 없다는 것이다! 이제 Ole를 미친 꿈에서 빠져나오도록 깨우고 다시 액션으로 투입할 때가 되었다.

이번 챕터에서는 앞에서 작성한 게임 레벨을 기반으로 Ole를 카트에 태울 것이다 (그림 12.1). 그리고 래그돌(ragdoll) 이펙트를 사용하여 카트의 움직임(충돌, 점프) 에 따라 Ole의 몸이 반응하는 모습도 표현할 것이다. Ole뿐만 아니라 스파이크 같은 장애물과 다리도 만들고 마지막에는 영화같은 인트로와 함께 보스가 나타나 싸우도록 만들 것이다.

이번 챕터를 끝내고 나면 여러분은 Box2D의 중요한 부분은 모두 익히게 되기 때문에 차량, 적들, 래그돌 바디 등을 활용하여 여러분 자신만의 물리 엔진 기반 게임을 만들 수 있게 될 것이다!

| **그림 12.1** | Box2D 사이드 스크롤링 액션 레벨에 Ole, 스파이크 등을 추가한 모습

조인트와 래그돌 : Ole를 다시 액션으로

이제 Ole를 카트에 태울 준비를 모두 마쳤으니, Ole를 scene에 추가하자!

한 가지 방법으로 Ole를 카트 스프라이트의 일부처럼 그릴 수도 있는데 이렇게 하면 재미가 없다. 따라서 이번 챕터에서는 Ole를 단순히 카트에 그려넣는 것을 넘어서서 래그돌 물리 효과(ragdoll physics)를 적용시킬 것이다. 이렇게 하면 Ole는 카트가 움직이는 것에 맞추어 현실에서 동작하는 것과 비슷하게 이리저리 튀고 움직일 것이다.

이를 구현하기 위해서는 Ole의 몸을 여러 조각으로 나누어야 하는데(불쌍한 Ole!), 각각의 조각을 분리된 바디로 만들고 이것들을 조인트로 연결시켜야 한다(그림 12.2).

| 그림 12.2 | Ole의 몸을 여러 개의 Box2D 바디로 만든 다음 조인트로 연결하는 구성도

그림 12.2에서 볼 수 있듯이 각각의 조각(박스 테두리가 그려진 부분)에 대해 바디를 만들고 바디가 회전하도록 회전축을 지정한(점으로 표시된 부분) 다음 다른 바디와 함께 위아래로 움직이는 바디를 지정(양방향 화살표)해야 한다.

이를 위해서는 세 가지를 알아야 하는데 (1) 레볼루트 조인트의 회전 범위 지정, (2) 프리즈매틱 조인트(prismatic joint)라는 새로운 조인트 사용, (3) 여러 개의 바디와 조인트를 정확한 위치에 생성하는 방법이다. 코딩에 앞서 이러한 것들에 대한 개념부터 익히도록 하자.

레볼루트 조인트의 회전 범위 지정

대부분의 바디에 대해 레볼루트 조인트를 사용하게 되는데, 이미 Chapter 11에서 카트에 바퀴를 매달면서 접해 보았다. 기억하겠지만 레볼루트 조인트는 두 개의 바디를 하나의 고정점으로 연결하며 두 개의 바디는 고정점을 회전축으로 하여 각자 회전이 가능하다.

Ole 몸통에 팔을 붙이기 위해 필요한 것이 바로 레볼루트 조인트인데, 팔의 이동 범위를 제한해야 할 필요가 있다. 그렇지 않으면 팔은 360°로 회전하여 〈엑소시스트〉를 방불케 할 것이다!

다행히 Box2D에서는 레볼루트 조인트의 회전 범위를 쉽게 지정할 수 있다. 즉, b2RevoluteJointDef를 설정할 때 enableLimit, lowerAngle, upperAngle 등의 몇 가지 추가 속성만 더 지정해주면 된다. 리스트 12.1은 팔을 몸통에 붙이는 예를 보여 주고 있다.

 레볼루트 조인트의 회전 범위를 제한하는 예제

```
revJointDef.Initialize(trunkBody, armBody,
    armBody->GetWorldPoint(b2Vec2(-9.0/PTM_RATIO, 29.0/PTM_RATIO)));
revJointDef.lowerAngle = CC_DEGREES_TO_RADIANS(-30);
revJointDef.upperAngle = CC_DEGREES_TO_RADIANS(60);
revJointDef.enableLimit = true;
world->CreateJoint(&revJointDef);
```

lowerAngle과 upperAngle에 설정되는 값은 두 개의 바디 간 초기 위치를 기준으로 하는 상대적인 값으로 적용되는데, 첫 번째로 추가되는 바디가 얼마나 회전되었는가에 관계 없이 0°로 간주하여 적용한다.

두 번째 파라미터로 들어간 2번 바디(여기에서는 armBody)를 반시계방향으로 회전시킬 때의 각은 양수이다. 그래서 위의 예에서는 반시계방향으로 팔을 60°까지만 회전시킬 수 있게 된다.

마찬가지로, 시계방향으로 회전시킬 때의 각은 음수이기 때문에 팔은 −30°까지만 회전시킬 수 있게 된다.

그림 12.3은 레볼루트 조인트에 연결된 각 바디의 회전 범위를 나타내고 있다.

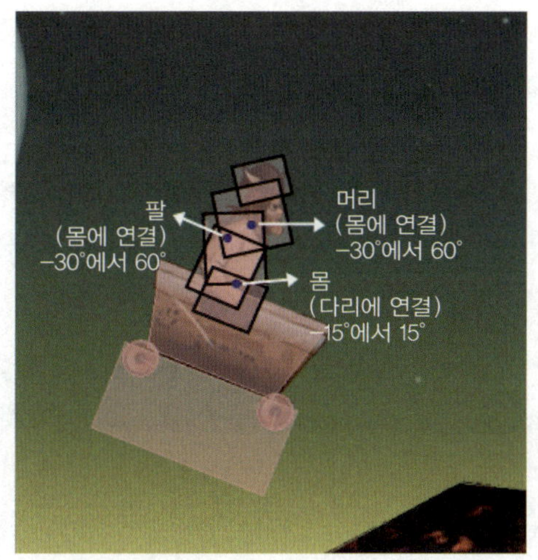

| 그림 12.3 | Ole에 사용된 레볼루트 조인트별 회전 범위

프리즈매틱 조인트

프리즈매틱 조인트(prismatic joint)는 두 개의 바디가 주어진 직선 방향으로만 움직이도록 하는 조인트이다. 예를 들어 차고 문 바디와 바닥 바디를 연결하면서 직선을 y축으로 지정하면 차고 문이 위 아래로만 움직이게 된다. 또 다른 예로, 뗏목 바디와 바닥 바디를 연결하면서 직선을 x축으로 지정하면 뗏목은 왼쪽/오른쪽으로만 움직이게 된다.

프리즈매틱 조인트는 Ole의 다리를 카트와 연결할 때 편리하다. 운동 직선을 y축으로 지정해주기만 하면 카트가 어디엔가 부딪힐 때 Ole가 살짝 카트에서 튕겨져나오게 된다. 레볼루트 조인트와 마찬가지로 움직일 수 있는 범위를 지정해주면 프리즈매틱 조인트의 움직임을 제한시킬 수 있다.

프리즈매틱 조인트는 레볼루트 조인트와 비슷한 방법으로 설정하는데, 리스트 12.2에 Ole의 다리와 카트를 프리즈매틱 조인트로 연결하는 예제가 들어있다.

리스트 12.2 **프리즈매틱 조인트 생성 예제**

```
b2PrismaticJointDef prisJointDef;
prisJointDef.Initialize(body, legsBody,
```

```
                    legsBody->GetWorldCenter(), axis);
prisJointDef.enableLimit = true;
prisJointDef.lowerTranslation = 0.0;
prisJointDef.upperTranslation = 43.0/100.0;
world->CreateJoint(&prisJointDef);
```

`Initialize` 메소드는 두 개의 바디(위 예제에서는 카트와 다리)와 앵커 포인트, 운동 직선(위 예제에서는 y축)을 파라미터로 사용한다.

이때, 움직임에 제한을 두기 위하여 레볼루트 조인트와 비슷하게 별도의 속성값인 `enableLimit`, `lowerTranslation`, `upperTranslation`을 설정한다. 위 예에서는 다리가 y축 아래 방향으로 내려가지 않으며, 위로는 43.0 포인트(HD 이미지 기준)만큼 올라갈 수 있도록 하여 카트가 부딪힐 때 Ole가 카트 위로 튕겨져 나올 수 있게 만들었다.

그림 12.4는 프리즈매틱 조인트에 연결된 각 바디가 움직일 수 있는 범위를 나타내고 있다.

| 그림 12.4 | Ole에 사용된 프리즈매틱 조인트별 이동 범위

여러 개의 바디와 조인트를 정확한 위치에 나타내는 방법

Ole를 scene에 추가하기 위해서는 여러 조각 – 다리, 몸, 팔, 머리, 헬멧 – 을 추가해야 한다. 이러한 바디들을 scene에 추가하기 위해서는 world 좌표를 사용해야 하는데, 이미지 편집기 등의 길이 측정 도구를 활용하여 모든 바디의 world 좌표를 얻어낸 다음 그것을 코드에 반영하는 것이 한 가지 방법이 되겠다. 모든 바디의 정확한 위치를 알고 있다면 이 방법은 잘 동작하겠지만 틀어질 가능성이 꽤 높은 방법이다. 왜냐하면 바디를 다른 위치에 놓게 되면 좌표를 다 바꾸어야 하기 때문이다.

두 번째 방법은 메인 바디(예: 카트)를 기준으로 하여 모든 오브젝트의 상대적인 거리를 측정한 다음 메인 바디의 현재 위치를 가지고 나머지 오브젝트의 위치를 산정한다. 이 방법은 첫 번째 방법보다 조금 더 나은 방법이지만 메인 바디가 조금이라도 회전한다면 나머지 오브젝트의 위치는 유명무실해진다는 단점이 있다.

그러면 위치가 바뀌고 회전까지 하는 상황에서 오브젝트가 제 위치를 찾도록 하려면 어떻게 하는 것이 좋을까? (1) 각각의 오브젝트와 연결된 모든 오브젝트에 대한 상대적인 거리를 측정한 다음 (2) 헬퍼 메소드인 GetWorldPoint를 통해 연결된 오브젝트의 거리를 world 좌표 체계로 변환시켜야 한다.

예를 들어 리스트 12.3은 Ole의 다리를 제 위치에 놓기 위해 사용하는 코드와 사용해서는 안되는 코드를 보여주고 있다. 첫 번째 줄은 좋지 않은 방법(바디의 현재 위치에 오프셋값을 더함)을 보여주고 있으며, 두 번째 줄은 더 좋은 방법(GetWorldPoint 메소드를 사용하여 오프셋을 world 좌표로 변환시키는데 이때 바디의 회전도 반영됨)을 보여주고 있다.

리스트 12.3 <u>연결된 바디의 위치를 기준으로 새로운 바디의 위치를 결정하는 좋은 방법과 나쁜 방법</u>

```
// 나쁜 방법 (직접 바디의 오프셋을 더함)
legsBody = [self createPartAtLocation:
                    b2Vec2(body->GetPosition().x-10.0/100.0,
                            body->GetPosition().y+6.0/100.0)
                withSprite:legs];
// 좋은 방법 (GetWorldPoint를 사용하여 회전도 반영토록 함)
legsBody = [self createPartAtLocation:
                    body->GetWorldPoint(b2Vec2(-10.0/100.0,
```

```
                                              6.0/100.0))
          withSprite:legs];
```

정리하자면, 다수의 바디와 조인트를 정확한 위치에 놓기 위해서는 먼저 이미지 편집기를 이용하여 각각의 바디 간의 정확한 오프셋(거리)을 구한 다음 실제 위치를 계산할 때 `GetWorldPoint` 메소드를 사용하여 world 좌표로 오프셋을 반영(이때 자동으로 회전된 상황도 반영된다)하면 된다.

여러분은 이번 챕터에서 제공되는 오프셋을 사용해도 되며 지금까지의 과정을 완전히 이해했는지 확인하는 차원에서 직접 오프셋을 측정해 사용해보는 것도 좋다.

> **Note**
>
> 모든 바디 또는 오브젝트의 크기 및 거리를 측정하는 작업은 꽤나 고된 일이다. 이런 때에 도움이 될 만한 프로그램을 소개하겠다.
>
> 첫 번째 툴은 Mekanimo(www.mekanimo.net)라는 프로그램으로, 화면에 바디를 그리고 조인트로 연결할 수 있을 뿐만 아니라 이렇게 만든 결과물이 툴 내에서 어떻게 동작하는지를 확인하는 것도 가능하다. 이렇게 만들어진 모양과 조인트는 Box2D 코드로 생성시킬 수 있으며 (약간의 수정 후에) 복사해서 붙여넣기만 하면 된다. 이 책을 쓰는 시점에서의 Mekanimo 가격은 Windows 및 Mac 버전 모두 $29.95(비상업용)이며, 상업용의 경우에는 개발자당 $199.95이다.
>
> 두 번째 툴이자 샘플 프로젝트는 LevelSVG(www.sapusmedia.com/levelsvg)로, Cocos2D 제작자인 리카르도 퀘사다가 개발하였다. LevelSVG는 벡터 기반 무료 저작 도구인 Inkscape로 디자인한 게임 레벨 파일(SVG 파일)을 읽어 Cocos2D 코드와 Box2D 바디 및 오브젝트를 만들어준다. LevelSVG는 특히 플랫폼 게임에서 잘 동작하기 때문에 이런 종류의 게임을 개발하는 시간을 현저하게 단축시킬 수 있다. 또한 LevelSVG 자체로도 Cocos2D 게임 프로그래밍의 훌륭한 예제가 된다. 현재 LevelSVG는 오픈 소스로 공개되어 무료로 다운로드받아 사용할 수 있다(http://github.com/sapusmedia/LevelSVG).
>
> 마지막으로, TexturePacker 개발자가 개발한 Physics Editor라는 훌륭한 툴을 소개하겠다(www.physicseditor.de). Physics Editor는 Vertex Helper와 비슷하지만 모양을 따라 자동으로 다각형을 만들어주는 기능(shape-tracer)을 제공하기 때문에 사용하기가 훨씬 쉽다! 또한 Physics Editor 편집 화면 오른쪽에 Box2D오브젝트에 대한 속성을 설정할 수 있으며, 이렇게 만든 오브젝트를 쉽게 코드로 로드할 수 있기 때문에 개발 시간을 엄청나게 줄여준다. Physics Editor는 현재 $19.95에 판매중이며 TexturePacker와 같이 구매하면 $49.95에 구입할 수 있다.
>
> 이번 챕터에서 이러한 툴에 대해 설명하지는 않는다. 왜냐하면 전체적인 동작 원리를 이해하기 위해서는 바닥에서부터 시작하고 연습해야 하기 때문이다. 하지만 이후의 개발 시간을 줄이기 위해 위 툴을 사용할 것을 적극 권장한다!

본격적인 구현 : Ole 추가

지금까지 설명한 내용을 기반으로 하여 이제 Ole를 카트에 태워보도록 하자.

제일 먼저 해야 할 일은 필요한 인스턴스 변수와 프로퍼티를 추가하는 것이다.
Cart.h 파일을 열고 리스트 12.4와 같이 스프라이트와 Box2D 바디를 추가하자.

 __Cart.h 파일의 @interface 선언부에 추가되는 코드__

```
Box2DSprite * legs;
Box2DSprite * trunk;
Box2DSprite * head;
Box2DSprite * helm;
Box2DSprite * arm;
b2Body * legsBody;
b2Body * trunkBody;
b2Body * headBody;
b2Body * helmBody;
b2Body * armBody;
```

그 아래에 스프라이트에 대한 프로퍼티를 리스트 12.5와 같이 추가하자.

 __Cart.h 파일의 @interface 아래에 추가되는 코드__

```
@property (readonly) Box2DSprite * legs;
@property (readonly) Box2DSprite * trunk;
@property (readonly) Box2DSprite * head;
@property (readonly) Box2DSprite * helm;
@property (readonly) Box2DSprite * arm;
```

그리고 Cart.mm 파일의 맨 앞 부분에 리스트 12.6과 같이 프로퍼티를 synthesize
시키는 코드를 추가하자.

 __Cart.mm 파일의 @implementation 아래에 추가되는 코드__

```
@synthesize legs;
@synthesize trunk;
@synthesize head;
@synthesize helm;
@synthesize arm;
```

이제 재미있는 부분으로 이동하자. 먼저 createBodyAtLocation과 createWheel WithSprite 메소드에 리스트 12.7과 같이 픽스처 정의를 생성하는 코드를 각각 추가하자.

 Cart.mm 파일의 createBodyAtLocation과 createWheelWithSprite 메소드에 추가되는 코드(fixtureDef 생성 바로 다음에 추가)

```
fixtureDef.filter.categoryBits = 0x2;
fixtureDef.filter.maskBits = 0xFFFF;
fixtureDef.filter.groupIndex = -1;
```

추가하는 세 줄의 코드는 Box2D에서의 충돌에 관한 필터를 설정하는 코드이다. 위와 같이 설정하면 이제 추가하려는 Ole의 몸과 카트가 충돌하지 않게 된다. 그러면 각각 어떤 의미를 지니는지 알아보자.

모든 Box2D 바디는 오브젝트 카테고리 집합에 속할 수 있으며, categoryBits값을 이용하여 바디가 속하는 카테고리를 설정할 수 있다. 기본 카테고리는 0x1이기 때문에 위 코드에서는 카트가 별도의 카테고리로 지정된다(이와 같이 지정할 수 있음을 보여주는 것이 주 목적이다).

다음으로 maskBits값을 통해 충돌검사를 할 카테고리를 결정할 수 있다. 이 값의 크기는 16비트로, 0xFFFF는 모든 카테고리와 충돌함을 의미한다(기본값과 동일함).

마지막으로 groupIndex는 특별한 값으로 마스크 비트처럼 사용할 수 있다. 만일 두 개의 바디가 동일한 groupIndex값을 가지며 그 값이 음수라면 두 바디는 충돌하지 않는다. 반대로 숫자가 양수라면 두 바디가 충돌한다. 위의 경우에는 음수로 설정되었기 때문에(Ole도 동일한 음수값으로 지정될 것이다) 바디는 부딪히지 않는다.

> **Tip** 여러분의 게임에서는 #define 구문을 사용하여 오브젝트가 속할 다양한 카테고리를 정의해 놓으면 편리하게 사용할 수 있다. 예를 들어 #define kGroundCategory 0x1, #define kCartCategory 0x2 등과 같이 정의한 다음 픽스처의 categoryBits와 maskBits에 대해 이렇게 정의한 상수값을 사용하는 것이다. 이와 같이 하면 코드를 이해하는 것이 쉬워지며, scene이 점점 복잡해질수록 특히 작업하기가 더 수월해진다.

다음으로 Ole의 부분을 생성시키는 메소드를 만들자(리스트 12.8).

 **Cart.mm 파일의 createPartAtLocation 메소드
(initWithWorld:atLocation 메소드 앞에 추가)**

```
-(b2Body *)createPartAtLocation:(b2Vec2)location
    withSprite:(Box2DSprite *)sprite {

    b2BodyDef bodyDef;
    bodyDef.type = b2_dynamicBody;
    bodyDef.position = location;
    bodyDef.angle = body->GetAngle();

    b2Body *retval = world->CreateBody(&bodyDef);
    retval->SetUserData(sprite);
    sprite.body = retval;

    b2PolygonShape shape;
    shape.SetAsBox(sprite.contentSize.width/2/PTM_RATIO,
                   sprite.contentSize.height/2/PTM_RATIO);

    b2FixtureDef fixtureDef;
    fixtureDef.shape = &shape;
    fixtureDef.density = 0.05;
    fixtureDef.filter.categoryBits = 0x2;
    fixtureDef.filter.maskBits = 0xFFFF;
    fixtureDef.filter.groupIndex = -1;

    retval->CreateFixture(&fixtureDef);
    return retval;
}
```

createPartAtLocation 메소드의 대부분의 코드는 일반적인 바디 생성 코드로 이미 많이 접하였다. 이 메소드에서는 세 가지를 눈여겨 보면 된다.

먼저 밀도를 매우 낮게 설정하여 카트가 조금만 움직여도 Ole가 이리저리 흔들리도록 했다. 만일 이렇게 하지 않는다면 Ole는 조인트를 지배하여 아주 안정적인 모습으로 끝까지 카트 밖으로 나오지 않을지도 모른다!

두 번째로 카테고리 필터링을 설정하여 앞에서 설명한 것과 같이 Ole가 카트와 충돌하지 않도록 하였다.

세 번째로 Ole의 각 부분을 (Vertex Helper를 이용하여 비슷한 모양의 다각형으로 만들지 않고) 단순한 박스로 만들었다. 이렇게 한 이유는 이번 레벨에서 Ole가 다른 오브젝트와 부딪힐 일이 없기 때문이다. 그래서 굳이 복잡한 다각형으로 어렵게 구현하는 것보다 쉽게 박스로 구현하는 길을 선택한 것이다.

다음은 Ole를 생성하는 메소드를 추가할 차례이다(리스트 12.9).

리스트 12.9 **Cart.mm 파일의 createOle 메소드(createPartAtLocation 메소드 바로 아래에 추가)**

```objc
-(void)createOle {
    legs = [Box2DSprite spriteWithSpriteFrameName:@"OleCartLegs.png"];
    legs.gameObjectType = kCartType;
    legsBody = [self createPartAtLocation:
                        body->GetWorldPoint(b2Vec2(-10.0/100.0, 6.0/100.0))
                        withSprite:legs];

    trunk = [Box2DSprite spriteWithSpriteFrameName:@"OleCartBody.png"];
    trunk.gameObjectType = kCartType;
    trunkBody = [self createPartAtLocation:
                        legsBody->GetWorldPoint(b2Vec2(0, 45.0/100.0))
                        withSprite:trunk];

    head = [Box2DSprite spriteWithSpriteFrameName:@"OleCartHead.png"];
    head.gameObjectType = kCartType;
    headBody = [self createPartAtLocation:
                trunkBody->GetWorldPoint(b2Vec2(18.0/100.0, 24.0/100.0))
                        withSprite:head];

    helm = [Box2DSprite
                    spriteWithSpriteFrameName:@"OleCartHelmet.png"];
    helm.gameObjectType = kCartType;
    helmBody = [self createPartAtLocation:
                headBody->GetWorldPoint(b2Vec2(15.0/100.0, 25.0/100.0))
                        withSprite:helm];

    arm = [Box2DSprite spriteWithSpriteFrameName:@"OleCartArm.png"];
    arm.gameObjectType = kCartType;
    armBody = [self createPartAtLocation:
                trunkBody->GetWorldPoint(b2Vec2(5.0/100.0, -15.0/100.0))
                        withSprite:arm];
}
```

createOle 메소드는 createPartAtLocation 메소드를 사용하여 Ole의 각 부분
을 위한 Box2D 바디를 생성한다. 이때 createPartAtLocation 메소드의 재사용률
을 높이기 위하여 연결된 오브젝트의 위치를 GetWorldPoint로 변환시킨 값을 파라
미터로 전달하도록 하였다. 이 코드에 실린 모든 위치는 이미지 편집 프로그램에서
측정 도구를 통해 얻었으며, HD 이미지를 사용하였기 때문에 Box2D 단위로 변환시
킬 때 HD용 PTM_RATIO값 (100.0)으로 나누어주었다.

다음은 createOle의 나머지 부분으로, 조인트를 생성하는 코드를 추가할 것이다.
리스트 12.10의 내용을 createOle 메소드의 끝 부분에 추가하자.

 Cart.mm 파일의 createOle 메소드 나머지 부분

```
b2Transform axisTransform;
axisTransform.Set(b2Vec2(0, 0), body->GetAngle());
b2Vec2 axis = b2Mul(axisTransform.R, b2Vec2(0,1));

b2PrismaticJointDef prisJointDef;
prisJointDef.Initialize(body, legsBody,
                legsBody->GetWorldCenter(), axis);
prisJointDef.enableLimit = true;
prisJointDef.lowerTranslation = 0.0;
prisJointDef.upperTranslation = 43.0/100.0;
world->CreateJoint(&prisJointDef);

b2RevoluteJointDef revJointDef;
revJointDef.Initialize(legsBody, trunkBody,
                legsBody->GetWorldPoint(b2Vec2(0, 20.0/100.0)));
revJointDef.lowerAngle = CC_DEGREES_TO_RADIANS(-15);
revJointDef.upperAngle = CC_DEGREES_TO_RADIANS(15);
revJointDef.enableLimit = true;
revJointDef.enableMotor = true;
revJointDef.motorSpeed = 0.5;
revJointDef.maxMotorTorque = 50.0;
world->CreateJoint(&revJointDef);
revJointDef.enableMotor = false;

revJointDef.Initialize(trunkBody, armBody,
                armBody->GetWorldPoint(b2Vec2(-9.0/100.0, 29.0/100.0)));
revJointDef.lowerAngle = CC_DEGREES_TO_RADIANS(-30);
revJointDef.upperAngle = CC_DEGREES_TO_RADIANS(60);
revJointDef.enableLimit = true;
world->CreateJoint(&revJointDef);
```

```
revJointDef.Initialize(trunkBody, headBody,
            headBody->GetWorldPoint(b2Vec2(-12.0/100.0, -9.0/100.0)));
revJointDef.lowerAngle = CC_DEGREES_TO_RADIANS(-5);
revJointDef.upperAngle = CC_DEGREES_TO_RADIANS(5);
revJointDef.enableLimit = true;
world->CreateJoint(&revJointDef);

prisJointDef.Initialize(headBody, helmBody,
            helmBody->GetWorldCenter(), axis);
prisJointDef.enableLimit = true;
prisJointDef.lowerTranslation = 0.0/100.0;
prisJointDef.upperTranslation = 5.0/100.0;
world->CreateJoint(&prisJointDef);
```

리스트 12.10의 대부분은 이번 챕터 앞부분에서 설명하였기 때문에 어렵지 않게 읽을 수 있을 것이다. 즉, 단순히 레볼루트 조인트와 프리즈매틱 조인트를 만들고 바디를 연결하면서 바디가 움직일 수 있는 범위를 제한시키는 코드이다.

하지만 여기에서도 흥미로운 부분이 두 군데 있다. 첫 번째는 첫 번째 레볼루트 조인트를 정의하는 부분(다리에 몸통을 연결하는 부분)에 모터가 들어간 것이다. 이 모터는 속도가 0.5이며, 최대 토크값도 그리 크지 않은 값인 50.0으로 설정되어 있다. 이렇게 한 이유는 Ole를 약간 뒤로 눕히도록 만들기 위해서이다. 이렇게 해야 Ole 머리가 무게로 인해 아래로 숙여지는 것을 막고 전방을 보도록 할 수 있다.

두 번째는 바디가 회전한 정도에 따라 축(axis)을 회전시킨다는 것이다. 이렇게 해야 scene에 바디를 추가하면서 회전시킬 때 다른 바디들도 회전된 것에 맞게 잘 연결된다.

이제 `createOle` 메소드를 호출하는 코드를 `initWithWorld:atLoation` 메소드 맨 마지막에 추가하자(리스트 12.11).

리스트 12.11 Cart.mm 파일의 initWithWorld:atLocation 메소드 마지막에 추가하는 코드

```
[self createOle];
```

마지막으로 Scene4ActionLayer.mm 파일로 이동하여 새로운 스프라이트를 scene에 추가하는 코드를 `createCartAtLocation` 메소드에 추가하자(리스트 12.12).

 Scene4ActionLayer.mm 파일의 createCartAtLocation 메소드 마지막에
추가하는 코드

```
[sceneSpriteBatchNode addChild:cart.legs];
[sceneSpriteBatchNode addChild:cart.trunk];
[sceneSpriteBatchNode addChild:cart.head];
[sceneSpriteBatchNode addChild:cart.helm];
[sceneSpriteBatchNode addChild:cart.arm z:2];
```

Ole의 팔에는 더 높은 z값을 부여하여 Ole의 팔이 카트 바깥으로 나타나도록 하
였다.

이제 코드를 컴파일하고 실행시키면(시뮬레이터에서 실행시키면 느릴 뿐만 아니
라 조금 이상하게 동작하기 때문에 기기에서 실행시켜야 한다) 그림 12.5와 같이
Ole가 돌아와 카트가 움직이고 점프하는 것에 맞추어 이리저리 흔들리는 멋진 모습
을 볼 수 있을 것이다!

| **그림 12.5** | Ole가 카트의 움직임에 맞추어 이펙트를 보여주는 모습

▶▶ 다리와 장애물 추가

마침내 카트를 이리저리 움직이고 점프시키는 즐거움을 이번 레벨에 구현하였다. 그러나 여전히 너무나도 쉽다는 것이 문제이다! 그래서 도전요소를 부여하기 위해 간단한 스파이크를 바닥에 설치하여 점프하도록 하고 멋진 흔들다리도 붙일 것이다.

다리 추가

먼저 간단하게 할 수 있으면서도 앞에서 배운 조인트를 다시 한번 복습할 수 있도록 다리를 추가할 것이다. 그림 12.6과 같이 기본 아이디어는 여러 개의 작은 널빤지 직사각형을 순서대로 늘어놓은 다음 널빤지 각각을 레볼루트 조인트로 연결하고 맨 처음과 마지막 널빤지는 ground에 연결한다. 그러면 Box2D의 시뮬레이션을 통해 중력의 영향을 받은 널빤지들이 아래로 늘어지게 되어 마치 진짜 널빤지를 연결해 만든 다리처럼 보이게 된다.

| **그림 12.6** | 레볼루트 조인트를 이용하여 만든 다리

이미 레볼루트 조인트와 Box2D 바디를 만드는 방법을 알고 있기 때문에 구현하는 것은 어렵지 않다. 먼저 Scene4ActionLayer.h에 두 개의 인스턴스 변수를 추가하자(리스트 12.13).

리스트 12.13 Scene4ActionLayer.h 파일에 추가하는 인스턴스 변수(@interface 선언부에 추가)

```
b2Joint * lastBridgeStartJoint;
b2Joint * lastBridgeEndJoint;
```

이 두 인스턴스 변수는 다리의 맨 처음과 마지막 조인트에 대한 레퍼런스를 보관하는 역할을 하게 된다. 이 변수를 사용하면 나중에 하는 코딩이 편리해진다.

다음으로 다리를 만들 메소드를 Scene4ActionLayer.mm 파일에 추가하자(리스트 12.14).

 Scene4ActionLayer.mm 파일의 createBridge 메소드(createLevel 메소드 앞에 추가)

```
-(void)createBridge {
    Box2DSprite *lastObject;
    b2Body *lastBody = groundBody;
    for(int i = 0; i < 15; i++) {
        Box2DSprite *plank =
                    [Box2DSprite spriteWithSpriteFrameName:@"plank.png"];
        plank.gameObjectType = kGroundType;

        b2BodyDef bodyDef;
        bodyDef.type = b2_dynamicBody;
        bodyDef.position =
                    b2Vec2(groundMaxX/PTM_RATIO +
                            plank.contentSize.width/2/PTM_RATIO,
                        80.0/100.0 -
                            (plank.contentSize.height/2/PTM_RATIO));

        b2Body *plankBody = world->CreateBody(&bodyDef);
        plankBody->SetUserData(plank);
        plank.body = plankBody;
        [groundSpriteBatchNode addChild:plank];

        b2PolygonShape shape;
        float32 diff;
        if (UI_USER_INTERFACE_IDIOM() == UIUserInterfaceIdiomPad) {
            diff = 40.0-plank.contentSize.height;
        } else {
            diff = 20.0-plank.contentSize.height;
        }

        shape.SetAsBox(
            plank.contentSize.width/2/PTM_RATIO,
            40.0/100.0,
            b2Vec2(0, -plank.contentSize.height/2/PTM_RATIO-diff/PTM_RATIO),
            0);
```

```cpp
        b2FixtureDef fixtureDef;
        fixtureDef.shape = &shape;
        fixtureDef.density = 2.0;
        plankBody->CreateFixture(&fixtureDef);

        b2RevoluteJointDef jd;
        jd.Initialize(lastBody, plankBody,
                plankBody->GetWorldPoint(
                    b2Vec2(-plank.contentSize.width/2/PTM_RATIO, 0)));
        jd.lowerAngle = CC_DEGREES_TO_RADIANS(-0.25);
        jd.upperAngle = CC_DEGREES_TO_RADIANS(0.25);
        jd.enableLimit = true;
        b2Joint *joint = world->CreateJoint(&jd);
        if (i == 0) { lastBridgeStartJoint = joint; }

        groundMaxX += (plank.contentSize.width * 0.8);
        lastBody = plankBody;
        lastObject = plank;
    }

    b2RevoluteJointDef jd;
    jd.Initialize(lastBody, groundBody,
            lastBody->GetWorldPoint(
                b2Vec2(lastObject.contentSize.width/2/PTM_RATIO, 0)));
    lastBridgeEndJoint = world->CreateJoint(&jd);
}
```

createBridge 메소드는 15개의 널빤지를 사용하여 연결하는데, 널빤지끼리는 살짝 겹치도록 하여 중력에 의해 다리가 늘어질 수 있도록 하였다. 각 널빤지는 이어지는 널빤지와 함께 레볼루트 조인트로 연결하고 이때 회전 범위를 엄격하게 제한시켜 (조인트마다 −0.25°) 다리가 탄탄한 느낌이 들도록 하였다. 물론, 처음과 마지막 조인트는 ground와 연결하였다.

그리고 HD 이미지의 경우 널빤지의 두께를 최소한 40포인트가 되도록 하였는데, 40포인트보다 얇아지면 카트 바퀴가 빠지는 경우가 생기기 때문이다. 그리고 높이 있는 바디에 줄을 맞추도록 하여 바디의 윗부분이 널빤지의 윗부분과 맞도록 하였다.

다음으로 createBridge 메소드를 호출하는 코드를 createLevel 메소드의 ground를 생성하는 코드 사이에 추가하자(리스트 12.15).

  Scene4ActionLayer.mm 파일의 createLevel 메소드(수정 버전)

```objc
- (void)createLevel {
    [self createBackground];
    [self createGround3];
    [self createBridge];
    [self createGround1];
    [self createBridge];
    [self createGround3];
    [self createBridge];
    [self createGround2];
    [self createGround3];
    [self createBridge];
    [self createGround3];
}
```

코드를 컴파일하고 실행시키면 그림 12.7과 같이 멋지고 다이내믹한 다리를 달릴 수 있게 될 것이다!

| **그림 12.7** | Box2D 레볼루트 조인트를 활용하여 만든 다리

스파이크 장애물 추가

다리를 만들었으니 이제 플레이어의 흥미를 유발시키는 스파이크 장애물을 뿌려 놓아 플레이어가 피하도록 만들어보자.

스파이크를 만들기 위해서는 먼저 Box2DSprite 클래스의 새로운 서브클래스인 Spikes 클래스를 만들어야 한다. Classes\Game Objects\Box2D 그룹을 선택하고 [File]–[New]–[New File...]을 선택한 다음 [iOS]–[Cocoa Touch]–[Objective-C class]를 선택한 후 [Next]를 클릭한다. [Subclass of] 필드에는 'Box2DSprite'라고 입력하고 [Next]를 클릭한 다음 파일 이름으로 'Spikes.mm(확장자가 .mm이기 때문에 역시나 Box2D를 import할 것이다)'이라고 입력하고 [Save]를 클릭한다.

Spikes.h 파일을 열고 그 내용을 리스트 12.16으로 대체하자.

리스트 12.16 Spikes.h

```objc
#import "Box2DSprite.h"

@interface Spikes : Box2DSprite {
    b2World *world;
}

- (id)initWithWorld:(b2World *)world atLocation:(CGPoint)location;

@end
```

Spikes.h 파일에 Spikes 서브클래스를 만들고 init 메소드를 선언하는 코드가 들어있다. 이제 Spikes.mm 파일을 열고 그 내용을 리스트 12.17로 대체하자.

리스트 12.17 Spikes.mm

```objc
#import "Spikes.h"

@implementation Spikes

- (void)createBodyAtLocation:(CGPoint)location {
    b2BodyDef bodyDef;
    bodyDef.type = b2_dynamicBody;
    bodyDef.position = b2Vec2(location.x/PTM_RATIO,
                             location.y/PTM_RATIO);
```

```
    self.body = world->CreateBody(&bodyDef);
    body->SetUserData(self);

    b2PolygonShape shape;
    shape.SetAsBox(self.contentSize.width/2/PTM_RATIO,
                   self.contentSize.height/2/PTM_RATIO,
                   b2Vec2(0, +5.0/100.0), 0);
    b2FixtureDef fixtureDef;
    fixtureDef.shape = &shape;
    fixtureDef.density = 1000.0;

    body->CreateFixture(&fixtureDef);
}

- (id)initWithWorld:(b2World *)theWorld atLocation:(CGPoint)location {
    if ((self = [super init])) {
        world = theWorld;
        [self setDisplayFrame:[[CCSpriteFrameCache
                sharedSpriteFrameCache] spriteFrameByName:@"spikes.png"]];
        gameObjectType = kSpikesType;
        [self createBodyAtLocation:location];
    }
    return self;
}

@end
```


이제 이와 같은 코드에는 익숙해졌을 것이다. 먼저 createBodyAtLocation 메소드는 스프라이트를 위한 직사각형 Box2D 바디를 만든다. 물론 Vertex Helper 등을 이용하여 스파이크에 더 가까운 모양을 만들 수도 있겠지만, 지금 구현하는 레벨에서는 그정도의 시간과 노력을 들일 필요는 없다. 주의할 점이 있다면 박스의 크기를 실제 스파이크보다 약간 작게 만들어 땅 속에 묻힌 것처럼 보이도록 하고 밀도를 아주 높게 설정하여 카트와 부딪칠 때 거의 움직이지 않도록 해야 한다는 것이다.

그러면 Cart.mm 파일로 이동하여 Box2DHelpers.h 파일을 import시키자(리스트 12.18).

리스트 12.18 **Cart.mm 파일의 맨 윗 부분에 추가하는 코드**

```
#import "Box2DHelpers.h"
```

그런 다음 카트가 데미지를 입을 수 있게 만드는 메소드 몇 개를 추가하자(리스트 12.19).

 Cart.mm 파일의 playHitEffect, changeState 메소드(아무데나 추가 가능)

```objc
- (void)playHitEffect {
    int soundToPlay = random() % 5;
    if (soundToPlay == 0) {
        PLAYSOUNDEFFECT(VIKING_HIT_1);
    } else if (soundToPlay == 1) {
        PLAYSOUNDEFFECT(VIKING_HIT_2);
    } else if (soundToPlay == 2) {
        PLAYSOUNDEFFECT(VIKING_HIT_3);
    } else if (soundToPlay == 3) {
        PLAYSOUNDEFFECT(VIKING_HIT_4);
    } else {
        PLAYSOUNDEFFECT(VIKING_HIT_5);
    }
}


-(void)changeState:(CharacterStates)newState {
    if (characterState == newState) return;

    [self stopAllActions];
    [self setCharacterState:newState];

    switch (newState) {
        case kStateTakingDamage: {
            [self playHitEffect];
            characterHealth = characterHealth - 10;
            CCAction *blink = [CCBlink actionWithDuration:1.0
                                          blinks:3.0];
            [self runAction:blink];
            [wheelL runAction:[blink copy]];
            [wheelR runAction:[blink copy]];
            [legs runAction:[blink copy]];
            [trunk runAction:[blink copy]];
            [head runAction:[blink copy]];
            [helm runAction:[blink copy]];
            [arm runAction:[blink copy]];
            break;
        }
        default:
            break;
    }
}
```

playHitEffect 메소드는 Ole가 부딪힐 때 해당되는 사운드 이펙트 중 하나를 무작위로 재생하며, changeState 메소드는 카트가 데미지를 입을 때 characterHealth 값을 낮추고 깜빡이는 애니메이션을 보여주어 카트가 데미지를 입고 있음을 나타내도록 한다. 이때 Ole의 카트를 구성하는 모든 스프라이트에 대해 깜빡이는 애니메이션을 적용해야 한다.

다음으로 updateStateWithDeltaTime 메소드 마지막 부분에 상태를 처리하는 코드를 추가하자(리스트 12.20).

리스트 12.20 Cart.mm 파일의 updateStateWithDeltaTime 메소드 마지막 부분에 추가하는 코드

```
if (characterState == kStateDead)
    return; // 바이킹이 죽었기 때문에 할 일이 없다.

if ((characterState == kStateTakingDamage) && ([self numberOfRunningActions] > 0))
    return; // 현재 데미지를 입는 애니메이션이 동작 중이다.

if ([self numberOfRunningActions] == 0) {
    // 애니메이션이 동작하지 않음
    if (characterHealth <= 0) {
        [self changeState:kStateDead];
    } else {
        [self changeState:kStateIdle];
    }
}

if (isBodyCollidingWithObjectType(wheelLBody, kSpikesType)) {
    [self changeState:kStateTakingDamage];
} else if (isBodyCollidingWithObjectType(wheelRBody, kSpikesType)) {
    [self changeState:kStateTakingDamage];
}
```

만일 어떤 액션이 동작하는 상황이라면 바로 리턴한다(예: 카트가 데미지를 입어 깜빡거리는 상황 – 그래서 잠시동안 무적상태가 됨). 동작하는 액션이 없는 경우에는 카트의 체력에 따라 dead 또는 idle 상태로 바뀐다. 그리고는 앞에서 작성한 헬퍼 메소드를 이용하여 카트 바디가 다른 스파이크와 부딪히지 않았는지 검사하고, 만일 부딪혔다면 데미지를 입은 상태로 바뀐다.

그러면 Scene4ActionLayer.mm 파일로 이동하여 Spikes.h 파일을 import하는

코드를 추가하자(리스트 12.21).

 Scene4ActionLayer.mm 파일의 앞부분에 추가하는 코드

```
#import "Spikes.h"
```

그리고 특정 오프셋에 스파이크를 생성시키는 메소드를 추가하자(리스트 12.22).

 **Scene4ActionLayer.mm 파일의 createSpikesWithOffset 메소드
(createLevel 메소드 앞에 추가)**

```
- (void)createSpikesWithOffset:(int)offset {
    Spikes * spikes;
    if (UI_USER_INTERFACE_IDIOM() == UIUserInterfaceIdiomPad) {
        spikes = [[[Spikes alloc] initWithWorld:world
                    atLocation:ccp(groundMaxX + offset, 100)] autorelease];
    } else {
        spikes = [[[Spikes alloc] initWithWorld:world
                    atLocation:ccp(groundMaxX + offset/2, 100/2)] autorelease];
    }
    [sceneSpriteBatchNode addChild:spikes];
}
```

iPad가 아닌 경우에는 좌표값을 2로 나누었다. 이렇게 하면 (HD 이미지에 대해)
한 번만 좌표를 지정해도 여러 기기에 맞추어 변환시킬 수 있다.

드디어 마지막 단계이다! createLevel 메소드를 수정하여 방금 작성한 메소드를
호출하는 코드를 추가하자(리스트 12.23).

 Scene4ActionLayer.mm 파일의 createLevel 메소드(수정 버전)

```
- (void)createLevel {
    [self createBackground];
    [self createGround3];
    [self createSpikesWithOffset:-1200];
    [self createSpikesWithOffset:-400];
    [self createBridge];
    [self createGround1];
    [self createSpikesWithOffset:-1050];
    [self createSpikesWithOffset:-100];
    [self createBridge];
```

```objc
    [self createGround3];
    [self createSpikesWithOffset:-1700];
    [self createSpikesWithOffset:-900];
    [self createBridge];
    [self createGround2];
    [self createSpikesWithOffset:-1300];
    [self createSpikesWithOffset:-900];
    [self createGround3];
    [self createSpikesWithOffset:-1200];
    [self createSpikesWithOffset:-400];
    [self createBridge];
    [self createGround3];
}
```

코드를 컴파일하고 실행시키면 그림 12.8과 같이 Ole가 피해야 할 스파이크가 나타나면서 게임은 더 흥미로워질 것이다!

| 그림 12.8 | 스파이크 장애물이 추가된 레벨에서 Ole가 탄 카트가 점프하는 모습

진화된 버전의 메인 루프

지금까지 다리와 스파이크를 추가하였는데 프로그램을 실행시켜 게임을 진행하다 보면 Box2D가 조금 이상하게 동작하는 것을 볼 수 있을 것이다. 아마도 간간히 바퀴가 빠져나간다거나 다리가 생각보다 더 흔들리는 모습을 발견했을지도 모른다.

이러한 일이 일어나는 근본적인 원인은 update 루프에서 Box2D가 실행되는 시간을 할당하는 방법에 있다. 현재는 엄청나게 간단한 버전의 run 루프를 사용하기 때문에 매 프레임마다 Box2D에게 제공하는 시간이 일정하지 않다(가변 시간 간격 (variable rate timestep)이라고 부른다)(리스트 12.24).

리스트 12.24 **현재의 Box2D를 위한 메인 루프 – 가변 시간 간격**

```
int32 velocityIterations = 3;
int32 positionIterations = 2;
world->Step(dt, velocityIterations, positionIterations);
```

리스트 12.24에서도 알 수 있듯이 update 메소드가 호출될 때마다 Step 메소드가 호출되는데 이때 제공되는 시간이 dt값에 의해 결정된다. dt값은 매번 바뀌기 때문에 Step 메소드가 실행되는 시간이 매번 달라지게 된다.

Chapter 10에서도 보았듯이 Box2D는 가변 시간 간격하에서는 잘 동작하지 않고 고정 시간 간격(fixed timestep)하에서 잘 동작한다. 고정 시간 간격은 Step 메소드를 호출할 때 Step 메소드의 실행 시간을 일정하게 제공하는 것을 의미한다. 물론 규모가 작은 앱이나 게임을 개발할 때는 가변 시간 간격을 적용할 수도 있겠지만 Box2D의 하는 일이 많아질수록 이와 같은 문제가 일어날 가능성은 더 높아진다.

그러면 이제 고정 시간 간격으로 바꾸어 구현해보자. Scene4ActionLayer.mm 파일의 update 메소드로 이동한 다음 리스트 12.24에 해당하는 줄을 주석 처리하고 그 자리에 리스트 12.25의 내용을 추가하자.

리스트 12.25 **Scene4ActionLayer.mm 파일의 update 메소드에 추가하는 코드(리스트 12.24 의 내용을 주석 처리하고, 그자리에 추가함)**

```
static double UPDATE_INTERVAL = 1.0f/60.0f;
static double MAX_CYCLES_PER_FRAME = 5;
static double timeAccumulator = 0;

timeAccumulator += dt;
```

```cpp
if (timeAccumulator > (MAX_CYCLES_PER_FRAME * UPDATE_INTERVAL)) {
    timeAccumulator = UPDATE_INTERVAL;
}

int32 velocityIterations = 3;
int32 positionIterations = 2;
while (timeAccumulator >= UPDATE_INTERVAL) {
    timeAccumulator -= UPDATE_INTERVAL;
    world->Step(UPDATE_INTERVAL, velocityIterations, positionIterations);
}
```

이제 `Step` 메소드가 호출될 때마다 고정된 실행 시간(여기에서는 `UPDATE_INTERVAL`, 즉 1/60초)을 부여받게 된다. 만일 넘어온 시간 간격이 `UPDATE_INTERVAL`보다 크면 시간 간격에서 `UPDATE_INTERVAL`을 나눈 값만큼 Step 메소드를 반복하여 호출한다. 또한 남은 시간을 저장하여 다음번 update 호출 시 반영한다.

> **Note** 물리 엔진의 루프를 추가로 최적화시킬 수 있는 방법이 있다. 이 방법은 매 프레임에서 발생하는 아주 짧은 잉여 시간들이 모여 초래될 수 있는 부작용을 제거하는 기법이다. 이 방법에 대해 더 자세한 내용을 알고 싶다면 http://gafferongames.com/game-physics/fix-your-timestep/ 사이트를 방문하거나 Cocos2D 포럼을 검색하기 바란다.

고정 시간 간격은 물리 엔진 시뮬레이션의 안정성을 엄청나게 향상시킨다. 이렇게 수정한 코드를 컴파일하고 실행시키면 앞에서 일어나던 이상한 현상이 더이상 일어나지 않게 된다.

▶▶▶ 보스깨기!

어마어마한 보스를 깨는 것으로 판을 마무리하는 것보다 더 좋은 방법이 있을까? 이번 섹션에서는 이것을 구현할 것이다. 즉, Ole가 아주 위험한 Digger Robot을 상대하도록 만들 것이다!

보스 판의 기본적인 아이디어는 다음과 같다. Digger Robot은 최종 지역에서 앞뒤로 왔다 갔다 한다. 그러다가 Ole가 Digger에 부딪히면 Ole는 데미지를 입는다.

그러나 Ole가 Digger의 뒷면을 강타하는 경우에는 Digger가 뒤로 밀리게 되는데, 이를 반복시켜 Digger를 땅 밑으로 떨어뜨리면 이번 판을 깨게 된다!

그림 12.9는 이렇게 위협적인 적을 모델링하여 Box2D 세상으로 만드는 아이디어를 도식화해서 보여주고 있다.

그림 12.9에서 볼 수 있듯이 Digger는 두 개의 바퀴를 가진 박스로 모델링하여 쉽게 왼쪽/오른쪽으로 움직일 수 있도록 하였다. 또한 로봇은 앞/ 뒤를 향하게 될 것이기 때문에 두 개의 센서를 추가(하나는 왼쪽에, 다른 하나는 오른쪽에) 하였다. 그리고 Digger가 어느 방향을 보고 있는지를 알려주는 센서도 사용하게 될 것이다.

| 그림 12.9 | Box2D 바디에 적용한 Digger 스프라이트

Digger Robot을 만들기 위해서는 먼저 Digger를 위한 `Box2DSprite`의 서브클래스를 만들어야 한다. Classes\Game Objects\Box2D 그룹을 선택한 다음 [File]-[New]-[New File…]을 선택하고 [iOS]-[Cocoa Touch]-[Objective-C class]를 선택한 후 [Next]를 클릭한다. 그리고는 [Subclass of] 필드에 'Box2DSprite'라고 입력하고 [Next]를 클릭한 다음 파일 이름으로 'Digger.mm(확장자가 .mm이기 때문에 Box2D를 import할 것이다)'을 입력하고 [Save]를 클릭한다.

Digger.h의 내용을 리스트 12.26으로 바꾸자.

리스트 12.26 **Digger.h**

```
#import "Box2DSprite.h"
```

```
@interface Digger : Box2DSprite {
    b2Body *wheelLBody;
    b2Body *wheelRBody;
    b2RevoluteJoint *wheelLJoint;
    b2RevoluteJoint *wheelRJoint;
    b2Body *drillLBody;
    b2Body *drillRBody;
    b2Fixture *drillLFixture;
    b2Fixture *drillRFixture;
    Box2DSprite *wheelLSprite;
    Box2DSprite *wheelRSprite;
}

@property (assign) Box2DSprite *wheelLSprite;
@property (assign) Box2DSprite *wheelRSprite;

- (id)initWithWorld:(b2World *)world atLocation:(CGPoint)location;

@end
```

Digger.h 파일에서는 `Box2DSprite`의 서브클래스 Digger를 정의하고, Digger Robot에 필요한 인스턴스 변수를 선언한다. 이 변수들은 Digger Robot의 바퀴에 대한 바디, 조인트와 드릴 센서에 대한 바디, 픽스처를 보관하는 데 사용된다.

다음으로 Digger.mm 파일로 이동하여 Digger Robot의 몸통을 생성하는 메소드를 추가하자(리스트 12.27).

리스트 12.27 **Digger.mm 파일의 @implementation 부분에 추가하는 코드**

```
@synthesize wheelLSprite;
@synthesize wheelRSprite;

- (void)createBodyWithWorld:(b2World *)world atLocation:(CGPoint)location {
    b2BodyDef bodyDef;
    bodyDef.type = b2_dynamicBody;
    bodyDef.position =
        b2Vec2(location.x/PTM_RATIO, location.y/PTM_RATIO);

    b2Body *cartBody = world->CreateBody(&bodyDef);
    cartBody->SetUserData(self);
    self.body = cartBody;

    b2PolygonShape shape;
```

```objc
    int num = 4;
    b2Vec2 verts[] = {
        b2Vec2(87.0f / 100.0, -32.0f / 100.0),
        b2Vec2(81.0f / 100.0, 110.0f / 100.0),
        b2Vec2(-87.0f / 100.0, 112.0f / 100.0),
        b2Vec2(-84.0f / 100.0, -33.0f / 100.0)
    };
    shape.Set(verts, num);

    b2FixtureDef fixtureDef;
    fixtureDef.shape = &shape;
    fixtureDef.density = 0.5;
    fixtureDef.friction = 0.5;
    fixtureDef.restitution = 0.5;

    cartBody->CreateFixture(&fixtureDef);
    cartBody->SetAngularDamping(1000);
}
```

대부분의 코드는 쉽게 읽을 수 있을 것이다. Digger 몸통을 만들기 위하여 폴리곤 모양을 사용하였으며, 폴리곤은 Digger의 몸통을 박스 형태로 둘러싼 모양을 하고 있다. 폴리곤의 각 꼭지점은 Vertex Helper의 도움을 받아 구하였다. 원한다면 자신이 측정하여 만든 폴리곤을 사용해도 무방하다.

설정한 값을 보면 알 수 있듯이, 밀도를 낮게 설정하여 Ole가 때리면 잘 밀려나도록 하였다. 아울러 각 댐핑(angular damping)도 사용하는데, 각 댐핑은 바디가 회전력을 받을 때 이에 대한 저항 계수를 의미한다. 즉, 각 댐핑값이 클수록 다른 오브젝트와 부딪혔을 때 회전을 덜하게 된다. 여기에서도 Digger에 대해 각 댐핑값을 크게 지정하여 Ole와 부딪혔을 때 Digger가 회전하거나 뒤집히지 않도록 했다.

다음은 Digger의 바퀴를 만드는 메소드다(리스트 12.28).

리스트 12.28 **Digger.mm 파일의 createWheelsWithWorld 메소드 (createBodyWithWorld 메소드 다음에 추가)**

```objc
- (void)createWheelsWithWorld:(b2World *)world {
    b2BodyDef bodyDef;
    bodyDef.type = b2_dynamicBody;

    bodyDef.position =
```

```objc
        body->GetWorldPoint(b2Vec2(-50.0/100.0, -80.0/100.0));
    wheelLBody = world->CreateBody(&bodyDef);

    bodyDef.position =
        body->GetWorldPoint(b2Vec2(50.0/100.0, -80.0/100.0));
    wheelRBody = world->CreateBody(&bodyDef);

    b2CircleShape circleShape;
    b2FixtureDef fixtureDef;
    fixtureDef.shape = &circleShape;
    fixtureDef.friction = 0.2;
    fixtureDef.restitution = 0.5;
    fixtureDef.density = 5.0;

    circleShape.m_radius = 25.0/100.0;
    wheelLBody->CreateFixture(&fixtureDef);
    circleShape.m_radius = 25.0/100.0;
    wheelRBody->CreateFixture(&fixtureDef);

    b2RevoluteJointDef revJointDef;
    revJointDef.Initialize(body, wheelLBody, wheelLBody->GetWorldCenter());
    revJointDef.enableMotor = true;
    revJointDef.motorSpeed = 0;
    revJointDef.maxMotorTorque = 1000;
    wheelLJoint = (b2RevoluteJoint *) world->CreateJoint(&revJointDef);
    revJointDef.Initialize(body, wheelRBody, wheelRBody->GetWorldCenter());
    wheelRJoint = (b2RevoluteJoint *) world->CreateJoint(&revJointDef);

    wheelLSprite = [Box2DSprite
                    spriteWithSpriteFrameName:@"digger_wheel.png"];
    wheelLSprite.body = wheelLBody;
    wheelLBody->SetUserData(wheelLSprite);

    wheelRSprite = [Box2DSprite
                    spriteWithSpriteFrameName:@"digger_wheel.png"];
    wheelRSprite.body = wheelRBody;
    wheelRBody->SetUserData(wheelRSprite);
}
```

createWheelsWithWorld 메소드는 Digger Robot의 두 바퀴를 만든다. Digger가 바퀴를 갖고 있지 않았다고 하더라도 바퀴가 달린 것처럼 땅 위를 좌우로 왔다갔다 하기를 바랐을 것이다. 이 코드는 Box2D 바디가 다르게 나타나는 상황에서도 원하는 효과를 나타내는 좋은 예가 된다.

메소드 내 코드는 다른 코드와 비슷하게 바퀴를 위한 바디와 픽스처를 만든다. 바퀴의 각도와 위치는 이미지 편집기를 이용하여 측정하였다. 이 내용을 이해했는지 확인하기 위해 직접 위치를 측정하여 코드에 반영해보는 것도 도움이 될 것이다.

바퀴의 밀도는 높게 지정하여 Digger 몸체의 질량과 비슷하게 만들었으며(이렇게 해야 Box2D 바디가 제대로 동작함), 레볼루트 조인트로 바퀴와 몸체를 연결하였다.

이렇게 한 다음 바퀴에 대한 스프라이트를 만들어 바퀴에 붙였다.

다음은 드릴 센서를 만드는 메소드다(리스트 12.29).

리스트 12.29 Digger.mm 파일의 createDrillWithWorld 메소드(createWhellsWithWorld 메소드 다음에 추가)

```objc
- (void)createDrillWithWorld:(b2World *)world {
  b2BodyDef bodyDef;
  bodyDef.type = b2_dynamicBody;
  bodyDef.position = body->GetPosition();
  drillLBody = world->CreateBody(&bodyDef);
  drillRBody = world->CreateBody(&bodyDef);

  b2PolygonShape shape;
  int num = 3;
  b2Vec2 verts[] = {
      b2Vec2(-65.0f / 100.0, 31.0f / 100.0),
      b2Vec2(-189.0f / 100.0, -2.0f / 100.0),
      b2Vec2(-85.0f / 100.0, -72.0f / 100.0)
  };
  shape.Set(verts, num);

  b2FixtureDef fixtureDef;
  fixtureDef.density = 0.25;
  fixtureDef.shape = &shape;
  fixtureDef.isSensor = true;
  drillLFixture = drillLBody->CreateFixture(&fixtureDef);

  int num2 = 3;
  b2Vec2 verts2[] = {
      b2Vec2(85.0f / 100.0, -72.0f / 100.0),
      b2Vec2(189.0f / 100.0, -2.0f / 100.0),
      b2Vec2(65.0f / 100.0, 31.0f / 100.0),
  };
  shape.Set(verts2, num2);
  drillRFixture = drillRBody->CreateFixture(&fixtureDef);
```

```
        b2WeldJointDef weldJointDef;
        weldJointDef.Initialize(body, drillLBody, body->GetWorldCenter());
        world->CreateJoint(&weldJointDef);
        weldJointDef.Initialize(body, drillRBody, body->GetWorldCenter());
        world->CreateJoint(&weldJointDef);
}
```

createDrillWithWorld 메소드는 드릴 센서를 위해 두 개의 바디와 픽스처를 만든다. 하나는 드릴이 왼쪽을 향할 때 사용하고 다른 하나는 드릴이 오른쪽을 향할 때 사용한다. 드릴 센서용 바디의 꼭지점 역시 Vertex Helper를 사용하여 위치를 구했다(직접 측정해서 사용해도 된다). 드릴의 위치는 몸통을 기준으로 하여 측정했기 때문에 Vertex Helper를 사용하여 드릴의 꼭지점을 구해도 잘 동작한다.

왼쪽 드릴의 꼭지점을 구했다면 오른쪽 드릴의 꼭지점은 x값의 부호를 바꾸는 것으로 쉽게 구할 수 있다(예: −65.0은 65.0으로). 왜냐하면 몸통의 중심을 대칭으로 두 개의 드릴 센서가 붙기 때문이다. 그러나 꼭지점의 순서는 바꾸어 주어야 하는데, 왜냐하면 꼭지점은 그림 12.10에서와 같이 반시계방향 순으로 추가되어야 하기 때문이다.

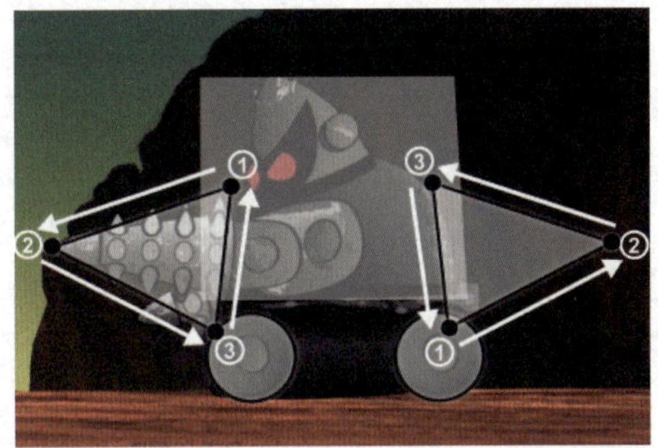

| 그림 12.10 | 왼쪽과 오른쪽 드릴 센서 모두 꼭지점 순서는 반시계방향이 되어야 한다.

다음으로, 새로운 Digger를 생성시키는 init 메소드를 추가하자(리스트 12.30).

 Digger.mm 파일의 initWithWorld 메소드(createDrillWithWorld 메소드 다음에 추가)

```objc
- (id)initWithWorld:(b2World *)world atLocation:(CGPoint)location {
    if ((self = [super init])) {
        [self setDisplayFrame:
                [[CCSpriteFrameCache sharedSpriteFrameCache]
                    spriteFrameByName:@"digger_anim5.png"]];
        gameObjectType = kDiggerType;
        characterHealth = 100.0f;
        [self createBodyWithWorld:world atLocation:location];
        [self createWheelsWithWorld:world];
        [self createDrillWithWorld:world];
    }
    return self;
}
```

initWithWorld 메소드는 Digger의 초기 프레임을 설정한 다음 앞에서 작성한 몸통, 바퀴, 드릴 센서를 생성시키는 메소드를 호출한다.

이제 Digger를 레벨에 추가할 차례이다. Scene4ActionLayer.h 파일을 열고 리스트 12.31과 같이 Digger 클래스를 선언하는 코드를 파일 앞부분에 추가하자.

 Scene4ActionLayer.h 파일의 앞부분에 추가하는 코드

```objc
@class Digger;
```

계속해서 인스턴스 변수를 추가하자(리스트 12.32).

 Scene4ActionLayer.h 파일의 @interface 선언부에 추가하는 코드

```objc
Digger * digger;
bool gameOver;
b2Body *offscreenSensorBody;
```

이 인스턴스 변수들은 각각 Digger의 레퍼런스와 게임 종료 여부를 보관하고 센서 바디의 레퍼런스를 보관한다. 특히 offscreenSendorBody는 카트나 Digger가 화면 밖으로 떨어졌는지를 확인하는 데 사용된다.

이번에는 Scene4ActionLayer.mm 파일로 이동한 다음 두 개의 헤더 파일을

import하는 코드를 추가하자(리스트 12.33).

 Scene4ActionLayer.mm 파일의 앞 부분에 추가하는 코드

```
#import "Digger.h"
#import "GameManager.h"
```

그런 다음 Digger를 생성시키는 메소드를 추가하자(리스트 12.34).

 **Scene4ActionLayer.mm 파일의 createDigger 메소드
(createLevel 메소드 앞에 추가)**

```
- (void)createDigger {
  CGSize winSize = [CCDirector sharedDirector].winSize;
  digger = [[[Digger alloc] initWithWorld:world
                        atLocation:ccp(groundMaxX - winSize.width * 0.8,
                                    winSize.height/2)] autorelease];
  [sceneSpriteBatchNode addChild:digger];
  [sceneSpriteBatchNode addChild:digger.wheelLSprite];
  [sceneSpriteBatchNode addChild:digger.wheelRSprite];
}
```

createDigger 메소드는 Digger를 마지막 ground의 왼쪽에서 화면 크기의 80%
에 해당하고 땅보다는 약간 높은 위치에 생성시킨다(어차피 중력으로 땅에 떨어지기
때문에 괜찮다).

다음은 카트나 Digger가 화면 아래로 떨어졌는지를 탐지하는 데 도움을 주는 센서
를 생성하는 메소드를 추가할 차례이다(리스트 12.35).

 **Scene4ActionLayer.mm 파일의 createOffscreenSensorBody 메소드
(createDigger 메소드 다음에 추가)**

```
- (void)createOffscreenSensorBody {
  CGSize winSize = [CCDirector sharedDirector].winSize;
  float32 sensorWidth = groundMaxX + winSize.width*4;
  float32 sensorHeight = winSize.height * 0.25;
  float32 sensorOffsetX = -winSize.width*2;
  float32 sensorOffsetY = -winSize.height/2;

  b2BodyDef bodyDef;
```

```objc
bodyDef.type = b2_staticBody;
bodyDef.position.Set(
    sensorOffsetX/PTM_RATIO + sensorWidth/2/PTM_RATIO,
    sensorOffsetY/PTM_RATIO + sensorHeight/2/PTM_RATIO);
offscreenSensorBody = world->CreateBody(&bodyDef);

b2PolygonShape shape;
shape.SetAsBox(sensorWidth/2/PTM_RATIO, sensorHeight/2/PTM_RATIO);

b2FixtureDef fixtureDef;
fixtureDef.shape = &shape;
fixtureDef.isSensor = true;
fixtureDef.density = 0.0;

offscreenSensorBody->CreateFixture(&fixtureDef);
}
```

createOffscreenSensorBody 메소드는 이번 레벨의 전 영역에 해당하는 길이의
직사각형을 바닥에 깔아놓아 카트나 Digger가 해당 영역에 떨어졌는지를 검사할 수
있도록 한다.

이어서 update 메소드 마지막에 이번 판에 이겼는지 졌는지를 확인하는 코드를 추
가하자(리스트 12.36).

 Scene4ActionLayer.mm 파일의 update 메소드 마지막에 추가하는 코드

```objc
if (!gameOver) {
    if (isBodyCollidingWithObjectType(offscreenSensorBody, kCartType)) {
        gameOver = true;
        [uiLayer displayText:@"You Lose"
                andOnCompleteCallTarget:self selector:@selector(gameOver:)];
    } else if (isBodyCollidingWithObjectType(offscreenSensorBody,
                                             kDiggerType)) {
        gameOver = true;
        [uiLayer displayText:@"You Win!"
                andOnCompleteCallTarget:self selector:@selector(gameOver:)];
    }
}
```

위 코드는 카트가 offscreen 센서와 닿았는지(플레이어가 졌음) 아니면 Digger가
offscreen 센서와 닿았는지(플레이어가 이겼음)를 체크한다.

다음은 gameOver 메소드다(리스트 12.37).

 Scene4ActionLayer.mm 파일의 gameOver 메소드(update 메소드 앞에 추가)

```
-(void)gameOver:(id)sender {
    [[GameManager sharedGameManager] runSceneWithID:kMainMenuScene];
}
```

이제 거의 다 끝났다! 마지막 작업으로 createLevel 메소드 마지막에 리스트 12.38의 내용을 추가하자.

 Scene4ActionLayer.mm 파일의 createLevel 메소드 마지막에 추가하는 코드

```
    [self createDigger];
    [self createGround3];
    [self createGround3];
    [self createOffscreenSensorBody];
```

드디어 끝났다! 프로그램을 컴파일하고 실행시킨 다음 레벨의 마지막 부분에 도달하면 그림 12.11과 같이 보스를 만나 싸울 준비를 하게 된다!

| 그림 12.11 | Ole가 처음으로 Digger Robot과 맞닥뜨린 모습

그러나 준비가 완전히 된 것은 아니다. Digger는 아직 가만히 있을 뿐 아무것도 할 줄 아는 것이 없다. Ole에게 보스다운 모습을 보여주기 위해 Digger를 좀 더 위험하게 만들어보자.

위험한 Digger

Digger는 방향을 바꾸어가며 땅 위를 왔다 갔다 하는데, 그동안에 Ole는 Digger를 뒤에서 공격하는 것을 시도한다. 공격이 성공하면 Ole는 Digger를 길의 끝쪽으로 밀어내며 공격이 실패하여 드릴에 부딪히면 Ole는 데미지를 입는다.

이러한 액션을 구현하기 위해서는 Digger 클래스의 updateStateWithDeltaTime 메소드를 추가하여 충돌 검사 및 게임 로직을 구현하고, changeState 메소드를 통해 Digger의 상태 — 드릴 공격, 이동, 방향 전환, 데미지 — 를 관리하도록 해야 한다. 아울러 Digger를 위한 애니메이션도 만들어야 하는데 Digger가 방향을 전환하거나 Ole에 대한 드릴 공격이 성공하였을 때 애니메이션을 사용한다.

그러면 Digger.h 파일을 열고 Digger의 상태를 저장할 인스턴스 변수 세 개를 추가하자. 하나는 어떤 방향이든 움직이기 시작한 시각을 보관하며 나머지 두 개는 방향 전환과 드릴 공격에 대한 애니메이션을 저장하는 데 사용된다(리스트 12.39).

리스트 12.39 Digger.h 파일의 @interface 선언부에 추가하는 코드

```
double movingStartTime;
CCAnimation *rotateAnim;
CCAnimation *drillAnim;
```

다음으로 Digger.mm 파일로 이동하여 import 구문을 파일 맨 앞에 추가하자(리스트 12.40).

리스트 12.40 Digger.mm 파일의 맨 앞에 추가하는 코드

```
#import "Cart.h"
#import "Box2DHelpers.h"
```

그런 다음 updateStateWithDeltaTime 메소드의 첫 번째 파트를 추가하는데, 이 부분에는 Digger에 대한 대부분의 게임 로직이 담겨있다(리스트 12.41).

리스트 12.41 Digger.mm 파일의 updateStateWithDeltaTime 메소드 첫 번째 파트 (위치는 상관없음)

```
- (void) updateStateWithDeltaTime:(ccTime)deltaTime
  andListOfGameObjects:(CCArray *)listOfGameObjects {

  // 1
  if ((characterState == kStateTakingDamage) &&
      ([self numberOfRunningActions] > 0)) {
    return;
  }

  // 2
  if (characterState == kStateDrilling &&
      [self numberOfRunningActions] == 0) {
      [self changeState:kStateRotating];
  }

  // 3
  if (characterState == kStateTakingDamage &&
      [self numberOfRunningActions] == 0) {
      wheelLJoint->SetMotorSpeed(0);
      wheelRJoint->SetMotorSpeed(0);
      [self changeState:kStateRotating];
  }

  // 4
  if (characterState != kStateWalking &&
      [self numberOfRunningActions] == 0) {
      [self changeState:kStateWalking];
  }
}
```


다음은 각 번호에 대한 설명이다.

1. Digger가 데미지를 입은 상태인지 확인한 다음 데미지를 입는 액션(깜빡이는 액션)이 진행 중인지 확인한다. 만일 그렇다면 데미지를 입는 액션이 끝날 때까지 더이상 할 일이 없기 때문에 바로 리턴한다.

2. Digger가 드릴 공격 상태인지 확인하고 진행 중인 액션이 없는지(드릴 공격 애
   니메이션이 끝났음) 확인한다. 만일 그렇다면 바로 Digger의 방향을 전환시킨
   다(그래서 Ole가 반격할 기회를 제공한다).

3. Digger가 데미지를 입는 상태인지 확인한 다음, 진행 중인 액션이 없는지(깜빡
   이는 액션이 끝났음) 확인한다. 만일 그렇다면 모터를 멈추게 하여 Digger를
   일시 정지시켰다가 방향 전환 상태로 바꾸어준다(그래서 이번에는 Digger에게
   반격할 기회를 제공한다).

4. Digger가 이동 중이 아니고 진행 중인 액션도 없는지(방향 전환 애니메이션이
   끝난 직후임) 확인한다. 만일 그렇다면 Digger의 상태를 이동 상태로 바꾸어
   준다.

이어서 리스트 12.42의 내용을 updateStateWithDeltaTime 메소드 마지막에 추
가하여 나머지 게임 로직도 추가하자.

리스트 12.42 Digger.mm 파일의 updateStateWithDeltaTime 메소드 마지막에 추가하는 코드

```
// 5
if (characterState == kStateWalking) {
    Cart *cart = (Cart *) [[self parent] getChildByTag:kVikingSpriteTagValue];
    b2Body *cartBody = cart.body;

    // 6
    double curTime = CACurrentMediaTime();
    double timeMoving = curTime - movingStartTime;
    static double TIME_TO_MOVE = 2.0f;

    // 7
    b2Body * drill = drillLBody;
    float direction = -1.0;
    if ([self flipX]) {
        drill = drillRBody;
        direction = -1 * direction;
    }

    // 8
    if (isBodyCollidingWithObjectType(drill, kCartType)) {
        [[SimpleAudioEngine sharedEngine] playEffect:@"drill.caf"];
```

```
            [cart changeState:kStateTakingDamage];
            [self changeState:kStateDrilling];
            wheelLJoint->SetMotorSpeed(0);
            wheelRJoint->SetMotorSpeed(0);
            cartBody->ApplyLinearImpulse(
                b2Vec2(direction * cart.fullMass * 8, -1.0 * cart.fullMass),
                cartBody->GetWorldPoint(b2Vec2(0, -15.0/100.0)));
        }

        // 9
        else if (isBodyCollidingWithObjectType(cartBody, kDiggerType)) {
            [[SimpleAudioEngine sharedEngine] playEffect:@"collision.caf"];
            [self changeState:kStateTakingDamage];
            cartBody->ApplyLinearImpulse(
                b2Vec2(-direction * cart.fullMass * 8, -1.0 * cart.fullMass),
                cartBody->GetWorldPoint(b2Vec2(0, -15.0/100.0)));
            body->ApplyLinearImpulse(
                b2Vec2(direction * body->GetMass() * 10, 0),
                body->GetWorldPoint(b2Vec2(0, -5.0/100.0)));
        }

        // 10
        else if (timeMoving > TIME_TO_MOVE) {
            wheelLJoint->SetMotorSpeed(0);
            wheelRJoint->SetMotorSpeed(0);
            [self changeState:kStateRotating];
        }

        // 11
        else {
            wheelLJoint->SetMotorSpeed(-1 * direction * M_PI * 3);
            wheelRJoint->SetMotorSpeed(-1 * direction * M_PI * 3);
        }
    }
```

계속해서 설명을 이어가겠다.

5. Digger가 이동 상태인지 확인한다. 나머지는 모두 이동 상태인 경우에 해당되
   는 로직이다. 그리고는 Digger의 부모(스프라이트 배치 노드)로부터 kViking
   SpriteTagValue 태그를 얻은 다음 이를 이용하여 Ole의 카트에 대한 레퍼런스
   를 획득한다. 이번 챕터 초반에 스프라이트 배치 노드에 태그를 추가할 때 태그

값으로 kVikingSpriteTagValue를 지정한 것을 기억할 것이다. 이렇게 하면 특정 스프라이트에 대한 레퍼런스를 쉽게 얻을 수 있다.

6. 현재 진행 방향으로 얼마나 오랫동안 이동하였는지 계산한다. 이를 위해 현재 시각에서 움직이기 시작한 시각을 뺀다.

7. 드릴이 움직이는 방향을 결정한다. 기본 방향, 즉 스프라이트의 이미지가 향하는 방향은 왼쪽이지만 스프라이트가 뒤집어졌다면(즉, flipX가 설정된 상태) 오른쪽으로 움직이고 있다는 것을 알 수 있다. 이동 방향을 기준으로 하여 어떤 드릴 센서를 활성화시킬 것인지를 결정할 수 있다.

8. 드릴이 카트와 부딪혔는지 확인한다. 만일 부딪혔다면 카트의 상태를 데미지를 입은 상태로 바꾸고 Digger의 상태를 드릴 공격 상태로 바꾼다. 그와 동시에 카트에게 약간의 충격량을 가하여 튕겨져나가는 모습을 보여준다.

9. 카트가 Digger와 부딪쳤는지 확인한다. 만일 부딪쳤다면 Digger의 상태를 데미지를 입은 상태로 바꾸고 카트와 Digger에게 충격량을 가하여 서로 튕겨져나가는 모습을 보여준다.

10. Digger가 사전에 설정된 시간 동안 같은 방향으로 계속 이동했는지를 확인하고, 만일 그렇다면 방향 전환 상태로 바꾸어 Digger의 방향이 바뀌도록 한다.

11. 일치하는 조건이 아무 것도 없다면 현재 진행중인 방향으로 Digger가 움직이도록 한다.

휴우~ 지금까지 엄청난 작업을 진행했다. 이제 보스와 싸울 준비를 거의 마쳤으니 조금만 더 힘을 내자.

다음은 changeState 메소드와 이를 지원하는 메소드를 추가할 차례이다(리스트 12.43).

 Digger.mm 파일의 disableDrills, enableDrills, changeState 메소드 (위치 상관없음)

```objc
-(void)disableDrills {
    drillLFixture->SetSensor(true);
    drillRFixture->SetSensor(true);
```

```objc
}

-(void)enableDrills {
    if ([self flipX]) {
        drillRFixture->SetSensor(false);
    } else {
        drillLFixture->SetSensor(false);
    }
}

-(void)changeState:(CharacterStates)newState {
    if (characterState == newState) return;

    [self stopAllActions];
    id action = nil;
    [self setCharacterState:newState];

    switch (newState) {
        case kStateTakingDamage:
            action = [CCBlink actionWithDuration:1.0 blinks:3.0];
            break;
        case kStateDrilling:
            action = [CCRepeat actionWithAction:
                                    [CCAnimate actionWithAnimation:drillAnim
                                            restoreOriginalFrame:YES] times:3];
            break;
        case kStateWalking:
            movingStartTime = CACurrentMediaTime();
            break;
        case kStateRotating:
        {
            CCCallFunc *disableDrills =
                [CCCallFunc actionWithTarget:self
                            selector:@selector(disableDrills)];
            CCAnimate *rotToCenter =
                [CCAnimate actionWithAnimation:rotateAnim
                            restoreOriginalFrame:NO];
            CCFlipX *flip = [CCFlipX actionWithFlipX:!self.flipX];
            CCAnimate *rotToSide = (CCAnimate *) [rotToCenter reverse];
            CCCallFunc *enableDrills =
                [CCCallFunc actionWithTarget:self
                            selector:@selector(enableDrills)];
            action = [CCSequence actions:disableDrills, rotToCenter,
                                    flip, rotToSide, enableDrills, nil];
            break;
        }
        default:
```

```
            break;
    }


    if (action != nil) {
        [self runAction:action];
    }
}
```

changeState 메소드는 상태가 변할 때마다 그에 알맞는 시각적인 이펙트를 동작
시킨다. 데미지를 입는 상태에서는 Digger가 깜빡이도록 하는 액션을 동작시키며
드릴 공격 상태에서는 드릴 애니메이션을 동작시킨다. 방향 전환의 경우에는 시퀀스
를 사용하는데, 먼저 방향 전환을 시작하면서 양쪽의 드릴 센서를 비활성화시시키고
중앙까지 회전시킨 다음 스프라이트의 방향을 뒤집고 다시 중앙에서 반대쪽으로 회
전시킨 후 드릴 센서를 활성화시킨다.

다음은 이번 클래스에서 필요한 애니메이션을 로드하는 메소드를 추가할 차례이
다(리스트 12.44).

리스트 12.44 **Digger.mm 파일의 initAnimations 메소드(initWithWorld:atLocation 메소드 앞에 추가)**

```
-(void)initAnimations {
    rotateAnim = [self loadPlistForAnimationWithName:@"rotateAnim"
                    andClassName:NSStringFromClass([self class])];
    [[CCAnimationCache sharedAnimationCache] addAnimation:rotateAnim
                                name:@"rotateAnim"];

    drillAnim = [self loadPlistForAnimationWithName:@"drillAnim"
                    andClassName:NSStringFromClass([self class])];
    [[CCAnimationCache sharedAnimationCache] addAnimation:drillAnim
                                name:@"drillAnim"];
}
```

initAnimations 메소드는 앞에서 사용한 프로퍼티 리스트를 기반으로 애니메이
션을 생성하는 동일한 헬퍼 메소드를 사용한다. 애니메이션의 내용이 궁금하다면 프
로퍼티 리스트를 참조하여 애니메이션에 사용되는 이미지를 스프라이트에서 찾아
볼 수 있을 것이다.

애니메이션은 CCAnimationCache에 추가되기 때문에 나중에 사용할 때를 대비하여 어디
에선가 retain되었다. 다른 방법으로는 이 변수들을 사용할 때마다 retain시키고, 사용이 끝나
면 dealloc을 통해 release시켜도 된다.

드디어 마지막 단계이다. 리스트 12.45의 코드를 initWithWorld:atLocation 메
소드에 추가하여 애니메이션을 로드시키도록 하자.

리스트 12.45 Digger.mm 파일의 initWithWorld:atLocation 메소드 마지막에 추가하는 코드

```
[self initAnimations];
```

이제 끝났다! 코드를 컴파일하고 실행시키면 그림 12.12와 같이 Ole가 보스와 싸
울 수 있게 된다!

| 그림 12.12 | Ole가 Digger에게 드릴 공격을 당한 모습

마무리 작업 : 영화같은 보스 등장 화면 추가하기

이번 게임 레벨은 정말 좋다. 액션과 위험 요소, 끝내주는 물리 엔진 이펙트에 보

게임 물리 이론 고급 : 현실보다 더 실감나게

스와의 대결도 있다! 이제 여기에 영화같은 보스의 등장 화면까지 추가하여 이번 레벨의 대미를 장식하려고 한다.

기본 아이디어는 다음과 같다. Ole가 최종 보스 앞에 다다르면 잠시 게임을 멈추고 카메라가 왼쪽으로 이동하여 방금 Ole가 건너온 다리를 비추도록 하는데 이때 다리가 불길에 휩싸이며 아래로 떨어지게 된다! 그리고는 카메라가 다시 드릴을 휘두르며 위협적으로 Ole에게 다가오는 보스를 비추고 오른쪽 끝까지 카메라를 이동시켜 오른쪽 맨 끝에 길이 끊어져 있고 이곳으로 Digger를 떨어뜨려야 함을 암시해준다.

이와 같은 효과는 게임 레벨을 더욱 돋보이게 할 뿐만 아니라 플레이어에게 있어서도 다음과 같은 정보를 (말로 설명하지 않고) 제공하는 역할을 한다.

- 이제 보스와의 대결이 시작된다.
- 보스는 이 곳에 있으며,
- 보스를 무찌르기 위해서는 절벽까지 밀어내야 한다.

좋은 소식은 이러한 대부분의 것을 구현하기 위해 필요한 지식과 기술 – 카메라 이동 및 액션 실행 – 을 이미 이 책을 통해 배웠다는 것이다. 그러면 이제 시작해보자.

먼저 Scene4ActionLayer.h 파일을 열고 리스트 12.46과 같이 새로운 인스턴스 변수를 추가하자.

 Scene4ActionLayer.h 파일의 @interface 선언부에 추가하는 코드

```
CCParticleSystem *fireOnBridge;
b2Body *finalBattleSensorBody;
bool inFinalBattle;
bool actionStopped;
```

추가하는 인스턴스 변수들은 순서대로 Particle 시스템의 불꽃 이펙트(나중에 설명한다)를 위해, 마지막 대결 애니메이션을 재생해야 하는 시점을 파악하기 위한 센서를 위해, 플레이어가 마지막 대결 중인지 여부를 저장하기 위해, 액션이 잠시 멈추었는지 여부를 저장하기 위해 사용된다.

다음으로 Scene4ActionLayer.mm 파일로 이동한 다음 플레이어가 마지막 대결을 시작해야 하는 위치에 도달했는지를 파악하기 위한 센서를 만드는 메소드를 추가하자(리스트 12.47).

 Scene4ActionLayer.mm 파일의 createFinalBattleSensor 메소드(createLevel 메소드 앞에 추가)

```
- (void)createFinalBattleSensor {
    CGSize winSize = [CCDirector sharedDirector].winSize;
    float32 sensorWidth = winSize.width * 0.03;
    float32 sensorHeight = winSize.height;
    float32 sensorOffset = winSize.width * 0.15;

    b2BodyDef bodyDef;
    bodyDef.type = b2_staticBody;
    bodyDef.position.Set(
        groundMaxX/PTM_RATIO + sensorOffset/PTM_RATIO
        + sensorWidth/2/PTM_RATIO,
        sensorHeight/2/PTM_RATIO);
    finalBattleSensorBody = world->CreateBody(&bodyDef);

    b2PolygonShape shape;
    shape.SetAsBox(sensorWidth/2/PTM_RATIO, sensorHeight/2/PTM_RATIO);

    b2FixtureDef fixtureDef;
    fixtureDef.shape = &shape;
    fixtureDef.isSensor = true;
    fixtureDef.density = 0.0;

    finalBattleSensorBody->CreateFixture(&fixtureDef);
}
```

createFinalBattleSensor 메소드는 길고 얇은 박스를 만들어 보스를 만나기 전 마지막 다리를 건넌 직후의 지점에 놓는다. 그래서 플레이어가 이 박스와 부딪히면 영화같은 보스 등장 시퀀스가 시작된다.

다음으로 Particle 시스템을 생성하는 메소드를 추가할 차례이다(리스트 12.48). 여기에서는 Particle 시스템을 이용하여 불꽃 이펙트를 만들어 다리가 화염에 휩싸인 모습을 연출할 것이다.

 Scene4ActionLayer.mm 파일의 createParticleSystem 메소드
(createFinalBattleSensor 메소드 아래에 추가)

```objc
- (void)createParticleSystem {
    fireOnBridge = [CCParticleSystemQuad particleWithFile:@"fire.plist"];

    if (UI_USER_INTERFACE_IDIOM() == UIUserInterfaceIdiomPad) {
        fireOnBridge.position = ccp(groundMaxX - 400.0, 80);
    } else {
        fireOnBridge.position = ccp(groundMaxX - 200, 40);
    }
    [fireOnBridge stopSystem];
    [self addChild:fireOnBridge z:10];
}
```

createParticleSystem 메소드는 마지막 다리를 생성한 직후에 호출되기 때문에
Particle 시스템은 마지막 다리의 중앙에 위치하게 된다. 파티클 시스템은 초기화가
끝나자마자 바로 멈추지만, 이후 필요한 시점에 계속해서 진행시킬 수 있다.

Particle 시스템 자체는 Particle 디자이너에 의해 생성되며 그 정의는 프로퍼티
리스트에 저장된다. Particle 디자이너와 Particle 시스템을 생성하는 것에 대해서
는 Chapter 14에서 자세히 다룬다.

다음으로 보스 등장 시퀀스 코드의 핵심 부분을 update 메소드 마지막 부분에 추
가하자(리스트 12.49).

리스트 12.49 Scene4ActionLayer.mm 파일의 update 메소드 마지막 부분에 추가하는 코드

```objc
CGSize winSize = [CCDirector sharedDirector].winSize;
if (!inFinalBattle &&
    isBodyCollidingWithObjectType(finalBattleSensorBody, kCartType)) {

    inFinalBattle = true;
    actionStopped = true;
    [cart setMotorSpeed:0];
    cart.body->SetLinearVelocity(b2Vec2(0, 0));

    [self runAction:
        [CCSequence actions:
            [CCDelayTime actionWithDuration:1.0],
            [CCMoveBy actionWithDuration:0.5
                        position:ccp(winSize.width * 0.6, 0)],
```

```objc
        [CCCallFunc actionWithTarget:self
                selector:@selector(startFire)],
        [CCDelayTime actionWithDuration:2.0],
        [CCCallFunc actionWithTarget:self
                selector:@selector(destroyBridge)],
        [CCDelayTime actionWithDuration:1.0],
        [CCMoveBy actionWithDuration:2.0
                position:ccp(-1 * winSize.width * 1.3, 0)],
        [CCDelayTime actionWithDuration:1.0],
        [CCCallFunc actionWithTarget:self
                selector:@selector(playRoar)],
        [CCDelayTime actionWithDuration:1.0],
        [CCMoveBy actionWithDuration:2.0
            position:ccp(-1 * (winSize.width*6-winSize.width*0.7), 0)],
        [CCDelayTime actionWithDuration:1.0],
        [CCMoveBy actionWithDuration:2.0
                position:ccp(winSize.width*6, 0)],
        [CCCallFunc actionWithTarget:self
                selector:@selector(backToAction)],
        nil]];
}
```


추가되는 코드는 먼저 플레이어가 최종 대결 센서에 닿았는지를 검사하는 것으로
시작한다. 그래서 만일 플레이어가 센서와 부딪혔다면 이제 플레이어가 최종 전투
중인 것으로 표기하고 게임 액션을 멈춘다. 그리고는 카트 바퀴의 모터를 0으로 하
여 카트를 멈추게 하고 동시에 SetLinearVelocity를 카트 바디에서 사용하여 카트
를 바로 멈추게 한다.

> **Note** SetLinearVelocity는 Box2D 바디의 속도값을 지정하여 바로 반영되도록 만든다. 일반적
> 으로는 SetLinearVelocity를 사용하는 것보다 충격량이나 힘을 사용하여 간접적으로 오
> 브젝트의 속도를 변화시키는 것이 더 좋다. 왜냐하면 SetLinearVelocity를 사용하면 간
> 혹 물리 엔진이 이상하게 동작하는 경우가 생기기 때문이다. 그러나 이번 경우에는 단순히
> 바디를 즉시 멈추게 하는 용도로만 사용하기 때문에 크게 문제될 일은 없다.

모든 것이 멈춘 다음에는 액션 시퀀스가 시작된다. 특히 카메라가 왼쪽으로 이동하
여 다리가 화염에 휩싸이고 다리가 무너지는 모습을 보여준 다음 보스가 있는 쪽으로
이동하여 보스의 함성 소리 사운드 이펙트를 재생시키고 화면의 오른쪽으로 계속 이
동하여 길 끝에 있는 절벽을 보여준 후 다시 처음 위치로 돌아와 액션을 계속 진행시

킨다. 이 모든 것은 Chapter 4에서 배운 Cocos2D 액션만으로 이루어진다.

다음으로 위 코드에서 사용하는 헬퍼 메소드를 추가하자(리스트 12.50).

리스트 12.50 Scene4ActionLayer.mm 파일의 startFire, destroyBridge, playRoar, backToAction 메소드(update 메소드 앞에 추가)

```objc
- (void)startFire {
    PLAYSOUNDEFFECT(FLAME_SOUND);
    [fireOnBridge resetSystem];
}

- (void)destroyBridge {
    [fireOnBridge stopSystem];
    world->DestroyJoint(lastBridgeStartJoint);
    lastBridgeStartJoint = NULL;
    world->DestroyJoint(lastBridgeEndJoint);
    lastBridgeEndJoint = NULL;
}

- (void)playRoar {
    PLAYSOUNDEFFECT(ENEMYDRILL_ROAR1);
}

- (void)backToAction {
    actionStopped = false;
    [self followCart];
}
```

이 메소드들은 아주 단순하다. `startFire` 메소드는 화염 사운드 이펙트를 재생시킨 다음 불꽃 Particle 시스템을 재시작한다. `destroyBridge` 메소드는 `DestroyJoint` 메소드를 호출하여 다리와 ground가 연결된 두 개의 조인트를 제거시킨다(그래서 다리가 떨어진다). `playRoar` 메소드는 사운드를 재생하고 `backToAction` 메소드는 `actionStopped` 플래그를 비활성화시키고 다시 카트를 쫓도록 한다.

다음으로 `actionStopped` 변수를 점검하는 코드를 추가해야 한다. 만일 action Stopped 변수가 설정되었다면 layer는 카트를 따라가지 않아 카트는 더이상 움직일 수 없게 된다. 그러면 리스트 12.51의 코드를 두 개의 메소드 `accelerometer: didAccelerate`와 `followCart` 메소드 맨 앞에 추가하자.

 Scene4ActionLayer.mm 파일의 accelerometer:didAccelerate와 followCart 메소드의 맨 앞에 추가하는 코드

```
if (actionStopped) return;
```

이제 최종 단계로 createLevel 메소드의 마지막 createBridge 호출 바로 다음에 Particle 시스템을 생성하는 코드와 마지막 대결 센서를 추가하자(리스트 12.52). 정말 중요하다. 반드시 마지막 createBridge 호출 바로 다음에 추가해야 한다.

 Scene4ActionLayer.mm 파일의 createLevel 메소드에서 마지막 createBridge 호출 바로 다음에 추가하는 코드

```
[self createParticleSystem];
[self createFinalBattleSensor];
```

원한다면 setupDebugDraw 메소드를 주석 처리하고 프로그램을 컴파일하고 실행시켜 보자. 그림 12.13과 같이 드디어 여러분은 액션이 가미되고, 물리 엔진을 사용하고, 횡 스크롤을 지원하며, 화려한 보스 등장 화면까지 갖춘 게임 레벨을 갖게 되었다.

| 그림 12.13 | 영화같은 보스 등장 화면 중 다리가 화염에 휩싸인 모습

▶▶ 정리

이제 여러분은 Box2D, 차량, 모터, 조인트, 충돌, 적(enemy) 로직, 영화 이펙트 등이 포함된 횡 스크롤 액션 게임 레벨을 만들었다! 이와 함께 게임 개발을 위한 Box2D 사용 방법과 물리 엔진의 가장 중요한 성능을 사용하는 방법에 익숙해져 있을 것이다.

Box2D에 대해 더 알고 싶다면 Box2D 공식 사이트(http://www.box2d.org)를 통해 Box2D 매뉴얼을 확인해보기 바란다. 매뉴얼에는 조인트 타입, 광선투사법(raycasting) 등 Box2D의 추가 기능에 대한 모든 내용이 들어 있다. Box2D 포럼 또한 아주 좋은 지식 공간이자 Box2D와 관련된 질문을 하기 좋은 곳이다.

지금까지 10, 11, 12 세 챕터를 통해 Box2D의 가능성에 흥미를 가졌으면 좋겠다. 아무쪼록 Box2D를 활용하여 개발한 여러분의 게임이 App Store에 등록되기를 바란다!

▶▶ 연습문제

1. 보스에게 별도의 인공지능을 추가하자. 예를 들어, Ole가 보스와 가까이 있거나 보스가 절벽에 가까워졌을 때 Ole를 선제 공격하도록 만들자.
2. 지면과 시간 관계상 이번 챕터에서는 Ole의 체력을 UI layer에 나타내거나 Ole의 체력이 0으로 떨어지면 게임에서 지도록 하는 부분을 구현하지 못했다. 여러분이 지금까지 배운 내용들을 토대로 구현해보자.
3. 다른 유형의 적을 만들어 이번 게임 레벨에 추가하자. 예를 들어, 길다란 막대기 형태의 스파이크가 ground에 레볼루트 조인트로 연결되어 Ole가 가까이 오면 바닥으로 떨어지도록 할 수 있다.

Chipmunk 물리 엔진

지금까지 우리는 Box2D를 이용하여 카트 레이싱 레벨을 만들면서 게임 물리 엔진 라이브러리를 사용해서 게임에 놀라운 이펙트를 부여하는 방법을 배웠다.

Cocos2D의 아주 멋진 점 중 하나는 2D 물리 엔진 라이브러리를 하나가 아닌 두 개나 제공한다는 것이다. 지금까지 Chapter 10, 11, 12을 통해 Box2D에 대해 알아보았으니 이제 다른 물리 엔진 라이브러리인 Chipmunk에 대해 살펴볼 차례이다.

이번 챕터에서는 Chipmunk를 가지고 메트로이드 스타일의 발판 점프 레벨을 만들 것이다(그림 13.1). 이번 게임 레벨에서는 Ole가 발판을 뛰어 다니며 행성이 폭발하기 전에 탈출해야 한다. 이러한 게임을 구현하는 과정을 통해 Chipmunk를 사용하는 방법과 Box2D와의 차이를 익히고, 이를 바탕으로 여러분의 게임을 개발할 때 어떤 라이브러리를 사용하는 것이 좋은지를 판단할 수 있는 힘을 갖게 될 것이다.

아직 Chapter 10, 11, 12을 읽지 않았다면 반드시 먼저 읽어야 한다. 이번 챕터에서 사용하는 일부 개념은 Chapter 10, 11, 12에서 다루기 때문이다.

그럼 시작해 보자 – 이미 시간은 줄어들고 있다!

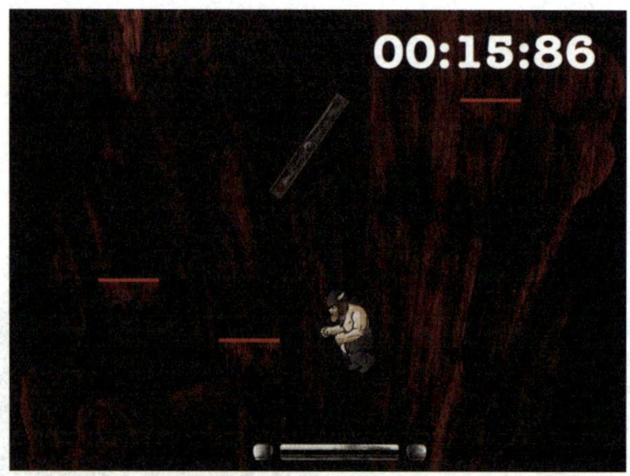

| 그림 13.1 | 이번 챕터에서 만들게 될 Chipmunk를 이용한 메트로이드 스타일의 발판 점프 레벨

Chipmunk란?

Chipmunk는 스콧 렘키가 처음 개발한 오픈 소스 기반의 2D 게임 물리 엔진 라이브러리이다. Box2D와 마찬가지로 Chipmunk 역시 Cocos2D의 기본 라이브러리로 통합되어 Cocos2D 게임 개발에 사용하기가 매우 편리하다. Chipmunk의 특징은 Box2D와 비슷하고 동작하는 방식도 동일하지만 몇 가지 용어에서 차이가 있다.

- 물리 엔진 바디를 놓기 위해 물리 world(Chipmunk에서는 'space'라고 부름)를 만드는 것으로 시작한다. 그리고 매 프레임마다 Chipmunk에게 시뮬레이션시킬 시간을 제공한다. 그러면 Chipmunk가 물리 계산을 하여 바디를 이동시키는데, 이 위치 정보를 이용하여 스프라이트의 위치를 업데이트시키면 된다.
- 바디와 픽스처(Chipmunk에서는 'shape'라고 부름)를 space에 추가하면 된다. Box2D와 같이 복잡한 오브젝트 모델을 사용하는 경우에는 하나의 바디에 여러 개의 shape를 넣을 수 있다. 그리고 바디와 shape는 스프라이트와 정확하게 일치하지 않아도 된다.
- 바디의 이동에 제한을 두기 위하여 조인트(Chipmunk에서는 'constraint'라고 부르며 좀 더 일반적이다)를 추가할 수 있다. Chipmunk는 Box2D와 유사한 constraint 형태를 가지고 있지만, 그 사이에는 몇 가지 중요한 차이점이 있다. 이 부분에 대해서는 이번 챕터에서 다룰 것이다.

여러분은 이미 Box2D에 익숙해져있기 때문에 Chipmunk를 이해하는 데 큰 어려움이 없을 것이다. 근간을 이루는 물리 엔진은 아주 유사하기 때문에 동일한 이펙트를 실행시키는 Chipmunk의 API에 대해서만 익히면 될 것이다.

이번 챕터에서는 Chipmunk를 사용하여 가장 중요한 개념 – space 생성, 바디와 shape를 space에 추가, constraint 추가 등 – 을 배우면서 실전 경험을 쌓도록 할 것이다.

Chipmunk vs Box2D

Cocos2D 게임을 개발하면서 물리 엔진을 사용하려고 할 때 Chipmunk와 Box2D 중에서 선택해야 하는 상황이 생기는데, 아마도 어떤 엔진을 사용하는 것이 좋을지 고민이 될 것이다. 선택은 지극히 개인적인 성향에서 이루어지기 때문에 우선 두 가지를 모두 다루어본 다음 자신에게 잘 맞는 엔진을 선택하는 것이 가장 좋겠다. 그리고 그것이 이번 챕터를 읽어야 하는 이유이기도 하다! 먼저 Chipmunk와 Box2D의 차이점을 이해하고 넘어가도록 하자.

- Chipmunk는 C로, Box2D는 C++로 작성되었다. 어떤 프로그래머들은 C++보다 C에 더 익숙하기 때문에(물론 그 반대도 마찬가지다), 가능한 한 동일한 언어를 사용하는 것을 선호하는 경향이 있을 것이다. 게다가 Chipmunk는 오브젝티드-C 래퍼(wrapper) 클래스를 제공하기 때문에 C나 C++를 사용하지 않아도 Chipmunk를 사용할 수 있다.

- Chipmunk는 포인트를 미터 단위로 변환시키지 않아도 된다. 따라서 Chipmunk를 사용할 때는 포인트-미터 비율(PTM_RATIO)을 쓸 필요가 없기 때문에 코드에 버그가 생길 가능성이 줄어들고 읽기도 수월해질 것이다.

- Chipmunk 코드가 조금 더 간결하다. 동일한 이펙트를 만들 때 Chipmunk가 Box2D보다 더 짧은 줄로 코딩을 할 수 있기 때문에 신속하게 게임 프로토타입을 만들어야 하는 상황에서는 Chipmunk가 더 좋을 수 있다.

- Box2D의 조인트와 Chipmunk의 constraint는 약간의 차이가 있다. 예를 들어 Box2D에서 레볼루트 조인트를 만들 때는 조인트의 움직임을 제한시키거나 모터를 달 수 있지만 Chipmunk에서는 동일한 이펙트를 구현하기 위해 세 가지의 constraint를 사용해야 한다. 어떤 이펙트는 Chipmunk보다 Box2D에서 구현하는 것이 훨씬 쉬운데, 그 이유는 Box2D 조인트에는 여러 가지 옵션이 제공되기 때문이다. 그러나 Chipmunk 역시 몇 개 안되지만 조인트(예: damped rotary spring 및 ratchet joint effect)를 보유하고 있는데, Box2D에는 이러한 조인트와 직접적으로 매치되는 것이 없다.

- Box2D에는 연속적인 충돌 탐지 기능이 있어 ground 같이 고정된 오브젝트를 다른 오브젝트가 관통하지 못하도록 하지만 Chipmunk의 경우에는 특별한 상황에서 오브젝트 내에 걸리거나 심지어는 통과하는 경우도 발생한다.

- Box2D가 안정적이며 날씨의 영향을 덜 받는 것 같다. 이 부분은 오직 저자의 견해와 경험을 통해 내려진 결론이니 참고하기 바란다. 저자의 경험에 비추어 봤을 때, Box2D를 가지고 작업을 했을 때보다 Chipmunk를 가지고 작업을 했을 때 의도하지 않은 결과가 나올 때가 더 많았다.

어떤 물리 엔진을 선택하든지 문제될 것이 없다! 여러분은 원하는 모든 작업을 두 가지의 물리 엔진을 사용해 모두 구현할 수 있다. 두 물리 엔진 모두 훌륭한 기능을 구비하고 있고 사용하기도 편리할 뿐만 아니라 막강한 지식이 축적된 포럼이 있기 때문에 여러분은 그저 사용하기만 하면 될 뿐이다.

이번 챕터에서는 Chipmunk를 사용해 본 다음 Box2D와 비교할 기회를 갖게 될 것이다. 이를 통해 여러분은 여러분의 게임에 필요한 물리 엔진을 선택할 수 있을 것이다.

▶▶ Chipmunk 시작하기

Chipmunk 코드를 작성하기 전에 먼저 메인 메뉴에서 Chipmunk로 만든 게임 레벨을 선택할 수 있도록 만들어 놓는 것이 좋겠다.

Chapter 11에서 했던 것과 유사하게 이번 레벨에서도 두 개의 layer를 사용해서 하나는 사용자 인터페이스(UI) layer로 사용하고 나머지 하나는 액션 layer로 사용할 것이다. 이번 레벨에서 UI layer에는 타이머를 표시하는데, 이 타이머는 행성이 폭발할 때까지 남은 시간을 가리키게 된다. 그리고 액션 layer에 나머지 게임 컨텐츠가 들어가게 된다.

먼저 사용자 인터페이스 layer를 위한 클래스를 만들자. Xcode에서 [Scenes] 그룹을 Control +클릭한 다음 [New Group]을 선택하고 'Scene5'로 이름을 바꾼다. 그

리고는 [Scene5] 그룹이 선택된 상태에서 [File]-[New]-[New File…]을 선택하고
[iOS]-[Cocoa Touch]-[Objective-C class]를 선택한 다음 [Next]를 클릭한다. 그
리고 [Subclass of] 필드에 'CCLayer'라고 입력하고 [Next]를 클릭한 다음 파일 이
름을 'Scene5UILayer.m'이라고 입력하고 [Save]를 클릭한다.

이제 Scene5UILayer.h 파일을 열고 그 내용을 리스트 13.1의 내용으로 바꾸자.

리스트 13.1 <u>Scene5UILayer.h</u>

```objective-c
#import "cocos2d.h"

@interface Scene5UILayer : CCLayer {
    CCLabelTTF *label;
}

- (void)displaySecs:(double)secs;

@end
```

UI layer는 카운트다운용 타이머를 위한 라벨 하나만 갖고 있으며 선언된 메소드
는 액션 layer에서 남은 시간을 표시하는 데 사용된다.

이번에는 Scene5UILayer.m 파일을 열고 그 내용을 리스트 13.2의 내용으로 바
꾸자.

리스트 13.2 <u>Scene5UILayer.m</u>

```objective-c
#import "Scene5UILayer.h"

@implementation Scene5UILayer

- (void)displaySecs:(double)secs {
    // 1
    secs = MAX(0, secs);

    // 2
    double intPart = 0;
    double fractPart = modf(secs, &intPart);
    int isecs = (int)intPart;
    int min = isecs / 60;
    int sec = isecs % 60;
```

```objc
    int hund = (int) (fractPart * 100);
    [label setString:[NSString stringWithFormat:@"%02d:%02d:%02d",
                                         min, sec, hund]];
}

- (id)init {
    if ((self = [super init])) {
        // 3
        CGSize winSize = [CCDirector sharedDirector].winSize;
        float fontSize = 40.0;
        if (UI_USER_INTERFACE_IDIOM() == UIUserInterfaceIdiomPad) {
            fontSize *= 2;
        }
        label = [CCLabelTTF labelWithString:@""
                        fontName:@"AmericanTypewriter-Bold"
                        fontSize:fontSize];
        label.anchorPoint = ccp(1, 1);
        label.position = ccp(winSize.width - 20, winSize.height - 20);
        [self addChild:label];
    }
    return self;
}

@end
```


다음은 각 번호에 대한 설명이다.

1. 이렇게 하면 가장 작은 시간값으로 0을 표시하게 된다. 그래야 화면에 시간이
   음수로 표시되는 것을 막을 수 있기 때문이다. 그리고 시간이 0이 되면 행성이
   폭발한다.

2. 초로만 나타나는 시간을 분, 초, 1/100초로 나눈 다음 각각을 주어진 포맷으로
   라벨에 담는다. modf 함수는 C 라이브러리 함수로, double 타입의 숫자를 정수
   와 소수로 나누어준다.

3. 라벨을 생성한 다음(시작할 때는 아무 내용도 없다) 오른쪽 윗부분에 배치시킨
   다. 이때 라벨의 앵커 포인트를 ccp(1, 1)로 잡는데, 이 지점은 라벨의 맨 오른
   쪽 위에 해당한다. 앵커 포인트를 이렇게 잡은 이유는 나중에 라벨의 위치를 선
   정할 때 오른쪽 윗부분 모서리에 두도록 하기 위해서이다.

이렇게 하면 UI layer가 끝난다. 그러면 이제 액션 layer를 만들어보자. [Scene5] 그룹을 선택한 상태에서 [File]-[New]-[New File...]을 선택하고 [iOS]-[Cocoa Touch]-[Objective-C class]를 선택한 다음 [Next]를 클릭한다. [Subclass of] 필드에는 'CCLayer'라고 입력하고 [Next]를 클릭한 다음 파일 이름으로 'Scene5ActionLayer.m'이라고 입력하고 [Save]를 클릭한다.

그리고 Scene5ActionLayer.h 파일을 열고 그 내용을 리스트 13.3의 내용으로 대치하자.

리스트 13.3 Scene5ActionLayer.h

```objc
#import "cocos2d.h"

@class Scene5UILayer;

@interface Scene5ActionLayer : CCLayer {
    Scene5UILayer * uiLayer;
    double startTime;
}

- (id)initWithScene5UILayer:(Scene5UILayer *)scene5UILayer;

@end
```

액션 layer는 UI layer에 대한 레퍼런스를 가지고 있으며, layer가 시작한 시각을 기록하기 위한 인스턴스 변수도 갖고 있다. 그리고 UI layer를 파라미터로 하는 init 메소드를 갖는다.

이제 Scene5ActionLayer.m 파일로 이동한 다음 그 내용을 리스트 13.4의 것으로 바꾸자.

리스트 13.4 Scene5ActionLayer.m

```objc
#import "Scene5ActionLayer.h"
#import "Scene5UILayer.h"

@implementation Scene5ActionLayer

- (id)initWithScene5UILayer:(Scene5UILayer *)scene5UILayer {
```

```objc
    if ((self = [super init])) {
        uiLayer = scene5UILayer;
        startTime = CACurrentMediaTime();
        [self scheduleUpdate];
    }
    return self;
}

- (void)update:(ccTime)dt {
    static double MAX_TIME = 60;
    double timeSoFar = CACurrentMediaTime() - startTime;
    double remainingTime = MAX_TIME - timeSoFar;
    [uiLayer displaySecs:remainingTime];
}

@end
```

initWithScene5UILayer 메소드는 UI layer의 레퍼런스를 파라미터도 받은 다음, UI layer와 현재 시각을 인스턴스 변수에 저장한 다음 매 프레임마다 update 메소드가 호출되도록 스케줄시킨다.

update 메소드는 먼저 Ole에게 행성을 빠져나가는 데 필요한 시간을 정의하는데, 여기에서 사용한 시간값은 1분(60초)이다. 그리고는 현재 시각에서 layer가 시작한 시각을 뺌으로써 얼마나 시간이 지났는지를 계산하고 그 값을 1분에서 차감하여 남은 시간을 계산한다. 그리고 이렇게 계산한 남은 시간을 화면에 표시한다.

다음은 scene을 위한 클래스를 만들어 방금 생성한 두 개의 layer를 사용할 것이다. 다시 [Scene5] 그룹을 선택하고 [File]—[New]—[New File...]을 선택한 다음 [iOS]—[Cocoa Touch]—[Objective-C class]를 선택하고 [Next]를 클릭한다. 그리고 [Subclass of] 필드에 'CCScene'이라고 입력한 다음 [Next]를 클릭하고 파일 이름으로 'Scene5.m'을 입력한 후 [Save]를 클릭한다.

이제 Scene5.h 파일을 열고 리스트 13.5의 내용을 대체하자.

리스트 13.5 Scene5.h

```objc
#import "cocos2d.h"

@interface Scene5 : CCScene {
```

```
}

@end
```

Scene5 클래스가 CCScene 클래스의 서브클래스라는 것을 나타내는 것 말고는
아무 것도 없다. 이번에는 Scene5.m 파일을 열고 그 내용을 리스트 13.6의 내용으
로 대체하자.

리스트 13.6 _Scene5.m_

```
#import "Scene5.h"
#import "Scene5UILayer.h"
#import "Scene5ActionLayer.h"

@implementation Scene5

-(id)init {
    if ((self = [super init])) {
        Scene5UILayer * uiLayer = [Scene5UILayer node];
        [self addChild:uiLayer z:1];
        Scene5ActionLayer * actionLayer =
                          [[[Scene5ActionLayer alloc]
                              initWithScene5UILayer:uiLayer]
autorelease];
        [self addChild:actionLayer z:0];
    }
    return self;
}

@end
```

init 메소드는 UI layer를 생성한 다음 UI layer를 파라미터로 사용하여 액션
layer를 생성한다.

이제 거의 끝나간다. 방금 만든 새로운 scene을 GameManager에서 선택할 수 있도
록 하면 된다. 이제 GameManager.mm 파일로 이동한 다음 Scene5.h 파일을
import시키는 코드를 파일 맨 윗부분에 추가하자(리스트 13.7).

리스트 13.7   GameManager.mm 파일의 맨 윗부분에 추가하는 코드

```
#import "Scene5.h"
```

그 다음 `runSceneWithID` 메소드로 이동하여 switch의 분기점 중 `kGameLevel5`에 해당하는 코드를 새로운 scene을 실행시키는 코드로 바꾸자(리스트 13.8).

리스트 13.8   GameManager.mm 파일의 runSceneWithID 메소드(switch 구문에서 수정하는 부분)

```
case kGameLevel5:
    sceneToRun = [Scene5 node];
    break;
```

> **Tip**
>
> 이전 챕터에서 언급한 것과 같이 이번 챕터에서도 이번 scene에 대한 작업을 많이 하기 때문에 프로그램을 실행시킬 때 이번 scene이 바로 실행되도록 하기를 원할 것이다. 이번 scene이 바로 실행되도록 하기 위해서는 앞에서와 마찬가지로 Classes\Singletons\SpaceVikingAppDelegate.m 파일을 열고 `applicationDidFinishLaunching` 메소드의 마지막 부분에 있는 `CCDirector:runSceneWithID` 호출을 다음과 같이 수정하면 된다.
>
> ```
> [[GameManager sharedGameManager]
>     runSceneWithID:kGameLevel5];
> ```

이렇게 하면 끝난다. 프로그램을 컴파일하고 실행시킨 후 메인 메뉴에서 Escape! 를 선택해보자(또는 미리 작업을 해 놓았다면 자동으로 Scene5가 실행될 것이다). 그러면 그림 13.2와 같이 화면 오른쪽 상단에 카운트다운 타이머가 나타나는 것을 보게 될 것이다. 여기까지가 Scene5에 대한 기본 골격이 되며 이제 앞으로 이 내용을 채워갈 것이다.

이제 Chipmunk 코드를 작성하면 되는데 이를 위해서는 Chipmunk 파일을 프로젝트에 추가해야 한다.

| 그림 13.2 | Scene의 기본 골격만 만들고 실행시킨 화면. 카운트다운 타이머만 나타난다.

Chipmunk를 프로젝트에 추가하기

Finder를 이용하여 Cocos2D를 다운받은 폴더로 이동한 다음 거기에서 서브 디렉터리 external\Chipmunk로 이동한다. [Chipmunk] 디렉터리를 (Control)+클릭(또는 마우스 오른쪽 버튼으로 클릭)한 다음 [Copy Chipmunk]를 선택한다.

그런 다음 [SpaceViking]-[libs]로 이동한다. 그리고 [libs] 디렉터리를 (Control)+클릭한 다음 [Paste Item]을 선택한다. 그러면 그림 13.3과 같이 [Chipmunk] 디렉터리가 SpaceViking\libs의 서브 디렉터리로 복사될 것이다.

이번에는 이렇게 복사한 파일을 Xcode 프로젝트로 불러와야 한다. [cocos2d Sources] 그룹을 펼친 다음 SpaceViking\libs 디렉터리에 있는 [Chipmunk] 폴더를 펼친 그룹으로 드래그한다. 그리고 다이얼로그 화면에서 'Copy items into destination group's folder (if needed)'가 체크되지 않도록 하고 'Create groups for any added folders'를 선택하고 [Finish]를 클릭한다(그림 13.4).

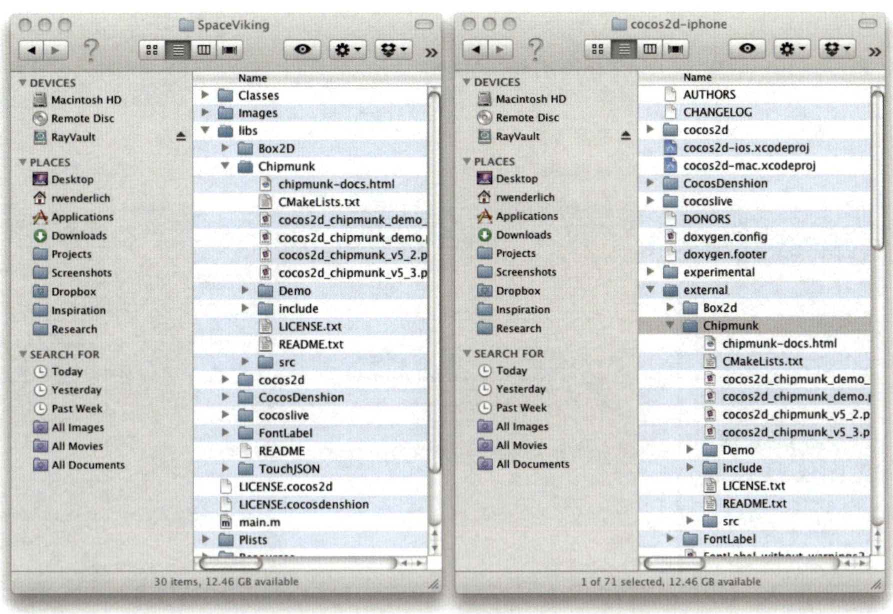

| **그림 13.3** | Chipmunk 파일을 프로젝트 디렉터리에 복사한 화면

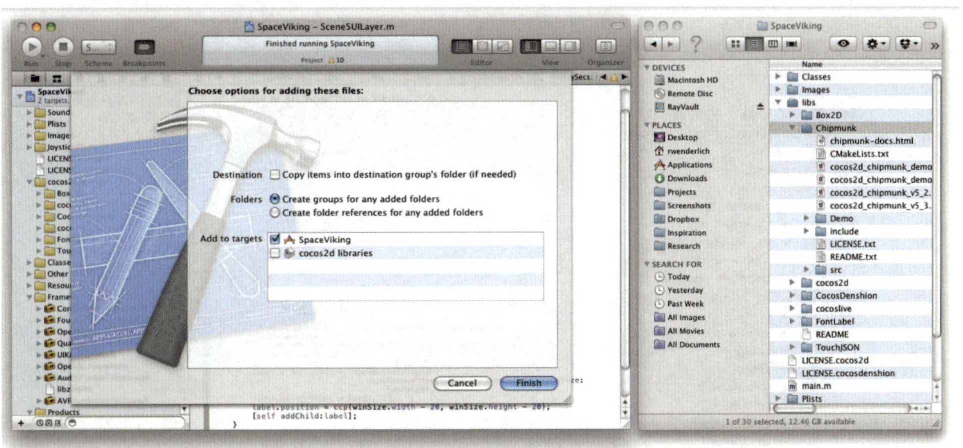

| **그림 13.4** | Chipmunk 파일을 Xcode 프로젝트에 추가시키는 화면

이렇게 [Chipmunk] 디렉터리 전체를 Xcode 프로젝트에 추가시키기는 했지만 실
제로 필요한 부분은 [include]와 [src] 디렉터리다. 그렇기 때문에 필요없는 나머지

디렉터리는 제거하자. Xcode에서 [Chipmunk] 그룹을 펼친 다음 [include]와 [src]
를 제외한 모든 서브 디렉터리를 선택하여 (Control)+클릭을 한 후 [delete]를 선택하
고 다시 [Remove References Only]를 선택한다(그림 13.5).

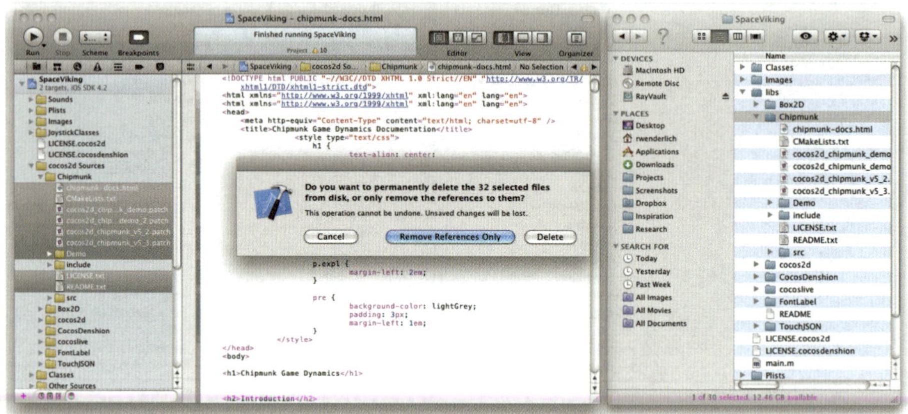

| 그림 13.5 | include와 src를 제외한 모든 서브 디렉터리를 제거하는 화면

모든 작업이 끝나면 Xcode의 그룹 트리는 그림 13.6과 같이 나타나야 한다.

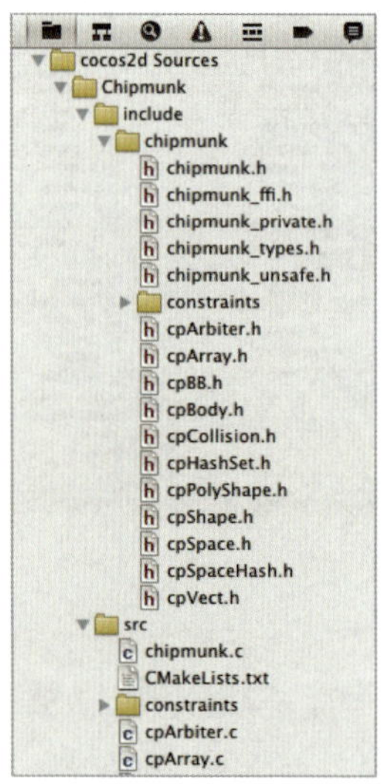

| 그림 13.6 | Chipmunk 파일을 추가하고 난 후 Xcode Chipmunk 그룹의 최종 모습

이제 마지막 단계로 Project Navigator에서 Space Viking 프로젝트를 선택하여 프로젝트 설정 화면을 띄운 다음 [Build Settings] 탭을 선택하고 바로 아래에 [All] 과 [Combined] 버튼을 선택한 후 [Search Paths] 항목의 [Header Search Paths] 아이템을 선택한다. 여기에서 [Header Search Paths] 아이템을 더블 클릭하여 편집창을 띄우고 [+] 버튼을 눌러 새로운 항목을 추가한 다음 해당 항목을 더블 클릭하여 path에 대한 내용을 추가한다. Xcode 3의 경우에는 libs/Chipmunk/include/chipmunk라고 입력하고, Xcode 4의 경우에는 SpaceViking/libs/Chipmunk/include/chipmunk라고 입력한 다음 [Done]을 클릭한다. 다 끝나면 그림 13.7과 같이 되어야 한다.

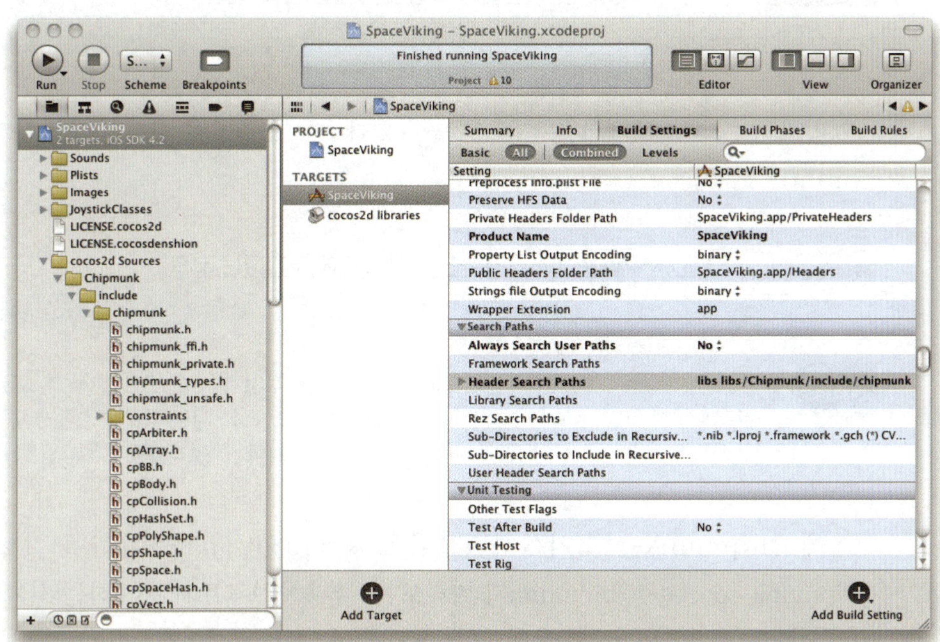

| 그림 13.7 | xcocos2d 라이브러리 타겟에 Chipmunk의 include 디렉터리를 추가한 화면

이제 프로그램을 컴파일해보자. 컴파일이 정상적으로 이루어지면 Chipmunk가 제대로 프로젝트에 추가된 것이다. 그러면 이제 본격적으로 Chipmunk의 세계로 들어가보자.

Chipmunk의 기본 Scene 만들기

먼저 간단하게 Chipmunk의 기본 Scene을 만드는 것으로 시작해보자. Chipmunk space를 만들고 박스 오브젝트를 추가한 다음 debug drawing을 켜고 테두리를 만들어 박스가 화면 밖으로 나가는 것을 막을 것이다.

Chipmunk 함수를 사용하기 전에 먼저 `cpInitChipmunk` 함수를 호출하여 Chipmunk를 초기화해야 한다. 이 함수는 전체 게임에서 한 번만 호출하면 되기 때문에 `GameManager`의 init 메소드에서 호출하는 것이 좋다. 그러면 GameManager.mm 파일을 열고 chipmunk.h 파일을 import시키는 코드를 추가하자(리스트 13.9).

리스트 13.9 <u>GameManager.mm 파일의 앞 부분에 추가하는 코드</u>

```
#import "chipmunk.h"
```

그리고 init 메소드에서 `cpInitChipmunk` 함수를 호출하는 코드를 추가하자(리스트 13.10).

리스트 13.10 <u>GameManager.mm 파일의 init 메소드에 추가하는 코드</u>

```
cpInitChipmunk();
```

> **Note** `cpInitChipmunk` 함수는 Chipmunk가 잘 동작하도록 하기 위해 전역 데이터를 할당한다. 그렇기 때문에 만일 `cpInitChipmunk` 함수를 호출하는 것을 잊어버리면 게임이 동작하는 동안 두 오브젝트가 충돌하게 되면서 `EXC_BAD_ACCESS` 에러와 함께 크래시를 일으킬 것이다.

이제 Chipmunk를 초기화하였으니 Chipmunk space를 만들 차례이다. Chipmunk space는 'Chipmunk가 바라보는' 물리 오브젝트가 존재하는 시뮬레이션 세상으로 Box2D의 world와 동일하다. 이렇게 만든 space에 Chipmunk 바디를 추가하고 Chipmunk가 시뮬레이션을 하도록 만든다. 그리고는 시뮬레이션을 통해 이동한 Chipmunk의 바디 위치에 맞게 스프라이트의 위치를 업데이트시켜주면 된다.

앞에서 설명한 바와 같이 Chipmunk space와 Box2D world의 차이점 중 하나가 단위였다. Box2D에서는 단위가 미터 단위로 최적화되어 포인트-미터 비율(PTM_

RATIO)을 이용하여 포인트 단위를 미터 단위로 변환시켜야 했다. 그러나 Chipmunk 에서는 어느 쪽이나 단위로 사용할 수 있기 때문에 포인트를 바로 단위로 사용하는 것이 간단하다.

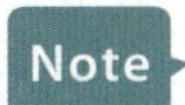

Chipmunk에서는 포인트 단위를 직접 사용할 수 있지만 작업하는 이미지의 크기에 영향을 받는다는 사실을 명심하고 있어야 한다. 앞 챕터에서도 가끔 HD 이미지를 사용하여 오프셋을 측정하는 경우에는 iPad와 iPhone에 따라 다른 값을 사용하기도 하였다.

아직까지는 제대로 컴파일되지 않을 것이다. 왜냐하면 코드를 더 추가해야 하기 때문이다. 그러나 곧 제대로 컴파일이 될 것이니 걱정하지 않아도 된다(리스트 13.16까지 작성하면 된다).

다음으로 Scene5ActionLayer.m 파일로 이동해서 space를 생성하는 메소드를 추가하자(리스트 13.11).

리스트 13.11 Scene5ActionLayer.m 파일의 createSpace 메소드(initWithScene5UILayer 메소드 앞에 추가)

```
- (void)createSpace {
    space = cpSpaceNew();                                              // 1
    if (UI_USER_INTERFACE_IDIOM() == UIUserInterfaceIdiomPad) {
        space->gravity = ccp(0, -1500);                               // 2
    } else {
        space->gravity = ccp(0, -750);
    }
    cpSpaceResizeStaticHash(space, 400, 200);                         // 3
    cpSpaceResizeActiveHash(space, 200, 200);
}
```

createSpace 메소드에서 일어나는 일을 모두 이해하는 것이 중요하기 때문에 줄 단위로 설명을 하겠다.

1. cpSpaceNew 함수를 호출하여 Chipmunk space를 생성시키면서 그 결과를 인스턴스 변수 space에 저장한다. 인스턴스 변수 space는 계속해서 사용할 것이다.

2. Chipmunk space에 중력을 설정할 때 방향은 y축의 −방향으로 한다. 예제 코

드에 사용된 중력값은 여러 번의 시행착오를 통해 얻은 '적당한' 값이다. iPad와
iPhone은 화면 해상도가 다르기 때문에 사용하는 중력값도 달라진다.

3. 충돌 탐지를 최적화하기 위하여 Chipmunk는 space를 그리드(grid) 형태로 나
   눈다. 즉, 두 개의 오브젝트가 서로 다른 그리드 셀에 있으면 Chipmunk는 두 오
   브젝트는 충돌하지 않은 것으로 간주한다. 그래서 cpSpaceResizeStaticHash
   와 cpSpaceResizeActiveHash 함수를 통해 그리드 크기를 설정할 수 있으며 반
   드시 설정해야 한다. 그리드 셀(두 번째 파라미터)의 크기는 사용하는 오브젝트
   의 크기의 평균보다 약간 큰 것이 가장 적절한 크기이다. 그리고 그리드 셀의 개
   수(세 번째 파라미터)는 사용하는 오브젝트 수의 10배 정도면 좋다. 이때 static
   hash(움직이지 않는 static 오브젝트용)와 active hash(움직이는 active 오브젝
   트용)를 각각 분리하여 설정할 수 있다.

Chipmunk space를 만들었으니 박스를 space에 추가하자. 오브젝트를
Chipmunk space에 추가하기 위해서는 다음과 같은 절차를 밟아야 한다.

1. 오브젝트에 대한 Chipmunk 바디를 생성하고 그것을 space에 추가한다.
2. Chipmunk 바디에 대한 하나 이상의 shape를 생성한 다음 그것(들)을 space에
   추가한다.

그러면 이와 같은 절차가 어떻게 이루어지는지 살펴보자. 먼저 리스트 13.12와 같
이 박스를 만드는 메소드를 추가하자.

리스트 13.12 **Scene5ActionLayer.m 파일의 createBoxAtLocation 메소드(createSpace 메소
드 다음에 추가)**

```
- (void)createBoxAtLocation:(CGPoint)location {
    float boxSize = 60.0;
    float mass = 1.0;
    cpBody *body = cpBodyNew(mass,
                            cpMomentForBox(mass, boxSize, boxSize)); // 1
    body->p = location;                                             // 2
```

```
    cpSpaceAddBody(space, body);                                    // 3

    cpShape *shape =
            cpBoxShapeNew(body, boxSize, boxSize);                  // 4
    shape->e = 0.0;                                                 // 5
    shape->u = 0.5;                                                 // 6
    cpSpaceAddShape(space, shape);                                  // 7
}
```

createBoxAtLocation 메소드 역시 이해하고 넘어가야 할 중요한 내용으로 가득 차 있기 때문에 한줄 한줄 짚어보도록 하겠다.

1. 박스를 위한 Chipmunk 바디를 생성한다. 박스를 생성하면서 박스의 질량(박스를 이동시키는 데 필요한 힘)은 1.0으로 하고, 박스에 대한 관성 모멘트(박스를 회전시키는데 필요한 힘)는 이를 계산하는 헬퍼 함수를 사용하여 설정한다. 관성 모멘트값은 머리로 계산하기는 쉽지 않기 때문에 항상 헬퍼 함수를 사용해야 할 것이다.

2. 바디의 위치를 파라미터로 넘겨 받은 위치로 지정한다. 단위 변환이 없기 때문에 파라미터로 받은 값을 그대로 사용한다.

3. 바디를 Chipmunk space에 추가한다.

4. 박스에 대한 shape를 생성한다. 이때 사용하는 헬퍼 함수는 직사각형 shape를 만드는 함수이다. 사용하는 헬퍼 함수를 바꾸면 원 모양의 shape나 (cpCircleShapeNew) 다각형 모양(꼭지점을 지정)의 shape(cpPolyShapeNew)를 만들 수도 있다.

5. 멤버 변수 e는 바디의 탄성(elasticity)을 나타내며(박스가 튀는 정도), 여기에서는 0.0으로 설정하였다(전혀 튀지 않음).

6. 멤버 변수 u는 바디의 마찰(friction)을 나타내며(박스가 미끄러지는 정도), 여기에서는 중간 정도에 해당하는 0.5로 설정하였다.

7. Shape를 Chipmunk space에 추가한다.

이제 박스를 생성하는 메소드를 작성하였으니 레벨을 생성하는 메소드를 만들어
보자(리스트 13.13). 지금까지는 박스 하나만 존재하게 된다.

 **Scene5ActionLayer.m 파일의 createLevel 메소드(createBoxAtLocation 메소
드 다음에 추가)**

```objc
- (void)createLevel {
    CGSize winSize = [CCDirector sharedDirector].winSize;
    [self createBoxAtLocation:ccp(winSize.width * 0.5, winSize.height * 0.15)];
}
```

다음으로 화면 아래쪽 테두리에 'ground' 테두리를 만드는 메소드를 작성하여 박
스가 중력에 의해 화면 밖으로 나가지 않도록 하자(리스트 13.14).

 **Scene5ActionLayer.m 파일의 createGround 메소드(createLevel 메소드 다음
에 추가)**

```objc
- (void)createGround {
    // 1
    CGSize winSize = [CCDirector sharedDirector].winSize;
    CGPoint lowerLeft = ccp(0, 0);
    CGPoint lowerRight = ccp(winSize.width, 0);

    groundBody = cpBodyNewStatic();                                         // 2

    float radius = 10.0f;
    cpShape * shape = cpSegmentShapeNew(groundBody,
                                        lowerLeft, lowerRight, radius); // 3
    shape->e = 1.0f;                                                        // 4
    shape->u = 1.0f;                                                        // 5
    shape->layers ^= GRABABLE_MASK_BIT;                                     // 6
    cpSpaceAddShape(space, shape);                                          // 7
}
```

createGround 메소드에도 흥미로운 부분이 많으니 번호 순서대로 설명해보자.

1. 화면 크기를 기준으로 왼쪽 아래와 오른쪽 아래 값을 계산한다.
2. cpBodyNewStatic 함수를 호출하여 ground 바디를 위한 Chipmunk 바디를

생성하고, 그 결과를 인스턴스 변수에 저장하여 계속 사용한다. cpBodyNew 대신 cpBodyNewStatic 함수를 사용한 이유는 static 오브젝트는 이동할 수 없기 때문이다. 실제로 바디는 space에 추가되지 않지만 그래도 ground 같은 static 바디는 움직일 필요가 없기 때문에 괜찮다.

3. cpSegmentShapeNew 함수를 호출하여 선 모양으로 세그먼트 shape를 생성한다. 세그먼트 shape는 왼쪽 아래부터 오른쪽 아래로 이어지며 ground 바디에 붙는다. 마지막 파라미터로 전달되는 radius는 선 세그먼트의 폭을 결정하며 예제에서는 10.0f의 두께로 지정하였다. 테두리 shape에 두께를 주는 기능은 Box2D에서는 제공하지 않는 Chipmunk의 편리한 기능이다.

4. 탄성값은 1.0으로 지정하여 계속해서 튀도록 하였다.

5. 마찰값은 1.0으로 지정하였다.

6. Shape가 추가되는 layer의 GRABABLE_MASK_BIT를 제거한다. 이렇게 하면 마우스 constraint를 이용하여 ground를 이동시키는 것을 효과적으로 막을 수 있다(마우스 constraint는 나중에 설명한다). GRABABLE_MASK_BIT를 제거하지 않은 상태에서 마우스 constraint를 사용하면 해결할 수 없는 constraint 에러와 함께 크래시를 일으킬 것이다. 이것은 무한정의 질량을 갖는 바디를 이동시키는 것이 불가능하기 때문에 나타나는 크래시이다.

7. Shape를 Chipmunk space에 추가한다.

다음으로 매 프레임마다 Chipmunk를 실행시키도록 할 차례이다. 리스트 13.15의 내용을 update 메소드 마지막에 추가하자.

리스트 13.15 Scene5ActionLayer.m 파일의 update 메소드 맨 마지막에 추가하는 코드

```
static double UPDATE_INTERVAL = 1.0f/60.0f;
static double MAX_CYCLES_PER_FRAME = 5;
static double timeAccumulator = 0;

timeAccumulator += dt;
if (timeAccumulator > (MAX_CYCLES_PER_FRAME * UPDATE_INTERVAL)) {
    timeAccumulator = UPDATE_INTERVAL;
}
```

```
while (timeAccumulator >= UPDATE_INTERVAL) {
    timeAccumulator -= UPDATE_INTERVAL;
    cpSpaceStep(space, UPDATE_INTERVAL);
}
```

추가하는 게임 루프는 Chapter 12에서 수정했던 게임 루프와 동일하게 고정 시간 간격을 사용한다. Box2D에서는 시뮬레이션을 실행시키기 위해 world->Step 메소드를 사용했지만 Chipmunk에서는 cpSpaceStep 함수를 사용한다. 그리고 Box2D 와 마찬가지로 Chipmunk 역시 고정 시간 간격을 사용할 때 가장 안정적으로 시뮬레이션이 동작한다.

다음으로 debug draw 지원을 scene에 추가하여 새로운 shape를 화면에 나타내고 마우스 지원도 추가하여 오브젝트를 마우스로 드래그할 수 있도록 해야 한다. 필요한 대부분의 코드는 이미 지원 클래스에 구현되어 있기 때문에 그저 이것을 프로젝트에 추가하기만 하면 된다.

Xcode에서 [Classes] 그룹을 마우스 오른쪽 버튼으로 클릭한 다음 [New Group]을 선택하고 새로 생긴 폴더 이름을 'Chipmunk'로 수정한다. 그리고 이번 챕터의 [resource] 폴더에서 cpMouse.c, cpMouse.h, drawSpace.c, drawSpace.h 파일을 선택한 다음 방금 만든 [Chipmunk] 폴더로 드래그한다. 이때 그림 13.8과 같이 'Copy items into destination group's folder (if needed)'가 체크되고 타겟으로 [SpaceViking]만 선택된 것을 확인한 후 [Finish]를 클릭한다.

파일을 추가한 다음에는 정말 중요한 작업이 남아있다. 이 작업을 반드시 해야 컴파일이 제대로 된다. Xcode에서 [cpMouse.c]를 선택하고 메뉴에서 [View]-[Utilities]-[File Inspector]를 선택한다. 그리고는 [File Type] 드롭다운 버튼을 클릭한 후 [Objective-C source]를 선택하면 된다(그림 13.9). drawSpace.c 파일에 대해서도 동일한 과정을 거친다.

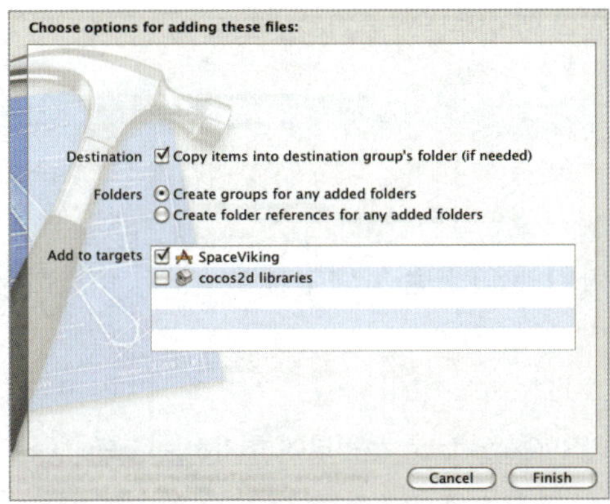

| 그림 13.8 | 이번 챕터 resource 폴더에서 cpMouse.c/h와 drawSpace.c/h 파일을 추가할 때 선택해야 하는 옵션

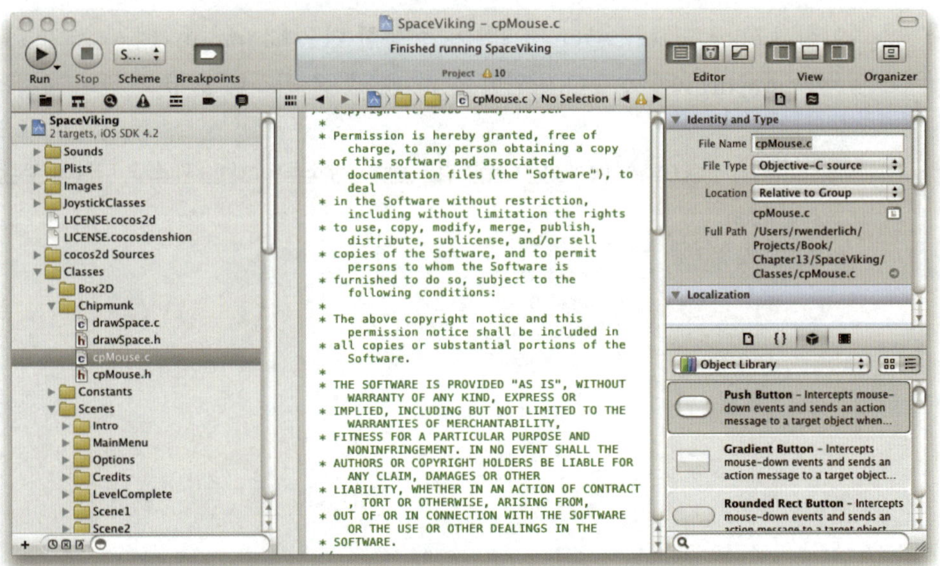

| 그림 13.9 | cpMouse.c와 drawSpace.c 파일 타입을 Objective-C source로 설정하는 화면

이제 Scene5ActionLayer.h 파일로 이동하여 chipmunk.h, cpMouse.h, drawSpace.h 파일을 import하는 코드를 파일 앞부분에 추가하자(리스트 13.16).

 Scene5ActionLayer.h 파일의 맨 앞부분에 추가하는 코드

```
#import "chipmunk.h"
#import "cpMouse.h"
#import "drawSpace.h"
```

계속해서 Scene5ActionLayer.h 파일에 인스턴스 변수를 몇 개 더 추가하자(리스트 13.17).

 Scene5ActionLayer.h 파일의 @interface 선언부에 추가하는 코드

```
cpSpace *space;
cpBody *groundBody;
cpMouse *mouse;
```

이제 Scene5ActionLayer.m 파일로 이동한 다음 Chipmunk의 drawSpace.c/h에 있는 debug draw를 호출하기 위한 draw 메소드를 리스트 13.18과 같이 작성하자.

 Scene5ActionLayer.m 파일의 draw 메소드(update 메소드 다음에 추가)

```
- (void)draw {
    drawSpaceOptions options = {
        0,          // drawHash
        0,          // drawBBs
        1,          // drawShapes
        4.0f,       // collisionPointSize
        0.0f,       // bodyPointSize
        1.5f,       // lineThickness
    };
    drawSpace(space, &options);
}
```

draw 메소드는 debugDraw.c/h에 있는 헬퍼 코드를 호출하여 Chipmunk의 물리 오브젝트가 화면에 나타나도록 하여 물리 엔진 시뮬레이션이 어떻게 진행되는지를 확인할 수 있도록 한다. 이때 drawSpaceOptions 구조체를 통해 어떤 것을 나타낼 것인지 선택할 수 있다. 위 예제에서는 shape 그리기를 켜고 충돌을 감지하는 포인트의 크기를 4로 지정하였으며 일반적인 선의 두께를 1.5포인트로 하였다.

다음으로, 터치 입력을 처리하는 코드를 추가할 차례이다(리스트 13.19). 이때 드래
그로 오브젝트를 움직이도록 하기 위해 cpMouse.c/h의 헬퍼 함수를 사용할 것이다.

 Scene5ActionLayer.m 파일의 registerWithTouchDispatcher, ccTouchBegan, ccTouchMoved, ccTouchEnded 메소드(draw 메소드 다음에 추가)

```
- (void)registerWithTouchDispatcher {
  [[CCTouchDispatcher sharedDispatcher] addTargetedDelegate:self
                                    priority:0 swallowsTouches:YES];
}


- (BOOL)ccTouchBegan:(UITouch *)touch withEvent:(UIEvent *)event {
  CGPoint touchLocation = [self convertTouchToNodeSpace:touch];
  cpMouseGrab(mouse, touchLocation, false);
  return YES;
}


- (void)ccTouchMoved:(UITouch *)touch withEvent:(UIEvent *)event {
  CGPoint touchLocation = [self convertTouchToNodeSpace:touch];
  cpMouseMove(mouse, touchLocation);
}


- (void)ccTouchEnded:(UITouch *)touch withEvent:(UIEvent *)event {
  cpMouseRelease(mouse);
}
```

registerWithTouchDispatcher 메소드는 터치 분배를 위한 노드를 등록하여 터
치 입력이 발생하였을 때, 터치 입력의 종류에 따라 cpMouse.c/h의 해당 헬퍼 함수
를 호출하도록 한다. 이때 터치 입력 좌표를 노드 좌표로 변환한 값을 헬퍼 함수의
파라미터로 전달해야 한다.

기본 예제가 거의 끝나간다. 지금까지 작성한 것을 호출하는 코드를 initWith
Scene5UILayer 메소드 마지막에 추가하자(리스트 13.20).

 Scene5ActionLayer.m 파일의 initWithScene5UILayer 메소드 마지막에 추가하는 코드

```
[self createSpace];
[self createGround];
mouse = cpMouseNew(space);
```

```
self.isTouchEnabled = YES;
[self createLevel];
```

이렇게 하면 space와 ground를 만들고 마우스 조인트를 생성한 다음 터치 입력을
가능케 하고 레벨을 만든다(박스 하나만 있는 레벨).

프로그램을 컴파일하고 실행시키면 박스가 떨어지는 모습을 볼 수 있을 것이다.
또한 이 박스를 터치한 다음 드래그시켜서 박스를 이동시킬 수도 있어야 한다(그림
13.10).

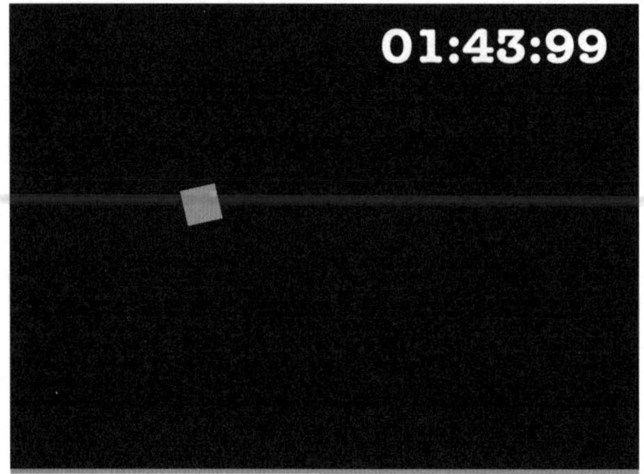

| **그림 13.10** | Space, 바디, Shape, 마우스 조인트 이동, debug draw가 포함된 Chipmunk의 기본 scene

믿거나 말거나 여러분은 이제 Chipmunk의 가장 중요한 기능을 어떻게 사용하는
지 알게 되었다.

- Space 생성 방법
- 바디와 shape를 space에 추가하는 방법
- Debug draw를 활성화시키는 방법
- 마우스 조인트 지원을 사용하는 방법

이와 같은 지식을 바탕으로 하여, 여러분은 Chipmunk를 이용해 Chapter 10의 퍼즐 레벨을 만들 수 있을 것이다 – 단 한가지, 스프라이트를 Chipmunk 바디에 입히는 방법을 제외하고 말이다. 그러면 우리의 영웅을 다시 액션 세계로 불러 스프라이트를 입히는 방법을 익히고, 달리고 점프할 수 있도록 만들어 위험에서 빠져나올 수 있도록 만들자.

▶▶▶ 스프라이트를 추가하고 움직이도록 만들기

이제 이번 레벨에서의 Ole에게 스프라이트를 입힐 때가 되었다. 우선 코딩을 시작하기 전에 지금까지의 과정을 복습해보자.

Chapter 10, 11, 12에서는 Box2D 바디의 외곽선이 스프라이트의 모양에 거의 일치하도록 하였다. 그런 다음 루프를 돌면서 Box2D 바디의 위치와 동일한 위치에 바디에 연결된 스프라이트를 놓았다.

이번 챕터에서는 조금 다른 방식으로 접근하려고 한다. Ole를 나타내는 shape를 단순히 작은 박스로 만들어 Ole의 발에 놓을 것이다. Ole의 나머지 부분은 충돌에 대해 전혀 신경쓸 필요가 없기 때문에 이렇게 작은 박스로 구현하면 작업이 훨씬 간단해진다. 또한 모든 물리 바디에 대해 시뮬레이션을 돌리는 대신 다른 방법을 사용할 것이다. 즉, 모든 스프라이트에 대해 루프를 돌면서 스프라이트와 연결된 바디의 위치를 기반으로 스프라이트의 위치를 업데이트할 것이다. 이러한 방법은 스프라이트와 바디가 1:1로 매핑된다는 가정을 하지 않는 경우에 선호되는 작업 방식이다.

Chapter 11에서 했던 것과 마찬가지로, 일반적인 코드를 일부 활용하기 위하여 모든 스프라이트에 대한 기본 클래스를 만들어 Chipmunk 바디와 연결시킬 것이다.

그러면 먼저 클래스를 만들어보자. Xcode에서 Classes\GameObjects 그룹을 마우스 오른쪽 버튼으로 클릭한 다음 [New Group]을 선택하고 새로운 그룹의 이름을 'Chipmunk'로 고친다. 그런 다음 [Chipmunk] 그룹이 선택된 상태에서 [File]-[New]-[New File…]을 선택하고 [iOS]-[Cocoa Touch]-[Objective-C class]를 선택한 다음 [Next]를 클릭한다. 그리고[Subclass of] 필드에는 'GameCharacter'

라고 입력하고 [Next]를 클릭한 다음 파일 이름으로 'CPSprite.m'이라고 입력한 후
[Save]를 클릭한다.

이제 CPSprite.h 파일을 열고 그 내용을 리스트 13.21의 내용으로 바꾸자.

 CPSprite.h

```
#import "cocos2d.h"
#import "chipmunk.h"
#import "GameCharacter.h"

@interface CPSprite : GameCharacter {
    cpBody * body;
    cpShape * shape;
    cpSpace * space;
}

- (void) addBoxBodyAndShapeWithLocation: (CGPoint) location
    size: (CGSize) size
    space: (cpSpace *) theSpace
    mass: (cpFloat) mass
    e: (cpFloat) e
    u: (cpFloat) u
    collisionType: (cpCollisionType) collisionType
    canRotate: (BOOL) canRotate;

@end
```

CPSprite 클래스는 한 개의 바디와 shape를 가지며 Chipmunk space에 대한 레
퍼런스도 유지한다. 또한 박스 형태의 바디와 shape를 다양한 파라미터로 생성하고
추가하는 길다란 헬퍼 메소드도 보유하고 있다.

이번에는 CPSprite.m 파일을 열고 그 내용을 리스트 13.22의 내용으로 바꾸자.

 CPSprite.m

```
#import "CPSprite.h"

@implementation CPSprite

- (void) updateStateWithDeltaTime: (ccTime) deltaTime
    andListOfGameObjects: (CCArray*) listOfGameObjects {
```

```objc
    self.position = ccp(body->p.x, body->p.y);
    self.rotation = CC_RADIANS_TO_DEGREES( -body->a );
}

- (void)addBoxBodyAndShapeWithLocation:(CGPoint)location
    size:(CGSize)size
    space:(cpSpace *)theSpace
    mass:(cpFloat)mass
    e:(cpFloat)e
    u:(cpFloat)u
    collisionType:(cpCollisionType)collisionType
    canRotate:(BOOL)canRotate {

    space = theSpace;

    float moment = INFINITY;
    if (canRotate) {
        moment = cpMomentForBox(mass, size.width, size.height);
    }

    body = cpBodyNew(mass, moment);
    body->p = location;
    cpSpaceAddBody(space, body);

    shape = cpBoxShapeNew(body, size.width, size.height);
    shape->e = e;
    shape->u = u;
    shape->collision_type = collisionType;
    shape->data = self;
    cpSpaceAddShape(space, shape);
}

@end
```

먼저 updateStateWithDeltaTime 메소드가 나오는데, 이 메소드는 Chipmunk 바디의 위치에 맞추어 연결된 스프라이트의 위치를 업데이트시킨다.

다음에 나오는 메소드가 addBoxBodyAndShapeWithLocation 메소드다. 이 메소드는 이번 챕터의 앞에서 박스 shape를 만든 방법을 그대로 사용하여 Chipmunk 바디와 shape를 파라미터값에 기반하여 생성한다. canRotate가 false인 경우 바디의 관성 모멘트는 기본값인 무한한 값이 되어 절대로 회전시킬 수 없게 된다.

shape의 속성을 지정하는 부분에서는 shape의 멤버 변수 data를 self로 지정하여 shape를 갖기만해도 클래스에 대한 포인터를 얻을 수 있도록 하였다(클래스에 대한 포인터는 나중에 필요하게 된다). 또한 멤버 변수 `collision_type`은 파라미터로 넘겨받은 값을 그대로 사용하는 것도 확인하기 바란다. 이 부분에 대해서는 나중에 충돌 형태에 대해 설명하면서 언급할 것이다.

이제 `CPSprite` 클래스를 만들었으니 이 클래스의 서브클래스를 만들어 Ole를 표현해보자. Classes\GameObjects\Chipmunk 그룹을 선택한 상태에서 [File]−[New]−[New File…]을 선택하고 [iOS]−[Cocoa Touch]−[Objective−C class]를 선택한 후 [Next]를 클릭한다. 다음으로 [Subclass of] 필드에 'CPSprite'라고 입력하고 [Next]를 클릭한다. 그리고 파일 이름으로 'CPViking.m'이라고 입력한 뒤 [Save]를 클릭한다.

그러면 CPViking.h 파일을 열고 그 내용을 리스트 13.23의 내용으로 대치하자.

리스트 13.23 CPViking.h

```objectivec
#import "CPSprite.h"

@interface CPViking : CPSprite {
}

- (id)initWithLocation:(CGPoint)location space:(cpSpace *)space
    groundBody:(cpBody *)groundBody;

@end
```

CPViking.h 파일에는 CPViking 클래스를 `CPSprite`의 서브클래스로 정의하고 `init` 메소드를 선언하는 내용이 들어있다.

계속해서 CPViking.m 파일을 열고 그 내용을 리스트 13.24의 내용으로 대체하자.

리스트 13.24 CPViking.m

```objectivec
#import "CPViking.h"

@implementation CPViking

- (id)initWithLocation:(CGPoint)location space:(cpSpace *)theSpace
```

```
groundBody:(cpBody *)groundBody {

if ((self = [super initWithSpriteFrameName:@"sv_anim_1.png"])) {
    CGSize size;
    if (UI_USER_INTERFACE_IDIOM() == UIUserInterfaceIdiomPad) {
        size = CGSizeMake(60, 60);
        self.anchorPoint = ccp(0.5, 30/self.contentSize.height);
    } else {
        size = CGSizeMake(30, 30);
        self.anchorPoint = ccp(0.5, 15/self.contentSize.height);
    }
    [self addBoxBodyAndShapeWithLocation:location
        size:size space:theSpace mass:1.0 e:0.0 u:0.5
        collisionType:0 canRotate:TRUE];
}
return self;
}

@end
```

CPViking 클래스는 현재 Ole의 스프라이트를 표시하고만 있는데, 결국에는 Ole의 움직임과 행동에 대한 게임 로직을 보유하게 될 것이다. 이번 레벨에서는 Chipmunk 바디가 Ole의 크기와 정확하게 맞지 않을 뿐만 아니라 Ole의 다리에 맞을 정도로 작은 박스로 이루어져 있다. 이렇게 구현한 이유는 Ole의 상체가 충돌에 전혀 영향을 받지 않고 또한 긴 박스로 구현하는 것보다 작은 박스로 구현하는 것이 게임 행동을 더 좋게 만들 수 있기 때문이다.

만일 Ole의 상반신의 충돌을 신경써야 한다면 Ole의 상반신을 대신할 동일한 Chipmunk 바디를 추가하는 것이 한 가지 좋은 해결책이 되겠다. 이렇게 하면 여전히 아래쪽에 있는 박스 shape를 가지고 속도를 조절하여 플레이어의 움직임을 더 안정적으로 구현할 수 있다. 이 부분에 대해서는 이번 챕터 후반에서 보게 될 것이다.

initWithLocation 메소드가 하는 첫 번째 일은 Ole가 서있는 이미지를 스프라이트 프레임으로 지정하는 것이다. 그런 다음 앵커 포인트를 스프라이트의 x축 방향으로는 중앙에, y축 방향으로는 y축에서 30포인트(iPhone의 경우에는 15포인트) 떨어진 지점으로 잡는다(이 위치는 Chipmunk 바디의 중앙과 일치한다). 마지막으로

initWithLocation 메소드는 addBoxBodyAndShapeWithLocation 메소드를 호출하
여 Ole를 나타내는 60×60(iPhone의 경우에는 30×30) 크기의 박스를 생성한다.

이제 새로운 클래스를 게임 레벨에 포함시켜보자. Scene5ActionLayer.h 파일로
이동한 다음 CPViking 클래스에 대한 선언문을 인터페이스 선언부 앞에 추가하자
(리스트 13.25).

리스트 13.25 Scene5ActionLayer.h 파일의 인터페이스 선언부 앞에 추가하는 코드

```
@class CPViking;
```

그리고 인스턴스 변수 두 개를 인터페이스 선언부에 추가하자(리스트 13.26).

리스트 13.26 Scene5ActionLayer.h 파일의 인터페이스 선언부에 추가하는 코드

```
CPViking *viking;
CCSpriteBatchNode *sceneSpriteBatchNode;
```

이번에는 Scene5ActionLayer.m 파일로 이동하여 CPViking.h 파일을 import하
는 구문을 파일 앞부분에 추가하자(리스트 13.27).

리스트 13.27 Scene5ActionLayer.m 파일의 앞부분에 추가하는 코드

```
#import "CPViking.h"
```

계속해서 initWithScene5UILayer 메소드로 이동하여 createLevel을 호출하는

코드 앞에 리스트 13.28의 내용을 추가하자. 이때 반드시 createLevel을 호출하는
코드 바로 앞에 추가해야 한다. 왜냐하면 createLevel은 스프라이트 시트가 이미
생성된 것으로 간주할 것이기 때문이다.

리스트 13.28 Scene5ActionLayer.m 파일의 initWithScene5UILayer 메소드 중간에
추가하는 코드(반드시 createLevel 호출 바로 앞에 추가해야 함)

```
if (UI_USER_INTERFACE_IDIOM() == UIUserInterfaceIdiomPad) {
    [[CCSpriteFrameCache sharedSpriteFrameCache]
        addSpriteFramesWithFile:@"scene5atlas-hd.plist"];
    sceneSpriteBatchNode = [CCSpriteBatchNode
                              batchNodeWithFile:@"scene5atlas-hd.png"];
    viking = [[[CPViking alloc] initWithLocation:ccp(200,200)
                            space:space groundBody:groundBody] autorelease];
} else {
    [[CCSpriteFrameCache sharedSpriteFrameCache]
        addSpriteFramesWithFile:@"scene5atlas.plist"];
    sceneSpriteBatchNode = [CCSpriteBatchNode
                              batchNodeWithFile:@"scene5atlas.png"];
    viking = [[[CPViking alloc] initWithLocation:ccp(100,100)
                            space:space groundBody:groundBody] autorelease];
}
[self addChild:sceneSpriteBatchNode z:0];
[sceneSpriteBatchNode addChild:viking z:2];
```

리스트 13.28은 이번 레벨에서 필요한 스프라이트 배치 노드를 생성하고 그것을
인스턴스 변수에 저장한다. 그리고 앞에서 작성한 initWithLocation 메소드를 이
용하여 CPViking 오브젝트를 생성한 다음 스프라이트 배치 노드에 추가한다.

스프라이트 배치 노드가 나온 김에 이번 챕터의 [resource] 폴더에서 scene5atlas.
png, scene5atlas.plist, scene5atlas-hd.png, scene5atlas-hd.plist 파일을 선택
한 다음 Xcode의 [Images] 그룹으로 드래그하자. 이때 반드시 'Copy items into
destiniation group's folder (if needed)' 가 체크되어 있어야 한다.

이제 마지막 단계만 남았다. Scene에 들어있는 모든 GameObjects에 대해 update
메소드를 호출해야 한다. 이를 위해 update 메소드의 마지막에 리스트 13.29의 내용
을 추가하자.

```
CCArray *listOfGameObjects = [sceneSpriteBatchNode children];
for (GameCharacter *tempChar in listOfGameObjects) {
    [tempChar updateStateWithDeltaTime:dt
                andListOfGameObjects:listOfGameObjects];
}
```

코드를 컴파일하고 실행시키면 그림 13.11과 같이 scene에 Ole가 자신의 다리에
작은 박스가 같이 묶인 모습으로 나타날 것이다.

| **그림 13.11** | Ole의 스프라이트가 (더 작은) Chipmunk 오브젝트에 매핑된 채로 scene에 추가된 모습

아마도 Ole의 움직임이 조금 이상하게 느껴질 것이다. 왜냐하면 아직까지는 마우
스 조인트 방식으로만 Ole를 움직일 수 있기 때문이다. 나중에 Ole가 행성을 탈출하
기 위해 뛰고 점프할 수 있도록 구현할 것이다. 그때가 되면 기기를 좌우로 기울여
Ole를 움직이고 화면을 터치하여 Ole가 점프하도록 할 것이다.

이러한 Ole 움직임을 제어하는 코드를 작성하기 전에 먼저 이를 구현하는 데 필요
한 Chipmunk 개념 몇 가지를 짚고 넘어가자.

속도를 직접 설정해서 점프 구현하기

Chapter 11, 12에서 만든 광산 카트 레벨에서는 Box2D 바디에 충격량을 가하는 것으로 점프를 구현하였다. Chipmunk에서도 마찬가지로 힘이나 충격량을 가하여 점프를 구현할 수 있지만 이번에는 조금 다른 방법으로 구현할 것이다. 바로 스프라이트에 속도를 직접 설정하는 것으로 점프를 구현하는 것이다.

Chipmunk의 좋은 점 중 하나는 바디의 속도를 직접 설정해도 결과가 잘 나타난다는 것이다. 이것은 개발자에게 있어 플레이어를 제어하는 데 아주 편리한 부분이다. 바디 속도의 설정은 간단하다. 리스트 13.30의 함수를 호출하기만 하면 된다.

리스트 13.30 **속도를 직접 설정하는 예제**

```
cpBodySetVel(body, newVel);
```

Ole의 y축 속도에 대해 위 함수는 Ole가 최대한 점프할 수 있는 만큼의 값으로 하드코딩 시켜놓는다. 이번 레벨에서는 플레이어가 오랫동안 터치할수록 Ole는 더 높이 점프하도록 구현할 것이다. 그래서 기본적으로 y축 속도는 하드 코딩된 값을 사용하게 되어 플레이어가 화면을 터치하고 있는 동안 계속 속도를 유지하다가 최대 유지 시간이 지나면 자동으로 속도가 떨어지도록 하였다. 이와 같이 하면 플레이어의 마음대로 긴 점프와 짧은 점프를 구사할 수 있는 재미를 제공할 수 있다.

x축 속도에 대해서는 Ole가 공중에 떠 있는 동안 기기의 기울기를 통해 정해지게 된다. 이렇게 하면 플레이어가 점프하는 도중 점프 방향을 바꿀 수 있는데 이것은 게임에 필요한 아주 좋은 기능 중 하나이다.

표면 속도를 설정해서 지표면 움직임 구현하기

Chipmunk는 표면 속도(surface velocity)라는 훌륭한 기능을 제공하는데 이는 컨베이어 벨트 효과나 컨베이어 벨트 위에서의 캐릭터 조작을 구현할 때 유용하다.

기본적으로 오브젝트의 표면 속도는 오브젝트의 표면이 움직이는 속도를 의미하며 이를 이용하여 지표면을 따라 오브젝트가 이동하게 하거나 컨베이어 벨트 위를 지나도록 하는 효과를 만들 수 있다.

  이번 레벨에서는 Ole가 땅에 있을 때 가속도계 입력값을 기반으로 표면 속도를 설정하여 Ole가 움직이도록 할 것이다. 이렇게 하는 것은 Ole의 속도를 직접 지정하여 Ole의 속도가 발판 등이 움직이는 속도에 영향을 미치지 않도록 만드는 것보다 훨씬 편리하다. 표면 속도 설정은 리스트 13.31에서 보는 것과 같이 아주 간단하다.

리스트 13.31 **표면 속도를 설정하는 예제**

```
shape->surface_v = newSurfaceVel;
```

Ground와의 충돌 탐지

  앞으로 Ole가 땅과 공중에서 서로 다른 방식으로 움직이도록 구현할 것이기 때문에, Ole가 언제 땅에 닿는지를 알아야 한다.

  Chipmunk에서는 충돌을 탐지하는 것이 매우 쉽다. 먼저 각각의 shape의 collisionType을 숫자로 설정하는데 shape의 형태에 따라 숫자가 결정되며, 이렇게 지정한 숫자를 나중에 사용한다. 이번 레벨에서는 ground와 platform을 하나의 숫자(kCollisionTypeGround)로 하고, Ole를 다른 숫자(kCollisionTypeViking)로 사용할 것이다.

  그리고는 Chipmunk에게 callback 함수를 지정하여 원하는 충돌 이벤트가 어떤 것인지를 알려주면 된다. 등록할 수 있는 충돌 이벤트에는 다음과 같은 것들이 있다.

- **Begin:** 두 오브젝트가 충돌하기 시작하면 호출된다. 이 이벤트를 처리하는 핸들러에서 false를 리턴하도록 하면 Chipmunk는 끝까지 충돌을 무시하게 된다. Begin 이벤트는 Chipmunk의 내장 충돌 필터가 간혹 제한되는 상황에서 세밀한 충돌 검사가 필요할 때 편리하게 사용할 수 있다.

- **PreSolve:** 두 오브젝트가 충돌 중인 상황에서 매 프레임마다 호출된다. 호출은 Chipmunk가 두 오브젝트에 대한 충돌 처리 계산 직전에 이루어진다. 이 이벤트를 처리하는 핸들러를 통해 false를 리턴함으로써 Chipmunk가 현재 프레임에 대해서만 충돌을 무시하도록 할 수 있다. 이러한 상황은 잠시 동안만 충돌을 무시

해야 하는 상황에서 유용하게 사용할 수 있다(이번 레벨의 단방향 발판에서 사용하게 될 것이다!). 또한, 탄성이나 마찰 같이 충돌과 관련된 변수를 수정하기에도 좋은 시점이다.

- **PostSolve:** 두 오브젝트가 충돌 중인 상황에서 매 프레임마다 호출된다. 호출은 Chipmunk가 두 오브젝트에 대한 충돌 처리 계산을 끝내자마자 이루어진다. 이 시점은 두 오브젝트가 얼마나 세게 충돌했는지를 가늠해야 할 때 좋다. 충돌 세기에 따라 재생하는 사운드 이펙트의 볼륨이 조절되는 상황이 좋은 예가 된다.

- **Separate:** 충돌한 두 오브젝트가 떨어져 나가는 시점에 호출된다. 두 오브젝트가 더 이상 충돌하지 않을 것이 확실할 때 이 이벤트가 호출된다.

이번 레벨에서 여러분은 두 가지 이유 때문에 충돌 탐지 callback을 사용하게 된다. (1) 플레이어가 현재 ground 위에 있는지 여부를 판단하기 위하여 `Begin`과 `Separate callback`을 사용한다. (2) `PreSolve callback`을 구현하여 단방향 발판의 바닥을 통과하여 점프할 수 있도록 한다.

> **Note**
>
> Callback 함수는 C 함수이기 때문에 이러한 함수 내에서는 클래스의 멤버 변수에 직접 접근할 수가 없다. 만일 클래스의 멤버 변수를 사용하고자 한다면 게임 오브젝트를 callback 함수의 파라미터로 전달한 다음 오브젝트를 이용하여 프로퍼티나 메소드를 사용하면 된다.
>
> 또한, callback 함수 내에서는 Chipmunk 오브젝트를 제거할 수 없다(제거하려고 하면 Chipmunk는 크래시를 일으킬 것이다). 이러한 상황은 총알이 몬스터에 맞아 없어지는 것과 같이 충돌하는 상황에서 오브젝트를 제거해야 할 때 일어난다. 이 문제를 해결하기 위해서는 `cpSpaceAddPostStepCallback` 함수를 사용해야 한다. 이 함수는 callback 함수가 Chipmunk 오브젝트를 제거해도 안전한 상황에 호출되도록 스케줄링을 하는데, 이때 제거하고자 하는 오브젝트를 파라미터로 전달하면 된다.

Chipmunk Arbiter와 Normal

Chipmunk로부터 충돌 이벤트에 대한 callback을 받게 되면 `cpArbiter`라는 데이터 구조체를 받는데, 이 구조체에는 충돌과 관련된 유용한 정보가 들어있다.

`cpArbiter` 구조체는 충돌 중인 두 오브젝트의 충돌 지점에 대한 모든 리스트를 가지고 있는데 이때 각각의 충돌 지점은 normal이라는 아주 유용하게 사용되는 벡터

를 보유한다. Normal 벡터는 충돌 지점과 직각을 이루는 벡터로, 방향은 충돌 방향
으로 향한다[1].

이러한 정보는 Ole가 발판의 상단에 부딪혔는지 하단에 부딪혔는지를 판단하는
데 도움이 된다. 나중에 코드를 통해 보게 되겠지만 cpArbiter 구조체를 이용하여
Ole가 점프할 때 발판의 하단을 통과하면서도 여전히 상단과는 충돌할 수 있도록
(즉, 상단에 디딜 수 있도록) 할 것이다.

구현 부분 – 충돌 탐지

지금까지 익힌 지식을 바탕으로 이제 코드를 통해 확인하도록 하자. 아울러 Ole도
움직이도록 만들자.

제일 먼저 해야 할 일은 Ole가 땅에 닿거나 닿지 않을 때를 탐지하는 코드와 Ole가
점프할 때 발판의 하단을 통과할수 있도록 하는 코드를 추가하는 것이다. Classes\
Constants\Constants.h 파일을 열고 이번 레벨에서 사용할 충돌 타입에 대한 새로
운 enum을 추가하자(리스트 13.32).

리스트 13.32 **Constants.h 파일의 마지막 부분에 추가하는 코드**

```
typedef enum {
    kCollisionTypeGround = 0x1,
    kCollisionTypeViking
} CollisionType;
```

그런 다음 CPViking.m 파일을 열고 addBoxBodyAndShapeWithLocation 메소드
를 호출하는 코드를 수정하여 Ole에 대한 충돌 타입을 0이 아니라 앞에서 지정한 값
으로 바꾸도록 하자(리스트 13.33).

---

1 [역주] Normal 벡터는 일반적으로 법선 벡터로 불리는데, Chipmunk에서는 충돌하는 점의 법선 개념이라기
보다는 충돌하는 점이 포함된 선의 법선, 즉 충돌하는 방향으로 향하는 벡터가 되는 것이다. 결국 3D에서의 법선
벡터와 의미와 일맥상통한다. 그러나, 법선 벡터는 3D 환경에서 많이 쓰이는 용어이기 때문에 개념의 혼선을 피
하기 위하여 normal 벡터라고 표현하였다.

리스트 13.33 CPViking.m 파일의 initWithLocation 메소드에서
addBoxBodyAndShapeWithLocation 메소드를 호출하는 코드의 수정 버전

```
[self addBoxBodyAndShapeWithLocation:location
                      size:size space:theSpace mass:1.0 e:0.0 u:1.0
                      collisionType:kCollisionTypeViking canRotate:TRUE];
```

이와 비슷하게 Scene5ActionLayer.m 파일의 createGround 메소드에서도 ground shape에 대한 충돌 타입을 리스트 13.34와 같이 설정해야 한다.

리스트 13.34　Scene5ActionLayer.m 파일의 createGround 메소드에서 cpSpaceAddShape 호출 바로 앞에 추가하는 코드

```
shape->collision_type = kCollisionTypeGround;
```

다음으로, 게임 레벨에 추가했던 다이내믹 shape를 static 발판으로 바꾸어 이제 곧 추가할 예정인 단방향 발판 코드를 테스트할 수 있도록 만들어야 한다. createBoxAtLocation 메소드의 내용을 리스트 13.35의 내용으로 바꾸자.

리스트 13.35　Scene5ActionLayer.m 파일의 createBoxAtLocation 메소드(수정 버전)

```
- (void)createBoxAtLocation:(CGPoint)location {
    cpFloat hw, hh;
    if (UI_USER_INTERFACE_IDIOM() == UIUserInterfaceIdiomPad) {
        hw = 100.0/2.0f;
        hh = 10.0/2.0f;
    } else {
        hw = 50.0/2.0f;
        hh = 5.0/2.0f;
    }

    cpVect verts[] = {
        cpv(-hw,-hh),
        cpv(-hw, hh),
        cpv( hw, hh),
        cpv( hw,-hh),
    };

    cpShape *shape = cpPolyShapeNew(groundBody, 4, verts, location);
    shape->e = 1.0;
```

```
    shape->u = 1.0;
    shape->collision_type = kCollisionTypeGround;
    cpSpaceAddShape(space, shape);
}
```


createBoxAtLocation 메소드는 임의의 점들을 꼭지점 배열로 만들고 cpPolyShapeNew 함수에 전달하여 shape를 만드는 방법을 보여주는 좋은 예이다. 여러분도 Chapter 11에서 했던 것과 같이 Vertex Helper를 이용하여 정확한 모양을 만들고 이를 가지고 바디를 만들 수 있다. 그러나 Chipmunk에서는 꼭지점이 시계방향 순서로 들어가야 한다는 점을 기억해야 한다(Box2D에서는 반시계방향 순서로 지정했다).

이제 각각의 shape에 정확한 충돌 타입을 설정하였기 때문에 Ole가 ground shape에 부딪치거나 ground shape로부터 떨어져 나갈때 호출될 callback 함수를 설정할 수 있게 되었다.

이러한 callback 함수들은 지정된 시간동안 Ole가 어떤 ground shape와 현재 충돌 중인지를 계속해서 추적한다. CPViking.h 파일을 열고 ground shape의 배열을 저장하는 인스턴스 변수를 추가하자(리스트 13.36).

리스트 13.36 CPViking.h 파일의 @interface 선언부에 추가하는 코드

```
cpArray *groundShapes;
```

계속해서 ground shape 배열을 클래스 밖(C 함수인 callback 함수)에서도 사용할 수 있도록 배열에 대한 프로퍼티도 추가하자(리스트 13.37).

리스트 13.37 CPViking.h 파일의 @interface 선언부 이후에 추가하는 코드

```
@property (readonly) cpArray *groundShapes;
```

이번에는 CPViking.m 파일로 이동하여 방금 추가한 프로퍼티를 synthesize시키자(리스트 13.38).

리스트 13.38 CPViking.m 파일의 @implementation 바로 다음에 추가하는 코드

```
@synthesize groundShapes;
```

그런 다음 groundShape 배열을 초기화시키고 충돌 callback 함수를 등록하는 코드를 initWithLocation 메소드 내에 추가하자(리스트 13.39).

 CPViking.m 파일의 initWithLocation 메소드의 마지막 부분에 추가하는 코드

```
groundShapes = cpArrayNew(0);
cpSpaceAddCollisionHandler(space, kCollisionTypeViking,
        kCollisionTypeGround, begin, preSolve, NULL, separate, NULL);
```

위 코드는 Ole와 ground가 부딪힐 때 발생할 수 있는 네 개의 충돌 관련 이벤트 중 세 가지 이벤트 – begin, preSolve, separate – 를 등록시킨다. 그러면 계속해서 등록한 세 개의 이벤트 메소드를 작성하자(리스트 13.40).

 CPViking.m 파일의 begin, preSolve, separate 메소드(initWithLocation 메소드 앞에 추가)

```
static cpBool begin(cpArbiter *arb, cpSpace *space, void *ignore) {
    CP_ARBITER_GET_SHAPES(arb, vikingShape, groundShape);              // 1
    CPViking *viking = (CPViking *)vikingShape->data;                  // 2
    cpVect n = cpArbiterGetNormal(arb, 0);                             // 3
    if (n.y < 0.0f) {                                                  // 4
        cpArray *groundShapes = viking.groundShapes;                  // 5
        cpArrayPush(groundShapes, groundShape);
    }
    return cpTrue;
}


static cpBool preSolve(cpArbiter *arb, cpSpace *space, void *ignore) {
    if(cpvdot(cpArbiterGetNormal(arb, 0), ccp(0,-1)) < 0){             // 6
        return cpFalse;
    }
    return cpTrue;
}


static void separate(cpArbiter *arb, cpSpace *space, void *ignore) {
    CP_ARBITER_GET_SHAPES(arb, vikingShape, groundShape);             // 7
    CPViking *viking = (CPViking *)vikingShape->data;
    cpArrayDeleteObj(viking.groundShapes, groundShape);
}
```

begin 메소드는 Ole가 발판 상단과 부딪히는 것을 감지하며(만일 그렇다면 배열에 추가한다), separate 메소드는 배열에서 발판을 제거한다. preSolve 메소드는 Ole가 발판 하단과 부딪히는 것을 무시하도록 하는 역할을 한다.

새로운 내용이 많이 나타났으니 차근차근 설명하도록 하겠다.

1. CP_ARBITER_GET_SHAPES는 헬퍼 매크로로 충돌에 관여하는 두 개의 shape에 대한 변수를 선언하도록 하는데, 변수 이름은 각각 vikingShape와 groundShape가 된다. 이때 매크로에 들어가는 변수 이름 순서는 앞에서 cpSpaceAddCollisionHandler를 호출할 때 넘겨준 충돌 타입의 순서와 동일하다.

2. shape의 data에서 CPViking 오브젝트에 대한 포인터를 가져온다. 앞에서 CPSprite의 addBoxBodyAndShapeWithLocation 메소드에서 shape를 생성할 때 self를 멤버 변수 data에 지정한 것을 기억할 것이다. 또한 begin 메소드는 C 함수이기 때문에 CPViking 클래스의 인스턴스 변수를 사용할 수 없어서 이와 같은 편법을 사용하였다.

3. 첫 번째 충돌 지점에 대한 normal 벡터를 구한다. Normal 벡터는 충돌 지점에서 충돌 방향으로 향하는 벡터이다.

4. 만일 normal 벡터의 y값이 0보다 작다면 Ole는 발판 상단과 충돌하는 중이다.

5. Ole가 발판의 상단과 충돌하는(즉, 발판 상단을 밟고 있는) 중에는 이 발판을 Ole가 현재 충돌 중인 shape의 리스트에 추가한다.

6. Ole가 발판 하단을 통과하면서 점프 중인지를 확인한다. 만일 그렇다면 false를 리턴하여 충돌 처리를 하지 않는다. 그렇지 않다면 true를 리턴하여 Chipmunk가 계속해서 충돌 처리를 하도록 한다.

7. separate 메소드는 방금 떨어진 ground를 현재 충돌중인 shape 리스트에서 제거한다.

이렇게 해서 Viking 클래스는 Ole가 현재 충돌하고 있는 모든 ground shape에 대한 리스트를 보유하게 되었다. 또한 Ole가 발판의 하단을 뚫고 점프하는 것도 가능케 하였다. 이제 Ole는 점프만 하면 된다.

지금까지 보여준 것은 오브젝트가 ground와 충돌하였는지를 판단하는 여러 방법 중 하나에 불과하다. 저자가 이번 챕터에서 이 방법을 선택한 이유는 Chipmunk의 다양한 callback 메소드를 소개하기 용이하다고 생각했기 때문이다.

Chipmunk의 개발자 스콧 렘키가 제안한 방법을 소개하자면 다음과 같다. 오브젝트에 Boolean 타입의 플래그를 하나 추가한 다음 Chipmunk space 공간에 들어오기 전에(바디가 sleep 상태가 아닌 동안에) 플래그값을 false로 설정해 놓는다. 그런 다음 preSolve callback을 오브젝트와 ground에 대해 등록하고 충돌 normal 벡터가 위를 향하는 경우에 플래그값을 true로 설정하는 것이다. 이 방법의 장점은 오직 하나의 callback 함수만을 사용해도 된다는 것이다(앞의 예제에서는 세 개의 callback 함수를 사용하였다).

구현 부분 – 이동과 점프

이동과 점프를 구현하기 위해서는 먼저 CPViking.h 파일에 몇 개의 인스턴스 변수를 추가하는 것이다(리스트 13.41).

리스트 13.41   <u>CPViking.h 파일의 @interface 선언부에 추가하는 코드</u>

```
double jumpStartTime;
float accelerationFraction;
```

jumpStartTime은 Ole가 점프를 시작한 시각을 보관하고 accelerationFraction 은 가속도계의 입력값(−1 ~ 1)을 가지고 Ole의 속도를 계산할 때 필요한 계수를 만드는 데 사용된다.

계속해서 리스트 13.42와 같이 메소드 몇 개를 선언하자.

리스트 13.42   <u>CPViking.h 파일의 @interface 선언부 이후에 추가하는 코드</u>

```
- (void)accelerometer:(UIAccelerometer*)accelerometer
    didAccelerate:(UIAcceleration*)acceleration;
- (BOOL)ccTouchBegan:(UITouch *)touch withEvent:(UIEvent *)event;
- (void)ccTouchEnded:(UITouch *)touch withEvent:(UIEvent *)event;
```

이 메소드들은 가속도계와 터치 입력을 처리한다. 여러분은 가속도계와 터치 입력을 CPViking 클래스가 처리하도록 바로 넘겨주어야 한다.

그러면 CPViking.m 파일로 이동한 다음 위에서 선언한 메소드를 정의해보자(리스트 13.43).

 CPViking.m 파일의 ccTouchBegan, ccTouchEnded,
accelerometer:didAccelerate 메소드(initWithLocation 메소드 다음에 추가)

```objc
- (BOOL)ccTouchBegan:(UITouch *)touch withEvent:(UIEvent *)event {
    if (groundShapes->num > 0) {
        jumpStartTime = CACurrentMediaTime();
    }
    return TRUE;
}


- (void)ccTouchEnded:(UITouch *)touch withEvent:(UIEvent *)event {
    jumpStartTime = 0;
}


- (void)accelerometer:(UIAccelerometer*)accelerometer
    didAccelerate:(UIAcceleration*)acceleration {

    accelerationFraction = acceleration.y*2;
    if (accelerationFraction < -1) {
        accelerationFraction = -1;
    } else if (accelerationFraction > 1) {
        accelerationFraction = 1;
    }
    if ([[CCDirector sharedDirector] deviceOrientation] ==
        UIDeviceOrientationLandscapeLeft) {
        accelerationFraction *= -1;
    }
}
```

ccTouchBegan 메소드는 Ole가 ground shape와 충돌 중인지를 확인하고 만일 그렇
다면 jumpStartTime을 현재 시각으로 설정한다. 이렇게 해서 점프 이펙트의 시작을
알리게 되며, 실제 점프 이펙트를 구현하는 것은 곧 보게 될 것이다. ccTouchEnded는
jumpStartTime값을 0으로 하여 점프를 끝내도록 한다.

accelerometer:didAccelerate 메소드는 플레이어를 가속하기 위한 계수를 계
산한다. 이를 위해 가속도계의 y값에 2를 곱하여 기기를 반만 기울여도 최대 속도를
낼 수 있도록 하였다. 그리고 2를 곱하였기 때문에 −1에서 1 사이를 유지할 수 있도
록 조절하였다. 또한 기기가 위아래로 뒤집힌 상황에서는 가속도계값의 부호를 바꾸

어 제대로 가속도계값이 반영되도록 하였다.

다음으로 updateStateWithDeltaTime 메소드를 오버라이드하여 점프 코드를 추가하자(리스트 13.44).

리스트 13.44 CPViking.m 파일의 updateStateWithDeltaTime 메소드(initWithLocation 메소드 앞에 추가)

```objc
-(void)updateStateWithDeltaTime:(ccTime)dt
    andListOfGameObjects:(CCArray*)listOfGameObjects {

    [super updateStateWithDeltaTime:dt
        andListOfGameObjects:listOfGameObjects];                   // 1

    float jumpFactor;
    if (UI_USER_INTERFACE_IDIOM() == UIUserInterfaceIdiomPad) {
        jumpFactor = 300.0;
    } else {
        jumpFactor = 150.0;
    }

    CGPoint newVel = body->v;                                      // 2
    if (groundShapes->num == 0) {                                  // 3
        newVel = ccp(jumpFactor*accelerationFraction,body->v.y);  // 4
    }
    double timeJumping = CACurrentMediaTime()-jumpStartTime;       // 5
    if (jumpStartTime != 0 && timeJumping < 0.25) {               // 6
        newVel.y = jumpFactor*2;
    }
    cpBodySetVel(body, newVel);                                    // 7
}
```

다룰 내용이 많기 때문에 한 줄씩 설명하겠다.

1. 슈퍼클래스의 updateStateWithDeltaTime을 호출하는 것으로 시작한다. 슈퍼클래스의 메소드는 CPSprite에 구현되었으며, 스프라이트의 위치와 회전 정도를 Chipmunk 바디의 그것에 맞추어 업데이트시킨다.

2. iPad/iPhone에 맞추어 jumpFactor값을 설정한다. iPad의 세로 길이가 두 배이므로 jumpFactor도 두 배로 설정하였다. 그리고 바디의 현재 속도도 벡터로

저장해 놓는다.

3. Ole가 공중에 있는지 확인한다(즉, ground shape와 충돌하지 않는다).

4. 만일 그렇다면 x 속도를 현재의 가속도 계수에 jumpFactor를 곱한 값으로 설정한다. 이렇게 하면 x축 속도는 −300에서 300 사이의 값이 된다.

5. Ole가 얼마나 오랫동안 점프 중인지를 계산하기 위하여 현재 시각에서 jumpStartTime을 뺀다.

6. jumpStartTime이 0이 아니고(즉, Ole는 점프를 시도하는 중) Ole가 점프를 시작한지 1/4초가 지나지 않았다면, y축 속도를 jumpFactor의 두 배(iPad의 경우 600.0)로 지정하여 Ole가 공중으로 계속해서 솟구치도록 한다. 1/4초가 지나면 중력이 y축 속도를 떨어뜨려 Ole가 땅으로 떨어지도록 할 것이다.

7. Chipmunk 바디의 속도를 방금 계산한 속도로 지정한다.

지금까지 구현한 것은 Ole가 공중에 있는 동안의 움직임이었다. 이제 표면 속도를 사용하여 Ole가 땅 위에 있을 때의 움직임을 구현해보자. 먼저 updateStateWith DeltaTime 메소드의 마지막 부분에 ground의 움직임을 처리하는 코드를 추가하자 (리스트 13.45).

리스트 13.45 CPViking.m 파일의 updateStateWithDeltaTime 메소드의 마지막 부분에 추가하는 코드

```
if (groundShapes->num > 0) {                                           // 1
    if (ABS(accelerationFraction) < 0.05) {                           // 2
        accelerationFraction = 0;
        shape->surface_v = ccp(0, 0);
    } else {                                                          // 3
        float maxSpeed = 200.0f;
        shape->surface_v = ccp(-maxSpeed*accelerationFraction, 0);
        cpBodyActivate(body);
    }
} else {
    shape->surface_v = cpvzero;                                       // 4
}
```

마찬가지로 번호 순서대로 설명하겠다.

1. Ole가 ground 위에 있는지 확인한다(즉, Ole가 적어도 하나 이상의 ground shape와 충돌 중이다).

2. 가속도계 입력값이 아주 작은지를 확인해서 플레이어가 Ole를 멈추게 하려고 할 때 Ole가 계속해서 움직이는 것을 막는다. 이때 ABS 메소드를 사용하여 절대값을 비교하도록 함으로써 입력값이 음수인 경우에도 잘 동작하도록 하였다.

3. 그렇지 않으면 x축 표면 속도를 가속도계의 입력값에 −200.0을 곱한 값으로 설정한다. 이렇게 하면 표면 속도는 −200에서 200 사이의 값을 갖게 된다. 그리고 바디를 활성화시켜 해당 바디가 sleep 상태였을 경우 깨어나도록 한다.

4. Ole가 ground와 충돌하지 않고 있다면 표면 속도를 0으로 설정한다.

아직 update 메소드에 추가할 내용이 조금 남았다. 계속해서 리스트 13.46의 내용을 이어서 추가하자.

리스트 13.46 CPViking.m 파일의 updateStateWithDeltaTime 메소드의 마지막 부분에 추가하는 코드

```
float margin = 70;
CGSize winSize = [CCDirector sharedDirector].winSize;
if (body->p.x < margin) {
    cpBodySetPos(body, ccp(margin, body->p.y));
}
if (body->p.x > winSize.width - margin) {
    cpBodySetPos(body, ccp(winSize.width - margin, body->p.y));
}
```

위 코드는 x좌표의 최대/최소값을 조절하여 Ole가 화면 좌우의 바깥으로 나가버리는 것을 방지한다.

이제 거의 끝나간다. 지금까지 작성한 메소드를 호출하는 코드를 추가하면 된다. Scene5ActionLayer.m 파일로 이동한 다음 현재 버전의 ccTouchBegan, ccTouchMoved, ccTouchEnded를 주석 처리하고 새로운 버전의 메소드로 채우자(리스트 13.47).

 Scene5ActionLayer.m 파일의 ccTouchBegan, ccTouchEnded, accelerometer:didAccelerate 메소드(수정 버전이며, ccTouchMoved 메소드는 사용하지 않음)

```
- (BOOL)ccTouchBegan:(UITouch *)touch withEvent:(UIEvent *)event {
    [viking ccTouchBegan:touch withEvent:event];
    return YES;
}

- (void)ccTouchEnded:(UITouch *)touch withEvent:(UIEvent *)event {
    [viking ccTouchEnded:touch withEvent:event];
}

- (void)accelerometer:(UIAccelerometer *)accelerometer
    didAccelerate:(UIAcceleration *)acceleration {
    [viking accelerometer:accelerometer didAccelerate:acceleration];
}
```

각 메소드는 모두 가속도계와 터치 입력을 CPViking 클래스로 전달하기만 한다.

이제 마지막으로 initWithScene5UILayer 메소드에 가속도계 입력을 활성화시키는 코드를 추가하자(리스트 13.48).

리스트 13.48 **Scene5ActionLayer.m 파일의 initWithScene5UILayer 메소드 마지막 부분에 추가하는 코드**

```
self.isAccelerometerEnabled = YES;
```

드디어 끝났다. 프로그램을 컴파일하고 실행시키면 가속도계를 이용하여 Ole를 앞뒤로 움직일 수 있을 것이다. 그리고 화면을 터치하면 그림 13.12와 같이 Ole가 점프하여 발판 위에 착지할 것이다. 물론 발판 하단을 통과하면서 점프하는 것도 가능하다.

아마 프로그램이 처음에는 잘 동작하다가 가끔 Ole가 뒤집어져 착지할 때 영웅답지 못하게 엉덩방아를 찧는 것처럼 보일 때가 있을 것이다. 화난 바이킹을 마주하는 것은 좋지 않으니 Chipmunk의 constraint를 이용하여 이러한 문제를 해결해주자.

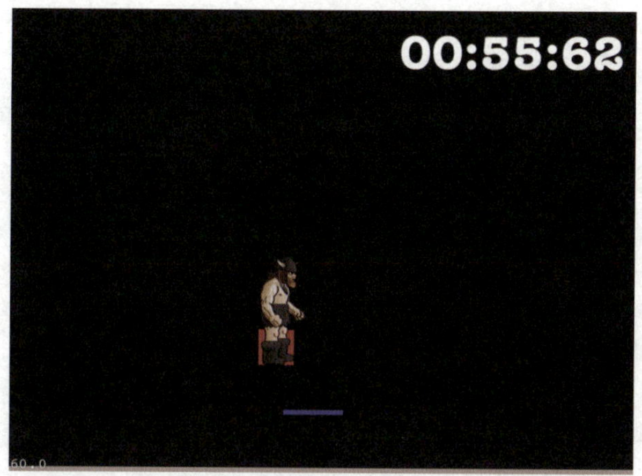

| 그림 13.12 | 발판 위에서 움직이고 점프하는 바이킹

Chipmunk와 Constraint

Chipmunk의 constraint는 특별한 오브젝트로, 오브젝트의 움직임을 제한하는 데 사용한다. Constraint는 Box2D의 조인트와 유사하지만 훨씬 잘 다듬어졌을 뿐만 아니라 각 기능에 특화되었다.

Chipmunk는 다양한 종류의 constraint를 제공하는데, 그 중에서 가장 유용한 것들을 간단히 둘러보도록 하자.

- **피벗 조인트(Pivot joint)**: 두 개의 바디가 별도의 고정점을 기준으로 회전하도록 한다. Box2D의 레볼루트 조인트와 비슷하다(그림 13.13).

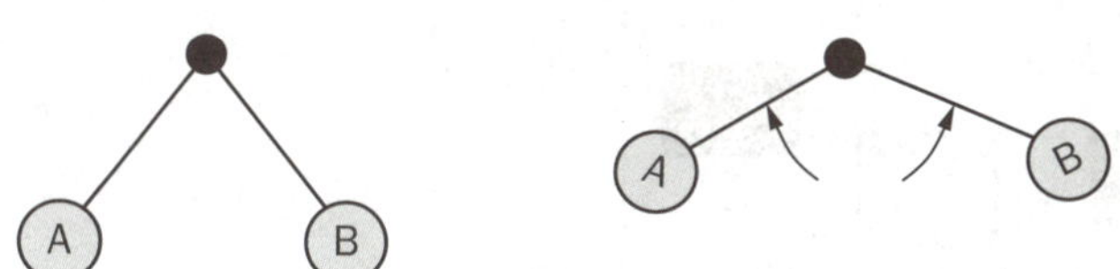

| 그림 13.13 | 피벗 조인트: 고정점을 기준으로 회전

- **로터리 리미트 조인트(Rotary limit joint):** 피벗 조인트는 Box2D와는 달리 회전할 수 있는 각에 제한을 둘 수 없다. 그렇기 때문에 이에 대한 제한이 필요할 때는 로터리 리미트 조인트를 사용해야 한다. 이 조인트를 사용하면 최대/최소각을 통해 두 오브젝트가 움직일 수 있는 범위를 제한할 수 있다(그림 13.14).

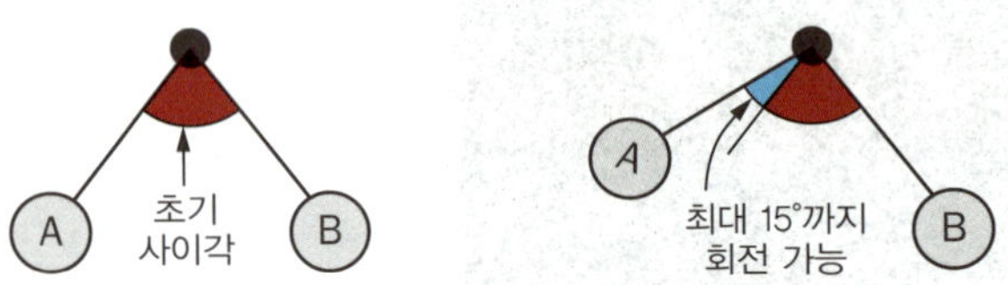

| **그림 13.14** | 로터리 리미트 조인트: 회전각을 제한

- **심플 모터(Simple motor):** Chipmunk는 Box2D와는 달리 조인트에 직접 모터를 설정할 수 없다. 대신 심플 모터라는 별도의 constraint를 부착하여 모터 효과를 나타낸다. 심플 모터는 원하는 속도로 오브젝트를 회전시킨다(그림 13.15).

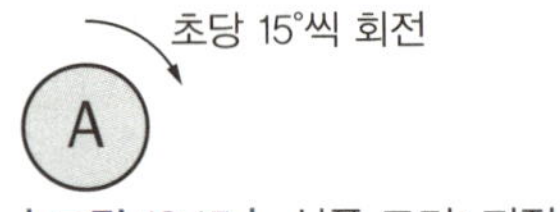

| **그림 13.15** | 심플 모터: 지정된 속도로 회전

- **핀 조인트(Pin joint):** 이것은 마치 두 개의 오브젝트에 각각 핀을 박아 고정 길이의 선으로 연결한 것과 같이 움직인다. 그래서 한 개의 바디를 움직이면 핀을 박은 두 위치의 거리를 일정하게 유지하면서 이동한다. 핀 조인트는 Box2D의 디스턴스 조인트(distance joint)와 유사하다(그림 13.16).

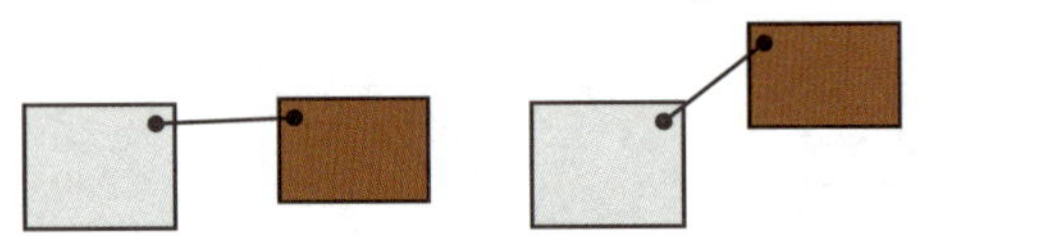

| **그림 13.16** | 핀 포인트: 오브젝트의 거리를 일정하게 유지

- **그루브 조인트(Groove joint):** 하나의 바디가 첫 번째 바디 위에서 슬라이드(및 회전)

하여 '그루브'한 효과를 내도록 하는 조인트이다. 그루브 조인트는 Box2D의 프리즈매틱 조인트와 일부 비슷하다(그림 13.17).

| **그림 13.17** | 그루브 조인트: 오브젝트 B는 오브젝트 A위에서 회전하는 그루브 효과를 나타냄

- **댐프드 스프링(Damped spring):** 서로 떨어져 있는 두 개의 오브젝트가 '스프링 이펙트'를 낼 수 있도록 만든다. 만일 두 오브젝트를 서로 밀어주면 constraint가 마치 스프링이 원래대로 돌아가듯 두 오브젝트를 서로 멀리 떨어뜨린다. 반대로 두 오브젝트를 서로 잡아당기면 constraint는 두 오브젝트를 서로 끌어당긴다. 댐프드 스프링은 Box2D의 소프트 디스턴스 조인트(soft distance joint)와 유사하다(이 때, 소프트 디스턴스 조인트에는 `frequencyHz`와 `dampingRatio`를 설정해 주어야 한다) (그림 13.18).

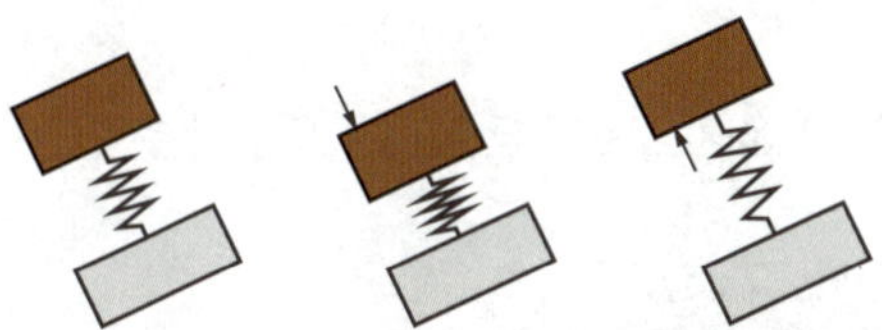

| **그림 13.18** | 댐프드 스프링: 서로 떨어져있는 두 오브젝트를 스프링으로 연결한 듯한 효과를 줌

- **댐프드 로터리 스프링(Damped rotary spring):** 댐프드 스프링과 비슷하게 동작하지만 서로 간의 거리를 일정하게 유지하는 대신 서로가 회전한 각을 동일하게 유지시킨다(그림 13.19).

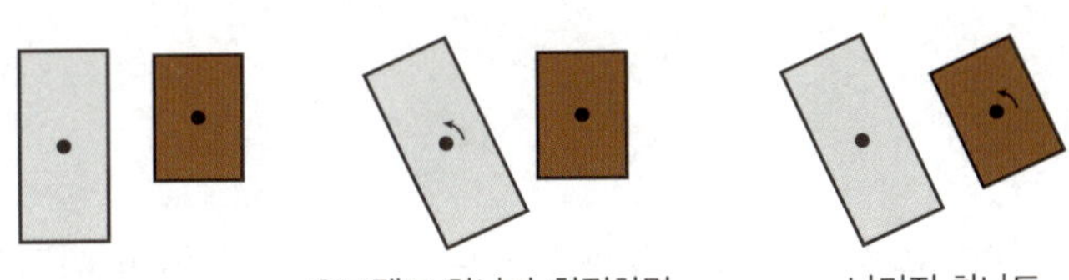

| **그림 13.19** | 댐프드 로터리 스프링: 두 오브젝트가 동일한 각도를 유지하도록 만듦

이제 constraint에 대한 기본적인 개념을 알게 되었으니 이를 이용하여 Ole가 뒤집히지 않도록 만들어보자. 아마도 constraint 목록을 통해 로터리 리미트 조인트를 사용하는 것이 가장 쉬운 방법이라고 생각했을 것이다. 로터리 리미트 조인트를 사용하여 Ole가 양쪽으로 30도를 넘지 못하게 막으면 될 것이다.

Chipmunk에서 constraint를 사용하기 위해서는 두 단계를 거쳐야 한다. 먼저 constraint를 생성하고 초기화시킨 다음 scene에 추가하는 것이다. Box2D와 마찬가지로 모든 constraint는 두 개의 바디에서 동작한다. 이 경우에 두 개의 바디는 각각 ground와 Ole가 된다.

그러면 지금까지 설명한 것을 코드로 구현해보자. CPViking.m 파일로 이동한 다음 initWithLocation 메소드의 마지막 부분에 리스트 13.49의 내용을 추가하자.

리스트 13.49   CPViking.m 파일의 initWithLocation 메소드 마지막 부분에 추가하는 코드

```
cpConstraint *constraint =
    cpRotaryLimitJointNew(groundBody, body,
                          CC_DEGREES_TO_RADIANS(-30),
                          CC_DEGREES_TO_RADIANS(30));
cpSpaceAddConstraint(space, constraint);
```

코드를 보면 constraint를 사용하는 것이 얼마나 쉬운지를 알 수 있다! 이제 프로그램을 컴파일하고 실행시키면 더이상 Ole가 뒤로 넘어지는 일은 없을 것이다. 바이킹도 기분이 좋아졌을 것이다.

발판 회전시키기

지금까지 Ole가 움직이고 점프하도록 구현했으니 이제 Ole가 이번 레벨을 탈출할 수 있도록 발판을 만들어주면 된다. 이번 레벨에서는 단순히 발판을 만드는 것에서

끝내지 않고 회전 발판, 스프링 발판, 피벗 발판 등 다양한 종류의 발판을 만들어 볼 것이다. 다양한 종류의 발판을 만드는 것을 통해 Chipmunk의 constraint가 어떻게 동작하고 또 얼마나 편리한지를 느낄 수 있을 것이다.

그러면 먼저 회전 발판부터 만들어보자. 이를 위해서는 CPSprite의 서브클래스가 필요하다. Classes\GameObjects\Chipmunk 그룹을 선택하고 [File]–[New]–[New File...]을 선택한 다음 [iOS]–[Cocoa Touch]–[Objective–C class]를 선택하고 [Next]를 클릭한다. [Subclass of] 필드에 'CPSprite'라고 입력하고 [Next]를 클릭한 다음 파일 이름으로 'CPRevolvePlatform.m'이라고 입력하고 [Save]를 클릭한다.

이제 CPRevolvePlatform.h 파일을 열고 리스트 13.50의 내용으로 바꾸자.

리스트 13.50 **CPRevolvePlatform.h**

```objc
#import "CPSprite.h"

@interface CPRevolvePlatform : CPSprite {
}

@end
```

CPSprite의 서브클래스 CPRevolvePlatform을 정의하는 것이다. 이어서 CPRevolvePlatform.m 파일을 열고 그 내용을 리스트 13.51의 내용으로 바꾸자.

리스트 13.51 **CPRevolvePlatform.m**

```objc
#import "CPRevolvePlatform.h"

@implementation CPRevolvePlatform

- (id)initWithLocation:(CGPoint)location space:(cpSpace *)theSpace
    groundBody:(cpBody *)groundBody {

    if ((self = [super initWithSpriteFrameName:@"platform_revolve.png"])) {
        [self addBoxBodyAndShapeWithLocation:location
            size:self.contentSize space:theSpace mass:1.0 e:0.2 u:1.0
            collisionType:kCollisionTypeGround canRotate:TRUE];
```

```
    // 1
    cpConstraint *c1 = cpPivotJointNew(groundBody, body, body->p);
    cpSpaceAddConstraint(space, c1);

    // 2
    cpConstraint *c2 = cpSimpleMotorNew(groundBody, body,
                            CC_DEGREES_TO_RADIANS(45));
    cpSpaceAddConstraint(space, c2);
    }
    return self;
}

@end
```

initWithLocation 메소드는 앞에서 CPSprite 클래스를 구현하면서 작성한 헬퍼 메소드를 사용하여 바디를 만들고는 다음과 같이 두 개의 constraint를 생성한다.

1. 바디와 groundBody를 피벗 조인트로 연결하여 바디가 자신의 중심을 축으로 하여 회전할 수 있도록 한다(바디의 위치를 피벗 포인트로 지정).
2. 심플 모터를 만들어서 고정된 groundBody를 기준으로 하여 바디가 초당 45° 씩 회전하도록 한다.

이렇게 만든 클래스를 테스트하기 위하여 Scene5ActionLayer.m 파일로 이동한 다음 맨 앞부분에 import 구문을 추가하자(리스트 13.52).

리스트 13.52 <u>Scene5ActionLayer.m 파일의 맨 앞부분에 추가하는 코드</u>

```
#import "CPRevolvePlatform.h"
```

그 다음 회전 발판을 만들기 위한 메소드를 호출하는 코드를 추가하자(리스트 13.53).

 Scene5ActionLayer.m 파일의 createRevolvePlatformAtLocation 메소드
(createLevel 메소드 앞에 추가)

```objc
- (void)createRevolvePlatformAtLocation:(CGPoint)location {
    CPRevolvePlatform *revolvePlatform =
        [[[CPRevolvePlatform alloc] initWithLocation:location
                            space:space groundBody:groundBody] autorelease];
    [sceneSpriteBatchNode addChild:revolvePlatform];
}
```

마지막으로 createLevel 메소드에서 createBoxAtLocation 메소드를 호출하는
코드를 주석 처리하고 방금 만든 메소드를 추가하는 코드를 넣자(리스트 13.54).

리스트 13.54   Scene5ActionLayer.m 파일의 createLevel 메소드에서 createBoxAtLocation
메소드를 호출하는 코드를 대체하는 코드

```objc
[self createRevolvePlatformAtLocation:
    ccp(winSize.width * 0.5, winSize.height * 0.25)];
```

코드를 컴파일하고 실행시키면 위에서 점프할 수 있는 회전 발판을 볼 수 있을 것
이다(그림 13.20)!

| 그림 13.20 | 피벗과 심플 모터 constraint를 이용하여 만든 회전 발판

피벗, 스프링, 평범한 발판

계속해서 세 가지 종류의 발판을 더 만들어보자. 피벗 발판은 발판 중앙에 피벗이 있는 발판이고, 스프링 발판은 발판 위에 올라서면 아래로 내려가는 발판이다. 그리고 평범한 발판은 말 그대로 고정된 발판이다.

그러면 먼저 각각의 발판에 대한 파일을 생성하는 것으로 시작해보자. Classes\GameObjects\Chipmunk 그룹을 선택하고 [File]–[New]–[New File...]을 선택한 다음 [iOS]–[Cocoa Touch]–[Objective-C class]를 선택한 후 [Next]를 클릭한다. [Subclass of] 필드에 'CPSprite'라고 입력하고 [Next]를 클릭한 다음 파일 이름으로 'CPPivotPlatform.m'이라고 입력하고 [Save]를 클릭한다. CPSpringPlatform.m과 CPNormalPlatform.m에 대해서도 같은 과정을 되풀이한다. 이제 CPPivotPlatform.h 파일을 열고 그 내용을 리스트 13.55의 내용으로 대치하자.

리스트 13.55   CPPivotPlatform.h

```objc
#import "CPSprite.h"

@interface CPPivotPlatform : CPSprite {
}

@end
```

CPSprite의 서브클래스 CPPivotPlatform을 정의하는 것이 내용의 전부이다. 이번에는 CPPivotPlatform.m 파일을 열고 그 내용을 리스트 13.56의 내용으로 대치하자.

리스트 13.56   CPPivotPlatform.m

```objc
#import "CPPivotPlatform.h"

@implementation CPPivotPlatform

- (id)initWithLocation:(CGPoint)location space:(cpSpace *)theSpace
    groundBody:(cpBody *)groundBody {

    if ((self = [super initWithSpriteFrameName:@"platform_pivot.png"])) {
```

```objc
    [self addBoxBodyAndShapeWithLocation:location
        size:self.contentSize space:theSpace mass:10.0 e:0.2 u:1.0
        collisionType:kCollisionTypeGround canRotate:TRUE];

    // 1
    cpConstraint *c1 = cpPivotJointNew(groundBody, body, body->p);
    cpSpaceAddConstraint(space, c1);

    // 2
    cpConstraint *c2 = cpDampedRotarySpringNew(groundBody, body, 0,
                                               60000.0, 100.0);
    cpSpaceAddConstraint(space, c2);

    // 3
    cpConstraint *c3 =
        cpRotaryLimitJointNew(groundBody, body,
                              CC_DEGREES_TO_RADIANS(-30),
                              CC_DEGREES_TO_RADIANS(30));
    cpSpaceAddConstraint(space, c3);
    }
    return self;
}

@end
```


initWithLocation 메소드는 피벗 발판에 대한 바디를 만들기 위해 앞에서 작성한 헬퍼 메소드를 사용하였다. 그러나 질량을 높여 발판이 가볍게 움직이지 않도록 하였다. 그리고는 세 개의 constraint를 설정한다.

1. 발판 바디와 ground 바디를 연결하는 피벗 조인트를 생성하여 발판 바디가 자신의 중심점(바디 자신의 위치)을 기준으로 회전할 수 있도록 한다.
2. 발판 바디와 ground 바디를 연결하는 댐프드 로터리 스프링을 만든다. cpDampedRotarySpringNew 함수의 세 번째 파라미터로 전달되는 값은 초기 각도로, 0으로 설정하면 플레이어가 발판에 올라가지 않았을 때 원래의 위치인 가로로 편평한 상태가 된다. 네 번째 파라미터는 단단한 정도를 의미하는데, 숫자가 클수록 발판을 회전시키기 위해 더 많은 힘이 가해져야 한다. 예제에서는 큰 숫자를 사용하였기 때문에 발판은 얌전하게 돌아갈 것이다. 다섯 번째 파라미

터는 댐핑으로, 숫자가 높을수록 회전에 대한 저항이 강해진다. 예제에서는 중간 정도의 값을 사용하였기 때문에 Ole가 발판에서 점프할 때 적당히 저항하면서 회전할 것이다.

3. Ground 바디와 발판 바디를 연결하는 로터리 리미트 조인트를 생성한다. 이렇게 하면 발판이 양쪽으로 각각 30도가 넘게 회전하지 못한다.

이것으로 피벗 발판이 끝났다. 이번에는 스프링 발판이다. CPSpringPlatform.h 파일을 열고 그 내용을 리스트 13.57의 내용으로 대치하자.

리스트 13.57 CPSpringPlatform.h

```
#import "CPSprite.h"

@interface CPSpringPlatform : CPSprite {
}

@end
```


마찬가지로 CPSprite의 서브클래스 CPSpringPlatform을 정의하고 끝난다. 이어서 CPSpringPlatform.m 파일을 열고 그 내용을 리스트 13.58의 내용으로 대치하자.

리스트 13.58 CPSpringPlatform.m

```
#import "CPSpringPlatform.h"

@implementation CPSpringPlatform

- (id)initWithLocation:(CGPoint)location space:(cpSpace *)theSpace
  groundBody:(cpBody *)groundBody {

    if ((self = [super initWithSpriteFrameName:@"platform_spring.png"])) {
        [self addBoxBodyAndShapeWithLocation:location
            size:self.contentSize space:theSpace mass:1.0 e:0.2 u:1.0
            collisionType:kCollisionTypeGround canRotate:FALSE];

        // 1
        float springLength = 200;
        if (UI_USER_INTERFACE_IDIOM() == UIUserInterfaceIdiomPhone) {
```

```
        springLength /= 2;
    }
    cpConstraint * constraint =
        cpDampedSpringNew(groundBody, body,
                ccp(body->p.x, body->p.y-springLength), ccp(0,0),
                springLength, 25.0, 0.5);
    cpSpaceAddConstraint(space, constraint);

    // 2
    cpConstraint * c2 =
        cpGrooveJointNew(groundBody, body,
                ccp(body->p.x, body->p.y-springLength),
                ccp(body->p.x, body->p.y+springLength), ccp(0,0));
    cpSpaceAddConstraint(space, c2);
    }
    return self;
}

@end
```

마찬가지로 `addBoxBodyAndShapeWithLocation` 메소드를 이용하여 바디를 만들면서 `canRotate`값을 `FALSE`로 하여 발판의 관성 모멘트를 무한한 값이 되도록 한다. 이렇게 하면 발판은 회전하지 못한다. 그리고는 두 개의 constraint를 설정한다.

1. 발판 바디와 ground 바디를 댐프드 스프링 constraint로 연결시킨다. 이렇게 하면 마치 스프링이 연결된 것처럼 발판이 ground와 일정한 거리를 유지하려고 한다. 즉, 유지하려는 거리와 멀어지면 멀어질수록 원래 거리로 되돌아가려고 한다. `cpDampedSpringNew` 함수의 세 번째 파라미터는 첫 번째 바디 (ground 바디)의 앵커 포인트를 나타내는데, 발판의 현재 위치보다 200포인트 (iPhone의 경우에는 100포인트) 아래에 해당하는 지점으로 설정하였다. 네 번째 파라미터는 두 번째 바디(발판 바디)의 앵커 포인트가 되며 여기에서는 발판 바디의 중심으로 지정하였다. 다섯 번째 파라미터는 발판이 유지하려고 하는 거리, 즉 스프링 길이가 된다. 나머지 두 파라미터는 각각 단단하기와 댐핑을 나타내는데 피벗 발판에서 설명한 내용과 동일하다.

2. 별다른 조인트가 없다면 아마도 발판이 좌우로 움직이는 것을 멈추게 하지 못

할 것이다. 그러나 지금 만들고 있는 발판의 경우에는 오직 위아래로만 움직이
게 하려고 하기 때문에 cpGrooveJointNew 함수를 호출하여 발판 바디를 위아
래로만 움직여 ground 바디를 기준으로 '그루브'하게 움직이도록 할 것이다.
세 번째와 네 번째 파라미터는 발판 바디가 그루브하게 움직일 수 있는 가장 먼
위치와 가장 가까운 위치가 되어 발판 바디의 움직임을 제한시킨다. 가장 먼 위
치와 가까운 위치는 모두 발판의 현재 위치에서 그리 멀리 떼놓지 않았다. 다섯
번째 파라미터는 발판 바디의 로컬 좌표로, 위아래로 움직이는 그루브 효과를
보여주는 좌표가 되며 지정한 좌표는 발판 바디의 중심점이다.

이제 발판 하나만 더 추가하고 발판들을 시험하면 된다. 마지막으로 추가할 발판은
평범한 발판이다. 이 발판은 (오히려) 특별한 발판으로, 움직이지 않는다. 그래서 이
발판은 static shape으로 ground 바디에 붙일 것이다. 그러면 CPNormalPlatform.
h 파일을 열고 그 내용을 리스트 13.59의 내용으로 대치하자.

리스트 13.59 CPNormalPlatform.h

```
#import "CPSprite.h"

@interface CPNormalPlatform : CPSprite {
}

@end
```

그 다음 CPNormalPlatform.m 파일을 열고 그 내용을 리스트 13.60의 내용으로
대치하자.

리스트 13.60 CPNormalPlatform.m

```
#import "CPNormalPlatform.h"

@implementation CPNormalPlatform

-(void)updateStateWithDeltaTime:(ccTime)dt
    andListOfGameObjects:(CCArray*) listOfGameObjects {
    // Do nothing...
```

```objc
}

- (id)initWithLocation:(CGPoint)location space:(cpSpace *)theSpace
  groundBody:(cpBody *)groundBody {

    if ((self = [super initWithSpriteFrameName:@"platform_normal.png"])) {
        space = theSpace;

        self.position = location;
        cpFloat hw = self.contentSize.width/(cpFloat)2.0;
        cpFloat hh = self.contentSize.height/(cpFloat)2.0;

        cpVect verts[] = {
            cpv(-hw,-hh),
            cpv(-hw, hh),
            cpv( hw, hh),
            cpv( hw,-hh),
        };

        shape = cpPolyShapeNew(groundBody, 4, verts, location);
        shape->e = 1.0f;
        shape->u = 1.0f;
        shape->collision_type = kCollisionTypeGround;
        cpSpaceAddStaticShape(space, shape);
    }
    return self;
}

@end
```


CPNormalPlatform 클래스는 updateStateWithDeltaTime 메소드를 오버라이
드하지만 평범한 발판이라 움직일 일이 없기 때문에 위치를 업데이트할 일이 없다!

다음으로, 사용할 스프라이트의 크기에 맞게 새로운 static shape를 생성한다. 이
때 cpBoxShapeNew를 사용하는 대신 꼭지점 배열과 함께 cpPolyShapeNew 함수를 사
용한다. shape의 위치를 지정하기 위해서는 ground 바디를 기준으로 한 오프셋을
사용해야 하기 때문이다. cpBoxShapeNew 함수에는 오프셋을 지정하는 기능이 없다.

그럼 이제 지금까지 구현한 새로운 발판들을 시험해보자. 먼저 Scene5Action
Layer.m 파일에 헤더 파일을 import하는 코드를 추가하자(리스트 13.61).

 Scene5ActionLayer.m 파일의 앞부분에 추가하는 코드

```objc
#import "CPPivotPlatform.h"
#import "CPSpringPlatform.h"
#import "CPNormalPlatform.h"
```

그런 다음 발판을 생성시키는 메소드를 리스트 13.62와 같이 추가하자.

 Scene5ActionLayer.m 파일의 createPivotPlatformAtLocation,
createSpringPlatformAtLocation, createNormalPlatformAtLocation 메소드
(createLevel 메소드 앞에 추가)

```objc
- (void)createPivotPlatformAtLocation:(CGPoint)location {
    CPPivotPlatform *pivotPlatform = [[[CPPivotPlatform alloc]
        initWithLocation:location space:space groundBody:groundBody]
        autorelease];
    [sceneSpriteBatchNode addChild:pivotPlatform];
}


- (void)createSpringPlatformAtLocation:(CGPoint)location {
    CPSpringPlatform *springPlatform = [[[CPSpringPlatform alloc]
        initWithLocation:location space:space groundBody:groundBody]
        autorelease];
    [sceneSpriteBatchNode addChild:springPlatform];
}


- (void)createNormalPlatformAtLocation:(CGPoint)location {
    CPNormalPlatform *normPlatform = [[[CPNormalPlatform alloc]
        initWithLocation:location space:space groundBody:groundBody]
        autorelease];
    [sceneSpriteBatchNode addChild:normPlatform];
}
```

마지막으로 createLevel 메소드에서 createRevolvePlatformAtLocation 메소
드를 호출하는 코드를 주석 처리하고 그 위치에 리스트 13.63의 코드를 추가하자.

 Scene5ActionLayer.m 파일의 createLevel 메소드에 추가하는 코드

```objc
    [self createPivotPlatformAtLocation:
        ccp(winSize.width * 0.7, winSize.height * 0.45)];
    [self createSpringPlatformAtLocation:
        ccp(winSize.width * 0.4, winSize.height * 0.25)];
```

```
[self createNormalPlatformAtLocation:
    ccp(winSize.width * 0.2, winSize.height * 0.35)];
```

프로그램을 컴파일하고 실행시키면 방금 만든 새로운 발판을 시험할 수 있다. Ole
를 발판 위로 점프시키거나 이리저리 돌아다니도록 하여 발판이 어떻게 동작하는지
확인해보자(그림 13.21).

| **그림 13.21** | Chipmunk constraint로 만든 피벗, 스프링, 평범한 발판

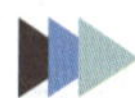 ## 탈출!

이제 여러분은 이번 레벨을 완전하게 구현하기 위하여 필요한 모든 블록을 갖추었
다. 그러면 이제부터 이것들을 조합하여 멋지고 훌륭한 길을 만들어보자.

Ole 따라가기

이번 레벨에서 Ole는 위로 올라가야 하기 때문에 Ole가 위아래로 움직이는 것에
맞추어 layer가 따라다니도록 해야 한다. 여기에 '스크린 셰이크(screen shake)'라

는 멋진 이펙트를 사용하여 마치 행성이 곧 폭발할 것 같은 느낌을 연출할 것이다.
또한 몇 가지 장력을 scene에 추가할 것이다.

Scene5ActionLayer.m 파일로 이동하여 layer의 위치를 업데이트하는 새로운 메
소드를 리스트 13.64와 같이 추가하자. 이 메소드는 매 프레임마다 호출될 것이다.

 Scene5ActionLayer.m 파일의 followPlayer 메소드(update 메소드 앞에 추가)

```objc
- (void)followPlayer:(ccTime)dt {
    // 1
    static double totalTime = 0;
    totalTime += dt;

    // 2
    double shakesPerSecond = 5;
    double shakeOffset = 3;
    double shakeX =
        sin(totalTime*M_PI*2*shakesPerSecond) * shakeOffset;

    // 3
    CGSize winSize = [CCDirector sharedDirector].winSize;
    float fixedPosition = winSize.height/4;
    float newY = fixedPosition - viking.position.y;
    float groundMaxY = 2048;
    newY = MIN(newY, 50);
    if (UI_USER_INTERFACE_IDIOM() == UIUserInterfaceIdiomPhone) {
        groundMaxY = 900;
        newY = MIN(newY, 25);
    }
    newY = MAX(newY, -groundMaxY-fixedPosition);
    CGPoint newPos = ccp(shakeX, newY);
    [self setPosition:newPos];
}
```

followPlayer 메소드의 설명이 필요한 곳은 세 군데가 있다.

1. 이 첫 번째 부분은 이번 scene이 실행된 전체 시간을 계속 관리한다. 이 값은 화
   면을 얼마나 흔들어야 하는지를 계산하는 데 사용된다.
2. 화면을 흔들기 위해 짧은 시간 동안 화면을 약간 오른쪽으로 이동시켰다가 다
   시 왼쪽으로 이동시키는 것을 반복해야 한다. 이와 같이 일정한 주기로 무슨 일

을 해야 하는 상황이 발생한다면 sin 함수를 사용하는 것이 좋은 해결 방법이다. sin 함수는 주기적인 파장을 생성하는데, 매 2*M_PI (6.28)을 주기로 −1에서 1 사이를 나타낸다. 그래서 파라미터값으로 초를 건네주면 sin 함수는 6.28초를 주기로 −1에서 1 사이의 값을 반복해서 나타낼 것이다. 그러나 2*M_PI에다 초를 곱한 값을 넘겨주면 매 초를 주기로 −1에서 1 사이의 값을 반복해서 나타낼 것이다. 거기에다가 초당 흔들어줄 횟수를 곱해주면 아주 멋지게 초조한 분위기를 연출할 수 있을 것이다. 마지막으로 sin 함수 결과에 3을 곱하여 범위를 (−1, 1)에서 (−3, 3)으로 넓혔다.

3. 나머지 부분은 플레이어의 현재 위치에 따라 layer를 이동시키는 코드로, 이미 이전 챕터에서 익힌 부분이다.

그러면 방금 만든 메소드를 호출하는 코드를 update 메소드 마지막에 추가하자 (리스트 13.65).

리스트 13.65 <u>Scene5ActionLayer.m 파일의 update 메소드의 마지막에 추가하는 코드</u>

```
[self followPlayer:dt];
```

프로그램을 컴파일하고 실행시키면 화면이 멋지게 흔들리는 이펙트와 함께 layer가 Ole를 따라다니는 것을 볼 수 있을 것이다.

발판 배열하기

이제 layer가 Ole를 따라다니기 때문에 createLevel 메소드를 수정하여 재미있고 도전할 만한 형태가 되도록 발판을 배열할 것이다. 리스트 13.66은 구현 가능한 한 가지 예를 보여준다. 할 수 있다면 여러분이 직접 발판을 배열해보는 것도 좋겠다.

리스트 13.66 <u>Scene5ActionLayer.m 파일의 createLevel 메소드(수정버전, 여러분만의 버전으로 직접 작성하는 것도 가능)</u>

```
- (void)createLevel {
```

```objc
    CGSize winSize = [CCDirector sharedDirector].winSize;
    [self createNormalPlatformAtLocation:ccp(200, 100)];
    [self createNormalPlatformAtLocation:
        ccp(winSize.width * 0.2, winSize.height * 0.15)];
    [self createNormalPlatformAtLocation:
        ccp(winSize.width * 0.4, winSize.height * 0.30)];
    [self createNormalPlatformAtLocation:
        ccp(winSize.width * 0.6, winSize.height * 0.45)];
    [self createNormalPlatformAtLocation:
        ccp(winSize.width * 0.8, winSize.height * 0.75)];
    [self createNormalPlatformAtLocation:
        ccp(winSize.width * 0.6, winSize.height * 0.90)];
    [self createNormalPlatformAtLocation:
        ccp(winSize.width * 0.4, winSize.height * 1.15)];
    [self createNormalPlatformAtLocation:
        ccp(winSize.width * 0.2, winSize.height * 1.30)];
    [self createPivotPlatformAtLocation:
        ccp(winSize.width * 0.4, winSize.height * 1.60)];
    [self createNormalPlatformAtLocation:
        ccp(winSize.width * 0.7, winSize.height * 1.90)];
    [self createNormalPlatformAtLocation:
        ccp(winSize.width * 0.4, winSize.height * 2.15)];
    [self createSpringPlatformAtLocation:
        ccp(winSize.width * 0.45, winSize.height * 2.60)];
    [self createSpringPlatformAtLocation:
        ccp(winSize.width * 0.75, winSize.height * 2.80)];
    [self createSpringPlatformAtLocation:
        ccp(winSize.width * 0.55, winSize.height * 3.05)];
    [self createNormalPlatformAtLocation:
        ccp(winSize.width * 0.4, winSize.height * 3.15)];
    [self createNormalPlatformAtLocation:
        ccp(winSize.width * 0.2, winSize.height * 3.35)];
    [self createRevolvePlatformAtLocation:
        ccp(winSize.width * 0.5, winSize.height * 3.50)];
    [self createNormalPlatformAtLocation:
        ccp(winSize.width * 0.8, winSize.height * 3.65)];
}
```

발판을 만들었으면 컴파일하고 실행시켜 여러분이 직접 만든 레벨을 시험해보자.

Ole에게 애니메이션 부여하기

아직까지 Ole는 액션이 가미된 레벨에 걸맞지 않게 애니메이션이 되지 않는 스프라이트로만 이루어져 있다. 이제 Ole의 움직임과 점프 애니메이션을 포함시켜 보자.

먼저 해야 할 일은 Ole 애니메이션이 정의된 프로퍼티 리스트 파일을 추가하는 것이다. 이번 챕터의 [resource] 폴더에서 CPViking.plist를 선택하여 Xcode의 [Plists] 그룹으로 드래그한다. 이때 'Copy items into destination group's folder (if needed)'가 체크된 것을 확인하고 [Finish]를 클릭한다.

이렇게 plist 파일을 추가한 다음 CPViking.h 파일을 열고 애니메이션에 필요한 인스턴스 변수와 Ole가 방향을 바꾼 마지막 시각을 저장하는 인스턴스 변수를 추가하자(리스트 13.67).

리스트 13.67 **CPViking.h 파일의 @interface 선언부에 추가하는 코드**

```
CCAnimation * walkingAnim;
CCAnimation * jumpingAnim;
CCAnimation * afterJumpingAnim;
float lastFlip;
```

이번에는 CPViking.m 파일로 이동한 다음 프로퍼티 리스트로부터 애니메이션을 로드하는 메소드를 추가하자(리스트 13.68).

리스트 13.68 **CPViking.m 파일의 initAnimations 메소드(initWithLocation 메소드 앞에 추가)**

```
-(void)initAnimations {
    walkingAnim = [self loadPlistForAnimationWithName:@"walkingAnim"
                        andClassName:NSStringFromClass([self class])];
    [[CCAnimationCache sharedAnimationCache]
        addAnimation:walkingAnim name:@"walkingAnim"];

    jumpingAnim = [self loadPlistForAnimationWithName:@"jumpingAnim"
                        andClassName:NSStringFromClass([self class])];
    [[CCAnimationCache sharedAnimationCache]
        addAnimation:jumpingAnim name:@"jumpingAnim"];

    afterJumpingAnim = [self loadPlistForAnimationWithName:@"afterJumpingAnim"
                        andClassName:NSStringFromClass([self class])];
    [[CCAnimationCache sharedAnimationCache]
        addAnimation:afterJumpingAnim name:@"afterJumpingAnim"];
}
```

initAnimations 메소드는 GameObject 클래스의 헬퍼 메소드를 이용하여 이번
레벨에서 필요한 세 개의 애니메이션을 방금 전에 프로젝트에 추가한 CPViking.
plist로부터 가져온다. 이제 Ole의 상태에 따라 알맞은 애니메이션을 재생시키는 코
드를 추가할 차례이다(리스트 13.69).

리스트 13.69 CPViking.m 파일의 changeState 메소드(initWithLocation 메소드 앞에 추가)

```objc
-(void)changeState:(CharacterStates)newState {
    [self stopAllActions];
    id action = nil;
    [self setCharacterState:newState];

    switch (newState) {
        case kStateIdle:
            [self setDisplayFrame:
                [[CCSpriteFrameCache sharedSpriteFrameCache]
                    spriteFrameByName:@"sv_anim_1.png"]];
            break;

        case kStateWalking:
            action = [CCAnimate actionWithAnimation:walkingAnim
                restoreOriginalFrame:NO];
            break;

        case kStateJumping:
            action = [CCAnimate actionWithAnimation:jumpingAnim
                restoreOriginalFrame:NO];
            break;

        case kStateAfterJumping:
            action = [CCAnimate actionWithAnimation:afterJumpingAnim
                restoreOriginalFrame:NO];
            break;

        default:
            break;
    }
    if (action != nil) {
        [self runAction:action];
    }
}
```

이미 Chapter 4에서 충분히 익혔기 때문에 코드를 읽는 데 큰 문제는 없을 것이다.

이제 조금만 더 하면 된다. 상태에 따른 애니메이션을 구현하였으니 이제 상태를 관리하는 코드를 추가하자. 먼저 updateStateWithDeltaTime 메소드 맨 앞에 (슈퍼 클래스의 updateStateWithDeltaTime 메소드를 호출하기 전에) 현재 Ole의 위치를 보관하는 코드를 추가하자(리스트 13.70).

 CPViking.m 파일의 updateStateWithDeltaTime 메소드의 맨 앞부분에 추가하는 코드

```
CGPoint oldPosition = self.position;
```

그리고는 updateStateWithDeltaTime 메소드의 마지막 부분에 Ole의 상태와 스프라이트의 좌우가 바뀌는 상황을 처리하는 코드를 추가하자(리스트 13.71).

 CPViking.m 파일의 updateStateWithDeltaTime 메소드 마지막 부분에 추가하는 코드

```
// 1
if(ABS(accelerationFraction) > 0.05) {
    double diff = CACurrentMediaTime() - lastFlip;
    if (diff > 0.1) {
        lastFlip = CACurrentMediaTime();
        if (oldPosition.x > self.position.x) {
            self.flipX = YES;
        } else {
            self.flipX = NO;
        }
    }
}

// 2
if (characterState != kStateJumping && jumpStartTime != 0) {
    [self changeState:kStateJumping];
}

// 3
if (characterState == kStateIdle && accelerationFraction != 0) {
    [self changeState:kStateWalking];
}

// 4
```

```
    if ([self numberOfRunningActions] == 0) {
        if (characterState == kStateJumping) {
            if (groundShapes->num > 0) {
                [self changeState:kStateAfterJumping];
            }
        } else if (characterState != kStateIdle) {
            [self changeState:kStateIdle];
        }
    }
```

위 코드에 대한 설명은 다음과 같다.

1. 이전 위치와 비교하였을 때 Ole가 왼쪽으로 이동하였는지 아니면 오른쪽으로
   이동하였는지를 비교한 다음 방향에 맞추어 스프라이트를 적절히 뒤집는다. 이
   때 스프라이트를 너무 자주 뒤집지 않는지도 확인한다. 또한 ABS 메소드를 사
   용하여 입력값이 음수인 경우에도 잘 처리되도록 하였다.

2. 점프 상태가 아닌데 점프 중이라면(jumpStartTime값이 0이 아니다) 점프 상태
   로 바꾼다.

3. Idle 상태에서 accelerationFraction값이 0이 아니라면 walking 상태로 변
   경한다.

4. 현재 동작하는 액션이 없다면 상태를 변경해야 하는지 확인한다. 점프가 끝났
   으면 점프 이후 상태로 바꾸고 idle 상태가 아니라면 idle 상태로 바꾸어준다.

이제 마지막 단계로 initWithLocation 메소드에 애니메이션을 초기화시키는 코
드를 추가하면 된다(리스트 13.72).

리스트 13.72 **CPViking.m 파일의 initWithLocation 메소드 마지막 부분에 추가하는 코드**

```
[self initAnimations];
```

프로그램을 컴파일하고 실행시키면 그림 13.22와 같이 Ole가 발판 위로 뛰어 오르
는 모습을 볼 수 있을 것이다!

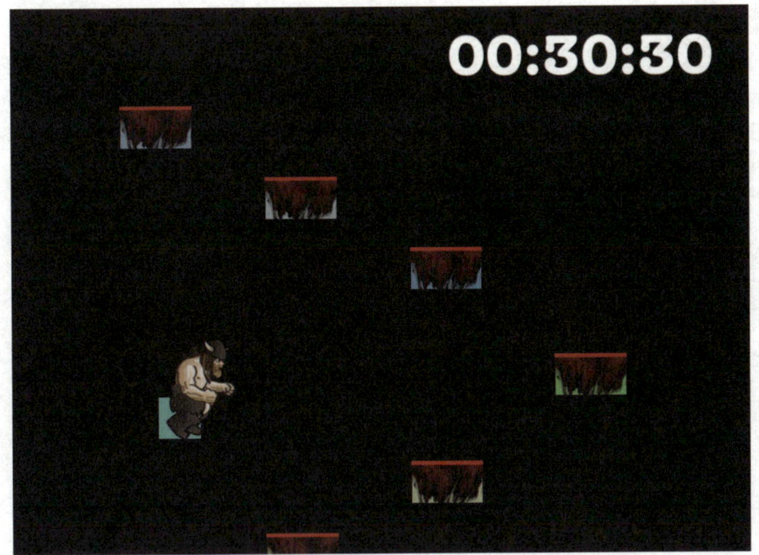

| 그림 13.22 | Ole 스프라이트에 점프와 이동 애니메이션을 추가한 모습

음악과 사운드 이펙트

그러면 더욱 멋진 레벨로 꾸며주기 위하여 음악과 사운드 이펙트를 추가해보자.
먼저 `initWithScene5UILayer` 메소드에 배경 음악을 재생시키는 코드를 추가하자
(리스트 13.73).

리스트 13.73 Scene5ActionLayer.m 파일의 initWithScene5UILayer 메소드
마지막 부분에 추가하는 코드

```
[[GameManager sharedGameManager]
    playBackgroundTrack:BACKGROUND_TRACK_ESCAPE];
```

그리고 CPViking.m 파일로 이동한 다음 점프 사운드 이펙트를 무작위로 재생시
키는 메소드를 추가하자(리스트 13.74).

 CPViking.m 파일의 playJumpEffect 메소드(updateStateWithDeltaTime 메소드 앞에 추가)

```objc
- (void)playJumpEffect {
    int soundToPlay = random() % 4;
    if (soundToPlay == 0) {
        PLAYSOUNDEFFECT(VIKING_JUMPING_1);
    } else if (soundToPlay == 1) {
        PLAYSOUNDEFFECT(VIKING_JUMPING_2);
    } else if (soundToPlay == 2) {
        PLAYSOUNDEFFECT(VIKING_JUMPING_3);
    } else {
        PLAYSOUNDEFFECT(VIKING_JUMPING_4);
    }
}
```

이번에는 changeState 메소드로 이동하여 kStateJumping case에 playJumpEffect 메소드를 호출하는 코드를 추가하자(리스트 13.75).

 CPViking.m 파일의 changeState 메소드 switch 구문의 kStateJumping case 에 추가하는 코드

```objc
[self playJumpEffect];
```

프로그램을 컴파일하고 실행시키면 배경 음악과 점프 사운드 이펙트를 즐길 수 있을 것이다.

배경 화면 추가

검은색만 있는 단순한 배경 화면은 쉽게 질릴테니 실감나는 배경 화면을 scene에 추가해보자. 이번 챕터 [resource] 폴더로 이동해서 chipmunk_background와 chipmunk_ground로 시작하는 파일을 모두 선택한 다음 프로젝트의 [Images] 그룹으로 드래그한다. 물론 'Copy items into destination group's folder (if needed)'가 체크된 것을 확인하고 [Add]를 클릭해야 한다.

그런 다음 방금 추가한 두 개의 배경 이미지를 scene에 추가하는 메소드를 작성하자(리스트 13.76).

```objc
- (void)createBackground {
    // 1
    CCParallaxNode * parallax = [CCParallaxNode node];
    [CCTexture2D setDefaultAlphaPixelFormat:kCCTexture2DPixelFormat_RGB565];
    CCSprite *background;
    if (UI_USER_INTERFACE_IDIOM() == UIUserInterfaceIdiomPad) {
        background = [CCSprite spriteWithFile:@"chipmunk_background-ipad.png"];
    } else {
        background = [CCSprite spriteWithFile:@"chipmunk_background.png"];
    }
    background.anchorPoint = ccp(0,0);
    [CCTexture2D setDefaultAlphaPixelFormat:kCCTexture2DPixelFormat_Default];
    [parallax addChild:background z:-10 parallaxRatio:ccp(0.1f, 0.1f)
            positionOffset:ccp(0,0)];
    [self addChild:parallax z:-10];

    // 2
    CCSprite *groundSprite;
    if (UI_USER_INTERFACE_IDIOM() == UIUserInterfaceIdiomPad) {
        groundSprite = [CCSprite spriteWithFile:@"chipmunk_ground-hd.png"];
    } else {
        groundSprite = [CCSprite spriteWithFile:@"chipmunk_ground.png"];
    }
    groundSprite.anchorPoint = ccp(0,0);
    groundSprite.position = ccp(0,0);
    [self addChild:groundSprite z:-10];

    // 3
    [background runAction:
        [CCRepeatForever actionWithAction:
            [CCSequence actions:
                [CCTintTo actionWithDuration:0.5 red:200 green:0 blue:0],
                [CCTintTo actionWithDuration:0.5 red:255 green:255 blue:255],
                nil]]];
}
```

createBackground 메소드는 세 부분으로 구성된다.

1. 배경 이미지를 scene에 추가한다. 이때 배경을 parallax node로 구현하여 전면(Ole와 발판)보다 더 천천히 스크롤되도록 하였다.

2. 땅에 대한 스프라이트를 scene 바닥에 추가하면서 위치를 왼쪽 아래로 지정하여 화면 왼쪽 아래부터 스프라이트가 입혀지도록 하였다.

3. 배경에 색깔이 반복적으로 조금씩 변하는 액션을 부여하여 긴장되는 느낌이 들도록 하였다.

배경을 생성하는 메소드를 만들었으니 이를 initWithScene5UILayer 메소드에서 호출하여 배경을 생성시키자(리스트 13.77).

  Scene5ActionLayer.m 파일의 initWithScene5UILayer 메소드 마지막 부분에 추가하는 코드

```
[self createBackground];
```

프로그램을 컴파일하고 실행시켜보면 (원한다면 debug draw를 주석 처리해도 된다) 아주 멋진 바위 그림이 배경으로 나타난 것을 볼 수 있을 것이다(그림 13.23).

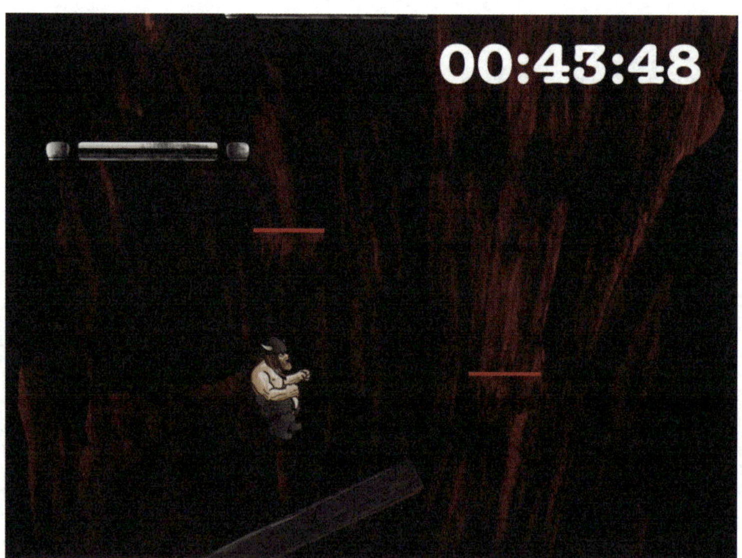

| 그림 13.23 | 배경이 포함되었다는 것은 이번 레벨 구현이 거의 마무리 단계에 왔음을 의미한다.

성공/실패 조건 추가

이번 게임 레벨을 구현하면서 이제 마지막으로 추가할 것 하나만을 남겨놓고 있
다. 그것은 바로 Ole가 행성을 탈출했는지 아니면 시간이 먼저 끝나버렸는지를 판단
하는 것이다. 이것을 판단하는 과정은 아주 간단하다. Ole의 y축 위치가 특정값보다
큰지 여부만 조사하면 된다.

이번 레벨이 끝났을 때 성공/실패에 대한 scene으로 넘어가기 위해서는 Game
Manager를 사용해야 하기 때문에 GameManager를 import시키는 코드를 리스트
13.78과 같이 추가해야 한다.

리스트 13.78 Scene5ActionLayer.m 파일의 맨 앞부분에 추가하는 코드

```
#import "GameManager.h"
```

그리고 성공/실패 조건을 검사하기 위한 코드를 update 메소드의 마지막에 추가
하자(리스트 13.79).

리스트 13.79 Scene5ActionLayer.m 파일의 update 메소드 마지막 부분에 추가하는 코드

```
if (remainingTime <= 0) {
    [[GameManager sharedGameManager] setHasPlayerDied:YES];
    [[GameManager sharedGameManager]
        runSceneWithID:kLevelCompleteScene];
} else if (viking.position.y > 2900) {
    [[GameManager sharedGameManager] setHasPlayerDied:NO];
    [[GameManager sharedGameManager]
        runSceneWithID:kLevelCompleteScene];
}
```

이제 모두 끝났다! 지금까지 작성한 이번 레벨을 컴파일하고 실행시켜보자. 과연
여러분은 늦기 전에 Ole를 탈출시킬 수 있을까?

▶▶ 정리

지금까지 여러분은 Chipmunk를 이용하여 메트로이드 스타일의 발판 탈출 게임을 완성했다. 이 과정을 거치면서 여러분은 Chipmunk의 가장 중요한 개념 – space 생성, 바디와 shape 추가, 바디 이동, constraint를 통한 움직임 제어 등 – 을 직접 경험하고 여러분의 것으로 만들었다.

이제 여러분은 Chipmunk의 기본 사용 방법을 습득하였으니 Chipmunk의 공식 문서를 읽어보기를 권한다(http://files.slembcke.net/chipmunk/release/ChipmunkLatest-Docs/). 이 문서에는 여러분이 Chipmunk를 사용하여 개발할 때 필요한 다양한 API 설명이 들어있다.

아울러 Chipmunk API 사용의 편의를 위하여 Chipmunk의 오브젝티브-C wrapper 버전을 사용하고자 한다면 스콧 렘키가 작성한 Chipmunk에 대한 오브젝티브-C 공식 바인딩인 Objective-Chipmunk를 사용하거나(http://howlingmoonsoftware.com/objectiveChipmunk.php), 다른 (더 오래된) 버전의 오브젝티브-C 바인딩인 SpaceManager(http://code.google.com/p/chipmunk-spacemanager)를 사용할 것을 추천한다. 마지막으로 Chipmunk를 사용하기로 결정했다면 Chipmunk에 대한 기부와 컨설팅으로 먹고 사는 스콧을 위해 기부하는 것도 같이 고민해주면 감사하겠다.

CONGRATULATIONS! 드디어 여러분은 Cocos2D의 가장 어려우면서도 재미있는 파트를 모두 마쳤다. 이제 여러분은 Chipmunk와 Box2D를 사용하는 실무 경험을 갖추게 되었다. 앞으로 여러분은 어떤 종류의 게임을 개발할 것이냐에 따라 그에 맞는 지식과 경험을 쌓으면 된다.

▶▶ 연습문제

1. Chipmunk의 constraint를 이용하여 자신이 직접 디자인한 발판을 추가하자.
2. Chipmunk의 폴리곤 shape와 Vertex Helper를 이용하여 직사각형이 아닌 다른 모양의 발판을 만들어보자.

3. 제트 팩 아이템을 추가하자. Ole가 제트 팩 아이템을 먹으면(즉, 충돌하면),
   Ole에게 충격량을 먹여 마치 부스터를 단 것처럼 하늘 위로 높이 점프하도록
   구현해보자.

PART 5

Particle 시스템, Game Center, 성능

Part 5에서는 Particle 시스템을 게임에 쉽고 빠르게 적용하는 방법, 온라인 순위와 클리어 목록을 관리하는 Apple의 Game Center를 포함시키는 방법, 성능 향상을 위한 몇 가지 팁에 대해 설명한다.

Particle 시스템 : 불, 눈, 얼음 만들기

지금까지 여러분은 Box2D와 Chipmunk 물리 엔진에 대해 익히고 이것을 어떻게 Space Viking과 여러분의 게임에 적용시키는지에 대해 알아보았다. 이번 챕터에서는 Particle 시스템에 대해 배우게 될 것이다. 이와 함께 여러분은 불, 연기, 눈, 비 등의 실감나는 이펙트를 아주 쉽게 게임에 적용하는 방법도 알게 될 것이다. Particle 시스템은 폭발, 불꽃, 불, 연기, 심지어는 비와 같은 그래픽 이펙트를 발생시키는 기술을 총칭하는 이름일 뿐이다. 그래서 이러한 이펙트를 모델링하는 대신 아주 작은 이미지나 particle을 대량으로 사용하여 플레이어가 마치 이러한 이펙트가 일어나는 것처럼 착각하게 만든다.

용어 리뷰

Particle 시스템을 만들고 코딩하기 전에 이와 관련된 핵심 용어에 대해 짚고 넘어가자.

- **Particle 시스템**: 화면에 particle 세트를 추가하여 렌더링하는 기술 및 오브젝트를 의미한다. Particle 시스템은 emitter를 사용하여 particle이 동작하는 방식을 설정한다. Cocos2D에서는 particle 시스템 클래스(CCParticleSystemPoint와 CCParticleSystemQuad)가 Particle 시스템을 렌더링하는 역할을 맡으며 두 클래스 모두 CCNode 클래스로부터 상속받는다.
- **Particle**: Particle 시스템을 생성하는 데 사용되는 (텍스처) 이미지를 의미한다. Particle 이미지의 투명도와 디자인을 다양하게 조절하여 연기 같은 소프트 에지 이펙트(soft edge effect)를 만들어낼 수 있다.
- **Emitter**: Particle 시스템에 숨겨진 뇌로, particle 시스템에서 particle을 생성, 이동, 제거시키는 실질적인 존재가 바로 emitter이다. Emitter는 지정한 설정에 따라 particle을 복제하고 이동시킨다.
- **CCParticleSystemPoint**: Cocos2D의 particle 시스템으로, GL_POINT_SPRITE를 사용하여 particle을 렌더링한다. CCParticleSystemPoint는 각각의 particle에 대해 이미지의 중심점에 해당하는 좌표 하나만을 저장한다. 이 particle 시스템에서 사용할 수 있는 최대 particle 이미지 크기는 겨우 64×64픽셀이다. CCParticleSystemPoint는 회전이나 확대/축소시킬 수 없다.
- **CCParticleSystemQuad**: Cocos2D의 particle 시스템으로, quad(두 개의 삼각형)를 사용하여 particle을 렌더링한다. CCParticleSystemQuad는 자유로운 크기의 particle 이미지를 사용할 수 있으며, 전체 particle 시스템을 통째로 회전시키거나 확대/축소시키는 것이 가능하다.

아직 emitter가 어떻게 동작하고 설정되는지가 명확하게 이해되지 않는다고 해서 걱정하지 않아도 된다. 이번 챕터에서 소개하는 여러 가지 particle 시스템 예제를 접하고 Space Viking에 적용하다 보면 자연스럽게 이해하게 될 것이다.

ARCH_OPTIMAL_PARTICLE_SYSTEM

구형 iPhone 3G와 iPod 터치(1, 2세대)에서는 `CCParticleSystemPoint`가 `CCParticle SystemQuad`보다 약간 빠르게 동작하며, iPhone 3GS, 4와 iPad에서는 `CCParticleSystemQuad`가 조금 빠르게 동작한다. 이 두 가지의 클래스 중 하나를 컴파일 시간에 선택할 수 있는 간단한 방법이 있다. Cocos2D는 컴파일을 하는 대상 CPU(armv6 또는 armv7)에 따라 컴파일 시간에 더 빠른 particle 시스템을 선택하게 하는 매크로를 제공하는데 이것을 이용하면 된다.

이 매크로를 사용하기 위해서는 particle 시스템을 선언할 때 `CCParticleSystemPoint`나 `CCParticleSystemQuad`를 직접 사용하는 대신 `ARCH_OPTIMAL_PARTICLE_SYSTEM` 매크로를 사용하면 된다.

아래의 코드 대신

```
@interface MyParticleSystem: CCParticleSystemPoint
```

아래의 코드를 사용한다.

```
@interface MyParticleSystem: ARCH_OPTIMAL_PARTICLE_SYSTEM
```

Particle 시스템을 이해하는 가장 좋은 방법은 직접 만들어보는 것이다. 먼저 Cocos2D에 포함된 particle 시스템을 알아보고, 자신만의 particle 시스템을 만들고 그 설정을 조절할 수 있도록 하는 Particle Designer 툴에 대해 설명하겠다.

▶▶ 내장 Particle 시스템

Cocos2D는 소스 코드 내에 11가지 particle 시스템을 구비하여 CCParticle Examples.m 클래스에서 사용할 수 있도록 하고 있다. 내장 particle 시스템을 사용하기 위해서는 emitter를 초기화하고 `CCLayer`에 추가하면 된다. 11가지 내장 particle 시스템에는 불, 불꽃, 연기, 비 등과 함께 반짝거리는 것들이 지속적으로 흘러나오는 flower emitter까지도 구현되어 있다.

내장 Particle 시스템 사용하기

내장 particle 시스템을 사용하기 위해서는 Cocos2D 소스 코드를 다운받은 폴더에서 cocos2d-ios라는 Xcode 프로젝트를 열어야 한다.

Xcode에서 Scheme 드롭다운 메뉴를 클릭한 다음 'ParticleTest'를 선택하고 [Run]을 클릭한다(그림 14.1).

| 그림 14.1 | Xcode의 Scheme 드롭다운 메뉴에서 ParticleTest를 선택한 화면

예제 중에 `ParticleSmoke`와 `ParticleSnow`를 눈여겨보기 바란다. 이 두 가지를 Space Viking에 추가할 것이다.

예제 particle 시스템을 어떻게 scene에 추가하는지를 확인하기 위해 cocos2d-ios 프로젝트의 [Tests] 그룹에 있는 ParticleTest.m 클래스를 열어보자. `DemoSnow` 메소드로 이동한 다음 리스트 14.1에 표시한 줄을 살펴보자.

리스트 14.1 ParticleTest 데모에서 ParticleSnow를 생성시키는 코드

```
self.emitter = [CCParticleSnow node];
[background addChild: emitter z:10];
```

Particle 시스템 설정은 `CCParticleSnow` 클래스에서 이루어진다. Xcode 코드에서 `CCParticleSnow`를 클릭한 다음 [Jump to Definition]을 선택하면 클래스가 어떻게 정의되고 구현되었는지 자세히 볼 수 있을 것이다. Cocos2D에서는 여러분만의 particle 시스템을 프로그램상으로 구현할 수 있도록 하였는데, `CCParticleSnow`에서 보여준 것과 같이 구현하거나 Particle Designer 등과 같은 툴로 생성한 plist 파일을 통해 구현할 수 있다.

사막에 눈 내리게 만들기

Particle 시스템을 맛보기 위해 `CCParticleSnow`를 Space Viking의 Ole Awakes 레벨에 추가해보자. 외계 행성이지만 눈이 오지 않는다는 얘기는 하지 않았으니 말이다. 눈을 추가하기 위해서는 다음과 같이 진행하면 된다.

1. Xcode에서 SpaceViking 프로젝트를 연다.
2. 이번 챕터의 [resource] 폴더에서 [Particles] 폴더를 SpaceViking 프로젝트의 [Images] 그룹으로 드래그한다.

이 과정이 핵심 단계로, `CCParticleSnow` 시스템은 눈발을 만들기 위해 snow. png 텍스처 이미지를 사용한다. 그림 14.2는 SpaceViking 프로젝트에 [Particles] 폴더를 추가한 화면을 보여준다.

3. GameplayLayer.m 파일을 열고 리스트 14.2의 내용을 `init` 메소드 마지막에 추가한다.

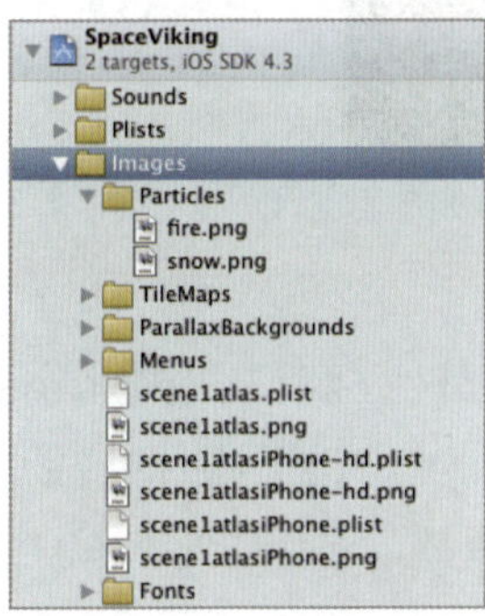

| **그림 14.2** | Particles 폴더가 SpaceViking 프로젝트의 Images 그룹 아래에 추가된 모습

리스트 14.2 **GameplayLayer.m 파일의 init 메소드 마지막에 추가하는 코드**

```
// Snow Particle 시스템 추가
CCParticleSystem *snowParticleSystem = [CCParticleSnow node];
[self addChild:snowParticleSystem];
```

내장 particle 시스템을 사용 중이라면 위와 같이 단지 두 줄의 코드만으로 particle

시스템을 여러분의 코드에 추가할 수 있다. 이제 [Run]을 클릭하여 게임을 실행하고 Ole Awakes 레벨을 선택하면 Ole가 이미 익숙해진 외계 행성의 사막이 나타난다. 다만 이번에는 눈이 내리는 모습과 함께 말이다. 그림 14.3은 snow particle 시스템이 적용된 Space Viking의 첫 번째 게임 레벨을 보여준다.

| **그림 14.3** | Snow particle 시스템이 적용된 Space Viking

　게임을 개발하다 보면 내장 particle 시스템을 사용하는 대신 자신만의 particle 시스템을 사용하고 싶을 때가 생길 것이다. 물론 여러분이 직접 particle을 만들 수도 있겠지만, Cocos2D는 particle 시스템을 위해 아주 훌륭한 몇 가지 속성들을 만들어놓았다. 이것들을 이해하기 위한 가장 좋은 방법은 Particle Designer 같은 툴을 사용하는 것이다. Particle Designer Mac 애플리케이션은 마이크 데일리와 톰 브래들리가 개발한 것으로 훌륭하게도 particle 시스템을 실시간으로 생성하고 보여준다. 또한 이렇게 만든 particle 시스템을 plist 포맷으로 내보내는 기능을 제공하여 Cocos2D에서 바로 사용할 수 있도록 한다.

　다음 섹션에서는 이러한 Particle Designer를 설치하는 과정부터 시작하여 우주 화물선의 배기가스를 표현하는 방법까지 설명할 것이다.

Particle Designer 시작하기

Particle Designer는 구매해야 하는 유료 툴이지만 구매하기 전에 무료로 체험할 수 있다. Particle Designer를 Mac에 설치하기 위해서는 71Squared 웹사이트에서 다운받으면 된다(http://particledesigner.71squared.com).

무료 체험 기간에도 Particle Designer에서 제공하는 모든 particle 시스템에 대한 설정을 확인할 수 있지만 구매하기 전에는 저장하거나 plist 파일로 내보내는 기능을 사용할 수 없다.

Particle Designer를 다운받은 다음 다음과 같이 진행하자.

1. 압축을 해제하고 Particle Designer 앱을 [Applications] 폴더로 드래그한다.
2. 만일 여러분이 디자인한 particle을 저장하거나 내보내기 위해서는 Particle Designer 웹사이트에서 라이선스를 구매해야 한다.

Particle Designer를 처음 시작하면 particle 시스템이 동작하는 iPhone 시뮬레이터와 함께 다양한 종류의 particle 시스템 목록을 갤러리 방식으로 보여준다. 그림 14.4는 Particle Designer의 초기 실행 화면을 보여준다.

Particle Designer에서 보여주는 iPhone 및 iPad 시뮬레이터는 Xcode의 iPhone/iPad 시뮬레이터가 아니다. 그러나 Particle Designer의 시뮬레이터는 OpenGL 코드를 동작시켜 particle 시스템을 렌더링한다. Particle Designer의 다음 버전에는 iOS 기기에 대한 live export 기능을 추가하여 자신이 디자인한 particle 시스템을 iPhone이나 iPad에서 직접 볼 수 있을 것이다. 여기에서 명심할 부분은 Mac에서 동작하는 particle 시스템은 iOS 기기에서 동작하는 모습을 그대로 보여주는 것이 아니라는 것이다. Mac에서 보여주는 particle 시스템이 iOS 기기에서 보여주는 것보다 훨씬 빠르다. 그렇기 때문에 반드시 iOS 기기에서 particle 시스템을 직접 테스트해야 한다.

| 그림 14.4 | iPhone 시뮬레이터와 particle 시스템 갤러리를 보여주고 있는 Particle Designer

Particle Designer 훑어보기

Particle Designer는 71Squared 온라인 갤러리에서 particle 설정을 가져오는 기능이 있는데, 온라인 갤러리에는 항상 새로운 particle 디자인이 계속해서 업데이트되기 때문에 아주 유용한 기능이라고 할 수 있다. Particle Designer의 툴 바는 각 particle 시스템의 환경대로 iPhone과 iPad 모드를 통해 빠르게 볼 수 있도록 한다. 그림 14.5는 사용 가능한 툴 바 버튼을 보여준다.

| 그림 14.5 | Particle Designer 툴바

그림 14.5의 툴 바에는 [Load], [Save], [Save As] 버튼이 있으며, 번호가 붙은 버튼은 다음과 같은 기능을 갖는다.

1. 미리보기 화면을 iPhone/iPad 크기로 전환한다. 이 버튼을 누르면 particle 시스템이 iPhone 또는 iPad에서 어떻게 나타나는지 확인할 수 있다.

2. 미리보기 화면을 가로보기/세로보기로 전환한다.

3. 모든 particle emitter값을 무작위로 설정하여 새로운 조합을 볼 수 있다.

4. Particle emitter를 재생/일시 정지시킨다. 미리보기 화면을 일시 정지시키거나 다시 시작하려면 이 버튼을 누르면 된다.

5. Emitter 설정 패널을 연다. 이 패널이 Particle Designer의 핵심으로, particle 시스템의 모든 설정이 들어있다.

설정 패널은 Particle Designer에서 가장 많은 시간을 할애하는 곳으로, 여기에서 설정한 값을 가지고 Cocos2D가 여러분의 particle 시스템을 렌더링하게 된다. 그림 14.6은 설정 패널을 보여준다.

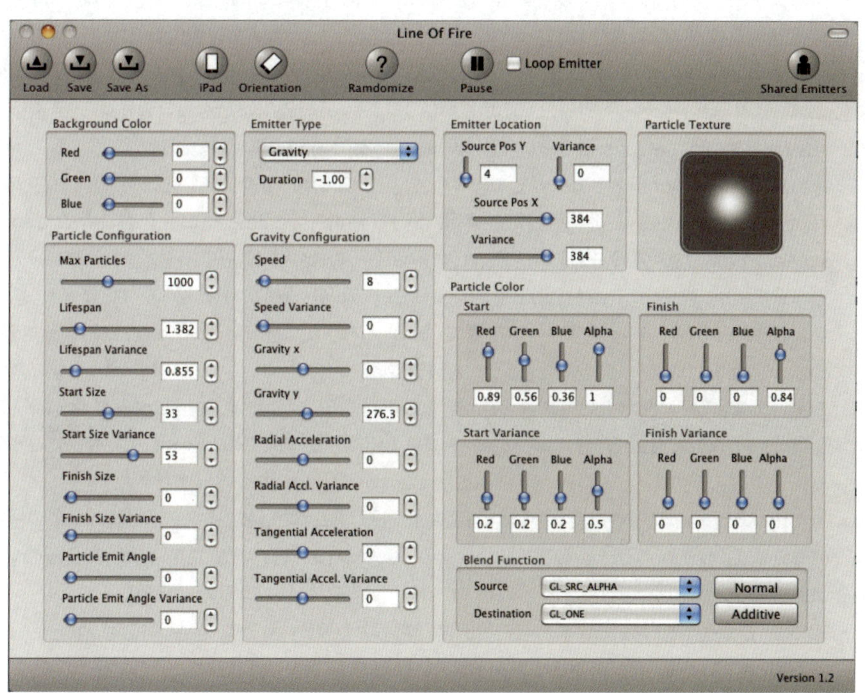

| 그림 14.6 | Particle Designer의 emitter 설정 패널

Particle Designer 컨트롤

그림 14.6에서 볼 수 있는 것과 같이, particle 시스템을 만드는 데 사용되는 옵션 수는 굉장히 많다. 마치 원자로를 제어하는 듯한 엄청난 수의 컨트롤에 미리 주눅들 필요는 없다. 어마어마한 이미지와는 달리 알고 보면 굉장히 단순하다. 설정 패널의 각 섹션이 의미하는 바는 다음과 같다.

- Background Color 섹션: 배경색은 Cocos2D plist 파일로 내보내지 않는다. 이 기능은 particle 시스템을 더 잘 볼 수 있도록 여러분의 게임의 배경 색깔과 비슷하게 맞추어주는 역할만 한다. 기본 색상은 검정색이다.
- Particle Configuration 섹션: 이 섹션에서는 particle 이펙트를 통해 얼마나 많은 수의 particle을 사용할 것인지, 각 particle은 얼마나 오래 유지시킬 것인지(particle의 lifespan)를 설정한다. 이 섹션에서는 또한 particle이 emitter를 통해 생성될 때의 크기와 날아가는 각도도 설정할 수 있을 뿐만 아니라 particle이 사라질 때의 크기도 설정할 수 있다.
- Variance는 분산값으로, 해당 항목의 값에 대한 분포 정도를 의미한다. 그래서 적당히 큰 variance 값을 지정하면 particle 시스템이 조금 더 사실적으로 보일 수 있다. Variance값이 없다면 동일한 모습으로 나타날 것이다.
- Emitter Type 섹션: Emitter type 섹션은 particle 시스템을 중력(gravity)과 방사(radial) 스타일 중에서 선택하도록 한다. 중력은 x축과 y축에 설정된 방향으로 particle을 움직이게 만든다. 중력을 사용하면 물이 수도꼭지에서 흘러나오는 것과 비슷한 이펙트를 만들 수 있다. 방사 스타일은 원 형태로 particle이 나타나 보통 원 안쪽으로 모이면서 사라지는 스타일이다. 두 스타일을 제대로 이해하기 위해서는 Particle Designer를 통해 직접 확인해보는 것이 제일 좋다.
- Gravity/Radial Configuration 섹션: 중력과 방사 스타일에 대한 세부 옵션이 들어있는 섹션이다. 만일 중력 emitter를 선택하였다면 지름가속도(radial acceleration)와 접선가속도(tangential acceleration)도 설정할 수 있게 되는데, 접선가속도는 particle이 하나의 지점을 기준으로 곡선을 그리게 만든다. 이러한 이펙트는 글로 설명해도 머릿속에 잘 그려지지 않기 때문에 그 결과를 눈으로 직접 확인하면서 개념을 잡는 것이 좋다. Emitter Type 섹션에서 방사 emitter를 선택하였다면 emitter에 대한 반지름(radius)과 회전(°)을 설정할 수 있게 된다.
- Emitter Location 섹션: 이 섹션은 emitter 자체의 위치를 지정하는 데 사용된다. 단지 emitter 위치의 variance만 증가시켜도 particle 시스템의 모양을 바꿀 수 있다. 그리고 emitter 위치는 코드를 통해서도 옮길 수 있는데, 이때 사용하는 메소드는 `setPosition`이다.
- Particle Texture 섹션: 렌더링하는 각 particle에 대한 텍스처가 나타난다. PNG 텍스처를 이곳으로 드래그하고 Particle Designer를 통해 particle 시스템에서 사용할 수 있도록 한다. Cocos2D plist로 내보낼 때 particle texture 섹션에 추가된 텍스처는 자동으로 plist 파일에 포함된다.
- Particle Color 섹션: Particle의 시작과 마지막 색깔을 지정할 수 있다. 색깔 설정을 통해 눈이 내리는 particle 시스템을 유성이 쏟아지는 particle 시스템으로 바꿀 수도 있다.

> • **Blend Function 섹션:** 이 섹션에서는 particle 시스템 렌더링을 위한 OpenGL ES 파라미터를 설정
> 한다. OpenGL은 이 책의 범주를 벗어난 항목이기 때문에 직접 Particle Designer에서 여러 가지 값
> 을 설정하면서 그 결과를 확인하기 바란다.
>
> 다시 한번 강조하지만 particle 시스템을 배우는 가장 좋은 방법은 설정을 이리저리 변화시키면서 실
> 행시켜보는 것이다. Particle 시스템 생성이 끝나면 plist 파일로 내보내서 Cocos2D가 이것을 이용하여
> iOS 게임에 적용시키도록 하자. 만일 체험판 버전을 사용하여 plist 파일로 내보내는 기능을 사용할 수
> 없다면 이번 챕터의 [resource] 폴더에 있는 EngineExhaust.plist 파일을 사용하기 바란다. 다음 섹션
> 에서는 우주 화물선의 엔진에서 가스가 배출되도록 구현하는 방법과 이것을 Space Viking에 적용하는
> 방법을 다룰 것이다.

Particle 시스템을 만들어 Space Viking에 추가하기

우주 화물선의 배출 가스를 만들기 위해 Particle Designer에 있는 샘플을 하나
선택하여 그것을 수정할 것이다.

1. Particle Designer를 열고 [Shared Emitters Gallery]를 찾는다.
2. [Plasma Exhaust Particle System]을 선택한다.

[Particle Configuration] 섹션에서 다음과 같이 설정한다.

1. [Max Particles] 값을 (1,000에서) 100으로 바꾼다.
2. [Particle Lifespan] 값을 (10에서) 1.5로 바꾼다.
3. [Lifespan Variance] 값을 (10에서) 0으로 바꾼다. 이렇게 하면 모든 particle
   이 동일한 시간만큼만 살아있게 된다.

[Emitter Type]와 [Gravity Configuration] 설정은 그대로 놔두어도 된다. 이번
에는 [Emitter Location] 섹션이다.

1. Source Pos Y [variance]를 (0에서) 30으로 바꾼다. 이렇게 하면 연기 줄기가 위아래로 넓어진다.
2. [Source Pos Y]를 240으로 바꾼다.
3. [Source Pos X]를 363으로 바꾼다.
4. Source Pos X [variance]를 68로 바꾼다.

마지막으로 [Particle Color] 섹션을 수정하여 연기 색깔을 파란색에서 노란색으로 바꾸자.

1. [Start]–[Red] 값을 0.86으로 바꾼다.
2. [Start]–[Green] 값을 0.14로 바꾼다.
3. [Start]–[Blue] 값을 0으로 바꾼다.

이렇게 하고 난 후의 설정 패널은 그림 14.7과 같이 나타나야 한다. 물론, 툴 바의 [play] 버튼을 눌러 particle 시스템이 어떻게 나타나는지 미리 확인할 수도 있다.

새로 만든 particle 시스템을 Space Viking에 추가하기 위해서는 particle 시스템을 plist 파일로 내보내야 한다.

1. [Save As]를 클릭한 다음 파일 이름을 'EngineExhaust.plist'라고 입력한다.
2. 파일 포맷을 'cocos2d(plist)' 로 지정한다.
3. 저장한 EngineExhaust.plist 파일을 SpaceViking 프로젝트의 [Images] 그룹으로 불러온다.

이제 Xcode에 추가한 particle 시스템을 코드를 통해 SpaceViking에서 초기화시키면 된다.

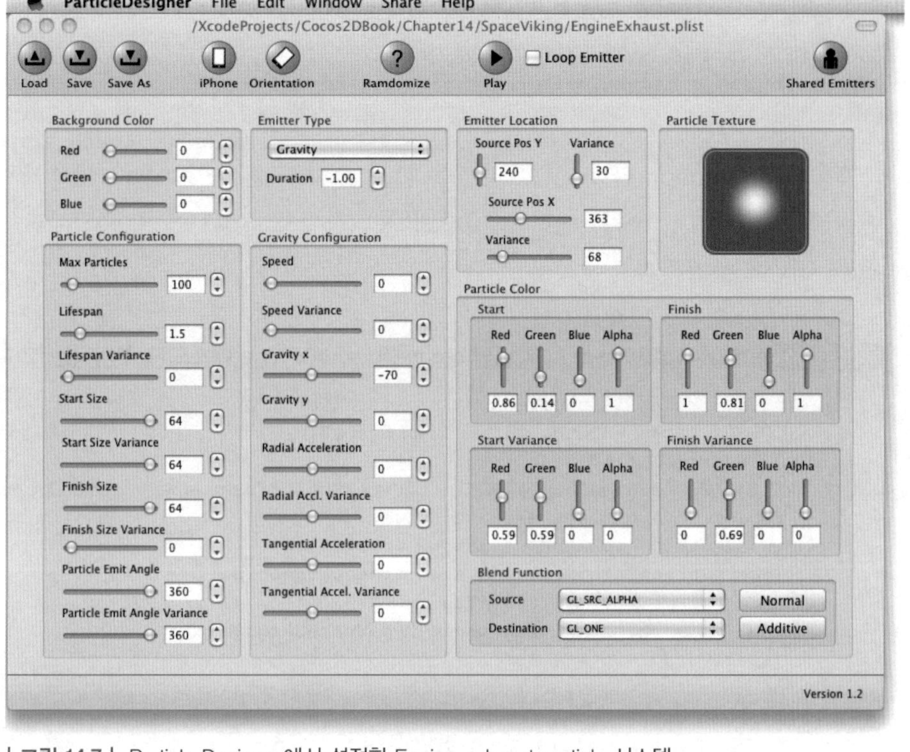

| 그림 14.7 | Particle Designer에서 설정한 Engine exhaust particle 시스템

Engine Exhaust를 Space Viking에 추가하기

우주 화물선이 날아가면서 내뿜는 것으로 불이나 연기보다 더 좋은 것이 있을까? 이번 섹션에서는 연기 particle 시스템으로부터 개량한 불기둥 particle 시스템 (EngineExhaust.plist)을 추가할 것이다.

먼저 GameplayLayer.h 파일을 열고 @interface 선언부에 리스트 14.3의 내용을 추가하자.

리스트 14.3 GameplayLayer.h 파일에 추가하는 Engine Exhaust particle 시스템

```
CCParticleSystem *emitter;
CCParticleSystem *smokeEmitter;
```

계속해서 GameplayLayer.m 파일을 열고 createObjectOfType 메소드로 이동한 다음 리스트 14.4에서 진하게 나타낸 코드를 SpaceCargoShip에 해당하는 if else 구문에 추가하자.

리스트 14.4 GameplayLayer.m 파일의 createObjecdtOfType 메소드에 추가하는 코드

```
    } else if (kEnemyTypeSpaceCargoShip == objectType) {
        CCLOG(@"Creating the Cargo Ship Enemy");
        SpaceCargoShip *spaceCargoShip =
            [[SpaceCargoShip alloc] initWithSpriteFrameName:@"ship_2.png"];
        [spaceCargoShip setDelegate:self];
        [spaceCargoShip setPosition:spawnLocation];
        [sceneSpriteBatchNode addChild:spaceCargoShip
                            z:ZValue
                            tag:kEnemyTypeSpaceCargoShip];
        [spaceCargoShip release];

        // Chapter 14
        // 불꽃을 내는 particle 시스템 추가
        emitter = [ARCH_OPTIMAL_PARTICLE_SYSTEM
                        particleWithFile:@"EngineExhaust.plist"];        // 1
        smokeEmitter = [CCParticleSmoke node];                          // 2
        [self addChild:emitter];                                        // 3
        [self addChild:smokeEmitter];                                   // 4

    } else if (kPowerUpTypeMallet == objectType) {
```

추가하는 코드는 먼저 addChild 호출을 수정하여 SpaceCargoShip이 kEnemyTypeSpaceCargoShip이라는 태그값을 갖도록 하였다. 이 태그값을 이용하여 sceneSpriteBatchNode에 의해 렌더링되는 자식 오브젝트들이 SpaceCargoShip을 참조하여 particle 시스템의 위치를 업데이트할 수 있게 된다.

내장 particle 시스템을 이용하는 것과 비슷하게 직접 particle 시스템을 만들어 사용하는 것도 단 몇 단계만 거치면 된다.

1. Emitter를 Particle Designer로 만든 EngineExhaust.plist 파일로 초기화시
   킨다.
   Particle 이미지와 텍스처는 모두 plist 파일에 포함되기 때문에 별도로 추가하
   지 않아도 된다. ARCH_OPTIMAL_PARTICLE_SYSTEM 매크로를 여기에서 사용하
   여 컴파일하는 CPU 아키텍처(armv6 또는 armv7)에 따라 최적의 성능을 내는
   particle 시스템으로 선택되도록 하였다.
2. smokeEmitter를 내장된 연기 particle 시스템으로 초기화시킨다.
   EngineExhaust 불기둥과 함께 smokeEmitter는 두 번째 particle 시스템으로
   서 불기둥을 뒤따르는 연기를 연출할 것이다.
3. Particle 시스템 EngineExhaust를 GameplayLayer에 추가한다.
4. Particle 시스템 smokeEmitter를 GameplayLayer에 추가한다.

Particle 시스템이 Gameplay layer에 추가되었으니, 마지막으로 particle 시스템
이 이동 중인 SpaceCargoShip 뒤에 나타나도록 만들면 된다.

GameplayLayer.m 파일의 update 메소드로 이동하여 리스트 14.5에서 진하게
나타낸 코드를 추가하자.

리스트 14.5 **GameplayLayer.m 파일의 update 메소드에 추가하는 코드(진하게 처리된 코드
를 추가)**

```
#pragma mark Update Method
-(void) update:(ccTime)deltaTime {
    CCArray *listOfGameObjects = [sceneSpriteBatchNode children];           // 1
    for (GameCharacter *tempChar in listOfGameObjects) {                    // 2
        [tempChar updateStateWithDeltaTime:deltaTime
                  andListOfGameObjects:listOfGameObjects];                  // 3
    }

    // Chapter 7 추가부분
    // Viking이 죽었는지 확인
    GameCharacter *tempChar =
        (GameCharacter*) [sceneSpriteBatchNode
                          getChildByTag:kVikingSpriteTagValue];
    if ((([tempChar characterState] == kStateDead) &&
        ([tempChar numberOfRunningActions] == 0)) {
```

```objc
        [[GameManager sharedGameManager] setHasPlayerDied:YES];
        [[GameManager sharedGameManager]
            runSceneWithID:kLevelCompleteScene];
    }

    // RadarDish가 죽었는지 확인
    tempChar = (GameCharacter*)[sceneSpriteBatchNode
                                    getChildByTag:kRadarDishTagValue];
    if ((([tempChar characterState] == kStateDead) &&
        ([tempChar numberOfRunningActions] == 0)) {
        [[GameManager sharedGameManager]
        runSceneWithID:kLevelCompleteScene];
    }

    // Chapter 14 Particle 시스템을 위한 추가 부분
    GameCharacter *spaceCargoShip = (GameCharacter*)
        [sceneSpriteBatchNode getChildByTag:kEnemyTypeSpaceCargoShip];
    if (spaceCargoShip != nil) {
        CGRect cargoShipBoundingBox = [spaceCargoShip boundingBox];
        float xOffset = 0.0f;
        if ([spaceCargoShip flipX] == NO) {
            // 화물선은 왼쪽으로 이동중이다 .
            xOffset = cargoShipBoundingBox.size.width;
        }
        CGPoint newPosition =
            ccp(cargoShipBoundingBox.origin.x + xOffset,
                cargoShipBoundingBox.origin.y +
                (cargoShipBoundingBox.size.height*0.6f));
        [emitter setPosition:newPosition];
        [smokeEmitter setPosition:newPosition];
    }
}
```

for 루프를 통해 GameObjects의 모든 오브젝트에 대한 위치를 업데이트시킨 다음
에, kEnemyTypeSpaceCargoShip 태그값을 이용하여 sceneSpriteBatchNode로부
터 SpaceCargoShip을 가져온다.

Particle 시스템 위치를 업데이트시키는 작업은 다음과 같은 순서로 진행된다.

1. 바운딩 박스를 가져와 SpaceCargoShip의 화면 위치와 크기를 파악할 수 있도
   록 한다(크기를 통해 현재 얼마나 확대되었는지 알 수 있다).

2. 화물선이 현재 왼쪽으로 이동 중이면 `xOffset`은 화물선의 폭으로 설정된다. Particle 시스템은 `SpaceCargoShip`의 뒤에 나타나야 하기 때문에 `SpaceCargoShip`이 왼쪽을 향하는 경우에는 particle 시스템의 위치가 `SpaceCargoShip` 위치에 가로의 길이를 더한 값이 되어야 한다.

3. Particle 시스템의 `newPosition` 값을 x축으로는 `SpaceCargoShip`의 x좌표 위치에 `xOffset`을 더한 값으로, y축으로는 `SpaceCargoShip`의 y좌표 위치에 `SpaceCargoShip` 높이의 60%에 해당하는 값을 더한 값으로 지정한다. 스프라이트의 바운딩 박스의 위치는 앵커 포인트 위치를 별도로 지정할 때까지 왼쪽 아래가 된다는 것을 기억하고 있을 것이다.
그래서 `SpaceCargoShip`이 왼쪽으로 이동하는 중에는 `newPosition`이 바운딩 박스의 오른쪽 끝으로 지정되며 `SpaceCargoShip`이 오른쪽으로 이동하면 `newPosition`은 바운딩 박스의 왼쪽 끝으로 지정되고, particle은 오른쪽에서 왼쪽으로 뿜어져 나오도록 한다.

4. `EngineExhaust`와 Smoke particle 시스템 모두 새로운 위치로 지정한다.

이제 [Run]을 클릭하면 그림 14.8과 같이 우주 화물선이 엔진 추진 가스와 연기를 내뿜으며 날아가는 모습을 볼 수 있을 것이다.

▶▶ 정리

Particle 시스템은 여러분의 게임에 아주 훌륭한 리얼리즘을 제공하여 플레이어가 게임에 몰입하도록 하는 데 도움을 줄 것이다. 이번 챕터에서는 particle 시스템에 대해 설명했으며 particle 시스템이 Cocos2D에 적용하는 것이 얼마나 간단한가에 대해서도 설명하였다. 또한, Particle Designer 툴을 가지고 다양한 particle 시스템 설정을 통해 쉽고 빠르게 particle 시스템을 만드는 방법도 설명했다. 다음 챕터에서는 Apple의 Game Center API에 대하여 알아본 다음 Space Viking에 achievement와 leaderboard를 추가하는 방법에 대하여 설명할 것이다.

| 그림 14.8 | 우주 화물선이 engine exhaust와 smoke particle 시스템과 함께 나타나는 모습

연습문제

1. `CCParticleSnow` 클래스를 수정하여 particle 수를 늘려 외계 행성에 눈보라가
   일어나는 상황을 연출해보자.

`CCParticleSnow`를 호출하는 코드 `[self initWithTotalParticles:700];`
을 참조하면 된다.

2. `smokeEmitter`를 수정하여 engine exhaust 전면이 아닌 후면에 위치하도록 수
   정해보자.

Game Center

Space Viking은 어느덧 아주 멋진 게임으로 진화했다. 액션, 애니메이션, 스크롤링, 사운드, 물리 엔진 등 Cocos2D의 다양한 기능을 활용할 뿐만 아니라 각기 독특한 스타일의 레벨과 함께 과격한 메인 캐릭터까지 보유하게 되었다.

그러나 이런 종류의 게임을 개발하다 보면 더 많은 플레이어를 끌어들이고 싶은 욕구가 자연스레 생기기 마련이다. 이러한 욕구를 충족시킬 수 있는 한 가지 방법은 Game Center라는 Apple 소셜 게임 네트워크를 사용하여 게임에 achievement와 leaderboard를 추가하는 것이다.

이번 챕터에서는 Space Viking에 achievement를 추가하여 각 레벨을 클리어할 때마다 진전 상황을 플레이어에게 알려주어서 플레이어로 하여금 게임을 모두 클리어할 수 있도록 동기를 부여할 것이다. 또한 Escape 레벨에는 leaderboard를 추가하여 누가 더 빨리 탈출했는지 플레이어끼리 경쟁하도록 만들 것이다.

이와 같은 과정을 거치는 동안 여러분은 Game Center에 대한 내용과 함께 leaderboard와 achievement를 설정하고 게임에 포함시키는 방법도 알게 될 것이다. 아울러 개발하는 과정에서 빠질 수 있는 함정들을 소개하고 이를 해결하는 방법도 제시할 것이다.

그러면 이제 Game Center를 통해 우리의 게임을 한 단계 발전시키도록 하자.

▶▶ Game Center란?

Game Center를 생각하면 사람들은 보통 iOS(4.1버전 이상)에 포함된 앱을 떠올릴 것이다. Game Center 앱을 실행시켜보면 그림 15.1과 같이 자신의 친구들이 무슨 게임을 즐기고 있으며, 얼마나 진전됐는지를 알 수 있다.

이와 더불어 자신의 게임 진전 상황도 Game Center를 통해 알 수 있다. 현재 자신이 플레이하고 있는 게임 목록을 조회하여 자신의 점수를 친구의 점수와 비교할 수도 있으며, 전세계 플레이어의 점수 순위도 볼 수 있다(그림 15.2).

| 그림 15.1 | Game Center에 등록된 친구 목록과 친구가 플레이 중인 게임 목록을 보여주는 화면

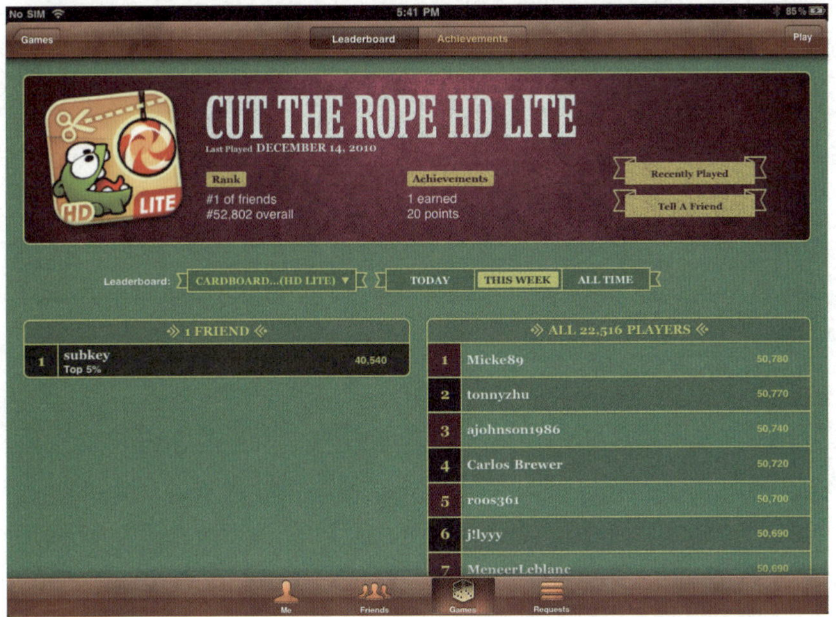

| 그림 15.2 | Game Center에서 자신이 즐기는 게임의 진행 상황을 보여주는 화면

Game Center는 단지 앱으로 끝나지 않는다. Game Center는 별도의 API를 제공하여 여러분의 앱에 leaderboard, achievement를 쉽게 추가할 수 있도록 할 뿐만 아니라 멀티 플레이어 기능까지도 구현할 수 있다. API는 여러분의 leaderboard와 achievement를 온라인의 특정 지점에 저장할 수 있도록 Apple에서 제공하는 서비스와 통합한다.

이번 챕터에서는 Space Viking에 leaderboard와 achievement를 추가하면서 Game Center를 사용할 때 필요한 편리한 노하우를 얻게 될 것이다. 그러면 먼저 왜 Game Center를 사용해야 하는지에 대해 생각해보자.

Game Center를 사용하는 이유

Game Center를 사용하는 것이 좋은 이유는 다음과 같다.

첫째, 구현하기가 쉽기 때문이다. 네트워크를 통해 관리하는 leaderboard나 achievement를 게임에 구현하기 위해서는 네트워크 코드를 구현해야 할 뿐만 아니라 서버에서 동작하는 서버 프로그램까지 작성하거나 구입해야 한다. 그러나 Game Center는 단 몇 개의 API 호출만으로 이러한 것들을 간단하게 동작시킬 수 있다.

둘째, 플레이어에게 또 다른 즐거움을 제공하는 동시에 여러분의 게임에 다시 돌아오도록 만드는 데 도움을 주기 때문이다. 많은 플레이어들이 100%를 달성할 때까지는 게임이 끝났다고 생각하지 않는 경향이 강하기 때문에 이러한 성향을 이용하여 플레이어가 어디까지 진행했는지를 알려주는 것으로 플레이어에게 고생한 만큼의 보상을 하는 것이다. 게다가 leaderboard는 점수 순위를 통해 플레이어가 자신의 친구들보다 더 높은 점수를 얻거나 혹은 가장 높은 점수를 얻도록 만들기 때문에 아주 강력한 동기부여 도구라고 할 수 있다.

셋째, Game Center는 더 많은 앱이 팔리도록 도와주기 때문이다. Game Center 게임은 App Store의 별도 카테고리에 존재하는데, 이곳은 Game Center 앱에서 [Games] 탭의 [Find Game Center Games]를 터치하는 것만으로 바로 접속할 수 있다. 즉, 친구들이 플레이 중인 게임을 바로 구매할 수 있는 지름길이 생기기 때문에 이를 통해 더 많은 사람들이 여러분의 게임을 다운받을 수 있는 것이다. 아울러 더 많은 Game Center 기능을 제공할수록 더 많은 플레이어가 여러분의 게임을 즐기고 다른 사람들과 공유하려고 할 것이다!

이제 최소한의 노력만으로 Game Center가 여러분의 앱에 제공할 수 있는 장점들을 알게 되었으니 Space Viking에 Game Center를 적용해보자.

▶▶ 앱에 Game Center를 적용하기

지금까지 이 책에서 사용한 다른 API와는 달리 Game Center를 사용하기 위해서는 여러분의 앱에 별도의 설정을 해야 한다.

1. iOS Developer Program 계정을 획득한다.
2. App ID를 생성한다.
3. 여러분의 앱을 iTunes Connect에 등록한다.

다음의 세 섹션을 통해 위의 절차에 대한 자세한 내용을 설명하겠다. 이 절차를 거쳐야만 코딩을 계속 할 수 있다.

이미 여러분의 앱을 iTunes Connect에 등록했다면 이번 섹션은 넘어가도 좋다.

iOS Developer Program 계정 획득

여러분의 앱에서 Game Center를 사용하기 위해서는 여러분의 앱을 iTunes Connect와 iPhone Developer Portal에 등록해야 하는데, 두 과정 모두 iOS Developer Program에 등록한 개발자만이 진행할 수 있다.

이번 챕터의 내용을 완료하여 Game Center를 시험하기 위해서는 먼저 iOS 개발자 프로그램에 등록해야 하는데, 아직 등록하지 않았다면 $99를 지불해야 한다. 등록하기 위해 http://developer.apple.com/programs/ios/ 사이트에 접속하자.

보통 애플리케이션을 등록하는 데 2주 정도 걸리기 때문에 가능한 한 빨리 등록하는 것이 좋다.

여러분의 앱을 위한 App ID 생성하기

iOS 개발자 프로그램 계정을 만들었다면 여러분의 앱을 위한 App ID를 만들어야한다. App ID는 앱에 대한 유일한 식별자로, 이것을 통해 OS는 두 개의 앱이 동일한 앱인지를 구분하게 된다. App ID는 두 개의 파트로 나뉘는데, 그림 15.3에서 보여주고 있다.

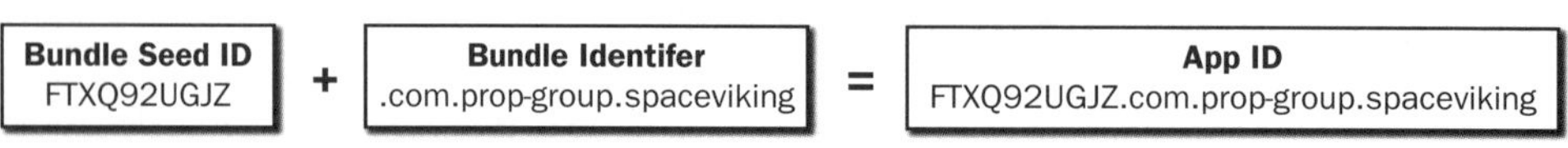

| 그림 15.3 | App ID의 두 파트

첫 번째 파트는 Bundle Seed ID로, Apple에서 무작위로 생성한 10글자로 되어 있다. 그림 15.3의 경우에는 Bundle Seed ID가 FTXQ92UGJZ인 것을 확인할 수 있다. 만일 두 개의 다른 앱이 동일한 App ID를 갖고 있다면, 두 앱은 키체인 접근(keychain access, iOS에서 정보를 안전하게 저장하는 솔루션)을 통해 데이터를 공유할 수 있다. 만일 키체인 접근에 대한 사용 여부를 당장 결정하기 어렵다면 우선은 여러분이 개발하는 모든 앱에 대해 동일한 Bundle Seed ID를 받는 것이 나중에 필요할 수도 있는 키체인 접근을 고려한 안전한 전략이라고 할 수 있다.

두 번째 파트는 Bundle Identifier로, 여러분이 만드는 스트링이다. 이 이름은 자유로이 지을 수 있지만 일반적으로 역 DNS(reverse DNS) 이름 방식을 사용하는 것이 다른 개발자가 만드는 이름과 중복되지 않을 가능성이 높다. 특히, 마지막에는 여러분의 앱의 이름과 관련된 스트링을 넣는 것이 제일 좋다. 그림 15.3의 예를 보면 Bundle Identifier로 com.prop-group.spaceviking이라고 입력한 것을 볼 수 있다(그러나 여러분은 이와는 다른 이름을 만들어야 할 것이다).

역 DNS 이름을 만들기 위해 여러분이 보유하고 있는 도메인 이름을 사용하는 것이 일반적인 방법이다. 그러나 도메인 이름을 보유하지 않고 있더라도 걱정할 필요는 없다. 단순히 유일한 이름만 부여하면 되기 때문에 com.joeschmoe.spaceviking과 같이 여러분 이름 전체를 넣어도 괜찮다.

App ID가 무엇인지 알았으니 Space Viking을 위한 이름을 등록해보자. 등록하는 과정은 수시로 바뀌기 때문에 이 책을 쓰는 시점의 방법과 약간의 차이가 있을 수도 있다. 만일 등록 과정이 변경되었다면 이 책의 포럼(http://cocos2dbook.com에 접속한 다음 [Forum] 버튼 클릭)이나 Apple의 공식 문서를 확인해보기 바란다.

1. iOS Dev Center(http://developer.apple.com/devcenter/ios)에 접속한 다음 [Log in] 버튼을 클릭하고 여러분의 계정으로 접속한다(그림 15.4).

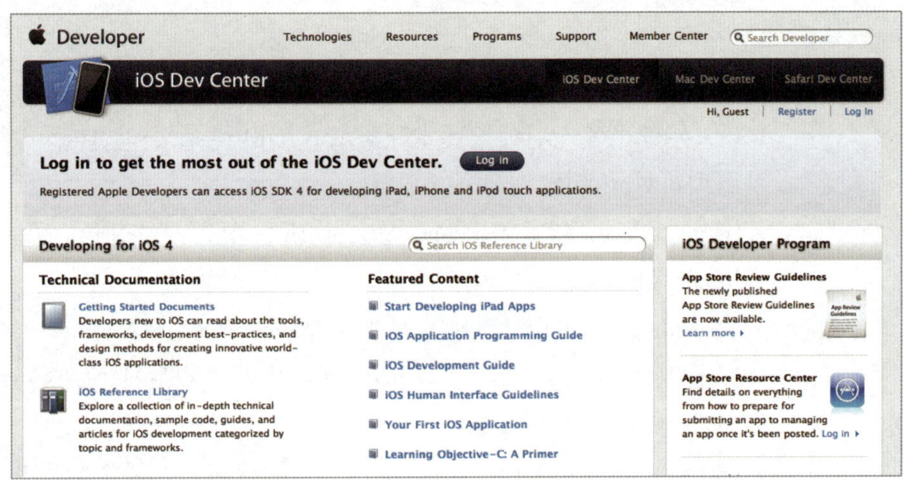

| 그림 15.4 | Log in 버튼 클릭

2. 오른쪽에 있는 [iOS Provisioning Portal]을 클릭한다(그림 15.5). iOS Provisioning Portal은 여러분의 기기, App ID, provisioning/distribution/ad-hoc 프로파일을 설정할 수 있도록 하는 서비스 포털이다.

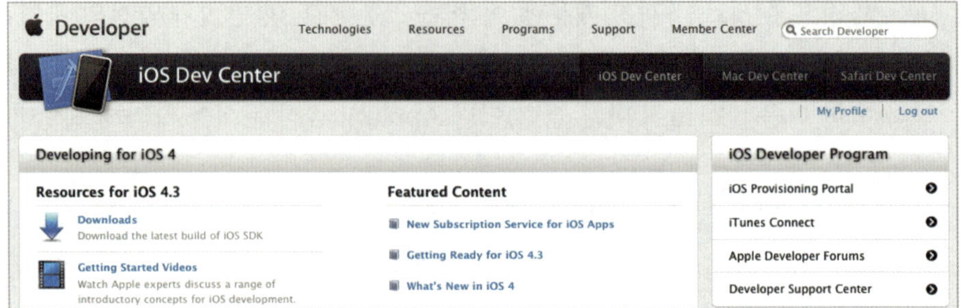

| **그림 15.5** | iOS Provisioning Portal 클릭

3. App ID를 만들 것이기 때문에 왼쪽 부분에 있는 [App IDs] 링크를 클릭한다.
   그리고는 오른쪽 상단에 있는 [New App ID] 버튼을 클릭한다. 이제 아래의 절
   차를 따라 App ID를 생성하면 된다.

   - [Description] 항목에는 나중에 App ID를 찾는 데 도움이 될만한 내용(예:
     Space Viking)을 적는다.
   - [Bundle Seed ID] 항목에는 키체인 접근을 공유하고자 할 때는 이미 존재하
     는 동일한 Bundle ID를 선택하고, 그렇지 않은 경우에는 'Generate New'를
     선택한다.
   - [Bundle Identifier] 항목에서는 자신이 보유하고 있는 DNS 이름 기반의 유
     일한 이름(예: com.prop-group.spaceviking)을 입력한다. 만일, 도메인이
     없는 경우에는 자신의 이름과 같이 대체 가능한 유일한 이름을 사용한다.

   이 과정이 모두 끝나면 [Submit] 버튼을 클릭한다(그림 15.6).

4. 이제 여러분의 앱을 위한 App ID를 생성하였으니 Xcode로 돌아와 SpaceViking
   의 info.plist 파일에 Bundle Identifier를 설정하자. Xcode의 SpaceViking 프로
   젝트로 이동한 다음 Resources\Info.plist를 선택한다. 그리고 Bundle Identifier
   에 App ID의 두 번째 파트 내용(무작위로 생성된 10글자 뒤에 붙은 부분)을 지정
   한다. 이 책의 경우에는 com.prop-group.spaceviking이 된다. 그림 15.7은 수
   정된 info.plist 파일의 내용을 보여주고 있다.

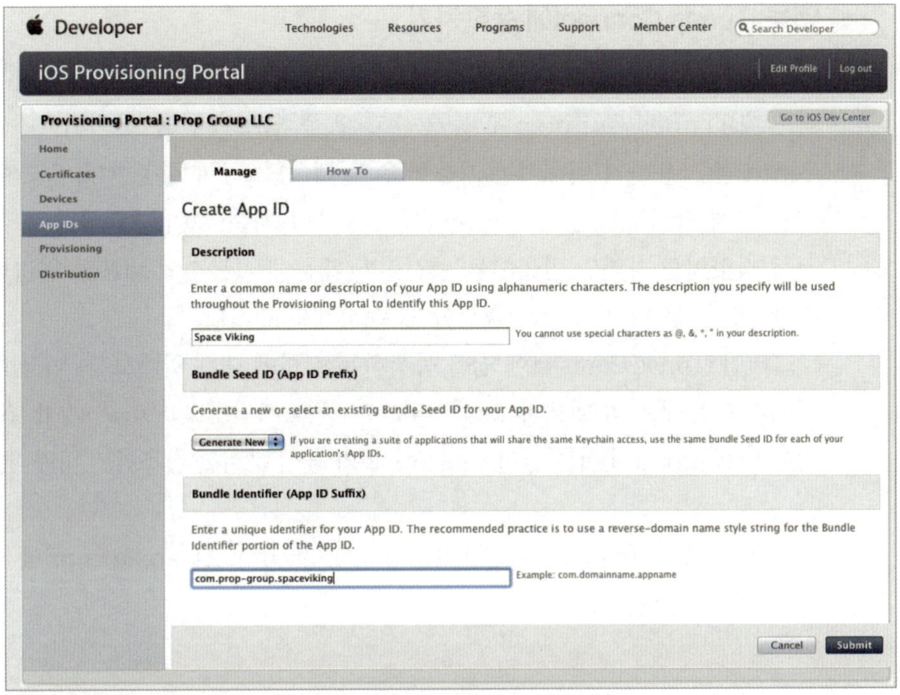

| 그림 15.6 | 새로운 App ID 생성 화면(자신의 내용으로 채워야 한다)

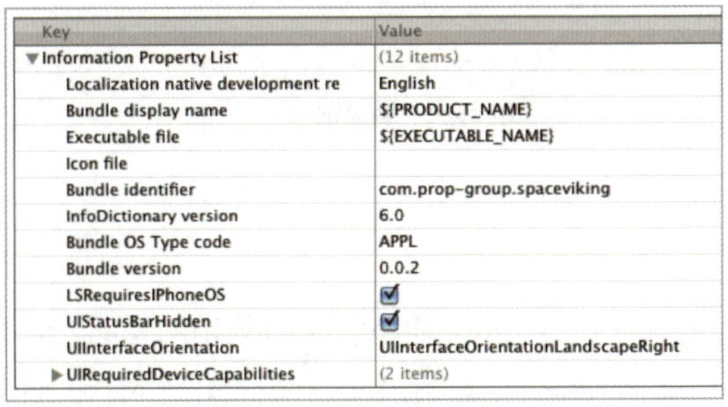

Key	Value
▼ Information Property List	(12 items)
Localization native development re	English
Bundle display name	${PRODUCT_NAME}
Executable file	${EXECUTABLE_NAME}
Icon file	
Bundle identifier	com.prop-group.spaceviking
InfoDictionary version	6.0
Bundle OS Type code	APPL
Bundle version	0.0.2
LSRequiresIPhoneOS	☑
UIStatusBarHidden	☑
UIInterfaceOrientation	UIInterfaceOrientationLandscapeRight
▶ UIRequiredDeviceCapabilities	(2 items)

| 그림 15.7 | info.plist 파일의 Bundle Identifier 설정 화면

축하한다! 드디어 여러분의 앱에 고유의 ID값을 지정하였다. 이 과정은 Game Center를 여러분의 앱에서 사용 가능하게 하기 위한 첫 번째 단계였다. 이제 다음 단계로 넘어가서 앱을 iTunes Connect에 등록하자.

앱을 iTunes Connect에 등록하기

이미 App Store에서 다른 앱을 개발해본 경험이 있다면 아마도 먼저 앱을 개발한 다음에 iTunes Connect에 등록하고 앱을 업로드했을 것이다. 하지만 Game Center를 사용하기 위해서는 가능한 한 일찍 앱을 등록해야 한다. Game Center 코드를 전혀 작성하지 않았다 하더라도 먼저 등록하는 것이 중요하다. Game Center 코드가 없어도 자리만 만들어놓는 것이기 때문에 기본적인 내용만 입력하여 미리 등록해놓은 다음 나중에 앱을 출시할 때 수정해도 괜찮다.

그러면 iTunes Connect에 앱을 등록하는 절차에 대해 알아보자. 이 절차 역시 자주 바뀌기 때문에 책의 내용과 달라졌다면 이 책의 포럼(http://cocos2dbook.com에 접속한 다음 [Forum] 버튼 클릭)이나 Apple의 공식 문서를 참조하기 바란다.

1. iTunes Connect 사이트(https://itunesconnect.apple.com)에 방문한 다음 로그인한다(그림 15.8).

 iTunes Connect

Apple ID

Password

Forgot Password...   Sign In

| 그림 15.8 | iTunes Connect 로그인 화면

2. 메인 메뉴에서 [Manage Your Applications]를 클릭한다(그림 15.9).

3. 앱 리스트 화면에서 새로운 앱을 등록하기 위하여 [Add New App]을 클릭한다. 그리고 그림 15.10에서와 같이 App Type으로 [iOS App]을 선택한다. 만일 여러분이 iOS 전용 개발자로 등록되었다면 이 화면이 나타나지 않을 수도 있다(그렇다면 그냥 다음 단계로 진행하면 된다). 아니면 진행하는 동안 여러분의 회사 이름과 사용하는 언어를 물어보는 화면이 나타날 수도 있다.

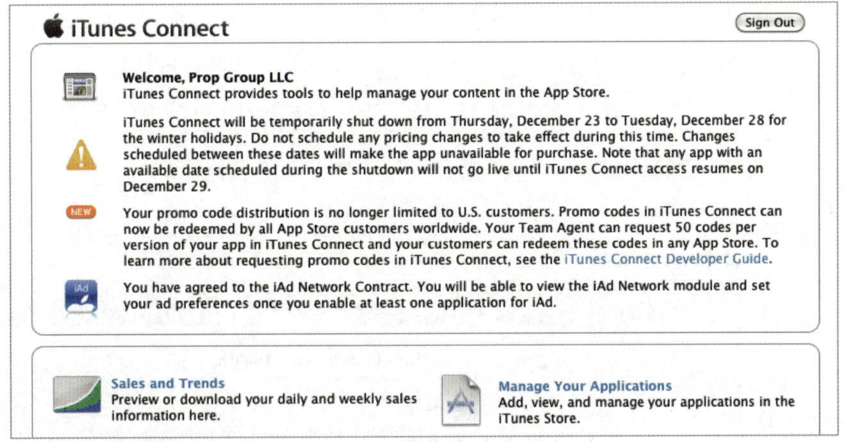

| 그림 15.9 | iTunes Connect 메인 화면

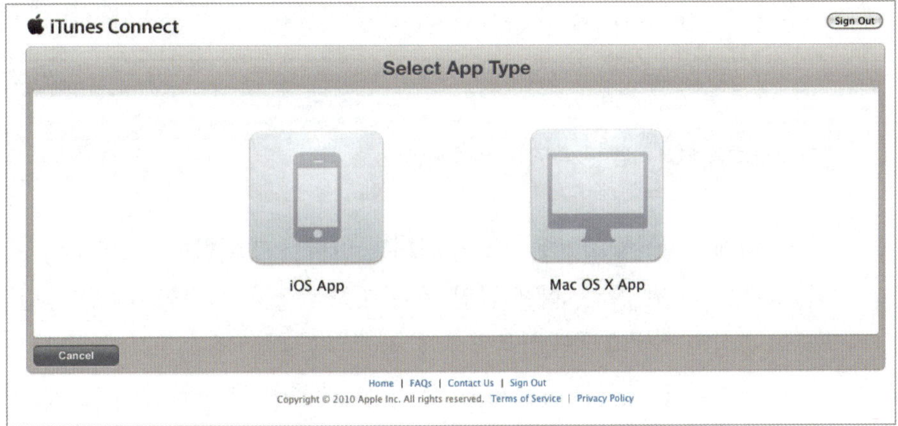

| 그림 15.10 | Add New App을 클릭한 다음 iOS App을 선택

4. 다음의 절차를 따라 여러분의 앱에 대한 기본 정보를 입력한다.

- [App Name] 항목에는 유일한 앱 이름을 입력한다. 여기에서는 'Space Viking'이라고 입력하였다. 이미 이 이름을 사용하였기 때문에 여러분은 다른 이름을 입력해야 한다.

- [SKU Number] 항목에는 앱 버전을 추적할 수 있도록 이름에 대한 약어 같은 것을 입력한다. 여기에서는 'SPACEVIKING001'이라고 입력하였다.

- [Bundle ID] 항목에는 앞에서 사용한 Bundle Identifier값을 선택한다. 여기에서는 'com.prop-group.spaceviking'을 선택하였다.

모든 절차가 끝나면 그림 15.11과 같이 나타날 것이다. 이제 [Continue] 버튼을 클릭한다.

| 그림 15.11 | 앱의 기본 정보 입력 화면

5. 이제 [Rights and Pricing] 화면이 나타날 것이다(그림 15.12). 여기에서 앱의 유효 기간, 가격, 학생 할인 등에 대한 내용을 설정할 수 있다. 만일 지금 바로 결정하기 어렵다면 아무거나 선택한 다음 나중에 수정하면 된다.

6. 마지막 단계로 [Version Information] 화면이 나타날 것이다(그림 15.13). 채울 수 있는 한 정보를 모두 입력하자. 만일 입력하기 어려운 필드가 있다면 우선 아무 내용이나 입력한 뒤에 나중에 수정해도 된다. 최종 버전을 업로드하기 전까지는 계속해서 수정할 수 있다. 참고로 Apple에서는 앱을 승인하기 위해 커다란 크기의 아이콘과 캡처 화면을 요구한다. 지금은 우선 크기에 맞는 적당한 이미지를 넣고 나중에 수정하면 된다. 다 끝났으면 [Save]를 클릭한다.

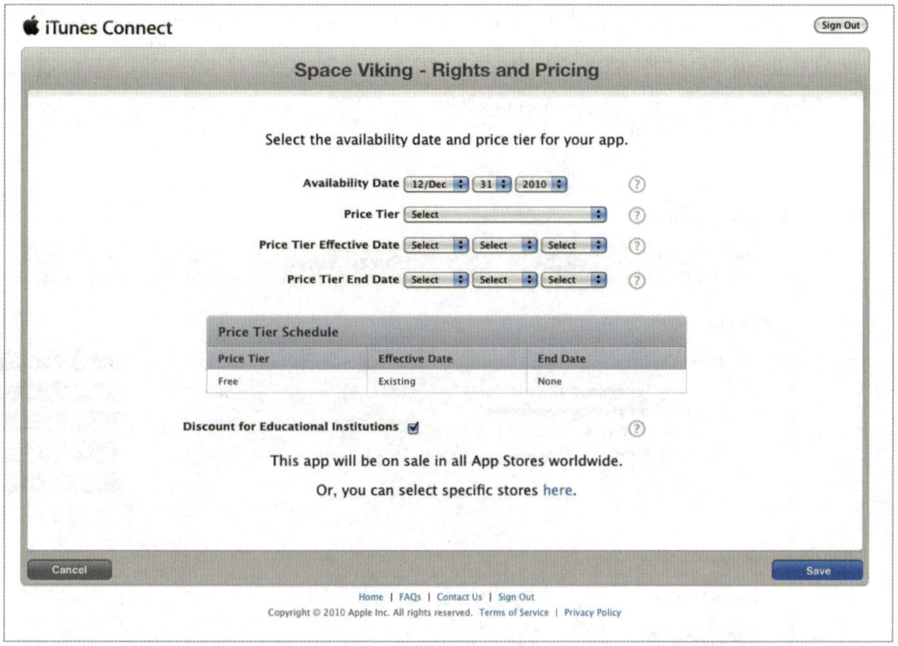

| 그림 15.12 | Rights and Pricing 화면

| 그림 15.13 | Version Information 화면에서 적당한 정보를 입력하는 화면

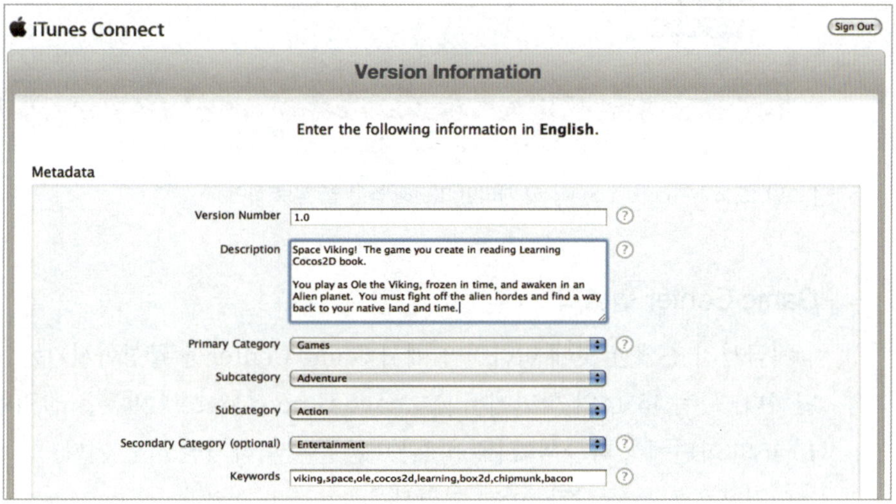

이제 여러분은 그림 15.14에서와 같이 앱 정보 화면에 앱 상태가 'Prepare for Upload'인 것을 보게 될 것이다. 아직 (작업 중이기 때문에) 앱을 업로드하지 않을 것이지만 이 시점부터 여러분은 Game Center를 활성화시킬 수 있게 된다!

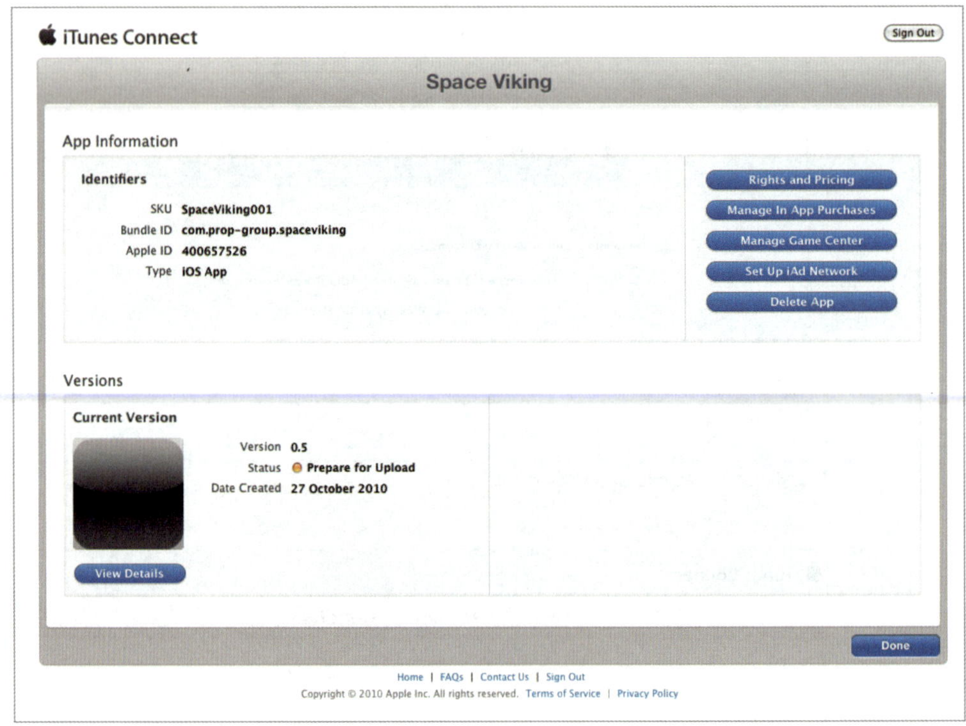

| 그림 15.14 | iTunes Connect에 자리만 마련해 놓은 앱 정보 화면

Game Center 활성화

지금까지 진행한 것에 비하면 앱에서 Game Center를 활성화시키는 것은 너무 간단하다. 그림 15.14의 화면에서 [Manage Game Center] 버튼을 클릭한 다음 그림 15.15의 화면에서 파란색의 [Enable] 버튼을 클릭하기만 하면 된다.

이것으로 모두 끝났다. 이제 여러분은 leaderboard와 achievement를 설정할 수 있게 되었다. 하지만 아직 이것들을 설정하기에는 절차가 조금 남아있다. 우선 지금은 앱에 인증 기능을 추가하는 코드를 입력해야 한다.

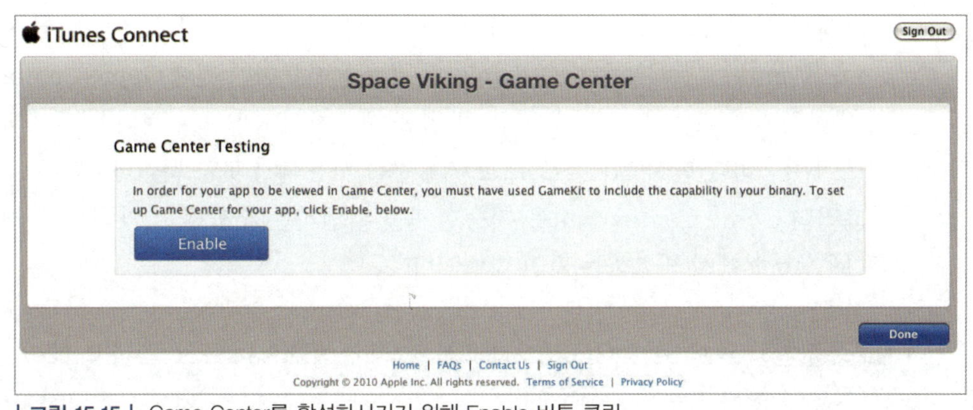

| 그림 15.15 | Game Center를 활성화시키기 위해 Enable 버튼 클릭

Game Center 인증

아직 Game Center를 사용하기 위해서는 아래와 같은 세 단계를 거쳐야 한다.

1. 현재의 기기에서 Game Center가 사용 가능하도록 해야 한다.
2. Game Center 사용을 위해 플레이어에 대한 인증 절차를 거쳐야 한다.
3. 인증 상태가 바뀔 때마다 이를 인지해야 한다.

이제 위의 세 가지 단계가 무엇을 의미하는지, 무엇을 어떻게 구현해야 하는지 알아본 다음 Space Viking 코드를 통해 직접 확인할 것이다. 그러면 인증을 시작하자!

Game Center가 사용 가능한지 확인하기

Game Center는 iOS 4.1부터 사용이 가능하다. 그렇기 때문에 여러분의 앱에서 Game Center를 사용하고자 한다면 앱이 iOS 4.1 이전 버전에서 동작하지 않도록 해야 한다. 이를 위해서는 Xcode의 [build setting]에서 [Deployment Target]을 [iOS 4.1+]로 설정하면 된다. 이것은 아주 간단한 방법이지만 이렇게 하면 옛날 버전의 iOS를 사용하는 잠재적인 고객을 놓치게 될 것이다.

그래서 이번 챕터에서는 두 번째 접근 방법을 사용할 것이다. 즉, 약한 링크를 Game Center에 걸어놓은 다음 Game Center를 사용하기 전에 Game Center 사용이 가능한지를 확인하는 것이다. 이 방법을 사용하면 iOS 4 이전의 기기에서도 앱 실행이 가능하다(단지 Game Center 기능만을 사용하지 못할 뿐이다).

그러면 Game Center가 사용 가능한지를 확인하는 코드를 추가해보자. 리스트 15.1은 Apple에서 권고하는 확인 방법이다.

리스트 15.1 **Game Center가 사용 가능한지 확인하는 방법(Apple에서 권고하는 방법)**

```
- (BOOL)isGameCenterAvailable
{
    // GKLocalPlayer API가 존재하는지 확인
    Class gcClass = (NSClassFromString(@"GKLocalPlayer"));

    // iOS 4.1 또는 이후 버전에서 동작하는지 확인
    NSString *reqSysVer = @"4.1";
    NSString *currSysVer = [[UIDevice currentDevice] systemVersion];
    BOOL osVersionSupported = ([currSysVer compare:reqSysVer
                            options:NSNumericSearch] != NSOrderedAscending);
    return (gcClass && osVersionSupported);
}
```

isGameCenterAvailable 메소드는 GKLocalPlayer 클래스(Game Center API 클래스 중 하나)가 존재하는지 확인한 다음 현재 동작하는 iOS 버전이 4.1 또는 이후 버전인지 확인한다(클래스는 존재하지만 버전이 낮은 경우는 조건을 만족하지 못한다). 두 가지가 모두 참인 경우에만 Game Center를 사용할 수 있다.

플레이어에 대한 인증 시도하기

Game Center를 사용할 수 있다는 것을 확인하였으니 다음으로 플레이어에 대한 인증을 할 차례이다. Game Center API는 인증 과정을 매우 쉽게 할 수 있도록 도와준다. 그저 한 줄의 코드만 호출하면 플레이어에 대한 인증을 시도할 수 있다(플레이어가 아직 로그인하지 않았다면 사용자 이름과 패스워드를 입력하도록 요구할 것이다)(리스트 15.2).

리스트 15.2 플레이어에 대한 인증을 시도하는 예제 코드

```
[[GKLocalPlayer localPlayer]
    authenticateWithCompletionHandler:^(NSError *error) {
    // 필요한 코드를 입력한다...
}];
```

authenticateWithCompletionHandler 메소드는 성공적으로 로그인하거나 혹은 로그인에 실패하였을 때 실행시킬 블록(block)을 파라미터로 입력받는다.

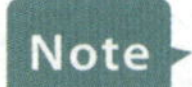 블록(Block)이 무엇인지 몰라 멘붕에 빠지지 않길 바란다! 이름과 문법이 조금 이상하지만 블록에 익숙해지면 관련된 코드를 한데 모을 수 있다는 점 때문에 블록을 좋아하게 될 것이다. 블록에 대한 개념을 이해하고 사용하는 방법을 알고 싶다면 Apple에서 제공하는 문서인 "A Short Practical Guide to Blocks"를 읽어보자(http://developer.apple.com/library/ios/#featuredarticles/Short_Practical_Guide_Blocks/)[1].

Apple의 가이드는 다음과 같다. 먼저 앱이 시작할 때 가능한 빨리 authenticateWithCompletionHandler 메소드를 한 번 호출하는 것이다. 그러면 다음의 세 가지 경우 중 한 가지가 발생한다.

- 플레이어가 이미 Game Center에 로그인하였다면 Welcome Back 다이얼로그가 앱 위에 뜰 것이다.
- 플레이어가 로그인을 하지 않았다면(그리고 로그인 시도가 가능하다면) 로그인 창을 띄워 로그인을 하거나 새로운 계정을 만들도록 할 것이다.
- 플레이어가 로그인을 하지 않았고 로그인 취소를 세 번 연속으로 하여 로그인 시도도 안되도록 하였다면 아무런 창도 뜨지 않을 것이다. 플레이어가 Game Center에 직접 가서 로그인할 때까지 절대로 창은 뜨지 않는다. 이것이 Game Center가 디자인한 로그인 행동 방침이며, 모든 과정은 시스템적으로 관리된다.

---

1 [역주] 블록에 대해 더 알고 싶다면 『Learning Mac/iOS 개발자를 위한 오브젝티브-C 2.0』(정보문화사, 2013)을 참고하자.

인증 상태가 바뀔 때마다 이를 인지하기

사용자를 인증하는 것에는 한 가지 문제가 있다. 그것은 바로 iOS 버전 4부터 제공되기 시작한 멀티태스킹이다. 멀티태스킹을 이용하면 언제든지 앱에서 빠져나와 Game Center 앱으로 옮긴 다음 로그아웃할 수 있다. 여러분의 앱은 이러한 상황을 인지하여 사용자가 다시 Game Center에 로그인할 때까지 Game Center 기능을 끌 수 있어야 한다. 다행히도 `NSNotificationCenter`에 메소드를 등록하여 인증 상태가 바뀔 때 호출되도록 할 수 있다(리스트 15.3).

리스트 15.3 인증 상태가 바뀔 때 호출될 callback을 등록하는 예제 코드

```
NSNotificationCenter *nc = [NSNotificationCenter defaultCenter];
[nc addObserver:self selector:@selector(authenticationChanged)
    name:GKPlayerAuthenticationDidChangeNotificationName object:nil];
```

위 코드는 `GKPlayerAuthenticationDidChangeNotificationName` 알림에 대하여 callback을 등록하기 때문에 사용자가 로그인하거나 로그아웃할 때마다 `authenticationChanged` 메소드가 호출된다.

이 메소드는 사용자가 최초로 로그인할 때(`authenticateWithCompletionHandler` 메소드가 호출된 직후)에도 호출되기 때문에 인증 상태가 바뀌는 것과 관련된 코드를 넣기 좋은 위치라고 할 수 있다.

코드 구현

지금까지 충분히 설명하였으니 이제 직접 시험해보도록 하자. 가장 먼저 해야 할 일은 Game Kit 프레임워크를 프로젝트에 추가하는 것이다. Game Kit는 Game

Center API 코드가 포함된 라이브러리이다.

Game Kit를 추가하기 위해서는 Xcode의 [groups and files] 트리에서 Space Viking 프로젝트를 선택하여 프로젝트 설정화면을 띄운 다음 [Build Phases] 탭을 클릭하고 [Link Binary with Libraries] 섹션을 펼친다. 그런 다음 다이얼로그의 맨 아래에 있는 [+] 버튼을 클릭하고 iOS SDK\GameKit.framework를 선택한 다음 [Add]를 클릭한다. 그러면 [Link Binary with Libraries] 섹션에 GameKit. framework가 추가되는데 이것을 선택한 다음 [Type]을 'Optional'로 지정한다. 이렇게 진행한 결과는 그림 15.16과 같다.

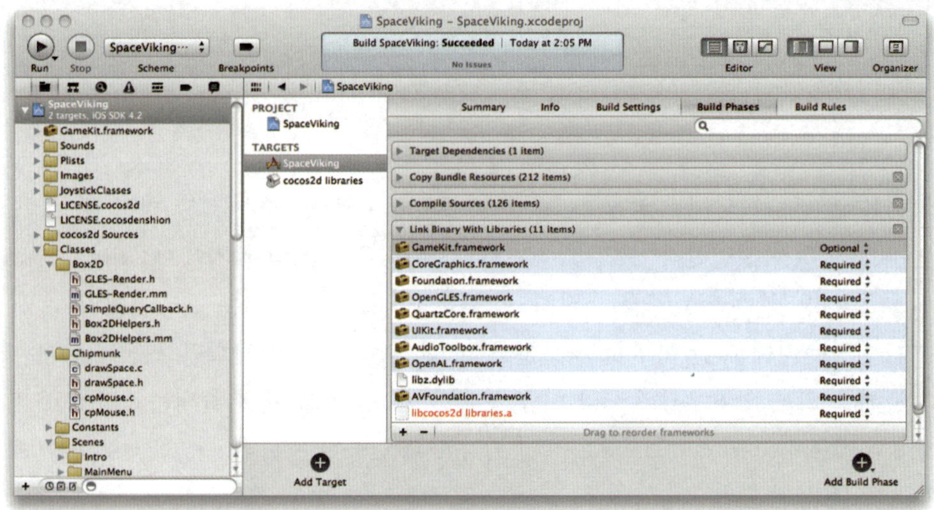

| 그림 15.16 | GameKit 프레임워크에 약한 링크를 걸어놓은 모습

이제 코드를 추가할 시간이다. 코드를 깔끔하게 관리하고 나중에 재사용할 수 있도록 Game Center에 대한 내용을 별도의 헬퍼 클래스로 만들 것이다.

헬퍼 클래스를 추가하기 위해 Xcode의 [Singletons] 그룹을 선택하고 [File]-[New]-[New File…]을 선택한 다음 [iOS]-[Cocoa Touch]-[Objective-C class]를 선택하고 [Next]를 클릭한다. [Subclass of] 필드에는 'NSObject'라고 입력하고 [Next]를 클릭한 다음 파일 이름으로 'GCHelper.m'이라고 입력하고 [Save]를 클릭

한다.

GCHelper.h 파일을 열고 그 내용을 리스트 15.4의 내용으로 바꾸자.

리스트 15.4 GCHelper.h

```objc
#import <Foundation/Foundation.h>
#import <GameKit/GameKit.h>

@interface GCHelper : NSObject {
    BOOL gameCenterAvailable;
    BOOL userAuthenticated;
}

+ (GCHelper *) sharedInstance;
- (void)authenticationChanged;
- (void)authenticateLocalUser;

@end
```

GCHelper 클래스는 GameKit 헤더를 import하였으며, 그런 다음 두 개의 인스턴스 변수를 선언한다. gameCenterAvailable은 현재의 기기에서 Game Center API를 사용할 수 있는지를 추적하고, userAuthenticated는 플레이어가 현재 인증을 받았는지에 대한 여부를 저장한다. 또한 GCHelper의 인스턴스를 리턴하는 클래스 메소드 sharedInstance와 인증 상태가 변경되었을 때 호출되는 callback 메소드인 authenticationChanged, 로컬 사용자를 인증하는 authenticateLocalUser 메소드를 선언한다.

이어서, GCHelper.m 파일을 열고 그 내용을 리스트 15.5의 내용으로 바꾸자.

리스트 15.5 GCHelper.m

```objc
#import "GCHelper.h"

@implementation GCHelper

#pragma mark Loading/Saving

static GCHelper *sharedHelper = nil;
+ (GCHelper *) sharedInstance {
```

```objc
    @synchronized([GCHelper class])
    {
        if (!sharedHelper) {
            [[self alloc] init];
        }
        return sharedHelper;
    }
    return nil;
}

+(id)alloc
{
    @synchronized ([GCHelper class])
    {
        NSAssert(sharedHelper == nil,
            @"Attempted to allocated a second instance of the GCHelper
singleton");
        sharedHelper = [super alloc];
        return sharedHelper;
    }
    return nil;
}

@end
```

리스트 15.5는 GCHelper.m 파일의 앞부분이다. 곧 나머지 부분도 추가할 것이다. GCHelper 클래스 역시 싱글톤(Singleton) 디자인 패턴을 사용하여 클래스에 단 하나의 인스턴스만을 사용하도록 한다. 이러한 디자인 패턴은 이미 Chapter 7에서 GameManager 싱글톤을 구현할 때 익혔기 때문에 낯설지 않을 것이다. 만일 이 코드가 어떻게 동작하는지 모르겠다면 Chapter 7로 돌아가서 싱글톤 부분을 자세히 읽어보자.

GCHelper 클래스의 싱글톤 인스턴스를 만들었으니 이제 오브젝트를 초기화하고 인증 상태의 변화를 추적하는 코드를 추가하자(리스트 15.6).

리스트 15.6 GCHelper.m 파일의 중간 부분(alloc 메소드 다음에 추가)

```objc
- (BOOL)isGameCenterAvailable {
    // GKLocalPlayer API 가 존재하는지 확인
    Class gcClass = (NSClassFromString(@"GKLocalPlayer"));
```

```objc
    // iOS 4.1 또는 이후 버전에서 동작하는지 확인
    NSString *reqSysVer = @"4.1";
    NSString *currSysVer = [[UIDevice currentDevice] systemVersion];
    BOOL osVersionSupported = ([currSysVer compare:reqSysVer
                              options:NSNumericSearch] != NSOrderedAscending);
    return (gcClass && osVersionSupported);
}


- (id)init {
    if ((self = [super init])) {
        gameCenterAvailable = [self isGameCenterAvailable];
        if (gameCenterAvailable) {
            NSNotificationCenter *nc =
                [NSNotificationCenter defaultCenter];
            [nc addObserver:self
                selector:@selector(authenticationChanged)
                name:GKPlayerAuthenticationDidChangeNotificationName
                object:nil];
        }
    }
    return self;
}


#pragma mark Internal functions

- (void)authenticationChanged {
    dispatch_async(dispatch_get_main_queue(), ^(void)
    {
        if ([GKLocalPlayer localPlayer].isAuthenticated &&
            !userAuthenticated) {
            NSLog(@"Authentication changed: player authenticated.");
            userAuthenticated = TRUE;
        } else if (![GKLocalPlayer localPlayer].isAuthenticated &&
            userAuthenticated) {
            NSLog(@"Authentication changed: player not authenticated");
            userAuthenticated = FALSE;
        }
    });
}
```

isGameCenterAvailable 메소드는 이번 챕터 앞에서 기기에 설치된 OS 버전에 Game Center 코드가 있는지를 확인하는 코드(리스트 15.1)와 동일하다.

init 메소드는 Game Center가 사용 가능한지를 먼저 확인한 다음 authentication

Changed 메소드를 callback 메소드로 등록하여 사용이 가능하다면 인증 상태가 변경될 때마다 호출되도록 한다.

authenticationChagned 메소드는 사용자가 로그인을 했는지 여부에 대한 정보가 들어있는 플래그값을 업데이트하고 상태 변화가 생기면 로그를 남긴다.

다음은 로컬 사용자를 인증하는 코드를 추가할 차례이다(리스트 15.7).

리스트 15.7 GCHelper.m 파일의 나머지 부분(authenticationChanged 메소드 다음에 추가)

```
#pragma mark User functions

- (void)authenticateLocalUser {

    if (!gameCenterAvailable) return;

    NSLog(@"Authenticating local user...");
    if ([GKLocalPlayer localPlayer].authenticated == NO) {
        [[GKLocalPlayer localPlayer]
            authenticateWithCompletionHandler:nil];
    } else {
        NSLog(@"Already authenticated!");
    }
}
```

나중에 Space Viking이 처음 시작할 때 authenticateLocalUser 메소드를 호출하는 코드를 추가하게 될 것이다. authenticateLocalUser 메소드는 Game Center를 사용할 수 없거나 사용자가 이미 인증(로그인)되었다면 바로 리턴한다. 그렇지 않은 경우 GKLocalPlayer 싱글톤의 authenticateWithCompletionHander 메소드를
호출하여 이번 챕터 앞에서 언급한 인증 절차를 시작한다.

이미 GKLocalPlayer 클래스에서 인증 변경에 대한 알림에 대해 authenticateWi
thCompletionHandler 메소드를 등록하였기 때문에 별도로 구현하지 않아도 된다.

이렇게 클래스 구현이 끝났으니 시험해보도록 하자. SpaceVikingAppDelegate.
m 파일로 이동한 다음 GCHelper 클래스를 import하자(리스트 15.8).

리스트 15.8 SpaceVikingAppDelegate.m 파일의 맨 앞부분에 추가하는 코드

```
#import "GCHelper.h"
```

그리고는 applicationDidFinishLaunching 메소드로 이동하여 사용자 인증을
시도하는 메소드를 호출하자(리스트 15.9).

리스트 15.9 SpaceVikingAppDelegate.m 파일의 applicationDidFinishLaunching 메소드 맨
앞에 추가하는 코드

```
[[GCHelper sharedInstance] authenticateLocalUser];
```

이제 끝났다. 그러나 지금까지의 코드를 실행하기 전에 먼저 Game Center 앱을 실
행하여 로그아웃하도록 하자([Account] 배너를 터치한 다음 [Sign Out] 선택). 이렇
게 해야 알 수 없는 상태(Game Center에서 로그아웃한 상태)로 시작할 수 있다.

프로그램을 컴파일하고 실행하면 그림 15.17과 같이 Game Center에 로그인하라
는 다이얼로그가 나타나는 것을 볼 수 있다.

> **Note**
> 다이얼로그는 'Sandbox'라는 이름으로 나타난다. 이렇게 되는 이유는 Game Center 환경에
> 는 크게 두 가지가 있기 때문이다. 하나는 개발용으로 테스트를 목적으로 하는 'sandbox'이
> 고 나머지는 실제로 앱을 출시하였을 때 사용하는 환경인 production 환경이다. 만일 현재
> sandbox를 사용 중이라면 Game Center 앱과 다이얼로그 박스가 알아서 sandbox를 사용
> 중이라고 표시하기 때문에 이를 통해 현재 어떤 환경에서 동작 중인지를 알려줄 수 있다.
> 각각의 환경은 Game Center의 계정, leaderboard, achievement를 자체 보유하고 있기 때
> 문에 현재 출시된 버전의 Game Center의 leaderboard나 achievement에 영향을 주지 않으
> 면서 업그레이드 버전을 개발 및 테스트할 수 있다.

만약 현재의 앱이 개발 버전이라면, 즉 development provisioning profile을 가지고 앱을 빌드하였다면 이 앱을 실행하여 Game Center에 로그인할 때 알아서 Sandbox 환경을 사용할 것이다.

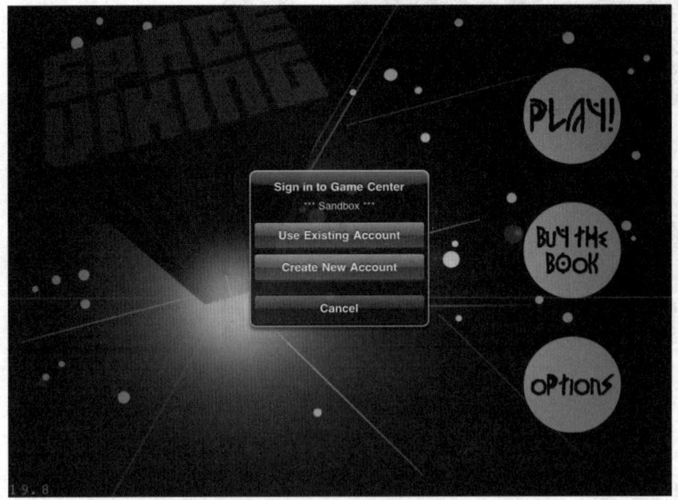

| **그림 15.17** | Sandbox Game Center 환경에 로그인을 요구하는 다이얼로그가 나타난 모습

    Sandbox 환경의 계정을 만들지 않았다면 바로 만들면 된다. 그런 다음 다시 앱을 실행시켜 로그인하면 이번에는 그림 15.18과 같이 "Welcome Back" 메시지와 함께 로그인되었음을 알려줄 것이다.

    드디어 Game Center를 지원하는 앱을 보유하게 되었다. 축하한다! 지금이라도 여러분의 앱을 출시하여 앱 검색을 쉽게 만드는 등 Game Center 앱의 다양한 장점들을 활용할 수 있을 것이다. 그러나 achievement와 leaderboard도 아주 간단하게 추가할 수 있으니 이 작업을 먼저 하도록 하자.

| 그림 15.18 | Welcome Back 메시지를 띄우는 화면

 Achievement 설정

Achievement는 플레이어에게 부여하는 목표로 "1,000 코인 획득", "몬스터 20마리 사냥", "이번 레벨 클리어" 등과 같이 목표를 지정하여 플레이어로 하여금 게임에 도전하게 만들고 플레이어가 이 목표를 달성하면 포인트로 그에 합당한 보상을 하게 된다. 또한 플레이어는 목표를 달성한 것과 달성해야 할 것으로 분류하여 볼 수 있다.

이번 섹션에서는 Space Viking에 achievement를 추가할 것이다. 작업을 쉽게 하기 위하여 각각의 레벨을 클리어하는 것에 대한 목표만을 추가할 것이다. 여기에 추가로 광산 카트 레벨에서 플레이어가 세 번 이상 죽었을 때 나타나는, 특별히 '숨겨진' achievement도 부여하여 게임의 재미를 더하도록 할 것이다.

먼저 iTunes Connect에 achievement를 추가한 다음 achievement의 동작 방법에 대해 설명하고 마지막으로 코드를 통하여 게임에 구현하도록 하겠다.

iTunes Connect에 Achievement 추가하기

Achievement를 게임에 구현하기에 앞서 achievement를 iTunes Connect에 등록

해야 한다. Space Viking에 achievement를 설정하기 위해 다음과 같이 진행하자.

1. iTunes Connect에 접속하여 로그인한다(https://itunesconnect.apple.com).
2. [Manage Your Applications]를 클릭한 다음 해당 애플리케이션을 선택하고 [Manage Game Center]를 클릭한 후 [Achievements] 아래에 있는 [Set up]을 클릭한다. 여기까지 하면 그림 15.19와 같은 화면을 보게 될 것이다.

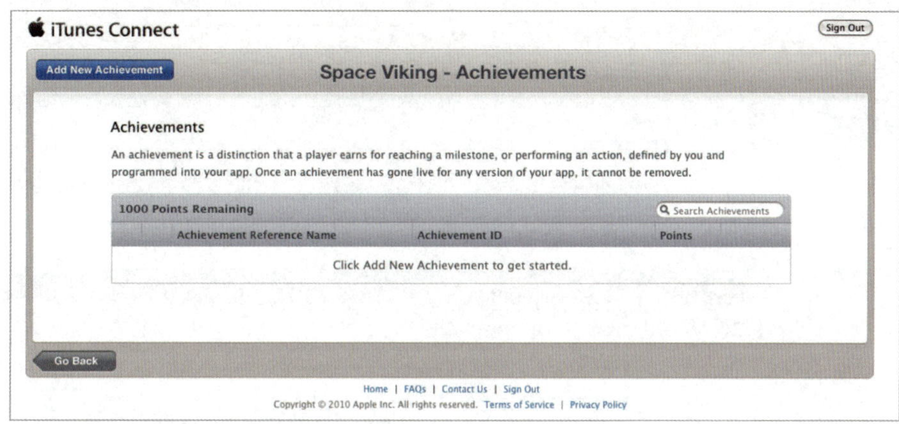

| 그림 15.19 | 비어있는 Achievement 리스트

화면에는 '1,000 Points Remaining'이라고 나타나는데 achievement를 설정할 때마다 남아있는 포인트 한도 내에서 achievement에 포인트를 부여할 수 있다. 등록하는 achievement 수에 상관없이 부여할 수 있는 포인트의 합은 1,000 포인트를 넘을 수 없다.

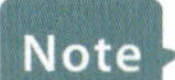 포인트를 할당할 때는 신중하게 부여해야 한다. 왜냐하면 미리 1,000 포인트를 다 쓴 이후에는 나중에 추가로 achievement를 만들게 되었을 때 사용할 수 있는 포인트가 없기 때문이다. 그렇기 때문에 가능한 적은 수의 포인트를 부여하기 시작하는 것이 나중을 대비하는 길이 될 것이다.

3. [Add New Achievement]를 클릭하여 Add Achievement 화면을 불러온다(그
   림 15.20).

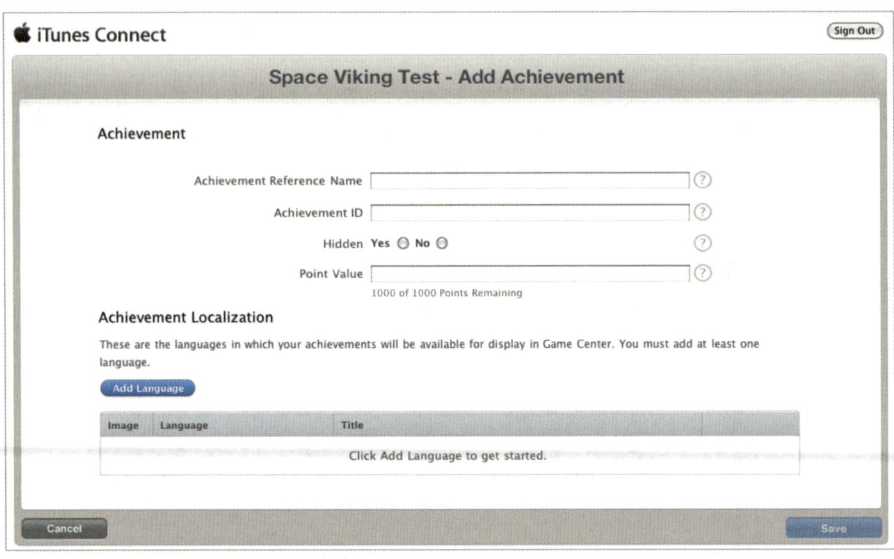

| **그림 15.20** | Add Achievement 화면

그러면 Add Achievement 화면에 있는 각 필드를 채워보자.

- **Achievement Reference Name:** Achievement를 관리하기 위해 내부적으로 사용
  하는 스트링으로 플레이어는 이 이름을 볼 수 없다. 이 이름은 여러분의 전체 앱
  을 통틀어 유일해야 한다.
- **Achievement ID:** Achievement를 관리하기 위해 유일한 값으로 부여한 ID로, 자
  유로운 값으로 부여할 수 있지만 가능한 이름이 겹치지 않도록 하기 위하여 역
  DNS 표기법을 사용하는 것을 권장한다.
- **Hidden:** 특정 조건을 만족하기 전에는 나타나지 않는 achievement로, 플레이어
  에게 깜짝 포인트를 제공하고자 할 때 유용하게 사용할 수 있다.
- **Point value:** Achievement를 달성하였을 때 부여하는 포인트로, 앞에서 자세히
  설명하였다.

언어별로 몇 가지 내용을 더 설정할 수 있는데, [Add Language]를 클릭하면 해당 내용을 볼 수 있다. 각 내용은 이름과 이미지만으로 그 내용을 설명할 수 있어야 한다. [Title]에는 해당 achievement를 달성하기 전과 후에 대한 내용을 작성하고 [Image]에는 achievement에 대한 512×512 크기의 이미지를 추가하면 된다.

Game Center에서 사용하는 achievement 이미지는 동전과 같이 동그란 모양이다. 그렇기 때문에 동그란 모양의 아이콘을 담거나 혹은 네모난 이미지에 투명도를 부여하면 Game Center에서 알아서 동그란 테두리와 배경색을 입힌다(아이콘에 투명도가 부여된 경우에 한함).

이번 챕터의 [resource] 폴더에는 Space Viking에 추가할 여섯 개의 achievement 아이콘이 있는데, 이를 이용하여 그림 15.21과 같이 Space Viking에 대한 achievement를 작성하면 된다. 다시 강조하지만 Achievement ID는 그림과 다른 자신만의 유일한 이름을 사용해야 한다!

Ref Name	Achievement ID	Hidden	Points	Title	Pre-Earned Descr	Post-Earned Descr	Image
SVLevel1	com.prop-group.spaceviking.achievement.level1	No	10	Simple Gamer	Complete Level 1: Ole Awakes!	You completed Level 1: Ole Awakes!	a_l1.png
SVLevel2	com.prop-group.spaceviking.achievement.level2	No	10	Side Scroller	Complete Level 2: Dogs of Loki!	You completed Level 2: Dogs of Loki!	a_l2.png.
SVLevel3	com.prop-group.spaceviking.achievement.level3	No	10	Physics Puzzler	Complete Level 3: Mad Dreams of the Dead!	You completed level 3: Mad Dreams of the Dead!	a_l3.png
SVLevel4	com.prop-group.spaceviking.achievement.level4	No	10	Box2D Master	Complete Level 4: Descent into Hades!	You completed Level 4: Descent into Hades!	a_l4.png
SVLevel5	com.prop-group.spaceviking.achievement.level5	No	10	Chipmunk Master	Complete Level 5: Escape!	Completed Level 5: Escape!	a_l5.png
SVBadDream	com.prop-group.spaceviking.achievement.baddream	Yes	10	Bad Dream	This is one bad dream...	You fell to your death 3 times - Ole must be having a bad dream!	a_bd.png

| 그림 15.21 | Space Viking의 achievement 표

Achievement 동작 방법

플레이어가 achievement의 일부를 달성하거나(몬스터 20마리 사냥 중 10마리 사냥 완료), achievement를 완전히 달성한 경우(Level 1 클리어) 이를 Game Center로 알려주는 방법은 매우 간단하다. 먼저 iTunes Connect에서 설정한 Achievement ID를 갖는 GKAchievement 오브젝트를 하나 만들고 여기에 percentComplete 프로퍼티를 설정해준 다음 `reportAchievementWithCompletionHanlder` 메소드를 호출하기만 하면 된다(리스트 15.10).

리스트 15.10 Achievement 보고 예제

```objc
GKAchievement* achievement =
    [[[GKAchievement alloc] initWithIdentifier:identifier] autorelease];
achievement.percentComplete = percentComplete;
[achievement reportAchievementWithCompletionHandler:^(NSError *error) {
    // 작업 수행...
}];
```

아주 간단하지 않은가? 그러나 여기에는 아주 커다란 문제가 있다. 가령 인터넷 접속이 끊어지거나 Game Center 자체 문제로 인해 `reportAchievementWithCompletionHandler`가 실패할 수도 있다. 이러한 경우 플레이어가 achievement를 달성하지 못하는 일이 생기지 않도록 만들고 싶을 것이다. 특히나 엄청난 시간과 노력을 투자해야 겨우 달성할 수 있는 achievement의 경우에는 플레이어에게 엄청난 허탈감을 줄 것이다.

다행히 Apple은 이러한 상황에 대처하기 위하여 `GKAchievement` 오브젝트를 디스크에 저장하기 쉽게 만들었다. 그래서 achievement 오브젝트가 Game Center 서버에 전송되지 못하면 디스크에 저장한 다음 나중에 Game Center에 접속 가능할 때 전송시키면 된다.

Game Center를 사용하는 전략에는 두 가지가 있는데, 하나는 'Game Center 집중' 방식으로, Game Center에 저장된 achievement를 기준으로 만들기 위해 사용자가 기록한 achievement를 모두 Game Center에 저장하는 것이다. 다른 하나는 '게임 집중' 방식으로, 게임은 플레이어의 achievement를 위한 자체 저장소를 만들어 관리하고 그 복사본을 Game Center에 전송하는 방식이다.

Space Viking에서는 '게임 집중' 방식을 적용하여 Game Center 접속 상태와 상관없이 achievement를 즉시 반영할 수 있는 장점을 활용한다. 그리고 Game Center의 접속 상태를 계속 추적하여 항상 최신의 상태로 만든다. 이를 위해 내부적으로 플레이어의 진척 상황을 계속 관리하다가 특정 목표를 달성할 때마다 `GCHelper` 메소드를

호출하여 achievement를 보고하도록 할 것이다. 만일 `GCHelper`가 achievement 전송을 실패하면 디스크에 저장하였다가 다음 번 사용자 인증(로그인)때 achievement를 전송할 것이다.

그러면 코드를 통해 어떻게 구현하였는지 살펴보자.

▶▶ Achievement 구현

현재까지 Space Viking은 게임 상태를 저장하는 기능이 없기 때문에 achievement 기능을 구현하기 전에 먼저 게임 상태를 저장하는 기능부터 구현해야 한다. 그런 다음 achievement를 Game Center에 전송하고 전송 실패 시 디스크에 저장하는 기능을 구현한다. 그리고 마지막으로 Space Viking에 새로이 만든 Game State 및 achievement 전송 클래스를 업데이트시키면 된다.

Space Viking에 achievement를 구현하는 과정은 다음과 같이 총 네 단계이다.

1. 게임 상태를 관리하는 클래스를 만든다.
2. 디스크에 데이터를 쉽게 저장하고 읽을 수 있도록 헬퍼 함수를 추가한다.
3. GCHelper를 수정하여 achievement를 전송(실패 시에는 디스크에 저장)할 수 있도록 한다.
4. 새로운 클래스를 사용할 수 있도록 Space Viking을 업데이트한다.

얼핏 간단해 보이지만 이 과정은 제법 많은 양의 코딩을 수반한다. 그러면 맛있는 과자와 약간의 카페인을 준비한 후 시작하도록 하자!

GameState 클래스 생성

먼저 플레이어가 얼마나 진행했는지를 기록하는 새로운 클래스 `GameState`를 만들도록 하자. Xcode에서 [Singletons] 그룹을 선택하고 [File]-[New]-[New File...]을 선택한 다음 [iOS]-[Cocoa Touch]-[Objective-C class]를 선택하고 [Next]를

클릭한다. 그리고 [Subclass of] 필드에 'NSObject'라고 입력하고 [Next]를 클릭한
다음 파일 이름으로 'GameState.m'이라고 입력하고 [Save]를 클릭한다.

GmaeState.h 파일을 열고 그 내용을 리스트 15.11의 내용으로 바꾸자.

리스트 15.11 GameState.h

```objc
#import <Foundation/Foundation.h>

@interface GameState : NSObject <NSCoding> {
    BOOL completedLevel1;
    BOOL completedLevel2;
    BOOL completedLevel3;
    BOOL completedLevel4;
    BOOL completedLevel5;
    int timesFell;
}

+ (GameState *) sharedInstance;
- (void)save;

@property (assign) BOOL completedLevel1;
@property (assign) BOOL completedLevel2;
@property (assign) BOOL completedLevel3;
@property (assign) BOOL completedLevel4;
@property (assign) BOOL completedLevel5;
@property (assign) int timesFell;

@end
```

GameState는 플레이어가 게임에서 달성한 내용을 보관하기 위한 간단한 클래스
이다. 클래스는 레벨별로 클리어 여부를 저장하고 레벨 4(Descent into Hades)에서
화면 아래로 떨어진 횟수도 저장하는 인스턴스 변수를 갖는다. 여러분은 이 클래스
를 확장하여 여러 정보를 저장할 수도 있다. 가령 게임 세션에서 다른 세션까지를 저
장하는 인스턴스 변수를 추가할 수도 있을 것이다.

GameState 클래스는 NSCoding 프로토콜을 사용하여 클래스 데이터를 데이터 버
퍼(data buffer)로 변환하거나 그 반대로 하기 쉽도록 하였다. 또한 GameState 클래
스는 싱글톤으로 구현하여 sharedInstance라는 하나의 인스턴스만을 사용하도록
하였으며 데이터를 디스크에 저장하는 메소드도 갖고 있다.

이제 GameState.m 파일을 열고 그 내용을 리스트 15.12의 내용으로 바꾸자.


```objc
#import "GameState.h"
#import "GCDatabase.h"

@implementation GameState
@synthesize completedLevel1;
@synthesize completedLevel2;
@synthesize completedLevel3;
@synthesize completedLevel4;
@synthesize completedLevel5;
@synthesize timesFell;

static GameState *sharedInstance = nil;

+(GameState*)sharedInstance {
    @synchronized([GameState class])
    {
        if(!sharedInstance) {
            sharedInstance = [loadData(@"GameState") retain];
            if (!sharedInstance) {
                [[self alloc] init];
            }
        }
        return sharedInstance;
    }
    return nil;
}

+(id)alloc
{
    @synchronized ([GameState class])
    {
        NSAssert(sharedInstance == nil,
            @"Attempted to allocate a second instance of the GameState
singleton");
        sharedInstance = [super alloc];
        return sharedInstance;
    }
    return nil;
}

- (void)save {
    saveData(self, @"GameState");
```

```objc
}

- (void)encodeWithCoder:(NSCoder *)encoder {
    [encoder encodeBool:completedLevel1 forKey:@"CompletedLevel1"];
    [encoder encodeBool:completedLevel2 forKey:@"CompletedLevel2"];
    [encoder encodeBool:completedLevel3 forKey:@"CompletedLevel3"];
    [encoder encodeBool:completedLevel4 forKey:@"CompletedLevel4"];
    [encoder encodeBool:completedLevel5 forKey:@"CompletedLevel5"];
    [encoder encodeInt:timesFell forKey:@"TimesFell"];
}

- (id)initWithCoder:(NSCoder *)decoder {
    if ((self = [super init])) {
        completedLevel1 = [decoder decodeBoolForKey:@"CompletedLevel1"];
        completedLevel2 = [decoder decodeBoolForKey:@"CompletedLevel2"];
        completedLevel3 = [decoder decodeBoolForKey:@"CompletedLevel3"];
        completedLevel4 = [decoder decodeBoolForKey:@"CompletedLevel4"];
        completedLevel5 = [decoder decodeBoolForKey:@"CompletedLevel5"];
        timesFell = [decoder decodeIntForKey:@"TimesFell"];
    }
    return self;
}

@end
```

먼저 인스턴스 변수들을 synthesize시키고 싱글톤 인스턴스 sharedInstance를 static 변수로 선언한다. 그리고 싱글톤 인스턴스를 리턴시키는 클래스 메소드 sharedInstance를 정의하였다.

이때 GameState 클래스의 싱글톤 인스턴스를 만들기 위해 먼저 loadData() 함수를 사용하여 디스크에서 데이터 읽기를 시도하는데, loadData() 함수는 나중에 작성할 것이다. 데이터가 디스크에 없으면 오브젝트를 새로 생성한다. 기본값으로 오브젝트를 초기화할 때 모든 인스턴스 변수값을 false나 0으로 설정하여 모든 레벨을 클리어하지 않았으며 timesFell값도 0으로 설정했다.

save 메소드는 saveData() 함수를 호출하면서 현재의 인스턴스(self)를 파라미터로 넘겨주는데 saveData() 함수 역시 나중에 작성할 것이다.

encodeWithCoder는 오브젝트의 데이터를 데이터 버퍼 형태로 저장하는 메소드다. 이것은 마치 다른 언어로 바꾸어 일렬로 늘어놓는 것과 같은 개념이라고 할 수 있다. 기본적으로 데이터 버퍼 형태로 변환시키기 위해 각각의 인스턴스 변수에 맞는 타입의 메소드를 호출하여 변환시킨다. 이때 사용되는 메소드는 Boolean 타입을 인코딩하는 `encodeBool`, integer 타입을 인코딩하는 `encodeInt`, 스트링, 배열 등 일반적인 타입을 인코딩하는 `encodeObject` 등이 있는데 여기에서는 `encodeObject` 메소드는 필요하지 않다. `encodeWithCode` 메소드를 호출할 때마다 저장하는 데이터에 대한 키값을 부여하여 나중에 데이터를 읽을 때 사용한다.

`initWithCoder` 메소드는 `encodeWithCoder` 메소드의 상대적인 메소드다. 즉, 디스크에서 데이터 버퍼 형태로 저장된 오브젝트 데이터를 읽은 다음 실제 데이터로 변환시킨다. 여기에서는 `decoder` 메소드를 사용하여 각 인스턴스 변수에 대한 키값을 가지고 인스턴스 변수에 맞는 실제 데이터를 가져온다.

데이터를 저장하고 읽어오는 헬퍼 함수 생성하기

이제 `loadData()`와 `saveData()` 함수를 만들 차례이다. 이 함수들은 GCDatabase 파일에 포함시킬 것이기 때문에 먼저 GCDatabase 파일부터 만들자. Xcode에서 [Singletons] 그룹을 선택하고 [File]-[New]-[New File...]을 선택하고 [iOS]-[Cocoa Touch]-[Objective-C class]를 선택한 후 [Next]를 클릭한다. [Subclass of] 필드에 'NSObject'라고 입력한 다음 [Next]를 클릭하고 파일 이름은 'GCDatabase.m'이라고 입력한 다음 [Save]를 클릭한다.

GCDatabase.h 파일을 열고 그 내용을 리스트 15.13의 내용으로 바꾸자.

리스트 15.13 <u>GCDatabase.h</u>

```
#import <Foundation/Foundation.h>

id loadData(NSString * filename);
void saveData(id theData, NSString *filename);
```

여기에는 오브젝트를 파일에 저장하고 파일에서 오브젝트를 읽어오는 두 개의 헬퍼 함수만 사용한다. 이때, 오브젝트는 NSCoding 프로토콜을 준수하는 것으로 간주한다. 두 함수 모두 C 함수이며(오브젝티브-C 메소드가 아니다) 그렇기 때문에 오브젝트의 상태를 알 필요가 없다.

이와 같은 방식으로 구현하면 나중에 재사용하기가 아주 좋다는 장점이 있다. 이 함수들을 사용하는 오브젝트가 NSCoding만 구현한다면 얼마든지 재사용할 수 있기 때문에 나중에 다른 프로젝트에서도 그대로 사용할 수 있다.

이어서 GCDatabase.m 파일이다. 파일을 열고 그 내용을 리스트 15.14의 내용으로 바꾸자.

리스트 15.14 GCBatatbase.m

```objc
#import "GCDatabase.h"

NSString * pathForFile(NSString *filename) {
    // 1
    NSArray *paths =
        NSSearchPathForDirectoriesInDomains(NSDocumentDirectory,
                                            NSUserDomainMask,
                                            YES);
    // 2
    NSString *documentsDirectory = [paths objectAtIndex:0];
    // 3
    return [documentsDirectory
            stringByAppendingPathComponent:filename];
}

id loadData(NSString * filename) {
    // 4
    NSString *filePath = pathForFile(filename);
    // 5
    if ([[NSFileManager defaultManager] fileExistsAtPath:filePath]) {
        // 6
        NSData *data =
            [[[NSData alloc] initWithContentsOfFile:filePath] autorelease];
        // 7
        NSKeyedUnarchiver *unarchiver =
            [[[NSKeyedUnarchiver alloc] initForReadingWithData:data]
autorelease];
        // 8
        id retval = [unarchiver decodeObjectForKey:@"Data"];
        [unarchiver finishDecoding];
        return retval;
    }
    return nil;
```

```objc
}

void saveData(id theData, NSString *filename) {
    // 9
    NSMutableData *data = [[[NSMutableData alloc] init] autorelease];
    // 10
    NSKeyedArchiver *archiver =
        [[[NSKeyedArchiver alloc] initForWritingWithMutableData:data]
autorelease];
    // 11
    [archiver encodeObject:theData forKey:@"Data"];
    [archiver finishEncoding];
    // 12
    [data writeToFile:pathForFile(filename) atomically:YES];
}
```

데이터를 저장하거나 NSCoding에 익숙치 않다면 위 코드가 새로워 보일 것이다.
그러면 한 줄 한 줄 읽어보자.

1. pathForFile 함수는 파일 이름을 파라미터로 받은 다음 파일에 대한 전체 경로
   를 스트링으로 만들어 리턴한다. iOS에서는 NSSearchPathForDirectoriesInD
   omains 함수를 사용하여 파일을 저장하는 표준 디렉터리를 얻는다. NSDocument
   Directory가 앱에서 사용하는 파일을 저장하기 좋기 때문에 이 디렉터리에 대
   한 전체 경로를 가져오도록 하였다.

2. NSSearchPathForDirectoriesInDomains 함수는 일치하는 모든 디렉터리 리
   스트를 리턴하는데 여기에서는 첫 번째 값만 필요하기 때문에 배열의 첫 번째
   엔트리만을 가져온다.

3. 이제 파일이 저장될 디렉터리를 확보하였으니 디렉터리 이름과 파일이름을 '/'
   와 함께 묶어 전체 경로를 포함한 최종 파일 이름을 얻을 수 있다. 이를 위해
   NSString의 stringByAppendingPathComponent 메소드를 사용하여 두 스트
   링을 '/'로 연결하였다.

4. loadData는 디스크에서 데이터 읽기를 시도한다(만일 디스크에 데이터가 없으
   면 nil을 리턴한다). 전체 파일 경로를 사용하기 위해 pathForFile 함수를 호출
   한다.

5. 디스크에 파일이 존재하는지 확인한 다음 `NSFileManager` 싱글톤의 `file ExistsAtPath` 메소드를 사용한다. `NSFileManager`는 파일 존재여부 확인, 파일 제거, 디렉터리 열거 등을 할 때 편리하게 사용할 수 있는 클래스이다.

6. 디스크로부터 전체 파일을 읽은 다음 데이터 버퍼에 담기 위하여 `NSData`의 편리한 헬퍼 메소드인 `initWithContentsOfFile` 메소드를 사용한다. `initWith ContentsOfFile` 메소드는 `NSData`를 리턴하는데, 이 오브젝트에는 버퍼 데이터와 그 길이가 들어있다.

7. 이제 디스크로부터 데이터 버퍼를 가져왔으니 실제 오브젝트 데이터로 unarchive 시켜야 한다. 당연히 오브젝트는 `NSCoding` 프로토콜을 준수해야 한다. 먼저 `NSKeyedUnarchiver` 클래스의 오브젝트를 만든 다음 데이터 버퍼를 넣는다.

8. `decodeObjectForKey`와 `finishDecoding` 메소드를 호출하여 실제 오브젝트를 얻는다. 구하려는 오브젝트는 `NSCoding` 프로토콜을 준수해야 한다. 즉, 이 과정에서 오브젝트의 `initWithCoder` 메소드가 내부적으로 호출되기 때문에 `initWithCoder` 메소드를 구현해야 한다.

9. 오브젝트를 저장하기 위하여 먼저 빈 데이터 버퍼를 만든다. 데이터 버퍼는 Mutable로 만들어 언제라도 수정이 가능하도록 만든다.

10. `NSKeyedArchiver`를 생성하기 위하여 오브젝트를 인코드한다. 그리고 저장할 곳으로 방금 전에 만든 데이터 버퍼를 사용한다.

11. `encodeObject:forKey`와 `finishEncoding` 메소드를 호출하여 오브젝트를 데이터 버퍼에 기록한다. 이때, 오브젝트의 `encodeWithCoder` 메소드가 내부적으로 호출된다.

12. 이제 데이터 버퍼가 가득 찼으니 파일로 저장하기 위하여 `writeToFile: atomically` 메소드를 호출한다.

Achievement를 전송하기 위하여 GCHelper를 수정하기

이제 여러분은 게임 상태를 저장하기 위한 클래스를 보유하게 되었다. 이 클래스

는 NSCoding 프로토콜을 사용하여 구현하였기 때문에 NSCoding 프로토콜을 준수하
는 오브젝트는 쉽게 파일로 저장할 수 있다. 다음은 Game Center 헬퍼 클래스를 수
정하여 achievement를 Game Center로 전송하도록 할 차례이다. 이렇게 함으로써
achievement가 Game Center에 저장되었는지를 확인하고 디스크에도 데이터를
저장하게 된다.

그러면 먼저 GCHelper.h 파일을 수정하자. GCHelper.h 파일을 열고 그 내용을
리스트 15.15와 같이 수정하자.

리스트 15.15 GCHelper.h (수정 버전)

```objc
#import <Foundation/Foundation.h>
#import <GameKit/GameKit.h>

// 아래의 #define 문장은 각각 한 줄에 작성해야 컴파일 에러가 생기지 않는다.
#define kAchievementLevel1 @"com.prop-group.spaceviking.achievement.level1"
#define kAchievementLevel2 @"com.prop-group.spaceviking.achievement.level2"
#define kAchievementLevel3 @"com.prop-group.spaceviking.achievement.level3"
#define kAchievementLevel4 @"com.prop-group.spaceviking.achievement.level4"
#define kAchievementLevel5 @"com.prop-group.spaceviking.achievement.level5"
#define kAchievementBadDream @"com.prop-group.spaceviking.achievement.
baddream"
#define kLeaderboardEscape @"com.prop-group.spaceviking.leaderboard.escape"

@interface GCHelper : NSObject <NSCoding> {
    BOOL gameCenterAvailable;
    BOOL userAuthenticated;
    NSMutableArray *scoresToReport;
    NSMutableArray *achievementsToReport;
}

@property (retain) NSMutableArray *scoresToReport;
@property (retain) NSMutableArray *achievementsToReport;

+ (GCHelper *) sharedInstance;
- (void)authenticationChanged;
- (void)authenticateLocalUser;

- (void)save;
- (id)initWithScoresToReport:(NSMutableArray *)scoresToReport
    achievementsToReport:(NSMutableArray *)achievementsToReport;
- (void)reportAchievement:(NSString *)identifier
    percentComplete:(double)percentComplete;
```

```
- (void)reportScore:(NSString *)identifier score:(int)score;

@end
```

처음으로 변경된 곳은 `#define` 부분이다. `#define`을 통해 Achievement ID값을 정의하고 있는데, 여기에서 주의할 점은 여러분이 직접 Game Center에서 구한 Achievement ID값을 사용해야 한다는 것이다. 그리고 우선은 leaderboard ID도 같이 정의하고 있는데 이 부분에 대해서는 나중에 설명할 것이다.

두 번째로 변경된 곳은 `GCHelper` 클래스가 `NSCoding` 프로토콜을 준수하도록 표시한 것이다. `GCHelper` 클래스는 자신이 디스크에 저장이 잘 되었는지 여부를 알아야 하기 때문에 achievement나 점수(나중에 추가함) 등이 Game Center에 성공적으로 전송되었다는 사실을 확인받지 못하면 나중에 다시 전송할 수 있도록 할 것이다.

세 번째로 변경된 곳은 Game Center에 전송할 점수와 achievement를 저장하는 배열을 추가한 것이다. 점수에 대한 배열을 미리 추가한 것은 나중에 다시 이 파일에 돌아오지 않기 위해서이다.

마지막으로 변경된 곳은 몇 가지 메소드를 추가한 부분이다. 이 메소드들은 `GCHelper` 클래스를 디스크에 저장하고 `init` 메소드를 업데이트하고 achievement 와 점수를 보고한다(우선은 `reportAchievement` 메소드를 먼저 작성할 것이다).

그러면 이제 GCHelper.m 파일을 열고 `GCHelper` 클래스를 디스크에 저장하는 기능을 제공하기 위하여 파일 맨 윗부분에 GCDatabase.h 파일을 import하는 코드를 추가하자(리스트 15.16).

리스트 15.16 **GCHelper.m 파일의 맨 윗부분에 추가하는 코드**

```
#import "GCDatabase.h"
```

이어서 리스트 15.17과 같이 두 배열을 synthesize시키자.

리스트 15.17 **GCHelper.m 파일의 @implementation 바로 아래에 추가하는 코드**

```
@synthesize scoresToReport;
@synthesize achievementsToReport;
```

그리고는 sharedInstance 메소드를 리스트 15.18과 같이 수정하자.

 GCHelper.m 파일의 sharedInterface 메소드(수정 버전)

```objc
+ (GCHelper *) sharedInstance {
   @synchronized([GCHelper class])
   {
       if (!sharedHelper) {
           sharedHelper = [loadData(@"GameCenterData") retain];
           if (!sharedHelper) {
               [[self alloc]
                   initWithScoresToReport:[NSMutableArray array]
                   achievementsToReport:[NSMutableArray array]];
           }
       }
       return sharedHelper;
   }
   return nil;
}
```

Chapter
15
Game Center

항상 새로운 인스턴스를 만들었던 것과는 달리 디스크에서 먼저 가져오도록 시도를 한 다음 실패했을 때만 (새로운 init 메소드로) 새로운 인스턴스를 만드는 것이 바뀐 점이다.

다음은 GSDatabase 헬퍼 코드를 사용하여 클래스를 디스크에 저장하는 메소드를 작성할 차례이다(리스트 15.19).

 GCHelper.m 파일의 save 메소드(alloc 메소드 아래에 추가)

```objc
- (void)save {
   saveData(self, @"GameCenterData");
}
```

다음으로 init 메소드를 수정하여 배열을 파라미터로 받도록 하자(리스트 15.20).

 GCHelper.m 파일의 initWithScoresToReport 메소드(init 메소드 수정)

```objc
- (id)initWithScoresToReport:(NSMutableArray *)theScoresToReport
   achievementsToReport:(NSMutableArray *)theAchievementsToReport {
```

```
    if ((self = [super init])) {
        self.scoresToReport = theScoresToReport;
        self.achievementsToReport = theAchievementsToReport;
        gameCenterAvailable = [self isGameCenterAvailable];
        if (gameCenterAvailable) {
            NSNotificationCenter *nc =
                [NSNotificationCenter defaultCenter];
            [nc addObserver:self
                selector:@selector(authenticationChanged)
                name:GKPlayerAuthenticationDidChangeNotificationName
                object:nil];
        }
    }
    return self;
}
```

init 메소드와 다른 점은 점수와 achievement 배열을 받아 인스턴스 변수에 저장하는 것이다. 이렇게 함으로써 클래스를 초기화할 때 전송에 실패한 점수 및 achievement를 사용하거나 직전 실행 때 디스크에 저장했던 점수 및 achievement를 사용할 수 있게 된다.

다음으로 #pragma mark Internal functions 부분으로 이동하여 achievement를 전송하는 메소드를 추가하자(리스트 15.21).

리스트 15.21 GCHelper.m 파일의 sendAchievement 메소드(authenticationChanged 메소드 다음에 추가)

```
- (void)sendAchievement:(GKAchievement *)achievement {
    [achievement reportAchievementWithCompletionHandler:
    ^(NSError *error) {
        dispatch_async(dispatch_get_main_queue(), ^(void)
        {
            if (error == NULL) {
                NSLog(@"Successfully sent achievement!");
                [achievementsToReport removeObject:achievement];
            } else {
                NSLog(
                    @"Achievement failed to send... will try again later.
Reason: %@",
                    error.localizedDescription);
            }
        });
```

```
    }];
}
```

    `sendAchievement` 메소드는 `reportAchievementWithCompletionHandler` 메소드를 사용하여 achievement를 Game Center에 전송하려고 시도한다. 이때 `Handler` 메소드가 메인 쓰레드에서 동작한다는 보장이 없기 때문에 `dispatch_async`를 사용하여 그 안에서 동작하는 코드는 메인 쓰레드에서 동작하도록 하였다. 만일 achievement가 성공적으로 전송되면 보고해야 할 achievement 리스트에서 제거한다. 다음으로 전송되지 않은 achievement를 재전송하는 메소드를 추가하자 (리스트 15.22).

리스트 15.22   GCHelper.m 파일의 resendData 메소드(sendAchievement 메소드 다음에 추가)

```
- (void)resendData {
    for (GKAchievement *achievement in achievementsToReport) {
        [self sendAchievement:achievement];
    }
}
```

    위 루프는 Game Center가 수신 확인을 하지 않은 achievement에 대해 `send Achievement` 메소드를 호출토록 하여 재전송시키는 일을 한다.

    이제 위 메소드를 호출하는 코드를 `authenticationChanged` 메소드의 "player now authenticated" 위치에 추가하자(코드 15.23).

리스트 15.23   GCHelper.m 파일의 authenticationChanged 메소드에 추가하는 코드
                   (userAuthenticated = TRUE 바로 아래에 추가)

```
[self resendData];
```

    이렇게 하면 데이터 전송이 실패하더라도 다음 번에 앱이 시작할 때 나머지 데이터를 재전송하게 된다. 지금 보여준 재전송 전략은 하나의 예에 불과하며 여러분은 여러분 나름의 방법을 사용하는 것도 가능하다. 예를 들어 일정 시간마다 반복해서 재전송을 시도할 수도 있을 것이다.

이번에는 #pragma mark User functions 부분으로 이동하여 reportAchieveme
nt:percentComplete, reportScore:score 메소드를 추가하자(리스트 15.24).

리스트 15.24 **GCHelper.m 파일의 reportAchievement:percentComplete, reportScore:score 메소드(authenticateLocalUser 메소드 다음에 추가)**

```objc
- (void)reportScore:(NSString *)identifier score:(int)rawScore {
    // 나중에 작성할 것이다...
}

- (void)reportAchievement:(NSString *)identifier
    percentComplete:(double)percentComplete {

    GKAchievement* achievement =
        [[[GKAchievement alloc] initWithIdentifier:identifier] autorelease];
    achievement.percentComplete = percentComplete;
    [achievementsToReport addObject:achievement];
    [self save];

    if (!gameCenterAvailable || !userAuthenticated) return;
    [self sendAchievement:achievement];
}
```

reportScore 메소드는 우선 자리만 만들어 놓은 것이며 나중에 내용을 작성할 것이다. reportAchievement 메소드는 (com.prop-group.spaceviking.achievement.level1 같이) 파라미터로 넘어온 identifier값을 기준으로 새로운 achievement를 생성한 다음 percentComplete값을 설정한다. 그리고는 생성한 achievement를 achievementsToReport 배열에 추가한다.

배열에 추가한 직후에 바로 self를 디스크에 저장하는데 이렇게 함으로써 전송시킬 achievement를 안전하게 보관해놓을 수 있다. 그리고는 Game Center를 사용할 수 없거나 플레이어가 로그인을 하지 않은 상태라면 바로 메소드를 끝낸다. 이렇게 할 때의 이점은 플레이어가 로그인을 하지 않거나 옛날 버전의 OS를 사용하는 상황에서라도 achievement를 재전송을 위한 queue에 넣어놓고 계속해서 게임을 진행시킬 수 있다는 것을 들 수 있다.

마지막으로 Game Center도 사용 가능하며 플레이어도 로그인을 했다면 send

Achievement 메소드를 호출하여 achievement를 Game Center에 전송시킨다.

다음은 오브젝트에 대한 NSCoding 프로토콜 구현 부분이다. 계속해서 리스트 15.25의 내용을 추가하자.

리스트 15.25 GCHelper.m 파일의 encodeWithCoder, initWithCoder 메소드 (reportAchievement 메소드 다음에 추가)

```objc
#pragma mark NSCoding

- (void)encodeWithCoder:(NSCoder *)encoder {
    [encoder encodeObject:scoresToReport forKey:@"ScoresToReport"];
    [encoder encodeObject:achievementsToReport
            forKey:@"AchievementsToReport"];
}


- (id)initWithCoder:(NSCoder *)decoder {
    NSMutableArray * theScoresToReport =
        [decoder decodeObjectForKey:@"ScoresToReport"];
    NSMutableArray * theAchievementsToReport =
        [decoder decodeObjectForKey:@"AchievementsToReport"];
    return [self initWithScoresToReport:theScoresToReport
                achievementsToReport:theAchievementsToReport];
}
```


encodeWithCoder 메소드는 보고를 위한 점수와 achievement 배열을 디스크에 저장하며 initWithCoder 메소드는 저장된 점수와 achievement 배열을 가져온 다음 initWithScoresToReport:achievementsToReport 메소드를 호출하면서 파라미터로 넘겨준다.

휴우~ 제법 코딩을 많이 했다. 그래도 다행인 것이 나중에 leaderboard를 구현하거나 미래에 작성하게 될 프로젝트에서 대부분의 코드를 재사용할 수 있다는 것이다. 이제 나머지 하나만 남았다. 지금까지 작성한 새로운 클래스를 Space Viking에서 사용하도록 구현하는 것이다.

SpaceViking에서 GameState와 GCHelper 클래스 사용하기

이제 플레이어의 게임 진척도를 계속해서 관리하는 오브젝트를 사용하고 필요할 때 Game Center에 보고할 수 있는 기반을 마련하였다.

Space Viking에서는 이러한 achievement를 플레이어가 레벨을 이기거나 졌을 때 부여할 것이다. 따라서 이번 코딩에서 가장 재미있는 부분은 Scenes\LevelComplete\ LevelCompleteLayer.m 파일에 있을 것이다. 그러면 먼저 GameState.h와 GCHelper.h 파일을 import시키자(리스트 15.26).

리스트 15.26 <u>LevelCompleteLayer.m 파일의 맨 앞부분에 추가하는 코드</u>

```
#import "GameState.h"
#import "GCHelper.h"
```

그런 다음 achievement를 관리하는 코드를 init 메소드 마지막 부분에 추가하자 (리스트 15.27).

리스트 15.27 <u>LevelCompleteLayer.m 파일의 init 메소드 마지막 부분에 추가하는 코드</u>

```
CCLabelBMFont *achievementLabelText = [CCLabelBMFont
    bitmapFontAtlasWithString:@"" fntFile:@"VikingSpeechFont64.fnt"];
[achievementLabelText setPosition:
    ccp(screenSize.width/2, screenSize.height * 0.7f)];
[self addChild:achievementLabelText];

if ([GameManager sharedGameManager].lastLevel == kGameLevel1 &&
    ![GameManager sharedGameManager].hasPlayerDied) {
    CCLOG(@"Finished level 1");
    if (![GameState sharedInstance].completedLevel1) {
        [GameState sharedInstance].completedLevel1 = true;
        [[GameState sharedInstance] save];
        [[GCHelper sharedInstance] reportAchievement:kAchievementLevel1
                    percentComplete:100.0];
        achievementLabelText.string =
            @"Achievement Unlocked: Simple Gamer!";
    }
} else if ([GameManager sharedGameManager].lastLevel == kGameLevel2 &&
    ![GameManager sharedGameManager].hasPlayerDied) {
    CCLOG(@"Finished level 2");
    if (![GameState sharedInstance].completedLevel2) {
        [GameState sharedInstance].completedLevel2 = true;
        [[GameState sharedInstance] save];
        [[GCHelper sharedInstance] reportAchievement:kAchievementLevel2
```

```
                percentComplete:100.0];
        achievementLabelText.string =
            @"Achievement Unlocked: Side Scroller!";
    }
} else if ([GameManager sharedGameManager].lastLevel == kGameLevel3 &&
    ![GameManager sharedGameManager].hasPlayerDied) {
    CCLOG(@"Finished level 3");
    if (![GameState sharedInstance].completedLevel3) {
        [GameState sharedInstance].completedLevel3 = true;
        [[GameState sharedInstance] save];
        [[GCHelper sharedInstance] reportAchievement:kAchievementLevel3
                    percentComplete:100.0];
        achievementLabelText.string =
            @"Achievement Unlocked: Physics Puzzler!";
    }
} else if ([GameManager sharedGameManager].lastLevel == kGameLevel4 &&
    ![GameManager sharedGameManager].hasPlayerDied) {
    CCLOG(@"Finished level 4");
    if (![GameState sharedInstance].completedLevel4) {
        [GameState sharedInstance].completedLevel4 = true;
        [[GameState sharedInstance] save];
        [[GCHelper sharedInstance] reportAchievement:kAchievementLevel4
                    percentComplete:100.0];
        achievementLabelText.string =
            @"Achievement Unlocked: Box2D Master!";
    }
} else if ([GameManager sharedGameManager].lastLevel == kGameLevel5 &&
    ![GameManager sharedGameManager].hasPlayerDied) {
    CCLOG(@"Finished level 5");
    if (![GameState sharedInstance].completedLevel5) {
        [GameState sharedInstance].completedLevel5 = true;
        [[GameState sharedInstance] save];
        [[GCHelper sharedInstance] reportAchievement:kAchievementLevel5
                    percentComplete:100.0];
        achievementLabelText.string =
            @"Achievement Unlocked: Chipmunk Master!";
    }
} else if ([GameManager sharedGameManager].lastLevel == kGameLevel4 &&
    [GameManager sharedGameManager].hasPlayerDied) {
    CCLOG(@"Died on level 4. Fell %d times...", [GameState
sharedInstance].timesFell);
    int maxTimesToFall = 3;
    if ([GameState sharedInstance].timesFell < maxTimesToFall) {
        [GameState sharedInstance].timesFell++;
        [[GameState sharedInstance] save];
        double pctComplete =
```

```
        ((double)[GameState sharedInstance].timesFell /(int)maxTimesToFall)
            * 100.0;
    [[GCHelper sharedInstance]
        reportAchievement:kAchievementBadDream
        percentComplete:pctComplete];
    if ([GameState sharedInstance].timesFell >= maxTimesToFall) {
    achievementLabelText.string =
            @"Achievement Unlocked: Bad Dream!";
    }
  }
}
```

코드 양은 많지만 읽는 것은 어렵지 않다. 각각의 레벨에 대해 플레이어가 이겼는지를 확인해서 만일 이겼다면 이전에 이미 이긴 레벨인지 다시 확인한다. 그 결과 플레이어가 처음으로 이번 레벨을 이긴 것이라면 이번 레벨에 대한 게임 상태를 완료로 지정하고 이 상태를 디스크에 저장한다. 그런 다음 `reportAchievement:percentComplete` 메소드를 호출하여 새로운 achievement를 Game Center에 전송시키고 이에 대한 라벨을 플레이어에게 보여준다.

if-else 시리즈에서 한 곳만이 다르게 설정된 부분이 있는데, 바로 이곳이 '플레이어가 죽었을 때'의 achievement를 처리하는 코드이다. 여기에서는 플레이어가 세 번 죽어야 achievement가 잠금 해제된다. 플레이어가 죽을 때마다 죽은 횟수와 이 achievement에 대한 진척도를 업데이트시킨다. 그러나 이 경우에는 플레이어가 100%의 진척도에 도달해야 achievement가 화면에 나타난다.

그러나 위 코드에는 한 가지 문제가 있다. 지금 현재 `GameManager`에는 `lastLevel` 프로퍼티가 없다는 것이다! 그렇기 때문에 바로 이 인스턴스 변수를 추가하도록 하자.

추가하는 인스턴스 변수는 두 개로, 현재 레벨과 마지막으로 플레이한 레벨을 저장한다. 이 두 인스턴스 변수를 리스트 15.28과 같이 Classes\Singletons\GameManager.h 파일에 추가하자.

리스트 15.28 GameManager.h 파일의 @interface 선언부에 추가하는 코드

```
SceneTypes curLevel;
SceneTypes lastLevel;
```

그런 다음, 두 인스턴스 변수에 대한 프로퍼티를 추가하자(리스트 15.29).

 GameManager.h 파일의 @interface 선언부 다음에 추가하는 코드

```
@property (assign) SceneTypes curLevel;
@property (assign) SceneTypes lastLevel;
```

이제 GameManager.m 파일로 이동하여 위 프로퍼티를 synthesize시키자(리스트 15.30).

 GameManager.m 파일의 @implementation 다음에 추가하는 코드

```
@synthesize curLevel;
@synthesize lastLevel;
```

마지막으로 리스트 15.31의 내용을 runSceneWithID 메소드의 앞부분에 추가하자.

 GameManager.m 파일의 runSceneWithID 메소드 앞부분에 추가하는 코드

```
lastLevel = curLevel;
curLevel = sceneID;
```

이제 GameManager는 가장 최근에 플레이한 레벨을 기억하여 LevelCompleteLayer 코드가 제대로 동작하도록 만들어준다.

이렇게 해서 끝났다! 코드를 컴파일하고 실행시킨 다음 아무 레벨이나 클리어해보자. 그리고 앱을 종료한 다음 Game Center로 들어가서 지금까지 개발한 앱에 대한 내용을 찾아보자. 그러면 조금 전에 달성한 achievement에 대한 아이콘이 나타날 것이다!

네트워크가 끊어져 achievement 전송이 안되는 상태를 테스트하기 위해서는 게임을 실행시킨 다음 이더넷 케이블을 PC에서 빼면 된다(혹은 이더넷 어댑터를 비활성화시킨다.). 그러면 레벨을 클리어해도 achievement가 전송이 안되는 것을 로그를 통해 확인할 수 있다. 그리고 다시 이더넷 케이블을 연결하고 게임을 재실행하면 플레이어의 인증이 끝난 직후 achievement 데이터를 재전송하여 Game Center가 게임의 진행 상황을 놓치지 않도록 할 것이다.

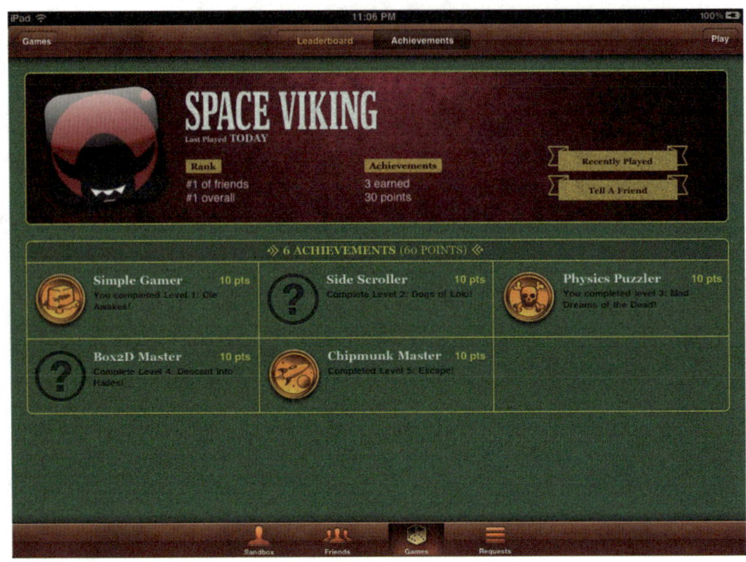

| 그림 15.22 | 잠금 해제된 Achievement

Achievement를 앱에서 보여주기

앱에서 achievement를 나타내는 것은 Apple에서 제공하는 내장 뷰 컨트롤러를 통해 아주 쉽게 구현할 수 있다. 바로 시작해보자!

Space Viking에서 플레이어가 Options 메뉴에서 achievements를 선택하면 achievement를 보여줄 것이다. 이미 예전에 목록을 만들어놓았기 때문에 그 내용만 구현하면 된다. Scenes\Options\OptionsLayer.m 파일을 열고 맨 윗부분에 리스트 15.32의 내용을 추가하자.

리스트 15.32 OptionsLayer.m 파일의 맨 윗부분에 추가하는 코드

```
#import <GameKit/GameKit.h>
#import "SpaceVikingAppDelegate.h"
```

GameKit.h를 import하는 이유는 achievement 뷰 컨트롤러를 사용하기 위해서이다. 그리고 SpaceVikingAppDelegate.h를 import하는 이유는 앱의 root 뷰 컨

트롤러에 접근하여 achievement 뷰 컨트롤러를 나타내도록 하기 위해서이다.

다음으로 achievement를 보여주기 위해 필요한 몇 가지 메소드를 추가하자(리스트 15.33).

 OptionsLayer.m 파일의 showAchievements, achievementViewcontrollerDid Finish 메소드(init 메소드 앞에 추가)

```
- (void)showAchievements {
    CCLOG(@"Show achievements!");

    SpaceVikingAppDelegate *delegate =
        [UIApplication sharedApplication].delegate;
    GKAchievementViewController *achievements =
        [[GKAchievementViewController alloc] init];
    if (achievements != NULL)
    {
        achievements.achievementDelegate = self;
        [delegate.viewController
            presentModalViewController: achievements animated: YES];
    }
}


- (void)achievementViewControllerDidFinish:
    (GKAchievementViewController *)viewController {
    SpaceVikingAppDelegate *delegate =
        [UIApplication sharedApplication].delegate;
    [delegate.viewController dismissModalViewControllerAnimated: YES];
    [viewController release];
}
```

아울러 `init` 메소드를 수정하여 achievement에 대한 옵션 메뉴를 추가하자(리스트 15.34).

 OptionsLayer.m 파일의 init 메소드에서 CCMenu * optionsMenu...와 [optionsMenu alignItems... 줄을 대체하는 코드

```
CCLabelBMFont *achievementsButtonLabel = [CCLabelBMFont
    labelWithString:@"Achievements" fntFile:@"VikingSpeechFont64.fnt"];
CCMenuItemLabel *achievementsButton =
    [CCMenuItemLabel
        itemWithLabel:achievementsButtonLabel target:self
```

```
                    selector:@selector(showAchievements)];

CCMenu *optionsMenu = [CCMenu menuWithItems:achievementsButton,
                                            musicToggle,
                                            SFXToggle,
                                            creditsButton,
                                            backButton,nil];
[optionsMenu alignItemsVerticallyWithPadding:40.0f];
```

이제 `viewController`에 대한 프로퍼티를 SpaceVikingAppDelegate에 추가해야
된다. 먼저 프로퍼티 선언문을 SpaceVikingAppDelegate.h 파일에 추가하자(리스
트 15.35).

리스트 15.35 SpaceVikingAppDelegate.h 파일의 @interface 선언부 다음에 추가하는 코드

```
@property (nonatomic, assign) RootViewController *viewController;
```

그런 다음 SpaceVikingAppDelegate.m 파일을 열고 방금 추가한 프로퍼티를
synthesize하자(리스트 15.36).

리스트 15.36 SpaceVikingAppDelegate.m 파일의 @implementation 다음에 추가하는 코드

```
@synthesize viewController;
```

이제 마지막 단계이다. 위 코드는 UIKit을 사용하여 뷰 컨트롤러를 화면에 표시한
다. 따라서 Cocos2D가 `UIViewController` rotation을 사용하도록 설정하는 것이
제일 좋다(그렇지 않으면 뷰 컨트롤러는 한쪽 구석에 나타날 것이다!). 그러면
GameConfig.h 파일을 열고 현재 정의된 GAME_AUTOROTATION에 대한 줄을 주석 처
리하고 리스트 15.37의 내용을 그 자리에 추가하자.

리스트 15.37 GameConfig.h 파일에 추가하는 코드(현재의 #define GAME_AUTOROTATION
줄을 주석 처리한 다음, 그 자리에 추가)

```
#define GAME_AUTOROTATION kGameAutorotationUIViewController
```

이제 모두 끝났다! 프로그램을 컴파일하고 실행시킨 다음 Options 메뉴에서 achievements를 선택하면 앱에서 achievement가 뜨는 것을 보게 될 것이다(그림 15.23).

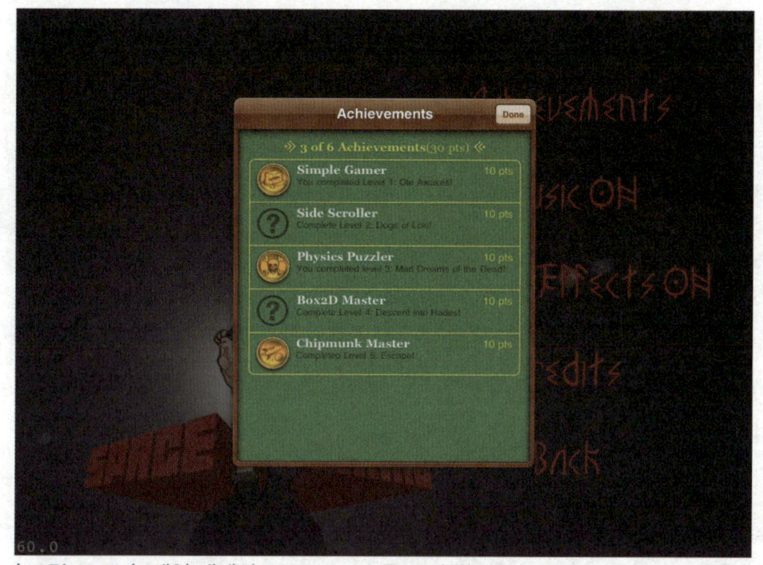

| 그림 15.23 | 게임 내에서 Achievement를 보여주는 모습

Note 내장 뷰 컨트롤러를 사용하여 achievement를 보여주는 것은 가장 쉬운 방법이며 많은 앱에서 이와 같이 구현하고 있다. 그러나 achievement 화면을 앱 UI 디자인과 일관성을 유지하기 위해 다른 모습으로 나타내고 싶은 경우도 있을 것이다. 이렇게 구현하기 위해서는 Game Center의 도움이 필요한데 Game Center에서 필요한 achievement와 그 내용을 직접 가져온 다음 별도의 뷰를 만들어 구현하면 된다. 이에 대한 더 자세한 정보는 Game Kit Programming Guide의 Creating a Custom Achievement User Interface 섹션을 참조하기 바란다.

▶▶▶ Leaderboard 설정 및 구현

좋은 소식이 있다. 이미 게임 상태와 achievement를 관리하는 코드를 모두 작성했기 때문에 leaderboard를 추가하는 것은 아주 편할 것이다. Space Viking에서는 Escape 레벨을 클리어하는 시간에 대해서만 leaderboard를 만들 것이다.

이를 위해 achievement를 추가했던 것과 비슷한 과정(조금 더 짧다)을 거치게 된다. 먼저 iTunes Connect에 leaderboard를 설정하고 leaderboard의 동작 방법에 대해 설명한 다음 마지막으로 코드를 통하여 게임에 구현해보자.

iTunes Connect에 Leaderboard 설정하기

Leaderboard를 iTunes Connect에 설정하기 위해서는 achievement를 설정했던 것과 비슷한 절차를 밟으면 된다. 여기에서는 한 개의 leaderboard만을 추가할 것이기 때문에 금방 끝날 것이다. 그러면 다음과 같이 진행하자.

1. iTunes Connect에 로그인한다(https://itunesconnect.apple.com).
2. [Manage Your Applications]를 클릭한 다음 애플리케이션을 선택하고 [Manage Game Center]를 클릭한다. 그리고 Leaderboards 아래의 [Set up]을 클릭하면 그림 15.24와 같은 화면을 보게 될 것이다.

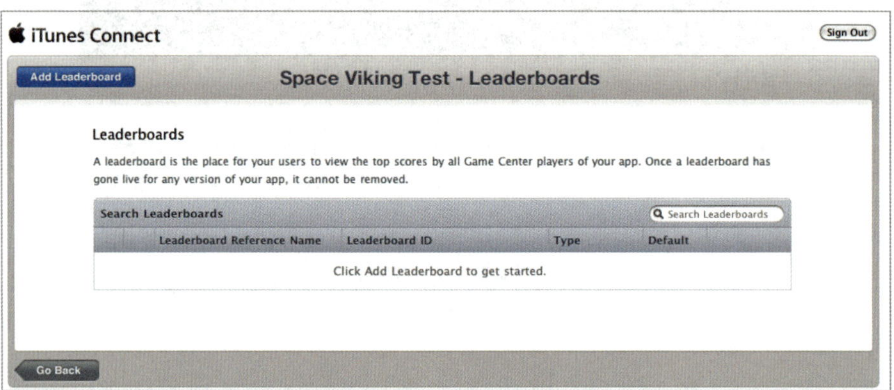

| 그림 15.24 | 비어있는 leaderboards 화면

3. [Add Leaderboard]를 클릭하여 새로운 leaderboard를 추가한다. 이때 [Single Leaderboard]와 [Combined Leaderboard] 중 하나를 선택하게 되는데, 여기에서는 Single Leaderboard를 선택한다. 그런 다음 아래의 내용을 채운다.

- **Leaderboard Reference Name:** Leaderboard를 관리하기 위해 내부적으로 사용하는 이름으로, achievement reference name과 유사하다. 이름은 SVEscapeLeaderboard라고 입력한다.

- **Leaderboard ID:** Achievement ID와 비슷하게 leaderboard를 나타내는 유일한 ID이다. Leaderboard ID 역시 com.prop-group.spaceviking.leaderboard.escape와 비슷한 이름으로 넣으면 되며, 여러분은 자신만의 DNS 이름을 사용하면 된다(DNS 이름이 없다면 여러분의 이름을 사용해도 괜찮다). 그리고, 여기에서 입력한 ID와 동일한 이름을 Classes\Singletons\GCHelper.h 파일의 `kLeaderboardEscape`값으로 지정해야 한다는 것 잊지 말자.

- **Score Format Type:** Leaderboard값은 항상 integer여야 하지만 Score Format Type은 저장된 integer값을 표시하는 별도의 양식을 제공한다. Escape 레벨에서는 탈출하는 데 걸리는 시간(초)을 integer값으로 저장하지만 화면에 표시할 때는 'Elapsed Time – To the Second'를 선택하여 랩타임과 비슷한 양식으로 나타내도록 하였다.

- **Sort Order:** 'Ascending'을 선택하여 가장 빨리 탈출한 순서부터(가장 작은 숫자부터) 나열하도록 하였다.

- **Add Language:** [Add Language]를 클릭하면 나머지 옵션을 설정할 수 있다. [Leaderboard Name]에는 'Escape from Robot Planet'이라고 입력한다. [Score Format Suffix]에는 시간기록이 나온 다음에 이어서 출력할 내용을 넣으면 되는데, 여기에서는 필요하지 않기 때문에 그냥 빈 칸으로 놔둔다.

이와 같이 하면 그림 15.25와 같은 모습이 되었을 것이다. 이제 [Save]를 클릭하여 leaderboard를 저장하자.

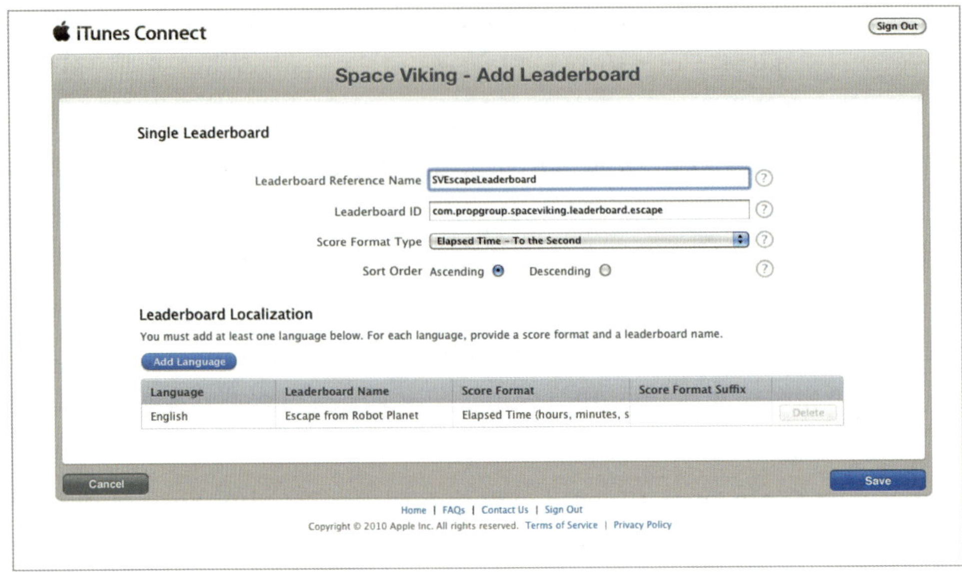

| 그림 15.25 | Leaderboard 추가화면

Leaderboard 동작 방법

Leaderboard는 단순히 점수를 좋은 순서대로 모아놓은 것이다. 플레이어가 게임 플레이를 통해 점수를 획득하면 GKScore 오브젝트를 만들어 획득한 점수를 Game Center에 전송하는 메소드를 호출하면 된다. Game Center는 각 사용자의 최고 점수를 보유하고 있기 때문에 이보다 낮은 점수를 보내거나 같은 점수를 여러 번 보내도 그냥 무시하기 때문에 상관없다. 이 과정은 리스트 15.38에서 볼 수 있다.

리스트 15.38 점수를 Game Center에 전송하는 예제

```
GKScore *score = [[[GKScore alloc]
    initWithCategory:identifier] autorelease];
score.value = rawScore;
[score reportScoreWithCompletionHandler:^(NSError *error) {
    // Do something...
}];
```

물론 점수를 전송하는 것 역시 achievement를 전송하는 것과 마찬가지로 Game

Center에 제대로 전달되지 않을 수 있다는 문제를 안고 있다. 그렇기 때문에 점수를 디스크에 저장하고 필요 시 재전송하는 코드를 추가해야 한다.

또한 여기에서는 한 개의 leaderboard만을 만들지만 여러분이 게임을 개발하다 보면 각각의 레벨마다 혹은 난이도별로 여러 개의 leaderboard를 만드는 경우도 생길 것이다.

Leaderboard 구현하기

이미 앞에서 디스크에 점수 배열을 저장하는 코드를 GCHelper에 만들고 이에 필요한 메소드의 위치도 잡아놓았기 때문에 leaderboard를 구현하는 것은 쉬울 것이다.

먼저 GCHelper.m 파일의 sendAchievement 메소드 위에 자리를 마련해 놓은 sendScore 메소드부터 작성하자(리스트 15.39).

리스트 15.39 GCHelper.m 파일의 sendScore 메소드(sendAchievement 메소드 앞에 추가)

```objc
- (void)sendScore:(GKScore *)score {
    [score reportScoreWithCompletionHandler:^(NSError *error) {
        dispatch_async(dispatch_get_main_queue(), ^(void)
        {
            if (error == NULL) {
                NSLog(@"Successfully sent score!");
                [scoresToReport removeObject:score];
            } else {
                NSLog(@"Score failed to send... will try again later. Reason: %@",
                    error.localizedDescription);
            }
        });
    }];
}
```

sendScore 메소드는 sendAchievement 메소드와 아주 비슷하다. 점수 전송을 시도한 다음 마무리하는 블록은 메인 쓰레드에서 동작하도록 하였다. 그래서 전송이 성공하면 점수를 scoresToReport 배열에서 제거한다.

다음으로 resendData에 몇 줄을 추가하여 전송할 점수를 재전송하도록 하자(리스트 15.40).

  GCHelper.m 파일의 resendData 메소드 마지막 부분에 추가하는 코드

```objc
for (GKScore *score in scoresToReport) {
    [self sendScore:score];
}
```

위 코드를 resendData 메소드에 추가함으로써 나중에 사용자가 Game Center에 접속하면 전송에 실패했던 점수를 재전송하게 된다.

마지막으로 reportScore 메소드다(리스트 15.41).

  GCHelper.m 파일의 reportScore 메소드(수정 버전)

```objc
- (void)reportScore:(NSString *)identifier score:(int)rawScore {

    GKScore *score = [[[GKScore alloc]
        initWithCategory:identifier] autorelease];
    score.value = rawScore;
    [scoresToReport addObject:score];
    [self save];

    if (!gameCenterAvailable || !userAuthenticated) return;
    [self sendScore:score];
}
```

reportScore 메소드 역시 reportAchievement 메소드와 유사하다. 먼저 GKScore 오브젝트를 설정한 다음 scoresToReport 배열에 추가하고 self를 디스크에 저장한다. 그리고 Game Center가 동작하지 않거나 사용자가 로그아웃 상태인 경우에는 바로 리턴한다. 그렇지 않을 경우 sendScore 메소드를 호출하여 Game Center에 점수 전송을 시도한다.

이제 사용자가 레벨을 클리어했을 때의 점수를 보고하기 위한 준비를 마쳤으니 Classes\Scenes\Scene5\Scene5ActionLayer.m 파일을 열고 GCHelper.h를 import하는 구문을 추가하자(리스트 15.42).

  Scene5ActionLayer.m 파일 맨 앞부분에 추가하는 코드

```objc
#import "GCHelper.h"
```

그런 다음 update 메소드로 이동하여 setHasPlayerDied:NO를 호출하는 줄 바로 앞에 플레이어의 점수를 전송하는 코드를 추가하자(리스트 15.43).

 Scene5ActionLayer.m 파일의 update 메소드에 추가하는 코드 (setHasPlayerDied:NO를 호출하는 줄 바로 앞에 추가)

```
[[GCHelper sharedInstance] reportScore:kLeaderboardEscape
score:(int)timeSoFar];
```

이제 프로그램을 컴파일하고 실행시킨 다음 Escape 레벨을 클리어해보자. 그러면 Game Center 앱으로 이동하면서 leaderboard에 자신의 최고 기록이 나타날 것이다(그림 15.26).

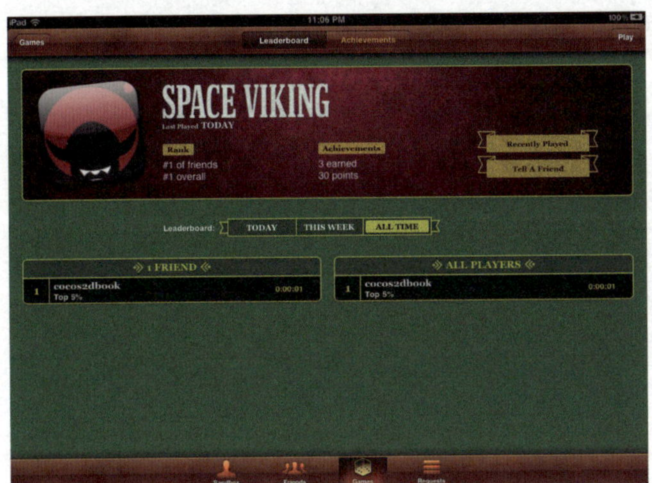

| 그림 15.26 | xGame Center에서의 leaderboard 화면

게임 내에 Leaderboard 표시하기

내장 뷰 컨트롤러를 제공해준 Apple에 감사할 정도로 leaderboard를 게임에 나타내는 것은 achievement를 나타내는 것만큼 간단하다. 그러면 Escape 레벨이 끝난 다음 나타나는 Level Complete scene에서 화면을 터치한 직후에 leaderboard를 표시하도록해보자.

LevelCompleteLayer.m 파일을 열고 맨 앞부분에 SpaceVikingAppDelegate.h
를 import하는 코드를 추가하자(리스트 15.44).

 LevelCompleteLayer.m 파일의 맨 앞부분에 추가하는 코드

```
#import "SpaceVikingAppDelegate.h"
```

그런 다음 ccTouchesBegan 메소드에 뷰 컨트롤러를 보여주는 코드를 추가하고 메
소드 아래에 메소드 하나를 추가하자(리스트 15.45).

 **LevelCompleteLayer.m 파일의 ccTouchesBegan, leaderboardViewControlle
rDidFinish 메소드(ccTouchesBegan 메소드는 수정 버전)**

```
-(void)ccTouchesBegan:(NSSet *)touches withEvent:(UIEvent *)event {
    if ([GameManager sharedGameManager].lastLevel == kGameLevel5) {
        GKLeaderboardViewController *leaderboardController =
            [[GKLeaderboardViewController alloc] init];
        if (leaderboardController != NULL)
        {
            leaderboardController.category = kLeaderboardEscape;
            leaderboardController.timeScope =
                GKLeaderboardTimeScopeAllTime;
            leaderboardController.leaderboardDelegate = self;
            SpaceVikingAppDelegate *delegate =
                [UIApplication sharedApplication].delegate;
            [delegate.viewController
                presentModalViewController:leaderboardController
                animated:YES];
        }
    } else {
        [[GameManager sharedGameManager] setHasPlayerDied:NO];
        [[GameManager sharedGameManager]
            runSceneWithID:kMainMenuScene];
    }
}

- (void)leaderboardViewControllerDidFinish:(GKLeaderboardViewController *)
viewController
{
    SpaceVikingAppDelegate *delegate =
        [UIApplication sharedApplication].delegate;
    [delegate.viewController dismissModalViewControllerAnimated: YES];
```

```
[viewController release];
[[GameManager sharedGameManager] setHasPlayerDied:NO];
[[GameManager sharedGameManager] runSceneWithID:kMainMenuScene];
}
```

ccTouchesBegan 메소드는 방금 끝마친 레벨이 level 5(Escape 레벨)인지를 확인하고 만일 그렇다면 GKLeaderboardViewController를 생성한다. 그런 다음 화면에 나타낼 leaderboard를 선택하기 위하여 카테고리를 설정하고 timeScope 프로퍼티를 설정하여 화면에 나타낼 시간 범위를 결정한다. Achievement를 화면에 나타낼 때와 같이 뷰 컨트롤러에 대한 delegate를 설정하고는 presendModalViewController 메소드를 호출하여 화면에 나타낸다.

플레이어가 leaderboard 뷰 컨트롤러를 닫으면 leaderboardViewControllerDidFinish 메소드가 호출되는데, 이 메소드는 단순히 메인 메뉴로 돌아가도록 한다.

코드를 컴파일하고 실행한 다음 Escape 레벨을 클리어하여 Level Complete 화면이 나타나면 화면을 터치하여 게임 내에 leaderboard가 나오는 것을 확인하자!

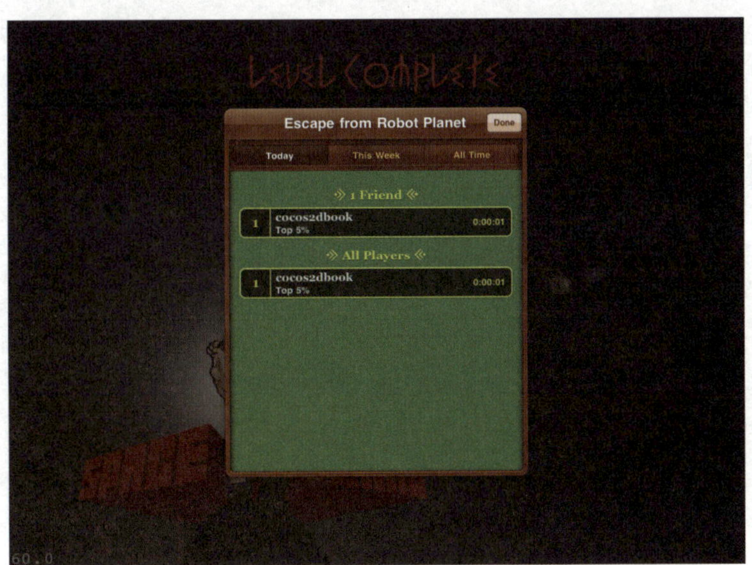

| **그림 15.27** | 게임 내에 leaderboard가 나타난 화면

▶▶ 정리

이제 여러분은 Cocos2D 게임에 Game Center를 통합하는 과정을 통해 플레이어 인증, achievement, leaderboard에 대한 지식을 얻었다. 뿐만 아니라 achievement 와 leaderboard를 안전하게 Game Center로 전송하는 방법도 익혀서 플레이어가 힘들게 획득한 achievement를 네트워크 연결이 잠시 다운되는 상황에서도 잘 보관하였다가 재전송할 수 있도록 하였다.

이제 Game Center를 여러분의 게임에 구현하는 방법을 익혔기 때문에 Game Center를 통해 얻을 수 있는 다양한 이득, 즉 여러분의 게임을 더 쉽게 찾고 다운로드하고, 플레이어로 하여금 다시 게임을 하도록 만들고, 여러 플레이어끼리 더 많은 즐거움과 추억을 나눌 수 있도록 만드는 이득을 누릴 수 있게 되었다!

지금까지 얻은 Game Center 지식을 통해 Game Center의 추가 기능에 대해서도 알고 싶어졌을지도 모르겠다. Achievement, leaderboard와 함께 Game Center는 멀티플레이어 대전 매치(multiplayer matchmaking)나 음성 채팅을 여러분의 게임에 추가할 수 있도록 하고 있다. 이 기능들은 이 책의 범주를 넘어서기 때문에 궁금하다면 Game Kit Programming Guide를 통해 이 부분에 대해 학습하도록 하자.

▶▶ 연습문제

1. 새로운 achievement를 Space Viking에 추가하자. 이번 achievement는 level 1에서 세 번 죽으면 나타난다.

2. 새로운 leaderboard를 Space Viking에 추가하자. Descent into Hades(level 4)를 클리어한 시간을 가지고 leaderboard를 만들자.

3. 지금까지 achievement는 Level Complete scene에서 잠금 해제되었을 때에만 나타나도록 하였다. 이번에는 레벨 안에서 achievement가 잠금 해제되도록 구현해보자. 즉, 레벨 내에서 achievement가 잠금 해제되면 화면 위에서 아래로 스프라이트를 스크롤시키는 것이다. 이때 스프라이트에는 "Achievement Unlocked: Your Achievement Name" 문구가 나타나도록 한다. 아마도 레벨마다 재사용할 수 있는 헬퍼 클래스를 구현하는 것이 도움이 될 것이다.

성능 최적화

이 책을 통해 여러분은 Cocos2D, Box2D, Chipmunk를 사용하여 게임을 개발하는 방법을 익혔다. 즉, Cocos2D의 기본 개념부터 시작하여 스크롤링, 물리 엔진, Particle 시스템에 이르는 심화 개념까지 익힌 것이다. 이번 챕터에서는 지금까지 배운 Cocos2D 게임 개발 지식을 기반으로 하여 몇 가지 최적화에 대한 도움말과 기법을 익힐 것이다. 최적화를 통해 게임이 더욱 잘 동작하도록 다듬을 수 있을 것이다.

또한 최적화 및 Cocos2D 게임 개발 과정에서 일어나는 일반적인 문제와 이슈에 대해 설명하고 이를 처리하는 방법에 대해서도 알아볼 것이다. 이번 챕터에서는 최적화를 위해 PerformanceTestGame이라는 샘플 게임을 가지고 시험을 할 것이다. 샘플 게임은 이번 장의 [resource] 폴더로 제공된다.

 CCSprite vs CCSpriteBatchNode

Chapter 2에서 `CCSpriteBatchNode`가 무엇인지, Space Viking에는 어떻게 사용되었는지에 대해서 배웠다. `CCSpriteBatchNode`는 OpenGL 텍스처 바인드 수를 한 번의 호출로 줄이고 OpenGL draw 호출을 모두 배치 작업으로 묶어주는 역할을 한다. 만일 이대로 더이상의 작업을 하지 않는다면 `CCSpriteBatchNode`로 바꾸어주는 한 가지 작업이 성능상의 가장 큰 이득이 될 것이다.

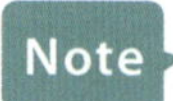
> **Note** 이번 챕터에서는 이번 챕터의 [resource] 폴더에서 제공하는 PerformanceTestGame 프로젝트 소스 코드를 계속해서 사용하기 때문에 진행하기에 앞서 미리 받은 다음 빌드시키도록 하자.

PerformanceTestGame 프로젝트는 Space Viking의 외계 사막 배경 화면과 중앙에 서 있는 Ole로 구성된다. 그리고 하늘에서는 수백 개의 작은 `SpaceCargoShip` 파편들이 떨어진다. 하늘에서 떨어지는 아이템은 총 500개로, 위치와 떨어지는 속도는 무작위로 결정된다. 이 프로젝트는 여러분이 Cocos2D 게임을 개발하다가 충분히 당면할 수 있는 일반적인 성능 이슈의 예가 된다.

그러면 PerformanceTestGame 프로젝트를 열고 [Run]을 클릭하면, 그림 16.1과 같은 게임 실행 화면을 보게 될 것이다.

| 그림 16.1 | PerformanceTestGame 프로젝트를 iPad에서 실행시킨 모습

이 게임을 실제 iPad 기기에서 동작시켜 보자. 아마도 게임 성능이 그리 좋게 느껴지지 않을 것이다. 프레임 비율은 초당 30~40프레임(fps) 정도밖에 나오지 않을 뿐만 아니라 가끔 22프레임이 되기도 할 것이다.

그러면 PerformanceTestGame 프로젝트 `GameplayLayer` 클래스의 implementation 파일을 살펴보도록 하자. `GameplayLayer.m` 파일의 맨 윗부분에 있는 `#define` 부분을 리스트 16.1에서 보여주고 있다.

리스트 16.1 PerformanceTestGame 프로젝트의 GameplayLayer.m 파일 #define 부분

```
#import "GameplayLayer.h"
#define USE_CCSPRITEBATCHNODE 0
#define REUSE_CCSPRITES 0
#define NUMBER_OF_ITEMS 500
```

`USE_CCSPRITEBATCHNODE`는 layer에서 사용하는 아이템 중 하늘에서 떨어지는 모든 아이템에 대해 `CCSpriteBatchNode` 클래스를 사용하는지 아니면 `CCSprite`를 사용하는지를 결정한다. `REUSE_CCSPRITES`는 하늘에서 떨어진 아이템에 대해 해당 스

프라이트를 재사용할 것인지 아니면 폐기하고 새로운 스프라이트를 만들 것인지를 결정한다. USE_CCSPRITEBATCHNODE와 REUSE_CCSPRITES값을 1로 바꾸어 기능을 켜도록 하자. GameplayLayer.m 파일을 아래로 스크롤하여 init 메소드로 이동하자 (리스트 16.2).

 PerformanceTestGame 프로젝트의 GameplayLayer.m 파일의 init 메소드

```objc
-(id)init {
    self = [super init];
    if (self != nil) {
        srandom(time(NULL));
        CGSize screenSize = [CCDirector sharedDirector].winSize;

        // 1
        CCSprite *background;
        if (UI_USER_INTERFACE_IDIOM() == UIUserInterfaceIdiomPad) {
            background = [CCSprite spriteWithFile:@"background.png"];
        } else {
            background =
                [CCSprite spriteWithFile:@"backgroundiPhone.png"];
        }

        [background setPosition:ccp(screenSize.width/2.0f,
                                    screenSize.height/2.0f)];
        [self addChild:background z:0 tag:0];

        // 2
        CCSprite *viking;
        if (UI_USER_INTERFACE_IDIOM() == UIUserInterfaceIdiomPad) {
            viking = [CCSprite spriteWithFile:@"sv_anim_1.png"];
        } else {
            viking = [CCSprite spriteWithFile:@"sv_anim_1iPhone.png"];
        }
        [viking setPosition:ccp(screenSize.width/2.0f,
                                screenSize.height * 0.15f)];
        [self addChild:viking z:1 tag:1];

        currentItemTag = 2; // 3

        // 4
        #if (USE_CCSPRITEBATCHNODE == 1)
        [[CCSpriteFrameCache sharedSpriteFrameCache]
            addSpriteFramesWithFile:@"FallingItemsAtlas.plist"];
        sceneSpriteBatchNode = [CCSpriteBatchNode
```

```
        batchNodeWithFile:@"FallingItemsAtlas.png"];
    [self addChild:sceneSpriteBatchNode];
    #endif

    // 5
    dropElementsArray =
        [CCArray arrayWithCapacity:NUMBER_OF_ITEMS];
    [dropElementsArray retain];

    // 6
    for (int x =0; x < NUMBER_OF_ITEMS; x++) {
        CCSprite *dropSprite = [self createItem];
        [dropElementsArray insertObject:dropSprite atIndex:x];

        // 7
        #if (USE_CCSPRITEBATCHNODE == 1)
        [sceneSpriteBatchNode addChild:dropSprite
            z:currentItemTag tag:currentItemTag];
        #else
        [self addChild:dropSprite
            z:currentItemTag
            tag:currentItemTag];
        #endif

        // 8
        currentItemTag = currentItemTag + 1;
    }
    [self scheduleUpdate];
}
return self;
}
```


init 메소드는 테스트 게임에 있어 아래와 같이 중요한 컴포넌트를 설정한다.

1. 이 게임에서 사용할 배경 이미지를 생성한 다음 layer에 추가하는 것 말고는 특별한 것이 없다. Space Viking에서 구현한 것과 동일하다. iPhone, iPhone 4, iPad 디스플레이에 따라 다른 배경 이미지를 사용하였으며 z값과 태그값은 모두 0으로 지정하였다.
2. 바이킹에 대한 CCSprite를 만들고 layer에 추가한다. 바이킹의 z값과 태그값은 모두 1로 지정하였다. 떨어지는 모든 아이템은 z값과 태그값 모두 1보다 큰

값으로 지정될 것이다.

3. `currentItemTag`값을 2로 설정한다. `currentItemTag`는 인스턴스 변수로, 다음 번 떨어지는 아이템의 태그값으로 사용된다. 배경 화면이 0을 사용하였고, 바이 킹이 1을 사용하였기 때문에 떨어지는 아이템의 태그값은 2부터 사용한다.

4. `USE_CCSPRITEBATCHNODE`가 1로 설정되었다면 `CCSpriteBatchNode`를 생성한 다. `USE_CCSPRITEBATCHNODE`는 이 클래스에서 계속 사용되어 떨어지는 아이템 을 개별 `CCSprite`로 사용할 것인지 아니면 하나의 `CCSpriteBatchNode` 아래에 묶을 것인지를 결정한다.

5. 떨어지는 아이템을 모두 보관하는 데 사용할 `CCArray`를 초기화하고 retain시 킨다. `CCArray`는 이번 게임에서 다른 최적화 파라미터로 사용된다. 즉, `CCSprite`(떨어지는 아이템)를 매번 새로 만드는 대신 재사용하는 데 사용된다. `CCArray`는 Cocos2D에서 자체적으로 구현한 빠른 배열이다.

   메모리 할당(alloc)과 회수(dealloc)는 비싼 연산이기 때문에 가능한 사용하지 않거나 사용 횟수를 줄여야 한다. `CCSprite`를 `CCArray`에 저장하면 스프라이트 의 위치를 화면 위로 올린 다음 `CCMove` 액션을 재시작하는 것으로 간단하게 재 사용할 수 있게 된다. `CCSprite`를 재사용하는 방법에 대해서는 다음 섹션에서 다룬다.

6. 떨어지는 오브젝트를 모두 생성하고 `CCArray`에 추가한다. 먼저 `createItem` 메 소드를 통해 `CCSprite`를 생성한 다음 `CCArray`에 추가한다. 이때 `CCArray`의 인 덱스는 루프 카운터(x)값으로 사용하였다. `CCSprite`의 태그값으로 사용하지 않은 이유는 태그값이 0이 아닌 2부터 시작하기 때문이다.

7. `USE_CCSPRITEBATCHNODE`값에 따라 새로 생성한 `CCSprite`를 Layer에 추가하 거나 `CCSpriteBatchNode`에 추가한다. z값과 태그값은 `currentItemTag`값을 사용한다. `currentItemTag`값은 루프를 돌 때마다 하나씩 증가한다.

8. `currentItemTag`값을 1 증가시킨다. 이렇게 해서 각각의 떨어지는 아이템은 이 전 아이템의 z값과 태그값보다 큰 값을 갖게 된다.

init 메소드에서 기억해야 할 중요한 부분은 떨어지는 아이템인 CCSprite는
Layer에 추가되거나 CCSpriteBatchNode에 추가되건 간에 상관없이 CCArray에 저
장된다는 것이다. PerformanceTestGame의 최적화 옵션을 켜기 전에 update 메소
드를 살펴보도록 하자(리스트 16.3).

리스트 16.3 **GameplayLayer.m 파일의 update 메소드**

```objc
-(void) update:(ccTime)deltaTime {
    CCNode *node;
    CCARRAY_FOREACH(dropElementsArray, node)
    {
        if ([node tag] > 1) {
            if ([node position].y < 10.0f) {
                int arrayID = [node tag]-2;
                #if (REUSE_CCSPRITES == 1)
                    [self dropWithHighPerformanceItemWithID:arrayID];
                #else
                    [self dropWithLowPerformanceItemWithID:arrayID];
                #endif
            }
        }
    }
}
```


update 메소드는 CCArray에 저장된 모든 아이템에 대해 위치의 y좌표가 10보다
작은지 확인하고 만일 그렇다면 리셋 작업을 한다. 이때, 각각의 dropWith 메소드는
다음과 같이 동작한다.

- dropWithLowPerformanceItemWithID: Layer나 CCSpriteBatchNode에서
  CCSprite 아이템을 제거하고 새로운 CCSprite를 만든 다음 이것을 제거한 곳
  에 추가한다.

- dropWithHighPerformanceItemWithID: CCSprite를 위로 올린 다음(화면 밖
  으로 살짝 올라간 위치) CCMove 애니메이션을 재시작하여 아이템이 아래로 떨
  어지게 한다. CCSprite는 메모리에서 제거되지 않고 위치만 바뀐다.

성능 차이 시험

GameplayLayer.m 파일의 맨 위에 있는 `#define USE_CCSPRITEBATCHNODE` 구문에서 그 값을 1로 설정하자.

```
#define USE_CCSPRITEBATCHNODE 1
```

그리고 [Run]을 클릭하여 PerformanceTestGame을 iPad에서 실행시켜보자. 아마도 iPhone 4나 iPad에서의 성능이 좋아져 60fps로 돌아온 것을 볼 수 있을 것이다. iPhone 3G에서는 60fps를 보지 못하겠지만 `CCSpriteBatchNode`를 사용하지 않았을 때보다 훨씬 성능이 좋아진 것을 느낄 것이다.

OpenGL 바인드 호출을 많은 수의 텍스처에 대해 일일이 생성시키다가 하나의 텍스처로 줄이고 OpenGL draw 호출을 배치작업으로 전환시키는 것만으로도 엄청난 성능 향상을 끌어낼 수 있다. 심지어 작은 텍스처 아틀라스도 성능상의 큰 변화를 이끌어낼 수 있다. 지금 사용하는 떨어지는 아이템 이미지를 위한 텍스처 아틀라스의 크기는 고작 256×128픽셀밖에 되지 않는다. 그러나 `CCSprite` 각각을 텍스처 바인딩하는 것에서 `CCSpriteBatchNode`를 사용하는 것으로 바꾼 결과 성능 향상으로 이어졌다. 그림 16.2는 떨어지는 아이템에 대한 텍스처 아틀라스를 보여준다.

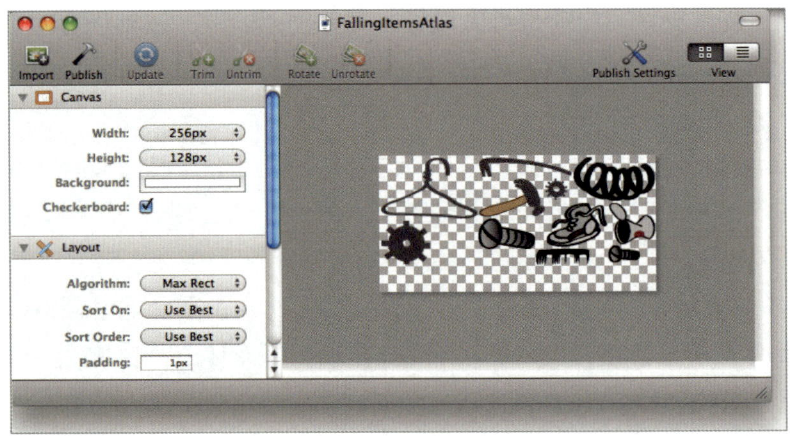

| **그림 16.2** | 떨어지는 아이템에 대한 텍스처 아틀라스

텍스처와 텍스처 아틀라스에 관련된 팁

텍스처, 텍스처 아틀라스, `CCSpriteBatchNode` 클래스를 사용할 때 가장 좋은 성능을 얻기 위해서는 다음의 몇 가지 간단한 규칙을 지키면 된다.

텍스처 아틀라스의 빈 공간을 최소화할 것

크고 빈 공간이 많은 텍스처 아틀라스를 사용한 것은 각각의 스프라이트를 사용하는 것만큼이나 성능을 낭비하는 방법이다. 가능한 빈 공간을 최소화하면서 텍스처 아틀라스의 크기도 최대한 작게 만들어야 한다.

가능한 가장 적은 수의 비트를 사용할 것

Space Viking에서 사용한 PNG 파일은 가장 많은 비트 수를 차지하는 RGBA8888 포맷으로 이루어져 있다. 만일 더 적은 비트 수를 갖는 이미지를 사용할 수 있다면 그렇게 하자. 마찬가지로 텍스처 아틀라스 역시 비트 수를 줄일 수 있다면 (Zwoptex나 TexturePacker 에서) 더 작은 bit depth를 선택하여 줄이기 바란다. Cocos2D에서는 아래와 같이 호출하여 `CCTexture2D`에서 사용하는 bit depth 및 텍스처 포맷을 설정할 수 있다.

```
// PNG/BMP/TIFF/JPEG/GIF 이미지에 대한 기본 텍스처 포맷은
// RGBA8888, RGBA4444, RGB5_A1, RGB565 등이 될 수 있으며,
// 언제든지 포맷을 바꿀 수 있다.
[CCTexture2D
    setDefaultAlphaPixelFormat:kCCTexture2DPixelFormat_RGBA8888];
```

가능하면 PVR 이미지를 사용할 것

이매지네이션 테크놀로지(Imagination Technologies) [1]의 PVRTC를 사용할 수 있다면 사용하자. PVRTC 텍스처는 압축된 형태로 iPhone이나 iPad GPU 메모리에 직접 저장할 수 있다. PNG, JPG 등 다른 이미지 포맷은 이미지 압축이 풀린 상

---

1 이매지네이션 테크놀로지(Imagination Technologies)는 영국의 GPU 제조 기업으로, Apple은 이 회사의 GPU를 iPhone, iPad의 GPU로 사용하고 있다.

태로 메모리에 저장된다. PVRTC 프로토콜을 사용하는 PVRTC 이미지는 실세계 이미지나 사진과 같은 이미지에 대해서는 잘 동작하지만 픽셀 그림이나 카툰 이미지에 대해서는 그렇게 좋은 결과물을 내놓지 못한다. PVRTC 이미지는 매우 적은 디스크(플래시 메모리) 공간을 차지하기 때문에 PNG나 JPG 이미지를 사용할 때보다 엄청난 양의 메모리를 절약할 수 있다. PVRTC 텍스처는 픽셀당 4비트 또는 2비트의 색 데이터를 사용한다. Cocos2D는 또한 PVR 이미지의 특별한 포맷인 PVR.CCZ도 지원하는데, PVR.CCZ는 PVR이미지를 gzip으로 압축한 포맷이다. 그래서 PVR.CCZ는 조금 더 적은 크기의 공간을 사용할 수 있다. PVR.CCZ는 로드되어 GPU에 전달되기 전에 Cocos2D에 의해 압축이 풀린다.

작은 이미지를 사용하여 확대시킬 것

이 방법은 약간의 트릭인데 작은 이미지를 사용하여 확대시키는 것이다. 게임에서 사용하는 이미지에 따라 1/2 크기의 이미지를 확대시켜 사용하는 것이 가능하다.

```
CCSprite *sprite = [CCSprite spriteWithFile:@"image.png"];
// 스케일 속성 설정
[sprite setScale:2.0f];

// 액션을 이용하여 스케일 설정
[sprite runAction:[CCScaleBy actionWithDuration:1.5f scale:2.0f]];
```

대칭 이미지를 사용하는 대신 FlipX와 FlipY를 사용할 것

가로/세로 대칭 이미지를 사용할 때는 대칭 이미지를 모두 저장하기보다는 FlipX 또는 FlipY 파라미터를 사용하는 것이 좋다. 이미 Space Viking에서 Ole를 왼쪽, 오른쪽으로 향하도록 할 때 FlipX를 사용하였다.

```
[sprite setFlipX:YES]; // 이미지를 가로로 뒤집음
[sprite setFlipY:YES]; // 이미지를 세로로 뒤집음
```

Layer가 초기화될 때 CCSprite를 할당시킬 것

만일 게임에서 많은 수의 CCSprite를 사용한다면 layer/scene 또는 레벨을 처음

초기화할 때 스프라이트를 할당시키는 것이 좋다. 이렇게 하면 게임 플레이 이전에 대부분의 메모리 할당이 이루어져 플레이 도중에는 거의 일어나지 않게 된다. PerformanceTestGame의 경우 500개의 떨어지는 아이템에 대한 스프라이트가 모두 GameplayLayer의 init 메소드에서 초기화되었다. CCSprite나 다른 게임 요소를 사전에 할당시키는 것은 최소한의 메모리를 사용하는 것과 밸런스 문제를 항상 야기한다. 그렇기 때문에 이번 팁을 수천 개의 아이템을 layer의 init 메소드에서 동시에 할당해도 된다고 잘못 이해하지 않길 바란다.

사용하지 않는 텍스처는 버릴 것

게임을 개발하다 보면 서로 다른 텍스처와 텍스처 아틀라스를 다양한 scene과 레벨에서 사용하게 될 것이다. Cocos2D는 모든 이미지/텍스처에 대해 텍스처 캐시를 유지한다. 그렇기 때문에 텍스처를 재사용하고 싶다면 다시 플래스 저장 장치에서 읽어올 필요 없이 바로 사용할 수 있다. 이것은 로딩 시간을 줄여준다는 장점이 있지만 막대한 양의 메모리를 소비한다는 단점이 있다.

Cocos2D 텍스처 캐시(CCTextureCache)는 싱글톤으로 게임 어디에서나 호출할 수 있기 때문에 scene을 dealloc하여 거기에서 사용하였던 텍스처를 더 이상 쓸 일이 없게 되면 removeUnusedTextures를 호출하여 사용하지 않는 텍스처를 메모리에서 제거하자.

```
[[CCTextureCache sharedTextureCache] removeUnusedTextures];
```

CCSprite 재사용

여러분의 게임에서 최적화시킬 수 있는 또 하나의 방법이 바로 이미 적이나 총알 등으로 할당해 놓은 CCSprite를 재사용하는 것이다. 게임 내에서 계속해서 사용하는 이미지는 재사용하기 좋은 후보가 된다.

PerformanceTestGame에서는 CCSprite가 모두 CCArray에 저장되어 쉽게 재사용되도록 하였다. REUSE_CCSPRITES는 재사용 메소드가 사용되는지 여부에 따라 성능의 차이가 발생하는 것을 보여주기 위해 정의한 값이다.

그러면 GameplayLayer.m 파일을 열고 dropWithLowPerformanceItemWithID
메소드로 이동하자(리스트 16.4).

 사용하지 말아야 할 dropWithLowPerformanceItemWithID 메소드

```
-(void)dropWithLowPerformanceItemWithID:(int)arrayID {
    CGSize screenSize = [CCDirector sharedDirector].winSize;
    CCSprite *item = [dropElementsArray objectAtIndex:arrayID];
    [dropElementsArray removeObjectAtIndex:arrayID];
    [item stopAllActions];
    [item removeFromParentAndCleanup:YES];
    item = nil;

    item = [CCSprite spriteWithFile:[self getNextItemFileName]];

    #if (USE_CCSPRITEBATCHNODE == 1)
        item = [CCSprite spriteWithSpriteFrameName:
                                    [self getNextItemFileName]];
        [sceneSpriteBatchNode addChild:item
                            z:arrayID+2
                            tag:arrayID+2];
    #else
        item = [CCSprite spriteWithFile:[self getNextItemFileName]];
        [self addChild:item z:arrayID+2 tag:arrayID+2];
    #endif

    [dropElementsArray insertObject:item atIndex:arrayID];
    int randomX = random() % 1024;
    [item setPosition:ccp(randomX,screenSize.height)];
    float randomDuration = CCRANDOM_0_1() * 5.0f;
    id moveAction = [CCMoveTo actionWithDuration:randomDuration
                                position:ccp(randomX,0)];
    [item runAction:moveAction];
}
```

dropWithLowPerformanceItemWithID 메소드는 CCSprite를 사용하는 잘못된 방
법을 보여준다. 각 아이템이 화면 바닥에 닿으면 떨어진 스프라이트는 dealloc되고
새로운 CCSprite가 만들어져 계속해서 진행된다. CCArray와 CCSpriteBatchNode
및 CCLayer로부터 CCSprite를 제거, dealloc하고 다시 새로운 CCSprite를 alloc,
로드하는 과정에는 엄청난 메모리 복사 연산이 수반된다.

더 좋은 방법인 `CCSprite`를 재사용하는 방법은 `dropWithHighPerformanceItemW ithID` 메소드에서 보여준다(리스트 16.5).

 CCSprite를 재사용하는 dropWithHighPerformanceItemWithID 메소드

```
-(void)dropWithHighPerformanceItemWithID:(int)arrayID {
    CGSize screenSize = [CCDirector sharedDirector].winSize;

    CCSprite *item = [dropElementsArray objectAtIndex:arrayID];
    [item stopAllActions];
    int randomX = random() % 1024;
    [item setPosition:ccp(randomX,screenSize.height)];
    float randomDuration = CCRANDOM_0_1() * 5.0f;
    id moveAction = [CCMoveTo actionWithDuration:randomDuration
                                  position:ccp(randomX,0)];
    [item runAction:moveAction];
}
```

`dropWithHighPerformanceItemWithID` 메소드는 `CCSprite`를 재사용하는 정확한 방법을 보여준다. 이 메소드에서는 `CCSprite`는 다시 화면 위로 올라간 다음 `CCMove` 액션이 더해져 다시 떨어지도록 한다. 여러분의 게임에서는 `CCSprite`가 페이드 아웃되거나 어디론가 실려가는 애니메이션을 사용할 수도 있는데, 이럴 때는 간단히 원본 프레임을 리셋하기 위하여 모든 액션을 멈추게 한 다음 재사용하면 된다.

떨어지는 아이템은 단순한 예제일 뿐이다. 여러분의 게임에서는 엄청난 양의 총알이나 레이저 광선이 사용될 수도 있으며, 수많은 작은 적들이 화면 주위를 돌아다닐 수도 있다. 이럴 때는 항상 재사용이 가능한 아이템이 있는지 확인해봐야 한다.

`dropWithHighPerformanceItemWithID` 메소드를 활성화시키기 위해서는 `REUSE_CCSPRITES`를 1로 지정하면 된다.

```
#define REUSE_CCSPRITES 1
```

이제 [Run]을 클릭하면 `CCSprite`가 재사용되는 PerformanceTestGame이 실행된다. 나머지 두 섹션에서는 Cocos2D 프로파일러와 Instruments를 통해 코드의 성능 문제를 진단하는 방법을 설명할 것이다.

Cocos2D의 프로파일러

Cocos2D는 자체적으로 미니−프로파일링(profiling) 툴을 통해 메소드가 얼마나 많은 시간을 잡아먹는지를 알 수 있도록 도와준다. 아마도 여러분은 적들의 인공지능 메소드가 오래 걸리는 이유나 경로 탐색 알고리즘이 느린 이유를 쉽게 찾는 방법을 원할 것이다. 이번 섹션에서는 Cocos2D의 시간 프로파일링 기능을 켜는 방법과 PerformanceTestGame 프로젝트에 추가하는 방법을 알게 될 것이다.

Cocos2D 프로파일러는 밀리초(millisecond) 단위의 타이머를 돌려주는 클래스 세트로, 여러분이 원하는 메소드나 특정 코드가 실행되는 시간을 측정해준다. 그리고 그 결과를 콘솔 창에 출력시킨다.

Cocos2D 프로파일러를 사용하기 위해서는 먼저 PerformanceTestGame의 [Cocos2D] 폴더에서 ccConfig.h 파일을 열어야 한다. 그런 다음 ccConfig.h 파일에서 CC_ENABLE_PROFILERS값을 1로 설정하여 필요한 클래스가 Cocos2D에 들어가도록 한다. 그리고 ccConfig.h 파일을 저장한다. ccConfig.h 파일의 CC_ENABLE_PROFILES 줄은 다음과 같이 되어야 한다.

```
#define CC_ENABLE_PROFILERS 1
```

다음으로 GameplayLayer.h 파일을 열고 두 개의 인스턴스 변수를 #if 구문 안에 추가한다(리스트 16.6).

리스트 16.6 **GameplayLayer.h 파일의 프로파일링 변수**

```
// GameplayLayer.h
// PerformanceTestGame
//
#import <Foundation/Foundation.h>
#import "cocos2d.h"
@interface GameplayLayer : CCLayer {
    CCSprite *Viking;
    int currentItemTag;
    CCArray *dropElementsArray;
    CCSpriteBatchNode *sceneSpriteBatchNode;
```

```
#if CC_ENABLE_PROFILERS
    CCProfilingTimer *resetSpriteProfiler;
    CCProfilingTimer *updateLoopProfiler;
#endif
}
@end
```

추가하는 모든 프로파일링 코드는 반드시 위와 같이 `#if CC_ENABLE_PROFILERS`
블록으로 감싸야 한다. 그렇게 해야 `ccConfig.h` 파일에서 `CC_ENABLE_PROFILERS`
값이 설정될 때만 프로파일러가 컴파일된다. 이어지는 네 개의 코드는 `update` 루프
와 `CCSprite` 리셋 메소드에서 시간을 측정하는 프로파일러를 보여준다.

`GameplayLayer.m` 파일의 `init` 메소드로 이동한 다음 리스트 16.7의 내용을
`init` 메소드 맨 윗부분의 `screenSize` 선언문 바로 아래에 추가하자.

리스트 16.7 __`GameplayLayer.m` 파일의 init 메소드에 추가하는 프로파일러 셋업 코드__

```
CGSize screenSize = [CCDirector sharedDirector].winSize;
    #if CC_ENABLE_PROFILERS
        resetSpriteProfiler = [[CCProfiler timerWithName:@"resetSprite"
                                        andInstance:self] retain];
        updateLoopProfiler = [[CCProfiler timerWithName:@"updateProfiler"
                                        andInstance:self] retain];
    #endif
```

`resetSpriteProfiler`와 `updateLoopProfiler`는 유일한 이름을 부여받으며 초
기화된다. 이어서 `beginTiming`과 `endTiming` 프로파일러를 호출하는 코드를 `drop
WithLowPerformanceItemWithID`와 `dropWithHighPerformanceItemWithID` 메소
드에 추가할 것이다.

`GameplayLayer.m` 파일에서 `dropWithLowPerformanceItemWithID`와 `dropWi
thHighPerformanceItemWithID` 메소드 시작 부분에 리스트 16.8의 내용을 추가
하고 두 메소드의 마지막 부분에 리스트 16.9의 내용을 추가하자.

 GameplayLayer.m 파일에 추가하는 프로파일러 BeginTiming 호출 코드

```
#if CC_ENABLE_PROFILERS
    CCProfilingBeginTimingBlock(resetSpriteProfiler);
#endif
```

리스트 16.9   GameplayLayer.m 파일에 추가하는 프로파일러 EndTiming 호출 코드

```
#if CC_ENABLE_PROFILERS
    CCProfilingEndTimingBlock(resetSpriteProfiler);
#endif
```

마지막 단계는 프로파일러를 update 메소드의 시작 부분에는 BeginTiming으로 끝 부분에는 EndTiming으로 추가하는 것이다. 리스트 16.10과 같이 GameplayLayer.m 파일의 update 메소드 시작 부분에는 beginTiming을, 끝 부분에는 endTiming을 추가하자.

리스트 16.10   GameplayLayer.m 파일의 update 메소드에 추가하는 BeginTiming,
                EndTiming 블록

```
-(void) update:(ccTime)deltaTime {
    #if CC_ENABLE_PROFILERS
        CCProfilingBeginTimingBlock(updateLoopProfiler);
    #endif
    CCNode *node;
    CCARRAY_FOREACH(dropElementsArray, node)
    {
        if ([node tag] > 1) {
            if ([node position].y < 10.0f) {
                int arrayID = [node tag]-2;
                #if (REUSE_CCSPRITES == 1)
                    [self dropWithHighPerfItemWithID:arrayID];
                #else
                    [self dropWithLowPerformanceItemWithID:arrayID];
                #endif
            }
        }
    }
    #if CC_ENABLE_PROFILERS
        CCProfilingEndTimingBlock(updateLoopProfiler);
    #endif
}
```

이제 [Run]을 클릭하면 Xcode 콘솔 창에서 타이밍 결과를 볼 수 있을 것이다. 그림 16.3은 updateLoop와 resetSprite 프로파일러에 대한 PerformanceTestGame 콘솔 메시지를 보여준다.

```
2011-01-27 13:43:14.029 PerformanceTestGame[5968:307] cocos2d: surface size: 1024x768
2011-01-27 13:43:15.895 PerformanceTestGame[5968:307] cocos2d: Frame interval: 1
resetSprite (0x0023cc10) : avg time, 0.302877ms
updateProfiler (0x0023cc10) : avg time, 1.235471ms
resetSprite (0x0023cc10) : avg time, 0.274077ms
updateProfiler (0x0023cc10) : avg time, 1.914239ms
resetSprite (0x0023cc10) : avg time, 0.264222ms
updateProfiler (0x0023cc10) : avg time, 1.389230ms
resetSprite (0x0023cc10) : avg time, 0.317768ms
updateProfiler (0x0023cc10) : avg time, 1.516871ms
resetSprite (0x0023cc10) : avg time, 0.331737ms
updateProfiler (0x0023cc10) : avg time, 1.164965ms
resetSprite (0x0023cc10) : avg time, 0.349077ms
updateProfiler (0x0023cc10) : avg time, 1.441612ms
resetSprite (0x0023cc10) : avg time, 0.267582ms
updateProfiler (0x0023cc10) : avg time, 2.089480ms
resetSprite (0x0023cc10) : avg time, 0.294057ms
updateProfiler (0x0023cc10) : avg time, 1.797684ms
resetSprite (0x0023cc10) : avg time, 0.306964ms
updateProfiler (0x0023cc10) : avg time, 1.189408ms
resetSprite (0x0023cc10) : avg time, 0.359378ms
```

| 그림 16.3 | updateLoop와 resetSprite 프로파일러의 결과가 콘솔 창에 나타난 모습

이와 같이 Cocos2D의 자체 프로파일러를 사용하면 게임의 특정 부분이 실행되는 데 얼마나 오래 걸리는지를 별도의 코딩 없이 쉽게 알아낼 수 있다. 앞의 예제와 같이 #if 구문을 사용하면 ccConfig.h 파일을 수정하는 것만으로 쉽게 프로파일링을 켜고 끌 수 있다.

다음 섹션에서는 Apple의 Instruments 툴을 통해 여러분의 프로파일링 스킬을 더 높여보자.

▶▶▶ Instruments를 사용하여 성능 저하 지점 찾아내기

Apple은 Xcode와 함께 Instruments라는 아주 훌륭한 프로파일링 툴을 제공한다. Instruments는 메소드를 분석하여 다양한 성능 지표를 보여준다. 사실 Instruments를 설명하는 것만으로도 챕터 하나를 쓸 수 있지만 여기에서는 간단하게 Instruments가 무엇인지와 Cocos2D 게임을 개발하는 데 꼭 필요한 부분에 대해서만 설명할 것이다.

이때 아주 중요한 점이 있는데, 성능을 측정할 때는 반드시 실제 기기에서 실행시켜야 한다는 것이다. iOS 기기와 OS 구조, 하드웨어 면에서 완전히 다른 Mac에서 성능을 측정하는 것은 아무런 의미가 없다. 메모리 누수를 찾아주는 Leaks instrument를 iPhone 시뮬레이터에서 실행시키는 것은 괜찮지만 가급적 기기에서 직접 실행시키는 것이 좋다.

Xcode는 여러분을 위하여 원하는 내용을 볼 수 있도록 사전 설정된 편리한 instruments 실행 템플릿을 제공한다. 그러면 몇 가지 템플릿에 대하여 알아보도록 하자.

Time Profiler

Time Profiler 템플릿은 기기의 CPU 점유율을 캡처하여 각각의 코드가 CPU를 얼마나 오래 사용하는지를 알려준다. Time Profiler는 여러분의 코드뿐만 아니라 코드가 사용하는 프레임워크나 시스템 라이브러리에 대해서도 CPU 사용 시간을 알려준다. 기본적으로 화면에는 역방향의 트리형태(Inverted Call Tree)로 정보가 나타난다. 즉, 호출된 코드를 위에 보여주고 그 아래에 코드를 호출한 코드를 보여준다. 예를 들어 메소드 A가 메소드 B를 호출한다면 B가 위에 있고 그 아래에 A가 있는 모습으로 나타난다.

`USE_CCSPRITEBATCHNODE`값을 0으로 설정하여 그 기능을 끄도록 하자. 그리고

Xcode에서 [Profile]−[Time Profiler]를 선택하자. 얼마동안 데이터를 수집하고 나면 그림 16.4와 같이 Instruments 화면이 나타날 것이다.

그림 16.4를 자세히 보면 iPad가 `gleUpdateDeferredState`를 실행시키는 데 굉장히 많은 CPU 시간을 소모한 것을 알 수 있다. 사실 Call Tree Samples 리스트의 순위권에 `gle` 시리즈 메소드가 제법 있는 것을 볼 수 있는데 이것은 OpenGL ES 드라이버가 해야 하는 양보다 훨씬 많은 일을 하고 있다는 것을 나타낸다. 좀 더 내려가보면 `nodeToParentTransform` 메소드가 또 많은 시간을 사용하는 것을 볼 수 있는데 궁극적으로 이 메소드는 `CCDirectorIOS drawScene` 메소드가 호출한 것을 알 수 있다. 이 시점에 대부분의 스프라이트가 한 번에 그려지기 때문에 CPU와 GPU를 많이 사용하게 된 것이다. iPad에서 CPU 점유율은 65~75% 정도로 나타났다.

이번에는 `USE_CCSPRITEBATCHNODE`를 1로 설정한 다음 [Products] 메뉴에서 [Profile]을 선택하자. 그러면 `CCSpriteBatchNode`를 사용하는 PerformanceTest Game의 iPad 버전 결과를 보게 될 것이다.

Xcode에서 [Profile]−[Time Profiler]를 선택하자. 그러면 그림 16.5와 같은 결과를 보게 될 것이다.

그림 16.5에서는 Time Profiler가 완전히 다른 결과를 보여주는 것을 알 수 있다. 이번에는 대부분의 시간을 `CCSpriteBatchNode`와 `CCSprite`를 그리는 데 사용되는 `draw` 메소드가 차지한다. 그 다음으로 리스트에 나타나는 것이 `gleRunVertexSubmitARM`인데, 이 함수는 draw 데이터를 GPU로 전송하는 일을 한다. 전체적인 CPU 점유율도 엄청나게 줄어들어 24% 안팎임을 알 수 있다.

이와 같이 `CCSpriteBatchNode`를 사용하는 것만으로 기기의 GPU를 매우 효율적으로 사용하여 CPU 점유율도 낮아지고 초당 프레임 수도 올라가는 것을 알 수 있다.

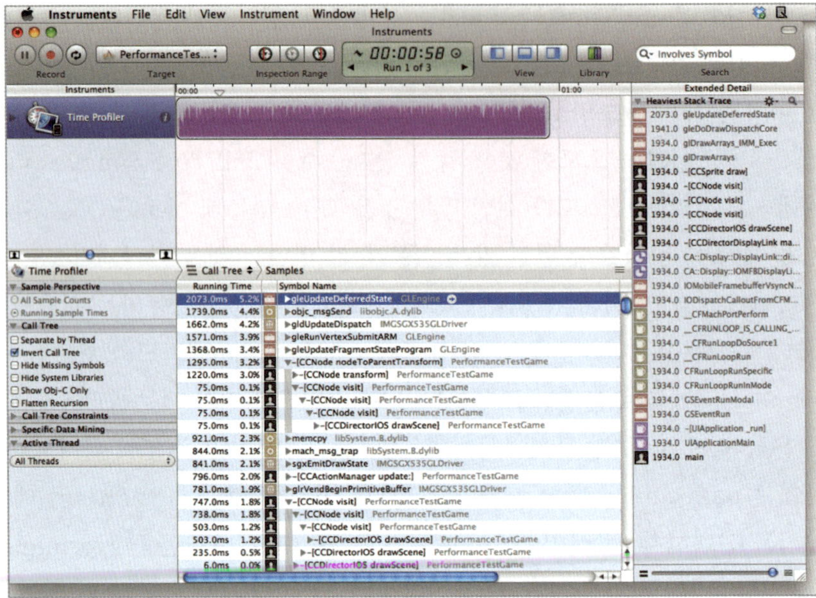

| 그림 16.4 | 40fps로 동작하는 PerformanceTestGame의 Time Profiler

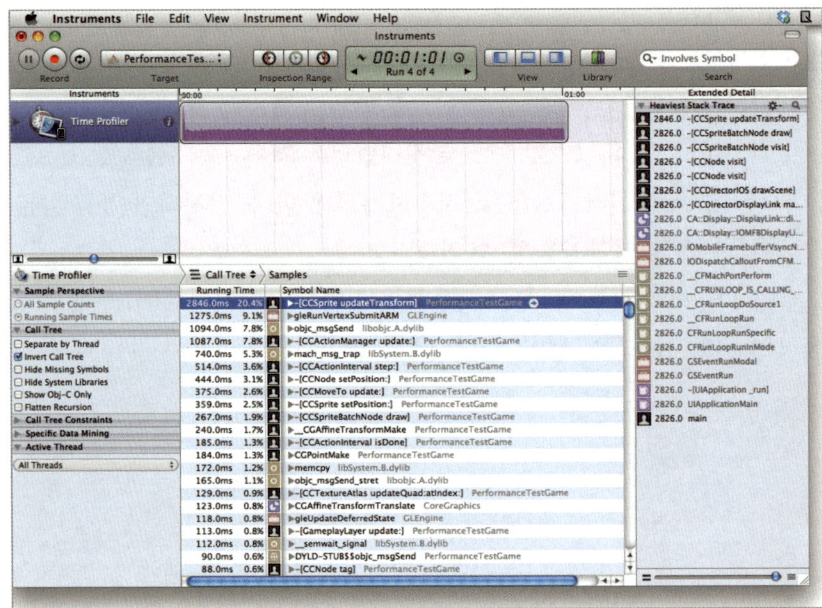

| 그림 16.5 | 60fps로 동작하는 PerformanceTestGame의 Time Profiler

OpenGL Driver Instrument

GPU에서 일어나는 일을 더 자세히 알기 위해서는 이를 위한 훌륭한 툴인 OpenGL Instrument를 사용하면 된다. OpenGL Instrument는 GPU의 renderer 와 tiler 유닛의 점유율까지 알려준다.

OpenGL Driver Instrument는 Instruments에서 쉽게 사용할 수 있다. OpenGL Instrument를 사용하기 위해서는 다음과 같이 하면 된다.

1. 먼저 PerformanceTestGame을 수정하여 `CCSpriteBatchNode`를 사용하지 않 도록 한다. 그리고 실행 중인 Instruments는 종료시킨다.
2. Xcode에서 [Profile]-[OpenGL ES Driver Instrument]를 선택한다.
3. OpenGL ES Driver에서 [info]를 클릭한 다음 [Configure]를 클릭한다. 그러 고는 여러 항목 중에 아래의 항목에 대해 체크 표시를 한다.

    Device Utilization %

    Renderer Utilization %

    Tiler Utilization %

    'ResourceBytes'와 'CoreAnimationFramesPerSecond'는 선택된 채로 놔 둔다.
4. [done]을 클릭하고 OpenGL ES Driver에서 이전 단계에서 선택한 파라미터가 모두 체크되었는지(켜졌는지) 확인한다.

그림 16.6은 OpenGL ES Driver Instrument에서 선택된 파라미터를 보여준다. PerformanceTestGame이 아직 실행되지 않았다면 [Record] 버튼을 누르고 PerformanceTestGame이 `CCSpriteBatchNode`를 사용하지 않은 채로 iOS 기기 에서 1분 정도 동작하도록 한다. 그림 16.7은 iPad에서 동작시킨 결과를 보여주고 있다.

| 그림 16.6 | OpenGL ES Driver Instrument 설정 화면

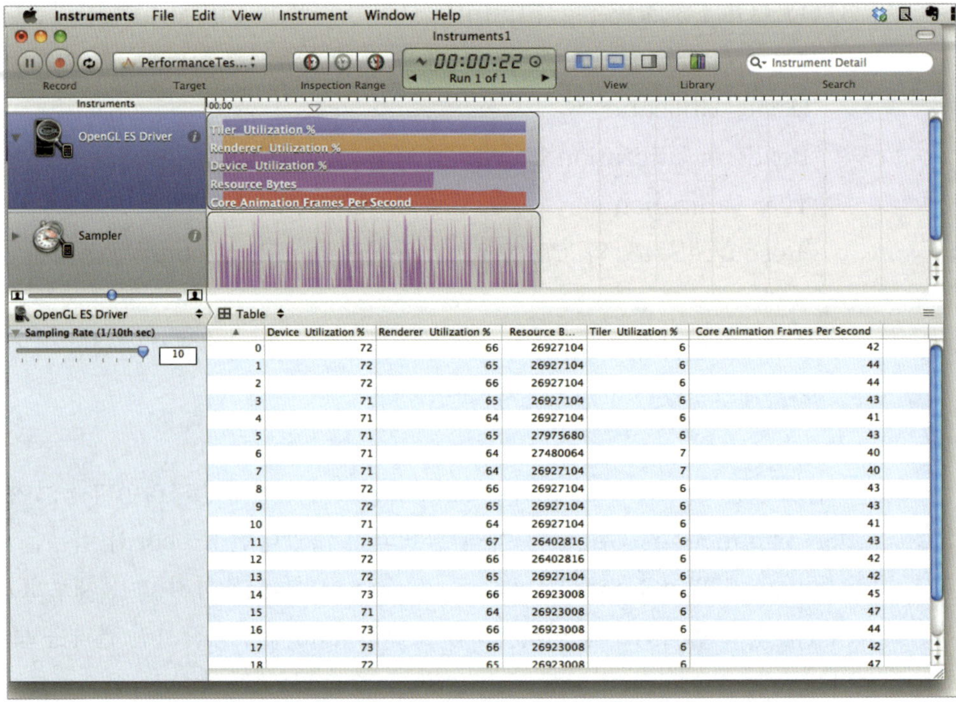

| 그림 16.7 | CCSpriteBatchNode를 사용하지 않은 PerformanceTestGame의 실행 결과를 OpenGL ES Instrument에서 보여주는 모습

그림 16.7을 보면 Device Utilization이 72% 정도인 반면에 Renderer Utilization은 고작 66% 밖에 안되는 것을 알 수 있다. 너무 단순화하여 설명하는 것이지만 Renderer Utilization은 GPU의 조각 셰이더(fragment shader) 부분을, Tiler Utilization은 GPU의 꼭지점 처리 부분을 나타낸다. Device Utilization은 GPU가 렌더링과 타일링 작업을 합쳐서 얼마나 바쁘게 움직이는가를 나타낸다. Renderer는 GPU가 처리하는 텍스처의 수에 영향을 받는다. 여기에서 중요한 점은 Device Utilization과 Renderer Utilization 모두 100% 근처에도 못미칠 뿐만 아니라 초당 프레임 수도 44fps 근처에서 머물고 있다는 것이다. 이것은 PerformanceTestGame이 CPU와 GPU 사이에 일어나는 데이터 전송을 효율적으로 하지 못하고 있다는 것을 나타낸다. 아마도 GPU는 OpenGL Driver에서 일어나는 메모리 접근이나 명령어 처리를 기다리는 중일 것이다.

이번에는 PerformanceTestGame이 `CCSpriteBatchNode`를 사용하도록 설정한 다음 Xcode에서 [Product]-[Profile]을 한번 더 선택하자. Xcode는 자동으로 PerformanceTestGame 프로젝트를 빌드하고는 다른 OpenGL ES Driver Instrument를 Instruments 툴 내에 띄울 것이다. 역시 1분 정도 기록한 다음 어떤 내용이 변하였는지 살펴보자. 그림 16.8은 iPad에서 동작한 결과를 OpenGL ES Driver Instrument에서 보여주는 모습을 나타낸다.

그림 16.8은 완전히 다른 그림을 보여주고 있다. 즉, Device Utilization과 Renderer Utilization 모두 100%에 훨씬 근접해졌으며 초당 프레임 수도 60으로 돌아왔다. Cocos2D 게임은 이차원이기 때문에 꼭지점 데이터의 양이 많지 않다. 그 결과 GPU의 Tiler 부분(꼭지점 처리)은 일을 많이 하지 않은 것으로 나타난다. 이미지의 비트 깊이(비트 수)를 줄이는 것도 CPU와 GPU를 오가는 텍스처 데이터가 줄어들기 때문에 성능 향상에 도움이 된다. 그리고 iPad의 GPU가 처리 용량을 모두 다 사용하는 것을 볼 수 있다.

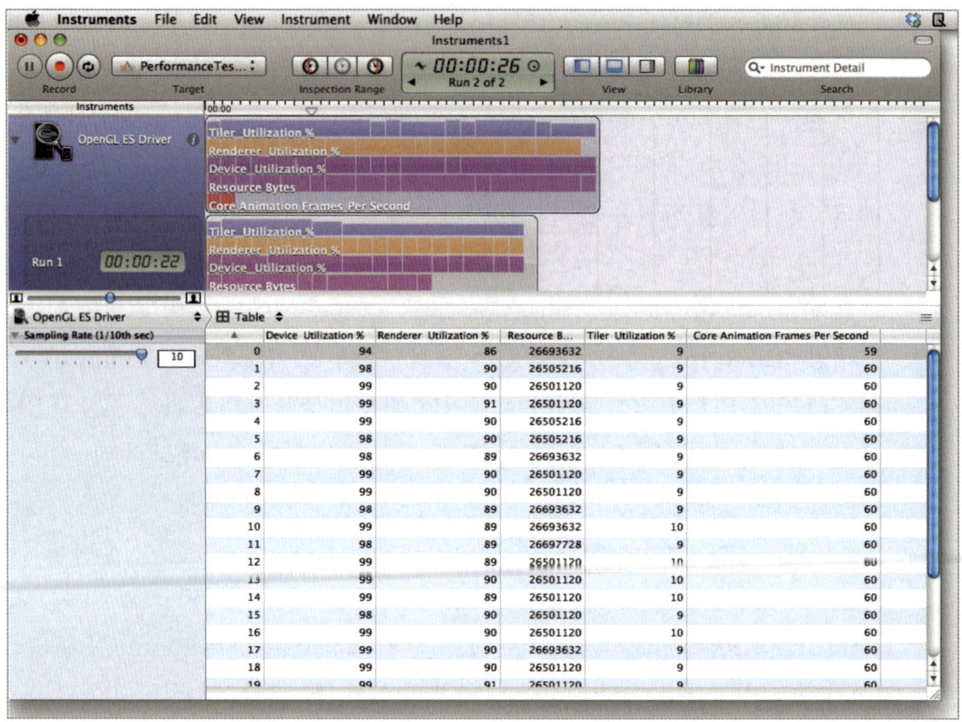

	Device Utilization %	Renderer Utilization %	Resource B...	Tiler Utilization %	Core Animation Frames Per Second
0	94	86	26693632	9	59
1	98	90	26505216	9	60
2	99	90	26501120	9	60
3	99	91	26501120	9	60
4	99	90	26505216	9	60
5	98	90	26505216	9	60
6	98	89	26693632	9	60
7	99	90	26501120	9	60
8	99	90	26501120	9	60
9	98	89	26693632	9	60
10	99	89	26693632	10	60
11	98	89	26697728	9	60
12	99	89	26501120	10	60
13	99	90	26501120	10	60
14	99	89	26501120	10	60
15	98	90	26501120	9	60
16	99	90	26501120	10	60
17	99	90	26693632	9	60
18	99	90	26501120	9	60
19	99	91	26501120	9	60

| **그림 16.8** | CCSpriteBatchNode를 사용하는 PerformanceTestGame의 실행 결과를 OpenGL ES Instrument에서 보여주는 모습

Instruments에서 제공하는 것보다 더 자세한 정보를 원한다면 Xcode에 포함된 Shark라는 툴을 사용해보는 것도 좋다. Shark에 대해서는 Apple에서 제공하는 사용자 가이드(https://developer.apple.com/library/ios/#documentation/DeveloperTools/Conceptual/SharkUserGuide/Introduction/Introduction.html)를 참조하자.

이번 섹션에서는 Instruments 툴을 이용하여 접근할 수 있는 프로파일링 데이터 종류에 대하여 약간의 예제와 함께 알아보았다. Instruments 툴을 통해 지금까지 설명한 것 외에도 더 많은 정보를 얻을 수 있을 뿐만 아니라 자기 자신만의 instruments를 만드는 기능도 제공한다. Apple에서 제공하는 문서를 참조하여 아주 훌륭한 성능 분석 도구를 여러분의 것으로 만들기 바란다.

 ## 정리

이번 챕터에서는 최적화에 대한 몇 가지 기법과 도움말을 통해 Cocos2D 게임을 60fps로 부드럽게 동작시키도록 만드는 방법을 배웠다. Cocos2D의 프로파일러를 이용한 예제를 만들어보고 Apple의 Instruments 툴 사용법도 익혔다. 이 책의 시작부터 지금까지 여러분은 Space Viking을 개발하는 데 필요한 Cocos2D의 기본적인 내용과 프레임워크의 모든 파트에 대한 사용 방법을 모두 익혔다.

그러나 여기에서 학습을 멈추지 않길 바란다. 게임 개발 분야는 아주 넓고도 깊기 때문이다. 여러분은 적들을 위한 인공지능, 경로 탐색, 물리 엔진 등을 더 공부할 수도 있으며 렌더링과 이펙트와 관련된 다양한 내용을 더 공부할 수도 있을 것이다. 아니면 OpenGL을 제대로 공부하여 Cocos2D의 OpenGL 렌더링 코드와 섞어서 사용할 수도 있을 것이다. 즉, `CCNode`나 `CCSprite`의 `draw` 메소드를 오버라이드하는 것으로 간단하게 여러분만의 OpenGL 코드를 Cocos2D에 포함시킬 수 있다.

 ## 연습문제

1. PerformanceTestGame을 조금 더 최적화시키자. 즉, `CCSprite`가 다시 이동을 해야 할 때마다 `CCMove` 액션이 재사용되고 할당 및 dealloc되지 않도록 하자.
2. 여러분에게 부여하는 마지막 과제이다. 지금까지 배운 내용을 활용하여 자신만의 게임을 만들고, iOS 또는 Mac AppStore에 출시하자. 저자는 여러분이 어떤 게임을 만들었는지 확인할 것이며 출시한 게임이 잘 되기를 바랄 것이다. 여러분의 아이디어가 바로 내일의 Top AppStore Game이 될 것이다!

Chapter 17

마무리

지금까지 이 책을 통해 우리는 Cocos2D, Box2D, Chipmunk를 사용하여 하나의 완전한 게임을 개발하는 방법을 배웠다. 먼저 Cocos2D 프레임워크의 기본인 scene, layer, 스프라이트, 스프라이트 시트 등을 익히는 것으로 시작하였다. 그리고는 Space Viking 제작을 시작하며 바이킹 Ole를 화면에 나타나게 하고, 조이스틱 컨트롤을 추가하였다.

험난한 시작 과정을 통해 Space Viking에 애니메이션과 적들을 추가하는 방법을 배웠다. 그리고 조금 깊이 들어가 상태 머신을 이용해서 간단하게 인공지능(AI)을 구현하여 적들이 뇌를 사용할 수 있도록 하였다. 그런 다음 `RadarDish` 같이 움직이지 않는 적부터 시작하여 Ole를 찾아 돌아다니다가 Ole와 만나면 phaser 광선을 쏘는 `EnemyRobot`까지 만들었다. 그리고 애니메이션과 액션에 대해 자세히 익히면서 `SpaceCargoShip`이 화면을 날아다니도록 하는 복잡한 액션 시퀀스까지 만들었다. 그림 17.1은 Space Viking의 발전 과정을 보여준다.

| **그림 17.1** | Space Viking의 발전 과정

액션과 애니메이션을 배운 다음에는 게임 플레이와는 관련이 없는 부분에 대해 익혔다. 여기에는 Space Viking 게임의 메뉴와 실시간 텍스트 디버깅이 해당된다. 이를 통해 Cocos2D에서 서체를 렌더링하는 방법과 빠른 텍스트 라벨을 위한 서체 텍

스처 아틀라스를 사용하는 방법도 익혔다.

메뉴와 라벨 다음에는 Cocos2D에 포함된 사운드 엔진인 CocosDenshion에 대해 알아보았다. 먼저 Space Viking에 배경 음악을 넣은 후 메뉴 클릭부터 Ole가 Enemy Robot을 때릴 때의 효과음까지 각 부분마다 필요한 사운드 효과음을 추가하였다.

다음으로는 Cocos2D에서 스크롤링을 구현하여 외계 세상을 좀 더 넓게 만들었다. 이때 시차 스크롤, 무한 스크롤과 함께 적은 양의 메모리로 대형 배경을 스크롤할 수 있게 만드는 타일 맵까지 같이 배웠다.

스크롤링을 통해 Space Viking 게임에게 새로운 차원을 열어주었지만 리얼리즘을 넣기 위하여 물리 엔진을 추가하게 되었다. 먼저 Cocos2D에 포함된 물리 엔진인 Box2D에 대한 설명과 사용 방법을 통해 Ole가 무찔러야 할 드릴 로봇이 있는 광산 카트 layer를 만들었다. 이를 통해 물리 엔진을 사용하는 방법 뿐만 아니라 레벨 마지막에 보스가 등장하는 scene을 만드는 방법까지 익혔다. Box2D의 복잡한 과정을 거친 다음에는 또 다른 물리 엔진인 Chipmunk를 배우면서 Ole를 폭발 직전의 행성에서 탈출시키는, 정신없이 바쁜 탈출 레벨도 만들었다. 그림 17.2는 여러분이 물리 엔진을 이용하여 만든 두 개의 레벨을 보여준다.

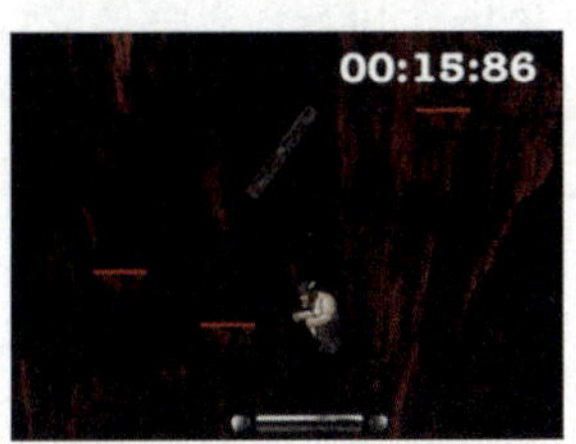

| 그림 17.2 | Space Viking의 물리 엔진 레벨

물리 엔진을 사용하는 레벨과 그렇지 않은 레벨을 몇 가지 만든(퍼즐 레벨도 있었다) 다음에는 Apple의 Game Center API를 배우고 achievement와 leaderboard를 게임에 추가하는 방법을 배웠다.

Cocos2D의 마지막 주제는 particle 시스템이었다. 이와 함께 자신만의 particle 시스템을 디자인하고 만들도록 도와주는 Particle Designer에 대해서도 익혔으며,

이렇게 만든 particle 시스템을 Cocos2D에 포함시키는 방법도 배웠다. 이를 통해 Space Viking에서 `SpaceCargoShip`이 배기 가스를 내뿜도록 하거나 외계 사막에 눈이 내리게 하는 등 세 가지 다양한 particle 시스템을 추가할 수 있었다.

배운 것을 마무리짓는 의미에서 코드를 최적화시키는 방법과 성능 향상을 방해하는 요인들에 대해서도 알아보았다. 이를 위해 Cocos2D 프로파일러와 Apple의 Instruments 툴의 사용방법도 같이 배웠다.

▶▶▶ 앞으로 나아갈 길

OpenGL과 OpenGL ES API는 3D를 지원하지만 Cocos2D는 2D 게임 엔진이다. 만일 3차원 게임을 개발하고 싶다면 적어도 세 갈래의 길이 존재한다. Cocos3D extension을 사용하거나 OpenGL을 공부하거나 Unity3D 같은 미들웨어 툴을 사용하는 것이다.

Cocos3D extension은 Cocos2D의 특별한 layer에 3D 모델을 로드하고 사용할 수 있도록 한다. 여러분은 2D와 3D 오브젝트를 섞을 수 있으며 서로 연결시킬 수도 있다. Cocos3D는 오브젝티브-C로 쓰여졌으며 Cocos2D와 함께 동작하여 렌더링시키는 OpenGL 호출을 만든다. 책을 쓰는 시점에 출시되었기 때문에 새로우면서도 Cocos2D 패밀리로 아주 훌륭한 extension이 될 것으로 기대한다. Cocos3D에 대한 자세한 내용은 웹사이트를 참조하기 바란다(http://brenwill.com/cocos3d).

여러분은 또한 OpenGL과 OpenGL ES API 프로그램을 어떻게 작성하는지를 배울 수도 있다. 아마도 노드를 렌더링하는 것과 관련된 OpenGL 호출에는 어떤 것들이 있는지 확인하기 위하여 `CCNode` 클래스를 잘 들여다보는 것으로 OpenGL 공부를 시작할 수 있을 것이다.

OpenGL ES에 대해 더 많은 내용을 알고 싶다면 『Learning iOS Game Pro-gramm-ing』(정보문화사, 2012)을 강력히 추천한다. 이 책에는 OpenGL ES를 사용해 완벽한 타일 맵 게임을 개발하는 방법에 대한 내용이 실려있다. OpenGL과 OpenGL ES는 복잡한 주제이며 무엇을 하느냐에 따라 약간의 차이가 있지만 그 이면에는 수학도 조금 존재한다. 하지만 걱정할 필요는 없다. 왜냐하면 여러분은 이미 Cocos2D를 익혔기 때문이다. 이러한 과정은 앞으로 더 좋은 게임 개발자가 되기 위한 다음 단계에 불과하다.

Unity3D는 자산 관리부터 게임 로직까지 여러분이 게임을 개발하는 데 필요한 모든 플랫폼을 제공한다. 렌더링 엔진은 3D이며, scene 뒤에서 OpenGL 호출을 생성한다. Mac 개발용으로 사용하는 것은 무료이지만 iOS 기기에 출시하기 위해서는 라이선스가 필요하다. Unity3D에 대한 자세한 내용은 http://www.unity3d.com를 참조하자.

▶▶▶ 안드로이드와 그 이후

Cocos2D는 오브젝티브-C 이외의 플랫폼에서 동작하도록 몇 가지 버전으로 포팅되고 있다. 프로그래밍 언어와 구문은 오브젝티브-C와 다르지만 여러분이 배운 Cocos2D의 이론과 기술을 모두 적용시킬 수 있을 것이다. 주시하는 Cocos2D의 포팅 버전은 세 가지로, 각각 Cocos2D-Android-1, Cocos2D-X, Cocos2D-JavaScript이다.

- **Cocos2D-Android-1:** 안드로이드 운영체제를 위해 Cocos2D를 Java로 포팅한 버전이다. 책을 쓰는 시점에는 Cocos2D 0.99.4 버전을 기반으로 하고 있다. 더 자세한 내용이 궁금하다면 다음 사이트를 참조하자.
  http://code.google.com/p/cocos2d-android-1
- **Cocos2D-X:** C++로 Cocos2D를 포팅한 버전이다. 이 버전은 iOS 기기에서도 실행될 뿐만 아니라 Windows와 바다(삼성에서 개발)에서도 동작한다. 아울러 안드로이드도 끌어들이려는 움직임이 있다. 소니의 PlayStation Portable(PSP), 닌텐도 DS와 같은 게임 콘솔도 C++ 컴파일러를 갖고 있기 때문에 어쩌면 이러한 기기에서도 Cocos2D가 동작하는 날이 올지도 모르겠다. 다른 게임 개발 분야에서도 C++는 오브젝티브-C보다는 훨씬 일반적인 언어이다. 더 자세한 내용은 다음 사

이트를 참조하자.

www.cocos2d-x.org

- **Cocos2D-JavaScript:** 웹 게임 개발에 관심이 있다면 JavaScript 언어로 포팅된 Cocos2D를 사용하는 것도 좋겠다. Cocos2D-JavaScript는 Cocos2D 게임을 브라우저를 사용할 수 있는 모든 기기로 가져올 수 있게 만드는 아주 훌륭한 프레임워크이다. 더 자세한 내용은 다음 사이트에서 확인하자.

www.cocos2d-javascript.org

Cocos2D는 현재 Mac을 지원할 준비를 하고 있다. 그렇기 때문에 여러분은 iOS 게임과 Mac OS X 게임을 동시에 개발할 수 있을 것이다. 사실 지금도 여러분은 Cocos2D를 사용한 경험만 있다면 약간의 수고만으로 iOS 게임을 Mac OS X 게임으로 포트시킬 수 있다.

▶▶▶ 마지막 바람

저자는 이 책을 통해 여러분이 Cocos2D 프레임워크의 기초와 깊이 있는 사용법을 잘 배워 앞으로의 게임 개발에 도움이 되기를 바란다. 여러분이 책과 소스 코드를 공부하는 동안 아마도 바이킹 Ole 게임이 기분 전환에 도움이 되었을 것이라 생각한다 (농담). 이 책을 통해 얻은 지식과 자신감을 바탕으로 자신만의 Cocos2D 게임을 만들어 AppStore에 출시하기 바란다. 아울러 이 책의 모든 코드는 여러분의 게임 개발에 무료로 사용할 수 있다. 뿐만 아니라 여러분이 클래스, 메소드, 혹은 기술 중 일부라도 유용하다고 생각한다면 더할 나위가 없겠다.

이 책과 Space Viking 샘플 코드는 http://cocos2dbook.com에서 계속 업데이트하고 있다. 마지막으로 여러분의 게임이 성공하길 바라며 우리도 여러분이 개발한 게임을 즐겼으면 좋겠다!

Appendix

부록

Cocos2D의 주요 클래스

Cocos2D를 사용하기 위해서는 Cocos2D 프레임워크의 주요 클래스에 대해 이해하는 것이 중요하다. 여러분의 클래스와 다른 라이브러리 및 프레임워크와의 이름 중복을 피하기 위해 Cocos2D의 모든 클래스는 CC로 시작한다. 그래서 이 책에서 언급하는 `Director`, `Scene`, `Layer`, `Sprite`, 기타 Cocos2D 클래스의 실제 클래스 이름은 `CCDirector`, `CCScene`, `CCLayer`, `CCSprite` 등이 된다. 이러한 클래스를 미리 알아두면 이 책의 예제를 따라가기가 더 수월할 것이다.

- `CCDirector` : Cocos2D의 director는 영화감독의 역할과 비슷하다. Director는 scene의 시작과 끝을 제어하고, scene에서 다른 scene으로 바꾸는 것도 제어한다. 너무 걱정할 것 없다. 여러분은 게임 프로듀서이기 때문에 여전히 director를 제어할 수 있다. 또한 director는 게임 루프를 유시하고 실행하는 역할도 맡는다. `CCDirector` 클래스는 OpenGL ES 컨텍스트를 그리게 될 `CCNode`(스프라이트 및 다른 클래스)에 세팅하는 역할을 맡는다. Director는 또한 OpenGL ES의 orientation과 projectrion 설정도 세팅한다. 여러분은 이 책을 통해 Cocos2D에 포함된 네 가지 director를 언제 어떻게 사용해야 하는지를 배우게 될 것이다.

- `CCDirectorTypeNSTimer` : Cocos2D와 `UIKit` 뷰 또는 오브젝트를 같이 사용하거나 iOS 3.1 이전 버전을 목표로 하는 경우에 사용하는 director이다. Director중 가장 느리며 update 간격은 1~60fps 내에서 설정할 수 있다.

- `CCDirectorTypeMainLoop` : MainLoop director는 `NSTimer` director보다 조금 빠르며 메인 쓰레드의 별도 메인 루프에서 시작된다. `UIKit` 오브젝트와 호환이 잘 되지 않으며 update 간격도 설정할 수 없다.

- `CCDirectorTypeThreadMainLoop` : 이 director는 별도의 쓰레드에 타이머를 보유하여 타이머를 이용하여 메인 쓰레드의 메인 루프를 동작시킨다. ThreadMainLoop director 역시 `NSTimer` director보다 빠르다. 그리고 `UIKit` 오브젝트와 호환이 잘 되지 않으며 update 간격도 설정할 수 없다.

- `CCDirectorTypeDisplyLink` : 이 director는 `CADisplayLink`를 사용하여 run

루프 타이머와 그리기를 화면 리프레시 비율과 동기화시킨다. DisplyLink director는 iOS 3.1 이상의 버전에서만 동작한다. 그리고 `UIKit` 오브젝트와도 호환이 잘 되며, update 간격은 초당 60, 30, 15프레임 중에서 선택할 수 있다.

- `CCNode`: Cocos2D 노드는 Cocos2D에서 사용하는 메인 클래스로, OpenGL ES를 사용하여 렌더링하는 데 필요한 모든 코드를 보유하고 있다. 또한 `CCNode`는 이벤트를 `CCNode` 자체적으로 스케줄링하는 로직을 갖고 있으며 Cocos2D 액션도 수행할 수 있다. Cocos2D Director에 의해 렌더링되는 것은 모두 `CCNode`이거나 `CCNode`의 서브클래스이다.

- `CCSprite`: Cocos2D 스프라이트는 `CCNode`의 서브클래스로, 이미지를 보관하고 처리하는 데 필요한 로직을 갖고 있다. `CCSprite`는 `TextureCache`와 같은 다른 Cocos2D 클래스와 동시에 작업하여 이미지를 화면에 출력시킨다.

- `CCSpriteBatchNode`: SpriteBatchNode는 `CCSprite`를 여러 개 묶은 노드이다. Cocos2D의 옛날 버전에서는 스프라이트 시트의 이름이 `SpriteBatchNode` 역할을 하기도 하였다. `SpriteBatchNode`는 메모리 사용량을 줄여줄 뿐만 아니라 OpenGL ES의 성능도 향상시킨다. 그래서 많은 수의 스프라이트를 하나의 `Sprite BatchNode`에 묶음으로써 스프라이트를 하나하나 렌더링할 때보다 OpenGL ES CPU 오버헤드를 엄청나게 줄일 수 있다. `CCSpriteBatchNode`는 텍스처 아틀라스를 필요로 하며 Chapter 3에서 다룬다.

- `CCLayer`: Cocos2D layer는 `CCNode`의 서브클래스로, 터치 입력과 가속도계 입력을 처리할 수 있는 기능을 포함하고 있다. 게임에서 사용하는 모든 스프라이트와 기타 요소들이 layer에 실린다. 이 책 앞부분에서는 오직 두 개의 layer – background와 gameplay – 만이 게임에 존재하며 Gameplay layer에 플레이어와 적에 대한 스프라이트가 존재하게 된다.

- `CCScene`: Cocos2D의 scene은 화면에 보이는 모든 것을 가지고 있다. 즉, Scene에는 `CCLayer`와 기타 화면에 나타내거나 화면과 상호 작용하는 그래픽 오브젝트 등이 들어간다. Director는 이러한 scene을 로드, 실행, 제거하는 역할을 맡는다. 여러분이 이 책에서 개발하는 게임은 gameplay scene으로 시작하여 앞에 메뉴를 달고 이후에는 level–completed와 credits scene이 이어지도록 개발하게 된

다. CCScene은 간단한 컨테이너 클래스로 CCLayer와 게임에서 사용하는 기타 요
소들을 보유한다.

찾아보기